Direito das Obrigações

Direito das Obrigações

VOLUME I – INTRODUÇÃO
DA CONSTITUIÇÃO DAS OBRIGAÇÕES

2017 • 14ª Edição

Luís Manuel Teles de Menezes Leitão
Doutor e Agregado em Direito
Professor Catedrático da Faculdade de Direito de Lisboa
Advogado e Jurisconsulto

ALMEDINA

DIREITO DAS OBRIGAÇÕES

AUTOR

Luís Manuel Teles de Menezes Leitão

EDITOR

EDIÇÕES ALMEDINA, S.A.

Rua Fernandes Tomás, nºs 76-80

3000-167 Coimbra

Tel.: 239 851 904 · Fax: 239 851 901

www.almedina.net · editora@almedina.net

DESIGN DE CAPA

FBA.

PRÉ-IMPRESSÃO

João Jegundo

IMPRESSÃO E ACABAMENTO

Pentaedro, Lda.

Dezembro, 2016

DEPÓSITO LEGAL

419035/16

ALMEDINA | GRUPOALMEDINA

BIBLIOTECA NACIONAL DE PORTUGAL – CATALOGAÇÃO NA PUBLICAÇÃO

LEITÃO, Luís Manuel Teles de Menezes

Direito das obrigações. – 2016. – 13ª ed. – v. – (Manuais universitários)

V. 1: Introdução da constituição das obrigações. – p. – ISBN 978-972-40-6847-3

CDU 347

À Margarida

À Paula Isabel, à Patrícia Inês,
Ao Jaime Luís e ao Tiago Luís,
Nossos filhos,

ABREVIATURAS

AAFDL – Associação Académica da Faculdade de Direito de Lisboa
AbR – Archiv für Bürgerliches Recht
AcP – Archiv für die civilistische Praxis
BGB – Bürgerliches Gesetzbuch (Código Civil Alemão)
BGHZ – Bundesgerichthof Zeitung
BMJ – Boletim do Ministério da Justiça
B.U.L.R. – Boston University Law Review
CCom – Código Comercial
CDADC – Código do Direito de Autor e dos Direitos Conexos
CIMT – Código do Imposto Municipal sobre as Transacções Onerosas de Imóveis
CJ – Colectânea de Jurisprudência
CJ-STJ – Colectânea de Jurisprudência. Acórdãos do Supremo Tribunal de Justiça.
CJA – Cadernos de Justiça Administrativa
CDP – Cadernos de Direito Privado
CPC – Código de Processo Civil
CPI – Código da Propriedade Industrial
CT – Código do Trabalho
CUP – Cambridge University Press
D. – Digesto
EDC – Estudos de Direito do Consumidor
Gai Inst. – Institutiones, de GAIUS
Inst. – Institutiones, de JUSTINANUS
JF – Jornal do Foro
JOCE – Jornal Oficial da Comunidade Europeia
JuS – Juristische Schulung
JZ – Juristenzeitung
LCCG – Lei das Cláusulas Contratuais Gerais
LUC – Lei Uniforme relativa ao Cheque
LULL – Lei Uniforme relativa às Letras e Livranças
NJW – Neue Juristische Wochenschrift
RDC – Rivista di Diritto Civile
RDE – Revista de Direito e Economia
ROA – Revista da Ordem dos Advogados
TJ – Tribuna da Justiça
UCP – Universidade Católica Portuguesa

INTRODUÇÃO

Secção I
O Direito das Obrigações e a definição legal de obrigação

1. A definição de obrigação

O Direito das Obrigações encontra-se essencialmente regulado no Livro II do Código Civil, cujo art. 397º nos define a própria figura da obrigação como "o vínculo jurídico por virtude do qual uma pessoa fica adstrita para com outra à realização de uma prestação". Desta definição, em parte influenciada pelas noções constantes das fontes romanas[1], resulta que as obrigações são situações jurídicas que têm por conteúdo a vinculação de uma pessoa em relação a outra à adopção de uma determinada conduta em benefício desta.

No entanto, o conceito de obrigação pode ser igualmente entendido em sentido amplo, podendo abranger todo e qualquer vínculo jurídico entre duas pessoas, como sejam os deveres jurídicos genéricos, os ónus

[1] Compare-se esta definição com a das *Institutiones* de JUSTINIANUS (3.13.pr.): "*obligatio est iuris vinculum quo necessitate adstringimur alicuius solvendae rei secundum nostrae civitatis jura*" (obrigação é o vínculo jurídico que necessariamente adstringe alguém a solver uma coisa, segundo os direitos das nossas cidades). Em texto atribuído a PAULUS, em D.44.7.3., é referido que "*obligationum substantia non in eos consistit, ut aliquod corpus nostrum aut servitutem nostram faciat, sed ut alium nobis obstringat ad dandum aliquid, vel faciendum vel praestandum*" (a essência das obrigações não consiste em fazer nosso algum corpo ou servidão, mas sim em constranger outros a dar-nos algo ou a fazê-lo, ou a prestá-lo). Destas definições já resulta a concepção da obrigação como uma relação de direito entre duas pessoas, e não como a sujeição de uma pessoa a outrem. Cfr. MANUEL DUARTE GOMES DA SILVA, *Conceito e estrutura da obrigação*, Lisboa, s.e., 1943, p. 11.

e as sujeições. Haverá, portanto, que efectuar uma contraposição entre a obrigação e estas figuras afins[2].

A **sujeição** é, conforme se sabe, o correlato passivo dos direitos potestativos, consistindo na necessidade de suportar as consequências jurídicas correspondentes ao exercício de um direito potestativo[3]. Um exemplo é a situação de alguém que tem um prédio entre outro prédio e a via pública poder ver constituída sobre ele uma servidão legal de passagem em benefício do prédio encravado (art. 1550º). Apesar de um autor ter sustentado o contrário[4], não parece possível incluir no conceito de obrigação a figura da sujeição, através da criação de uma categoria de direitos de crédito potestativos. Efectivamente, no estado de sujeição não é possível obstar a que surjam os efeitos jurídicos correspondentes ao exercício do direito potestativo, não havendo, portanto, possibilidade de violação da sujeição. Pelo contrário, a obrigação é eminentemente violável, ainda que o devedor acarrete nesses casos com a sanção da indemnização (art. 798º) ou da execução do seu património (art. 817º)[5].

O **ónus** consiste na necessidade de adoptar uma conduta em proveito próprio, ou seja, na necessidade de realizar certo comportamento para beneficiar de uma situação favorável. Um exemplo é o ónus da prova, referido no art. 342º. A obrigação não se confunde com o ónus uma vez que consiste num dever jurídico, imposto em benefício de outra pessoa, o credor (cfr. art. 398º, nº 2). Pelo contrário, aquele que está onerado pelo ónus não tem qualquer dever[6], pelo que o seu não acatamento não se pode considerar ilícito, traduzindo-se apenas na perda ou na não obtenção de uma vantagem.

[2] Cfr. MANUEL DE ANDRADE, *Teoria Geral das Obrigações*, com a colaboração de Rui de Alarcão, 3ª ed., Coimbra, Almedina, 1966, pp. 3 e ss., INOCÊNCIO GALVÃO TELLES, *Direito das Obrigações*, 7ª ed., Coimbra, Coimbra Editora, 1997, pp. 9 e ss., ANTUNES VARELA, *Das Obrigações em geral*, I, 10ª ed., Coimbra, Almedina, 2000, pp. 51 e ss., MÁRIO JÚLIO DE ALMEIDA COSTA, *Direito das Obrigações*, 12ª ed., Coimbra, Almedina, 2009, pp. 65 e ss., MENEZES CORDEIRO, *Direito das Obrigações*, 1º, Lisboa, AAFDL, 1980 (reimp.), pp. 9 e ss., RIBEIRO DE FARIA, *Direito das Obrigações*, I, Coimbra, Almedina, 1987, pp. 17 e ss.

[3] Cfr. MANUEL DE ANDRADE, *Obrigações*, p. 3 e ANTÓNIO MENEZES CORDEIRO, *Tratado de Direito Civil Português*, I- *Parte Geral*, tomo 1, 3ª ed., Coimbra, Almedina, 2005, pp. 357-358.

[4] Cfr. MENEZES CORDEIRO, *Obrigações*, 1º, pp. 253 e ss. e 305 e ss.

[5] No mesmo sentido, RIBEIRO DE FARIA, *Obrigações*, I, p. 23.

[6] Não concordamos com RIBEIRO DE FARIA, *Obrigações*, I, p. 25, quando admite a qualificação do ónus como "dever para consigo próprio".

O **dever jurídico genérico** consiste na situação em que se encontram os outros sujeitos relativamente aos titulares de direitos absolutos. Relativamente a direitos de personalidade, como a vida, ou a direitos reais como a propriedade, todos os outros sujeitos estão obrigados a um dever geral de respeito, cuja infracção pode acarretar responsabilidade civil com o correspondente dever de indemnizar os danos sofridos pelo titular (art. 483º). Este dever geral de respeito, por vezes impropriamente designado como obrigação passiva universal não se confunde, porém, com a obrigação em sentido próprio, referida no art. 397º. Efectivamente nesta existe um vínculo específico, que se traduz numa relação jurídica entre credor e devedor. Pelo contrário, os direitos absolutos são direitos sem relação, pelo que o dever geral de respeito não passa de uma simples expressão do princípio do *neminem laedere*, não se podendo considerar como um vínculo específico que autorize uma pessoa a exigir de outrem uma prestação[7].

O que caracteriza a **obrigação** em relação a estas figuras é a circunstância de determinada pessoa se encontrar adstrita a realizar uma específica conduta, positiva ou negativa, no interesse de outra, também determinada (ou determinável). Essa conduta é designada por prestação.

2. Objecto e características do Direito das Obrigações

O Direito das Obrigações assume-se como um ramo do Direito Civil que constitui, como se sabe, o Direito privado comum. Por esse motivo goza das características do Direito Privado: a liberdade e a igualdade. Em princípio, os sujeitos das relações obrigacionais têm os mesmos poderes e são livres de fazer tudo o que não se encontre abrangido por uma proibição. Pelo contrário, o Direito Público rege-se pelas características da autoridade e da competência. Uma das partes tem só por si o poder de provocar modificações na esfera jurídica alheia e só pode praticar os actos para os quais a lei lhe atribui competência[8].

Esta diferenciação tem reflexos no controle da motivação dos sujeitos. Enquanto no Direito Público as decisões são vinculadas e, portanto, a sua motivação é sempre relevante, no Direito Privado a actuação dos sujeitos

[7] Contestando a qualificação do *neminem laedere* como obrigação em sentido técnico, veja-se Lodovico Barassi, *La Teoria Generale delle Obbligazioni*, I – *La struttura*, 2ª ed. (reimp.), Milano, Giuffrè, 1963, pp. 117, que salienta que o conteúdo do preceito de agir correctamente seria demasiado indeterminado e variável para poder ser objecto de uma obrigação.

[8] Cfr. Menezes Cordeiro, *Tratado*, I-1, pp. 43 e ss.

insere-se na sua liberdade de decisão, não relevando a motivação com que foi tomada, salvo em casos graves de desconformidade ao sistema jurídico, como na hipótese de abuso de direito[9].

No âmbito da classificação germânica do Direito Civil que como se sabe distingue, além de uma parte geral, entre dois ramos de características estruturais, as Obrigações e os Direitos Reais, e dois ramos de características institucionais, o Direito da Família e o Direito das Sucessões, a autonomização do Direito das Obrigações tem uma base estrutural: a distinção entre direitos de crédito e direitos reais, herdeira da velha contraposição romana entre as *actiones in rem* e as *actiones in personam*. Normalmente se refere que o Direito das Obrigações se refere à transmissão dos bens, enquanto o Direito das Coisas se refere ao domínio estático dos bens[10]. Mas mais precisamente se deve dizer que enquanto o Direito das Obrigações se refere à regulação de fenómenos futuros (prestação de coisas ou factos) o Direito das Coisas abrange a regulação de situações jurídicas já existentes (direitos sobre coisas)[11].

A unidade do Direito das Obrigações é assim fornecida em função do conceito de obrigação, tratando-se de um ramo de Direito cuja unidade não resulta de uma semelhança funcional ou material entre as relações da vida que regula, mas antes de uma semelhança de consequências jurídicas geradas a partir de uma relação obrigacional. Sempre que surja estruturalmente a vinculação de uma pessoa para com outra à adopção de determinada conduta, essa situação é potencialmente regulada pelo Direito das Obrigações, o que só não se verificará se ocorrer a sua absorção por uma instituição pertencente a outro ramo do Direito.

Por esse motivo, o Direito das Obrigações abrange matérias sujeitas a campos jurídicos distintos, as quais são unicamente unificadas através do conceito de obrigação. MENEZES CORDEIRO inclui entre esses campos a circulação de bens, as prestações de serviços, e as sanções civis[12]. Já GERNHUBER aponta, entre as funções desempenhadas pelo Direito das

[9] Cfr. OLIVEIRA ASCENSÃO, *Direito Civil. Teoria Geral.* I *–Introdução. As Pessoas. Os bens*, 2ª ed., Coimbra, Coimbra Editora, 2000, pp. 12-13

[10] Cfr. ERNST A. KRAMER, em AAVV, *Münchener Kommentar zum Bürgerlichen Gesetzbuch, 2- Schuldrecht, Allgemeiner Teil (§§ 241-432)*, 5ª ed., München, Beck, 2007, Einl, p. 4, nr 1.

[11] Assim, KARL LARENZ, *Lehrbuch des Schuldrechts*, I – *Allgemeiner Teil* , 14º ed., München, Beck, 1987, § 1, p. 4.

[12] Cfr. ANTÓNIO MENEZES CORDEIRO, *Obrigações*, 1º, p. 17.

Obrigações, a sua aptidão genérica para regular situações da vida, a transmissão dos bens, o gozo de bens alheios, a prestação de serviços, a compensação, a intervenção em patrimónios ou direitos alheios, os elementos de organização e a segurança da existência[13].

A nosso ver, o Direito das Obrigações abrangerá essencialmente as seguintes realidades:

- Circulação de bens;
- Prestação de serviços
- Instituição de organizações;
- Sanções civis para comportamentos ilícitos e culposos;
- Compensação por danos, despesas ou pela obtenção de um enriquecimento.

Relativamente à circulação de bens, são abrangidas pelo Direito das Obrigações todas as situações das quais resulte alteração na ordenação jurídica dos bens através de negócios jurídicos. Assim, são regulados pelo Direito das Obrigações a transmissão dos direitos reais (cfr. art. 408º) e os contratos que a desencadeiam – como a compra e venda (arts. 874º e ss.) ou a doação (arts. 940º e ss.) – bem como a concessão de gozo de bens alheios – através de contratos como a locação (arts. 1022º e ss.) ou o comodato (arts. 1129º e ss.) – bem como os fenómenos de transmissão de créditos e de dívidas – através dos institutos da cessão de créditos (arts. 577º e ss.), sub-rogação (arts. 589º e ss.), assunção de dívida (arts. 595º e ss.) e cessão da posição contratual (arts. 424º e ss.).

Relativamente à prestação de serviços, esta é genericamente abrangida pelo Direito das Obrigações através do contrato de prestação de serviços (arts. 1154º e ss.), uma modalidade contratual atípica, que a lei regula em três modalidades típicas: o mandato (arts. 1157º e ss.), o depósito (arts. 1185º e ss.) e a empreitada (art. 1207º e ss.). O importante contrato de trabalho (cfr. art. 1152º) é, no entanto, deixado para legislação especial (art. 1153º), a qual justifica a autonomização de um novo ramo do Direito: o Direito do Trabalho.

[13] Cfr. GERNHUBER, *Das Schuldverhältnis (Begrendung und Anderung, Pflichten und Strukturen, Drittwirkungen)*, Tübingen, Mohr, 1989, pp. 3 e ss.

Relativamente à instituição de organizações, temos o contrato de sociedade civil (arts. 980º e ss.)[14], que aparece regulado pelo Direito das Obrigações como a forma comum de associação de pessoas para a exploração de uma actividade económica lucrativa. Já a matéria das sociedades comerciais é, no entanto, relegada para o Direito Comercial e sujeita inclusivamente a um Código próprio.

Depois, temos a matéria relativa às sanções civis para comportamentos ilícitos e culposos dos privados. Estas sanções civis consistem essencialmente na obrigação de indemnizar os danos causados (arts. 562º e ss.), cuja fonte é genericamente designada por responsabilidade civil. No âmbito da responsabilidade civil subjectiva, o sistema do Código distingue a responsabilidade civil delitual (arts. 483º e ss.) da responsabilidade civil obrigacional (arts. 798º e ss.) consoante esteja em causa a violação de uma situação jurídica absoluta, ou antes a violação de obrigações. A sanção civil aparece aqui associada a uma função de compensação dos danos sofridos pelo lesado, levando a que por vezes seja obliterada perante a valorização deste último aspecto.

Finalmente, temos a matéria relativa à compensação por danos, despesas ou obtenção de um enriquecimento. A matéria da compensação de danos é abrangida pela responsabilidade pelo risco (arts. 499º e ss.) que, apesar de dar igualmente origem a uma obrigação de indemnização, não se apresenta neste caso como tendo natureza sancionatória, visando exclusivamente a compensação dos danos segundo critérios objectivos de repartição do risco. Já a compensação de despesas é abrangida pela gestão de negócios (art. 464º e ss.), instituto que visa tutelar as actuações realizadas sem autorização em benefício de outrem. Finalmente, a compensação do enriquecimento é abrangida pelo instituto do enriquecimento sem causa (arts. 473º e ss.), que visa precisamente determinar a compensação dos enriquecimentos obtidos injustamente à custa de outrem.

Tendo origem essencialmente romanística, o Direito das Obrigações assumiu-se como um eco jurídico do sistema de ordenação, produção e

[14] Para Menezes Cordeiro, *Obrigações*, 1º, p. 16, o contrato de sociedade seria uma figura que releva simultaneamente da transmissão de bens e da prestação de serviços. Conforme salientámos em "O Contrato de Sociedade Civil", em Menezes Cordeiro (org.), *Direito das Obrigações*, 3º – *Contratos em especial*, Lisboa, AAFDL, 1991, pp. 97-184 (123), parece-nos antes que o elemento preponderante deste contrato reside antes na sua função associativa, o que justifica a sua qualificação como contrato associativo ou de organização.

distribuição dos bens na sociedade económica de mercado[15], o que levou inclusivamente à defesa da sua imunidade em relação a modificações sociais e invariabilidade no tempo e no espaço[16], o que configuraria o denominado "dogma da geometria euclidiana das obrigações"[17]. Esta concepção mostrou-se, no entanto como errada, já que o Direito das Obrigações não deixou de receber as concepções derivadas do moderno Estado Social, de que é exemplo a protecção da parte mais fraca nos contratos[18], bem como reagir à crescente valorização económica da movimentação dos bens, através da tutela das possibilidades de seu aproveitamento económico e imaterial, na responsabilidade civil e no enriquecimento sem causa[19].

Daqui resulta a importância do Direito das Obrigações, uma vez que abrange praticamente todo o comércio jurídico-privado – com excepção das matérias reservadas ao Direito Comercial – e todas as sanções civis para a actuação dos privados, bem como diversos institutos destinados a efectuar a compensação por danos ou despesas verificadas ou por aquisições obtidas à custa alheia. Para além disso, a apurada técnica que se foi desenvolvendo desde os juristas romanos torna-o um campo privilegiado para a investigação dogmática mais avançada, levando a que seja um dos ramos de Direito que mais influência exerce noutros ramos de Direito, mesmo que sejam de Direito Público, como sucede com o Direito Administrativo ou o Direito Fiscal. O Direito das Obrigações constitui, por isso, talvez o ramo de Direito que mais importância desempenha na formação do jurista.

[15] Cfr. Josef Esser/Eike Schmidt, *Schuldrecht*, I – *Allgemeiner Teil*, 7ª ed., Müller, Heidelberg, 1992, § 1, I, p. 2.

[16] Cfr. Manuel de Andrade, *Obrigações*, pp. 13 e ss., Antunes Varela, *Obrigações*, I, pp. 25 e ss., Ribeiro de Faria, *Obrigações*, 1º, pp. 9 e ss.

[17] Cfr. Calvão da Silva, *Cumprimento e sanção pecuniária compulsória*, Coimbra, Separata do *BFD* 30, 1987, pp. 54 e ss.

[18] Cfr. Esser/Schmidt, § 1 II, p. 7. Entre nós, veja-se António Pinto Monteiro, *Cláusulas limitativas e de exclusão da responsabilidade civil*, Coimbra, Separata do *BFD* 28, 1985, pp. 3 e ss. e Calvão da Silva, *Cumprimento*, pp. 32 e ss.

[19] Cfr. Esser/Schmidt, § 1 II, p. 12. Cfr. Luís Menezes Leitão, *O Enriquecimento sem Causa no Direito Civil*, Lisboa, C.E.F., 1996, pp. 747 e ss., reed. Coimbra, Almedina, 2005, pp. 720 e ss., Júlio Gomes "O dano da privação do uso", em *RDE* 12 (1986), pp. 169-239 e *O conceito de enriquecimento, o enriquecimento forçado e os vários paradigmas do enriquecimento sem causa*, Porto, U.C., 1998, pp. 214 e ss.

Secção II
Princípios gerais do Direito das Obrigações

1. O princípio da autonomia privada

1.1. A autonomia privada e o negócio jurídico

Entre os princípios fundamentais do Direito das Obrigações temos, em primeiro lugar, a autonomia privada[20]. Em sentido literal, a expressão "autonomia privada" (do grego "auto", próprio e "nomos", regra) consiste na possibilidade que alguém tem de estabelecer as suas próprias regras. Tecnicamente, porém, deve-se referir que as regras jurídicas caracterizam-se pela generalidade e abstracção, pelo que elas não podem ser criadas por acto dos privados. Efectivamente, o que os privados criam são comandos, que só para eles vigoram. A autonomia privada é assim a possibilidade de alguém estabelecer os efeitos jurídicos que se irão repercutir na sua esfera jurídica.

Por esse motivo, a autonomia privada não se confunde com o direito subjectivo. Efectivamente, na autonomia privada existe uma permissão genérica de conduta, porque a todos os sujeitos da ordem jurídica é reconhecida esta possibilidade de produção de efeitos jurídicos, não havendo nenhum que dela seja excluído. Por isso, se pode dizer, seguindo MENEZES CORDEIRO, que a autonomia privada é uma "permissão genérica de actuação jurígena"[21]. A autonomia privada consiste assim num espaço de

[20] Cfr. ANTUNES VARELA, *Obrigações*, I, pp. 230 e ss., OLIVEIRA ASCENSÃO, *Teoria Geral do Direito Civil*, II – *Acções e Factos Jurídicos*, 2ª ed., Coimbra, Coimbra Editora, 2003, pp. 77 e ss., MENEZES CORDEIRO, *Obrigações*, 1º, pp. 49 e ss., RIBEIRO DE FARIA, *Obrigações*, 1º, pp. 163 e ss., ELISEU FIGUEIRA, *Renovação do sistema de direito privado*, Lisboa, Caminho, 1989, pp. 137 e ss.

[21] Cfr. MENEZES CORDEIRO, *Obrigações*, 1º, p. 55 e *Tratado*, I-1, p. 392.

liberdade, já que, desde que sejam respeitados certos limites, as partes podem livremente desencadear os efeitos jurídicos que pretendem.

Pelo contrário, no direito subjectivo existe uma esfera de competência, já que relativamente a certo bem, quando ele é objecto de um direito subjectivo, efectua-se a sua atribuição exclusivamente a uma pessoa, uma vez que todos os outros sujeitos vêm a ser excluídos dessa atribuição. Por isso no direito subjectivo existe uma permissão normativa específica porque só o titular do direito tem a permissão de beneficiar das utilidades que aquele bem produz. Esta realidade é expressa pelas felizes definições de direito subjectivo apresentadas por GOMES DA SILVA: "afectação jurídica de um bem à realização de um ou mais fins de pessoas individualmente consideradas"[22] e por MENEZES CORDEIRO: "permissão normativa específica de aproveitamento de um bem"[23].

A autonomia privada é assim a liberdade de produção reflexiva de efeitos jurídicos, na medida em que os efeitos jurídicos produzidos irão repercutir-se na esfera dos sujeitos que os produzem. No entanto, essa produção reflexiva de efeitos jurídicos depende da utilização de um instrumento jurídico específico, ao qual convém fazer referência: o negócio jurídico.

Antes de tudo, deve recordar-se a distinção entre o negócio jurídico e os outros factos juridicamente relevantes. Conforme se sabe, facto jurídico é todo o facto que produz efeitos jurídicos. Estes, por sua vez, dividem-se em factos jurídicos *stricto sensu* (os que não resultam de qualquer comportamento humano voluntário, como o decurso do tempo ou a morte) e actos jurídicos, que são aqueles em que existe um comportamento humano voluntário, sendo em função dele que se produzem os efeitos jurídicos. No âmbito dos actos jurídicos há que distinguir, consoante a maior ou menor liberdade de produção de efeitos jurídicos, entre actos jurídicos simples e negócios jurídicos. Nos actos jurídicos simples existe apenas a liberdade de celebração, uma vez que os seus efeitos resultam imperativamente da lei. Pelo contrário, nos negócios jurídicos existe tanto liberdade de celebração como de estipulação, já que as partes não apenas têm a possibilidade de decidir celebrar ou não o negócio, mas também podem determinar quais são os seus efeitos jurídicos[24].

[22] Cfr. GOMES DA SILVA, *O Dever de Prestar e o Dever de Indemnizar*, Lisboa, 1944, p. 52.

[23] Cfr. MENEZES CORDEIRO, *Obrigações*, 1º, p. 57 e *Tratado*, I-1, p. 332.

[24] Cfr. MENEZES CORDEIRO, *Tratado*, I-1, p. 447 e ss.

Os negócios jurídicos correspondem por esse motivo à forma preferencial de exercício da autonomia privada, atenta a liberdade de produção de efeitos jurídicos que os caracteriza. Conforme se sabe, os negócios jurídicos subdividem-se em negócios jurídicos unilaterais e bilaterais ou contratos. Quer nos negócios jurídicos unilaterais, quer nos contratos, as partes exercem amplamente a sua autonomia privada, determinando os seus efeitos jurídicos. No entanto, quanto à constituição de obrigações, a lei atribui primazia aos contratos, referindo no art. 405º sob a epígrafe "liberdade contratual" simultaneamente a liberdade de celebração de contratos, a liberdade de selecção do tipo negocial (que permite quer escolher contratos diferentes dos tipos legalmente consagrados, quer inclusivamente celebrar contratos misturando regras oriundas de tipos legais diferentes) e a liberdade de estipulação (já que as partes podem incluir no contrato as cláusulas que lhes aprouver). Os negócios jurídicos unilaterais só em certos casos legalmente previstos poderão dar origem a obrigações, uma vez que o art. 457º refere que a promessa unilateral de uma prestação só obriga nos casos previstos na lei. Por esse motivo pode referir-se que a constituição de obrigações através de negócio jurídico tem, em princípio, que resultar de um contrato. A simples promessa unilateral, sem que tenha ocorrido uma aceitação do seu beneficiário, que seja idónea à constituição do contrato, é por isso normalmente irrelevante[25].

1.2. A liberdade contratual e os seus conteúdos

O que caracteriza o contrato enquanto negócio jurídico é que ambas as partes estão de acordo em relação aos efeitos jurídicos produzidos, estabelecendo assim, através de duas declarações negociais harmonizáveis entre si, uma disciplina jurídica comum com repercussão nas respectivas esferas jurídicas. Conforme refere LARENZ, esta autovinculação de cada uma das partes é sempre, segundo a doutrina fundamental do contrato, um acto de liberdade, considerando-se que o contrato se baseia sempre na livre determinação de cada uma das partes, uma vez que exige o consenso *de ambas* para se poder formar (cfr. art. 232º)[26]. A liberdade contratual é, assim, a

[25] O fundamento desta solução é o princípio *invito beneficium non datur*, que impede que alguém seja feito credor de outrem sem a sua concordância. Há, porém, excepções, como as dos arts. 459º e 463º.

[26] Cfr. LARENZ, *Schuldrecht*, I, § 4, p. 40.

possibilidade conferida pela ordem jurídica a cada uma das partes de autoregular, através de um acordo mútuo, as suas relações para com a outra, por ela livremente escolhida, em termos vinculativos para ambas (cfr. art. 406º, nº 1). A liberdade contratual é a parte mais importante da autonomia privada, enquanto princípio fundamental do Direito das Obrigações.

Conforme se referiu a liberdade contratual admite tradicionalmente a liberdade de celebração, a liberdade de selecção do tipo negocial e a liberdade de estipulação.

Por liberdade de celebração entende-se a faculdade que é atribuída às partes de celebrar ou não o contrato. Trata-se de uma liberdade que não aparece expressamente referida no art. 405º, embora se encontre implícita na expressão "celebrar contratos diferentes dos previstos neste código" e esteja pressuposta no regime da formação do contrato, referido nos arts. 228º e ss. do Código Civil. Por ela entende-se a possibilidade que cada uma das partes tem de livremente decidir se quer celebrar ou não o contrato e com quem, e, consequentemente, a possibilidade de livremente propor ou não a celebração do contrato e de aceitar ou rejeitar, sem constrangimentos de qualquer ordem, uma proposta de contrato que lhe seja dirigida. As partes são assim livres de celebrar ou não o contrato, podendo recusar arbitrariamente qualquer proposta contratual, por muito vantajosa que ela seja, ou por muito necessidade que a outra parte tenha em relação à celebração do negócio.

Relativamente à liberdade de selecção do tipo negocial, esta consiste em as partes não estarem limitadas aos tipos negociais reconhecidos pelo legislador (a enumeração dos contratos é meramente exemplificativa). Consequentemente, as partes podem livremente escolher os contratos que entenderem, mesmo que o legislador ignore totalmente a categoria escolhida (contratos inominados) ou não lhes tenha estabelecido qualquer regime (contratos atípicos).

Por liberdade de estipulação entende-se a faculdade de estabelecer os efeitos jurídicos do contrato, ou seja, a possibilidade conferida pela ordem jurídica às partes de, por mútuo acordo, determinarem à sua vontade o conteúdo do contrato. Essa liberdade encontra-se referida no art. 405º que estabelece que "dentro dos limites da lei, as partes têm a faculdade de fixar livremente o conteúdo dos contratos" e de "incluir nestes as cláusulas que lhes aprouver". A liberdade de estipulação pode ser exercida, quer no momento da celebração do contrato – e, portanto, concomitantemente às liberdades anteriores – quer posteriormente através de aditamentos ou modificações a um contrato já celebrado. Salvo em situações de natureza excepcional (como no regime da usura negocial, nos termos do art. 282º do Código Civil), a lei abstém-se, por isso, de controlar o conteúdo dos contratos, deixando esse conteúdo na absoluta discricionariedade das partes.

No âmbito da liberdade contratual deve também incluir-se a liberdade de extinguir, por mútuo acordo, o contrato através da celebração do respectivo distrate ou revogação, que pode ser total ou parcial (cfr. art. 406º, *in fine*). Efectivamente, nestes casos a extinção do contrato anterior resulta de um contrato extintivo (também denominado distrate), em relação ao qual existe liberdade de celebração e liberdade de estipulação (uma vez que cabe as partes determinar a forma de proceder à liquidação do contrato). Estamos, portanto, ainda perante um exercício de autonomia privada, desta vez relativa à extinção do contrato.

Uma consequência importante da autonomia privada no âmbito do Direito das Obrigações é a supletividade tendencial das suas regras. Efectivamente, o relevo dado à autonomia privada neste ramo do Direito implica que as regras estabelecidas por lei devam ceder perante a decisão das partes em sentido contrário. Consequentemente, no Direito das Obrigações só excepcionalmente se encontram regras imperativas. Mesmo que correspondam à solução jurídica mais adequada para o caso, a aplicação da grande maioria das disposições cede em caso de existir cláusula contratual em sentido contrário.

1.3. Restrições à liberdade contratual

1.3.1. Generalidades

Pressuposto da aplicação integral de todas estas consequências da autonomia privada é naturalmente a existência de uma absoluta igualdade entre as partes, tendo ambas poder negocial idêntico e portanto a mesma possibilidade de ditar as cláusulas contratuais. Sabe-se, porém, hoje em dia que essa igualdade jurídica não tem correspondência no plano económico, dado que em certos contratos uma das partes (como o produtor, ou o empregador) tem maior força económica e maior domínio da informação do que a outra parte (o consumidor ou o trabalhador). Nesse caso, a parte mais fraca pode ver-se constrangida, por fraqueza negocial ou deficiente informação, a aceitar celebrar negócios em condições que normalmente não seriam por si aceites. Daí que a ordem jurídica tenha que abandonar um paradigma de tutela absoluta da autonomia privada para estabelecer, em certos casos, igualmente uma tutela da parte mais fraca, o que implica aceitar restrições pontuais à liberdade contratual.

As razões para o facto de uma tutela da parte mais fraca não surgir nos quadros do Direito Civil clássico prendem-se essencialmente com o ideário liberal individualista, em que se basearam os Códigos Civis, avessos à protecção do contraente débil.

Efectivamente, o princípio da igualdade, instituído pela Revolução Francesa, era hostil à protecção de certas categorias de pessoas. Confiava-se, por outro lado, na soberania das partes nas convenções, já que através da negociação elas facilmente alcançariam as mais soluções justas. Assim expressavam as conhecidas fórmulas de KANT: "quando alguém decide alguma coisa por outrem é possível que cometa uma injustiça, mas nenhuma injustiça é possível quando se decide por si próprio"[27], e de FOUILLÉE: "toda a justiça é contratual, quem diz contratual diz justo"[28]. Neste enquadramento, afirmada a plena harmonia de interesses assegurada pelos contratos, eles deveriam ser cumpridos, ainda que, como posteriormente se veio a reconhecer, aparecessem por vezes como instrumento de exploração do mais fraco (o consumidor ou trabalhador) pelo mais forte (o produtor ou a entidade patronal). Para além disso, o liberalismo económico exigia um forte abstencionismo do Estado, que se deveria limitar a assegurar as liberdades de comércio e de indústria, não podendo assim impor restrições baseadas nos direitos do contraente débil (*laissez faire, laissez passer, laissez contracter*).

Hoje em dia, no entanto, apesar da importância da liberdade contratual como princípio fundamental do Direito das Obrigações, não pode aceitar-se que genericamente todo e qualquer contrato seja sempre efectivamente baseado na livre determinação de ambos os sujeitos. Tal só sucederá se as partes estiverem constrangidas de forma idêntica à celebração daquele contrato, o que na nossa sociedade é um fenómeno raro. Efecti-

[27] Cfr. IMMANUEL KANT, *Die Metaphysik der Sitten*, 1797, em WILHELM WESCHEIDEL (org.). *Immanuel Kant: Werke in zwölf Banden*, Frankfurt am Main, Suhrkamp, 1977, t. 8, pp. 309-632 (§ 46, p. 432): "Nun ist es, wenn jemand etwas gegen einen anderen verfügt, immer möglich, daß er ihm dadurch unrecht tue, nie aber in dem, was er über sich selbst beschließt (denn volenti non fit iniuria)".

[28] Citado por GEORGES RIPERT, *La régle morale dans les obligations civiles*, Paris, L.G.D.J., 1935, p. 40.

vamente, os condicionalismos da actual ordem económica fazem com que a maior parte dos membros da sociedade necessite de celebrar contratos para obter a satisfação das suas necessidades[29], sendo que essa dependência económica não se verifica em relação à contraparte nesses contratos. Nessa situação, a parte economicamente mais fraca é facticamente constrangida à celebração do contrato, mesmo em condições que ela não aceitaria se tivesse outra possibilidade de satisfação das suas necessidades económicas.

Assim, ocorrendo desigualdade económica das partes, a invocação da liberdade contratual torna-se meramente formal, uma vez que, em termos materiais, uma das partes se encontra constrangida à celebração do contrato. Daí que, com LARENZ, se deva assumir a existência de uma certa ambivalência da liberdade contratual na actual sociedade económica, na medida em que ela pressupõe a livre actuação e iniciativa dos sujeitos económicos, mas ao mesmo tempo exige que essa actuação seja disciplinada, por forma a proporcionar que cada parte faça efectivo uso da sua liberdade contratual e não se veja forçada a renunciar a ela, aceitando condições contratuais ditadas em consequência da maior força económica da outra parte[30].

Essa disciplina da liberdade contratual não se apresenta como um fenómeno absolutamente novo. Desde sempre se admitiu uma restrição à autonomia das partes, que consiste na proibição da celebração de negócios usurários, em que uma das partes consegue obter benefícios injustificados através da exploração da necessidade económica da outra parte (cfr. arts. 282º e ss.). Na actual sociedade, surgem, no entanto, outro tipo de restrições, que envolvem mesmo um certo afastamento da liberdades de celebração ou da liberdade de estipulação.

Examinaremos em seguida essas restrições:

1.3.2. Restrições à liberdade de celebração

Uma importante restrição à liberdade de celebração consiste na **obrigação de celebração do contrato**. Efectivamente, uma das partes (ou ambas) pode estar vinculada, por obrigação contratual ou legal, à celebração do contrato com a outra parte. Nesses casos, a outra parte pode exigir essa

[29] As quais podem inclusivamente ser tão fundamentais como a sua habitação ou o seu sustento (exs: o contrato de arrendamento ou o contrato de trabalho).

[30] Cfr. LARENZ, *Schuldrecht*, I, § 4, p. 41.

celebração (art. 817º) ou inclusivamente obter sentença que produza os mesmos efeitos que o contrato prometido (art. 830º). A não celebração do contrato constitui, por isso, nesses casos um ilícito obrigacional, que gera obrigação de indemnização. Consequentemente, nessa situação a liberdade de celebração apenas existe para a parte que não esteja vinculada a essa obrigação, e que por isso pode exigir a celebração do contrato ou renunciar a ela. A outra parte tem que corresponder às suas solicitações, perdendo assim a liberdade de recusar a celebração do contrato.

Com base na autonomia privada, as partes podem criar obrigações de celebração de contratos (cfr. arts. 410º e ss.), podendo nesses casos considerar-se a celebração como cumprimento de uma obrigação livremente assumida e que, portanto, ainda se funda na autonomia privada[31]. Quando é, porém, a lei a impor obrigações de celebração de contratos, a autonomia privada encontra-se restringida, podendo essa restrição considerar-se como um correctivo à liberdade contratual, em virtude de se pretender evitar os abusos de uma das partes que, em virtude de um maior poder económico que possua (designadamente se estivesse em situação de monopólio), poderia facilmente constranger a outra parte a aceitar condições contratuais desvantajosas, se lhe fosse permitido recusar livremente a celebração de contratos. No caso de contratos sobre bens essenciais (fornecimento de água e electricidade, por exemplo) a ausência de concorrência no sector e a necessidade dos bens por parte do consumidor levaria a constrangimentos inaceitáveis da parte mais fraca, se a outra parte pudesse livremente recusar a celebração do contrato. Deve entender-se, por isso, como juridicamente consagrada nesses casos uma obrigação de celebração do contrato, aliás em harmonia com o princípio previsto no art. 3º da Lei 23/96, de 26 de Julho[32].

Essa obrigação de celebração funciona como um "correctivo da economia de mercado"[33], já que, se normalmente os votos dos consumidores levariam os fornecedores a alterar as sua condições contratuais, de acordo com a lei da oferta e da procura, em casos de monopólio ou de oligopólio, o fornecedor pode, em virtude da sua força económica, ignorar os votos dos

[31] Neste sentido, cfr. Galvão Telles, *Obrigações*, p. 63.

[32] Esta lei foi alterada e republicada pela Lei 12/2008, de 26 de Fevereiro, e ainda alterada pela Lei 24/2008, de 2 de Junho, pela Lei 6/2011, de 10 de Março, pela Lei 44/2011, de 26 de Julho, e pela Lei 10/2013, de 28 de Janeiro.

[33] A expressão é de Larenz, *Schuldrecht*, I, § 4 I, p. 43.

consumidores. Efectivamente, se o consumidor tiver necessidade absoluta daqueles bens e não tiver fornecedores alternativos, pode ser facilmente constrangido, através da ameaça da recusa de celebração do contrato, a aceitar condições contratuais que seguramente recusaria numa situação de concorrência perfeita. Ao retirar ao fornecedor de bens essenciais a liberdade de recusar a celebração do contrato, é corrigida a situação em benefício da parte mais fraca.

Hoje, o art. 6º, nº 1, do D.L. 166/2013, de 27 de Dezembro, vai ainda mais longe, na medida em que considera prática restritiva de comércio determinando que, "sem prejuízo dos usos normais da respectiva actividade ou de disposições legais ou regulamentares aplicáveis, é proibido a uma empresa recusar a venda de bens ou a prestação de serviços a empresa, ainda que se trate de bens ou serviços não essenciais e que da recusa não resulte prejuízo para o regular abastecimento do mercado, exceto quando se verifique causa justificativa de recusa". Efectivamente, o desenvolvimento da economia de mercado exige que haja uma permanente oferta de bens à disposição dos consumidores, pelo que uma recusa de venda contrária aos usos normais da respectiva actividade, representaria um prejuízo para o consumidor que solicita o bem ou o serviço, devendo como tal ser excluída.

A obrigação de celebração de contratos pode ainda ser estabelecida como "meio de direcção central da economia"[34]. Nestes casos, não apenas aparece a corrigir os defeitos da economia de mercado, mas antes aparece como forma de dar execução a um plano económico, estabelecido por um órgão dirigente central. O fracasso dos sistemas que ensaiaram estas tentativas levou, porém, à atenuação da importância desta função da obrigação de celebração dos contratos, que ficou relegada para situações excepcionais.

1.3.3. Restrições à liberdade de estipulação. Contratos submetidos a um regime imperativo, cláusulas contratuais gerais e contratos pré-formulados

A liberdade de estipulação pressupõe logicamente a liberdade de celebração, pois quando uma parte não é livre de celebrar um contrato, também não é livre de determinar o seu conteúdo e qualquer limitação à liberdade de celebração acarreta também uma limitação à liberdade de estipulação. É, no entanto, possível ocorrerem limitações à liberdade de estipulação,

[34] Cfr. LARENZ, *Schuldrecht*, I, § 4 I, p. 50.

permanecendo integral a liberdade de celebração, como sucede sempre que a lei entenda determinar imperativamente o conteúdo dos contratos limitando a liberdade de estipulação das partes a certos aspectos não essenciais[35].

As restrições à liberdade de estipulação são normalmente estabelecidas em virtude de uma função de ordenação do actual direito privado, que pretende disciplinar a liberdade contratual por forma a evitar que esta seja exercida em prejuízo da parte economicamente mais fraca. Reconhece-se, assim, que numa economia de mercado, a autonomia privada pode em certos casos ser insusceptível de obter um adequado equilíbrio das prestações no contrato, o que leva o legislador a intervir em ordem a desempenhar uma função correctiva da livre negociação particular[36].

Nas páginas seguintes, examinar-se-ão dois tipos de restrições à liberdade de estipulação: os contratos submetidos a um regime imperativo e as cláusulas contratuais gerais ou contratos pré-formulados.

A) Contratos submetidos a um regime imperativo

A primeira intervenção correctiva em relação à liberdade de estipulação diz respeito à imposição de uma disciplina contratual rígida em certos contratos. Essa imposição justifica-se em razão da maior relevância de certos contratos para a satisfação das necessidades sociais elementares, que coloca uma das partes na dependência económica da sua celebração, levando a que ela seja forçada mesmo a aceitar condições iníquas se a sua recusa impedir a celebração do contrato. É o que acontece, por exemplo, no contrato de trabalho, em que o trabalhador depende da celebração desse contrato para prover à sua subsistência e à do seu agregado familiar, uma vez que a sua força de trabalho é normalmente a única mercadoria que pode negociar para obter rendimento. A mesma situação pode verificar-se no arrendamento para habitação, numa situação de falta de fogos arrendáveis, face à imprescindibilidade da habitação para a vida em condições dignas. Em qualquer desses contratos, a parte mais forte (entidade patronal ou senhorio) poderá facilmente ditar as condições contratuais,

[35] Cfr. Larenz, *Schuldrecht*, I, § 4 I, p. 42.

[36] Cfr. Larenz, *Schuldrecht*, I, § 4 I, p. 51. Sobre os limites operativos da autonomia privada, cfr. especificamente, Joaquim de Sousa Ribeiro, *O problema do contrato. As cláusulas contratuais gerais e o princípio da liberdade contratual*, Coimbra, Almedina, 1999, pp. 234 e ss.

que a parte mais fraca (o trabalhador ou o arrendatário) se verá forçada a aceitar por não poder abdicar da celebração do contrato.

A única forma de nesses contratos se proibir a estipulação de condições iníquas, e o consequente abuso da autonomia privada que tal representa, consiste na imposição de uma disciplina injuntiva para estes contratos, que é vedado às partes afastar (ou que só é permitido afastar em prejuízo da parte mais forte[37]). Para além disso, a lei normalmente pretende ainda assegurar nesses contratos uma estabilidade suficiente, em função do cariz essencial das necessidades cuja satisfação é por eles assegurada, limitando ou excluindo as possibilidades de a parte mais forte proceder à sua denúncia[38].

[37] Esta situação ocorre especialmente no contrato de trabalho, em virtude do princípio do tratamento mais favorável ao trabalhador, previsto nos arts. 3º e 476º do CT. Cfr. MENEZES CORDEIRO, *Manual do Direito do Trabalho*, Coimbra, Almedina, 1991, pp. 205 e ss. e PEDRO ROMANO MARTINEZ, *Direito do Trabalho*, 4ª ed., Coimbra, Almedina, 2007, pp. 221 e ss. e MARIA DO ROSÁRIO PALMA RAMALHO, *Da autonomia dogmática do Direito do Trabalho*, Coimbra, Almedina, 2000, pp. 509-510 e 926 e ss. No contrato de arrendamento foi igualmente discutida a eventual existência de um princípio idêntico de melhor tratamento do arrendatário. Em sentido afirmativo, cfr. PEREIRA COELHO, *Arrendamento*, Coimbra, polic., 1988, pp. 61 e ss., e JOSÉ CARLOS BRANDÃO PROENÇA, "Um exemplo do princípio do melhor tratamento do arrendatário habitacional: termo final do arrendamento e «renovação forçada» (uma perspectiva comparatística)", em AAVV, *Estudos em Homenagem ao Prof. Doutor J. J. Teixeira Ribeiro*, III, Coimbra, 1983, pp. 315-347. Em sentido negativo, que nos parece ser a melhor posição, veja-se JORGE HENRIQUE DA CRUZ PINTO FURTADO, *Manual do Arrendamento Urbano*, I, 4ª ed., Coimbra, Almedina, 2007, pp. 270 e ss.

[38] No âmbito do contrato de arrendamento, essa situação caracterizou-se pelo denominado *vinculismo*, ou seja, a imposição da prorrogação forçada do contrato ao senhorio, que só tinha o direito de o resolver em casos casos e especialmente graves e de o denunciar em circunstâncias excepcionais. O Regime do Arrendamento Urbano, aprovado pelo D.L. 321/90, de 15 de Outubro, veio restringir esse regime ao permitir os contratos de duração limitada, cuja celebração se generalizou. Posteriomente, o Novo Regime do Arrendamento Urbano, aprovado pela Lei 6/2006, de 27 de Fevereiro veio restringir consideravelmente o vinculismo, apenas o admitindo a título transitório (arts. 26º e 27º), e deixando para o futuro na disponibilidade das partes no arrendamento para habitação a celebração de contratos a termo certo ou de duração indeterminada (novos arts. 1094º, 1095º e ss. e 1099º do Código Civil) e admitindo a livre estipulação do prazo pelas partes no arrendamento comercial (novo art. 1110º do Código Civil). O vinculismo foi depois praticamente eliminado pela revisão do NRAU efectuada pela Lei 31/2012, de 14 de Agosto, que não apenas determinou a transição dos contratos antigos para o novo regime (arts. 31º e ss.), como também liberalizou totalmente o prazo do arrendamento (nova redacção do art. 1095º CC). Para uma apreciação crítica do vinculismo, veja-se PINTO FURTADO, *Manual*, I, pp. 183 e ss.

B) *Cláusulas contratuais gerais*

A outra situação diz respeito às cláusulas contratuais gerais[39], com o regime constante do D.L. 446/85, de 25 de Outubro, alterado e republicado pelo D.L. 220/95, de 31 de Agosto, e que o D.L. 249/99, de 7 de Julho decidiu estender a sua aplicação em relação aos contratos individualizados pré-formulados, tendo o diploma sido ainda alterado pelo D.L. 323/2001, de 17 de Dezembro.

As cláusulas contratuais gerais consistem em situações típicas do tráfego negocial de massas em que as declarações negociais de uma das partes se caracterizam pela *pré-elaboração*, *generalidade* e *rigidez*. Efectivamente, está-se nesses casos perante situações em que uma das partes elabora a sua declaração negocial previamente à entrada em negociações (*pré-elaboração*), a qual aplica genericamente a todos os seus contraentes (*generalidade*), sem que a estes seja concedida outra possibilidade que não seja a da sua aceitação ou rejeição, estando-lhes por isso vedada a possibilidade de discutir o conteúdo do contrato (*rigidez*)[40].

[39] Sobre as cláusulas contratuais gerais, também denominadas contratos de adesão, cfr. CARLOS MOTA PINTO, "Contratos de adesão. Uma manifestação jurídica da moderna vida económica", em *RDES* 20 (1973), pp. 119-148, MENEZES CORDEIRO, *Obrigações*, 1º, pp. 96 e ss., e *Tratado*, I-1, pp. 593 e ss., ALMEIDA COSTA/MENEZES CORDEIRO, *Cláusulas Contratuais Gerais. Anotação ao Decreto-Lei nº 446/85, de 25 de Outubro*, Coimbra, Almedina, 1986, ALMEIDA COSTA, *Síntese do Regime Jurídico Vigente das Cláusulas Contratuais Gerais*, 2ª ed., Lisboa, Universidade Católica, 1999, OLIVEIRA ASCENSÃO, "Cláusulas contratuais gerais, cláusulas abusivas e boa fé", na *ROA* 60 (2000), pp. 573-595 e PINTO MONTEIRO, "O novo regime jurídico dos contratos de adesão/cláusulas contratuais gerais", na *ROA* 62 (2002), pp. 1-32, JOAQUIM DE SOUSA RIBEIRO, *Cláusulas Contratuais Gerais e o Paradigma do Contrato*, Coimbra, Separata do BFD, 1990, *O Problema*, passim, e "O regime dos contratos de adesão: algumas questões decorrentes da transposição da Directiva sobre as cláusulas abusivas", em FACULDADE DE DIREITO DA UNIVERSIDADE DE COIMBRA (org.), *Comemorações dos 35 anos do Código Civil e dos 25 anos da Reforma de 1977*, III- *Direito das Obrigações*, Coimbra, Coimbra Editora, 2007, pp. 209-233, LUÍS CARVALHO FERNANDES, *Teoria Geral do Direito Civil*, II, 3ª ed., Lisboa, Universidade Católica Editora, 2001, pp. 263 e ss., CARLOS FERREIRA DE ALMEIDA, *Contratos*. I- *Conceito. Fontes. Formação*, 4ª ed., Coimbra, Almedina, 2008, pp. 175 e ss. PEDRO PAIS DE VASCONCELOS, *Teoria Geral do Direito Civil*, 3ª ed., Coimbra, Almedina, 2005, pp. 468 e ss., MIGUEL MACHADO, *Sobre Cláusulas Contratuais Gerais e Conceito de Risco*, Lisboa, Separata da Revista da Faculdade de Direito, 1988, e ALMENO DE SÁ, *Cláusulas Contratuais Gerais e Directiva sobre Cláusulas Abusivas*, 2ª ed., Coimbra, Almedina, 2001.

[40] Estes elementos podem encontrar-se na denominada lei das cláusulas contratuais gerais (LCCG), constante do D.L. 446/85, de 25 de Outubro, alterado e republicado pelo D.L. 220/95, de 31 de Agosto, posteriormente alterado pelo D.L. 249/99, de 7 de Julho, que refere

Para além disso, e como refere MENEZES CORDEIRO, as cláusulas contratuais gerais costumam caracterizar-se pela desigualdade entre as partes, pela complexidade e pela natureza formulária, ainda que estas características não sejam de verificação necessária[41]. Efectivamente, costuma caracterizar as cláusulas contratuais gerais o facto de uma das partes ter uma posição social ou económica mais relevante, que lhe serve de justificação para impor a situação à outra parte. Para além disso, as cláusulas contratuais são normalmente completas e exaustivas, regulando todas as questões de verificação entre as partes, a um nível jurídico, não acessível a leigos. Finalmente, as cláusulas contratuais gerais constam normalmente de formulários, de letra reduzida e leitura difícil, que o aderente não examina detalhadamente limitando-se a neles incluir os seus elementos de identificação.

Nas cláusulas contratuais gerais é manifesta a impossibilidade fáctica de uma das partes exercer a sua liberdade de estipulação, que fica assim apenas na mão da outra parte. Essa situação é possível de conduzir a efeitos perversos. Um deles é a circunstância de o contrato poder ser celebrado sem que uma das suas partes se possa aperceber do seu conteúdo, só sendo confrontada com o regime contratual que aceitou no momento em que surge um litígio, quando naturalmente é demasiado tarde para reagir. O outro é a possibilidade fáctica de serem introduzidas no contrato cláusulas iníquas ou abusivas, em benefício de um dos contraentes, que qualquer contraente normal tenderia a rejeitar, se pudesse discutir as condições do contrato.

Naturalmente que, para evitar estes efeitos perversos, que podem ocorrer em relação a uma generalidade de contraentes, a lei tem que intervir no sentido de restringir a liberdade de estipulação, o que realiza essencialmente através de dois vectores:

1) Por um lado procura evitar a introdução no contrato de cláusulas de que o outro contraente não se apercebeu
2) Por outro lado, visa impedir o surgimento de cláusulas iníquas ou abusivas.

no seu artigo 1º: "As cláusulas contratuais gerais elaboradas sem prévia negociação individual, que proponentes ou destinatários indeterminados se limitem, respectivamente, a subscrever ou a aceitar, regem-se pelo presente diploma".

[41] Cfr. MENEZES CORDEIRO, *Tratado*, I-1, p. 599.

Relativamente ao primeiro vector, ele é concretizado pela referência de que as cláusulas contratuais gerais se incluem nos contratos mediante a sua aceitação (art. 4º LCCG), sendo assim rejeitadas as teorias anti-contratualistas e mistas, que admitiam a possibilidade unilateral de uma das partes ditar essas cláusulas, numa espécie de poder regulamentar institucional[42]. Esclarecida a necessidade de aceitação, ficam naturalmente excluídas do contrato as cláusulas contratuais gerais não aceites especificamente por um contraente, ainda que sejam habitualmente usadas pela outra parte relativamente a todos os seus contraentes. Por outro lado, a exigência de aceitação determina a aplicação às cláusulas contratuais gerais das regras sobre a perfeição da declaração negocial, designadamente em caso de falta de consciência da declaração, erro ou incapacidade[43].

Mas, para além disso, mesmo que ocorra a aceitação, a lei exige o cumprimento de certas exigências específicas para permitir a inclusão das cláusulas contratuais gerais no contrato singular. Essas exigências constam dos arts. 5º a 7º LCCG, reconduzindo-se a três situações distintas:

- a comunicação das cláusulas contratuais gerais à outra parte (art. 5º LCCG);
- a prestação de informação sobre os aspectos obscuros nelas compreendidos (art. 6º LCCG);
- a inexistência de estipulações específicas de conteúdo distinto (art. 7º LCCG).

A lei especifica que a comunicação à outra parte deve ser integral (art. 5º, nº 1, LCCG) e ser realizada de modo adequado e com a antecedência necessária para que, tendo em conta a importância do contrato e a extensão e complexidade das cláusulas, se torne possível o seu conhecimento efectivo por quem use de comum diligência (art. 5º, nº 2, LCCG). O ónus da prova da comunicação adequada e efectiva cabe à parte que utilize as cláusulas contratuais gerais (art. 5º, nº 3, LCCG), sendo que, caso esta exigência de comunicação não seja cumprida, as cláusulas contratuais gerais consideram-se excluídas do contrato singular (art. 8º *a)* LCCG)[44], conside-

[42] Cfr. Mota Pinto, *RDES* 20 (1973), p. 131, e nota (1) e Menezes Cordeiro, *Obrigações*, I, p. 102.

[43] Cfr. Menezes Cordeiro, *Tratado*, I-1, p. 619.

[44] Por esse motivo, no Ac. STJ 11/4/2000 (Lopes Pinto) em *CJ-ASTJ* 7 (2000), 1, pp. 152-158, considerou-se que por omissão do dever de comunicação não se poderia aceitar, num

rando ainda a lei não terem sido adequada e efectivamente comunicadas as cláusulas que, pelo contexto em que surjam, pela epígrafe que as precede ou pela sua apresentação gráfica, passem despercebidas a um contratante normal, colocado na posição do contratante real (art. 8º *c)* LCCG) e as cláusulas inseridas em formulários, depois da assinatura de uma das partes (art. 8º *d)*, LCCG)[45].

Para além da exigência de comunicação adequada e efectiva, surge ainda a exigência da informar a outra parte, de acordo com as circunstâncias, de todos os aspectos compreendidos nas cláusulas contratuais gerais cuja aclaração se jutifique (art. 6º, nº 1, LCCG) e de prestar todos os esclarecimentos razoáveis solicitados (art. 6º, nº 2, LCCG). Caso não tenha sido cumprida a exigência de informação, em termos de não ser de esperar o conhecimento efectivo pelo aderente, as cláusulas contratuais gerais consideram-se excluídas dos contratos singulares (art. 8º *b)* LCCG)[46].

Finalmente, surge a exigência de que não tenha havido cláusulas especificamente acordadas, pois estas prevalecem sobre quaisquer claúsulas contratuais gerais, mesmo que constantes de formulários assinados pelas partes (art. 7º LCCG). É de referir que esta prevalência apenas será aplicável em relação a cláusulas especificamente acordadas, e não perante conflitos de cláusulas contratuais gerais elaboradas por cada uma das partes e subscritas por ambas[47].

seguro contra o risco de tempestades, uma definição restritiva do conceito de tempestade, constante das condições gerais da apólice. Negando igualmente a vigência de cláusulas gerais de exclusão da cobertura do seguro não comunicadas, veja-se Ac. STJ 20/6/2002 (Miranda Gusmão), em *CJ-ASTJ* 10 (2002), 2, pp. 117-120.

[45] No Ac. RL 8/5/2003 (Sousa Grandão), na *CJ* 28 (2003), 3, pp. 73-75, interpretou-se restritivamente esta disposição, considerando-se não aplicável essa exclusão se o texto do acordo remeter para o formulário colocado depois da assinatura. Mas já no Ac. RL 13/5/2003 (Ribeiro Coelho), na *CJ* 28 (2003), 3, pp. 75-78, se considerou excluídas as cláusulas constantes de formulário colocado no verso do contrato, o que nos parece ser a interpretação correcta.

[46] No Ac. STJ 28/3/1995 (Miranda Gusmão), no *BMJ* 445 (1995), pp. 519-528, considerou-se ininvocável, por violação do dever de esclarecimento, a claúsula de um seguro de responsabilidade civil por animais, que condicionava a cobertura ao facto de o animal estar vacinado e com licença.

[47] Sobre esta questão no âmbito dos contratos internacionais, veja-se António Frada de Sousa, *Conflito de clausulados e consenso nos contratos internacionais*, Porto, UCP, 1999. Posteriormente, cfr. Ferreira de Almeida, *Contratos*, I, pp. 188 e ss.

Estas exigências constituem apenas ónus cujo não cumprimento, mesmo que não culposo, acarreta sempre a consequência da exclusão das cláusulas contratuais gerais do contrato singular, vigorando então as normas supletivas aplicáveis ou recorrendo-se ao regime da integração negocial (art. 9º, nº 1 LCCG). Pode, porém, o contrato ser nulo quando essa exclusão conduza a uma indeterminação insuprível de elementos essenciais ou a um desiquilíbio das prestações gravemente atentatório da boa fé (art. 9º, nº 2 LCCG). Relativamente à exigência da comunicação adequada e efectiva e da prestação de informação à outra parte é, porém, possível visualizar ainda a possibilidade de a sua violação acarretar danos à outra parte, pelo que, havendo culpa do utilizador das claúsulas contratuais gerais, se poderia equacionar a sua constituição no dever de indemnizar. Conforme refere MENEZES CORDEIRO, parece, porém, que esse dever de indemnizar terá por fonte apenas a disposição do art. 227º, e não os arts. 5º e 6º da LCCG que têm natureza estruturalmente distinta[48].

Mas, mesmo que sejam cumpridas todas estas exigências, a interpretação e integração das cláusulas contratuais gerais é sujeita a regras especiais, desfavoráveis a quem as predispõe, já que embora lhe sejam aplicáveis as regras gerais relativas à interpretação e integração dos negócios jurídicos, a lei determina que a sua interpretação e integração tem que ocorrer no contexto de cada contrato singular em que se incluam (art. 10º LCCG), o qual pode alterar o objectivo de quem procedeu à sua preparação. Por outro lado, para a interpretação das cláusulas contratuais gerais é irrelevante a intenção do seu predisponente, já que o seu sentido é determinado com base no critério do contraente indeterminado que se limitasse a subscrevê-las ou a aceitá-las, quando colocado na posição de aderente real (art. 11º, nº 1 LCCG), esclarecendo-se ainda que na dúvida prevalece o sentido mais favorável ao aderente (art. 11º, nº 2 LCCG)[49].

Já relativamente ao segundo vector – impedir cláusulas iníquas ou abusivas – ele concretiza-se através da proibição de certas cláusulas contratuais gerais, que apresentem essas características. De acordo com a sistematiza-

[48] Cfr. MENEZES CORDEIRO, *Tratado*, I-1, pp. 621-622.

[49] É o denominado princípio da *interpretatio contra proferentem*, já presente no art. 1370 do Código Civil italiano de 1942, e no § 5 da *AGB-Gesetz* alemã (hoje § 305 c, II BGB). Para uma aplicação desse critério interpretativo, cfr. Ac. RP 19/3/2001 (FONSECA RAMOS), na *CJ* 26 (2001), 2, pp. 176-181 e Ac. STJ 1/3/2001 (NORONHA NASCIMENTO), na *CJ-ASTJ* 9 (2001), I, pp. 135-136

ção legislativa, esta proibição desdobra-se essencialmente em três campos, que apresentam uma regulação legislativa diversa:

- **as disposições comuns por natureza** (arts. 15º e 16º LCCG);
- **as relações entre empresários ou profissionais liberais ou entre uns e outros**, sejam pessoas singulares ou colectivas, desde que intervenham apenas nessa qualidade e no âmbito da sua actividade específica (arts. 17º a 19º LCCG);
- **as relações com os consumidores finais**, ou genericamente, todas as não abrangidas pela referência anterior (arts. 20º a 22º LCCG).

No âmbito das **disposições comuns** prevê-se a proibição de todas as cláusulas contratuais gerais contrárias à boa fé (art. 15º LCCG). Estamos aqui perante uma cláusula geral, que se destina a ser preenchida, caso a caso, pelo julgador[50], e com base na qual é possível a este considerar proibidas, e portanto, nulas, todas as cláusulas contratuais gerais que atentem contra os valores fundamentais do direito, em face da situação considerada (cfr. art. 16º LCCG), mesmo que não sejam objecto de qualquer proibição específica na LCCG[51].

O art. 16º LCCG fornece ainda alguns critérios para a aplicação desta proibição genérica, e que são:

a) a confiança suscitada, nas partes, pelo sentido global das cláusulas contratuais em causa, pelo processo de formação do contrato sin-

[50] Conforme refere MENEZES CORDEIRO, *Tratado*, I-1, p. 632, aplicam-se aqui "todas as regras já conhecidas sobre a concretização da boa fé: pretende-se, sempre, uma solução justificada e controlada pela Ciência do Direito e não algo que se aproxime do arbítrio ou de uma equidade informe, no sentido de 'justiça do caso concreto'". A jurisprudência tem feito efectivamente aplicação desta cláusula. Assim, no AUJ 2016 (SALRETA PEREIRA), processo 2475/10.0YXLSB.L1.S1-A, publicado no D.R. I Série, nº 4, de 7 de Janeiro de 2016, pp. 20-24, considerou-se "proibida, nos termos do preceitudado pelo art. 15º da LCCG, por contrária à boa fé, a cláusula contratual geral que autoriza o banco predisponente a compensar o seu crédito sobre um cliente com o saldo de conta colectiva solidária, de que o mesmo cliente seja ou venha ser contitular".

[51] É manifesta a necessidade de uma disposição deste tipo para permitir um contrôle pelo julgador das cláusulas contratuais gerais. Não nos parecem por isso de sufragar as críticas que a esta disposição têm sido efectuadas por OLIVEIRA ASCENSÃO, *Teoria*, II, p. 403, e *ROA* 60 (2000), pp. 587 e ss., que salienta o seu carácter vago e supérfluo. Repare-se que uma cláusula geral de alcance semelhante foi prevista no art. 3º, nº 1 da Directiva 93/13, de 5 de Abril de 1993.

gular celebrado, pelo teor deste e ainda por quaisquer outros elementos atendíveis;

b) o objectivo que as partes visam atingir negocialmente, procurando-se a sua efectivação à luz do contrato celebrado.

Relativamente ao primeiro critério será possível, com base nele, excluir as cláusulas contratuais gerais que ponham em causa uma situação de confiança justificadamente criada na outra parte. No caso do segundo critério, ele justifica o afastamento de todas as cláusulas contratuais gerais que se apresentem como contrárias ao objectivo que as partes visaram com o contrato, que não pode assim ser afastado através de cláusulas contratuais gerais.

Para além desta situação comum, existe uma proibição específica de cláusulas contratuais gerais **no âmbito das relações entre empresários e equiparados**. Justifica-se esta proibição no nosso direito interno, que extravasa das simples relação entre profissionais e consumidores, abrangida pela Directiva 93/13/CEE, do Conselho de 5 de Abril de 1993, uma vez que é muito comum entre empresários e equiparados a utilização das cláusulas contratuais gerais, sendo fácil haver uma parte mais fraca, que necessite de ser protegida da imposição de cláusulas contratuais gerais pela outra parte. No entanto, as proibições de cláusulas contratuais gerais que a lei vem a instituir em relação a eles são naturalmente inferiores às que são estabelecidas nos contratos com os consumidores, uma vez que a possibilidade material que um empresário tem de negociar as cláusulas do contrato será naturalmente muito superior àquela que um consumidor possuirá.

Assim, nas relações entre empresários e entidades equiparadas, a lei distingue entre cláusulas absoluta ou relativamente proibidas. As cláusulas absolutamente proibidas são referidas no art. 18º LCCG e reconduzem-se a cláusulas iníquas, pelo que a lei as considera nulas, seja qual for o quadro contratual em questão. As cláusulas relativamente proibidas são referidas no art. 19º LCCG e reconduzem-se a cláusulas abusivas pelo que a sua proibição depende da realização de um juízo sobre o quadro contratual padronizado, uma vez que só este permitirá confirmar ou infirmar a existência de um abuso da liberdade contratual na introdução daquela cláusula contratual geral.

Entre as *cláusulas absolutamente proibidas*, referidas no art. 18º LCCG situam-se as convenções de exclusão ou limitação de responsabilidade.

A sua proibição é absoluta quando abranja a responsabilidade por danos extracontratuais (cfr. art. 483º), sejam eles pessoais (art. 18º *a)* LCCG) ou patrimoniais (art. 18º *b)* LCCG), quer a exclusão seja efectuada por forma directa ou por forma indirecta[52]. Tratando-se, porém, de responsabilidade obrigacional culposa (cfr. art. 798º e 804º) ou da responsabilidade objectiva do devedor por actos dos representantes e auxiliares (cfr. art. 800º), a lei só proíbe a exclusão dessa responsabilidade em caso de dolo ou culpa grave (art. 18º *c)* e *d)* LCCG). Pareceria assim possível estipular cláusulas contratuais gerais a excluir ou limitar a responsabilidade do devedor em caso de culpa leve. No entanto, se as cláusulas de limitação de responsabilidade por culpa leve parecem admissíveis, já se colocam alguns obstáculos às cláusulas de exclusão de responsabilidade. Se elas serão permitidas em relação à responsabilidade por actos dos auxiliares ou representantes, atento o que se dispõe no art. 800º, nº 2, já parece haver obstáculos à sua aplicação à responsabilidade pessoal do devedor, uma vez que o art. 809º proíbe qualquer cláusula de exclusão directa da responsabilidade obrigacional nos contratos singulares e seria uma absurda contradição valorativa que fossem permitidas, nas cláusulas contratuais gerais, disposições que são proibidas nos contratos singulares. Por outro lado, o carácter especial da LCCG não permite considerar derrogado o Código Civil nessa matéria. Entendemos assim que, por força do art. 809º, qualquer cláusula de exclusão directa da responsabilidade pessoal do devedor, mesmo que baseada em culpa leve, continua a ser proibida[53].

É também proibida a cláusula contratual geral que confira a quem as predisponha, a faculdade exclusiva de interpretar qualquer cláusula do contrato (art. 18º *e)* LCCG). Colocar, através de cláusulas contratuais gerais a faculdade de interpretar o contrato nas mãos de uma das partes institui um grave desequilíbrio contratual, pelo que bem se compreende esta proibição.

[52] No Ac. STJ 6/5/1993 (Figueiredo de Sousa), no *BMJ* 427 (1993), pp. 509-515 foi condenada uma companhia de gás a abster-se de utilizar uma cláusula que estabelecia um reconhecimento pelo consumidor de que não cabia à companhia qualquer responsabilidade por acidentes causados pelo fornecimento de gás, tendo o tribunal considerado que tal implicava uma exclusão indirecta de responsabilidade.

[53] Em sentido contrário, defendendo a compatibilização destas duas normas através duma interpretação restritiva do art. 809º, que admitiria as cláusulas de exclusão de responsabilidade com base na culpa leve, veja-se António Pinto Monteiro, *Cláusula Penal e Indemnização*, Coimbra, Almedina, 1990, p. 255.

São igualmente proibidas as cláusulas que excluam ou limitem a excepção de não cumprimento do contrato ou a resolução por incumprimento (art. 18º *f)* LCCG), o direito de retenção (art. 18º *g)* LCCG), a faculdade de compensação (art. 18º *h)* LCCG) ou a faculdade de consignação em depósito (art. 18º *i)* LCCG). A excepção de não cumprimento do contrato (art. 428º e ss.) e o direito de retenção (arts. 754º e ss.) são meios indispensáveis para compelir a outra parte ao cumprimento das suas obrigações. Já a resolução por incumprimento (art. 801º, nº 2), a compensação (arts. 847º e ss.) ou a consignação em depósito (arts. 841º e ss.) permitem obter por outra via a extinção da obrigação quando deixa de se justificar o seu cumprimento por factos imputáveis à outra parte. O afastamento destes institutos colocaria assim uma das partes na posição de não poder coagir a outra a cumprir e continuar vinculada ao cumprimento da obrigação, mesmo quando, por factos imputáveis à outra parte se justificasse outra via de proceder à sua extinção. É, por isso, duvidosa a possibilidade de afastar estes institutos, mesmo perante contratos singulares[54], mas é, em qualquer caso, proibido o seu afastamento através de cláusulas contratuais gerais.

É da mesma forma proibida a cláusula contratual geral que estabeleça obrigações duradouras perpétuas ou cujo prazo de vigência dependa apenas da vontade de quem as predisponha (art. 18º *j)* LCCG). A redacção da norma é manifestamente infeliz, uma vez que, ao só proibir as obrigações duradouras perpétuas, vem admitir todas as obrigações duradouras temporárias, mesmo que vitalícias. Só que sempre se considerou que é incompatível com o princípio da liberdade contratual a estipulação de obrigações duradouras por grandes lapsos de tempo ou por tempo indeterminado, situação que permite a aplicação do instituto da denúncia do contrato ou, quando o contrato é estipulado por prazo certo, ainda que renovável, a oposição à renovação. Mas, para além disso, a simples proibição do estabelecimento de obrigações duradouras perpétuas vem impedir a celebração, através de cláusulas contratuais gerais, de contratos de renda perpétua (cfr. art. 1231º), o que não se justifica, atenta a possibilidade neles existente de remição da renda pelo devedor, instituída injuntivamente (art. 1236º). Entendemos, por isso, que o que esta norma visa proibir é a exclusão, através de cláusulas contratuais gerais, das formas de extinção das obrigações duradouras, como a remição, a denúncia do contrato ou

[54] Cfr. MENEZES CORDEIRO, *Tratado*, I-1, p. 634.

da oposição à renovação, designadamente a colocação dessa extinção nas mãos apenas de uma das partes.

Finalmente, é proibida a cláusula que permita ao predisponente, sem acordo da outra parte, a cessão da posição contratual (arts. 424º e ss.), a transmissão de dívidas (arts. 595º e ss.) ou o subcontrato, a menos que a identidade do terceiro conste do contrato inicial (art. 18º *l)* LCCG)[55]. Trata-se de uma norma que visa impedir a exoneração das obrigações do predisponente, através do esquema da transferência das suas obrigações para terceira entidade, que poderia não ter capacidade de cumprimento[56].

Quanto às *cláusulas relativamente proibidas* nas relações entre empresários e equiparados, referidas no art. 19º LCCG, conforme se salientou, neste caso a proibição depende de uma valoração pelo julgador, que conclua estar a ser realizado um exercício abusivo da liberdade contratual. Daí a exigência no art. 19º LCCG da ponderação do *quadro negocial padronizado*, bem como a constante utilização de conceitos indeterminados nesta disposição, conforme veremos a seguir.

São assim proibidas, nessas condições, as cláusulas em que haja estipulação de prazos *excessivos* para a aceitação ou rejeição de propostas (art. 19º *a)* LCCG) ou para o cumprimento de obrigações (art. 19º *b)* LCCG).

Para além disso são proibidas cláusulas contratuais gerais que consagrem cláusulas penais *desproporcionadas* em relação aos danos a ressarcir (art. 19º *c)* LCCG). Neste caso, a lei permite considerar nulas as cláusulas contratuais gerais que estabeleçam cláusulas penais desproporcionadas em relação aos danos sofridos pela parte lesada, dispensando assim a *reductio ad aequitatem*, prevista no art. 812º, no caso de os danos serem muito inferiores à cláusula penal, e funcionando como derrogação da limitação do art. 811º, nº 2, quando os danos sejam muito superiores. No caso de a cláusula penal consagrar um valor absolutamente insignificante, estar-se-á

[55] No já referido AUJ 2016 (Salreta Pereira), processo 2475/10.0YXLSB.L1.S1-A, publicado no D.R. I Série, nº 4, de 7 de Janeiro de 2016, pp. 20-24, considerou-se proibida, nos termos desta disposição, a cláusula contratual geral que autoriza o banco predisponente a ceder total ou parcialmente a sua posição contratual para outras entidades do respectivo grupo, sediadas em Portugal ou no estrangeiro".

[56] No já referido Ac. STJ 6/5/1993 (Figueiredo de Sousa), no *BMJ* 427 (1993), pp. 509-515 foi também condenada a companhia de gás a abster-se de utilizar uma cláusula que admitia a possibilidade de ser qualquer outra entidade a fornecer o gás (art. 18º l LCCG).

perante uma verdadeira exclusão de responsabilidade, proibida genericamente pelo art. 809º[57].

São também proibidas, nos termos do art. 19º *d)* LCCG, as cláusulas contratuais gerais que imponham ficções de manifestações tácitas de vontade, *com base em factos para tal insuficientes*, ou seja, factos de onde não se poderia deduzir, com toda a probabilidade, pela revelação dessa vontade (cfr. art. 217º). *A fortiori* parece-nos que desta norma se pode ainda concluir pela proibição das cláusulas contratuais gerais que imponham injustificadamente a relevância do silêncio como manifestação de vontade.

O art. 19º *e)* LCCG proíbe também as cláusulas contratuais gerais que façam depender a garantia das qualidades da coisa cedida ou dos serviços prestados, *injustificadamente*, do não recurso a terceiros. Trata-se de disposição que se explica, atenta a restrição à garantia que essa proibição poderia implicar.

As alíneas *f) h)* e *i)* do art. 19º LCCG visam evitar a atribuição a uma das partes de poderes decisórios excessivos relativamente à duração, modificação e tempo de cumprimento do contrato. Por esse motivo é afastada a possibilidade de denúncia, imediata ou com pré-aviso insuficiente, sem compensação *adequada*, do contrato, quando este tenha exigido à outra parte *investimentos ou outros dispêndios consideráveis* (art. 19º *f)* LCCG). É também proibida a estipulação da possibilidade de modificação das prestações, sem compensação *correspondente às alterações de valor verificadas* (art. 19º *h)* LCCG). Finalmente, é proibida a estipulação de limitações, *sem justificação*, à faculdade de interpelar (art. 19º *i)* LCCG), o que inclui a proibição de estipular que as obrigações sejam *cum potuerit* (art. 778º, nº 1) ou *cum voluerit* (art. 778º, nº 2).

Por último, o art. 19º *g)* LCCG proíbe a escolha de foro *que envolva graves inconvenientes* para uma das partes, sem que os interesses da outra *o justifiquem*. Trata-se de disposição que se justifica em virtude da estipulação de um foro gravemente inconveniente representar uma séria limitação à faculdade de a outra parte recorrer a tribunal[58].

[57] No Ac. STJ 27/4/1999 (Lopes Pinto) em *BMJ* 486 (1999), pp. 291-295 foi considerada ilegal por violação do art. 19º *c)* da LCCG e 809º do Código Civil a denominada "cláusula Kodak", através da qual uma empresa de revelação de fotografias limitava a sua responsabilidade pelo extravio dos negativos à entrega de filmes de película virgem.

[58] No Ac. STJ 23/11/2000 (Sousa Inês) em *CJ-ASTJ* 7 (2000), 3, pp. 133-139 consideraram-se proibidas por esta disposição as cláusulas contratuais gerais de cartões de crédito que

Já relativamente às **relações com os consumidores finais**, e genericamente, em todas as que não se possam considerar como respeitantes às relações entre empresários e entidades equiparadas, a proibição de cláusulas contratuais gerais é mais abrangente, pois inclui, além de todas as proibições acima referidas, todas as seguintes proibições, mais uma vez permitindo distinguir entre cláusulas iníquas, que são absolutamente proibidas e cláusulas abusivas, em que a proibição é apenas relativa, só ocorrendo quando o abuso puder ser demonstrado através de uma avaliação do quadro contratual padronizado. Em grande parte das situações esta secção visa, porém, apenas estender para os consumidores o alcance de proibições já aplicáveis em quaisquer cláusulas contratuais gerais.

As *cláusulas absolutamente proibidas* constam do art. 21º LCCG. Neste âmbito as alíneas *a)*, *b)*, *c)* *d)* e *e)* visam proibir as cláusulas que visem a limitação ou a alteração das obrigações assumidas na contratação, ou excluam directa ou indirectamente as garantias legais da não existência de vícios na prestação. Por esse motivo são proibidas: a limitação ou alteração de obrigações previamente assumidas (art. 21º *a)* LCCG); as imposições unilaterais a favor do predisponente das faculdades de verificação ou estabelecimento da qualidade dos produtos ou serviços (art. 21º *b)* LCCG); a estipulação da não correspondência da prestação com as especificações ou amostras exibidas (art. 21º *c)* LCCG), derrogando-se assim a permissão dessa cláusula prevista no art. 919º); a exclusão dos deveres que recaem sobre o prestador em caso de não cumprimento defeituoso, designadamente a imposição de uma forma específica de reparação ou indemnização pecuniária (art. 21º *d)* LCCG)[59]; e, finalmente, o atestar de conhecimentos das partes relativos ao contrato, quer em aspectos jurídicos, quer em questões materiais (art. 21º *e)* LCCG), dado que essa convenção poderia funcionar como uma forma indirecta de derrogação das garantias contra defeitos ocultos.

impusessem a todo o país o foro da comarca de Lisboa. No referido AUJ 2016 (Salreta Pereira, vencidos Moreira Camilo e Pires da Rosa), processo 2475/10.0YXLSB.L1.S1-A, publicado no D.R. I Série, nº 4, de 7 de Janeiro de 2016, pp. 20-24, considerou-se que a nulidade dessa cláusula pode ser invocada em acção inibitória, independentemente da sua estipulação em contratos concretos.

[59] De notar que a proibição da exclusão da responsabilidade já resultaria do art. 18º *c)* LCCG, ainda que limitada, em contrariedade ao art. 809º aos casos de dolo ou culpa grave. Esta norma visa, por isso, as cláusulas que excluam todo e qualquer dever do prestador em caso de vícios da prestação ou afastem as possibilidades de opção da outra parte pelo exercício dos direitos legalmente previstos, em caso de cumprimento defeituoso.

Para além disso, é proibida a cláusula que altere as regras relativas à distribuição do risco contratual (art. 21º *f)* LCCG), disposição que visa evitar uma distribuição do risco desfavorável à parte mais fraca[60].

Por último são em absoluto proibidas certas cláusulas que visem impedir uma das partes de exercer judicialmente os seus direitos, como o seriam as cláusulas que alterem o regime do ónus da prova ou estabeleçam certas proibições de prova (art. 21º *g)* LCCG) e ainda as cláusulas que excluam o recurso a tribunal ou as cláusulas compromissórias relativamente a arbitragens que não assegurem as garantias de procedimento legalmente estabelecidas (art. 21º *h)* LCCG).

Já quanto às *cláusulas relativamente proibidas* no âmbito das relações com consumidores, elas encontram-se previstas no art. 22º LCCG e dizem respeito a situações em que o exame do quadro contratual padronizado permite a verificação da existência de um abuso naquela estipulação, o qual tem que ser averiguado pelo julgador através da valoração dos conceitos indeterminados previstos nesta disposição.

São assim proibidas as cláusulas que prevejam prazos *excessivos* de duração do contrato, quer através da estipulação da sua vigência, quer através da exigência de prazos dilatados para a sua denúncia (art. 22º, nº 1 *a)* LCCG). É também ainda proibida a imposição da renovação automática do contrato, em consequência do silêncio da contraparte, se a data limite para a imposição da renovação se encontrar excessivamente distante do termo do contrato (art. 22º, nº 1 *h)* LCCG). Conforme se referiu, o art. 18º *j)* LCCG já proíbe a exclusão, através de claúsulas contratuais gerais, das formas de extinção das obrigações duradouras, visando agora o art. 22º, nº 1 *a)* LCCG proibir qualquer estipulação de duração excessiva do contrato.

É, para além disso, proibida a cláusula que admita a denúncia, *sem pré-aviso adequado,* ou que permita a resolução *sem motivo justificativo,* fundado na lei ou em convenção (art. 22, nº 1 *b)* LCCG)[61]. Numa repetição desne-

[60] Tem-se incluído nesta proibição as cláusulas que obrigam o titular do cartão de crédito a suportar os danos resultantes da utilização ilegítima por outrem desse cartão. Cfr. Ac. STJ 11/10/2001 (Silva Paixão) na *CJ-ASTJ* 9 (2001), 3, pp. 78-81. Da mesma forma, foi considerada ilegal a cláusula que considera da responsabilidade do cliente a utilização do serviço de acesso à internet por terceiros, após comunicação do extravio do código de acesso. Cfr. Ac. RL 8/11/2007 (Carla Mendes), em *CJ* 32 (2007), 5, pp. 84-87.

[61] No Ac. STJ 8/3/2001 (Oliveira Barros) na *CJ-ASTJ* 9 (2001), I, pp. 145-159, considerou-se violar o art. 22º *b)* LCCG a cláusula que permitisse a resolução do contrato de seguro a

cessária, o art. 22º, nº 1 *i)* LCCG, vem novamente proibir a uma das partes que ponha termo a um contrato de duração indeterminada, sem pré-aviso razoável, excepto nos casos em que estejam presentes *razões sérias capazes de justificar essa atitude.* O art. 19º *f)* LCCG apenas proibia a denúncia, sem pré-aviso adequado, quando não fosse atribuída uma compensação à outra parte. No âmbito das relações com os consumidores ela é assim proibida em qualquer caso[62].

É também proibida a cláusula que atribua a quem a predisponha o direito de alterar unilateralmente os termos do contrato, excepto se existir *razão atendível* que as partes tenham convencionado (art. 22º, nº 1 *c)* LCCG). Dado que o art. 21º *a)* LCCG já proíbe a limitação ou alteração de obrigações assumidas na contratação, parece que o art. 22º, nº 1 *c)* LCCG visará alterações não abrangidas por aquela disposição. Já as alíneas *d), e)* e *f)* do art. 22º, nº 1 LCCG visam proibir as cláusulas que permitem alterações *excessivas* de preço, ou em prazos manifestamente curtos, sem deixar à outra parte a alternativa da resolução ou denúncia do contrato[63]. São, no entanto, permitidas as cláusulas de alteração da taxa de juro e encargos, em função do mercado (art. 22º nº 2 *a)* LCCG), bem como as alterações unilaterais dos contratos de duração indeterminada (art. 22º, nº 2 *b)* LCCG), desde que prevejam um pré-aviso razoável e dêem à outra parte a alternativa da resolução do contrato (arts. cits.). São também permitidas as cláusulas de indexação, que explicitem o mecanismo de variação do preço, desde que compatíveis com o tipo contratual em questão (22º, nº 4 LCCG) e determina-se a não aplicação destas proibições às transacções relativas a valores mobiliários ou a produtos ou serviços cujo preço dependa da flutuação de taxas formadas no mercado financeiro, bem como aos contratos de compra e venda de divisas, de cheques de viagem ou de postais internacionais expressos em divisas (art. 22º, nº 3 LCCG).

todo o tempo por parte da seguradora, bem como violar o art. 19º *c)* LCCG, a cláusula que lhe permitisse efectuar o estorno de apenas 50% do valor antecipadamente pago.

[62] Conforme salienta MENEZES CORDEIRO, *Tratado*, I-1, p. 637, nas relações com os consumidores não basta a atribuição de uma compensação, uma vez que a sua obtenção se apresenta como problemática.

[63] No já referido Ac. STJ 6/5/1993 (FIGUEIREDO DE SOUSA), no *BMJ* 427 (1993), pp. 509-515 foi condenada uma companhia de gás a abster-se de utilizar uma cláusula que lhe permitia alterar o preço a qualquer momento (art. 22º *d)* LCCG).

O art. 22º, nº 1 *g)* LCCG vem proibir as cláusulas que afastem, *injustificadamente*, as regras relativas ao cumprimento defeituoso ou aos prazos para o exercício de direitos emergentes de vícios da prestação. Esta norma tem que ser conjugada com o art. 18º *c)* LCCG, bem como com o art. 21º *d)* LCCG, que já proibem tanto a exclusão da responsabilidade, como o afastamento dos deveres impostos em caso de cumprimento defeituoso da obrigação, pelo que apenas pode respeitar às regras instrumentais relativas ao cumprimento defeituoso, como o são os prazos relativos ao exercício dos direitos.

As alíneas *j), l), m), n)* e *o)* do art. 22º, nº 1 LCCG visam proibir as cláusulas contratuais gerais que determinem certas estipulações acessórias inconvenientes ou injustificadas, como as que impeçam *injustificadamente* reparações ou fornecimentos por terceiros; imponham antecipações de cumprimento *exageradas*; estabeleçam garantias *demasiado elevadas* ou *excessivamente onerosas*; fixem locais, horários ou modos de cumprimento *despropositados* ou *inconvenientes*; ou, finalmente, exijam às partes formalidades não previstas legalmente ou comportamentos *supérfluos* para a prática de certos actos ou para o exercício dos seus direitos contratuais.

A proibição das cláusulas contratuais gerais concretiza-se em termos processuais através de duas vertentes:

- a declaração de nulidade;
- a acção inibitória.

A declaração de nulidade encontra-se prevista no art. 24º LCCG, o qual dispõe que "as nulidades previstas neste diploma são invocáveis nos termos gerais". Trata-se de uma solução que remete para as regras gerais, o que suscita algumas perplexidades pois permite a invocação da nulidade por parte do próprio utilizador das cláusulas contratuais gerais (cfr. art. 286º), ou pelos credores de qualquer das partes (cfr. art. 605º). Pareceria, por isso, mais adequado que se tivesse previsto antes uma invalidade mista, apenas invocável pelo aderente, em lugar de uma nulidade, que qualquer interessado pode invocar[64]. Há, no entanto, um regime especial para esta

[64] Neste sentido, JOAQUIM DE SOUSA RIBEIRO, *O problema*, p. 233, nota (583). Contra, MENEZES CORDEIRO, *Tratado*, I-1, p. 626, que sustenta ser esta solução preferível ao perigo das duvidosas invalidades mistas.

invalidade previsto nos arts. 12º e ss. LCCG, normas que suscitam algumas dúvidas quanto ao seu verdadeiro alcance.

Assim, no art. 13º, nº 1, LCCG prevê-se que o aderente que subscreva cláusulas contratuais gerais pode optar pela manutenção do contrato, quando algumas dessas cláusulas sejam nulas. Nesse caso, as cláusulas inválidas serão substituídas pelas normas supletivas aplicáveis, podendo ainda ter lugar a integração dos negócios jurídicos (art. 13º, nº 2 LCCG). Sendo manifestamente rara a hipótese de todas as cláusulas contratuais gerais serem nulas, parece que a lei veda ao aderente a possibilidade de anular totalmente o contrato, já que se não optar pela manutenção do contrato vigorará o regime da redução dos negócios jurídicos (art. 14º LCCG).

A opção do aderente não é, assim, entre a nulidade total ou a invalidade parcial do contrato em que foram usadas cláusulas contratuais gerais iníquas ou abusivas, mas antes entre dois regimes de invalidade parcial. A distinção entre as duas situações é, porém, ténue, e de difícil compreensão por leigos, já que a consideração como nula de uma parte do contrato e a manutenção como válida da outra parte, com aplicação das regras supletivas e do regime da integração negocial à parte nula, representa no fundo uma hipótese de redução do negócio. Na verdade, em caso de redução do negócio, as lacunas de regulação só podem ser resolvidas com base nas normas supletivas ou no regime da integração negocial. Qual será então a diferença entre as duas situações? Apenas uma. No art. 292º prevê-se que o negócio não se reduz – sendo assim a invalidade total – quando se mostre que ele não teria sido concluído sem a parte viciada, o que significa permitir-se ao utilizador das cláusulas contratuais gerais a demonstração de que o negócio não seria concluído se as partes tivessem previsto a invalidade dessas cláusulas. A opção do aderente prevista no art. 13º, nº 1, LCCG permite assim apenas derrogar a possibilidade de o negócio ser integralmente nulo, afastando-se a faculdade de demonstração que a vontade hipotética das partes iria nesse sentido. Nesse caso, para obter a nulidade integral do negócio, o predisponente terá que demonstrar que a manutenção do contrato nessas condições conduz a um desequilíbrio das prestações gravemente atentatório da boa fé, uma vez que nesse caso o regime da redução negocial volta a ser aplicado (art. 14º LCCG). Como porém, a hipótese de não celebração do contrato sem as cláusulas contratuais gerais só se porá, em princípio, para o seu predisponente, ficará quase sempre apenas na mão dele a opção pela invalidade total do contrato, sendo a opção do aderente entre uma invalidade parcial do contrato e uma outra invalidade parcial do contrato, que a outra parte poderá transformar em invalidade total, através da demonstração de que não celebraria o contrato sem as cláusulas contratuais gerais. Ora, pelo menos no caso em que o uso de cláusulas contratuais gerais conduza a um desequilíbrio das prestações gravemente atentatório da boa fé, deveria permitir-se ao aderente a opção pela invalidade total do contrato, em vez do forçado aproveitamento negocial que a lei lhe impõe[65]. Essa solução da nulidade total é, aliás, admitida no art. 9º, nº 2 LCCG, para um caso de menor gravidade, que é a exclusão das cláusulas não comunicadas, ou que não se possam considerar como tendo sido efectivamente conhecidas pelo aderente (cfr. art. 8º LCCG).

Para além da declaração de nulidade, a lei admite ainda uma outra possibilidade de reagir contra as cláusulas contratuais gerais, que consiste na acção inibitória. A acção inibitória destina-se, nos termos do art. 25º da LCCG, a interditar a utilização das cláusulas contratuais gerais proibidas por força das disposições acima referidas, independentemente de terem sido efectivamente incluídas em contratos singulares. A acção destinada a obter a condenação na abstenção do uso ou na recomendação de cláusulas contratuais gerais pode ser proposta, quer contra o predisponente de cláusulas contratuais gerais, quer contra quem as recomende a terceiros, admitindo-se a coligação de réus quando várias entidades usem as mesmas cláusulas contratuais gerais ou cláusulas substancialmente idênticas (art. 27º LCCG). Nos termos do art. 26º LCCG, têm legitimidade para intentar esta acção as associações de defesa do consumidor dotadas de representatividade, as associações sindicais, profissionais ou de interesses económicos legalmente constituídas, actuando no âmbito das suas atribuições, e o Ministério Público, oficiosamente, ou a solicitação do Provedor de Justiça ou de qualquer interessado. Trata-se de uma legitimidade própria destinada à tutela de interesses difusos, uma vez que se destina a tutelar um direito alheio, pertencente, em conjunto, aos consumidores susceptíveis de virem a ser atingidos pelas clásulas cuja proibição é solicitada. Actualmente parece que a lei vem mesmo admitir o uso da acção inibitória das cláusulas contratuais gerais por qualquer consumidor, ainda que não directamente lesado, por força do que dispõem os art. 10º, nº 1 *b)* e 13º *b)*

[65] Admitimos, porém, que o aderente possa recorrer ao instituto da usura negocial, nos termos do art. 282º.

da Lei 24/96, de 31 de Julho, na redacção da Lei 47/2014, de 28 de Julho, que remetem para a Lei 83/95, de 31 de Agosto. É de notar, no entanto, que por força do art. 11º, nº 3, da LCCG, na redacção do D.L. 249/99, de 7 de Julho, o princípio de interpretação de acordo com o sentido mais favorável ao aderente não se aplica na acção inibitória.

Caso seja julgada procedente, a acção inibitória determina a proibição da inserção das cláusulas contratuais gerais em contratos que no futuro venham a ser celebrados ou a continuação da sua recomendação (art. 32º LCCG). Caso, porém, o demandado infrinja essa obrigação fica sujeito a uma sanção pecuniária compulsória, a aplicar pelo tribunal que apreciou a causa em 1ª instância (art. 33º LCCG)[66].

C) Os contratos pré-formulados

A Directiva 93/13/CEE, do Conselho de 5 de Abril de 1993, depois alterada pela Directiva 2011/83/UE, do Parlamento Europeu e do Conselho, de 25 de Outubro de 2011, veio disciplinar as cláusulas contratuais abusivas nos contratos estipulados entre um profissional e um consumidor (art. 1º), estabelecendo que os Estados membros deverão prever que estas não vinculam o consumidor (art. 6º). O art. 3º, nº 1, da Directiva veio definir as cláusulas contratuais abusivas como aquelas que, não tendo sido objecto de negociação individual, produzem, em contrariedade à boa fé[67], um significativo desequilíbrio dos direitos e das obrigações das partes no contrato, em detrimento do consumidor. O art. 3º, nº 2, da Directiva estabelece, por outro lado, que se considera que uma cláusula não foi objecto de negociação individual, quando tenha sido redigida previamente e o consumidor não tenha podido em consequência exercer qualquer influência sobre o seu conteúdo, em particular no âmbito de um contrato de adesão.

Da Directiva 93/13/CEE resulta assim que por imposição comunitária, nos contratos entre profissionais e consumidores se dispensa o requisito da

[66] No sentido de que a sanção pecuniária compulsória é de aplicar igualmente em caso de utilização de cláusulas que se equiparem substancialmente àquelas que foram objecto de proibição, cfr. Ac. STJ 21/10/2008 (Alves Velho), em *CJ-ASTJ* 16 (2008), 3, pp. 81-84.

[67] Como salientou Almeno de Sá, *Cláusulas*, p. 71, nota (83) o texto português da Directiva contém uma tradução errada, pois em lugar de "em contrariedade à boa fé" refere "a despeito da exigência de boa fé", numa má interpretação do texto francês *"en dépit de l'exigence de bonne foi"*, que aliás também ocorre na versão italiana: *"malgrado il requisito delle buona fede"*. Cfr. o texto alemão; *"entgegen dem Gebot von Treu und Glauben"* e inglês: *"contrary to the requirement of good faith"*.

generalidade, ao contrário do que sucedia com a Lei das Cláusulas Contratuais Gerais, sendo assim proibida a introdução de quaisquer cláusulas iníquas e abusivas, em contratos que reúnam apenas as características da pré-elaboração e da rigidez. Quando estejam em causa consumidores[68], as proibições da LCCG deveriam aplicar-se, não apenas em relação às cláusulas contratuais gerais, mas genericamente a todos os contratos pré-formulados. A Directiva 93/13/CEE veio assim estabelecer uma nova restrição à liberdade de estipulação: os contratos pré-formulados nas relações entre profissionais e consumidores.

Aquando da transposição da Directiva 93/13/CEE pelo D.L. 220/95, de 31 de Agosto, o legislador não viu necessidade de alterar o âmbito da LCCG para resolver a questão dos contratos pré-formulados celebrados com os consumidores. Na verdade, a disciplina das relações com os consumidores já constava da versão inicial da LCCG, e a disposição do art. 1º, nº 2 (redacção do D.L. 220/95, de 31 de Agosto) desse diploma ao estabelecer que o ónus da prova de que uma cláusula contratual resultou de prévia negociação recai sobre quem pretenda prevalecer-se do seu conteúdo, acrescida com a remissão que o art. 9º, nºs 2 e 3 da Lei 24/96, de 31 de Julho, estabelecia em relação aos contratos pré-formulados para o regime das cláusulas contratuais, permitia cabalmente a aplicação do regime da LCCG perante contratos pré-formulados celebrados com os consumidores[69].

Esta solução não veio, porém, a satisfazer o legislador português que, sustentando que a Directiva não tinha sido adequadamente transposta[70], veio através do D.L. 249/99, de 7 de Julho, acrescentar um novo nº 2 ao artigo 1º determinando agora que "o presente diploma aplica-se igualmente às cláusulas inseridas em contratos individualizados, mas cujo conteúdo previamente elaborado o destinatário não pode influenciar". A intervenção legislativa deve, porém, considerar-se como totalmente desastrada, uma vez que estende o regime do diploma a todos os contratos pré-formulados,

[68] No sentido de que o consumidor é o único sujeito da Directiva, veja-se ALMENO DE SÁ, *Cláusulas*, p. 56.

[69] Cfr. SINDE MONTEIRO/ALMENO DE SÁ, "Das portugiesische AGB-Gesetz und die Umsetzung der EG-Richtlinie über mißbrauchliche Klauseln in Verbraucherverträgen" no *BFD* 73 (1997), pp. 173-182 (180), MENEZES CORDEIRO, *Tratado*, I-1, p. 469 e *Manual de Direito Comercial*, Coimbra, Almedina, 2007, pp. 531 e ss., e ALMENO DE SÁ, *Cláusulas*, pp. 102 e ss.

[70] No que, aliás, é acompanhado por OLIVEIRA ASCENSÃO, *ROA* 60 (2000), p. 577, nota (5), SOUSA RIBEIRO, *O problema*, pp. 622-623 e ALMENO DE SÁ, *Cláusulas*, pp. 35 e 49 e ss.

mesmo que tenham sido celebrados entre empresários e entidades equiparadas (cfr. arts. 17º e ss. da LCCG), o que implica no fundo derrogar o requisito da generalidade em relação às cláusulas contratuais gerais, passando o diploma a ser indistintamente aplicável a todos os contratos individualizados pré-formulados[71].

Pensamos, no entanto, que tem que ser realizada uma interpretação restritiva neste domínio, uma vez que a intenção manifestada no próprio preâmbulo do diploma era a transposição da Directiva 93/13/CEE, que apenas se refere a contratos pré-formulados celebrados entre profissionais e consumidores[72]. Os contratos pré-formulados celebrados entre empresários e entidades equiparadas deverão ser assim excluídos deste regime.

2. O princípio do ressarcimento dos danos

Outro importante princípio fundamental de Direito vigente no Direito das Obrigações consiste no princípio do ressarcimento ou da imputação dos danos[73]. Em termos gerais, esse princípio pode ser enunciado pela forma seguinte: sempre que exista uma razão de justiça, da qual resulte que o dano deva ser suportado por outrem, que não o lesado, deve ser aquele e não este a suportar esse dano. A transferência do dano do lesado para outrem opera-se mediante a constituição de uma obrigação de indemnização, através da qual se deve reconstituir a situação que existiria se não tivesse ocorrido o evento lesivo (art. 562º).

A simples injustiça do dano sofrido não é, porém, suficiente para se ter direito à indemnização. Efectivamente, por muito injusta que seja a situação, em princípio o Direito tem que aceitar o veredicto do destino, não atribuindo indemnização a quem veio a suportar um prejuízo material, a perder uma vantagem ou a sofrer danos morais, em virtude de qualquer circunstância lesiva. Daí que o dano seja normalmente suportado por quem o sofreu, como fazendo parte do risco geral da vida (*casum sentit*

[71] Neste sentido, ALMEIDA COSTA, *Síntese*, p. 20 e nota (14), MENEZES CORDEIRO, *Tratado*, I-1, p. 663 e *Direito Comercial*, p. 533, e ALMENO DE SÁ, *Cláusulas*, pp. 37 e ss. Critica igualmente o diploma de transposição da Directiva, PINTO MONTEIRO, *ROA* 62 (2002), pp. 26 e ss.

[72] Em sentido contrário, ainda que reconhecendo as dúvidas suscitadas, veja-se CARLOS FERREIRA DE ALMEIDA, *Contratos*, I, pp. 196 e ss., e SOUSA RIBEIRO, *Comemorações*, p. 219.

[73] Cfr. ESSER/SCHMIDT, *op. cit.*, § 2 III, pp. 35 e ss. Entre nós, veja-se MENEZES CORDEIRO, *Tratado*, I-1, pp. 419 e ss. e JORGE SINDE MONTEIRO, *Estudos sobre a responsabilidade civil*, Coimbra, s.e., 1983, *passim*

dominus, res perit domino, the loss lies where it falls)[74]. Quando o Direito não concede a eliminação dos danos sofridos, a reacção contra a injustiça do dano só pode ser realizada através de actuações espontâneas de solidariedade social, resultantes ou da decisão política do Estado ou de iniciativas de sociedade civil[75]. Mas a espontaneidade dessas iniciativas torna incerta a efectiva existência de indemnização.

Em muitas situações, porém, ocorre um fenómeno que se denomina de imputação de danos. Ocorre a imputação de danos quando a lei considera existir, não apenas um dano injusto para o lesado, mas também uma razão de justiça que justifica que esse dano seja transferido para outrem. A situação de alguém estar numa situação que o Direito considera mais adequada à suportação do dano do que aquele que o sofreu é denominada de responsabilidade civil (arts. 483º e ss.). A razão de justiça que justifica a constituição em responsabilidade civil denomina-se a imputação do dano. A sua transferência para o património do responsável efectua-se mediante a constituição de uma obrigação de indemnização.

Tradicionalmente, a única imputação que poderia servir de base à responsabilidade civil consistia na culpa do lesante. A consequência dessa formulação é a de que o lesado não teria direito a qualquer indemnização, a menos que demonstrasse a culpa do lesante (art. 487º, nº 1). O rigor do regime foi, no entanto, atenuado através da consagração de sucessivas presunções de culpa, por meio das quais o lesado era dispensado desse ónus (cfr. actualmente arts. 491º, 492º e 493º). Posteriormente, foi-se desenvolvendo a ideia de que a imputação de danos poderia mesmo dispensar a culpa do lesante, passando a assentar simplesmente na criação de riscos específicos de que outrem tira proveito ou que pode controlar, tendo que indemnizar os danos abrangidos por essa esfera de riscos. Surge assim, a responsabilidade pelo risco, que se tem vindo a assumir como uma outra grande categoria de responsabilidade civil, embora entre nós continue a ser restrita às hipóteses previstas na lei (art. 483º, nº 2). Actualmente, inserem-se aqui, entre outras situações, os casos da responsabilidade do comitente (art. 500º), da responsabilidade do Estado e pessoas colectivas

[74] Cfr. Erwin Deutsch, *Allgemeines Haftungsrecht*, 2ª ed., Köln/Berlin/Bonn/München, Carl Heymann, 1996, p. 1 e José Carlos Brandão Proença, *A conduta do lesado como pressuposto e critério de imputação do dano extracontratual*, Coimbra, Almedina, 1997, pp. 89 e ss.

[75] Pense-se na concessão de subsídios a agricultores atingidos pelas cheias, ou na ajuda concedida a refugiados de guerra por instituições particulares de solidariedade social.

públicas (art. 501º), os danos causados por animais (art. 502º), os acidentes por veículos (arts. 503º e ss.) e os danos causados por instalações de energia eléctrica ou do gás (arts. 509º e ss.).

Em certos casos, a imputação de danos pode, porém, basear-se em permissões legais de sacrificar bens alheios no interesse próprio, que têm como contrapartida o estabelecimento de uma obrigação de indemnização (cfr. arts. 81º, nº 2 e 339º, nº 2). Nesses casos, temos a denominada responsabilidade por factos lícitos ou pelo sacrifício.

Temos, assim, três títulos de imputação de danos:

a) imputação por culpa;
b) imputação pelo risco;
c) imputação pelo sacrifício.

Na *imputação por culpa* a responsabilidade baseia-se numa conduta ilícita e censurável do agente, que justifica dever ele suportar em lugar do lesado os prejuízos resultantes dessa sua conduta. Neste caso, a responsabilidade civil, além de uma função reparatória, vai desempenhar uma função sancionatória, na medida em que representa uma sanção ao agente pela violação culposa de uma norma de conduta.

Já na *imputação pelo risco*, o fundamento que lhe está na base baseia-se numa concepção de justiça distributiva, segundo as doutrinas do risco-proveito (*risque-profit*), risco profissional ou de actividade (*risque-d'activité*) e risco de autoridade (*risque d'autorité*). Segundo a primeira doutrina, aquele que tira proveito de uma situação deve também suportar os prejuízos dela eventualmente resultantes de harmonia com o princípio *ubi commoda ibi incommoda*. De acordo com a segunda concepção, aquele que exerce uma actividade ou profissão que seja eventualmente fonte de riscos deve suportar os prejuízos que dela resultem para terceiros. Finalmente, na terceira concepção, sempre que alguém tenha poderes de autoridade ou direcção relativamente a condutas alheias deve suportar também os prejuízos que daí resultem[76].

[76] Cfr. Sinde Monteiro, *Estudos*, p. 10, nota (8) e Menezes Leitão, "Acidentes de trabalho e responsabilidade civil (A natureza jurídica da reparação de danos emergentes de acidentes de trabalho e a distinção entre responsabilidades obrigacional e delitual)", na *ROA* 48 (1988), pp. 773-843 (804 e ss.), posteriormente retomado em "A reparação de danos emergentes de acidentes de trabalho", em AAVV, *Estudos do Instituto de Direito do Trabalho*, I, Coimbra, Almedina, 2000, pp. 537-579 (547). Estas doutrinas representam fundamentos distintos da

Finalmente, a *imputação pelo sacrifício* corresponde à situação em que a lei permite, em homenagem a um valor superior, que seja sacrificado um bem ou direito pertencente a outrem, atribuindo, porém, uma indemnização ao lesado como compensação desse sacrifício. Neste caso, o fundamento da imputação baseia-se numa ideia de justiça comutativa, ou seja, na atribuição de uma vantagem como contrapartida do sacrifício suportado no interesse de outrem.

3. O princípio da restituição do enriquecimento injustificado

Um outro importante princípio do Direito das Obrigações, por vezes pouco ponderado, consiste no princípio da restituição do enriquecimento injustificado. Este princípio já era expresso por POMPONIUS no Direito Romano, com uma formulação semelhante em dois passos do Digesto (D.12.6.14. e D.50.17.206). Na primeira dessas disposições refere-se que é na verdade justo por natureza que ninguém se enriqueça à custa de outrem (*"Nam hoc naturae aequum est, neminem cum alterius detrimento fieri locupletionem"*). Na segunda dessas disposições, refere-se que é justo, por direito natural, que ninguém se enriqueça pelo seu ilícito e à custa de outrem (*"Iure naturae aequum este neminem cum alterii detrimento et iniura fieri locupletionem"*). Apesar de alguma vaguidade na sua formulação, os juristas sempre consideraram que dessas disposições se poderia retirar um princípio da proibição do enriquecimento injustificado, tutelado por uma acção destinada a reagir contra esse enriquecimento. Esse princípio encontra-se hoje formalmente consagrado na norma do art. 473º, nº 1, do Código Civil, consistindo por isso num princípio em forma de norma[77]. Assim, genericamente, sempre que alguém obtenha um enriquecimento à custa de outrem sem causa justificativa tem que restituir aquilo com que injustamente se locupletou.

Há, porém, ainda muitas outras normas de Direito das Obrigações que se podem justificar com base neste princípio. Assim, se num negócio jurídico inválido houver transmissão dos bens para terceiro, esse terceiro responde com base no seu enriquecimento (art. 289º, nº 2). Se ocorrer o incumprimento de um contrato-promessa em que tenha havido tradição da coisa a que se refere o contrato prometido, o promitente vendedor tem que entregar, caso lhe seja exigido, ao promitente comprador a valori-

responsabilidade por risco, mas nada impede que por vezes eles surjam cumulativamente. Vide, por exemplo, o art. 502º.

[77] Cfr. MENEZES LEITÃO, *O enriquecimento*, pp. 27 e ss. e notas, reed., pp. 29 e ss.

zação que essa coisa entretanto obteve (art. 442º, nº 2 *in fine*), apesar de, como seu proprietário, ter em princípio direito a essa valorização. Se através de uma gestão de negócios não útil ou julgada própria for obtido um enriquecimento, este deverá ser restituído (arts. 468º, nº 2 e 472º, nº 1). Sendo exercida uma impugnação pauliana de transmissões efectuadas em prejuízo dos credores, desencadeiam-se pretensões de restituição do enriquecimento (art. 616º, nº 3 e 617º, nº 1). Pretendendo-se a anulação do cumprimento efectuado a incapaz, pode ser-lhe oposta uma excepção com base no enriquecimento sem causa (art. 764º, nº 2). A impossibilidade da prestação nos contratos bilaterais determina a restituição da contraprestação com base no enriquecimento sem causa (art. 795º, nº 1). Igualmente nos contratos bilaterais, se o devedor adquirir algum benefício com a exoneração da sua obrigação, quando a impossibilidade da prestação é causada pelo credor ou quando o credor se encontra em mora, pode este descontar o valor do benefício na sua contraprestação (arts. 795º, nº 2 e 815º, nº 2). No contrato de empreitada estabelecida por um preço global, se as alterações da obra foram autorizadas verbalmente, o empreiteiro tem direito à restituição por enriquecimento sem causa (art. 1214º, nº 3)[78].

A multiplicidade das disposições que se podem reclamar do princípio da restituição do enriquecimento injustificado pode implicar um certo casuísmo na sua aplicação, o que conjugado com a vaguidade da formulação do princípio torna extremamente difícil a sua aplicação aos casos concretos. Não admira, por isso, que por vezes surjam posições a reclamar a não utilização deste princípio[79]. No entanto, a sua formulação genérica não é destituída de valor jurídico, funcionando como uma ideia jurídica geral, que institui uma pauta de orientação segundo determinados pontos de vista, que cabe à doutrina e jurisprudência concretizar em categorias jurídicas específicas[80].

4. O princípio da boa fé

A boa fé representa em Direito um conceito polissémico. Pode falar-se de boa fé num sentido subjectivo, definindo-a como a ignorância de estar a lesar os direitos alheios, sendo esse o sentido da referência à posse de boa

[78] Cfr. Menezes Leitão, *O enriquecimento*, pp. 35 e ss., reed., pp. 38 e ss.

[79] Cfr. Peter Birks, *An introduction to the law of restitution*, Oxford, Clarendon Press, 1989, p. 25.

[80] Cfr. Menezes Leitão, *O enriquecimento*, p. 963, e nota (10), reed., p. 932, e nota (2436).

fé no art. 1260º. Mas pode também falar-se de boa fé num sentido objectivo ou normativo, definindo-a como regra de conduta. É esse o sentido da referência à boa fé nos arts. 227º, 239º, 334º, 437º e 762º, nº 2 e é esse o sentido que primacialmente nos interessa em Direito das Obrigações[81].

Efectivamente, a obrigação consiste no dever de adoptar uma conduta em benefício de outrem. Estão assim em causa no vínculo obrigacional regras de comportamento que, adequadamente respeitadas, proporcionarão a satisfação do direito de crédito mediante a realização da prestação pelo devedor, sem que daí resultem danos para qualquer das partes.

Por vezes, porém, a realização da prestação pode fazer-se em termos tais que não permita a plena satisfação do direito de crédito, ou, embora permitindo-a, seja susceptível de causar danos ao credor. Por outro lado, a exigência de cumprimento do credor pode em certos casos aparecer contrária à funcionalização dos direitos de crédito em virtude dos prejuízos que causa ao devedor. Justamente por esse motivo a lei vem estabelecer deveres de boa fé para ambos os sujeitos da relação obrigacional que visam por um lado permitir o integral aproveitamento da prestação em termos de satisfação do interesse do credor e por outro lado evitar que a realização da prestação provoque danos quer ao credor, quer ao devedor. A boa fé concretiza-se assim em regras impostas do exterior, que as partes devem observar na actuação do vínculo obrigacional, podendo servir para complementação do regime legal das obrigações, através de uma valoração a efectuar pelo julgador[82]. Nalguns casos, ela estabelece o único regime aplicável, por ausência de outras regras, levando ao desenvolvimento de novos institutos jurídicos. Noutros casos, ela surge como um correctivo de outras normas cuja aplicação no caso concreto atentaria contra os vectores fundamentais do sistema jurídico[83].

[81] Aparecem-nos, no entanto, na nossa disciplina por vezes referências à boa fé em sentido subjectivo. Cfr. por antonímia o conceito de má fé, previsto no art. 612º, nº 2. Sobre o princípio da boa fé, veja-se entre nós especialmente Menezes Cordeiro, *Obrigações*, 1º, pp. 117 e ss., *Da boa fé no Direito Civil*, 2 vols., Coimbra, Almedina, 1984, *passim*, "A boa fé nos finais do séc. XX", na *ROA* 56 (1996), pp. 887-912 e *Tratado*, I-1, pp. 399 e ss., autor que neste ponto seguimos com proximidade Cfr. também, Larenz, *Schuldrecht*, I, § 10, pp. 125 e ss. Numa perspectiva de Direito Comparado Europeu, veja-se a recente obra de Reinhard Zimmermann/Simon Whittaker (org.), *Good faith in European Contract Law*, Cambridge, CUP, 2000

[82] Cfr. Larenz, *Schuldrecht*, I, § 10 I, p. 126.

[83] Cfr. Peter Schlechtriem, *Schuldrecht. Allgemeiner Teil*, 3ª ed., Tübingen, Mohr Siebeck, 1997, pp. 42 e ss., nr 88 e ss. e Menezes Cordeiro, *Tratado*, I-1, p. 405.

No âmbito do Direito das Obrigações, o princípio da boa fé objectiva encontra-se essencialmente plasmado em cinco institutos:

- a responsabilidade pré-contratual (art. 227º, nº 1);
- a integração dos negócios (art. 239º);
- o abuso do direito (art. 334º)
- a resolução ou modificação dos contratos por alteração das cricunstâncias (art. 437º, nº 1)
- a complexidade das obrigações (art. 762º, nº 2)[84].

Todos estes institutos correspondem a concretizações dos deveres de actuar segundo a boa fé, que de acordo com a teorização de MENEZES CORDEIRO, se podem classificar em deveres acessórios de protecção, de informação e de lealdade[85]. Assim, no art. 227º, ao se referir que as partes, tanto nos preliminares como na formação do contrato, devem agir segundo as regras da boa fé, estabelecem-se deveres de protecção recíprocos, por forma a evitar que durante as negociações surjam danos para a outra parte, deveres de informação, por forma a que ambas as partes disponham de uma informação esclarecida sobre o objecto da negociação e deveres de lealdade, de onde pode resultar um dever de não romper injustificadamente as negociações. Caso as partes tenham omitido uma regulação negocial sobre determinados pontos, é também com recurso a esses deveres que o intéprete deve ponderar a integração da lacuna negocial (art. 239º), por forma a que a solução corresponda às expectativas das partes. Da mesma forma, o art. 762º, nº 2, ao referir que tanto no cumprimento da obrigação como no exercício do direito correspondente devem as partes proceder de boa fé, faz aplicar à fase do cumprimento das obrigações os deveres acessórios de informação, esclarecimento e lealdade, abrangendo ambas as partes por forma a tutelar a sua confiança na execução contratual.

Os casos dos arts. 334º e 437º correspondem a uma manifestação específica do princípio da boa fé que consiste em tornar ilegítimo o exercício de certas posições jurídicas quando ele se apresenta no caso concreto como contrário aos vectores fundamentais do sistema. Assim sucede na proibição do abuso de direito, em que o exercício do direito pode tornar-se ilegítimo quando realizado em contrariedade à boa fé. Na alteração das

[84] Cfr. MENEZES CORDEIRO, *Tratado*, I-1, p. 407.

[85] Cfr. MENEZES CORDEIRO, *Obrigações*, 1º, pp. 149 ss. e principalmente *Da Boa Fé*, pp. 586 e ss.

circunstâncias é a exigência de cumprimento dos contratos que se torna ilegítima, quando as circunstâncias em que estes foram celebrados se alteram profundamente após a sua celebração, em contrariedade às expectativas e riscos assumidos pelas partes.

Essencialmente plasmado nestes cinco institutos, no âmbito da nossa disciplina, a boa fé consiste num princípio de actuação geral. Esse princípio não corresponde, porém, a uma mera remissão para a equidade ou para o sentimento jurídico, instituindo antes vectores precisos para a sua concretização pelo julgador[86]. MENEZES CORDEIRO, na investigação que dedicou ao tema, chegou à conclusão da sua divisão em dois postulados essenciais:

1) a tutela da confiança
2) a primazia da materialidade subjacente[87].

Quanto à **tutela da confiança**, a sua protecção através do princípio da boa fé significa-se exigir-se no quadro de um sistema móvel um conjunto de pressupostos para que a confiança tenha tutela jurídica. Seriam assim exigíveis:

- Uma *situação de confiança*, traduzida numa boa fé subjectiva;
- Uma *justificação para essa confiança*, consistente no facto de a confiança ser fundada em elementos razoáveis;
- Um *investimento de confiança*, consistente no facto de a destruição da situação de confiança gerar prejuízos graves para o confiante, em virtude de ele ter desenvolvido actividades jurídicas em virtude dessa situação;
- A *imputação da situação de confiança* criada a outrem, levando a que este possa ser considerado responsável pela situação[88].

Quanto à **primazia da materialidade subjacente**, ela consiste em avaliar as condutas não apenas pela conformidade com os comandos jurídicos, mas também de acordo com as suas consequências materiais para efeitos de adequada tutela dos valores em jogo. Este princípio realiza-se de acordo com os seguintes vectores:

[86] Cfr. LARENZ, *Schuldrecht*, I, § 10 I, p. 127.
[87] Cfr. MENEZES CORDEIRO, *Boa Fé*, pp. 1234 e ss. e 1252 e ss.
[88] Cfr. MENEZES CORDEIRO, *Tratado*, I-1, pp. 411-412.

- a conformidade material das condutas;
- a idoneidade valorativa;
- o equilíbrio no exercício das posições[89].

A boa fé constitui assim um importante princípio geral de Direito cuja aplicação no Direito das Obrigações se reconduz à imposição de comportamentos às partes, em ordem a possibilitar o adequado funcionamento do vínculo obrigacional, em termos de pleno aproveitamento da prestação, e evitar a ocorrência de danos para as partes.

5. O princípio da responsabilidade patrimonial

O último dos princípios fundamentais do Direito das Obrigações é o princípio da responsabilidade patrimonial, que consiste na possibilidade de o credor, em caso de não cumprimento, executar o património do devedor para obter a satisfação dos seus créditos[90]. Esta situação constitui o corolário de uma longa evolução do Direito Privado, já que primariamente no Direito Romano o devedor respondia com a sua própria pessoa. Em caso de não cumprimento da obrigação, o credor poderia legitimamente apoderar-se dele e inclusivamente vendê-lo como escravo ou matá-lo. O devedor estava por isso sujeito fisicamente ao poder dos credores que poderiam aplicar-lhe sanções físicas em caso de não cumprimento. É esta a origem do termo "*obligatio*" que primitivamente significaria a fase de aprisionamento do devedor (*ob* + *ligatio* = acção de prender, de atar em volta), o que faz supor que num primeiro momento fosse essa a fase primordial[91].

Já no Direito Romano, porém, foram-se admitindo sucessivas atenuações da responsabilidade pessoal, o que originou que o aprisionamento do devedor perdesse a primazia, passando a ser colocada em primeiro lugar a fase em que o devedor se vincula a cumprir (*debere*)[92].

[89] Cfr. MENEZES CORDEIRO, *Tratado*, I-1, p. 416.

[90] A expressão "responsabilidade patrimonial" não deve ser confundida com a "responsabilidade civil" a que acima fizemos referência. Efectivamente, no caso da responsabilidade civil, encontra-se em causa a imputação a alguém dos danos causados pelo seu comportamento ou abrangidos numa zona de riscos a seu cargo. No caso da "responsabilidade patrimonial" aparece antes em causa a sujeição do património do devedor ao poder de execução dos seus credores.

[91] Cfr. LARENZ, *Schuldrecht*, I, § 2 IV, p. 23.

[92] Cfr. LARENZ, *Schuldrecht*, I, § 2 IV, p. 23.

Como exemplo dessa evolução, pode já referir-se a Lei das XII Tábuas, onde apesar das gravíssimas sanções previstas, se colocava em primeiro plano a oportunidade de cumprimento. Assim, a execução das obrigações realizava-se de acordo com as seguintes fases:

1) Confissão ou condenação judicial do devedor a cumprir;

2) Concessão de um prazo de trinta dias durante os quais o devedor ainda poderia cumprir a obrigação;

3) Prisão do devedor pelo credor (*manus iniectio directa*) ou pelo tribunal para entrega ao credor (*manus iniectio indirecta*) que poderia ser evitada com o cumprimento;

4) Período de sessenta dias, em que o devedor se mantinha aprisionado, devendo nesse período ser levado pelo credor a três feiras para que alguém o resgatasse, efectuando o pagamento; nesse período, o devedor poderia ainda oferecer-se ao credor como escravo (*se nexum dare*);

5) Fase final, em que o devedor poderia ser feito escravo pelo credor, ser vendido fora da cidade (*trans Tiberim*) ou morto por esquartejamento (*partes secanto*), sendo nesse as partes do corpo repartidas pelos vários credores que tivesse.

Posteriormente, em 326 a. C., surge a *Lex Poetelia Papiria de nexis*, que veio proibir o *se nexum dare*, e evitar a escravatura e morte do devedor, mantendo, porém, o cárcere privado por dívidas. Mais tarde admitiu-se que, quando o devedor ainda possuísse bens, fosse decretada a apreensão e venda desses bens (*missio in possessionem*) para pagamento ao credor, em lugar da prisão do devedor. Com a *Lex Julia* admitiu-se que fosse o próprio devedor a ceder os seus bens aos credores (*cessio bonorum*), evitando-se assim a intervenção do tribunal. Finalmente, a partir de 491, e por decisão de ZENÃO, a prisão por dívidas deixa de consistir em cárcere privado, passando a ser realizada em cadeia do Estado[93].

O aprisionamento do devedor foi posteriormente perdendo importância como sanção para o incumprimento das obrigações até desaparecer completamente. Hoje, os últimos resquícios da prisão por dívidas, que no

[93] Cfr. SEBASTIÃO CRUZ, *Da «Solutio». Terminologia, Conceito e Características e Análise de Vários Institutos Afins*, I- *Épocas Arcaica e Clássica*, Coimbra, 1962, pp. 26 e ss. e *Direito Romano (Ius Romanum)*, I- *Introdução. Fontes*, 4ª ed., Coimbra, s.e., 1984, pp. 185 e ss. e MENEZES CORDEIRO, *Tratado*, I-1, pp. 385 e ss.

século passado ainda existia estão completamente abolidos[94]. Ao credor é apenas reconhecida a possibilidade de executar o património do devedor para obter a satisfação do seu crédito.

Efectivamente, a ordem jurídica não poderia apenas reconhecer ao credor um direito à prestação e ao devedor um dever de prestar, sem assegurar por alguma forma a realização desse direito ou o cumprimento desse dever. Daí que o art. 817º venha pôr à disposição do credor a autoridade do Estado, estabelecendo que:

> "Não sendo a obrigação voluntariamente cumprida, o credor tem o direito de exigir judicialmente o seu cumprimento e de executar o património do devedor nos termos prescritos neste Código e nas leis de processo".

Sem essa autoridade, e uma vez que o art. 2º, nº 2, do Código de Processo Civil proíbe o recurso à autotutela dos direitos, ficaria dependente da boa vontade do devedor a realização da prestação, o que constitui tutela manifestamente insuficiente para os direitos de crédito. Ao se definir, nos termos do art. 397º do Código Civil a obrigação como o *vínculo jurídico* que provoca a *adstrição* de uma pessoa à realização de uma prestação, naturalmente que se pressupõe o recurso aos tribunais para assegurar a realização da prestação, sem a qual a adstrição do devedor não ocorreria[95].

O recurso aos tribunais faz-se normalmente, enquanto a prestação é possível, para exigir essa mesma prestação. É o que se denomina de *acção de cumprimento* (cfr. art. 817º). Caso, porém, a realização da prestação já não seja possível em virtude de facto imputável ao devedor, o credor só poderá reclamar um *direito à indemnização*. É o que sucede nos caso de incumprimento definitivo (arts. 798º e 808º) e de impossibilidade culposa de cumprimento (art. 801º). O direito à indemnização já não se identifica com o direito de crédito inicial, tendo um fundamento diferente: a responsabi-

[94] Portugal aboliu genericamente a prisão por dívidas pela Lei de 20 de Junho de 1774, interpretada pelo Assento de 18 de Agosto do mesmo ano, embora dela subsistissem resquícios até ao Decreto-Lei 368/77, de 3 de Setembro. Em França, a prisão por dívidas veio a ser abolida em 1867 e na Alemanha em 1868. Cfr. RUI MANUEL FIGUEIREDO MARCOS, *A Legislação Pombalina. Alguns aspectos fundamentais*, Coimbra, Separata do *BFD-Suplemento* 33, 1990, pp. 148 e ss. e MENEZES CORDEIRO, *Tratado*, I-1, p. 387 e nota (1081).

[95] Cfr. LARENZ, *Schuldrecht*, I, § 2 III, p. 19.

lidade civil pelos danos causados pelo ilícito obrigacional que consiste na frustração do direito de crédito[96].

Conforme refere MENEZES CORDEIRO[97], o regime fundamental da responsabilidade patrimonial no nosso Direito pode ser estabelecido através de três postulados principais, cada um com as suas excepções:

a) sujeição à execução de todos os bens do devedor;
b) e só dos bens do devedor;
c) estando os credores em pé de igualdade.

O primeiro postulado principal é o de que **estão sujeitos à execução todos os bens do devedor**. Essa regra é-nos referida no art. 601º, que refere que

> "pelo cumprimento da obrigação respondem todos os bens do devedor susceptíveis de penhora, sem prejuízo dos regimes especialmente estabelecidos em consequência da separação de patrimónios".

Desta norma resulta assim o princípio de que a responsabilidade patrimonial é ilimitada, ou seja, estende-se a todos os bens do devedor. No entanto, ela deixa logo antever duas excepções a esse princípio, que se referem a casos de responsabilidade patrimonial limitada:

- os bens do devedor não susceptíveis de penhora;
- a situação da separação de patrimónios.

[96] Conforme salienta LARENZ, *Schuldrecht*, I, § 2 III, p. 20, a *acção de cumprimento* das obrigações é uma figura recente na evolução histórica do Direito. No Direito Romano, até à época post-clássica, apenas se admitia a acção de cumprimento de obrigações pecuniárias, prevendo-se a compensação em dinheiro das outras prestações de coisa. Tal situação resultava de um princípio fundamental do processo formular, de que a condenação a realizar qualquer prestação tem que ser formulada por forma a prescrever a transferência de uma determinada quantia em dinheiro (*condemnatio pecuniaria*).
No direito inglês também apenas se previa originariamente uma acção de indemnização pelo não cumprimento, ainda se considerando hoje como excepcional a acção de cumprimento. Efectivamente, no direito inglês actual o principal *remedy for the breach of the contract* consiste na *liability for damages*, só se admitindo em certas circunstâncias a acção de cumprimento (*specific performance*) ou uma *injunction to restrain the breach*, os quais são considerados como *equitable remedies*, só concedidos com base na discricionariedade do tribunal. Cfr. J. BEATSON, *Anson's Law of Contract*, 27th edition, Oxford, University Press, 1998, pp. 593 e ss., e GARETH JONES/ WILLIAM GOODHART, *Specific Performance*, 2ª ed., London, Butterworths, 1996.

[97] Cfr. MENEZES CORDEIRO, *Obrigações*, 1º, p. 164.

Quanto à situação dos bens do devedor não susceptíveis de penhora, eles aparecem referidos nos arts. 736º a 739º do Código de Processo Civil. Trata-se de bens em que, por desempenharem uma função essencial à subsistência ou à dignidade do devedor, ou em virtude de a função a que estão afectos ser superior à da garantia patrimonial dos créditos, a lei não autoriza a execução para fins da satisfação dos direitos de crédito.

A outra excepção é estabelecida pelo regime da separação de patrimónios. Trata-se de situações em que a lei prevê a sujeição de certos bens do devedor a um regime próprio de responsabilidade por dívidas, de que são exemplos a situação dos bens adquiridos pelo mandatário no mandato sem representação (art. 1184º); a meação nos bens comuns do casal, em relação aos bens próprios dos cônjuges (arts. 1695º-1696º) e o património da herança em relação ao herdeiro (arts. 2070º-2071º). Nessas situações estabelece-se um património autónomo na esfera jurídica do devedor, cujas relações com o património principal podem consistir na atribuição de preferência aos credores do património autonómo sobre os outros credores do devedor; no estabelecimento da responsabilidade subsidiária dos bens do devedor que não entram no património autónomo pelas obrigações deste património; e na consagração da irresponsabilidade dos bens do devedor que não entram no património autónomo pelas obrigações que sobre este recaiam[98].

Para além disso, a limitação da responsabilidade patrimonial pode ainda ocorrer por convenção das partes, como sucede se as partes, ao abrigo da autonomia privada, determinam a limitação da responsabilidade patrimonial a alguns bens do devedor (arts. 602º e 603º).

Em qualquer destas situações verifica-se assim uma limitação da responsabilidade patrimonial do devedor. Essa limitação pode ser positiva, caso em que algum ou alguns credores só podem executar alguns dos bens do devedor, mas essa limitação não ocorre para a generalidade dos credores (ex: arts. 2071º e 602º-603º) ou negativa, quando a lei exclui certos bens do devedor do poder de execução da generalidade dos seus credores, só o permitindo a certos credores (ex: o art. 1184º).

O segundo postulado principal é o de que **só os bens do devedor podem ser objecto de execução pelos credores**. Esta é a regra geral,

[98] Cfr. Guilherme Moreira, "Patrimónios autónomos nas obrigações, segundo o Direito Civil Português", no *BFD* 7 (1921-1923), pp. 47-64 (50) e Gomes da Silva, *Conceito*, pp. 51-52 e 207 e ss.

prevista no art. 817º, quando limita o poder de execução ao património do devedor. No entanto, esta regra sofre algumas excepções, a que nos faz referência o art. 818º, ao referir que

> "o direito de execução pode incidir sobre bens de terceiro quando estejam vinculados à garantia do crédito ou quando sejam objecto de acto praticado em prejuízo do credor que este haja procedentemente impugnado".

Estas duas excepções referem-se assim a situações em que há bens de terceiro a responder pela dívida, o que sucede sempre que tenha sido constituída uma garantia pessoal (ex: fiança, art. 627º) ou real abrangendo bens de terceiro (ex: penhor ou hipoteca constituídos por terceiro; cfr. arts. 667º e 717º) ou quando tenha sido paulianamente impugnada a transmissão de bens do devedor para terceiro, o que é possível em casos em que essa transmissão diminua ilegitimamente o património do devedor, em prejuízo dos seus credores (cfr. arts. 610º e ss.).

Finalmente, o terceiro postulado principal é o de que **todos os credores estão em pé de igualdade.** Essa regra implica a não hierarquização dos direitos de crédito pela ordem da sua constituição, tendo tanto os créditos mais antigos como os mais novos a mesma possibilidade de executar o património do devedor. Consequentemente, em caso de o património do devedor não chegar para pagar a todos não há, em princípio, hierarquização de credores, tendo o património do devedor que ser rateado para todos se pagarem proporcionalmente. Essa é a regra denominada de "concurso de credores" e encontra-se prevista no art. 604º do Código Civil. Essa regra tem, porém, excepções referidas no art. 604º, nº 2, e que representam casos em que o credor obtém direitos reais de garantia, os quais atribuem ao seu titular a faculdade de ser pago à frente dos demais credores em relação ao bem objecto do seu direito.

A consequência deste regime da responsabilidade patrimonial é a de que um credor comum não tem em princípio qualquer garantia segura de que o seu crédito possa ser satisfeito através da execução do património do devedor. Efectivamente, o poder de execução exerce-se em princípio só sobre o actual património do devedor. Ora, como este é uma grandeza variável está sujeito a sucessivos incrementos e diminuições. Da mesma forma, podem surgir outros credores com o mesmo poder de execução com os quais o credor tenha que concorrer. Há, por isso, sempre um duplo risco de que, na fase da execução, os bens penhoráveis do devedor não sejam suficientes para satisfação do crédito. Esse duplo risco consiste, quer na possibilidade de o devedor por acção ou inacção fazer diminuir o seu património, quer na eventualidade de outros credores se anteciparem àquele credor no exercício do poder de execução e penhorarem primeiramente os bens[99].

Esse duplo risco de não satisfação do direito de crédito é também susceptível de ser evitado por duas vias. Quanto ao risco de variação do património do devedor, ele pode ser evitado através da concessão aos credores da possibilidade de reagir contra acções ou omissões do devedor de onde possa resultar a diminuição do seu património. Trata-se dos meios de conservação da garantia geral das obrigações, prevendo a lei para esse efeito a declaração de nulidade (art. 605º), a acção sub-rogatória (art. 606º) a impugnação pauliana (art. 610º) e o arresto (art. 619º).

Quanto ao risco de outros credores se anteciparem na execução do património do devedor, ele só pode ser acautelado atribuindo-se ao credor que pretende evitar esse risco outras garantias para além do simples poder de execução do património do devedor. São as denominadas garantias especiais das obrigações. Estas garantias especiais podem ser pessoais como na hipótese de fazer responder outra pessoa também pela dívida, eventualmente em caso de insuficiência do património do devedor (ex: a fiança, art. 627º), ou podem ser reais, caso em que o credor obtém um direito real de garantia (como a consignação de rendimentos, o penhor, a hipoteca, o privilégio e o direito de retenção; cfr. art. 604º, nº 2) sobre determinado objecto, o que lhe permite proceder à sua execução, com preferência sobre os credores comuns, independentemente da circunstância de o objecto da garantia pertencer ou não ao património do devedor. Conforme refere LARENZ, no caso de constituição de direitos reais de garantia, à responsabilidade patrimonial do devedor, considerada como uma responsabilidade pessoal, sobrepõe-se uma responsabilidade material (*Sachhaftung*) de um determinado bem, em relação a uma dívida determinada. Essa responsabilidade material aparece como contraponto a um direito real de garantia, que pode ser constituído por acto negocial ou ser atribuído por lei e que não deve ser confundido com um direito de crédito, uma vez que ele não tem por contraponto qualquer dever de prestar, mas apenas a sujeição primordial daquele bem ao poder de execução de

[99] Cfr. LARENZ, *Schuldrecht*, I, § 2 IV, p. 24.

um credor. Daí poder ser constituído por um terceiro, que não tem qualquer dever de efectuar a prestação[100].

Em conclusão, o princípio da responsabilidade patrimonial consiste na circunstância de que quem assume uma obrigação responde em caso de não cumprimento com todos ou parte dos seus bens. Embora a responsabilidade seja conceptualmente distinta da dívida, elas encontram-se em certa medida associadas. Quem assume uma dívida, assume também a responsabilidade, e consequentemente o risco de perder o seu património em consequência do exercício da acção executiva pelos seus credores. Normalmente, essa responsabilidade é ilimitada, mas em certos casos pode ser limitada. No entanto, em qualquer caso, a segurança de satisfação do direito de crédito está sempre dependente da conservação do património do devedor e da não antecipação de outros credores na sua execução. Para evitar essa situação é possível constituir garantias especiais, caso em que ou acresce à responsabilidade patrimonial do devedor a responsabilidade patrimonial de outrem (garantias pessoais) ou se constitui, junto da responsabilidade patrimonial geral, uma responsabilidade material sobre bens determinados, que atribui ao seu titular primazia na execução desses bens, independentemente da sua pertença, ou não, ao património do devedor[101].

[100] Cfr. LARENZ, *Schuldrecht*, I, § 2 IV, p. 25.
[101] Cfr. LARENZ, *Schuldrecht*, I, § 2 IV, p. 25.

Secção III
Conceito e estrutura da obrigação

1. Generalidades

Neste ponto, cabe-nos examinar o conceito e a estrutura do direito de crédito[102]. Sendo o direito de crédito um direito subjectivo, a definição do seu conceito terá que ser traçada a partir do seu objecto, que conforme resulta do art. 397º vem a ser a prestação, ou seja o comportamento que o devedor está vinculado a adoptar em benefício do credor.

No entanto, esta configuração do direito de crédito como um direito a um simples comportamento do devedor tem levantado a objecção de que o comportamento do devedor não é, na actual fase da evolução do direito, susceptível de lhe ser coercivamente imposto, através da aplicação de sanções com expressão física. Efectivamente, ninguém pode ser coagido fisicamente a realizar uma prestação se decidir voluntariamente não o fazer. Nesses casos, conforme resulta do art. 817º, o credor apenas pode proceder à execução do património do devedor, para obter por via coerciva a satisfação do seu direito à custa dos bens do devedor (execução específica, a que se referem os arts. 827º e ss.) ou uma indemnização pelos danos sofridos com a não realização da prestação (indemnização por incumprimento, a que se referem os arts. 798º e ss.). Por esse motivo, questiona-se se o verdadeiro objecto do direito de crédito não será antes o património do devedor, uma vez que só através dele o credor pode obter judicialmente a satisfação do seu direito, atenta a incoercibilidade da prestação.

[102] Cfr. Gomes da Silva, *Conceito*, pp. 85 e ss., Antunes Varela, *Obrigações*, I, pp. 132 e ss., Fernando Pessoa Jorge, *Direito das Obrigações*, I, Lisboa, AAFDL, 1975-1976, pp. 119 e ss., e Menezes Cordeiro, *Obrigações*, 1º, pp. 171 e ss. e *Tratado de Direito Civil Português*, II- *Direito das Obrigações*, tomo 1, Coimbra, Almedina, 2009, pp. 255 e ss.

Temos assim duas realidades a tomar em consideração como possíveis objectos do direito de crédito:

- A prestação (conduta do devedor)
- O património (bens do devedor).

O debate em torno do conceito e estrutura da obrigação parte, por isso, primariamente de uma discussão sobre o objecto do direito de crédito, havendo autores que sustentam ser esse objecto a prestação, outros o património do devedor, outros ainda uma combinação dessas duas realidades e finalmente outros que sustentam que o objecto do direito de crédito consiste numa entidade complexa.

Poderemos classificar estas diversas correntes respectivamente como teorias personalistas, teorias realistas, teorias mistas e doutrinas da complexidade obrigacional.

Examinemos brevemente essas diversas concepções.

2. As teorias personalistas

Segundo as teorias personalistas, o direito de crédito é um vínculo pessoal, ou seja, um direito que tem por objecto uma conduta do devedor. Essas teorias podem essencialmente agrupar-se nas seguintes:

1) O crédito como um direito sobre a pessoa do devedor;
2) O crédito como um direito à prestação do devedor;

2.1. O crédito como um direito sobre a pessoa do devedor

A primeira teoria a examinar é aquela que qualifica o direito de crédito como um direito sobre a pessoa do devedor. Esta era a solução tradicional do Direito Romano na época arcaica que configurava o direito de crédito como representando **um direito de domínio sobre uma pessoa**. Efectivamente, nessa altura a obrigação era vista como uma sujeição da pessoa do devedor ao credor, que tinha o direito de o reduzir à escravidão se não cumprisse a obrigação e de o manter cativo até que o fizesse[103]. Actualmente, o Direito Moderno já não permite uma actuação directa sobre a pessoa do devedor, designadamente que passasse por o constranger fisicamente à realização da prestação (*nemo cogi praecise ad factum potest*).

[103] Cfr. Max Kaser, *op. cit.*, pp. 192 e ss. e Sebastião Cruz, *Da «Solutio»*, pp. 22 e ss. e *Direito Romano*, pp. 194 e ss.

O devedor permanece um sujeito da obrigação e não um objecto dela, pelo que a execução para satisfação do direito de crédito apenas se pode fazer sobre os bens e não sobre a pessoa do devedor.

Próxima desta é, no entanto, a posição que foi defendida no âmbito da pandectística por Savigny. Para este autor, o direito de crédito caracterizar-se-ia por representar um **domínio sobre uma actuação de prestação do devedor**, o que representa a inclusão do direito de crédito nos direitos de domínio, à semelhança do que sucede com os direitos reais. Para Savigny, o crédito consistiria num domínio sobre uma pessoa. No entanto, esse domínio não residiria sobre a pessoa em globo (já que nesse caso a sua personalidade seria retirada), mas sobre uma actuação sua, a qual seria excluída da liberdade do devedor, sendo assim submetida à vontade de outrem (o credor) que exerceria um direito de domínio sobre essa actuação[104].

Esta tese foi objecto de críticas decisivas como a de Windscheid, que salientou que a concepção de que o direito de crédito consiste na subordinação da vontade do credor à vontade do devedor faria recair o objecto do direito de crédito no exigir, que só seria violado quando o devedor desrespeitasse a exigência apresentada pelo credor, o que não se encontra no conceito de direito de crédito[105]. Para além disso, a actuação é uma expressão directa da personalidade e por isso não pode ser dela separada

[104] Cfr. Friedrich Karl Von Savigny, *System des heutigen römischen Rechts*, I, reimp. Scientia Verlag Aalen, 1981, § 53, pp. 338 e ss. Vale a pena traduzir este trecho célebre: "Não são tão simples aquelas relações jurídicas cujo objecto são pessoas alheias, porque nós podemos estabelecer com elas dois tipos de relações completamente diferentes. A primeira relação possível com uma pessoa alheia é aquela pela qual essa pessoa, da mesma forma que uma coisa, é atraída para o âmbito do nosso poder de vontade e submetida ao nosso domínio. Se este fosse absoluto, seriam retirados ao outro as características da liberdade e da personalidade; nós não estaríamos a dominar sobre uma pessoa mas sobre uma coisa; o nosso direito seria a propriedade sobre um ser humano, como na realidade o é a relação romana de escravidão. Não devendo tal ocorrer, queremos nós antes pensar em relações jurídicas específicas, nas quais exista um domínio sobre uma pessoa alheia, sem destruição da sua liberdade, que seja semelhante à propriedade e apesar disso distinto dela. Para isso não pode o domínio abranger a pessoa na sua globalidade, mas antes ser referido apenas a uma sua única acção; essa acção será subtraída à liberdade do agente e submetida à nossa vontade. Uma tal relação de domínio sobre uma única acção da pessoa alheia é por nós designada de *obrigação*". Cfr. também ID, *Das Obligationenrecht als Teil des heutigen römischen Recht*, 2 vols., Berlin, 1851, reimp. Scientia Verlag Aalen, 1973, I, § 2º, p. 4.

[105] Cfr. Bernhard Windscheid/Theodor Kipp, *Lehrbuch des Pandektenrecht*, 9 ª ed., II, Frankfurt a. M., 1906, reimp. Scientia Verlag Aalen, 1963, § 250, p. 2, nota (1).

para constituir objecto de um direito de domínio de outrem. Conforme salienta LARENZ, o credor só domina a actuação do devedor indirectamente através da pessoa deste, sendo uma decisão da sua liberdade pessoal realizar a prestação ou sujeitar-se às consequências do incumprimento. Seria, por isso, contraditório admitir a existência de um domínio directo sobre uma actuação alheia, já que cada actuação tem a base da sua existência na liberdade do agente e não pode consequentemente constituir objecto de um direito de outrem[106].

2.2. O crédito como um direito à prestação (teoria clássica)

Outra concepção personalista corresponde à denominada **teoria clássica** que qualifica o direito de crédito como um **direito à prestação**, ou seja, o **direito a uma conduta do devedor**. Esta é a concepção já presente na época clássica do Direito Romano (Inst.3.13. e D.44.7.3.pr.), tendo sido defendida na pandectística por WINDSCHEID[107], e que se manteve dominante entre nós, tendo sido defendida sucessivamente por GUILHERME MOREIRA[108], VAZ SERRA[109], MANUEL DE ANDRADE[110], GALVÃO TELLES[111], ANTUNES VARELA[112], ALMEIDA COSTA[113], MENEZES CORDEIRO[114], RUI DE ALARCÃO[115], e RIBEIRO DE FARIA[116]. De acordo com esta tese o direito de crédito consiste na faculdade de exigir de determinada pessoa a realização de determinada conduta (prestação) em benefício de outrem, conduta que não pode ser coercivamente exigida, mas como corresponde a um valor patrimonial, permite a execução do património do devedor para ressarcimento do credor. O direito de crédito não incide,

[106] Cfr. LARENZ, *Schuldrecht*, I, p. 17.

[107] Cfr. WINDSCHEID/KIPP, *Lehrbuch*, § 252, pp. 13 e ss.

[108] Cfr. GUILHERME MOREIRA, *Instituições do Direito Civil Português*, II – *Das Obrigações*, Coimbra, s.e., 1911, p. 15.

[109] Cfr. ADRIANO VAZ SERRA, "Obrigações – Ideias preliminares gerais", no *BMJ* 77 (1958), pp. 5-125 (5 e ss.)

[110] Cfr. MANUEL DE ANDRADE, *Obrigações*, p. 32.

[111] Cfr. GALVÃO TELLES, *Obrigações*, p. 10.

[112] Cfr. ANTUNES VARELA, *Obrigações*, I, pp. 153 e ss.

[113] Cfr. ALMEIDA COSTA, *Obrigações*, pp. 69-70.

[114] Cfr. MENEZES CORDEIRO, *Obrigações*, 1º, pp. 217 e ss., e *Tratado*, II-1, pp. 305 e ss.

[115] Cfr. RUI DE ALARCÃO, *Direito das Obrigações*, com a colaboração de J. Sousa Ribeiro, J. Sinde Monteiro, Almeno de Sá e J. C. Proença, Coimbra, polic., 1983, p. 32.

[116] Cfr. RIBEIRO DE FARIA, *Obrigações*, 1º, p. 28.

porém, nem sobre o património do devedor, nem sobre a coisa a prestar, sendo antes um direito à conduta do devedor[117]. Trata-se por isso, de um direito exclusivamente pessoal, dirigido contra uma pessoa, ainda que o valor patrimonial desta adstrição pessoal permita a execução do património do devedor em caso de incumprimento.

3. As teorias realistas

Para as teorias realistas o direito de crédito não é um direito à prestação mas antes um direito sobre o património do devedor. Estas teorias podem conhecer diversas modalidades, de que apontaremos as seguintes:

a) o crédito como um direito sobre os bens do devedor;
b) o crédito como uma relação entre patrimónios;
c) o crédito como um direito à transmissão dos bens do devedor
d) o crédito como expectativa da prestação, acrescida de um direito real de garantia sobre o património do devedor.

3.1. O crédito como um direito sobre os bens do devedor

A primeira das teorias realistas qualifica o direito de crédito como um direito sobre os bens do devedor. Para esta concepção, o crédito é, à semelhança do direito real, um direito sobre bens, havendo apenas que considerar que não recai sobre bens determinados, mas antes sobre todo o património do devedor, entendido como universalidade. Assim, esta teoria nega a existência de um direito à prestação, considerando que, por ser incoercível, o cumprimento da obrigação se apresenta como um acto absolutamente livre, que não é objecto de um direito do credor. O direito de crédito consiste, por isso, apenas na faculdade de executar o património do devedor.

A ideia de que a obrigação é um direito a bens do devedor foi inicialmente defendida na Alemanha por Brinz[118], e Bekker[119], tendo sido seguida na França por Saleilles[120], e na Itália por Brunetti[121].

[117] Nas expressivas palavras de Guilherme Moreira, *Instituições*, II, p. 10 "há direito à prestação, mas não sobre a prestação".
[118] Cfr. Alois Brinz, *Lehrbuch der Pandekten*, II-1, Erlangen, 1879, §§ 206 e ss., pp. 1 e ss.
[119] Cfr. Ernst Immanuel Bekker, *System des heutigen Pandektenrechts*, I, Weimar, 1886, § 25, pp. 76 e ss.
[120] Cfr. Raymond Saleilles, *Étude sur la théorie génerale de l'obligation, d'aprés le premier projet de code civil allemand*, 3ª ed., Paris, 1914, pp. 13-14: "todos os efeitos da obrigação se resumem numa só palavra: a execução".

Para BRINZ, a *obligatio* não corresponde ao acto, mas antes ao efeito de obrigar-se, pelo que a sua definição correcta não consiste no dever, mas antes na responsabilidade, já que, entendida como dever, a obrigação seria incoercível[122]. A responsabilidade corresponderia à situação em que algo, seja pessoa ou coisa, é atribuído a outrem para servir como satisfação para um fim[123]. No âmbito das fonte romanas, a responsabilidade tanto poderia abranger coisas como pessoas. Hoje em dia, na acção executiva, a pessoa já não é objecto para a satisfação do credor, não podendo ser vendida ou escravizada para obtenção do pagamento, pelo que quando "uma pessoa se obriga" a sua responsabilidade exerce-se antes sobre o património. Nestes termos, pareceria ser o património o verdadeiro objecto da obrigação, mas BRINZ considera impossível essa situação, já que tal tornaria qualquer obrigação pessoal numa hipoteca geral, em que a satisfação dispensaria a penhora prévia. O autor considera por isso que o património não é objecto da responsabilidade, mas antes um meio para a sua efectivação, sendo o objecto da responsabilidade antes a pessoa, já que a *actio* é somente *in personam*. A pessoa não responderia, porém, na totalidade, com os bens e o sangue (*mit Gut und Blut*), mas antes como uma coisa, que pode ter um património, pelo que a *actio* no estádio da efectivação da responsabilidade é dirigida ao património, em separação da pessoa. A pessoa obrigada é assim objecto da satisfação como sujeito patrimonial, respondendo enquanto tal pela satisfação completa, ou por outras formas de extinção da obrigação[124].

A tese de BRINZ veio a ser seguida por BEKKER, que acentuou o elemento do património no âmbito do direito de crédito, definindo este como "o direito contra uma pessoa que ao mesmo tempo intervém sobre o seu património e, assim, apenas pode existir sobre o património (sem a pessoa)"[125]. A conclusão de que o património é o verdadeiro objecto do direito de crédito, dispensando a pessoa, seria demonstrada pelos seguintes argumentos:

[121] GIOVANNI BRUNETTI, "Il diritto del creditore", em *RDComm* 14 (1916), pp. 137-146 e 282-307. Cfr. também as recensões de GOMES DA SILVA, *Conceito*, pp. 163 e ss. e de MENEZES CORDEIRO, *Obrigações*, 1º, pp. 182 e ss. e *Tratado*, II-1, pp. 263-264.

[122] Cfr. BRINZ, *op. cit.*, § 206, pp. 1-2.

[123] Cfr. BRINZ, *op. cit.*, § 207, p. 2.

[124] Cfr. BRINZ, *op. cit.*, § 208, pp. 4-5.

[125] Cfr. BEKKER, *op. cit.*, § 25, p. 77.

- todos os componentes patrimoniais podem servir para a satisfação do credor, independentemente da vontade do devedor;
- a responsabilidade patrimonial não se altera com a mudança de titular do património (como sucede em caso de sucessão);
- o facto de o património ficar sem sujeito (ex: herança jacente) não impede o exercício da responsabilidade patrimonial;
- os patrimónios comuns e os patrimónios das pessoas colectivas respondem pelas dívidas da mesma forma que os patrimónios pessoais;
- pequenas partes de um grande património podem responder por dívidas próprias;
- as obrigações podem recair sobre bens determinados como no caso das garantias reais[126].

Com base nestes argumentos, o autor considera que o direito de crédito apenas pode abranger o património, contestando a eventual crítica de que o direito sobre o património seria um direito inseguro, já que o devedor o poderia dissipar. A seu ver, tal possibilidade não afecta a natureza do direito, já que o mesmo poderia sempre suceder com um penhor sobre um armazém de mercadorias, sendo na verdade o direito de crédito sem valor se tal suceder, como o é um direito de crédito sobre um mendigo. Também não considera a eventual crítica de que o crédito só recai sobre a prestação, a qual só um ser humano realiza, argumentando que se a obrigação exige sempre uma prestação, o objecto da obrigação responsável pela prestação nem sempre depende de uma pessoa, como o demonstra a situação das garantias reais[127].

Já BRUNETTI fundamenta a sua concepção realista numa distinção entre normas absolutas e normas finais, sendo as primeiras as que impõem a uma pessoa uma necessidade absoluta de acatamento, através da imposição de penas para a sua inobservância e as segundas aquelas que sujeitam alguém à simples necessidade de agir ou não agir de certo modo para atingir determinado objectivo. Neste âmbito, o autor sustenta o carácter apenas de norma final, que se atribui ao cumprimento da obrigação[128], através de quatro proposições:

[126] Cfr. BEKKER, *op. cit.*, § 25, p. 79.

[127] Cfr. BEKKER, *op. cit.*, § 25, p. 80.

[128] Cfr. BRUNETTI, *RDComm* 14, I, pp. 293 e ss,

- o credor não tem o direito a que o devedor aja;
- correlativamente, o devedor não tem o dever de agir;
- não existe, portanto, na lei o imperativo, a norma que imponha ao devedor a acção;
- em corolário, a inacção do devedor não se pode considerar um facto anti-jurídico, pois não é contrária a uma norma jurídica[129].

O facto de a inacção do devedor não constituir um facto anti-jurídico explica, para o autor, a não punibilidade do incumprimento da obrigação, mesmo quando praticado dolosamente. A consideração de que o devedor não tem o dever de agir torna desnecessária a conciliação do conceito de obrigação com a liberdade pessoal, uma vez que é sempre o património e não a pessoa que responde, já que, não sendo a prestação susceptível de execução coactiva, é na verdade um não direito. A proposição que nega a existência de uma norma que imponha ao devedor agir permite explicar a constituição de obrigações em relação a incapazes. E a abolição da prisão por dívidas seria demonstrativa de que o credor não tem qualquer direito à conduta do devedor[130]. Daí a conclusão de que o credor tem apenas um direito sobre os bens do devedor[131].

O erro básico destas concepções realistas reside na circunstância de a faculdade de execução se destinar a garantir o direito de crédito, não constituindo objecto desse mesmo direito. É, por isso, falsa a doutrina que qualifica o direito de crédito como um direito a bens do devedor, na medida em que o seu objecto consiste antes na prestação. A prestação pode inclusivamente ser de facto, e até de facto negativo, caso em que o cumprimento não consiste na entrega de bens do devedor, obtendo o credor a satisfação do seu direito apenas mediante a conduta deste. Para além disso, se a prestação for originariamente impossível, o direito de crédito nem se chega a constituir (art. 401º, nº 1), extinguindo-se a obrigação, em caso de impossibilidade superveniente da prestação (art. 790º), sendo que essas soluções seriam incompreensíveis se o objecto do direito de crédito fossem os bens do devedor. Por outro lado, a aplicação de sanções ao devedor em caso de mora (art. 804º) incumprimento da obrigação (art. 798º) ou sua impossi-

[129] Cfr. BRUNETTI, *RDComm* 14, I, p. 142.

[130] Cfr. BRUNETTI, *RDComm* 14, I, pp. 143 e ss.

[131] Cfr. BRUNETTI, *RDComm* 14, I, p. 145.

bilitação culposa (art. 801º) demonstra que o devedor está efectivamente vinculado ao cumprimento, não se podendo considerar este como livre, ao contrário do que defende esta concepção. Por último, a inexistência de bens no património não impede alguém de assumir obrigações, o que demonstra não se poder considerar o direito de crédito como tendo por objecto os bens do devedor[132].

3.2. O crédito como relação entre patrimónios

A teoria que concebe o direito de crédito como uma relação entre patrimónios corresponde à concepção mais extrema das teorias realistas[133]. Esta concepção é defendida por EUGÉNE GAUDEMET na sua obra *Étude sur le transport de dettes à titre particulier*, de 1898, onde o autor sustenta que tendo o direito de crédito sido na origem um vínculo pessoal, hoje essa sua configuração estaria abandonada, tendo ele se transformado num vínculo entre patrimónios, sendo as pessoas do credor e do devedor meros representantes jurídicos dos seus bens. Assim, não seria o devedor que deve ao credor, mas antes o património do devedor que deve ao património do credor. O direito de crédito seria, consequentemente, à semelhança do direito real, um direito sobre bens (*ius ad rem*), com a única diferença que não recai sobre bens determinados, mas antes colectivamente sobre todo o património do devedor[134]. Na Itália, esta posição foi seguida por BONELLI[135], que defendeu que todas as relações de direito privado se reconduzem a trocas ou transmissões de bens[136], exercendo os seus efeitos sobre o património que aumenta ou diminui consoante a relação dá origem a um crédito ou a uma obrigação, ampliando-se ou restringindo-se nas liberalidades e substituindo elementos por outros nas relações de troca[137]. O sujeito das obrigações seria assim o património, entendido como pessoa jurídica, de que o homem constituiria apenas um seu elemento[138].

[132] Cfr. MANUEL DUARTE GOMES DA SILVA, *Ensaio sobre o direito geral de garantia nas obrigações*, Lisboa, C.E.F., 1965 (mas 1939), pp. 36 e ss.

[133] Cfr. GOMES DA SILVA, *Ensaio*, p. 26.

[134] Cfr. EUGÈNE GAUDEMET, *Étude sur le transport de dettes à titre particulier*, Paris, Arthur Rousseau, 1898, pp. 30-31. Cfr. também a recensão de GOMES DA SILVA, *Ensaio*, pp. 31 e ss.

[135] Cfr. GUSTAVO BONELLI "La Teoria della Persona Giuridica", na *RDC* II (1910), pp. 445-508 e 593-673.

[136] Cfr. BONELLI, *RDC* II (1910), p. 476.

[137] Cfr. BONELLI, *RDC* II (1910), p. 655.

[138] Cfr. BONELLI, *RDC* II (1910), pp. 597 e ss., 614 e ss. e 649 e ss.

A concepção da obrigação como relação entre patrimónios apresenta-se igualmente como falsa, na medida em que os patrimónios são complexos de bens e as relações jurídicas apenas se estabelecem entre pessoas, não se identificando a titularidade de um património como a representação que consiste na substituição de pessoas na celebração de actos jurídicos[139]. Para além disso, ao considerar também o direito de crédito como um direito sobre bens, esta doutrina padece das mesmas críticas colocadas à concepção anterior.

3.3. O crédito como um direito à transmissão dos bens do devedor

É ainda uma tese realista, apesar de bastante diferente das anteriores, a concepção que qualifica o direito de crédito como um direito à transmissão dos bens do devedor, ou seja que vê a obrigação como um processo de aquisição de bens, uma vez que coloca o objecto do direito não na prestação, mas em bens. De acordo com os defensores desta teoria, o fim da obrigação seria sempre a aquisição da propriedade, pelo que a diferença entre o direito de crédito e o direito real residiria na circunstância de este ser exercido directamente sobre a coisa, enquanto naquele haveria um fenómeno de "propriedade indirecta"[140], um direito à aquisição de bens do devedor.

Essa concepção tem essencialmente raízes na doutrina francesa, em virtude de o art. 711 do *Code* qualificar as obrigações como processos de aquisição da propriedade, e de o art. 1126 referir que os contratos têm sempre por objecto uma coisa que uma parte se obriga a dar ou que uma parte se obriga a fazer ou não fazer. Desta formulação legal veio inúmera doutrina francesa retirar a consideração de que na constituição de obrigações haveria sempre um processo de transmissão de bens do devedor para o credor, variando apenas a consideração sobre o processo técnico de se operar essa transmissão.

Uma das concepções desta teoria corresponde à tese que qualifica a obrigação como uma **alienação da propriedade do devedor**. De acordo com CAZELLES, a constituição do crédito deveria ser vista como um processo de aquisição de bens, sendo qualificada a situação do credor como um adquirente de um certo valor do património do devedor, semelhante a um com-

[139] Cfr. GOMES DA SILVA, *Ensaio*, p. 36.

[140] A expressão "propriedade indirecta" é da autoria de AUGUSTE FILIP, *De la nature juridique du droit du créancier chirographaire*, Paris, Vie Universitaire, 1922, p. 74. GOMES DA SILVA, *Conceito*, p. 106, considera-a uma síntese feliz desta teoria.

prador a termo. Este autor procura inclusivamente resolver a difícil objecção de o devedor poder assumir obrigações de valor superior ao conjunto dos seus bens, considerando que nessa altura o pagamento rateado aos credores equivale ao processo de determinação correcta do valor da obrigação em relação aos bens do devedor[141]. Próxima desta é a concepção de SAVATIER que define o direito de crédito como "o direito que permite a uma ou mais pessoas determinadas (os credores) de adquirir um bem de uma ou outras pessoas determinadas (os devedores)", sendo a obrigação "a adstrição de uma ou mais pessoas determinadas a fornecer um bem a uma ou mais pessoas determinadas"[142]. Nesta concepção tanto o direito de crédito como o direito real seriam direitos sobre bens, mas o direito real incidiria sobre bens em si e o direito de crédito sobre bens devidos[143], sendo o cumprimento da obrigação a substituição de um bem devido por um bem em si[144].

Uma outra concepção é aquela que qualifica **o credor como sucessor do devedor**[145]. Uma das primeiras formulações desta teoria sustenta que o credor era um sucessor *(ayant cause)* a título universal do devedor, sendo por esse motivo que exercia os direitos e acções que a ele competiam. Foi esta a concepção defendida sucessivamente por DURANTON[146], MARCADÉ[147],

[141] Cfr. CAZELLES, *De la idée de la continuation de la personne comme principe des transmissions universelles*, pp. 361-362, cit. *apud* GOMES DA SILVA, *Ensaio*, pp. 44 e ss.

[142] Cfr. RENÉ SAVATIER, *La Théorie des obligations en droit privé économique"*, 4ª ed., Paris, Dalloz, 1979, p. 13.

[143] Cfr. SAVATIER, *op. cit.*, pp. 15 e ss.,

[144] Cfr. SAVATIER, *op. cit.*, p. 17.

[145] MENEZES CORDEIRO, *Obrigações*, 1º, pp. 208 e ss., inscriu esta concepção entre as tentativas de superação das doutrinas mistas como a *Schuld und Haftung*. A nosso ver, trata-se de uma concepção realista, não nos parecendo sequer que o enquadramento seja cronologicamente correcto, uma vez que uma concepção que é originária da escola da exegese dificilmente pode ser configurada como uma tentativa de superação de uma doutrina pandectística. Em *Tratado*, II-1, pp. 287-288, e nota (936), passa a integrá-la entre "as (re)construções do pessoalismo", o que ainda menos sentido faz, dado que não se vê como que é uma sucessão no património se pode considerar uma "(re)construção" da obrigação como referida á conduta do devedor. Ao contrário do que o autor sustenta, de acordo com esta tese a sucessão ocorre nos direitos reais que o devedor possui, o que implica claramente uma configuração realista do direito de crédito.

[146] Cfr. M. DURANTON, *Cours de Droit Français suivant le Code civil*, XIII, Paris, Alex-Gobelet, 1831, pp. 140-141: "todos os credores que exercem, conformemente ao art. 1166, todos os direitos e acções do seu devedor são seus sucessores *(ayant cause), causam eius habentes*".

[147] V. MARCADÈ, *Explication theorique et pratique du Code Napoléon*, t. IV., 5ª ed. Paris, Cotillon, 1859, pp. 398-399 sub art. 1166º: "o credor que, que aproveita da minha convenção, exercendo o direito ou acção que esta convenção cria, não é um terceiro. É meu sucessor, pois tem um direito de

LAURENT[148], e desenvolvidamente por BAUDRY-LACANTINERIE[149]. No entender destes autores, o fenómeno da sucessão estaria presente no direito de crédito uma vez que o credor partiria dos direitos de outra pessoa (o devedor), designada como autor da sucessão, e do ponto de vista destes direitos estaria na mesma posição que ele. A sucessão efectuar-se-ia a título universal, uma vez que os credores têm um direito de garantia geral sobre o património do devedor, pelo que aproveitam ou sofrem os aumentos ou diminuições resultantes dos actos que o devedor pratica, à semelhança do que sucede com os herdeiros, a quem cabe também apenas o remanescente patrimonial no momento da abertura da sucessão.

Uma segunda formulação desta teoria qualifica o credor como um sucessor a título particular do devedor. Esta posição foi inicialmente defendida por BONNECASE[150], que, considerando que toda a obrigação envolve um fenómeno de sucessão, já que o credor tem um título definitivo à transmissão dum valor do património do devedor para o dele, defende que a relação do credor com o património do devedor não é uma garantia de um direito, nem uma sucessão a título universal, mas antes um fenómeno de sucessão a título particular. Isto porque o credor não teria direito a uma quota-parte do património do devedor, mas apenas a um dos seus elementos, fungível ou não fungível, que em muitos casos não é um simples valor económico, mas um elemento individualizado do património (ex: os credores do navio, do estabelecimento comercial, ou o direito de retenção)[151]. Para além disso, a ideia da sucessão universal seria incompatível com os institutos da falência e da impugnação pauliana[152]. Esta concepção de BONNECASE foi seguida em França por FILIP[153] e por FRANÇOIS[154].

garantia sobre todos os bens que entram no meu património: *habet meam causam,* ele me representa e participa comigo na propriedade de tudo o que eu possuo a fim de obter o seu pagamento".

[148] Cfr. F. LAURENT, *Principes de Droit Civil Français,* Bruxelas, Paris, 1878, 3ª ed, t. XVI, nº 12, p. 17.

[149] Cfr. G. BAUDRY-LACANTINERIE/L. BARDE, *Traité théorique et pratique de Droit Civil,* XII, *Des Obligations,*, I, 3ª ed., Paris, 1906, p. 586, nº 581, que qualifica expressamente o credor como sucessor a título universal do devedor.

[150] Cfr. JULIEN BONNECASE, *Précis de Droit Civil,* II, Paris, 1934, pp. 96 e ss. e "La condition juridique du créancier chirographaire. Sa qualité d'ayant cause à titre particulier", em *RTDC* 19 (1920), pp. 103-150.

[151] Cfr. BONNECASE, *RTDC* 19, p. 124.

[152] Cfr. BONNECASE, *RTDC* 19, pp. 132 e ss.

[153] Cfr. AUGUSTE FILIP, *op. cit., maxime,* pp. 96 e ss., onde o autor considera que a situação do credor não pode ser de sucessor a título universal, uma vez que o credor tem direito a um

Qualquer destas concepções apresenta-se como incorrecta, uma vez que a obrigação não envolve a transmissão ou sucessão de bens, uma vez que a prestação pode ser de facto, e nem tem que possuir valor económico. Mesmo no âmbito das prestações de coisa, o que está em causa é a conduta do devedor relativa à entrega da coisa, que é juridicamente distinta da transmissão da propriedade sobre ela. Assim, o direito de crédito tem sempre como objecto a prestação do devedor, sendo o direito a uma conduta de outrem não recaindo sobre os bens ou valores do seu património. Efectivamente, mesmo que o credor possa penhorar bens do devedor em caso de incumprimento, estes são sujeitos à venda executiva para pagamento, não ficando o credor proprietário desses bens.

3.4. O crédito como expectativa da prestação, acrescida de um direito real de garantia sobre o património do devedor

A última tese realista que nos falta examinar é a concepção de PACCHIONI[155], tese que se filia bastante nas teses mistas, das quais aliás parte, mas que deverá antes ser qualificada como tese realista na medida em que nega a existência de um direito à prestação. Efectivamente, para PACCHIONI é possível distinguir na obrigação duas relações fundamentais, o débito e a responsabilidade. A relação de débito corresponderia a um dever do devedor – entendido como o estado de pressão psicológica em que o devedor se encontra por existir um preceito que o manda realizar a prestação a determinada pessoa – e a uma legítima expectativa do credor, entendida como um estado de fidúcia jurídica de receber a prestação pelo simples facto de lhe ser juridicamente devida, mas que não corresponde a um direito que ele possa fazer valer se a prestação não for espontaneamente realizada. A relação de responsabilidade corresponderia a um estado de sujeição, seja de uma pessoa, seja de uma ou mais coisas, seja de um inteiro património, e ao correspondente direito daquele, a quem seja devida uma prestação, de fazer valer essa sujeição, com o fim de tornar provável a realização da

bem determinado, fungível ou não fungível, e não é responsável pelas dívidas do devedor, qualificando-o por isso como um sucessor a título particular

[154] Cfr. J. FRANÇOIS, *La proprieté de la provision en matiére de lettre de change*, Paris, 1930, pp. 182 e ss. (218).

[155] Cfr. GIOVANNI PACCHIONI, *Diritto Civile Italiano*, II – *Diritto delle Obbligazioni*, I – *Delle Obbligazioni in generale*, Padova, 1941, pp. 18 e ss. Cfr. também a recensão de GOMES DA SILVA, *Conceito*, pp. 169 e ss.

prestação pelo devedor, ou de obter o objecto da prestação, ou o seu valor no caso de ela não ser espontaneamente realizada[156].

Para Pacchioni, se na relação de débito existe uma mera expectativa, já na relação de responsabilidade existe um verdadeiro direito subjectivo, que não está directamente relacionado com o débito, na medida em que pode abranger não apenas os bens do devedor, mas também os de outra pessoa que esteja vinculada à garantia do débito[157]. Daqui o autor infere a não correspondência entre o débito e o crédito, já que o débito, tendo por objecto o dever de realizar a prestação, é privado de sujeito activo. Já o crédito, tendo por objecto o património do devedor, é privado de sujeito passivo, dado que o processo executivo se exerce directamente sobre os bens do devedor[158]. O crédito seria assim um direito de garantia *sui generis* sobre os bens do devedor[159].

4. As teorias mistas

Cabe agora examinar as teorias mistas, entre as quais se inclui a célebre concepção da *Schuld und Haftung* (expressão alemã que significa "dívida e responsabilidade")[160]. Para estas doutrinas, a obrigação tanto tem por objecto a prestação como o património do devedor, posição que se considera corresponder ao antigo direito romano, que distinguia entre a vinculação pessoal do devedor (*debitum*) e a sua responsabilidade (*obligatio*), bem como ao antigo direito germânico que estabelecia uma distinção entre a dívida (*Schuld*) e a responsabilidade (*Haftung*)[161]. O débito seria o vínculo principal da obrigação, consistente no dever de efectuar a prestação, enquanto a responsabilidade consistiria num vínculo de garantia, traduzido num estado de sujeição do património do devedor ao credor, que lhe asseguraria o equivalente patrimonial da prestação, em caso de não cumprimento. O credor teria assim dois direitos fundamentais, um direito à prestação, que seria um direito pessoal, e um direito sobre o património

[156] Cfr. Pacchioni, *op. cit.*, pp. 19-20.

[157] Cfr. Pacchioni, *op. cit.*, p. 20.

[158] Cfr. Pacchioni, *op. cit.*, p. 31.

[159] Cfr. Pacchioni, *op. cit.*, p. 46.

[160] Cfr. sobre ela, José Alberto dos Reis, *Processo de execução*, 2ª ed., reimp., Coimbra, Coimbra Editora, 1982, pp. 8 e ss., e Gomes da Silva, *Conceito*, pp. 147 e ss.

[161] Cfr. Pacchioni, *op. cit.*, pp. 3 e ss. e 12 e ss., e Calogero Gangi, "Il debito e la responsabilità" em *Scritti Giuridici Varii*, I, Padova, 1933, pp. 1-415 (3 e ss.).

do devedor, que seria um direito real de garantia. O primeiro seria satisfeito mediante o cumprimento voluntário, por parte do devedor, enquanto o segundo se exerceria através da intervenção dos mecanismos coactivos, mediante o processo de execução forçada.

A doutrina da *Schuld und Haftung* tem origem na Alemanha, tendo surgido em virtude da publicação de estudos sobre o antigo direito germânico, bem como por influência das doutrinas realistas de BRINZ e BEKKER. Pelo que pudémos observar, o primeiro autor que a vem defender desenvolvidamente perante o direito moderno é JSAY[162], sendo depois a doutrina seguida na Alemanha sucessivamente por SCHREIBER[163], SCHWIND[164], e BINDER[165], tendo igualmente sido sustentada na Itália por ALFREDO ROCCO[166] e GANGI[167], e entre nós por GALVÃO TELLES, numa primeira fase do seu pensamento[168] e por GOMES DA SILVA[169].

A teoria da *Schuld und Haftung* caracteriza-se por considerar o direito de crédito como um somatório destes dois elementos autónomos: o direito à prestação e o direito de execução sobre o património. Esta teoria defende

[162] Cfr. HERMANN JSAY, "Schuldverhältnis und Haftungsverhältnis im heutigen Recht", em *JhJb* 48 (1904), pp. 187-208.

[163] Cfr. OTTO SCHREIBER, *Schuld und Haftung als Begriffe der privatrechtlichen Dogmatik*, I, Leipzig, 1914, *passim*.

[164] Cfr. ERNST FREIH. V. SCHWIND, "Schuld und Haftung im geltenden Recht", em *JhJb* 68 (1919), pp. 1-204.

[165] Cfr. JULIUS BINDER, "Zur Lehre von Schuld und Haftung", em *JhJb* 77 (1927), p. 75-187 e 78 (1928), p. 163-226.

[166] Cfr. ALFREDO ROCCO,"Studii sulla teoria generale del fallimento", em *RDComm* 8 (1910), I, pp. 669-697 (674 e ss.).

[167] Cfr. GANGI, *Scritti*, pp. 313 e ss.

[168] Cfr. INOCÊNCIO GALVÃO TELLES, *Das universalidades. Estudo de Direito Privado*, Lisboa, 1940, pp. 105 e ss., onde o autor sustenta a existência de um direito geral de execução dos credores sobre o património do devedor, com o cariz de direito real universal, aceitando expressamente (p. 109) a concepção dualista da obrigação.

[169] Cfr. MANUEL DUARTE GOMES DA SILVA, *Ensaio sobre o direito geral de garantia nas obrigações*, Lisboa, C.E.F., 1965 (mas 1939), *maxime* pp. 145 e ss. e *Conceito e estrutura da obrigações*, Lisboa, s.e., 1943, *maxime*, pp. 172 e ss., que sustenta existir na obrigação um direito primário à prestação e, autonomamente, um direito de garantia, que teria natureza real, recaindo sobre o património do devedor, entendido como universalidade, e que por isso se poderia qualificar como um direito geral de garantia. O autor afasta-se no entanto um pouco desta concepção, quando defende (pp. 255-256) que o direito à prestação pode existir sem o direito de garantia, mas que o direito de garantia comum aparece sempre ligado ao direito à prestação, ainda que, sendo distinto dele, possa ter um âmbito diferente.

que, apesar de fazerem parte do direito de crédito, estes dois direitos teriam natureza diversa entre si, mesmo quando coexistentes no mesmo sujeito, o que seria demonstrado pelas seguintes razões:

1) o distinto objecto qualitativo da dívida e da responsabilidade;
2) a possibilidade de a dívida e a responsabilidade terem uma diferente extensão quantitativa;
3) a possibilidade de um dos direitos subsistir sem o outro;
4) a possibilidade de a responsabilidade e a dívida respeitarem a sujeitos diferentes;
5) a possibilidade de os dois direitos se constituirem ou extinguirem em momentos diferentes.

Examinemos sucessivamente estas características:

1) Como demonstração de a responsabilidade (*Haftung*) ter objecto distinto da dívida (*Schuld*) salienta-se o facto de que o crédito tem por objecto a prestação, correspondendo ao poder de exigir um facto, enquanto a responsabilidade tem por objecto o património, correspondendo ao poder de apreender e vender bens, para com o produto dessa venda serem pagos os credores. O credor, na execução, não obtém assim o próprio facto da prestação (a conduta do devedor que era objecto da sua pretensão), mas apenas um valor a ela equivalente, em termos patrimoniais (uma soma em dinheiro, correspondente à venda dos bens do devedor). Efectivamente, no sistema da execução sobre o património o direito de crédito é sempre irrealizável, já que o que se realiza é um direito (sobre o património) dele totalmente distinto, que constitui um equivalente de um direito de crédito, mas cuja realização exclui conceptualmente a realização dele[170].
2) Como demonstração de que a responsabilidade e a dívida podem ter uma diferente extensão quantitativa, temos a separação de patrimónios (cfr. art. 601º, *in fine*) e as convenções de limitação de responsabilidade (cfr. arts. 602º-603º), casos em que a responsabilidade fica limitada a certos bens do devedor, enquanto a dívida abrange a prestação na sua totalidade[171].

[170] Cfr. JSAY, *JhJb* 48 (1904), pp. 198 e ss., ROCCO, *RDComm* 8 (1910), p. 680, BINDER, *JhJb* 78 (1928), p. 213, GALVÃO TELLES, *Das universalidades*, p. 111, e GOMES DA SILVA, *Ensaio*, p. 126.
[171] Cfr. JSAY, *JhJb* 48 (1904), pp. 197.

3) A demonstração de que a responsabilidade pode existir independentemente da dívida ocorreria nas garantias constituídas por terceiro para tutelar débitos alheios, como a fiança (arts. 627º e ss.), ou o penhor e a hipoteca constituídos por terceiro (arts. 667º, nº 2 e 717º), já que os terceiros neste caso, embora sendo responsáveis, não seriam verdadeiros devedores[172]. Por outro lado, a demonstração de que pode haver dívida sem responsabilidade ocorreria nas obrigações naturais (arts. 402º e ss.), caso em que o credor tem direito à prestação, mas não o poder de executar o património do devedor[173].
4) Quanto à hipótese de a responsabilidade e a dívida respeitarem a sujeitos diferentes teríamos a situação das garantias constituídas por terceiro (fiança, penhor ou hipoteca sobre bens de terceiro), em que o garante tem os bens sujeitos à responsabilidade, mas a dívida respeita a outra pessoa[174]. Outro exemplo seria a manutenção da responsabilidade do primitivo devedor, na hipótese da assunção de dívida[175].
5) Quanto à situação de os dois direitos se constituirem ou extinguirem em momentos diferentes teríamos como hipótese de constituição da responsabilidade sem a dívida a garantia de obrigação futura e como hipótese de extinção da responsabilidade sem se extinguir a dívida a prescrição (cfr. art. 304º, nº 2).

A doutrina que sustenta esta concepção tem, no entanto, apresentado algumas divergências quanto à natureza da responsabilidade. Alguns afirmam o seu cariz privatístico, configurando-a como um direito real de garantia sobre os bens do devedor[176]. Outros acentuam o seu cariz publi

[172] Cfr. Jsay, *JhJb* 48 (1904), pp. 192-193

[173] Cfr. Jsay, *JhJb* 48 (1904), pp. 191-192, Schwind, *JhJb* 68 (1919), p. 43 e Rocco, *RDComm* 8, p. 684. Diferentemente Schreiber *op. cit.*, p. 30, nega que as obrigações naturais sejam exemplo de *Schuld* sem *Haftung*, uma vez que nelas faltaria mesmo a dívida, referindo antes como seus exemplos as situações de anulabilidade do negócio jurídico (cfr. pp. 50 e ss.) e a inimputabilidade (pp. 87 e ss.), as dívidas de jogo (pp. 94 e ss.), alguns negócios de bolsa (pp. 103 e ss.) o empréstimo entre cônjuges (pp. 111 e ss.), os deveres de natureza familiar (pp. 114 e ss.), a transacção forçada em processo de falência (pp. 118 e ss.), a limitação da responsabilidade do herdeiro às dívidas da herança (pp. 120 e ss.) e a relação do titular do cheque em relação ao banco sacado (pp. 121 e ss.).

[174] Cfr. Jsay, *JhJb* 48 (1904), pp. 193 e ss. e Binder, *JhJb* 77 (1907), p. 140 e ss.

[175] Cfr. Binder, *JhJb* 77 (1926-27), p. 139.

[176] É esta a tese de Rocco, *RDComm* 8, pp. 682 e ss., que considera o direito de execução do credor como um direito real de penhor, abrangendo a universalidade do património do

cístico, configurando-o como um direito de natureza processual, dirigido contra o Estado[177].

As concepções mistas da obrigação apresentam uma sólida argumentação em sua defesa. No entanto, os pressupostos em que se baseia a argumentação são quase sempre falsos, conforme se irá demonstrar.

Assim, em relação à fiança, ela não constitui exemplo de responsabilidade sem dívida, uma vez que o fiador é um verdadeiro devedor, ficando pessoalmente obrigado perante o credor, ainda que a sua obrigação seja acessória da do devedor (art. 627º), sendo a assunção dessa obrigação o fundamento da sua responsabilidade.

Por outro lado, a situação das obrigações naturais não é exemplo de dívida sem responsabilidade, porque, ou são verdadeiras obrigações, o que demonstraria precisamente que o direito de execução não faz parte do direito de crédito, ou não são consideradas obrigações, e então, a ausência de responsabilidade corresponde precisamente a uma ausência de dívida[178].

A afirmação de que se pode verificar a constituição e extinção da responsabilidade em momentos diferentes é também incorrecta. Na garantia relativa a obrigação futura, é manifesto que nunca existirá responsabilidade se não se constituir a dívida. Já quanto à prescrição, ela constitui uma efectiva causa de extinção, não apenas da responsabilidade, mas também da obrigação civil, independentemente da controvérsia em torno da natureza da obrigação natural.

Finalmente, há que salientar a incorrecção da qualificação do poder de execução como direito real de garantia do crédito, uma vez que as características destes direitos são a prevalência e a sequela e nenhuma delas existe no poder de execução. Essa incorrecção deriva do erro de se atribuir natureza substantiva ao direito de execução, quando a sua natureza é, afinal, meramente processual[179], correspondendo à acção executiva, meio de tutela do direito de crédito e não objecto deste direito[180].

devedor, que se constitui com a obrigação, previamente à acção executiva, já que esta não cria direitos, limita-se a realizar os direitos pré-existentes. No mesmo sentido, GANGI, *Scritti*, I, pp. 344 e ss. e, entre nós, GALVÃO TELLES, *Das Universalidades*, p. 107 e GOMES DA SILVA, *Conceito*, pp. 231 e ss.

[177] Assim, BINDER, *JhJb* 78 (1927-28), pp. 199 e ss.

[178] Cfr. MENEZES CORDEIRO, *Obrigações*, 1º, p. 201, e *Tratado*, II-1, pp. 283-284.

[179] Cfr. CARNELUTTI, *Teoria geral do Direito* (trad.), Coimbra, 1942, p. 279.

[180] Cfr. JOSÉ ALBERTO DOS REIS, *op. cit.*, pp. 11 e ss.

5. As doutrinas sustentando a complexidade do vínculo obrigacional

5.1. A obrigação como organismo, como estrutura e como processo

Uma das tentativas de superação da contradição entre a prestação e o património do devedor consiste na configuração da obrigação como uma realidade complexa, abrangendo uma série de elementos componentes, onde se encontraria tanto a prestação como a execução sobre o património do devedor. Neste âmbito, o primeiro dos autores a defender esta concepção é HEINRICH SIBER, que qualifica a obrigação como um "organismo" (*Organismus*), que abrangeria tanto um conjunto de créditos individuais, correspondendo aos deveres de prestação principais e acessórios, como também direitos potestativos, correspondendo a sujeições, como a resolução e a denúncia. Para este autor, poderia falar-se não apenas de obrigação em sentido estrito, correspondendo ao direito de crédito individual, mas também de obrigação em sentido amplo, definida como a relação causal que existe entre o credor e o devedor, da qual surge o direito de crédito e a obrigação e ainda outras posições jurídicas de que o direito de crédito é um mero elemento[181]. Esta tese foi posteriormente seguida por HERHOLZ, que qualificou a obrigação em termos dualistas como relação de prestação e como relação de enquadramento (*Rahmenbeziehung*), sendo esta segunda formulação que justificaria a atribuição de indemnização nas hipóteses de resolução do contrato, *culpa in contrahendo* e cumprimento defeituoso, em virtude do enquadramento de outros deveres que a relação obrigacional efectua, e que existem antes, durante e após a relação de prestação[182]. Em seguida, ZEPOS veio qualificar a obrigação como uma formação (*Gestalt*) de elementos, na qual se poderia encontrar uma realidade fenomenológica própria, distinta dos seus elementos componentes[183].

Merece especial destaque a tese de KARL LARENZ, que veio configurar o vínculo obrigacional como uma estrutura ou como um processo. Para este autor, a relação obrigacional não consiste única e simplesmente no direito à prestação e no dever de a realizar, mas consiste numa relação

[181] Cfr. HEINRICH SIBER, *Schuldrecht*, Leipzig, Felix Meine, 1931, § 1 I, p. 1 e PLANCK/SIBER, *Planck's Kommentar zum Bürgerlichen Gesetzbuch*, II-1, 4ª ed., Berlin, Guttentag, 1914, p. 4, nota *b)*

[182] Cfr. FELIX HERHOLZ, "Das Schuldverhältnis als konstante Rahmenbeziehung (ein Rechtsgrund für negative Interesseansprüche trotz Rücktritt und Wandlung)" em *AcP* 130 (1929), pp. 257-324.

[183] Cfr. PANJIOTIS ZEPOS, "Zu einer «gestalttheoretischen» Auffassung des Schuldverhältnisses" em *AcP* 155 (1956), pp. 486-494 (490).

jurídica global (como a relação de compra e venda, de locação ou de trabalho), que vem a ser instituída através de um *Tatbestand* específico (contrato de compra e venda, de locação, de trabalho). Assim, a relação obrigacional abrangeria um conjunto de deveres de prestação e de outros deveres de conduta, mas também poderes potestativos (como a resolução do contrato ou a escolha nas obrigações genéricas e alternativas) e situações de sujeição (a susceptibilidade de ver resolvido o contrato). A obrigação seria assim um conceito-suma (*Inbegriff*), através do qual se sumarizariam não factos ou fenómenos do mundo exterior, mas antes um conjunto de consequências jurídicas (direitos subjectivos, poderes potestativos, deveres e sujeições) relacionadas entre si, em virtude da sua conexão com o interesse do credor que deve ser satisfeito através dessa relação. Essa conexão das diversas realidades implica que a obrigação não seja apenas uma soma de consequências jurídicas mas antes uma realidade jurídica complexa, uma estrutura de situações jurídicas. Constituindo uma estrutura de situações jurídicas, a obrigação permanece, mesmo que algumas dessas situações jurídicas se venham a extinguir, e conserva a sua identidade, mesmo que as partes acordem em alguma modificação ou na sua transmissão para terceiros[184].

Para além disso, a obrigação, como toda e qualquer relação jurídica, teria um começo e um fim no tempo. Esses momentos podem ser quase temporalmente coincidentes, como numa compra a dinheiro, mas normalmente medeia entre eles um certo lapso de tempo. Assim a obrigação apresenta-se também como uma estrutura temporal, que admite um decurso do tempo com um objectivo final: a satisfação do interesse do credor. A obtenção desse objectivo pode implicar uma modificação do conteúdo da obrigação, já que se a prestação se tornar impossível o interesse do credor só poderá ser satisfeito através de uma indemnização. Por outro lado, o decurso do tempo pode implicar o surgimento ou a extinção de certos deveres secundários ou acessórios, consoante a fase do vínculo obrigacional em que se esteja, sendo a satisfação do interesse do credor o objectivo final da obrigação, o que implica que a sua extinção ocorra nesse momento. Assim, poder-se-ia considerar a obrigação como um processo evolutivo temporal[185].

Próxima destas concepções é a doutrina defendida entre nós por Pessoa Jorge. Para este autor, a obrigação constitui uma "estrutura com-

[184] Cfr. Larenz, *Schuldrecht*, I, pp. 26 e ss. Veja-se também, ID, "Entwicklungstendenzen der heutigen Rechtsdogmatik", em *JZ* 1962, pp. 105-110 (108).
[185] Cfr. Larenz, *Schuldrecht*, I, p. 28.

plexa", mas mesmo mais complexa do que pretendem as teorias dualistas, já que qualquer das partes, o credor e o devedor, "tem a sua posição integrada por um conjunto de poderes e deveres de natureza diversa, que tomadas em globo constituem o direito de crédito e a obrigação"[186]. Em relação ao credor, a sua posição abrangeria entre outros: o direito à prestação; o direito à indemnização dos prejuízos; o direito de obter sentença favorável e de a executar coercivamente; o direito real sobre certos bens ou sobre o património do devedor ou de terceiros garantes; os direitos potestativos de recorrer aos meios de conservação da garantia patrimonial; o direito de dispor do crédito; a faculdade de interpelação do devedor; o direito de resolver o contrato sinalagmático por incumprimento; o ónus de colaborar no cumprimento e o dever de indemnizar o devedor pelas despesas resultantes do não cumprimento desse ónus. Em relação ao devedor, a sua posição abrangeria nomeadamente: o dever de prestar; o dever de remover eventuais obstáculos à realização da prestação; o dever de indemnizar, em caso de não cumprimento; a sujeição do património à execução; o dever de não tornar insolvente o património; o direito potestativo à liberação por consignação em depósito, prescrição e compensação; o direito de exigir reembolso de despesas resultantes da mora do credor; o direito de escolha nas obrigações genéricas e alternativas e o direito de imputar o pagamento[187]. Todos estes conjuntos de direitos, deveres, poderes potestativos, sujeições e ónus seriam aglutinados em função do seu fim específico: "proporcionar ao credor a satisfação das utilidades através da realização de uma conduta do devedor "[188].

Apesar de não se deixar de reconhecer a razão destas formulações, a verdade é que modernamente tem-se evitado a sobrevalorização da complexidade do vínculo obrigacional[189], dado que esta formulação é essencialmente descritiva[190], além de que, como salientaram ESSER/SCHMIDT, no processo civil não surge o direito do credor como complexo mas o direito de crédito como elemento isolado[191/192].

[186] Cfr. PESSOA JORGE, *Direito das Obrigações*, I, Lisboa, AAFDL, 1975/76, p. 124.

[187] Cfr. PESSOA JORGE, *Obrigações*, pp. 125 e ss.

[188] Cfr. PESSOA JORGE, *Obrigações*, p. 127.

[189] Cfr. MÜNCHENER KOMMENTAR/KRAMER 2 – *Schuldrecht. Allgemeiner Teil*, Einl., nº 14, p. 9.

[190] Cfr. JOACHIM GERNHUBER, *Das Schuldverhältnis*, § 2 I 3, p. 9.

[191] Cfr. ESSER/SCHMIDT, *op. cit.*, I, § 5 II, p. 88

[192] MENEZES CORDEIRO, *Tratado*, II-1, p. 297, nota (1016), critica esta nossa posição, considerando que se deve a um "*lapsus calamis*" (*sic*). Não nos parecendo esta a forma correcta

6. Posição adoptada

A obrigação não se pode considerar um direito incidente sobre os bens do devedor, sendo antes um vínculo pessoal entre dois sujeitos, através do qual um deles pode exigir que o outro adopte determinado comportamento em seu benefício.

É esta aliás a concepção adoptada pelo legislador que no art. 397º consagra a teoria clássica, definindo a obrigação como o vínculo jurídico por virtude do qual uma pessoa fica adstrita para com outra à realização de uma prestação. É também a posição adoptada pela grande maioria da doutrina portuguesa, que entende o direito de crédito como tendo por objecto a prestação, negando a existência de qualquer direito do credor sobre o património do devedor[193]. Efectivamente, a acção executiva representa apenas a aplicação pelo Estado de uma sanção pelo incumprimento das obrigações, através da qual se assegura protecção jurídica ao direito de crédito. Assim, no processo de execução, o Estado substitui-se ao devedor na satisfação do direito de crédito, obtendo para o efeito os meios necessários através da execução do seu património. Ao credor não é, porém, reconhecido qualquer direito sobre os bens do devedor.

Reconhecendo-se que o credor não tem qualquer direito sobre os bens do devedor, parece claro que tem que se reconhecer-lhe um direito subjectivo à prestação, uma vez que o devedor está vinculado ao cumprimento, sendo que a existência de um direito apenas depende do seu reconhecimento por uma norma, independentemente de ser garantido por uma sanção e muito menos por uma sanção com plena eficácia[194].

de conduzir um debate intelectual, não deixamos de salientar que o lapso de escrita é neste caso do próprio Menezes Cordeiro, já que em latim o genitivo singular de *calamus* é *calami*, e não *calamis*.

[193] Assim, Galvão Telles, *Obrigações*, pp. 16-17 (na nota (1) o autor pronuncia-se no sentido de o credor possuir uma expectativa sobre o património do devedor, juridicamente tutelada através dos meios de conservação da garantia), Antunes Varela, *Obrigações*, I, pp. 53 e ss., Almeida Costa, *Obrigações*, pp. 69-70, Menezes Cordeiro, *Obrigações*, 1º, pp. 217 e ss., e *Tratado*, II-1, pp. 307 e ss., Rui de Alarcão, *Obrigações*, p. 32 e Ribeiro de Faria, *Obrigações*, 1º, p. 28.

[194] Cfr. Gomes da Silva, *Conceito*, p. 171.

Secção IV
Características da obrigação

1. Generalidades

Como características da obrigação, a doutrina tem vindo a apontar as seguintes:

a) a patrimonialidade;
b) a mediação ou colaboração devida;
c) a relatividade;
d) a autonomia.

2. A patrimonialidade

Por **patrimonialidade** entende-se a susceptibilidade de a obrigação ser avaliável em dinheiro, tendo, portanto, conteúdo económico[195]. A doutrina mais antiga entendia que a obrigação não se poderia constituir se não fosse susceptível de avaliação pecuniária. Como argumentos em defesa desta tese invocava-se o facto de a execução apenas se poder exercer sobre o património do devedor e, como esta execução pressupõe sempre a liquidação do crédito numa soma pecuniária, daí resultaria a necessidade de a prestação ter valor pecuniário[196]. Para além disso, estaria em princípio excluída a ressarcibilidade dos danos morais causados pelo incumprimento das obrigações. Daqui resultaria para a tese clássica a insusceptibilidade de se constituirem obrigações sem natureza patrimonial[197].

[195] Sobre a questão da patrimonialidade da obrigação, cfr. especialmente Rui Soares Pereira, *A responsabilidade por danos não patrimoniais do incumprimento das obrigações no Direito Civil Português*, Coimbra, Coimbra Editora, 2009, pp. 181 e ss.

[196] Cfr. por exemplo, Rocco, *RDComm* 8, p. 681.

[197] A tese clássica apoiava-se em D.40.7.9.2.

Essa tese, porém, foi ainda na escola pandectística, rejeitada sucessivamente por WINDSCHEID[198] que admitiu que a prestação não tinha que ter cariz patrimonial, e por JHERING[199], que afirmou ser um erro a doutrina da patrimonialidade da prestação, já que o Direito Civil não tutela apenas o património das pessoas, mas também outros interesses seus, admitindo, por isso, não apenas que a prestação não tivesse valor pecuniário, mas também que o interesse do credor fosse tanto material como ideal (ex. sentimento religioso, honra), excluindo apenas do âmbito da obrigação relações extra-jurídicas como as de trato social. Na França, esta posição foi sufragada por SALEILLES[200].

No Código Civil italiano a tese clássica foi consagrada ainda que com algumas restrições: embora a prestação tenha necessariamente que ser susceptível de avaliação pecuniária, o interesse do credor já pode ser não patrimonial (art. 1174)[201].

Ainda no âmbito do Código Civil de 1867 a nossa doutrina discutiu a questão da exigência ou não do requisito da patrimonialidade na obrigação, já que o art. 671º, nº 2 do anterior Código Civil dispunha que não podem legalmente ser objecto de contrato "as cousas ou actos, que não se podem reduzir a um valor exigível", norma de onde se poderia inferir a necessidade de que a prestação tivesse valor económico. A doutrina foi, porém, admitindo a possibilidade de tornear essa norma, através da estipulação de cláusula penal nas prestações não patrimoniais. Essa foi a opinião logo de GUILHERME MOREIRA que sustentou que o interesse do credor poderia ser não patrimonial, embora nesse caso, por vontade das partes ou através da lei, teria que ser atribuído valor patrimonial à prestação, sem o que o credor não poderia executar o património do devedor[202]. A sua posição foi seguida por GOMES DA SILVA, que admitia em consequência que a prestação pudesse "ter carácter moral e ser desprovida de

[198] Cfr. WINDSCHEID/KIPP, *Lehrbuch*, II, p. 4.

[199] Cfr. JHERING, "Ein Rechtsgutachten. Theoretische Ausführungen betreffend die Fragen 1. von der Natur und Handlungfähigkeit eines sog. Comités 2. von den angeblichen Erfordernis des Geldwerths und des eigenen Interesses bei obligatorischen Ansprüchen 3. von der Anwendung des Begriffes der höheren Gewalt aus Geldschulden", em *JhJb* 18 (1880), pp. 1-128 (41 e ss.)

[200] Cfr. SALEILLES, *op. cit.*, p. 8.

[201] Daí que a doutrina italiana conteste a admissibilidade de obrigações insusceptíveis de avaliação económica. Cfr. BRECCIA, *Le Obbligazioni*, Milano, Giuffrè, 1991, p. 37.

[202] Cfr. GUILHERME MOREIRA, *Instituições*, II, p. 17.

valor pecuniário"[203]. No mesmo sentido, pronunciou-se, ainda na vigência do Código anterior, MANUEL DE ANDRADE[204].

O actual Código Português afastou-se, porém, dessa orientação referindo que a prestação não necessita de ter carácter pecuniário, mas deve corresponder a um interesse do credor, digno de protecção legal (art. 398º, nº 2). Fica assim consagrada a admissibilidade de constituir obrigações sem cariz patrimonial, como, por exemplo, a emissão de um desmentido ou de um pedido de desculpas, ou a obrigação de não fazer barulho, quando o credor por razões de saúde, não o pode suportar[205]. Resta saber, porém, que hipóteses estarão excluídas por não corresponderem a um interesse do credor, digno de protecção legal.

Para ANTUNES VARELA, esta norma pretende excluir da âmbito da obrigação dois tipos de prestações: *a)* as prestações que correspondam a simples caprichos ou manias do devedor e *b)* as prestações que correspondam a situações tuteladas por outras ordens normativas, como a religião, a moral ou o trato social, e que não merecem, por esse motivo, a tutela do direito[206]. Para MENEZES CORDEIRO não há obstáculos a que se constituam obrigações relativas a meros caprichos ou manias, desde que se refiram a situações jurídicas. Apenas se corresponderem a situações oriundas de outros complexos normativos, é que não será admissível a constituição de obrigações com esse objecto[207].

Pensamos ser mais correcta a posição de MENEZES CORDEIRO. Efectivamente, o facto de o interesse do credor corresponder a uma mania ou capricho para a generalidade das pessoas (ex: a realização de uma tatuagem) não exclui a sua eventual importância para o credor e daí a admissibilidade de, através do exercício da autonomia privada, se constituir uma obrigação com esse objecto. Apenas se a situação disser exclusivamente respeito a outras ordens normativas (comparecer em certo encontro social, rezar determinadas orações) é que a sua juridicidade é excluída e daí não poder-se admitir uma efectiva constituição de obrigações.

De qualquer forma, no entanto, e conforme refere GALVÃO TELLES, a questão é destituída de interesse prático, já que a obrigação revestirá

[203] Cfr. GOMES DA SILVA, *Conceito*, p. 26.

[204] Cfr. MANUEL DE ANDRADE, *Obrigações*, pp. 372 e ss.

[205] Este último exemplo é de JHERING, *JhJb* 18 (1880), p. 43.

[206] Cfr. ANTUNES VARELA, *Obrigações*, I, pp. 110-111.

[207] Cfr. MENEZES CORDEIRO, *Obrigações*, 1º, pp. 239 e ss., e *Tratado*, II-1, pp. 327 e ss.

natureza patrimonial na esmagadora maioria dos casos[208]. Daí que seja incorrecto excluir liminarmente a partir da referência ao art. 398º, nº 2, a patrimonialidade como característica das obrigações, uma vez que terão natureza excepcional as situações em que a obrigação não reveste cariz patrimonial. Justifica-se, por isso, que se fale como MENEZES CORDEIRO da existência de uma patrimonialidade tendencial[209]. Efectivamente, o crédito, enquanto direito à prestação (art. 397º) é garantido através da acção de cumprimento e da execução do património do devedor (art. 817º). Consequentemente o direito de crédito consiste num activo patrimonial do credor da mesma forma que a obrigação é um passivo no património do devedor. Tal é demonstrado pelo facto de, no momento do vencimento, a acção executiva permitir a realização de dinheiro em substituição do objecto da prestação. Mas, mesmo que o crédito não esteja vencido, ele representa um activo patrimonial do credor, que o pode transformar em dinheiro, através da sua cessão onerosa a terceiro (art. 577º), ou da sua afectação a fins de garantia (art. 679º)[210].

3. A mediação ou colaboração devida

Uma outra característica da obrigação é a de que o credor não pode exercer directa e imediatamente o seu direito, necessitando da colaboração do devedor para obter a satisfação do seu interesse. Neste sentido se fala em mediação, uma vez que só através da conduta do devedor o credor consegue obter a satisfação do seu interesse. O direito de crédito tem assim como característica a mediação da actividade do devedor ou a exigência da colaboração deste, para que o credor consiga obter a realização do seu direito.

A mediação tem sido apontada pela doutrina como uma das qualidades das obrigações que permite estabelecer a sua distinção dos direitos reais, uma vez que a estes faltaria essa característica, na medida em que consistiriam num poder directo e imediato sobre uma coisa[211]. Já os defensores de uma concepção personalista do direito real negam a possibilidade

[208] Cfr. GALVÃO TELLES, *Obrigações*, p. 12.

[209] Cfr. MENEZES CORDEIRO, *Obrigações*, 1º, pp. 239 e ss., e *Tratado*, II-1, pp. 322 e ss.

[210] Cfr. LARENZ, *Schuldrecht*, I, p. 26.

[211] Cfr. ANTUNES VARELA, *Obrigações*, I, pp. 182 e ss., ALMEIDA COSTA, *Obrigações*, p. 128 e PESSOA JORGE, *Obrigações*, I, p. 26-27. Em termos algo diferentes, MENEZES CORDEIRO, *Obrigações*, 1º, pp. 243 e ss., e *Tratado*, II-1, pp. 335 e ss.

de utilizar esse critério de distinção, na medida em que, configurando o direito real como uma obrigação passiva universal, consideram o exercício de poderes sobre a coisa como um reflexo factual ou económico dessa obrigação[212]. É manifesto, no entanto, que a mediação existe nas obrigações e falta nos direitos reais, já que enquanto nestes o direito do credor se exerce directamente sobre coisas, naquelas o direito à prestação só é realizável através de um intermediário, que é o devedor, que se vincula assim a prestar a colaboração necessária para que o credor obtenha a satisfação do seu interesse.

Em certos casos, pode, porém, suceder que, perante a recusa do devedor em prestar, o credor possa obter a satisfação do seu direito à prestação por via coerciva, como sucede na execução específica (arts. 827º e ss.). Tal não justifica, porém, que se deixe de considerar a mediação como característica das obrigações, já que, se por via judicial se pode substituir a conduta do devedor em ordem a obter a satisfação do direito do credor, tal ocorre precisamente porque o devedor se vinculou a prestar essa conduta para esse efeito. Daí que, como refere Menezes Cordeiro, na obrigação exista sempre uma vinculação à colaboração por parte do devedor, sendo a colaboração devida o verdadeiro entendimento da mediação como característica do direito de crédito[213].

4. A relatividade

A relatividade costuma ser igualmente apontada como característica das obrigações. Esta característica é, no entanto, susceptível de ser entendida em dois sentidos diferentes:

a) através de um prisma estrutural: neste sentido, se refere que o direito de crédito se estrutura com base numa relação entre credor e devedor.

b) através de um prisma de eficácia: neste sentido se refere que o direito de crédito apenas é eficaz contra o devedor. Consequentemente só a ele pode ser oposto e só por ele pode ser violado. Daí que a obrigação não possa ter eficácia externa, ou seja, eficácia perante terceiros.

[212] Cfr. Manuel de Andrade, *Obrigações*, p. 57.

[213] Cfr. Menezes Cordeiro, *Obrigações*, 1º, pp. 248 e ss. e *Tratado*, II-1, pp. 335 e ss.

A relatividade estrutural do direito de crédito e, consequentemente da obrigação é, a nosso ver, indubitável[214]. Efectivamente, o direito de crédito apresenta-se como o direito de exigir de outrem uma prestação. Consequentemente, só pode ser exercido pelo seu titular, o credor, contra outra pessoa determinada que tenha o correlativo dever de prestar, ou seja, o devedor, estruturando-se, por isso, com base numa relação jurídica entre dois sujeitos. Apenas o devedor deve prestar e apenas dele pode o credor exigir que realize a prestação. Daí concluir-se que o direito de crédito tem carácter estruturalmente relativo, o que o distingue dos direitos reais, que se caracterizam por terem carácter estruturalmente absoluto, na medida em que, ao terem por objecto uma coisa, não se estruturam a partir de uma relação entre pessoas, mas antes pressupõem uma ausência dessa relação, sendo oponíveis *erga omnes*[215].

Já a relatividade no sentido de não eficácia do direito de crédito em relação a terceiros (não eficácia externa da obrigação) se apresenta como mais discutível. A doutrina clássica, que foi entre nós defendida por CUNHA GONÇALVES, faz derivar em termos conceptualistas da relatividade estrutural do direito de crédito uma relatividade em termos de eficácia, defendendo que os direitos de crédito nunca podem ser violados por terceiros, já que, sendo direitos relativos, os terceiros não têm o dever de os respeitar[216]. Assim, os direitos de crédito só poderiam ser violados pelo devedor, não tendo o terceiro qualquer responsabilidade pela sua frustração. Essa solução resultaria no nosso Direito do art. 406º, nº 2 (que refere que, em relação a terceiros, o contrato só produz efeitos nos casos previstos na lei) e da distinção entre a responsabilidade delitual e a responsabilidade obrigacional (já que o art. 483º, relativo à violação de direitos absolutos, sujeita à responsabilidade civil, com a consequente obrigação de indemni-

[214] Explicámos já porque não concordamos com a posição de MENEZES CORDEIRO, *Obrigações*, 1º, pp. 253 e ss. e 305 e ss. que, sustentando a existência de direitos de crédito potestativos, negou que a relatividade fosse característica das obrigações. Em *Tratado*, II-1, p. 351, seguramente devido a um maior aprofundamento do tema, embora insista na qualificação dos direitos potestativos como direitos de crédito, acaba por reconhecer a existência de uma relatividade tendencial.

[215] Cfr. LARENZ, *Schuldrecht*, I, p. 13.

[216] Cfr. LUIZ DA CUNHA GONÇALVES, *Tratado de Direito Civil*, XII, Coimbra, Coimbra Editora, 1937, pp. 743 e ss., que invoca em abono deste entendimento que "o direito pode ser amoral e até imoral. Não podemos, invocando a moral, destruir o conceito e o alcance dos direitos relativos".

zar, a sua violação culposa por qualquer pessoa, enquanto que o art. 798º, relativo à violação do direito de crédito, restringe ao devedor a responsabilidade obrigacional). Daqui resultaria que para os terceiros o direito de crédito seria totalmente irrelevante, não o podendo violar, nem podendo ser por ele beneficiados, de acordo com o princípio "*res inter alios acta aliis neque nocere neque prodesse potest*"[217].

Essa doutrina clássica teve, porém, desde sempre forte oposição na doutrina nacional, já que inúmeros autores entendiam que o dever geral de respeito, que todos têm, de não lesar os direitos alheios (*neminem laedere*), também abrangeria os direitos de crédito, que consequentemente teriam tutela delitual (cfr. art. 483º do Código Civil). Pronunciaram-se sucessivamente nesse sentido GUILHERME MOREIRA[218], JOSÉ TAVARES[219], GOMES DA SILVA[220], GALVÃO TELLES[221], PESSOA JORGE[222], MENEZES CORDEIRO[223], RITA AMARAL CABRAL[224], e SANTOS JÚNIOR[225].

Um posição intermédia neste debate é aquela que, embora não aceite a existência de um dever geral de respeito dos direitos de crédito, admite

[217] Mesmo a doutrina tradicional admite, no entanto, algumas restrições a esse princípio. Uma delas seria a aplicação do *commodum* de representação, previsto nos arts. 794º e 803º, que permite ao credor, em caso de impossibilidade da prestação, substituir-se ao devedor na exigência a terceiro de um direito que, em consequência da impossibilidade, o devedor veio a adquirir em substituição do objecto da prestação.

[218] Cfr. GUILHERME MOREIRA, *Instituições*, II, pp. 6-7.

[219] Cfr. JOSÉ TAVARES, *Os princípios fundamentais de Direito Civil*, I, Coimbra, Coimbra Editora, 1922, pp. 254-255

[220] Cfr. GOMES DA SILVA, *O dever*, p. 60.

[221] Cfr. GALVÃO TELLES, *Obrigações*, p. 20.

[222] Cfr. PESSOA JORGE, *Obrigações*, pp. 582-583.

[223] Cfr. MENEZES CORDEIRO, *Obrigações*, 1º, pp. 258 e ss. e *Da Boa Fé*, I, p. 647. O autor viria a rever a sua posição em "Eficácia externa dos créditos e abuso de direito", em *O Direito* 141 (2009), I, pp. 29-108 (104 e ss.) e *Tratado*, II-1, pp. 364 e ss. (402 e ss.), onde, continuando a afirmar que nada impede a aplicação do art. 483º, nº 1, aos créditos, acaba por admitir a solução da questão da sua eficácia externa com base no art. 334º. Nesse enquadramento, não se vê, porém, qual a norma aplicável ao caso. Efectivamente, se o art. 483º fosse aplicável aos créditos, não deixaria espaço para a aplicação do art. 334º.

[224] Cfr. RITA AMARAL CABRAL, "A tutela delitual do direito de crédito", em RUY DE ALBUQUERQUE / MARTIM DE ALBUQUERQUE (org.) *Estudos em Homenagem ao Professor Doutor Manuel Gomes da Silva*, Lisboa, Faculdade de Direito da Universidade de Lisboa, 2001, pp. 1025-1053.

[225] Cfr. EDUARDO DOS SANTOS JÚNIOR, *A responsabilidade civil do terceiro por lesão do direito de crédito*, Coimbra, Almedina, 2003. .

alguma oponibilidade dos créditos perante terceiros, através da aplicação do princípio do abuso do direito (art. 334º). O terceiro poderia ser assim responsabilizado nos casos em que a sua actuação lesiva do direito de crédito se possa considerar como um exercício inadmissível da sua liberdade de acção ou da sua autonomia privada. Defenderam esta posição, sucessivamente Manuel de Andrade[226], Vaz Serra[227], Antunes Varela[228], Almeida Costa[229], Rui de Alarcão[230], Ribeiro de Faria[231] e Sinde Monteiro[232].

A nosso ver, deve ser adoptada esta solução intermédia. É certo que na maioria dos casos o terceiro que contrata com o devedor não deve ser responsabilizado pelo facto de este violar as suas obrigações, uma vez que faz parte da autonomia privada de cada um a possibilidade de contrair sucessivas obrigações, mesmo que não esteja em condições de as cumprir todas. Efectivamente, não se exige qualquer requisito de legitimidade para a constituição de obrigações, sendo plenamente válida a constituição de créditos que o devedor não poderá satisfazer sem incumprir outros já estabelecidos. Nesse caso, é o próprio legislador que vem dizer que os créditos anteriores não adquirem qualquer prevalência sobre os posteriores. Antes pelo contrário, todos concorrem do mesmo modo sobre o património do devedor (art. 604º, nº 1 do Código Civil).

Consequentemente, temos que reconhecer que a constituição de um direito de crédito a favor de um terceiro é plenamente válida, independentemente de existir um crédito com este incompatível anteriormente constituído. Ora, sendo válida essa constituição, temos que considerar a não responsabilização do terceiro nessa situação, uma vez que tal corresponde à liberdade económica que caracteriza o nosso sistema jurídico, e que tem como corolário a liberdade de contratar. Efectivamente, quem contrata

[226] Cfr. Manuel de Andrade, *Obrigações*, p. 53

[227] Cfr. Vaz Serra, "Responsabilidade de terceiros no não-cumprimento de obrigações", no *BMJ* 85 (1959), pp. 345-360 (354-355).

[228] Cfr. Antunes Varela, *Obrigações*, I, p. 179.

[229] Cfr. Almeida Costa, *Obrigações*, p. 96 e "A eficácia externa das obrigações. Entendimento da doutrina clássica", na *RLJ* 135 (2006), pp. 130-136.

[230] Cfr. Rui de Alarcão, *Obrigações*, p. 74.

[231] Cfr. Ribeiro de Faria, *Obrigações*, I, p. 46.

[232] Cfr. Jorge Ferreira Sinde Monteiro, *Responsabilidade por conselhos, recomendações e informações*, Coimbra, Almedina, 1989, pp. 185 e ss.

com outrem não tem que ponderar a existência de vínculos obrigacionais anteriores do devedor, uma vez que os dados essenciais do sistema económico são que só o devedor deve responder por eles[233].

Em certos casos excepcionais, porém, a responsabilização do terceiro poderá ser estabelecida, sempre que ele exerça a sua liberdade de contratar em termos por tal forma disfuncionais aos dados do sistema jurídico, que se tenha que considerar estar perante um exercício inadmissível de posições jurídicas. Seria, por exemplo, o caso de o credor se encontrar numa grande situação de dependência em relação à prestação, não haver mais ninguém em condições de a realizar e o terceiro, com o único fim de lesar o credor, convence o devedor a não cumprir a obrigação. Em situações como estas que representem infracções aos princípios da boa fé, dos bons costumes ou da função sócio-económica da autonomia privada, justificar-se-á estabelecer a responsabilização do terceiro, para o que se poderá invocar o abuso do direito (art. 334º)[234].

Conclui-se assim que a obrigação tem como característica a relatividade estrutural e que o regime da responsabilidade patrimonial implica a admissibilidade de constituir direitos de crédito incompatíveis entre si, não tendo o direito de crédito anterior prevalência sobre o posterior. Em certos casos, porém, a constituição do segundo direito de crédito pode ser vista como abusiva, para efeitos do art. 334º, caso em que o terceiro poderá ser responsabilizado.

5. A autonomia

Pela expressão autonomia considerar-se-ia como característica da obrigação o facto de ser regulada pelo Direito das Obrigações. Assim, não poderiam ser consideradas como obrigações aquelas situações que embora estruturalmente obrigacionais viessem a ser reguladas por outros ramos do

[233] Conforme se salienta em MÜNCHENER KOMMENTAR/KRAMER, 2, Einl., Nr. 15, p. 10, a posição do terceiro, em face da relatividade dos créditos tem um aspecto vantajoso e um aspecto prejudicial. A vantagem consiste no facto de não terem que ser ponderados direitos de terceiro, para efeitos de exigência dos créditos (*exceptio ex iure tertii non datur*) e a desvantagem consiste no facto de o terceiro não adquirir qualquer pretensão com base num contrato celebrado por outras pessoas.

[234] No sentido da não aplicação da doutrina do terceiro cúmplice, mas apenas do art. 334º, cfr. Ac. STJ 13/12/2001 (FRANCISCO FERREIRA DE ALMEIDA) na *CJ-ASTJ* 9 (2001), 3, pp. 149-151.

Direito. Como exemplos poderíamos apontar a obrigação de pagar impostos que se apresenta como estruturalmente obrigacional, mas é regulada pelo Direito Fiscal ou a obrigação de pagar alimentos, estruturalmente obrigacional, mas que se apresenta regulada pelo Direito da Família, a obrigação do trabalhador de prestar trabalho sob autoridade e direcção da entidade patronal, regulada pelo Direito do Trabalho. Assim, entenderíamos que ao conceito de obrigação, tal como aparece referido no art. 397º se deveria acrescentar a regulação pelo Direito das Obrigações, já que as situações reguladas por outros ramos do Direito não se deveriam considerar como verdadeiras obrigações. Tal até permitiria que se pudesse inferir a existência de uma "grave crise do Direito das Obrigações", uma vez que a sucessiva institucionalização de relações jurídicas obrigacionais, em função do seu enquadramento em novos complexos normativos orientados pelo seu fim social (Direito Bancário, Direito dos Seguros, Direito do Consumidor), levaria à contínua desagregação do Direito das Obrigações, que apenas regularia as obrigações, constantes do Código Civil, ou seja, precisamente as que revestem menor interesse prático[235].

Pensamos, no entanto, ser esta uma concepção errada, uma vez que a autonomização de uma obrigação não impede a sua regulação pelo Direito das Obrigações nas partes não sujeitas ao seu regime específico. Efectivamente, a estrutura da obrigação autónoma e não autónoma é idêntica. O regime das duas é que pode divergir em maior ou menor medida, o que não impede a qualificação de ambas como verdadeiras obrigações. Ora, o Direito das Obrigações é um ramo do Direito Civil cuja autonomização assenta precisamente em características estruturais, uma vez que a classificação germânica do Direito Civil não tem um critério homogéneo. A autonomização das disciplinas de Direitos Reais e de Direito das Obrigações tem por base as características estruturais dos direitos a que se referem. Já o Direito da Família e das Sucessões são autonomizados em função da fonte de onde resultam as relações de que tratam. É, por isso, perfeitamente natural que surjam situações estruturalmente obrigacionais noutros ramos do direito, mas estas não perdem a sua natureza de obrigações em virtude de aí serem inseridas. Daí que a autonomia não deva ser considerada como uma característica das obrigações.

[235] Cfr. GOMES DA SILVA, *Conceito*, pp. 75 e ss. (80).

6. Conclusão

Ficamos assim com três características das obrigações: a patrimonialidade tendencial, a mediação e a relatividade.

A patrimonialidade tendencial significa que as obrigações têm geralmente natureza patrimonial e por isso a obrigação corresponde a um passivo no património do devedor, da mesma forma que o crédito corresponde a um activo no património do credor. Excepcionalmente, no entanto, poderão constituir-se obrigações que não revistam esta característica.

A mediação, ou colaboração devida, significa que o credor necessita da interposição ou colaboração do devedor para exercer o seu direito. Efectivamente, o crédito é um direito à prestação, ou seja, um direito a uma conduta do devedor, pelo que o credor necessita que o devedor realize essa conduta, não podendo obter directamente a satisfação do seu direito.

A relatividade significa que a obrigação se estrutura numa relação entre o credor e o devedor. Consequentemente, só o devedor tem o dever de prestar e só o credor tem o direito de exigir o cumprimento. Da relatividade resulta que em princípio só o devedor deve ser responsabilizado em caso de violação do direito de crédito, porque é só dele que o credor pode exigir que satisfaça a prestação. Tal não significa, no entanto, que a obrigação não tenha qualquer eficácia perante terceiros, ou que o terceiro não possa ser responsabilizado quando proceda à lesão do direito do credor em violação dos vectores fundamentais do ordenamento jurídico, como os referidos no art. 334º.

Secção V
Distinção entre direitos de crédito e direitos reais

1. A distinção entre direitos de crédito e direitos reais

A distinção essencial que se deve estabelecer entre os direitos de crédito e os direitos reais consiste no critério do objecto: os direitos reais são direitos sobre coisas; os direitos de crédito são direitos a prestações, ou seja, direitos a uma conduta do devedor[236].

Este distinto objecto tem reflexos em termos das características dos direitos. Se o crédito é um direito à prestação, ele caracteriza-se por necessitar da mediação ou colaboração do devedor para ser exercido. Assim, mesmo quando a prestação tem por objecto uma coisa, o credor não possui qualquer direito directo sobre ela, o que só sucederia se possuísse um direito real. Tem apenas o direito a que o devedor lhe entregue essa coisa. O credor necessita assim da colaboração do devedor para satisfazer esse seu interesse. Nada disto acontece nos direitos reais. Neles o credor não necessita da colaboração de ninguém para exercer o seu direito, já que o seu direito incide directa e imediatamente sobre uma coisa, não necessitando da colaboração de outrem para ser exercido.

Da mesma forma, o direito de crédito distingue-se dos direitos reais em virtude da sua relatividade estrutural. O direito de crédito assenta numa relação, o que implica que tenha que ser exercido contra o devedor. O direito real não assenta em qualquer tipo de relação, encontra-se desligado de relações interpessoais, dado que se exerce directamente sobre a coisa, podendo ser oposto a toda e qualquer pessoa: é o que se denomina

[236] Cfr. Galvão Telles, *Obrigações*, pp. 19 e ss.

a oponibilidade *erga omnes* do direito real[237]. Esta oponibilidade veio a ser sustentada por HECK através de uma passagem célebre em que qualificava o direito real como um muro que protege contra todas as direcções e o direito de crédito como um muro que apenas protege numa direcção[238].

Efectivamente, o direito de crédito é um direito relativo pelo que a sua oponibilidade a terceiros é limitada, só podendo ocorrer em certas circunstâncias. Pelo contrário, a oponibilidade do direito real a terceiros é plena. O direito real adere à coisa e estabelece uma vinculação tal com a coisa que dela já não pode ser separado. Esta é a denominada inerência, que caracteriza os direitos reais[239]. Assim, por exemplo, se alguém constituir uma hipoteca sobre determinado prédio não pode depois transferir a hipoteca para outro prédio. O direito incide sobre aquela coisa e não pode ser dela separado.

A inerência tem uma sua manifestação dinâmica que é a sequela, a qual significa que o titular de um direito real pode perseguir a coisa onde quer que ela se encontre. Assim, por exemplo, se alguém é proprietário de um determinado bem e outrem o vende a um terceiro, que por sua vez o torna a revender, para reclamar a coisa do seu possuidor actual o proprietário não necessita de demonstrar a invalidade de todas as transmissões, bastando-lhe demonstrar a sua propriedade para obter a restituição da coisa, através da acção de reivindicação (art. 1311º). Isto significa que apesar de ter existido toda uma série de transmissões, se alguém demonstrar a titu-

[237] Certa doutrina, que entre nós incluiu MANUEL DE ANDRADE, *Obrigações*, p. 57 e CASTRO MENDES, *Teoria Geral do Direito Civil*, I, Lisboa, AAFDL, 1978, pp. 75 e ss., qualificou, porém, o direito real como uma relação jurídica absoluta entre o seu titular e todos os outros sujeitos da ordem jurídica, através das quais o titular poderia obter dos outros a prestação consistente na abstenção de lesar o seu direito. Esta doutrina visa apenas aplicar o esquema estrutural dos direitos de crédito aos direitos reais. Mas os direitos reais, como direitos absolutos, são direitos desligados de qualquer relação, pelo que a expressão "relação jurídica absoluta" implica a junção de dois termos contraditórios. É, aliás, absurdo visualizar uma relação entre um sujeito e todos os outros sujeitos da ordem jurídica, através da qual se pudesse exigir a todos a abstenção de um comportamento.

[238] Cfr. PHILIPP HECK, *Grundriß des Schuldrechts*, Tübingen, Mohr, 1929, p. 2: "*Das absolute Recht gleicht einer Ringschanze, die nach alle Richtungen Schutz gewährt, das obligatorische Recht einer Wegsperre, welche nur nach einer Richtung sichert, aber Angriffe aus anderer Richtung nicht verhindert*".

[239] Cfr. MOTA PINTO, *Direitos Reais* (lições recolhidas por Álvaro Moreira e Carlos Fraga), Coimbra, Almedina, 1972, p. 82, MENEZES CORDEIRO, *Direitos Reais*, 1979, reimp., Lisboa, Lex, 1993, pp. 325 e ss., LUÍS CARVALHO FERNANDES, *Lições de Direitos Reais*, 6ª ed., Lisboa, Quid Juris, 2009, pp. 63 e ss.

laridade de um direito real sobre a coisa, pode sempre exercê-lo. É isto o que se denomina a sequela. O direito real persegue a coisa onde quer que ela se encontre e pode sempre ser exercido[240].

O direito de crédito já não tem esta característica. Se alguém tem direito a uma prestação e o devedor aliena o objecto da mesma, o credor já não a pode exigir. Só lhe resta pedir uma indemnização ao devedor por ter impossibilitado culposamente a prestação.

Uma outra características dos direitos reais que os permite distinguir dos direitos de crédito é a denominada prevalência, que, no seu sentido amplo, significa a prioridade do direito real primeiramente constituído sobre posteriores constituições, salvo as regras do registo, e a maior força dos direitos reais sobre os direitos de crédito[241], o que significa não ser possível constituir sucessivamente dois direitos reais incompatíveis sobre o mesmo objecto, só um podendo prevalecer. Assim, se alguém vender o mesmo objecto duas vezes a pessoas diferentes prevalecerá a primeira alienação, ou em caso de bens sujeitos a registo, a que primeiro for registada. Tal significa a exigência de um requisito de legitimidade para a constituição dos direitos reais (cfr. art. 892º), uma vez que com a primeira alienação o vendedor perde a sua legitimidade para dispor do bem, já não o podendo fazer segunda vez.

Essa característica não existe nos direitos de crédito, que não se hierarquizam entre si pela ordem da constituição, antes concorrem em pé de igualdade sobre o património do devedor que, se não for suficiente, é rateado para se efectuar um pagamento proporcional a todos os credores (art. 604º, nº 1). Assim, se alguém tiver um património no valor de 1000 euros, e assumir sucessivamente duas obrigações de pagar 1000 euros a dois credores distintos, as duas obrigações foram validamente assumidas, tendo o património do devedor que ser dividido para pagar a cada um dos credores metade do seu crédito. A regra é assim a do rateio do património do devedor. Desta forma, os direitos de crédito não se hierarquizam

[240] Cfr. MOTA PINTO, *Reais*, pp. 46 e ss., OLIVEIRA ASCENSÃO, *Direito Civil-Reais*, 5ª ed., Coimbra, Coimbra Editora, 1993, pp. 622 e ss., MENEZES CORDEIRO, *Reais*, pp. 317 e ss. e CARVALHO FERNANDES, *Reais*, pp. 68 e ss.

[241] Esta é a formulação clássica, defendida entre outros por MOTA PINTO, *Reais*, pp. 61 e ss. e CARVALHO FERNANDES, *Reais*, pp. 71 e ss. OLIVEIRA ASCENSÃO, *Reais*, pp. 627 e ss. limita a prevalência à maior força dos direitos reais sobre os créditos e MENEZES CORDEIRO, *Reais*, pp. 320 e ss., contesta mesmo que a prevalência seja característica dos Direitos Reais.

entre si pela ordem da constituição ou do registo. Têm todos uma posição equivalente sobre o património do devedor, a não ser que surjam acompanhados de um direito real que atribua prevalência no pagamento (cfr. art. 604º, nº 2). Efectivamente, os direitos reais têm mais força do que os direitos de crédito, pelo que, no caso de um conflito entre um direito real e um direito de crédito, será aquele que prevalecerá.

Em conclusão, a distinção entre direitos de crédito e direitos reais baseia-se numa diferença de objecto. Os direitos de crédito são direitos sobre prestações, os direitos reais direitos sobre coisas. Em consequência, os direitos de crédito possuem as características da mediação do devedor, da relatividade, de uma oponibilidade a terceiros limitada, ausência de inerência e não hierarquização entre si. Pelo contrário, os direitos reais são direitos imediatos, absolutos, plenamente oponíveis a terceiros, inerentes a uma coisa, dotados de sequela e hierarquizáveis entre si, na medida em que a constituição de um direito implica a perda de legitimidade para posteriormente constituir outro.

2. A questão dos direitos pessoais de gozo

Há certas figuras, no entanto, cuja qualificação como direitos reais ou direitos de crédito se apresenta como controvertida. A nossa lei denomina estes direitos de direitos pessoais de gozo (cfr. arts. 407º e 1682º-A), entre os quais se inclui o direito do locatário (art. 1022º), do comodatário (art. 1129º), do parceiro pensador (art. 1121º) e do depositário (art. 1185º). A posição clássica na doutrina, que entre nós tem a adesão de GALVÃO TELLES[242], ANTUNES VARELA[243] e CARVALHO FERNANDES[244], pronuncia-se no sentido da qualificação destes direitos como direitos de crédito. Outros autores, entre os quais se incluem DIAS MARQUES[245] e OLIVEIRA ASCENSÃO[246] reconhecem, pelo menos, natureza real ao direito do arrendatário. Foi ainda defendida na doutrina por MANUEL HENRIQUE MESQUITA, JOSÉ ANDRADE MESQUITA e NUNO PINTO OLIVEIRA uma

[242] Cfr. GALVÃO TELLES, *Lições de Arrendamento*, publicadas por Bento Garcia Domingues e Manuel A. Ribeiro, Lisboa, 1945/1946, pp. 84 e 305 e ss.

[243] Cfr. ANTUNES VARELA, *Obrigações*, I, p. 173.

[244] Cfr. CARVALHO FERNANDES, *Direitos Reais*, pp. 171 e ss.

[245] Cfr. DIAS MARQUES, *Prescrição aquisitiva*, I, Lisboa, s.e., 1960, pp. 214 e ss.

[246] Cfr. OLIVEIRA ASCENSÃO, *As Relações Jurídicas Reais*, Lisboa, Moraes, 1962, pp. 230 e ss. e *Reais*, pp. 536 e ss.

posição intermédia. Para estes autores os direitos pessoais de gozo constituiriam um *tertium genus* entre os direitos de crédito e os direitos reais. Para MANUEL HENRIQUE MESQUITA, em relação ao locatário, esse cariz dualista resulta do facto de, para alguns efeitos, ele ser titular de uma verdadeira posição de soberania, enquanto que, para outros, permanece como mera contraparte num contrato[247]. Já para JOSÉ ANDRADE MESQUITA, os direitos pessoais de gozo não seriam direitos reais, porque são estruturalmente relativos, já que se estruturam numa relação entre o credor e o devedor. Mas também não seriam direitos de crédito, porque são direitos imediatos sobre uma coisa corpórea, já que não necessitam da colaboração do devedor para ser exercidos[248]. NUNO PINTO OLIVEIRA vem sustentar serem os direitos pessoais de gozo direitos de regime dualista ou misto, cabendo ao intérprete pronunciar-se caso a caso sobre a aplicação do regime dos direitos reais ou dos direitos de crédito[249]. Finalmente, MENEZES CORDEIRO, numa curiosa evolução, defendeu inicialmente a natureza real de todos os direitos pessoais de gozo, com excepção do direito do depositário, face ao disposto no art. 1189º[250], passando posteriormente a defender a tese personalista[251], para finalmente aderir à tese intermédia[252].

Esta posição intermédia deverá, a nosso ver, ser rejeitada. Efectivamente, a classificação entre os direitos reais e os direitos de crédito não admite realidades intermédias. A configuração do direito pessoal de gozo como um direito misto entre os direitos de crédito e os direitos reais implica uma junção de características contraditórias entre si. Efectivamente se o direito recai imediatamente sobre uma coisa, não necessitando da colabo-

[247] Cfr. MANUEL HENRIQUE MESQUITA, *Obrigações reais e ónus reais*, Coimbra, Almedina, 1990, pp. 175-176.

[248] Cfr. JOSÉ ANDRADE MESQUITA, *Direitos Pessoais de Gozo*, Coimbra, Almedina, 1999, passim, maxime pp. 165 e ss..

[249] Cfr NUNO MANUEL PINTO OLIVEIRA, *Direito das Obrigações*, I – *Conceito, estrutura e função das relações obrigacionais. Elementos das relações obrigacionais. Direitos de crédito e direitos reais*, Coimbra, Almedina, 2005, pp. 241 e ss. (247), e *Princípios de Direito dos Contratos*, Coimbra, Coimbra Editora, 2011, pp. 57 e ss.

[250] Cfr. MENEZES CORDEIRO, *Reais*, pp. 676 e ss., 697 e ss., 701 e ss., 704 e ss., *Da natureza do direito do locatário*, Lisboa, Separata da ROA, 1980, passim, maxime 138 e ss.

[251] Cfr. MENEZES CORDEIRO, *A Posse: Perspectivas dogmáticas actuais*, 3ª ed., Coimbra, Almedina, 2000, pp. 72-73. O autor manteve aí, porém, que esses direitos são estruturalmente reais, advindo-lhes a natureza creditícia da clivagem histórica cultural do Direito Romano entre *actiones in rem* e *in personam*, que os inseriu nas segundas.

[252] Cfr. MENEZES CORDEIRO, *Tratado*, II-1, pp. 563 e 566.

ração do devedor para ser exercido, não se vê como se pode afirmar que é estruturalmente relativo. Se, pelo contrário, o direito se estrutura numa relação com o devedor, não se vê como pode não ter por objecto qualquer prestação sua, mas antes uma coisa. A resolução da questão da natureza dos direitos pessoais de gozo passa assim por uma opção entre as teses personalista e realista, e não pela defesa de uma solução eclética.

O legislador pretendeu seguramente qualificar estes direitos como direitos de crédito, estabelecendo que embora confiram o gozo de uma coisa, esse gozo resulta ou de uma obrigação positiva assumida pela outra parte (locação, arts 1022º e 1031º *b)*[253] e parceria pecuária, arts. 1121º e 1125º) ou de uma obrigação negativa por esta assumida (comodato, arts. 1129º e 1133º, nº 1) ou ainda de uma autorização eventual (depósito, arts. 1185º e 1189º *in fine*). Não haveria assim um direito imediato sobre a coisa, conforme é característico dos direitos reais, exigindo-se antes a mediação ou colaboração do devedor que vimos ser característica dos direitos de crédito. Por outro lado, a inserção sistemática do seu regime no título relativo aos contratos em especial e não no livro dos direitos reais indica uma intenção de qualificação destes direitos como direitos de crédito.

No entanto, a verdade é que o regime dos direitos pessoais de gozo tem muitas características que os aproximam dos direitos reais, como seja o facto de admitirem uma tutela que extravasa da simples acção de cumprimento e execução (cfr. art. 817º). Efectivamente, a lei admite a utilização das acções possessórias contra terceiros que privem o titular do direito pessoal de gozo da coisa ou o perturbem o exercício do seu direito, aos quais equipara a outra parte no contrato (cfr. arts. 1037º, nº 2, 1125º, nº 2, 1133º, nº 2 e 1188º, nº 2). Quem é assim qualificado pela lei como devedor de uma obrigação de gozo, vem a ser tratado pela mesma lei como qualquer lesante em caso de violação desse direito de gozo. Pareceria faltar, por isso, aos direitos pessoais de gozo a relatividade estrutural que caracteriza os direitos de crédito, sendo o direito pessoal de gozo estruturado em termos absolutos como os direitos reais.

[253] A configuração da obrigação do locador como positiva corresponde ao entendimento habitual, segundo o qual ele deve em todos os dias e a todas as horas (*quotidie et singulis momentis, täglich und stundlich*) assegurar o gozo da coisa ao locatário. Uma outra concepção minoritária atribui à obrigação do locador conteúdo negativo. Para uma análise crítica das duas concepções, vide MICHELE GIORGIANNI, *Contributo alla teoria dei diritti di godimento su cosa altrui*, I, Milano, Giuffrè, 1940, p. 110 e ss.

Para além disso, o exercício do gozo sobre a coisa normalmente realiza-se sem a intervenção de qualquer pessoa[254]. O locatário, o comodatário, o parceiro pensador e o depositário não necessitam de recorrer à outra parte para obter a satisfação dos seus direitos. Podem obter directamente o gozo da coisa, a partir do momento em que esta lhes é entregue[255].

No caso do direito do locatário parece existir aliás um fenómeno de inerência à coisa, semelhante ao que sucede com os direitos reais, uma vez que a lei consagrou no art. 1057º a regra *emptio non tollit locatum* (a compra não prejudica a locação), na medida em que, ao se estabelecer que o adquirente da coisa sucede nos direitos e obrigações do locador, prevê-se no fundo a possibilidade de o direito do locatário perseguir a coisa, seja qual for o património em que se encontre, solução estranha a um direito de crédito em que a subtracção de uma coisa ao património do devedor implica normalmente a impossibilidade de cumprimento da obrigação de prestar essa coisa, e nunca a oneração do património de terceiro com essa obrigação.

Para além disso, a lei vem estabelecer uma hierarquização dos direitos pessoais de gozo segundo a ordem da sua constituição ou registo (art. 407º), o que também se apresenta como uma solução estranha no âmbito dos direitos de crédito, em que a regra não é a da sua hierarquização, mas antes a do rateio sobre o património do devedor (art. 604º, nº 1)[256].

Perante estas diversas soluções adoptadas pela nossa lei não seria preferir considerar os direitos pessoais de gozo como direitos absolutos, dotados de inerência e prevalência e, portanto, como direitos reais?

Pensamos que não pelas seguintes razões:

Em primeiro lugar, pelo argumento de ordem histórica, invocado por Menezes Cordeiro, que não é despiciendo numa realidade de natureza cultural como é a do direito. No âmbito do direito romano os direitos reais eram tutelados pelas *actiones in rem* e os direitos de crédito pelas

[254] Como afirma Michele Giorgianni, *op. cit.*, p. 188, o instrumento jurídico através da qual é atribuído o gozo da coisa, não consiste na actividade devida de outrem, permitindo antes ao titular a auto-satisfação dos seus interesses, através da sua autónoma e exclusiva actividade, o que permite configurá-lo como um poder atribuído pelo ordenamento jurídico sobre a coisa alheia, que constitui a fonte imediata de satisfação.

[255] Cfr. Giorgianni, *op. cit.*, pp. 52 e ss.

[256] José Andrade Mesquita, *Direitos pessoais de gozo*, p. 196, e Nuno Pinto Oliveira, *Princípios*, p. 61, pretendem que esta hierarquização se faz antes com base na data do cumprimento dos respectivos contratos, o que contraria frontalmente o disposto no preceito.

actiones in personam. Ora, os direitos pessoais de gozo foram sempre defendidos por *actiones in personam* e não por *actiones in rem*, o que explica a sua configuração actual como direitos de crédito e não como direitos reais[257].

Desta explicação histórica resulta a aplicação aos direitos pessoais de gozo de regras distintas dos direitos reais. Uma delas é a desnecessidade de legitimidade para constituir validamente direitos pessoais de gozo sobre a coisa. Assim, se alguém arrendar um prédio que não é seu, o arrendamento não deixa de se considerar validamente constituído, apenas respondendo o locador por incumprimento em caso de não conseguir proporcionar o gozo da coisa ao locatário (art. 1034º). Neste sentido, a regra do art. 407º é distinta do conflito entre direitos reais já que o conflito entre direitos pessoais de gozo é um conflito entre direitos validamente constituídos, ao passo que o pretenso conflito entre direitos reais é um conflito entre um direito e um não direito, na medida em que o alienante só poderia eficazmente alienar uma vez o seu direito.

Por esse motivo, a defesa dos direitos pessoais de gozo é distinta dos direitos reais. Estes defendem-se através da acção de reivindicação (art. 1311º), onde é necessário demonstrar que se é o verdadeiro titular do direito real, o que só é possível, se não houver presunções da titularidade, através da demonstração de uma aquisição originária do direito. Pelo contrário, os direitos pessoais de gozo são tuteláveis contra a outra parte através das acções relativas aos contratos que os constituiram (art. 817º), bastando para esse efeito a invocação do respectivo contrato (art. 406º). Essa invocação do contrato como fundamento do direito pessoal de gozo nunca é dispensada, uma vez que ela é referida mesmo no caso do art. 1057º. Daí que a nosso ver no art. 1057º não exista qualquer fenómeno de sequela, mas antes uma situação de transmissão forçada das obrigações (sub-rogação legal)[258], já que ela se funda na aquisição do direito com base no qual foi celebrado o contrato, ou seja, numa aquisição derivada, não tendo que se demonstrar a válida constituição desse direito através de uma aquisição originária, ao contrário do que seria típico dos direitos reais[259].

[257] Cfr. Menezes Cordeiro, *A Posse*, p. 72, e *Tratado*, II-1, pp. 561-562.

[258] Cfr. Carlos Mota Pinto, *Cessão da Posição Contratual* (reimp.), Coimbra, Almedina, 1982, pp. 84 e ss., e Pinto Furtado, *Manual*, I, p. 63.

[259] Imagine-se por exemplo que alguém arrenda um prédio e depois o vende a terceiro. Face ao art. 1057º transmitem-se para esse terceiro os direitos e obrigações do locador, independentemente de o locador ser ou não proprietário da coisa, suscitando-se em caso

Parece-nos assim de considerar que os direitos pessoais de gozo são direitos de crédito, uma vez que através deles o titular adquire o direito a uma prestação do devedor, que consiste em assegurar o gozo de uma coisa corpórea, tutelável através da acção de cumprimento. A satisfação dessa prestação pressupõe, porém, a atribuição ao credor um direito à posse das coisas entregues, o que justifica que a lei lhe atribua as acções possessórias para defesa dessa situação jurídica. A existência de posse nestes direitos não implica, porém, a sua qualificação como direitos reais (ao contrário do que poderia ser sustentado através de uma argumentação conceptualista a partir do art. 1251º), uma vez que neste caso o direito ao gozo da coisa é obtido a partir de uma prestação do devedor, resultando, portanto, de um direito de crédito[260].

negativo a aplicação do art. 1034º. Se, porém, alguém constituir um usufruto sobre um bem seu, a constituição do usufruto para ser válida dependerá do facto de o alienante ser proprietário da coisa. No caso contrário, o pretenso usufrutuário não pode invocar o seu direito, nem sequer perante posteriores adquirentes do direito com base no qual foi constituído o usufruto (que não terão, como o pretenso usufrutuário, direito algum). Demonstrando-se que a propriedade pertence afinal a um terceiro, o pretenso usufruto não é assim oponível perante ninguém. Pelo contrário, o direito do locatário constitui-se validamente, mesmo que o locador não seja proprietário, pelo que é sempre oponível aos adquirentes do direito com base no qual foi celebrado o contrato (art. 1057º).

[260] Defendemos já esta posição em MENEZES LEITÃO, *O enriquecimento*, p. 753, nota (93), reed., pp. 725-726, nota (1956).

Secção VI
Objecto da obrigação: a prestação

1. Delimitação do conceito de prestação

Da definição do art. 397º resulta que a prestação consiste na conduta que o devedor se obriga a desenvolver em benefício do credor, consistente na resposta à pergunta *quid debeatur*. A prestação aparece por isso como a contraposição no plano ontológico, ou do ser, do conteúdo deontológico da vinculação assumida pelo devedor. Daí que a realização da prestação pelo devedor se considere como cumprimento, importando a extinção da obrigação (art. 762º, nº 1)[261].

De acordo com o art. 398º, nº 1, a prestação pode tanto consistir numa acção como numa omissão, sendo o seu conteúdo determinado pelas partes, dentro dos limites da lei. A prestação muitas vezes pode consistir não propriamente na actividade que o devedor desenvolve, mas antes no resultado dessa actividade, tendo nessa medida a expressão prestação um duplo significado. Confrontem-se, por exemplo, os arts. 1152º e 1154º do Código Civil.

O art. 398º, nº 2, estabelece, porém, um requisito suplementar, referindo-nos que a prestação, embora não necessite de ter valor pecuniário, deve corresponder a um interesse do credor, digno de protecção legal. Estamos aqui perante o problema da patrimonialidade da prestação, a que a lei deu resposta negativa, embora seja claro que a grande maioria das prestações reveste valor patrimonial, uma vez que na actual sociedade económica, a prestação de coisas, a simples concessão do seu uso, ou a prestação de qualquer serviço é susceptível de avaliação pecuniária e tem

[261] Cfr. Menezes Leitão, *O enriquecimento*, pp. 632-633, reed., pp. 608-609. Sobre o conceito de prestação, veja-se Gomes da Silva, *Conceito*, pp. 23 e ss.

portanto conteúdo patrimonial. No entanto, a fórmula utilizada permite abranger como objecto da obrigação situações não patrimoniais, mas que correspondam a interesses do credor que mereçam efectiva tutela jurídica, como a publicação de um pedido de desculpas ou de um desmentido em caso de difamação ou lesão da intimidade da vida privada. Já não constituirão, porém, objecto possível da obrigação situações que se reconduzam a outras ordens normativas, como o cumprimento de deveres religiosos (rezar as orações, frequentar igrejas) ou de moral interna (perdoar determinada ofensa) ou situações de mera cortesia (como estar presente num jantar social).

Conforme ensina LARENZ, o interesse do credor deve ser entendido meramente como o interesse jurídico em receber a prestação, não os interesses pessoais e económicos que ela lhe pode proprocionar. Assim, o interesse do comprador é receber a coisa comprada, não o de posteriormente a revender ou oferecer. Esses interesses, quando a sua obtenção não é garantida ou quando não se tenham constituído como base do negócio, são irrelevantes[262].

2. Requisitos legais da prestação

2.1. Generalidades

Face ao art. 397º, a prestação constitui o objecto da obrigação. Nos termos do art. 398º, as parte têm a faculdade de determinar o seu conteúdo dentro dos limites da lei. A prestação tem assim que respeitar certos requisitos legais para a sua constituição. Consequentemente, se a obrigação resultar de um negócio jurídico, a prestação estará naturalmente sujeita às regras relativas ao objecto negocial, que constam do art. 280º, tendo como consequência a nulidade do negócio se a prestação desrespeitar algum desses limites. Se assim a prestação for física ou legalmente impossível, o negócio será nulo e a obrigação não se chega a constituir. A mesma situação ocorre se a prestação for ilícita, ou se for indeterminável. E o negócio será ainda nulo no caso de a prestação estipulada se apresentar contrária à ordem pública ou ofensiva dos bons costumes. As regras do art. 280º relativas ao objecto negocial são assim plenamente aplicáveis à prestação. A prestação deve por isso ser física e legalmente possível, lícita, conforme à ordem pública e aos bons costumes e determinável.

[262] Cfr. LARENZ, *Schuldrecht*, I, § 2 V, p. 28.

Não obstante essa aplicação da regra geral do art. 280º à prestação, a verdade é que o legislador não deixou de voltar a referir-se aos requisitos da prestação nos arts. 400º e 401º, que terão assim que ser articulados com o art. 280º.

2.2. Possibilidade física e legal

Já vimos que, em face do art. 280º, nº 1, a impossibilidade da prestação produz a nulidade do negócio jurídico, podendo essa impossibilidade ser física (como, por exemplo, levantar 500 kg com as mãos) ou legal (como, por exemplo, vender verbalmente um imóvel. Esta regra vem a ser repetida no art. 401º, nº 1, mas os nºs 2 e 3 estabelecem algumas restrições a essa solução.

Efectivamente, para que a impossibilidade da prestação produza a nulidade do negócio jurídico, é necessário que ela constitua uma impossibilidade originária (cfr. art. 401º, nº 1). Se a prestação vem a tornar-se supervenientemente impossível, após a constituição do negócio, este não é nulo. A obrigação é que se vai extinguir, por força do art. 790º[263].

O art. 401º, nº 2, admite, porém, casos em que a prestação é originariamente impossível, mas a validade do negócio não é afectada. Serão os casos em que o negócio é celebrado para a hipótese de a prestação se tornar possível, ou em que o negócio é sujeito a condição suspensiva ou a termo inicial e, no momento da sua verificação, a prestação já se tornou possível. É, assim, admissível a celebração de negócios para a eventualidade de a prestação se tornar possível, o que abrange situações como a prestação de

[263] Esta é a solução da dogmática tradicional, ainda consagrada no antigo § 306 BGB e no art. 1346 do Código Civil italiano. Esta solução tem vindo, porém, a ser contestada na actual evolução do Direito, que consagra antes a solução de que a impossibilidade da prestação nunca deve afectar a validade do contrato, podendo apenas desencadear a aplicação do regime do erro ou do não cumprimento. Assim, quer o 3.3. dos Princípios UNIDROIT relativos aos Contratos Comerciais Internacionais, quer o art. 4:102 dos *Principles of European Contract Law* (PECL), vêm determinar que nem a impossibilidade originária da prestação nem o facto de o devedor não poder dispor dos bens objecto do contrato afectam a sua validade, tendo a mesma solução sido adoptada no novo § 311a BGB. Entre nós, Nuno Pinto Oliveira, *Obrigações*, I, pp. 132 e ss. (140), concorda com esta inovação, defendendo que os arts. 280º e 401º podem ser afastados pela vontade das partes, sempre que o promitente decida assumir o risco da impossibilidade originária da prestação. A sua posição foi depois seguida por Paulo Mota Pinto, *Interesse contratual negativo e interesse contratual positivo*, II, Coimbra, Coimbra Editora, 2008, 1242 e ss. (1248).

coisa absolutamente futura (art. 399º), caso em que o devedor fica obrigado a exercer as diligências necessárias para que o credor adquira essa coisa (cfr. art. 880º, nº 1).

A impossibilidade tem que ser absoluta, impedindo a realização da prestação, e não meramente relativa, tornando excessivamente difícil ou onerosa a sua realização. Efectivamente, a denominada impossibilidade relativa não se enquadra no conceito legal de impossibilidade referido nos arts. 280º, nº 1 e 401º, pelo que não pode afectar a validade do negócio.

A impossibilidade deve, por outro lado, ser objectiva e não apenas subjectiva. O art. 401º, nº 3, refere-nos que apenas se considera impossível a prestação que o seja em relação ao objecto e não em relação à pessoa do devedor. A mesma regra aplica-se à impossibilidade superveniente, por força do art. 791º. Efectivamente, as prestações são em princípio fungíveis, pelo que o seu cumprimento pode ser efectuado por qualquer pessoa (art. 767º, nº 1). Assim, se só o devedor estiver impossibilitado de prestar, ele deve fazer-se substituir no cumprimento da obrigação. Não há por isso qualquer obstáculo à constituição da obrigação se a impossibilidade for meramente subjectiva, exigindo-se uma impossibilidade que o seja em relação ao objecto e não meramente em relação à pessoa do devedor. Daí a possibilidade reconhecida de a obrigação ter por objecto coisas relativamente futuras (cfr. art. 211º), bem como a circunstância de a denominada impossibilidade económica não ser considerada como verdadeira impossibilidade, por ser apenas referida à pessoa do devedor[264].

2.3. Licitude

O requisito da licitude da prestação consta dos art. 280º, nº 1 e 294º, de onde resulta que o objecto negocial não pode ser contrário a qualquer disposição que tenha carácter injuntivo. As normas injuntivas constituem um importante limite à autonomia privada, impondo a nulidade dos negócios que as contrariem.

A ilicitude do negócio pode ser de resultado ou de meios, consoante o negócio vise objectivamente um resultado ilícito (como, por exemplo, assassinar determinada pessoa) ou se proponha alcançar um resultado

[264] Conforme refere MENEZES CORDEIRO, *Tratado*, I-1, p. 687 e nota (1085), não havendo erro ou outro vício negocial, a denominada "impossibilidade económica" não pode ser considerada relevante como impossibilidade, um vez que independentemente da sua dificuldade, desde que o objecto do negócio tenha sido querido pelas partes, ele é juridicamente operacional.

lícito, através de meios cuja utilização é proibida por lei (por exemplo, o tratamento de uma pessoa, em desrespeito às regras da medicina). Em ambos os casos o art. 280º, nº 1, considera o negócio como nulo.

Conforme salienta MENEZES CORDEIRO[265], não deve ser, porém, confundida com a ilicitude de resultado a situação em que apenas o fim subjectivo de quem celebra o negócio é ilícito (ex: a aquisição de uma arma para cometer um homicídio). Nestes casos, uma vez que cada uma das partes pode ter um fim subjectivo distinto em relação ao negócio, o negócio só será nulo, no caso de o fim ser comum a ambas as partes (art. 281º).

2.4. Determinabilidade

Da mesma forma, a prestação tem que ser determinável. Esta regra resulta do art. 280º, que estabelece a nulidade do negócio jurídico cujo objecto seja indeterminável. Deve, porém, esclarecer-se que indeterminável não deve ser confundido com indeterminado, já que a obrigação pode constituir-se estando ainda a prestação indeterminada, desde que ela seja determinável. São exemplos de prestações indeterminadas as obrigações genéricas (arts. 539º e ss.) e as obrigações alternativas (arts. 543º e ss.).

Em caso de indeterminação da prestação, aplica-se à situação o art. 400º do Código Civil, que refere que a determinação da prestação pode ser confiada a uma ou a outra das partes ou a terceiro; mas que, em qualquer dos casos, deve ser feita segundo juízos de equidade se outros critérios não tiverem sido estabelecidos. Nesta norma, a referência a "juízos de equidade" não significa uma remissão para o mero arbítrio das partes ou do terceiro, mas antes significa o mesmo que "juízos de razoabilidade"[266], os quais têm que ser estabelecidos sobre uma base objectiva[267]. Consequentemente, as partes ou o terceiro não poderão determinar arbitrariamente a prestação, tendo antes seguir critérios pré-estabelecidos de adequação ao fim da obrigação e à prossecução do interesse do credor. Precisamente por esse motivo o acto de determinação da prestação não se

[265] Cfr. MENEZES CORDEIRO, *Tratado*, I-1, pp. 688-690.

[266] Cfr. JOÃO BAPTISTA MACHADO, "A Cláusula do Razoável", recolhido em ID, *Obra dispersa*, I, pp. 457-621 (485-486, nota (49)).

[267] Conforme refere VAZ SERRA, "Objecto da obrigação: a prestação – suas espécies, conteúdo e requisitos", no *BMJ* 74 (1958), pp. 15-283 (207-208), "para essa equitativa determinação deve existir uma base objectiva a que se possa atender, como seja a contraprestação, o fim da obrigação, os usos e outras circunstâncias".

pode considerar um negócio jurídico, devendo ser qualificado como um acto jurídico simples, a que se aplicam por analogia as regras dos negócios jurídicos (art. 295º), podendo assim ser anulado por dolo, erro ou coacção moral[268].

Caso, porém, não resulte do negócio qualquer critério que permita realizar a determinação da prestação, ele terá que ser considerado nulo por indeterminável (art. 280º, nº 1), não podendo o art. 400º servir para suprir essa nulidade[269].

2.5. Não contrariedade à ordem pública e aos bons costumes

Para além disso, a prestação não pode ser contrária à ordem pública e aos bons costumes (art. 280º, nº 2). Estamos neste caso, mediante remissões para conceitos indeterminados, cuja concretização deve ser realizada pelo julgador. Em qualquer caso, e seguindo MENEZES CORDEIRO, parece que se deverão abranger na referência aos bons costumes, as regras de conduta familiar e sexual, bem como as regras deontológicas estabelecidas no exercício de certas profissões[270]. Não será, por isso, válido o negócio jurídico que tenha por objecto a realização de favores sexuais. Já a referência à ordem pública corresponde aos denominados princípios fundamentais do ordenamento jurídico, cuja contrariedade, mesmo que não constando de uma norma expressa, implica a invalidade do negócio.

[268] Neste sentido, cfr. CARLOS FERREIRA DE ALMEIDA, "Determinação do preço por terceiro", em *CDP* nº 30 (Abril/Junho 2010), pp. 3-15 (9 e ss.).

[269] Deve ser equacionada a articulação entre o art. 280º e o art. 400º. Conforme refere MENEZES CORDEIRO, "Impugnação pauliana de actos anteriores ao crédito – Nulidade da fiança por débitos futuros indetermináveis – Efeitos da impugnação / Anotação a STJ 19-Fev-1991", na *ROA* 51 (1991), pp. 525-572 (563), "tomado em termos literais e imediatistas, este preceito inutilizaria o art. 280º, 1, na parte essencial aplicável às obrigações. Nunca haveria prestações indetermináveis, pois nunca faltariam nem o tribunal, nem a equidade para proceder à determinação". Daí que o autor propugne que a aplicação do art. 400º só se possa efectuar, caso a obrigação não seja nula nos termos do art. 280º.
Concordamos inteiramente com essa observação. Na verdade, se a obrigação assumida é indeterminável, as partes não fizeram uso efectivo da sua autonomia privada, pelo que não faria sentido a intervenção do tribunal nesse caso. Essa intervenção só se pode realizar para determinar a prestação nos casos em que as partes deixaram ao tribunal um critério mínimo de determinação, em que este se possa basear, ainda que com recurso à equidade (como, por exemplo, o valor da contraprestação, no caso previsto no art. 883º *in fine*). Já não será, porém, permitido ao tribunal determinar uma obrigação a partir do nada.

[270] Cfr. MENEZES CORDEIRO, *Tratado*, I-1, p. 709.

À semelhança do que acontece com a ilicitude, também apenas o fim subjectivo das partes pode ser contrário à ordem pública ou aos bons costumes. Nesse caso, o negócio só será nulo, se o fim for comum a ambas as partes (cfr. art. 281º).

Secção VII
A complexidade intra-obrigacional e os deveres acessórios de conduta

Um dos problemas suscitados pela obrigação diz respeito à complexidade do vínculo obrigacional[271], que justifica que se fale de obrigação em dois sentidos, um estrito, correspondendo à definição do art. 397º, que apenas abrange o binómio direito de crédito-dever de prestar, e outro mais amplo (para o qual seria preferível reservar a expressão "relação obrigacional") que abrangeria todo o conjunto de situações jurídicas geradas no âmbito da relação entre o credor e o devedor[272].

Neste sentido, a obrigação constitui analiticamente uma realidade complexa, que permite abranger:

1) o dever de efectuar a prestação principal, que por sua vez pode analiticamente ainda ser decomposto em sub-deveres relativos a diversas condutas materiais ou jurídicas;
2) os deveres secundários de prestação, que correspondem a prestações autónomas ainda que especificamente acordadas com o fim de complementar a prestação principal, sem a qual não fazem sentido;

[271] Cfr. Gernhuber, *op. cit.*, § 2, pp. 7 e ss. e, entre nós, Menezes Cordeiro, *Da Boa Fé*, pp. 586 e ss.

[272] Esta concepção veio a ser legislativamente expressa no novo § 241 II BGB, onde, depois de se ter referido que a relação obrigacional legitima o credor a exigir do devedor a prestação, se acrescenta que "a relação obrigacional pode, segundo o seu conteúdo, vincular qualquer das partes a tomar em consideração os direitos, bens jurídicos e interesses da outra parte", reconhecendo-se assim que a obrigação tem um conteúdo mais amplo do que o simples direito à prestação e correspondente dever de prestar.

3) os deveres acessórios, impostos através do princípio da boa fé, que se destinam a permitir que a execução da prestação corresponda à plena satisfação do interesse do credor e que essa execução não implique danos para qualquer das partes;
4) sujeições, como contraponto a algumas situações jurídicas potestativas que competem ao credor;
5) poderes ou faculdades, que o devedor pode exercer perante o credor;
6) excepções, que consistem na faculdade de paralisar eficazmente o direito de crédito[273].

O dever de efectuar a prestação principal é o elemento determinante da obrigação e que lhe atribui a sua individualidade própria. Por esse motivo, as classificações de obrigações fazem-se normalmente tomando apenas em consideração essa realidade. Como exemplo, temos a situação de o devedor se comprometer a entregar um automóvel (contrato de compra e venda) ou a repará-lo (contrato de empreitada).

Os deveres secundários de prestação correspondem a outras prestações, funcionalizadas em relação à prestação principal, que visam complementar. Assim, nos exemplos acima referidos, o devedor, além de se obrigar a entregar o automóvel ou a repará-lo, pode secundariamente comprometer-se a encher o depósito ou proceder ainda a uma lavagem. Muitas vezes estes deveres secundários de prestação são mesmo estabelecidos por lei, como sucede com a obrigação de entrega dos documentos relativos à coisa (art. 882º, nº 2). Como deveres de prestação, estão naturalmente sujeitos à acção de cumprimento (art. 817º) e, existindo um contrato sinalagmático, são abrangidos pelo sinalagma, permitindo ao credor utilizar a excepção de não cumprimento do contrato (art. 428º) ou a resolução em caso de não cumprimento (art. 801º, nº 2)[274].

Paralelamente aos deveres de prestação, principais ou secundários, podem, porém, ainda surgir para as partes outros deveres específicos de conduta, e que normalmente desempenham apenas uma função acessória do dever principal: são os chamados deveres acessórios de conduta[275]. É o que sucede designadamente nas relações contratuais duradouras como a sociedade ou o trabalho, em ordem a não frustrar a intensa relação de confiança e colaboração que deve vigorar entre as partes, mas também em

[273] Cfr. MENEZES CORDEIRO, *Tratado*, I-1, p. 356.
[274] Cfr. RIBEIRO DE FARIA, *Obrigações*, I, p. 124.
[275] Cfr. RIBEIRO DE FARIA, *Obrigações*, I, pp. 124 e ss.

todas as relações obrigacionais em que se justifique a tutela de uma situação de confiança. De acordo com a sistematização de MENEZES CORDEIRO, os deveres acessórios podem classificar-se em deveres acessórios de informação, protecção e lealdade[276]. Estes deveres resultam do princípio da boa fé e têm por função assegurar a realização do dever de prestação principal, em termos que permitam tutelar o interesse do credor, mas também evitar que a realização da prestação possa provocar danos para as partes. Assim, o devedor não estaria unicamente vinculado ao dever de prestar, mas também a outros deveres de protecção, informação e lealdade perante o credor em ordem a permitir a satisfação do seu interesse e assegurar a não existência de danos. Por sua vez, o credor também estaria vinculado a deveres acessórios perante o devedor, por forma a evitar a verificação de danos para este. No exemplo acima referido, relativo ao fornecimento de um automóvel novo, o devedor teria o dever de informar o credor do seu funcionamento adequado. Mas, por exemplo, se o credor pedisse a reparação em virtude de ter ocorrido um curto-circuito no motor, deveria informar o devedor dos riscos que a sua ligação poderia acarretar. Em relação aos deveres acessórios, não se concebe a acção de cumprimento, mas apenas outras sanções como a indemnização pelos danos sofridos com a violação ou eventualmente a resolução do contrato (cfr. art. 1003º *a)*)[277]. Os deveres acessórios são, aliás, independentes do dever de prestação principal, pelo que podem surgir antes ou após a sua extinção (deveres pré-contratuais e pós-contratuais) e inclusivamente tutelar a situação de terceiros ao contrato (eficácia de protecção em relação a terceiros)[278].

[276] Cfr. MENEZES CORDEIRO, *Da Boa Fé*, pp. 603 e ss.

[277] Esta é a posição maioritária, já sustentada por LARENZ, *Schuldrecht* I § 2 1, pp. 11-12, e defendida entre nós por MOTA PINTO, *Cessão*, pp. 348-349, ANTUNES VARELA, *Obrigações*, I, p. 127 e RIBEIRO DE FARIA, *Obrigações*, I, pp. 126-127. A ela vieram, porém, opor-se sucessivamente MANUEL A. CARNEIRO DA FRADA, *Contrato e deveres de protecção*, Coimbra, Separata do *BFD* -Suplemento 38, 1994, pp. 39-40, nota (67) e NUNO PINTO OLIVEIRA, *Obrigações*, I, pp. 80 e ss. (84), sustentando que, face à sua *ratio*, a acção de cumprimento deve ser alargada aos deveres acessórios. Parece-nos, porém, que esse alargamento só se concebe se as partes elevarem os deveres acessórios a deveres de prestação em sentido próprio (como na hipótese de assunção específica de uma obrigação de não concorrência para além do dever de lealdade). No caso contrário, o credor não adquire qualquer direito primário à prestação, pelo que a sua reacção só se concebe *a posteriori*.

[278] Cfr. MENEZES CORDEIRO, *Da Boa Fé*, pp. 616 e ss. e RIBEIRO DE FARIA, *Obrigações*, I, p. 129. Esta situação veio a ser expressamente reconhecida na reforma do Direito das Obrigações alemão, através do novo § 311 II e III BGB.

Quanto às sujeições, contrapostas às situação jurídicas potestativas, poderemos incluir entre elas situações como a faculdade de interpelação nas obrigações puras, que coloca o devedor na situação de mora (cfr. art. 805º, nº 1), ou a resolução do contrato em consequência do incumprimento (art. 801º, nº 2). Verifica-se, assim que o direito de crédito, não sendo estruturalmente um direito potestativo, pode incluir no seu seio elementos de carácter potestativo.

Quanto aos poderes ou faculdades, podemos referir a faculdade de o devedor oferecer a todo o tempo a prestação nas obrigações puras (art. 777º, nº 1) que, não sendo aceite, importa a colocação do credor em mora (art. 813º) e as faculdades de determinar a prestação nas obrigações genéricas (art. 539º) e alternativas (art. 543º, nº 2).

Quanto às excepções, elas podem incluir a prescrição (art. 303º) a excepção de não cumprimento do contrato (art. 428º), o benefício da excussão (art. 638º) e o direito de retenção (art. 754º).

Assim, conclui-se que a obrigação constitui no fundo uma relação complexa, onde se encontra algo mais que a simples decomposição dos seus elementos principais como o direito à prestação e o dever de prestar. Abrange ainda deveres acessórios, sujeições, poderes ou faculdades e excepções. Fala-se nestes casos em "relação obrigacional complexa"[279]. Através desta expressão a doutrina faz referência ao facto de a obrigação não poder ser recondutível estruturalmente apenas aos elementos do direito de crédito e do dever de prestação, mas incluir também um conjunto de situações jurídicas que se unem num fim que é a realização do próprio interesse do credor, sendo este o fim da obrigação.

Há que referir que esta concepção tem utilidade essencialmente para casos específicos, como os das relações contratuais duradouras, onde as situações jurídicas das partes extravasam muito dos simples deveres de prestação. Nestes casos, o conceito de "relação obrigacional complexa" permite dar uma imagem global, de autonomia e perenidade à pluralidade de situações jurídicas existente entre as partes[280].

[279] Cfr. Ribeiro de Faria, *Obrigações*, I, pp. 118 e ss.

[280] Cfr. Ribeiro de Faria, *Obrigações*, I, p. 120.

Secção VIII
Modalidades de obrigações

1. As obrigações naturais. Problemática da sua inserção no conceito de obrigação

Uma figura cuja qualificação como obrigação se apresenta como controvertida consiste nas obrigações naturais, a que se referem os arts. 402º e ss. do Código Civil. Elas são definidas pelo art. 402º como as obrigações que se fundam "num mero dever de ordem moral ou social, cujo cumprimento não é judicialmente exigível, mas corresponde a um dever de justiça". O que caracteriza as obrigações naturais é assim a não exigibilidade judicial da prestação, resumindo-se a sua tutela jurídica à possibilidade de o credor conservar a prestação espontaneamente realizada (*soluti retentio*), a que se refere o art. 403º do Código. Como consequência exclui-se a possibilidade de repetição do indevido, referida no art. 476º do Código Civil, salvo no caso de o devedor não ter capacidade para realizar a prestação.

Assim, se o devedor tiver capacidade para realizar a prestação e a efectuar espontaneamente – ou seja, sem qualquer coacção (cfr. art. 403º, nº 2)[281] – já não pode pedir a restituição do que prestou, mesmo que estivesse convencido, por erro, da coercibilidade do vínculo[282].

As obrigações naturais não podem ser convencionadas livremente pelas partes no exercício da sua autonomia privada, uma vez que uma convenção nesse sentido equivaleria a uma renúncia do credor ao direito de exigir o

[281] Como bem salienta Júlio Gomes, *O enriquecimento*, p. 537, apenas a coacção exclui a espontaneidade e já não o erro do *solvens* ou o dolo do credor natural ou de terceiro. Em sentido contrário, sem razão, cfr. Nuno Pinto Oliveira, *Princípios*, p. 46.

[282] Neste sentido, Galvão Telles, *Obrigações*, p. 54.

cumprimento, o que é expressamente vedado pelo art. 809º. Só poderão por isso admitir-se obrigações naturais com base na disposição do art. 402º, que se refere aos deveres de ordem moral ou social que correspondam a um dever de justiça, de que seriam exemplos a situação da obrigação prescrita, prevista no art. 304º, nº 2, o jogo e aposta, referido no art. 1245º e o pagamento ao filho de uma compensação pela obtenção de bens para os pais, a que se refere o art. 1895º, nº 2[283]. Para além destes casos, no entanto, a obrigação natural é admitida genericamente, em todos os casos em que se possa considerar que o cumprimento de um dever moral ou social corresponde a um dever de justiça.

A lei manda aplicar às obrigações naturais o regime das obrigações civis em tudo o que não se relacione com a realização coactiva da prestação, salvas as excepções da lei (art. 404º). Parece-nos, porém, que o alcance da remissão será muito mais reduzido do que à primeira vista poderia parecer. Não lhes é aplicável, como vimos, o regime das fontes das obrigações. Não nos parece que tenha cabimento a transmissão negocial de obrigações naturais. Por outro lado, a exigência da espontaneidade do cumprimento da obrigação natural é incompatível com a estipulação de garantias ou mesmo com a aplicação do regime do cumprimento e do não cumprimento. Finalmente, as obrigações naturais não se podem extinguir por prescrição, uma vez que as consequências desta correspondem precisamente em transformar uma obrigação civil em obrigação natural[284].

A questão da natureza jurídica das obrigações naturais tem sido objecto de um longo debate no âmbito da doutrina portuguesa, que hesita na sua qualificação como meras relações de facto, como deveres oriundos de outras ordens normativas ou como verdadeiras obrigações jurídicas. Importa, neste momento, fazer referência a esse debate.

A qualificação das obrigações naturais como relações de facto foi defendida entre nós por GUILHERME MOREIRA, que sustentou que as obrigações naturais "são, como a posse em matéria de direitos reais, relações de facto de que derivam certos efeitos jurídicos, e designadamente o de que

[283] Há uma diferença entre a situação da obrigação prescrita e as outras duas, já que, enquanto na obrigação prescrita o Tribunal não pode conhecer da prescrição se não for invocada (art. 303º), em todos os outros casos deverá oficiosamente indeferir a acção.

[284] Cfr., sobre este ponto, FERNANDO CUNHA DE SÁ, *Direito ao cumprimento e direito a cumprir*, Separata da RDES XX, nºs 2/3/4, Abril-Dezembro 1973, reimp. Coimbra, Almedina, 1997, p. 42, nota (41).

sendo voluntariamente cumpridas, não se pode pedir a restituição do que se haja pago, produzindo assim essas relações de facto efeitos correspondentes em parte aos que resultam das obrigações"[285]. Esta tese veio a ser seguida por JAIME DE GOUVEIA, para quem "se um dever moral está na extrema zona de influência da obrigação jurídica, e o devedor no cumprimento do seu dever realiza uma prestação, o direito objectivo pode reconhecer certos efeitos jurídicos ao cumprimento desta prestação de ordem moral. A obrigação natural será, pois, o próprio dever moral, a cuja prática, realizada pelo devedor, a lei, em certos casos, atribui efeitos jurídicos"[286].

Já para JOSÉ TAVARES, as obrigações naturais constituiriam, pelo contrário, obrigações jurídicas imperfeitas. Para o autor, o que explica a não repetição do indevido é o facto de a dívida existir realmente, embora não tenha plena eficácia jurídica por lhe faltar algum requisito previsto na lei[287].

Mais recentemente, a posição de GUILHERME MOREIRA veio a ser seguida por GALVÃO TELLES e ANTUNES VARELA, para quem a obrigação natural constituiria um dever oriundo de outras ordens normativas, a cujo cumprimento a lei atribuiria efeitos jurídicos. Para GALVÃO TELLES, tratar-se-ia de "uma *relação de facto*, embora *juridicamente relevante*"[288]. De acordo com ANTUNES VARELA, as obrigações naturais constituiriam deveres oriundos de outras ordens normativas, imperativos éticos ou sociais, que apenas seriam relevantes para o direito por serem deveres de justiça, sendo por isso juridicamente qualificada essa atribuição como cumprimento e não como liberalidade[289].

A doutrina dominante, onde se incluem os nomes de MANUEL DE ANDRADE, VAZ SERRA, ALMEIDA COSTA, MENEZES CORDEIRO, RIBEIRO DE FARIA, e NUNO PINTO OLIVEIRA defendeu, porém, a tese de JOSÉ TAVARES de que as obrigações naturais são verdadeiras obrigações jurídicas, sendo o seu regime apenas diferente das restantes por a lei não permitir a sua execução[290].

[285] Cfr. GUILHERME MOREIRA, *Instituições*, II (cit.), p. 22.

[286] Cfr. JAIME DE GOUVEIA, *Da responsabilidade contratual*, Lisboa, s.e, 1933, p. 143.

[287] Cfr. JOSÉ TAVARES, *Os princípios*, I, pp. 549 e ss.

[288] Cfr. GALVÃO TELLES, *Obrigações*, p. 54.

[289] Cfr. ANTUNES VARELA, *Natureza jurídica das obrigações naturais*, Coimbra, Coimbra Editora, 1957, *maxime* pp. 17 e ss., e *Obrigações*, I, pp. 738 e ss.

[290] Cfr. MANUEL DE ANDRADE, *Obrigações*, pp. 77 e ss., VAZ SERRA, "Obrigações naturais", no *BMJ* 53 (1956), pp. 5-172 (38 e ss.) ALMEIDA COSTA, *Obrigações*, pp. 190 e ss., MENEZES

A solução que nos parece adequada é, porém, a de que a obrigação natural não constitui uma verdadeira obrigação jurídica, na medida em que nela não existe um vínculo jurídico por virtude do qual uma pessoa fique adstrita para com outra à realização da prestação (art. 397º)[291]. A simples existência de um dever moral e social, que corresponda a um dever de justiça, não basta para se considerar subsistente na obrigação natural um vínculo jurídico, uma vez que é a própria lei que recusa ao credor natural a tutela jurídica desse direito ao negar-lhe a faculdade de exigir judicialmente o cumprimento. Ora, essa faculdade integra o conteúdo do direito de crédito e não é dele conceptualmente separável (e justamente por isso a lei proíbe que o credor a ela renuncie antecipadamente – art. 809º). Por outro lado, nas obrigações civis o cumprimento da obrigação não aumenta o património do credor, uma vez que o devedor se limita a solver um crédito, que já consistia um valor patrimonial no âmbito desse património. Na obrigação natural a situação é radicalmente distinta. Sem a faculdade de exigir o cumprimento, o direito de crédito não tem conteúdo, não podendo nunca considerar-se como um valor no activo patrimonial do credor. Justamente por isso o cumprimento da obrigação representa um incremento do património do credor natural à custa do património do respectivo devedor[292], o que leva a que a situação se aproxime da doação, apenas dela se distinguindo pela ausência de espírito de liberalidade (cfr. art. 940º)[293]. É, aliás, essa proximidade às liberalidades e a consequente diferenciação das obrigações civis que justifica que o art. 615º, nº 2 exclua da impugnação pauliana o cumprimento das obrigações civis e o admita quanto às obrigações naturais[294].

CORDEIRO, *Obrigações*, 1º, pp. 316 e ss., e *Tratado*, II-1, pp. 588 e ss., RIBEIRO DE FARIA, *Obrigações*, II, p. 122 e NUNO PINTO OLIVEIRA, *Obrigações*, I, pp. 197 e ss. e *Princípios*, p. 44.

[291] Cfr. MENEZES LEITÃO, *O enriquecimento*, pp. 492 e ss., reed., pp. 475 e ss.

[292] Já se defendeu, aliás, que, ao contrário do que sucede na obrigação civil, o cumprimento da obrigação natural constitui um negócio jurídico, na medida em que há liberdade de estipulação de efeitos, exige-se a intenção de cumprir a obrigação natural e a capacidade do devedor (art. 403º, nº 1).

[293] Também a doação representa um incremento do património do donatário à custa do doador, só é que é realizado com espírito de liberalidade e não com intenção solutória. Cfr. PIRES DE LIMA/ANTUNES VARELA, *Código Civil Anotado*, II, 4ª ed., Coimbra, Coimbra Editora, 1997, *sub* art. 940º.

[294] As obrigações naturais não são, porém, sujeitas ao regime das doações, não lhe sendo consequentemente aplicáveis as disposições relativas à imputação e redução das doações, colação e à revogação por ingratidão do donatário.

Nas obrigações naturais, não existe, consequentemente um direito primário à prestação, como direito de crédito[295]. A lei limita-se a reconhecer causa jurídica à prestação realizada espontanemente, excluindo que o prestante possa vir a recorrer à repetição do indevido. O art. 476º, nº 1, determina que o regime da repetição do indevido é aplicável, "sem prejuízo do disposto acerca das obrigações naturais", o que implica a consideração de que as obrigações naturais são uma simples excepção ao regime da repetição do indevido, que seria potencialmente aplicável em virtude de se estar perante um caso de inexistência da obrigação. No fundo, a interpretação da restrição do art. 476º, nº 1, baseia-se no facto de o legislador reconhecer que o cumprimento da obrigação natural é juridicamente não devido, mas que esse mesmo cumprimento espontaneamente realizado, por corresponder a um dever de justiça, constitui uma causa jurídica para a recepção da prestação, que exclui a aplicação do enriquecimento sem causa[296].

Efectivamente, a obrigação natural não parece poder qualificar-se como um dever jurídico, mas antes como um dever oriundo de outras ordens

[295] Em sentido, diferente HEINRICH EWALD HÖRSTER, *A Parte Geral do Código Civil Português. Teoria Geral do Direito Civil*, Coimbra, Almedina, 1992, pp. 166 e 228, que, com base numa classificação tripartida do objecto do direito subjectivo em exigir, pretender e produzir efeitos, considera que a obrigação natural se reconduz a um direito subjectivo que se limita a conferir um "pretender", cuja única garantia é a *soluti retentio* após a realização voluntária da prestação (403º). Parece-nos, no entanto, que antes da realização da prestação não há qualquer pretensão juridicamente tutelada, uma vez que a única coisa que a lei garante é a conservação da prestação.

[296] Cfr. ERNST WOLF,"Zum Begriff des Schuldverhältnisses" em ERICH SCHWINGE (org.), *Festgabe für Heinrich Herrfahrdt zum 70. Geburtstag*, Marburg, Elwert, 1961, pp. 197-212 (pp. 203 e ss. e 209 e ss.). No direito comum, afirmava-se que a obrigação natural não é tutelada por uma *actio*, mas apenas por uma *exceptio*. Cfr. EMILIO BUSSI, *La formazione dei dogmi di diritto privato nel diritto comune (Diritti reali e diritti di obbligazzioni)*, Padova, CEDAM, 1937, p. 182. Parece-nos ser esta a tese dominante na doutrina estrangeira. Para MAURY, *Essai sur le role de la notion d'équivalence en droit civil français*, I- *La notion d'équivalence en matiére contractuelle*, Paris, Jouve, 1920, pp. 41 e ss. as obrigações naturais constituem meros deveres morais, sendo assim a sua natureza moral e não jurídica. Para OPPO, *Adempimento e liberalitá*, Milano, Giuffrè, 1947, pp. 205 e ss. as obrigações naturais são vínculos extra-jurídicos, designadamente deveres morais e sociais, a quem o direito atribui relevância jurídica ao considerá-los como causa jurídica da atribuição patrimonial realizada pelo devedor. Tese intermédia é defendida por LARENZ, *Schuldrecht*, I, pp. 20-21 que, embora defenda que o direito de crédito não tem como requisito necessário a accionabilidade (de que seria exemplo a obrigação prescrita), considera que em situações de deveres morais e sociais como o jogo e a aposta não existe uma obrigação mas apenas a atribuição de causa jurídica à prestação.

normativas que, pelo facto de corresponder a um dever de justiça, leva a que o direito atribua causa jurídica às atribuições patrimoniais realizadas espontaneamente em seu cumprimento[297]. No fundo, a função do art. 403º, nº 1, não reside numa juridificação da obrigação natural, mas antes na tutela da aquisição pelo credor natural, em consequência da prestação, à qual se atribui assim causa jurídica.

2. Classificação das obrigações em função dos tipos de prestações

2.1. Generalidades

Conforme se referiu, o objecto da obrigação vem a ser a prestação, ou seja, a conduta a que o devedor está vinculado. Acontece, no entanto, que essa conduta pode consistir numa série de situações, as quais são por vezes objecto de um regime específico. Importa, por isso, esclarecer esses regimes específicos, analisando a classificação das obrigações em função dos tipos de prestações que, por isso, se reconduz a uma classificação de prestações.

2.2. Prestações de coisa e prestações de facto

Talvez a classificação mais importante de prestações seja aquela que se reconduz à distinção entre prestações de coisa e prestações de facto. Prestações de coisa são aquelas cujo objecto consiste na entrega de uma coisa. Por exemplo, na hipótese de alguém comprar um bem, o vendedor obriga-se a entregá-lo (art. 879º *b)*). Prestações de facto são aquelas que consistem em realizar uma conduta de outra ordem, como na hipótese de alguém se obrigar a cuidar de um jardim (art. 1154º).

A classificação entre prestações de coisa e prestações de facto pode ser aproximada da classificação económica entre bens e serviços. Efectivamente, as prestações de coisa dizem respeito ao fornecimento de bens e as prestações de facto à realização de serviços. Juridicamente, no entanto, estas duas realidades justificam outras distinções.

[297] Pense-se, aliás, no exemplo referido por GALVÃO TELLES, *Obrigações*, p. 53 da existência de um legado feito por simples carta, que os herdeiros cumprem por existir uma regra social, correspondente a um dever de justiça, que impõe o respeito da vontade do falecido. Se considerássemos este dever como um dever jurídico, teríamos então dois efeitos jurídicos contraditórios na mesma situação: a invalidade do legado e o dever de o cumprir. Deve por isso qualificar-se o segundo dever como não jurídico, radicando-se a aquisição da prestação antes no cumprimento espontâneo da obrigação natural

Efectivamente, na prestação de coisa pode ser distinguida a actividade do devedor da própria coisa que existe independentemente da sua conduta. Pode assim estabelecer-se uma distinção entre a prestação do devedor e a coisa a prestar. Ora, o interesse do credor verifica-se normalmente em relação à coisa, que tem uma existência independente da prestação, e não em relação à actividade do devedor. No entanto, o direito de crédito nunca incide directamente sobre a coisa, mas antes sobre a conduta do devedor, já que se exige sempre a mediação da actividade do devedor para o credor obter o seu direito. Daí que mesmo nos casos de prestações de coisa, o credor não tenha qualquer direito sobre a coisa, o que só sucede nos direitos reais, mas antes um direito a uma prestação, que consiste na entrega dessa coisa. Mesmo que o credor obtenha a execução específica dessa obrigação, conseguindo na execução que a entrega da coisa lhe seja feita por outrem (cfr. art. 827º), continuamos a estar perante um direito a uma prestação, só que esta é realizada através da acção executiva.

Pelo contrário nas prestações de facto não é possível distinguir entre a conduta do devedor e uma realidade que exista independentemente dessa conduta. O direito do credor tem por objecto a prestação do devedor e o seu interesse não corresponde a nenhuma realidade independente dessa prestação.

Tradicionalmente a prestação de coisa costumava ser dividida em prestação de *dare, praestare* ou *restituere* (dar, prestar e restituir), consoante respectivamente a prestação envolvesse a transmissão da propriedade da coisa, ou a simples posse sobre ela (como em caso de concessão de um direito pessoal de gozo) ou respeitasse à sua restituição, findo um contrato[298]. Hoje em dia, porém, atenta a circunstância de a transmissão da propriedade ser considerada um mero efeito do contrato (art. 408º) e não resultar da entrega da coisa, essa classificação perdeu alguma utilidade[299].

[298] Sobre as obrigações de *restituere*, veja-se PEDRO MÚRIAS / MARIA DE LURDES PEREIRA, "Prestações de coisa: transferência do risco e obrigações de *reddere*", em *CDP* nº 23 (Julho/Setembro 2008), pp. 3-16 (11 e ss.).

[299] Cfr. ANTUNES VARELA, *Obrigações*, I, pp. 88 e ss. e RIBEIRO DE FARIA, *Obrigações*, I, pp. 76 e ss. Serão efectivamente muito raras as obrigações de *dare* no direito actual, uma vez que apenas nas obrigações genéricas (art. 541º), ou em certos contratos (cfr. art. 1144º) a transferência da propriedade ocorre com a entrega da coisa. Em todos os outros casos, em virtude da regra do art. 408º, a entrega da coisa só transmitirá a posse sobre ela (art. 1263º *b)*), ou nem mesmo isso, uma vez que a transferência da propriedade pode originar igualmente também o constituto possessório (art. 1263º *c)* e art. 1264º). Há, por isso, autores

Tem, no entanto, utilidade distinguir entre prestação de coisa presente e prestação de coisa futura. O art. 211º define-nos as coisas futuras, como as que não estão em poder do disponente ou a que este não tem direito, ao tempo da declaração negocial. Esta definição legal não se apresenta como inteiramente correcta, uma vez que, conforme refere GALVÃO TELLES, o conceito de coisa futura é mais amplo do que este, abrangendo ainda as coisas inexistentes e as coisas ainda não autonomizadas de outras. Os bens futuros são assim aqueles que, não tendo existência, não possuindo autonomia própria ou não se encontrando na disponibilidade do sujeito, são objecto de negócio jurídico na perspectiva da aquisição futura destas características[300].

Se não há qualquer obstáculo a que a prestação tenha por objecto as coisas presentes, já há algumas restrições à constituição de obrigações sobre coisas futuras uma vez que, embora o art. 399º admita genericamente a prestação de coisa futura, refere logo, porém, a existência de casos em que a lei a proíbe. Efectivamente, os bens futuros podem ser objecto da compra e venda (cfr. art. 880º), mas já não podem ser objecto de doação (cfr. art. 942º, nº 1).

As prestações de facto também admitem uma classificação entre prestações de facto positivo (*facere*) e prestações de facto negativo (que por sua vez se subdividem em prestações de *non facere* e de *pati*). As prestações de facto positivo são aquelas em que a prestação tem por objecto uma acção e as de facto negativo aquelas em que a prestação tem por objecto uma omissão do devedor. Estas admitem, porém, ainda uma distinção consoante a omissão que é objecto da prestação corresponda a não realizar determinada conduta (prestação de *non facere*) ou antes a tolerar a realização de uma conduta por outrem (prestação de *pati*).

como RUI DE ALARCÃO, *Obrigações*, pp. 37-38, que alargam o conceito de prestação de *dare* por forma a abranger também as situações em que a coisa entregue já pertence ao credor desde a constituição do vínculo obrigacional, o que nos parece criticável por confundir no mesmo plano os efeitos reais e obrigacionais do contrato.

300 Cfr. GALVÃO TELLES, *Obrigações*, pp. 41-42 e nota (2), que subdivide assim o conceito de coisa futura:
– coisas ainda inexistentes (como os objectos a fabricar, ou os frutos a produzir);
– coisas ainda não autónomas de outras coisas, mas que destas irão ser separadas (como os frutos das árvores ou as partes componentes ou integrantes dos prédios alienadas por negócio jurídico próprio).
– coisas ainda não pertencentes ao sujeito (como os bens alheios, vendidos nessa qualidade)

É ainda possível relativamente às prestações de facto, estabelecer uma subdistinção entre prestações de facto material e prestações de facto jurídico. Nas primeiras, a conduta que o devedor se compromete a realizar é uma conduta puramente material, não destinada à produção de efeitos jurídicos (ex: realizar ou não realizar determinada obra). Nas segundas, a conduta do devedor aparece destinada à produção de efeitos jurídicos, sendo assim esse resultado jurídico incluído na prestação (ex: celebrar ou não celebrar determinado contrato).

2.3. Prestações fungíveis e prestações infungíveis

Outra classificação importante é a que distingue entre as prestações fungíveis e infungíveis. Prestação fungíveis são aquelas em que a prestação pode ser realizada por outrem que não o devedor, podendo assim este fazer-se substituir no cumprimento. Pelo contrário as prestações infungíveis são aquelas em que só o devedor pode realizar a prestação, não sendo permitida a sua realização por terceiro[301].

O art. 767º, nº 1, determina que a prestação pode ser realizada por terceiro, interessado ou não no cumprimento da obrigação. Desta norma resulta que, regra geral, as prestações são fungíveis. Mas já o art. 767º, nº 2, refere os casos em que a prestação é infungível: quando a substituição do devedor no cumprimento prejudica o credor (infungibilidade natural), ou quando se tenha acordado expressamente que a prestação só pode ser realizada pelo devedor (infungibilidade convencional).

A fungibilidade da prestação é, assim, a regra geral, pelo que o devedor pode em princípio fazer-se substituir no cumprimento. Por exemplo, um advogado encarregado de um processo pode fazer-se substituir por um colega na realização do julgamento, sem que o cliente a isso possa obstar. Sempre que, no entanto, a substituição prejudique o credor, a realização da prestação pelo terceiro não é admitida, pelo que a prestação é naturalmente infungível. Assim, por exemplo, se alguém contrata um pintor

[301] Não deve ser confundida a distinção entre prestações fungíveis e infungíveis com a distinção entre coisas fungíveis e infungíveis, a que faz referência o art. 207º. Relativamente à prestação, a sua fungibilidade consiste na possibilidade de substituição do devedor. Relativamente às coisas, a fungibilidade consiste em a coisa não estar individualizada, mas apenas determinada pelo seu género, qualidade e quantidade. Assim, a prestação de coisa pode ter por objecto coisas fungíveis ou infungíveis, mas enquanto prestação é naturalmente fungível, uma vez que as coisas, sejam fungíveis ou infungíveis, não têm que ser entregues pelo próprio devedor.

famoso para pintar um quadro, obviamente não se poderá aceitar que o quadro seja realizado por um seu aprendiz, uma vez que o valor da obra diminui consideravelmente[302]. Noutros casos, admite-se que as partes, ao abrigo da sua autonomia privada, retirem ao devedor a faculdade de se fazer substituir por terceiro, transformando prestações que são naturalmente fungíveis em prestações infungíveis. É o que se denomina de infungibilidade convencional. Assim, por exemplo, é possível convencionar com um médico, encarregado de tratar uma pessoa, que este nunca se poderá fazer substituir nesse trabalho, atenta a especial relação que o doente tem com ele. Na ausência dessa convenção, porém, o doente não poderia levantar qualquer obstáculo à substituição, uma vez que a prestação é naturalmente fungível.

A fungibilidade da prestação tem uma importância especial para efeito da execução específica da obrigação. Efectivamente, se a prestação é fungível, o credor pode, sem prejuízo para o seu interesse, obter a realização da prestação de qualquer pessoa e não apenas do devedor. Admite-se, por isso, que o credor requeira ao tribunal que determine a realização da prestação por outra pessoa, às custas do devedor. Assim, se a prestação consistir na entrega de coisa determinada, o credor pode requerer em execução que a entrega lhe seja feita (art. 827º), obtendo, por via executiva, a realização da prestação por outrem, que não o devedor. Também as prestações de facto positivo podem, quando fungíveis, ser sujeitas à execução específica, que consiste em requerer a realização por outrem da actividade que o devedor se tinha comprometido a realizar (art. 828º). Um fenómeno semelhante ocorre em relação às prestações de facto negativo fungíveis em que, se a actuação consistir na realização de uma obra, se pode requerer que a obra em questão seja demolida à custa do que se obrigou a não fazer (art. 829º). E finalmente, mesmo que a prestação consista na realização de uma actividade jurídica (por exemplo, a celebração de um contrato) admite-se a substituição no cumprimento, através da emissão pelo tribunal de uma sentença com os mesmo efeitos do contrato prometido (art. 830º).

Se a prestação é infungível, a substituição do devedor no cumprimento já não é possível, pelo que a lei não admite a execução específica da obrigação. Admite-se, porém, em alguns casos a aplicação de uma sanção pecuniária compulsória, que visa precisamente coagir o devedor a cumprir a

[302] A infungibilidade da prestação não impede, porém, que o devedor se socorra de auxiliares, mas apenas que se faça substituir no cumprimento.

obrigação (art. 829º-A). Para além disso, as obrigações infungíveis estão sujeitas a um regime específico em caso de impossibilidade da prestação, uma vez que nelas a impossibilidade relativa à pessoa do devedor (o pintor fica sem a mão direita) acarreta mesmo a extinção da obrigação, em virtude de não ser admitida a sua substituição no cumprimento (art. 791º).

2.4. Prestações instantâneas e prestações duradouras

Uma importante classificação é a que distingue entre prestações instantâneas e prestações duradouras[303]. As primeiras são aquelas cuja execução ocorre num único momento (ex: a entrega da coisa no contrato de compra e venda – art. 879º *b)*). As segundas são aquelas cuja execução se prolonga no tempo, em virtude de terem por conteúdo ou um comportamento prolongado no tempo ou uma repetição sucessiva de prestações isoladas por um período de tempo (exs., as prestações relativas aos contratos de locação, de sociedade, de mútuo, de trabalho, ou contratos de fornecimento como os de gás ou electricidade).

O essencial para a caracterização de uma prestação como duradoura é que a sua realização global dependa sempre do decurso de um período temporal, durante o qual a prestação deve ser continuada ou repetida. Neste âmbito pode-se distinguir entre prestações duradouras continuadas ou periódicas. Nas primeiras a prestação não sobre qualquer interrupção (v.g., a prestação do locador, prevista no art. 1031º *b)*, ou o fornecimento de electricidade). Nas segundas, a prestação é sucessivamente repetida em certos períodos de tempo (v.g., o pagamento da renda pelo locatário, referido no art. 1038º *a)*, ou o pagamento de juros pelo mutuário, referido no art. 1145º, nº 1). Em ambos os casos, porém, trata-se de uma prestação duradoura, atendendo a que ela aumenta em função do decurso do tempo[304].

Pelo contrário, as prestações instantâneas não têm o seu conteúdo e extensão delimitados em função do tempo. Estas prestações podem ainda classificar-se em prestações instantâneas integrais ou fraccionadas. As primeiras são as que são realizadas de uma só vez (ex: a entrega da coisa pelo vendedor: art. 882º, ou a realização da obra pelo empreiteiro: art. 1208º[305]).

[303] Cfr. Gernhuber, *op. cit.*, § 16, pp. 377 e ss.

[304] Cfr. Larenz, *Schuldrecht*, I, p. 30.

[305] A prestação do empreiteiro, apesar de se poder prolongar por algum tempo, não deixa de ser uma prestação instantânea, já que o decurso do tempo não influi no seu conteúdo e extensão. Cfr. Ribeiro de Faria, *Obrigações*, I, p. 87.

As segundas são aquelas em que o seu montante global é dividido em várias fracções, a realizar sucessivamente (ex: o pagamento do preço na venda a prestações, referido no art. 934º).

As prestações instantâneas fraccionadas poderiam ser confundidas com as prestações duradouras periódicas. A distinção é, no entanto, fácil de estabelecer. Nas prestações fraccionadas está-se perante uma única obrigação cujo objecto é dividido em fracções, com vencimentos intervalados[306], pelo que há sempre uma definição prévia do seu montante global e o decurso do tempo não influi no conteúdo e extensão da prestação, mas apenas no seu modo de realização[307]. Assim, na compra e venda a prestações, o preço é previamente fixado em globo, servindo o decurso do tempo apenas para escalonar a sua divisão em partes. Nas prestações periódicas, verifica-se uma pluralidade de obrigações distintas, emboras emergentes de um vínculo fundamental que sucessivamente as origina[308], pelo que, por definição, não pode haver qualquer fixação inicial do seu montante global, já que é o decurso do tempo que determina o número de prestações que é realizado. Assim, o locatário só deve as rendas correspondentes ao tempo de duração do contrato de locação, sendo sempre em função do decurso do tempo que se determina o conteúdo da sua obrigação.

O facto de o decurso do tempo determinar o conteúdo da obrigação e não apenas o momento em que esta deve ser realizada é assim o que distigue as prestações duradouras das instantâneas. Mesmo nas prestações fraccionadas, o decurso do tempo não influi no conteúdo da obrigação, mas apenas determina o seu vencimento (art. 805º, nº 2 *a)*), o qual pode mesmo em certos casos ocorrer antecipadamente a esse momento (cfr. art. 781º). Pelo contrário, nas prestações duradouras, contínuas ou periódicas, o decurso do tempo influi no conteúdo e extensão da obrigação, pelo que a extinção ou alteração do contrato antes do decurso do prazo implica a não constituição ou a alteração da prestação relativa ao tempo posterior[309].

As prestações duradouras implicam a atribuição de um regime especial de extinção aos contratos que as incluem. O facto de estes contratos se poderem prolongar no tempo implica que a lei deva assegurar também

[306] Cfr. Galvão Telles, *Obrigações*, pp. 220

[307] Cfr. Larenz, *Schuldrecht*, I, p. 30.

[308] Cfr. Galvão Telles, *Obrigações*, pp. 220.

[309] Daí que a lei declare inoponível ao sucessor do locador toda a cessão de rendas futuras que o anterior locador tenha feito (art. 1058º).

alguma limitação à sua duração, sob pena de a liberdade económica das partes poder ficar seriamente comprometida. Efectivamente, a vinculação absoluta a um contrato de execução duradoura não delimitado temporalmente implicaria que as partes não pudessem celebrar durante um período longo e indefinido contratos semelhantes com outros concorrentes, limitando assim a sua autonomia privada e pondo em causa a liberdade de concorrência em que assenta o nosso sistema económico.

A lei tem assim que assegurar uma delimitação temporal aos contratos de execução duradoura, o que é realizado através do acordo prévio das partes fixando um limite temporal ao contrato – caso em que o decurso do tempo importa a extinção do contrato por caducidade – ou, quando isso não sucede, através do instituto da denúncia do contrato. A denúncia do contrato é um instituto típico dos contratos de execução duradoura[310] e caracteriza-se por permitir, quando as partes não fixaram a duração do contrato, que qualquer delas proceda à sua extinção para o futuro, através de um negócio jurídico unilateral receptício. Assim, se alguém celebra um contrato de execução duradoura, o contrato pode manter-se durante um certo lapso de tempo, mas não vigora ilimitadamente, uma vez que ambas as partes têm o direito de o denunciar para o futuro (denúncia do contrato). Um exemplo desta situação é o instituto da exoneração do sócio no contrato de sociedade, uma vez que o art. 1002º, nº 1, refere que todo o sócio tem o direito de se exonerar da sociedade se a duração dela não tiver sido fixada no contrato.

Os contratos de execução continuada e duradoura, podem ser assim denunciados pelas partes se forem celebrados por tempo indeterminado. Se o não forem, não está excluída neles a aplicação da resolução do contrato, para o que se exigem fundamentos específicos, correspondentes à inexigibilidade de manutenção por mais tempo do vínculo contratual, distintos do genérico incumprimento das obrigações da outra parte. Por vezes, atenta a situação do contrato em causa, esses fundamentos são mais largos do que o regime geral, como sucede na sociedade (arts. 1002º, nº 2 e 1003º), no comodato (art. 1140º) e no depósito (art. 1201º); outras vezes, por razões de tutela da parte mais fraca são mais restritos, como sucede no arrendamento (art. 1101º) e no contrato de trabalho (art. 351º CT).

Uma outra característica dos contratos de execução duradoura é um desvio ao regime da resolução dos contratos, documentado no art. 434º,

[310] Ainda que possa não ser exclusiva deles, caso se qualifique como tal a revogação do mandato e a desistência da empreitada. Cfr. GERNHUBER, § 16 II 4, pp. 390.

nº 2. Efectivamente, se a resolução do contrato tem normalmente efeito retroactivo (art. 434º, nº 1), nos contratos de execução continuada ou periódica, pelo contrário, ela não abrange as prestações já executadas, a não ser que entre elas e a causa de resolução exista um vínculo que legitime a resolução de todas elas (art. 434º, nº 2). Tal explica-se por, conforme se referiu, nas prestações duradouras o decurso do tempo determinar o conteúdo da obrigação e não apenas o momento em que esta deve ser realizada. Por esse motivo, o tempo em que o contrato vigorou constituiu nas partes o direito às prestações recebidas, que não é afectado pela resolução do contrato. Por esse motivo, a resolução nestes contratos só opera normalmente para o futuro, não tendo efeito retroactivo, a menos que a causa da resolução seja reportada às prestações já realizadas.

Finalmente, os contratos de execução duradoura caracterizam-se por neles vigorarem com maior intensidade os deveres de boa fé. Efectivamente, trata-se de relações que, atendendo à sua duração, pressupõem uma intensa relação de confiança e colaboração entre as partes, o que presssupõe uma aplicação mais intensa do princípio da boa fé e dos deveres acessórios de protecção, informação e lealdade em ordem a manter uma permanente confiança recíproca e entendimento mútuo no âmbito daquele contrato[311]. Daqui resulta que, se alguma das partes vier a lesar a confiança da outra, mesmo que não incumprindo uma prestação recíproca, ela tenha o direito de resolução do contrato, com fundamento em justa causa (cfr. arts. 1002º, 1140º, 1150º, 1194º e 1201º)[312].

2.5. Prestações de resultado e prestações de meios

É tradicional realizar-se ainda entre nós uma distinção entre prestações de resultado e prestações de meios[313], classificação que se deve a DEMOGUE[314] e tem tido sucesso essencialmente na doutrina francesa[315].

[311] Cfr. LARENZ, *Schuldrecht*, I (cit.), p. 32.

[312] Cfr. Cfr. JOÃO BAPTISTA MACHADO, "Pressupostos da resolução por incumprimento", em AAVV *Estudos em Homenagem ao Prof. Doutor J. J. Teixeira Ribeiro*, II- *Iuridica*. Coimbra, 1979, pp. 343-411 (357) = ID, *Obra dispersa*, I, Braga, Scientia Iuridica, 1991, pp. 125-193 (132) e LUÍS MENEZES LEITÃO, *Pressupostos da exclusão de sócio nas sociedades comerciais*, Lisboa, AAFDL, 1988, p. 56.

[313] Cfr. MENEZES CORDEIRO, *Obrigações*, I, pp. 358 e ss., e *Tratado*, II-1, pp. 443 e ss., e RIBEIRO DE FARIA, *Obrigações*, I, p. 73.

[314] Cfr. DEMOGUE, *Traité des Obligations en Géneral*, V, Paris, Arthur Rousseau, 1925, pp. 536 e ss.

Segundo esta classificação, nas prestações de resultado, o devedor vincular-se-ia efectivamente a obter um resultado determinado, respondendo por incumprimento se esse resultado não fosse obtido. Nas prestações de meios, o devedor não estaria obrigado à obtenção do resultado, mas apenas a actuar com a diligência necessária para que esse resultado seja obtido. Assim, por exemplo, enquanto o transportador estaria obrigado a entregar a coisa transportada num lugar e tempo determinado (prestação de resultado), o médico estaria apenas obrigado a desenvolver os seus melhores esforços para que a cura do doente seja obtida (prestação de meios).

O interesse da distinção, em termos de regime, resulta na forma de estabelecimento do ónus da prova. Nas prestações de resultado, bastaria ao credor demonstrar a não verificação do resultado para estabelecer o incumprimento do devedor, sendo este que, para se exonerar de responsabilidade, teria que demonstrar que a inexecução é devida a uma causa que não lhe é imputável. Pelo contrário, nas prestações de meios não é suficiente a não verificação do resultado para responsabilizar o devedor, havendo que demonstrar que a sua conduta não correspondeu à diligência a que se tinha vinculado. Assim, nos exemplos referidos, o transportador que não entrega as mercadorias no local e tempo estipulados fica sujeito a responsabilidade, salvo se demonstrar a ocorrência de factores externos que a excluam, como os de o facto ser imputável ao credor ou devido a causa de força maior. Pelo contrário, o facto de o doente não se ter curado não indicia a responsabilidade do médico, cabendo àquele demonstrar que o processo que visava obter a cura não foi conduzido com a adequada diligência.

A distinção entre prestações de meios e prestações de resultado veio, porém, a ser objecto de crítica na doutrina. Entre nós, GOMES DA SILVA demonstrou o fracasso da distinção, com o argumento de que mesmo nas obrigações de meios existe a vinculação a um fim, que corresponde ao interesse do credor, e que se o fim não é obtido presume-se sempre a culpa do devedor[316]. Efectivamente, a crítica parece proceder já que em

[315] Cfr. HENRI MAZEAUD / LÉON MAZEAUD / JEAN MAZEAUD / FRANÇOIS CHABAS, *Obligations. Théorie générale*, 9ª ed. por François Chabas, Paris, Montchrestien, 1998, pp. 13 e ss., FRANÇOIS TERRÉ / PHILIPPE SIMLER / YVES LEQUETTE, *Droit Civil. LeS Obligations*, 7ª ed., Paris, Dalloz, 1999, pp. 519 e ss. e JEAN CARBONNIER, *Droit Civil. 4-Les Obligations*, 22ª ed., Paris, P.U.F., 2000, p. 297.

[316] Cfr. GOMES DA SILVA, *O dever*, pp. 206 e 238 e ss. Este autor dá o exemplo do depositário que está sujeito a uma obrigação de meios (a guarda da coisa), mas cuja culpa não deixa de ser

ambos os casos aquilo a que o devedor se obriga é sempre uma conduta (a prestação), e o credor visa sempre um resultado, que corresponde ao seu interesse (art. 398º, nº 2). Por outro lado, ao devedor cabe sempre o ónus da prova de que realizou a prestação (art. 342º, nº 2) ou de que a falta de cumprimento não procede de culpa sua (art. 799º), sem o que será sujeito a responsabilidade. Não parece haver assim base no nosso direito para distinguir entre obrigações de meios e obrigações de resultado[317].

2.6. Prestações determinadas e prestações indeterminadas

2.6.1. Generalidades

Conforme acima se referiu, resulta dos arts. 280º e 400º que a prestação, enquanto objecto da obrigação, não necessita de se encontrar determinada no momento da conclusão do negócio, bastando que seja determinável. Assim sucede quando, por exemplo, as partes celebram um negócio sem estabelecer integralmente a forma da prestação ou o montante da contraprestação.

Tal permite estabelecer uma distinção entre prestações determinadas e prestações indeterminadas. As primeiras são aquelas em que a prestação se encontra completamente determinada no momento da constituição da obrigação. As segundas são aquelas em que a determinação da prestação ainda não se encontra realizada, pelo que esse determinação terá que ocorrer até ao momento do cumprimento.

As razões para a indeterminação da prestação no momento da conclusão do negócio são várias. Muitas vezes essa indeterminação resulta de as partes não terem julgado necessário tomar posição sobre o assunto, em virtude de existir regra supletiva aplicável, ou de pretenderem aplicar ao negócio as condições usuais no mercado. Nesse caso a lei remete precisamente para esses critérios, procedendo assim à determinação da prestação por essa via. Esta solução consta do art. 883º, relativo à compra e venda, e

presumida se a coisa se perdeu, tendo ele que demonstrar que esse facto não lhe é imputável (cfr. actualmente, o art. 1188º, nº 1).

[317] Cfr., no mesmo sentido, MENEZES CORDEIRO, *Obrigações*, 1º, pp. 358-359 (diferentemente em *Tratado*, II-1, pp. 443 e ss.) e CALVÃO DA SILVA, *Cumprimento*, pp. 80-81, nota. Também NUNO PINTO OLIVEIRA, *Princípios*, pp. 32 e ss. sustenta que o devedor não pode prometer um resultado, mas que nas denominadas obrigações de resultado existe a assunção paralela de um dever de indemnizar a falta do resultado prometido. Na jurisprudência, veja-se Ac. RC 5/7/2005 (CARLOS ALBUQUERQUE), em *CJ* 30 (2005), 4, pp. 7-12.

do art. 1158º, nº 2, relativo ao mandato, os quais são extensíveis, respectivamente, a outros contratos onerosos de transmissão de bens ou de prestação de serviços pelos arts. 939º e 1156º. Assim, por exemplo, se alguém encomendar o fornecimento de certa quantidade de uma mercadoria, o facto de não ser determinado o preço e as condições de fornecimento significa normalmente uma referência implícita ao preço e condições de fornecimento habituais no mercado, o que permite que a prestação seja determinada através desse critério (cfr. arts. 883º, nº 1 e 239º).

Outras vezes, a indeterminação da prestação resulta de as partes terem pretendido conferir a uma delas a faculdade de efectuar essa determinação, porque só essa parte tem os conhecimentos necessários para o poder fazer adequadamente. Assim, por exemplo, se alguém pede a um mecânico que lhe repare o seu automóvel, apenas o mecânico pode saber que tipo de reparação é exigida e também quanto é que deve cobrar por ela, dependendo a determinação da prestação da obtenção dessa informação. As partes podem acordar que essa informação seja fornecida à outra parte antes da celebração do contrato, através do que na linguagem comum se denomina "a solicitação prévia de orçamento"[318]. Nesses casos a prestação vem a ser determinada durante as negociações, o que permite que esteja determinada no momento da conclusão do negócio. Quando, porém, essa circunstância não ocorre, tal significa que as partes delegaram numa delas a faculdade de determinar o conteúdo da prestação. Essa situação pode qualificar-se como um poder potestativo, que tem como contraponto um estado de sujeição da outra parte, a ver determinado o objecto da prestação de acordo com a decisão da primeira[319].

Esta situação vem referida no art. 400º que prevê que a determinação da prestação pode ser confiada a uma das partes ou a terceiro, mas que, em qualquer caso, deve ser feita segundo juízos de equidade, se outros critérios não tiverem sido estipulados. Por esta norma se pode concluir que o poder de determinar a prestação nunca é absoluto, havendo que ocorrer uma conformidade à equidade, a qual significa uma adequação ao que é comum nesses contratos e de acordo com as circunstâncias do caso, havendo que se considerar simultaneamente o interesse do credor em relação à prestação e as suas especiais relações económicas. A decla-

[318] A qual, deve dizer-se, é normalmente remunerada autonomamente.

[319] Cfr. LARENZ, *Schuldrecht*, I, p. 80.

ração de determinação da prestação tem natureza negocial, mas não está sujeita a forma especial, mesmo que o contrato tenha natureza formal (cfr. art. 221º, nº 2)[320].

Quando as partes ou o terceiro não puderem determinar a prestação, ou não o realizarem no tempo devido, ela deve ser efectuada pelo tribunal (art. 400º, nº 2). Trata-se aqui de uma complementação do conteúdo do contrato através de uma actuação judicial e não de uma mera interpretação do negócio (art. 236º), o que implica que a acção tenha simultaneamente natureza constitutiva[321].

As obrigações genéricas e alternativas constituem as categorias mais importantes de obrigações com prestações indeterminadas. Justifica-se, por isso, que nos debrucemos detalhadamente sobre o seu regime.

2.6.2. As obrigações genéricas

O art. 539º define as obrigações genéricas como aquelas em que o objecto da prestação se encontra apenas determinado quanto ao género[322]. Isto significa que a prestação se encontra determinada apenas por referência a uma certa quantidade, peso ou medida de coisas dentro de um género, mas não está ainda concretamente determinado quais os espécimes daquele género que vão servir para o cumprimento da obrigação. Exemplos serão a obrigação de entrega de vinte garrafas de vinho ou de dez quilos de maçãs. Há uma referência ao género – vinho, maçãs – e à quantidade – vinte garrafas, dez quilos –, mas ainda não estão concretizadas quais as unidades – as garrafas ou as maçãs – com que o devedor deverá cumprir a obrigação. Daí que a obrigação se denomine genérica, pois apenas o género se encontra determinado. Pelo contrário, a obrigação específica é aquela em que tanto o género como os espécimes da prestação se encontram determinados[323].

As obrigações genéricas são bastante comuns no comércio, ocorrendo quase sempre que se efectua uma negociação sobre coisas fungíveis (cfr.

[320] Cfr. Larenz, *Schuldrecht*, I, p. 81.

[321] Cfr. Larenz, *Schuldrecht*, I, p. 81.

[322] Cfr., em geral sobre as obrigações genéricas, Gernhuber, *op. cit.*, § 10, pp. 212 e ss., Larenz, *Schuldrecht* I, pp. 150 e ss.

[323] Por esse motivo, a obrigação que abrange todo um género, ou mais precisamente todos os elementos de um género (como, por exemplo, toda a fruta de um pomar) não é genérica mas específica. Também não será genérica a obrigação que, embora determinada genericamente, se refira apenas a um objecto (ex: um cavalo de determinada herdade, quando nela existe apenas um). Cfr. Gernhuber, *op. cit.*, § 10, p. 213.

art. 207º). No entanto, o seu objecto não consiste necessariamente neste tipo de coisas. Efectivamente, a classificação entre coisas fungíveis e infungíveis relaciona-se com a sua consideração usual no tráfego, enquanto a classificação entre obrigações genéricas e específicas resulta antes do acordo das partes. Por esse motivo, coisas infungíveis podem ser objecto de obrigações genéricas, como sucederá na hipótese de alguém se comprometer a entregar um quadro de determinado pintor[324].

O facto de a obrigação ser genérica implica naturalmente que tenha que ocorrer um processo de individualização dos espécimes dentro do género. É a denominada escolha que, nos termos do art. 400º, pode caber a ambas as partes (credor ou devedor) ou a terceiro. Nos termos do art. 539º a regra é a de que a escolha cabe ao devedor, referindo o art. 542º as hipóteses excepcionais de a escolha caber ao credor ou a terceiro. Pergunta-se, no entanto, se o devedor é absolutamente livre na escolha que faz, podendo por exemplo escolher as garrafas do vinho de pior qualidade da sua adega ou as frutas com pior aspecto do seu armazém? No direito alemão, o § 243 do BGB obriga o devedor a entregar uma coisa de classe e qualidade média, solução que consta igualmente do art. 1178 do Código italiano. Entre nós MENEZES CORDEIRO pronunciou-se também nesse sentido, invocando o regime da integração dos negócios jurídicos segundo os ditames da boa fé, a que faz referência o art. 239º[325]. Essa solução parece, no entanto resultar directamente do art. 400º que, ao estabelecer que a determinação da prestação deve ser realizada segundo juízos de equidade, implica que esta deve ser adequada à satisfação do interesse do credor, o que normalmente não ocorrerá se a prestação for exclusivamente determinada com coisas de qualidade inferior.

A indeterminação inicial da obrigação genérica coloca o problema da averiguação do momento em que tem lugar a transferência da propriedade sobre as coisas que vão servir para o cumprimento da obrigação, o que tem importância para efeitos de risco, uma vez que a regra é a de que o risco do perecimento da coisa corre por conta do seu proprietário (*res perit domino*; cfr. art. 796º). Ora, na obrigação genérica a transferência da propriedade não pode ocorrer no momento da celebração do contrato, conforme resulta genericamente do art. 408º, nº 1, relativamente às coisas

324 Cfr. LARENZ, *Schuldrecht*, I, § 11 I, p. 152.

325 Cfr. MENEZES CORDEIRO, *Obrigações*, 1º, p. 345, e *Tratado*, II-1, pp. 605-606.

determinadas. Efectivamente, um direito real só pode ter por objecto coisas corpóreas e determinadas, pelo que um direito a uma quantidade de coisas a escolher de um certo género seria sempre qualificado como um direito de crédito. Há sempre então que determinar a prestação para se obter a transferência da propriedade, referindo o art. 408º, nº 2, que essa transferência se opera quando a coisa é determinada com conhecimento de ambas as partes. Só que as obrigações genéricas são exceptuadas desse regime, estando a transferência da propriedade sobre as coisas que servem para o seu cumprimento sujeita a outra regras. Efectivamente, a transmissão da propriedade – e a transferência do risco a ela associada – ocorre no momento da concentração da obrigação, ou seja, quando a obrigação passa de genérica a específica, não se exigindo que essa concentração seja conhecida de ambas as partes[326].

Mas quando é que ocorre a concentração da obrigação? Em abstracto, poderiam seguir-se três soluções:

a) a teoria da escolha, defendida por THÖL;
b) a teoria do envio, defendida por PUNTSCHART;
c) a teoria da entrega, defendida por JHERING[327].

Segundo a teoria da escolha, a concentração da obrigação genérica ocorre logo no momento em que o devedor procede à separação dentro do género das coisas que pretende usar para o cumprimento da obrigação. Nesse momento, o devedor já teria procedido à escolha das coisas dentro do género, pelo que a obrigação deixaria de ser genérica e passaria a considerar-se específica. Assim, ocorrendo posteriormente o perecimento dessas coisas, esse risco correria por conta do credor e o devedor não seria obrigado a entregar outras coisas do mesmo género.

Segundo a teoria do envio, a simples separação não basta para a concentração da obrigação genérica, exigindo-se antes que o devedor proceda ao envio para o credor das coisas com que pretende cumprir a obrigação. Nesse caso, logo que as coisas saem do domicílio do devedor a obrigação genérica concentrar-se-ia, pelo que o risco do seu perecimento durante o transporte correria por conta do credor.

[326] Cfr. JORGE MORAIS CARVALHO, "Transmissão da propriedade e transferência do risco na compra e venda de coisas genéricas", na *Themis*, ano VI (2005), nº 11, pp. 19-63.

[327] Cfr. estas referências em MENEZES CORDEIRO, *Obrigações*, 1º, p. 343 e *Tratado*, II-1, pp. 598 e ss..

Finalmente, segundo a teoria da entrega, a concentração da obrigação genérica só ocorreria com o cumprimento da obrigação, só nesse momento se efectuando a transferência do risco para o credor. Consequentemente qualquer perecimento da coisa que ocorresse anteriormente a esse momento correria por conta do devedor.

A nossa lei consagrou relativamente à concentração das obrigações genéricas por escolha do devedor como regra geral a teoria da entrega de JHERING. Essa solução resulta do art. 540º que, ao referir que enquanto a prestação for possível com coisas do género estipulado não fica o devedor exonerado pelo facto de terem perecido aquelas com que se dispunha a cumprir (brocardo *genus nunquam perit*), consagra a irrelevância geral da escolha ou do envio para efeitos de concentração da obrigação genérica. Efectivamente, se o devedor continua a ter que entregar coisas do mesmo género, isso significa que a obrigação genérica ainda não se concentrou, pelo que essa concentração apenas ocorre, regra geral, com o cumprimento. É esse, também o momento da transferência da propriedade sobre as coisas objecto da obrigação genérica, já que, em face do art. 408º, nº 2, a transmissão da propriedade sobre coisas genéricas exige a sua concentração, que normalmente apenas ocorre mediante a entrega pelo devedor (art. 540º).

A lei admite, porém, no art. 541º certos casos em que, embora cabendo a escolha ao devedor, a obrigação se concentra antes do cumprimento. São eles:

a) o acordo das partes;
b) o facto de o género se extinguir a ponto de restar apenas uma – ou, mais precisamente, a quantidade devida – das coisas nele compreendidas;
c) o facto de o credor incorrer em mora;
d) a promessa de envio referida no art. 797º.

Para MENEZES CORDEIRO, a norma do art. 541º documenta cedências do legislador às teorias da escolha ou do envio, pelo que, neste caso, o legislador se teria desviado da teoria da entrega[328]. Não nos parece, porém, que tal tenha acontecido, conforme procuraremos demonstrar.

O primeiro caso referido no art. 541º consiste no acordo das partes. Consequentemente, não basta a escolha do devedor, mesmo que decla-

[328] Cfr. MENEZES CORDEIRO, *Obrigações*, 1º, p. 344 e *Tratado*, II-1, pp. 606 e ss.

rada ou realizada com o conhecimento do credor para concentrar a obrigação genérica, exigindo-se um acordo de ambas as partes. Mas esse acordo constitui um contrato modificativo da obrigação, através do qual as partes substituem uma obrigação genérica por uma específica. A questão da sua concentração deixa por isso de se colocar.

O segundo caso consiste na situação óbvia de o género se extinguir ao ponto de restar apenas a quantidade de coisas que o devedor deve prestar. Nessa situação, a concentração ocorre por mero facto da natureza, mas não se está perante um desvio à regra do art. 540º, uma vez que, caso as coisas sobrantes também desaparecessem, deixaria a prestação de ser possível com coisas do género estipulado, pelo que o devedor estaria sempre exonerado em virtude da impossibilidade da prestação (cfr. art. 790º).

O terceiro caso consiste na situação da mora do credor (cfr. art. 813º). Nessa situação, se o credor, sem motivo justificado, recusa receber a prestação ou não pratica os actos necessários ao cumprimento da obrigação, a lei determina que a obrigação genérica se concentra (art. 541º), pelo que o risco do perecimento dessas coisas correrá por conta do credor. A nosso ver, porém, essa referida concentração da obrigação genérica não passa de uma ficção estabelecida para estender a aplicação às obrigações genéricas do regime do art. 814º, nº 1, fazendo recair sobre o credor em mora os riscos do perecimento superveniente das coisas com que o devedor se dispunha a prestar. Mas a obrigação permanece genérica, já que se, por exemplo, se o devedor, perante a mora do credor, proceder à consignação em depósito de coisas do mesmo género que não sejam aquelas que o credor recusou, ninguém consideraria que a consignação não se fez em relação à coisa devida (art. 841º). Da mesma forma, se o credor posteriormente abandonar a sua situação de mora, não pode recusar a entrega pelo devedor de outras coisas do mesmo género que não sejam as inicialmente oferecidas[329].

[329] Efectivamente, a solução de que a mora do credor concentra a obrigação genérica conduz a resultados absurdos. Uma das consequências do regime traçado nos arts. 540º e 541º é que a escolha pelo devedor pode sempre ser revogada até ao momento do cumprimento, a menos que tenha sido aceite pela outra parte. Ora, em caso de mora, o credor não aceita a escolha do devedor, pelo que não faz sentido considerar que ele perdeu a possibilidade de posteriormente a revogar, escolhendo novamente outras coisas dentro do género. Atente-se, aliás, que a situação referida no art. 542º, nº 2, constitui um caso de mora do credor, que tem precisamente por efeito devolver a escolha ao devedor.

Finalmente, o caso da promessa de envio referida no art. 797º não consiste sequer numa hipótese de concentração da obrigação genérica antes do cumprimento. Efectivamente, esta norma não se refere às dívidas em que o devedor se compromete a levar ou enviar a coisa até ao local do cumprimento, suportando até então o risco do transporte. Refere-se apenas às denominadas dívidas de envio ou remessa, em que o devedor não se compromete a transportar a coisa para o local do cumprimento, mas apenas a, no local do cumprimento, colocar a coisa num meio de transporte destinado a outro local. Assim, estas obrigações cumprem-se no próprio local do envio ou da remessa, ficando a obrigação extinta nesse momento em virtude do cumprimento[330]. O facto de o credor ainda não ter recebido a prestação é irrelevante, uma vez que o cumprimento pode ser realizado a terceiro se assim tiver sido estipulado ou consentido pelo credor (cfr. art. 770º *a)*)

Concluímos assim que, no nosso direito, a concentração da obrigação genérica, quando a escolha compete ao devedor, apenas se dá no momento do cumprimento, podendo até lá o devedor revogar escolhas que anteriormente tenha realizado. Tal só não sucederá se tiver perdido a possibilidade material de o fazer (perecimento das restantes coisas do género), ou se a escolha tiver sido aceite, o que significa que as partes por acordo modificaram a obrigação, transformando-a em específica. Não há assim desvios à consagração da teoria da entrega no art. 540º, com soluções próximas da teoria da escolha ou do envio, pois a mora do credor não deve impedir a realização de nova escolha pelo devedor até ao cumprimento e na promessa de envio referida no art. 797º é de verdadeiro cumprimento que se trata.

Diferentemente se passam as coisas quando a escolha compete ao credor ou a terceiro. Nesses casos, a nossa lei adopta plenamente a teoria da escolha, referindo o art. 542º que, uma vez realizada pelo credor ou pelo terceiro, passa a ser irrevogável. Consequentemente, a escolha pelo credor ou pelo terceiro concentra imediatamente a obrigação, desde que declarada respectivamente ao devedor ou a ambas as partes. Se, no entanto, a escolha couber ao credor e este não a fizer dentro do prazo estabelecido ou daquele que para o efeito lhe for fixado pelo devedor, é a este que a escolha passa a competir (art. 542º, nº 2). Naturalmente que nesta situação passam a ser aplicáveis as disposições do art. 540º e 541º, como se a escolha coubesse ao devedor desde o início.

[330] Cfr. ALMEIDA COSTA, *Obrigações*, p. 725.

2.6.3. As obrigações alternativas. Distinção das obrigações com faculdade alternativa

As obrigações alternativas consistem também em modalidades de prestações indeterminadas, que se caracterizam por existirem duas ou mais prestações de natureza diferente, mas em que o devedor se exonera com a mera realização de uma delas que, por escolha, vier a ser designada (art. 543º)[331]. Assim, se o devedor se obrigar a entregar ao credor o barco X ou o automóvel Y cumpre a obrigação se entregar qualquer um destes objectos. As duas prestações encontram-se em alternativa, mas apenas uma é concretizável através de uma escolha. Na falta de determinação em contrário, a escolha pertence ao devedor (art. 543º, nº 2), mas pode também competir ao credor ou a terceiro (cfr. art. 549º). Assim, apesar de existirem duas ou mais prestações, o devedor tem apenas uma obrigação, e o credor apenas um direito de crédito.

Só constituem obrigações alternativas aquelas que pressupõem uma escolha entre prestações. Não são assim obrigações alternativas aquelas em que só exista uma prestação, mas se possa escolher a forma da sua execução, designadamente em termos de lugar e prazo. Também não são obrigações alternativas aquelas em que se estabeleça uma alternativa condicional, realizando-se uma prestação em caso de verificação da condição e outra em caso da sua não verificação[332].

Nas obrigações alternativas, a escolha tem que se verificar entre uma ou outra das prestações, não sendo permitido, mesmo tratando-se de prestações divisíveis, que aquele a quem incumbe a escolha decida realizá-la entre parte de uma prestação ou parte de outra (cfr. art. 544º).

Pergunta-se, no entanto, se, à semelhança do que sucede com as obrigações genéricas, quando a escolha compete ao devedor, a determinação da prestação só ocorrerá no momento do cumprimento? A resposta deverá ser negativa, uma vez que o art. 408º, nº 2, exceptua da solução que consagra para a transferência da propriedade sobre coisas indeterminadas o regime das obrigações genéricas, mas não o regime das obrigações alternativas. Em relação a estas é, portanto, a designação do devedor, desde que conhecida da outra parte, que determina a prestação devida (cfr. art. 543º, nº 1, *in fine* e art. 548º). Ela pode coincidir com a oferta real da presta-

[331] Cfr. Gernhuber, *op. cit,*, § 11 I 1, pp. 253 e ss., e Larenz, *Schuldrecht* I, § 11 II, pp. 156 e ss.
[332] Cfr. Gernhuber, *op. cit,*, § 11 I 1, p. 254.

ção, mas também pode ocorrer anteriormente, produzindo efeitos, designadamente para operar a transferência do risco, desde que declarada ao credor[333]. Não é, por isso, permitida ao devedor a posterior revogação da escolha efectuada, uma vez que, após a realização da escolha, ele só se exonera efectuando a prestação escolhida. A escolha é igualmente irrevogável quando compete ao credor ou a terceiro, por força da remissão do art. 549º para o art. 542º.

Se, porém, alguma das partes não realizar a escolha no tempo devido, a lei prevê a devolução dessa faculdade à outra parte (cfr. art. 542º, nº 2 *ex vi* do art. 549º e art. 548º), ainda que sob critérios diferentes. Se a escolha couber ao credor, e ele não a fizer no prazo estipulado ou naquele que para o efeito for fixado pelo devedor, a escolha passa imediatamente a competir a este. Se, porém, a escolha couber ao devedor, a devolução da escolha ao credor ocorre apenas na fase da execução (art. 714º CPC), tendo o credor, na fase declarativa, que obter uma condenação em alternativa através da formulação de um pedido alternativo (art. 553º CPC). Efectivamente, até à realização da escolha pelo devedor, o direito do credor não incide sobre ambas as prestações isoladamente consideradas, sendo antes um direito a receber em alternativa uma ou outra das prestações, pelo que a lei não lhe permite exigir do devedor apenas uma das prestações antes de, na acção executiva, se lhe devolver o direito de escolha.

As obrigações alternativas têm um regime especial em sede de impossibilidade da prestação, quando esta se verifica antes de a escolha ter ocorrido. Devemos neste caso distinguir entre impossibilidade casual, impossibilidade imputável ao devedor e impossibilidade imputável ao credor.

A impossibilidade casual, que é aquela que não é imputável a nenhuma das partes, vem referida no art. 545º. Nesse caso, uma vez que a prestação ainda está indeterminada, por não ter ocorrido a escolha, a propriedade sobre qualquer dos objectos da obrigação alternativa ainda não se trans-

[333] Neste sentido, Antunes Varela, *Obrigações*, I, p. 834, Pedro Romano Martinez, *Direito das Obrigações (Parte especial). Contratos. Compra e venda, locação, empreitada*, 2ª ed., Coimbra, Almedina, 2001, p. 35 e Jorge Morais Carvalho, *Themis*, ano VI (2005), nº 11, p. 23. Contra, defendendo a aplicação analógica do art. 541º às obrigações alternativas, Menezes Cordeiro, *Obrigações*, 1º, p. 347, e *Tratado*, II-1, p. 620, e nota (2137). O argumento apresentado por este autor de que a solução proposta desequilibra o risco assumido pelas partes não nos parece procedente, já que a determinação só opera se houver conhecimento de ambas as partes.

mitiu para o credor, pelo que o risco pelo perecimento casual de alguma das prestações corre por conta do devedor[334]. Assim, se o devedor se comprometeu a entregar ao credor o carro X ou o barco Y e este último naufraga em virtude de um temporal, é o devedor que tem que suportar esse prejuízo, devendo entregar ao credor o carro X. Em virtude da impossibilidade casual ocorre um fenómeno de redução da obrigação alternativa à prestação que ainda seja possível.

Diferentemente se passam as coisas, no entanto, quando a impossibilidade é imputável a alguma das partes. Nesse caso, temos que verificar a quem pertence a escolha, já que a impossibilidade de uma das prestações pode afectar a escolha que a outra parte pretenda fazer, quando esta lhe compete.

O art. 546º refere o caso de a impossibilidade ser imputável ao devedor. Neste caso, se a escolha lhe competir, ele deve efectuar uma das prestações possíveis. Se a escolha competir ao credor, ele pode exigir uma das prestações possíveis, ou exigir indemnização pelos danos de não ter sido realizada a prestação que se tornou impossível, ou resolver o contrato nos termos gerais. A diferença entre as duas situações reside na circunstância de no primeiro caso a impossibilidade ser causada pela parte a quem compete a escolha, pelo que a faculdade de escolha da outra parte não é afectada. Pelo contrário, na segunda situação, não apenas é afectada uma das prestações, mas também o direito da outra parte a realizar a escolha, pelo que a lei atribui em alternativa a indemnização ou a resolução do contrato.

Se a impossibilidade for imputável ao credor, aplica-se à situação o disposto no art. 547º. Se a escolha pertence ao credor, considera-se a obrigação como cumprida. Esta é a solução lógica, pois o devedor não tinha a faculdade de escolher e a atitude do credor, ao impossibilitar culposamente uma das prestações, deve ser equiparada à situação de ele a escolher. Se a escolha pertencer ao devedor, a obrigação também se considera como cumprida, a menos que o devedor prefira realizar outra prestação e ser indemnizado dos danos que haja sofrido. Neste caso, a atitude do credor implica impossibilitação da escolha pelo devedor, pelo que se concede ainda a este a alternativa de optar pela indemnização.

[334] Se a escolha já tivesse ocorrido com conhecimento do credor, a propriedade já se teria transmitido (art. 408º, nº 2), pelo que o risco correria por conta do adquirente (art. 796º, nº 1), não sendo aplicável o art. 545º, que exige que a escolha ainda não tenha ocorrido.

A lei não resolve, porém, ainda um problema que é o de a impossibilidade ser imputável a uma das partes e a escolha caber a terceiro. Nessa situação a doutrina tem apontado duas soluções diferentes.

Para ANTUNES VARELA, se a impossibilidade é imputável ao devedor (art. 546º) e a escolha incumbe a terceiro, caberá ao terceiro escolher entre realizar uma das prestações possíveis ou pedir indemnização pelos danos resultantes de não ter sido realizada a prestação que se tornou impossível. O terceiro já não poderia, porém, optar pela resolução do contrato, pois essa é uma faculdade que é atribuída em exclusivo ao credor. Quando a impossibilidade for imputável ao credor (art. 547º) e a escolha pertencer a terceiro, caberá igualmente ao terceiro escolher considerar cumprida a obrigação ou determinar ao devedor que realize a prestação possível e peça indemnização pelos danos resultantes de não ter sido realizada a prestação que se tornou impossível[335].

MENEZES CORDEIRO discorda desta solução. Para este autor, quando a obrigação se torna impossível, o terceiro perde a faculdade de realizar a escolha, uma vez que ele só pode escolher entre duas prestações possíveis e não entre uma prestação e uma indemnização. Por esse motivo, se a escolha pertencer a terceiro e a impossibilidade for imputável ao devedor, deve passar a ser o credor que escolherá entre exigir a prestação possível, a indemnização ou a resolução do contrato (art. 546º). Se a escolha pertencer a terceiro e a impossibilidade for imputável ao credor, deverá passar a ser o devedor a escolher entre considerar cumprida a obrigação ou realizar outra prestação, exigindo simultaneamente uma indemnização (art. 547º). Assim, o terceiro só escolhe entre prestações possíveis, passando a escolha a caber às partes, quando se verifica a impossibilidade de uma das prestações[336].

Pensamos que a razão está com MENEZES CORDEIRO. Efectivamente, quando as partes, ao abrigo da sua autonomia privada, deferem a escolha a terceiro, fazem-nos exclusivamente para efeitos de determinação da prestação (cfr. art. 400º) e não para exercer os direitos que lhes competem quando a outra parte culposamente impossibilita a realização da prestação. Uma opção que envolva um pedido de indemnização implica um juízo sobre os danos sofridos, juízo esse que só a parte está em condições de fazer, pelo que não faz sentido que seja atribuído a um terceiro.

[335] Cfr. ANTUNES VARELA, *Obrigações*, I, p. 842.

[336] Cfr. MENEZES CORDEIRO, *Obrigações*, 1º, pp. 348-349, e *Tratado*, II-1, p. 623.

As obrigações alternativas representam modalidades de obrigações com prestação indeterminada. Não se confundem, por isso, com as obrigações com faculdade alternativa, onde a prestação já se encontra determinada, mas se dá ao devedor a faculdade de substituir o objecto da prestação por outro[337]. Como exemplo, temos a situação das obrigações valutárias referida no art. 558º, que têm por objecto moeda com curso legal apenas no estrangeiro. O credor só pode exigir do devedor a entrega de moeda estrangeira, mas o devedor pode cumprir com moeda com curso legal no país. Essa é uma obrigação com faculdade alternativa, na medida em que o objecto da prestação já se encontra alterado, embora o devedor possa substituí-lo.

Em termos práticos, a diferença de situações reside na posição do credor. Enquanto nas obrigações alternativas, o direito do credor abrange duas prestações em alternativa, nas obrigações com faculdade alternativa abrange apenas uma prestação, ainda que a outra parte tenha a faculdade de a substituir.

2.7. As obrigações pecuniárias

2.7.1. Generalidades

Uma das mais importantes categorias das obrigações consiste nas obrigações pecuniárias. Estas correspondem às obrigações que têm dinheiro por objecto, visando proporcionar ao credor o valor que as respectivas espécies monetárias possuam[338]. Estes dois requisitos são cumulativos. Se a obrigação tem dinheiro por objecto, mas não visa proporcionar ao credor o valor dele (ex: entrega de determinadas moedas e notas, para integrar uma colecção) não estaremos perante uma obrigação pecuniária. Também não estaremos perante uma obrigação pecuniária, se a obrigação visar apenas proporcionar ao credor um valor económico (de um determinado objecto ou de uma componente do património)[339], não tendo assim por objecto

[337] Cfr. Larenz, *Schuldrecht* I, § 11 III, pp. 159 e ss.

[338] Cfr. Antunes Varela, *Obrigações*, I, p. 845. Para Larenz, *Schuldrecht*, § 12, p. 162, só aparentemente as obrigações pecuniárias se reconduzem a prestações de coisa, uma vez que a entrega de coisas (moedas ou notas) é apenas um meio (e não o único) de proporcionar ao credor um determinado valor pecuniário, que constitui o seu verdadeiro interesse. No entanto, o dinheiro não deixa de constituir uma coisa em sentido jurídico, sendo consequentemente a sua prestação uma prestação de coisa.

[339] São exemplos desta situação a obrigação de restituição por enriquecimento sem causa, em caso de impossibilidade de restituição em espécie (art. 479º, nº 1), a indemnização em dinheiro (art. 566º, nº 2) e a obrigação de restituição no mútuo que não abranja dinheiro (art. 1149º).

a entrega de quantias em dinheiro. Neste caso, falar-se-á antes em *dívida de valor*[340], a qual se caracteriza por ter por objecto um valor fixo, que não sofre alteração em caso de desvalorização da moeda, não suportando assim o credor o risco correspondente. A dívida de valor terá, no entanto, em certo momento, que ser liquidada em dinheiro, pelo que nesse momento se converterá em obrigação pecuniária.

O dinheiro, objecto destas obrigações, assegura na ordem económica simultaneamente as funções de meio geral de trocas, meio legal de pagamento e unidade de conta. A função de *meio geral de trocas* advém do facto de o dinheiro, em função do seu poder de compra, ser utilizado para efeitos de aquisição e alienação de bens e serviços, funcionando como meio intermediador da circulação desses bens. A função de *meio legal de pagamento* resulta do facto de, por força de uma disposição legal, ser atribuída eficácia liberatória à entrega de espécies monetárias em pagamento das obrigações pecuniárias, vinculando-se assim o credor à sua aceitação. A função de *unidade de conta* resulta do facto de, sendo o valor da moeda relativamente estável, pode ser utilizado como medida do valor dos bens e serviços de qualquer tipo[341].

Segundo a sistematização do Código, as obrigações pecuniárias podem subdividir-se em três modalidades:

a) Obrigações de quantidade;
b) Obrigações em moeda específica;
c) Obrigações em moeda estrangeira.

2.7.2. Obrigações de quantidade

As obrigações de quantidade correspondem à categoria mais importante das obrigações pecuniárias e consistem naquelas obrigações que têm por objecto uma quantidade de moeda com curso legal no país. Actualmente, a moeda com curso legal do nosso país é o euro, por força dos Regulamentos (CE) do Conselho nº 1103/97, de 17 de Junho de 1997, e nº 974/98,

[340] Cfr. LARENZ, *Schuldrecht* I, § 12 VI, p. 174 e ALMEIDA COSTA, *Obrigações*, p. 736. Já ANTUNES VARELA, *Obrigações*, I, pp. 859 e ss., critica a autonomização das dívidas de valor em relação às obrigações pecuniárias, considerando que elas colocam apenas um problema do momento de fixação do montante da obrigação.

[341] Cfr. LARENZ, *Schuldrecht* I, § 12 I, pp. 162 e ss. e ANTUNES VARELA, *Obrigações*, I, p. 846, nota (1).

de 3 de Maio de 1998, respeitantes à introdução do euro, os quais determinaram a substituição do escudo pelo euro em 1 de Janeiro de 1999[342]. O Regulamento nº 2866/98, de 31 de Dezembro estabeleceu as taxas de conversão entre o euro e as anteriores moedas dos Estados-membros, tendo a taxa de conversão do escudo para o euro sido fixada em 200,482 (art. 1º). No entanto, o euro manteve-se apenas como moeda escritural até 1 de Janeiro de 2002, uma vez que só a partir dessa data entraram em circulação as notas e moedas em euros (art. 10º do Regulamento 974/98), tendo-se durante esse período de transição utilizado as antigas moedas dos Estados-membros, consideradas como divisões do euro (art. 6º do Regulamento 974/98)[343]. De acordo com o art. 3º do Regulamento 1103/97, a introdução do euro efectuou-se segundo um princípio de continuidade substancial, pelo que não conduziu a quaisquer alterações nos instrumentos jurídicos que contemplassem obrigações de quantidade expressas na nossa anterior divisa[344].

O regime das obrigações de quantidade consta do art. 550º que nos refere o seguinte:

> "O cumprimento das obrigações pecuniárias faz-se em moeda que tenha curso legal no País à data em que for efectuado e pelo valor nominal que a moeda nesse momento tiver, salva estipulação em contrário".

Desta norma resulta a referência a dois princípios reguladores do regime das obrigações pecuniárias de quantidade:

– o princípio do curso legal;
– o princípio do nominalismo monetário.

[342] Estes dois Regulamentos foram posteriormente alterados respectivamente pelos Regulamentos (CE) do Conselho 2595/2000, de 27 de Novembro de 2000 e 2596/2000, de 27 de Novembro de 2000, em virtude da introdução do euro na Grécia, que se verificou em 1 de Janeiro de 2001. O Regulamento 974/98 foi ainda alterado pelo Regulamento CE 2169/2005, do Conselho de 21 de Dezembro de 2005, na previsão de adopção do euro por outros Estados membros.

[343] Cfr. João Calvão da Silva, *Euro e Direito*, Coimbra, Almedina, 1999, *passim*, e José Simões Patrício, *Regime Jurídico do Euro*, Coimbra, Coimbra Editora, 1998, *passim*.

[344] Cfr. Calvão da Silva, *Euro*, pp. 50 e ss., José Simões Patrício, *op. cit.*, pp. 118 e ss. e "A continuidade dos negócios jurídicos" em AAVV, *Aspectos jurídicos e económicos da introdução do euro*, Lisboa, Instituto Europeu da Faculdade de Direito da Universidade de Lisboa, 1999, pp. 187-202.

O *princípio do curso legal* significa que o cumprimento das obrigações pecuniárias se deve realizar apenas com espécies monetárias a que o Estado reconheça função liberatória genérica, cuja aceitação é obrigatória para os particulares. Assim, a obrigação pecuniária de quantidade tem sempre por objecto uma quantia de unidades monetárias, devendo o cumprimento ser realizado com espécies (moedas ou notas) que, nesse momento, tenham curso legal, ou seja, possam desempenhar a função da entrega de dinheiro que consiste em permitir ao credor a recepção de um valor correspondente às espécies monetárias, em virtude da possibilidade de elas serem utilizadas como instrumento geral de troca. Dogmaticamente, as obrigações de quantidade consistem em obrigações genéricas, sujeitas ao regime respectivo, mas o género de referência toma por base todo o universo da moeda com curso legal no país[345]. Daí que nas obrigações pecuniárias seja impossível a extinção do género referida no art. 541º, não ficando o devedor liberado pelo facto de não possuir dinheiro para efectuar o pagamento. Efectivamente, conforme adiante se referirá, a impossibilidade económica do devedor não é causa de extinção da obrigação, dado o facto de enquanto existir moeda com curso legal subsistir o género acordado para o pagamento.

O outro princípio essencial do regime das obrigações pecuniárias consiste no *princípio do nominalismo monetário*. Visando, como se referiu, as obrigações pecuniárias proporcionar ao credor o valor correspondente às espécies monetárias entregues, que possa ser utilizado como meio geral de troca, há que determinar qual o valor a que essas espécies monetárias devem ser referidas. Efectivamente, a moeda além do *valor nominal, facial ou extrínseco*, correspondente às unidades monetárias nela referidas, possui um *valor de troca*, correspondente à quantidade de bens que pode adquirir (valor de troca interno) ou à quantidade em moeda estrangeira pela qual

[345] Se a obrigação fosse específica, como no caso de um depósito regular de um maço de notas por umas horas, nunca se estará perante uma obrigação pecuniária. Mas também certas obrigações genéricas que têm por objecto dinheiro não podem ser consideradas obrigações pecuniárias, como no caso de alguém se obrigar a entregar notas de uma determinada série. Efectivamente, só é obrigação pecuniária de quantidade aquela que tem por género o universo da moeda com curso legal, ainda que se especifique o tipo de moeda com que a obrigação será paga. Cfr. ANTUNES VARELA, *Obrigações*, I, p. 847, ALMEIDA COSTA, *Obrigações*, p. 735 e RIBEIRO DE FARIA, *Obrigações*, II, p. 210. Em sentido diferente, LARENZ, *Schuldrecht* I § 12 III, pp. 167 e ss., contesta a natureza genérica das obrigações pecuniárias, dado que nem sequer as qualifica como prestação de coisa.

pode ser trocada (valor de troca externo). Ora, em períodos de inflação ou deflação, o valor de troca da moeda pode sofrer alteração entre o momento de constituição da obrigação e o momento do cumprimento, levando a que a entrega das espécies monetárias já não tenha correspondência com o valor de troca que a moeda possuía no momento da constituição da obrigação.

A lei vem resolver esse problema, dando preferência ao valor nominal da moeda para efeitos do cumprimento. É o que refere o art. 550º, ao prever que o cumprimento das obrigações pecuniárias se faz pelo valor nominal da moeda no momento do cumprimento. Temos, assim, a consagração expressa do princípio do nominalismo monetário (um euro é sempre igual a um euro), segundo o qual se deve tomar em consideração somente o valor nominal da moeda, independentemente de qual seja o seu valor de troca no momento do cumprimento. Desse princípio resulta como consequência que uma obrigação pecuniária com um longo prazo de cumprimento acarreta um risco de desvalorização da moeda, com a inerente perda do seu poder de compra, e que esse risco é suportado pelo credor, já que o devedor se libera com a simples entrega da quantia monetária convencionada[346].

O princípio do nominalismo monetário sofre, porém, algumas excepções. A primeira é a possibilidade de as partes convencionarem coisa diferente, atenta a supletividade do art. 550º. Efectivamente, as partes podem estipular, ao abrigo da autonomia privada, formas de actualização da prestação, de que é exemplo a convenção de rendas escalonadas (cfr. art. 1077º, nº 1).

Em algumas situações é, porém, a própria lei que vem prever a actualização das obrigações pecuniárias, o que acontece normalmente nas situações de prestações periódicas – como a da renda no arrendamento urbano (cfr. art. 1075º), da indemnização em renda vitalícia ou temporária (art. 567º, nº 2), ou das obrigações de alimentos (art. 2012º) – ou em certas obrigações restitutórias, em que a restituição ocorra passado um grande lapso de tempo, como nas doações sujeitas a colação (art. 2109º, nº 3).

[346] Cfr. LARENZ, *Schuldrecht*, I, § 12 I, p. 164. Entre nós, veja-se MARIA CLARA SOTTOMAYOR, "A obrigação de restituir o preço e o princípio do nominalismo das obrigações pecuniárias (A propósito do acórdão do STJ de 11 de Março de 1999), em FACULDADE DE DIREITO DA UNIVERSIDADE DO PORTO / FACULDADE DE ECONOMIA DA UNIVERSIDADE DO PORTO, *Estudos em Homenagem ao Professor Doutor Jorge* RIBEIRO DE FARIA, Coimbra, Coimbra Editora, 2003, pp. 547-606.

O art. 551º determina que, "quando a lei permitir a actualização das prestações pecuniárias, por virtude das flutuações do valor da moeda, atender-se-á, na falta de outro critério legal, aos índices dos preços, de modo a restabelecer, entre a prestação e a quantidade de mercadorias a que equivale, a relação existente na data em que a obrigação se constituiu". Adopta-se, assim, preferencialmente o critério do índice dos preços, para efeitos de actualização das obrigações pecuniárias, quando esta é legalmente permitida. No caso de actualização convencional das obrigações pecuniárias, caberá naturalmente às partes fixar o critério de actualização.

2.7.3. Obrigações em moeda específica

As obrigações em moeda específica correspondem a situações em que a obrigação pecuniária é convencionalmente limitada a espécies metálicas ou ao valor delas, afastando-se assim por via contratual a possibilidade do pagamento em notas. O legislador, apesar do já referido princípio do curso legal – que naturalmente abrange as notas de banco – não excluiu a possibilidade de as partes convencionarem que o cumprimento se fará em moeda específica (art. 552º), o que permite assegurar a validade destas cláusulas, sempre que a lei não as proíba.

Apesar de raras, as obrigações em moeda específica podem desempenhar uma função útil, que é a de permitir uma defesa das partes contra a possibilidade de desvalorização da moeda. Efectivamente, as moedas metálicas possuem além do valor facial ou extrínseco, e do valor de troca, um *valor intrínseco*, correspondente ao das ligas metálicas de que são compostas. Assim, sempre que haja desvalorização do valor facial da moeda, o seu valor intrínseco tem tendência a não ser modificado, o que permite que nas moedas metálicas o risco da desvalorização seja menor do que nas notas de banco.

O nosso legislador distingue, logo no art. 552º, dois tipos de obrigações em moeda específica:

- as obrigações em certa espécie monetária;
- os obrigações em valor de uma espécie monetária.

De acordo com o que resulta dos arts. 553º e 554º, a verificação de uma ou outra destas situações depende de ter sido ou não estipulado igualmente um quantitativo expresso em moeda corrente.

Se não for estipulado um quantitativo expresso em moeda corrente, considera-se que a obrigação tem que ser efectuada na espécie monetária estipulada, desde que ela exista, ainda que tenha variado de valor após a data em que a obrigação foi constituída (art. 553º).

Se for estipulado um quantitativo expresso em moeda corrente, a estipulação do pagamento em moeda específica, é considerada apenas como pretendendo estabelecer uma vinculação ao valor corrente que a moeda ou moedas do metal escolhido tinham à data da estipulação (art. 554º).

2.7.4. Obrigações em moeda estrangeira

As obrigações em moeda estrangeira ou obrigações valutárias são aquelas em que a prestação é estipulada em relação a espécies monetárias que têm curso legal apenas no estrangeiro. Essa estipulação é comum, sempre que as partes pretendam acautelar-se contra uma eventual desvalorização da moeda europeia ou especular com a eventual subida de valor da moeda estrangeira.

A doutrina distingue, em relação a estas obrigações entre *obrigações valutárias próprias ou puras* e *obrigações valutárias impróprias ou impuras*[347]. Nas primeiras verifica-se que o próprio cumprimento da obrigação só pode ser realizado em moeda estrangeira, não podendo o credor exigir o pagamento em moeda nacional nem o devedor entregar esta moeda. Nas segundas, a estipulação da moeda estrangeira funciona apenas como unidade de referência para determinar, através do câmbio de determinada data, a quantidade de moeda nacional devida. Nesse caso, o cumprimento terá obrigatoriamente que ser realizado em moeda nacional.

O art. 558º (redacção actual do D.L. 343/98, de 6 de Novembro) vem, porém, consagrar a título supletivo uma categoria de obrigações valutárias intermédia em relação a esta bipartição, e que a doutrina tem designado como *obrigação valutária mista*[348]. Consiste esta na situação de ser estipulado o cumprimento em espécies monetárias que possuem curso legal apenas no estrangeiro, mas admitir-se a possibilidade de o devedor realizar o pagamento na moeda nacional com base no câmbio da data de cumprimento. Esta possibilidade é, no entanto, restrita ao devedor, constituindo, por isso, uma obrigação com faculdade alternativa, já que o credor apenas pode exigir o cumprimento na moeda estipulada.

[347] Cfr. LARENZ, *Schuldrecht* I, § 12 V, p. 170, e ALMEIDA COSTA, *Obrigações*, p. 747.

[348] Cfr. MANUEL DE ANDRADE, *Obrigações*, p. 271 e ALMEIDA COSTA, *Obrigações*, p. 737.

Se o credor entrar em mora, o devedor tem ainda a opção de realizar o cumprimento de acordo com o câmbio da data em que a mora se deu (art. 558º, nº 2), sendo-lhe assim conferida a possibilidade de por essa via impedir a aplicação da diferença cambial desfavorável que poderia resultar da mora do credor. Se, pelo contrário, essa diferença cambial for favorável, naturalmente que o devedor não é obrigado a fazer essa opção, uma vez que o credor deve suportar todas as consequências da sua mora, mesmo as que se traduzam num benefício para o devedor.

A lei não regula, porém, o caso simétrico de ser o devedor a entrar em mora neste tipo de obrigações. Nesse caso, por força do art. 804º, nº 2, caberá ao devedor indemnizar o credor por todos os prejuízos sofridos, devendo a indemnização abranger não apenas a eventual diferença cambial desfavorável, mas também os correspondentes juros de mora[349]. Naturalmente que os juros de mora não poderão ser calculados com base nos juros legais portugueses, uma vez que a disposição do art. 806º, nº 2, não se aplica às obrigações valutárias. Deverá antes aplicar-se a taxa legal da moeda em causa ou a taxa de mercado, quando esta não exista, não ficando, no entanto, o credor impedido de reclamar danos superiores[350].

2.8. Obrigações de juros

As obrigações de juros correspondem igualmente a uma modalidade específica de obrigações, as quais se caracterizam por corresponderem à remuneração da cedência ou do diferimento da entrega de coisas fungíveis (capital) por um certo lapso de tempo. A obrigação de juros pressupõe assim uma obrigação de capital, sem a qual não se pode constituir e tem o seu conteúdo e extensão delimitados em função do tempo, sendo, por isso, uma prestação duradoura periódica[351]. Por esse motivo, a lei caracte-

[349] Cfr. ALMEIDA COSTA, *Obrigações*, p. 748.

[350] Cfr. MENEZES CORDEIRO, "Obrigações em moeda estrangeira e taxas de juros", em *Dir* 106-119 (1974-1987), 119-145, "Compra e venda internacional, inflação, moeda estrangeira e taxa de juros/ Anotação a RLx 7-Mai-1987", em *RDES* XXX (1988), pp, 69-93, recolhidos em ID, *Banca, Bolsa e Crédito. Estudos de Direito Comercial e de Direito da Economia*, I, Coimbra, Almedina, 1990, pp. 185-212 e 213-242, e *Tratado*, II-1, pp. 684-685, e SIMÕES PATRÍCIO, "Juros de mora nas obrigações valutárias", em *BMJ* 372 (1988), pp. 5-48.

[351] Não são por isso juros os custos da concessão de crédito, que não sejam delimitados em função do tempo. Razões de tutela do consumidor justificam no entanto que, no crédito ao consumo, a totalidade dos seus encargos lhe seja comunicada em percentagem anual, o que vem a constituir a denominada "taxa anual de encargos efectiva global" (TAEG). Cfr. arts.

riza os juros como frutos civis (art. 212º, nº 2) uma vez que são frutos das coisas fungíveis, produzidos periodicamente em virtude de uma relação jurídica. Essa relação jurídica, neste caso, consiste na cedência das coisas fungíveis com obrigação de restituição de outro tanto do mesmo género ou no diferimento da sua entrega, sendo o juro calculado em função do lapso de tempo corrrespondente à utilização do capital. Os juros representam assim uma prestação devida como compensação ou indemnização pela privação temporária de uma quantidade de coisas fungíveis denominada capital e pelo risco de reembolso desta.

Historicamente, a obrigação de juros foi durante muito tempo olhada com desconfiança. O Antigo Testamento faz referência a uma proibição religiosa de cobrança de juros[352]. Igualmente ARISTÓTELES tinha condenado a prática de cobrar juros, "porque nela o ganho resulta do dinheiro propriamente dito e não da finalidade para a qual o dinheiro foi instituído. Ora o dinheiro foi instituído para a troca, enquanto o juro multiplica a quantidade do dinheiro. É essa a origem do termo juro (*tokos*): os seres gerados assemelham-se aos seus progenitores e o juro é dinheiro nascido do dinheiro. Assim, de entre todos os modos de adquirir bens, este é o mais contrário à natureza"[353].

A doutrina de ARISTÓTELES veio a ser seguida por S. TOMÁS DE AQUINO, que considerava o juro a recepção de dinheiro sem trabalho prestado, funcionando assim como um prémio ao ócio e uma exploração económica do devedor, levando a Igreja Católica a proibir a cobrança de juros, expressa no brocardo *"pecunia non potest pecuniam parere"*.

A Reforma protestante veio, porém, a permitir a cobrança de juros nos Estados que a seguiram, situação que depois se estendeu aos Estados Católicos. Actualmente, considera-se que a obrigação de juros desempenha uma função económica essencial de remuneração da circulação do capital e de indemnização pelo atraso na sua entrega.

A obrigação de juros aparece, por isso, como uma obrigação que se constitui tendo como referência uma outra obrigação (a obrigação de entrega

4º, nº 1 *i)* e art. 5º do D.L. 133/2009, de 2 de Junho, diploma rectificado pela Rect. 55/2009, de 31 de Julho, e alterado pelo D.L. 72-A/2010, de 17 de Junho.

[352] Cfr. Ex. 22-25: "Se emprestares dinheiro a alguém do Meu povo, ao pobre que estiver junto de ti, não procederás com ele como um credor e não lhe reclamarás juros".

[353] Cfr. ARISTÓTELES, *Política*, ed. bilingue, Vega, 1998, I, 10, pp. 85-87.

ou restituição do capital) e constitui economicamente um rendimento desse mesmo capital. São, no entanto, duas obrigações distintas, já que, a partir do momento em que se constitui, o crédito de juros adquire autonomia em relação ao crédito de capital, podendo qualquer deles ser cedido ou extinguir-se sem o outro (art. 561º).

Relativamente aos juros é possível distinguir entre juros legais e convencionais. Os juros legais encontram-se referidos no art. 559º, nº 1 (redacção do D.L. 200-C/80, de 24 de Junho) que actualmente remete a fixação da taxa para diploma avulso[354], e são aqueles que são aplicáveis sempre que haja normas legais que determinem a atribuição de juros em consequência do diferimento na realização de uma prestação (como no art. 806º), funcionando ainda supletivamente sempre que as partes estipulem a atribuição de juros sem determinarem a sua taxa ou quantitativo (cfr. art. 559º, nº 1)[355]. Pelo contrário, os juros convencionais são aqueles em que a sua taxa ou quantitativo é estipulada pelas partes. A lei, no entanto, coloca alguns limites à liberdade de estipulação da partes nesta sede, na medida em que prevê, no art. 1146º, estendido a todas as obrigações de juros pelo art. 559º-A, a qualificação como usurários de quaisquer juros anuais que excedam os juros legais acima de 3% ou 5%, conforme exista ou não garantia real (art. 1146º, nº 1), sendo apenas permitida a cobrança de juros superiores em se tratando de uma cláusula penal moratória, caso em que esses limites são respectivamente elevados para 7% e 9% (art. 1146º, nº 2). Assim, as partes estão impedidas de estipular juros que ultrapassem esses limites e, caso o façam, a lei determina, em derrogação ao art. 292º, a fixação dos juros nesses montantes máximos, ainda que tivesse sido outra a vontade dos contraentes.

[354] De acordo com a Portaria 291/2003, de 8 de Abril, a taxa de juros legais é de 4%.

[355] Há, porém, uma distinta taxa supletiva de juros legais para os créditos de que sejam titulares empresas comerciais, singulares e colectivas, a qual é fixada por portaria conjunta dos Ministros das Finanças e da Justiça, não podendo, porém, ser inferior ao valor da taxa de juro aplicável pelo Banco Central Europeu à sua mais recente operação principal de refinanciamento, efectuada antes do primeiro dia de Janeiro ou de Julho, consoante se esteja, respectivamente no primeiro ou no segundo semestre do ano civil, acrescida de 7 pontos percentuais, salvo estando em causa transacções comerciais abrangidas pelo Decreto-Lei 62/2013, de 10 de Maio, em que o acréscimo é de 8 pontos percentuais (art. 102º, §§ 3º, 4º e 5º CCom, na redacção do D.L. 62/2013, de 10 de Maio). Actualmente, a Portaria 277/2013, de 26 de Agosto, decidiu fixar essas duas taxa mínimaa, as quais são objecto de aviso da Direcção-Geral do Tesouro e Finanças, publicado até 15 de Janeiro e 15 de Julho de cada ano.

Pode ainda distinguir-se entre juros remuneratórios, compensatórios, moratórios e indemnizatórios. Os *juros remuneratórios* têm uma finalidade remuneratória, correspondente ao preço do empréstimo do dinheiro. O credor priva-se do capital por tê-lo cedido ao devedor por meio de mútuo, exigindo uma remuneração por essa cedência (art. 1145º, nº 1). Os *juros compensatórios* destinam-se a proporcionar ao credor um pagamento que compense uma temporária privação de capital, que ele não deveria ter suportado (v.g. arts. 480º e 1167º, *c)*). Os *juros moratórios* têm uma natureza indemnizatória dos danos causados pela mora, visando recompensar o credor pelos prejuízos sofridos, em virtude do retardamento no cumprimento da obrigação pelo devedor (art. 806º). Finalmente, os *juros indemnizatórios* são aqueles que se destinam a indemnizar os danos sofridos por outro facto praticado pelo devedor (*maxime*, o incumprimento da obrigação)[356].

Uma das regras importantes relativas à obrigação de juros é a proibição do anatocismo, ou seja, da cobrança de juros sobre juros, uma vez que essa cobrança poderia ser uma forma de indirectamente violar a proibição da cobrança de juros usurários[357]. A lei consagra assim a regra de que o juro não vence juros, a menos que haja convenção posterior ao vencimento, ou seja efectuada uma notificação judicial ao devedor para capitalizar os juros ou proceder ao seu pagamento, sob pena de capitalização (art. 560º, nº 1). Só nesses dois casos há lugar à capitalização de juros e, mesmo assim, só podem ser capitalizados os juros correspondentes ao período mínimo de um ano (art. 560º, nº 2)[358]. A lei determina, porém, que não são aplicáveis estas restrições, se forem contrárias a regras ou usos particulares do

[356] Cfr. ALMEIDA COSTA, *Obrigações*, p. 751.

[357] Assim, se alguém emprestar 1000 euros a uma taxa de 10% ao ano, ao fim de cinco anos terá a receber 1500 euros (1000 de capital e 500 de juros), uma vez que os juros não vencem juros. Caso os juros fossem capitalizados, cada vencimento de juros implicaria um acréscimo no capital, que passaria a ser no segundo ano a ser de 1100 euros, no terceiro de 1210 euros, no quarto de 1331 euros, e no quinto de 1464,1 euros, sendo o total a restituir de 1610, 51 euros, o que implicaria ter a taxa de juro efectiva ultrapassado os 12% anuais.

[358] A exigência da convenção posterior ao vencimento justifica-se, uma vez que, sendo ela anterior, poderia condicionar-se o devedor à sua aceitação como condição para a concessão do empréstimo. Constando essa cláusula do contrato de mútuo, será por isso considerada nula. Admite-se sempre, no entanto, a possibilidade de notificação judicial ao devedor para capitalizar os juros após um ano de mora, uma vez que após esse prazo é considerado excessivo o sacrifício do credor. Cfr. DIOGO LEITE DE CAMPOS, "Anatocismo – Regras e usos particulares do comércio", na *ROA* 48 (1988), pp. 37-62 (42 e ss.).

comércio (art. 560º, nº 3)[359]. Efectivamente, em certas situações, como no âmbito dos depósitos bancários, é comum haver lugar à capitalização de juros, mesmo por períodos inferiores a um ano. No âmbito do mútuo bancário essa situação encontra-se mesmo expressamente prevista no art. 7º do D.L. 58/2013, de 8 de Maio.

3. Indeterminação e pluralidade de partes na relação obrigacional

3.1. A indeterminação do credor na relação obrigacional

Uma situação específica que pode ocorrer nas obrigações diz respeito à possibilidade de indeterminação do credor. Efectivamente, o art. 511º vem-nos referir que o credor pode não ficar determinado no momento em que a obrigação é constituída, embora deva ser determinável, sob pena de ser nulo o negócio jurídico de que resulta a obrigação. No entanto, o devedor é obrigatoriamente determinado logo no momento em que a obrigação é constituída.

A indeterminação temporária do credor pode resultar de se aguardar a verificação de um determinado facto futuro e incerto, ou em virtude de a ligação entre o credor e a relação obrigacional se apresentar como indirecta ou mediata, sendo essa qualidade determinada através de uma relação de natureza diferente (a posse ou a propriedade de uma coisa). Um exemplo da primeira situação é a promessa pública referida no art. 459º. Assim, na hipótese de alguém oferecer 100 euros a quem encontrar o objecto X, já existe uma obrigação constituída, mas a determinação da pessoa do credor fica dependente da verificação desse facto. Um exemplo da segunda situação consiste nos títulos ao portador, como os bilhetes de lotaria ou os cheques ao portador (cfr. art. 5º da LUC), e os títulos à ordem, como as letras, livranças e os cheques à ordem, em virtude da possibilidade do seu endosso (cfr. arts. 11º e ss. e 77º da LULL e art. 14º da LUC), onde já está constituída a obrigação constante do título, ainda que a pessoa do credor apenas seja determinada em função da posse do título.

Em ambos os casos, aquando da constituição da obrigação, não se sabe quem virá a ser o seu credor da obrigação, embora este seja determinável. Atenta a relevância desta circunstância no regime da relação obrigacional, justifica-se reconhecer as obrigações de credor indeterminado como categoria autónoma[360].

[359] Sobre a natureza destes usos, vide Leite de Campos, *ROA* 48 (1988), p. 46 e ss.

[360] Ribeiro de Faria, *Obrigações*, I, p. 58-59 contesta a existência destas obrigações, com o fundamento de que na obrigação os sujeitos têm sempre que ser necessariamente

3.2. A pluralidade de partes na relação obrigacional

3.2.1. Generalidades

Um outro critério de classificação das obrigações reside no número de sujeitos que participa na relação obrigacional. De acordo com a definição do art. 397º, a obrigação é o vínculo jurídico pelo qual *uma* pessoa fica adstrita para com *outra* à realização de uma prestação. A definição legal refere-se a uma obrigação singular, na medida em que nela apenas se menciona um credor e um devedor. Mas a obrigação pode também constituir-se abrangendo uma vinculação de *várias* pessoas para com outra (pluralidade passiva), ou uma vinculação de uma pessoa para com *outras* (pluralidade activa) ou ainda de *várias* pessoas para com *outras* (pluralidade mista). Em todas estas situações o objecto da obrigação – a realização da prestação – pode ser o mesmo, mas varia o número de pessoas que se vincula a esse comportamento ou que tem o direito de o exigir.

Daí que se deva estabelecer ainda uma classificação de obrigações consoante o número de sujeitos da relação obrigacional. Se a obrigação abranger apenas dois sujeitos (o credor e o devedor) fala-se em obrigação singular. Se abranger mais do que dois sujeitos, tendo assim uma pluralidade de credores ou uma pluralidade de devedores, fala-se em obrigação plural.

Assim, por exemplo, se alguém (A) se obriga a entregar a quantia de 900 euros a outrem (D) teremos uma obrigação singular. Mas pode também acontecer que A, B e C se obriguem perante D a entregar-lhe os mesmos 900 euros, ou que A se obrigue simultaneamente perante D, E e F a entregar-lhes os 900 euros, ou ainda que A, B, C assumam a obrigação de entregar 900 euros a D, E, e F. Em todos estes casos, teremos situações de obrigações plurais, constituindo o primeiro uma hipótese de pluralidade passiva, o segundo uma hipótese de pluralidade activa e o terceiro uma hipótese de pluralidade mista.

determinados, existindo apenas antes dessa determinação não direitos subjectivos, mas estados de vinculação de bens. Julgamos, porém, que a indeterminação da pessoa do titular do direito, não é impeditiva da constituição imediata da vinculação do devedor, o que justifica plenamente que se fale de obrigações de credor indeterminado. Dessa opinião é, aliás, a restante doutrina. Cfr. ANTUNES VARELA, *Obrigações*, I, pp. 743 e ss., ALMEIDA COSTA, *Obrigações*, pp. 662 e ss., NUNO PINTO OLIVEIRA, *Obrigações*, I, pp. 109 e ss., e FERNANDO AUGUSTO CUNHA DE SÁ, "Modalidades das obrigações quanto aos sujeitos", em JORGE MIRANDA (org.), *Estudos em honra de Ruy de Albuquerque*, I, Lisboa, Faculdade de Direito da Universidade de Lisboa/Coimbra Editora, 2006, pp. 357-420 (360 e ss.).

As obrigações plurais colocam o problema de determinar como se processa a contribuição dos diversos devedores para a realização da prestação a que estão vinculados e em que termos pode cada um dos credores exigir a prestação. Essa questão tem resposta diversa consoante a modalidade de obrigações plurais em questão, conforme iremos verificar em seguida.

3.2.2. As obrigações conjuntas ou parciárias

Nas obrigações conjuntas ou parciárias, cada um dos devedores só está vinculado a prestar ao credor ou credores a sua parte na prestação e cada um dos credores só pode exigir do devedor ou devedores a parte que lhe cabe. A prestação é assim realizada por partes, prestando cada um dos devedores a parte a que se vinculou e não recebendo cada um dos credores mais do que aquilo que lhe compete.

Assim, nos exemplos referidos acima, e presumindo que a cada sujeito cabe uma parte idêntica à dos outros na relação obrigacional, se A, B e C se obrigarem a entregar a D a quantia de 900 euros, D apenas poderá exigir de A que lhe entregue 300 euros, ou seja, a sua parte na dívida, não podendo exigir a totalidade da prestação a um dos devedores. Da mesma forma, se A se obrigou perante D, E e F à entrega dos 900 euros, D poderá exigir de A a sua parte no crédito, ou seja 300 euros, mas não já pode exigir a entrega da parte devida aos outros credores. Finalmente, se A, B e C se comprometerem simultaneamente perante D, E e F à entrega de 900 euros, D poderá exigir de A apenas a entrega de 100 euros, ou seja, a parte que A lhe deve, já não podendo exigir de A, nem o que os outros devedores lhe devem, nem o que A deve aos outros credores.

Ou seja, nestas obrigações cada credor só pode exigir a sua parte no crédito e cada devedor só tem que prestar a sua parte na dívida. A sua denominação tradicional na doutrina portuguesa, por influência da sua congénere francesa, é a de "obrigações conjuntas"[361], mas outros autores atendendo à sua realização em partes prefere denominá-las de "obrigações parciárias"[362]. Efectivamente, a denominação "obrigações conjuntas" pode ser enganadora para leigos, uma vez que se alguém escrever num contrato que "os devedores respondem conjuntamente", provavelmente

[361] Cfr. ANTUNES VARELA, *Obrigações*, I, pp. 748 e ss., ALMEIDA COSTA, *Obrigações*, pp. 664 e ss. e CUNHA DE SÁ, "Modalidades...", pp. 370 e ss.

[362] Cfr. MANUEL DE ANDRADE, *Obrigações*, pp. 111 e ss. e MENEZES CORDEIRO, *Obrigações*, 1º, p. 374, e *Tratado*, II-1, pp. 713 e ss.

quererá dizer o inverso de que cada um responde pela sua parte na dívida. A expressão "obrigações conjuntas" constitui, porém, um termo científico consagrado, e utilizado na lei (cfr. art. 786º, nº 3), que não vale a pena abolir a pretexto da sua má utilização por leigos, já que esta, a existir, se resolve através das regras de interpretação do contrato. Falaremos, por isso, indistintamente em obrigações conjuntas ou parciárias.

3.2.3. As obrigações solidárias

3.2.3.1. Generalidades

As obrigações solidárias encontram-se previstas nos arts. 512º e ss.[363], e caracterizam-se pelo facto de nelas qualquer um dos devedores estar obrigado perante o credor a realizar a prestação integral (solidariedade passiva) ou ainda por qualquer um dos credores poder exigir do devedor a prestação integral (solidariedade activa) ou ainda pelo facto de qualquer um dos credores poder exigir a qualquer um dos devedores a prestação devida por todos os devedores a todos os credores (solidariedade mista).

Na solidariedade passiva, a realização da prestação integral por um dos devedores libera todos os outros devedores em relação ao credor (cfr. art. 512º), adquirindo depois aquele devedor um direito de regresso sobre os outros devedores para exigir a parte que lhes compete na obrigação (art. 524º). Na solidariedade activa, a realização integral da prestação a um dos credores libera o devedor no confronto com todos os credores (cfr. art. 512º), embora o credor que recebeu mais do que lhe compete esteja obrigado a satisfazer aos outros a parte que lhes cabe no crédito comum (art. 533º). Na solidariedade mista, concorrem simultaneamente as duas situações, pelo que a realização integral da prestação por um dos devedores a um dos credores libera todos os devedores em relação a todos os credores. Neste caso, o devedor que realizou a prestação tem direito de regresso sobre os outros devedores pela parte que a estes compete e o credor que recebeu a prestação está obrigado a entregar aos restantes credores a parte que a estes compete.

[363] Cfr. MANUEL DUARTE GOMES DA SILVA, "Da solidariedade nas obrigações" na *RFDUL* 4 (1947), pp. 257-348 e 5 (1948), pp. 289-354. MANUEL DE ANDRADE, *Obrigações*, pp. 113 e ss., ANTUNES VARELA, *Obrigações*, I, pp. 751 e ss., ALMEIDA COSTA, *Obrigações*, pp. 666 e ss., MENEZES CORDEIRO, *Obrigações*, 1º, pp. 381 e ss., e *Tratado*, II-1, pp. 719 e ss., RIBEIRO DE FARIA, *Obrigações*, II, pp. 165 e ss., JANUÁRIO GOMES, *Assunção fidejussória de dívida. Sobre o sentido e âmbito da vinculação como fiador*, Coimbra, Almedina, 2000, pp. 183 e ss., NUNO PINTO OLIVEIRA, *Obrigações*, I, pp. 111 e ss., e CUNHA DE SÁ, "Modalidades...", pp. 378 e ss.

Imaginemos que nos exemplos acima referidos vigorava antes o regime da solidariedade. Assim, se A, B e C se obrigarem a entregar a D a quantia de 900 euros, D poderá exigir de A não apenas a sua parte (300 euros), mas antes a totalidade da prestação, ou seja 900 euros, podendo depois A exigir de B e C que lhe entreguem cada um 300 euros. Da mesma forma, se A se obrigou perante D, E e F à entrega dos 900 euros, D poderá exigir de A não apenas a sua parte no crédito, mas a totalidade, ou seja, 900 euros, ficando depois obrigado a entregar 300 euros a E e 300 euros a F. Finalmente, se A, B e C se comprometerem simultaneamente perante D, E e F à entrega dos 900 euros, D poderá exigir de A a entrega dos 900 euros, tendo depois A direito de exigir de B e C a parte que a estes cabe e ficando D obrigado a entregar a E e a F a parte que a estes cabe.

Características da solidariedade são, assim, a identidade da prestação em relação a todos os sujeitos da obrigação[364], a extensão integral do dever de prestar ou do direito à prestação em relação respectivamente a todos os devedores ou credores, e o efeito extintivo comum da obrigação caso se verifique a realização do cumprimento por um ou apenas a um deles.

Uma dúvida que pode surgir é se, perante um caso de pluralidade de sujeitos na relação obrigacional, deveremos aplicar o regime da solidariedade ou o da conjunção. A regra consagrada no art. 513º é a de que a solidariedade de devedores ou credores só existe quando resulte da lei ou da vontade das partes. Se nada tiver sido estipulado pelas partes nem resultar da própria lei, a regra não é assim a da solidariedade, mas antes a da conjunção. É este, portanto, o regime aplicável no silêncio da lei, em caso de ausência de estipulação.

Há, no entanto, certos casos em que a lei manda aplicar o regime da solidariedade passiva. Assim, por exemplo, no Direito Comercial a regra é a da solidariedade passiva, já que o art. 100º do Código Comercial nos refere que "nas obrigações comerciais, os co-obrigados são solidários, salva estipulação contrária". A mesma solidariedade passiva é consagrada no caso de haver pluralidade de gestores (art. 467º) ou pluralidade de responsáveis pelo dano (arts. 497º e 507º), pluralidade de fiadores (art. 649º), pluralidade de comodatários (art. 1139º) e pluralidade de mandantes (art. 1169º). Já são, pelo contrário, praticamente inexistentes os casos em que

[364] Mesmo que as quotas deles possam ser diferentes no âmbito das relações internas, nos termos do art. 512º, nº 2. Cfr. ANTUNES VARELA, *Obrigações*, I, pp. 758 e ss.

a lei consagra a solidariedade activa, que assim reveste muito pouco interesse prático[365].

3.2.3.2. O regime da solidariedade passiva

A solidariedade passiva tem diversas consequências em termos de regime, as quais podem ser separadamente analisadas no âmbito das relações entre o credor e os diversos devedores (relações externas) ou no âmbito das relações dos diversos devedores entre si (relações internas).

Examinemos sucessivamente estes planos:

A) Nas relações externas

No âmbito das relações externas, em relação ao credor, a solidariedade caracteriza-se, em primeiro lugar, por uma maior eficácia do seu direito, que se pode exercer integralmente contra qualquer um dos devedores (arts. 512º, nº 1 e 519º, nº 1), não podendo estes, uma vez demandados pela totalidade da dívida, vir invocar o benefício da divisão (art. 518º), tendo assim que satisfazer a prestação integral. Essa maior eficácia não se traduz, porém, na possibilidade de o credor repetir sucessivamente a pretensão perante os vários devedores, uma vez que a exigência da totalidade ou de parte da prestação a um dos devedores impede o credor de exercer nessa parte o seu direito contra os restantes, excepto se houver razão atendível, como a insolvência ou o risco de insolvência do demandado (art. 519º, nº 1, *in fine*). Se, porém, um dos devedores opõe eficazmente ao credor um meio de defesa pessoal, continua ele a poder reclamar dos outros a prestação integral (art. 519º, nº 2). O credor pode, no entanto, em lugar de aproveitar dos benefícios deste regime, optar por demandar conjuntamente todos os devedores, caso em que renuncia à solidariedade (art. 517º). É ainda admitida a possibilidade de o credor renunciar à solidariedade apenas a favor de algum dos devedores, caso em que conserva o direito à prestação por inteiro sobre os restantes (art. 527º).

Em relação aos devedores, a solidariedade caracteriza-se pelo facto de a satisfação do direito do credor, por cumprimento, dação em cumprimento,

[365] Saliente-se que quando a lei consagra a solidariedade passiva, tal não significa que esteja a mesma consagrada também do lado activo, sendo antes de presumir o inverso, por força do art. 513º. Assim, se nos casos referidos acima referidos existir pluralidade de credores, deverá ser consagrado o regime da conjunção do lado activo, simultaneamente com o da solidariedade passiva.

novação, consignação em depósito ou compensação, mesmo que desencadeada apenas por um dos devedores, exonerar igualmente os restantes (art. 523º). Outras causas de extinção da obrigação, que incidirem sobre a totalidade da dívida, como a impossibilidade objectiva da prestação (art. 790º) exoneram naturalmente todos os devedores. Se a dívida se extinguir apenas em relação a um dos devedores, como sucede na remissão concedida a apenas um dos obrigados (art. 864º, nº 1), ou na confusão com a dívida deste (art. 869º, nº 1), dá-se uma extinção parcial da obrigação limitada à parte daquele devedor[366]. Já se a prestação vier a ser não cumprida por facto imputável a um dos devedores, todos eles são responsáveis pelo seu valor, mas só o devedor ou os devedores a quem o facto é imputável respondem pelos danos acima desse valor (art. 520º). Em relação aos meios de defesa, o devedor, uma vez demandado pode opor ao credor os meios de defesa que lhe são próprios e os que são comuns aos outros devedores, mas não pode utilizar meios de defesa pessoais dos outros devedores (art. 514º, nº 1)[367].

B) Nas relações internas

Nas relações entre os devedores, a solidariedade caracteriza-se, em primeiro lugar, pelo facto de o devedor que satisfizer a prestação acima da parte que lhe competir adquirir um direito de regresso sobre os outros devedores, pela parte que a estes compete (art. 524º)[368]. O direito do regresso do devedor que realizou a prestação é, assim, limitado à parte de cada um dos outros devedores na obrigação comum, não se estendendo, portanto, o regime da solidariedade às relações internas. No entanto, o devedor que pagou não suporta integralmente o risco de insolvência ou de impossibilidade subjectiva de cumprimento de cada um dos devedores, já que a lei prevê que nesses casos a quota-parte do devedor que não cumpra é dividida pelos restantes, incluindo o credor de regresso e os devedo-

366 No caso da remissão o art. 864º, nº 2, admite a possibilidade de o credor reservar o seu direito por inteiro contra os restantes devedores, caso em que eles conservam também o seu direito de regresso por inteiro sobre o devedor exonerado. Neste caso, a remissão será limitada às relações externas, pelo que não afectará o conteúdo da obrigação.

367 Assim, a prescrição que ocorra em relação a um dos devedores não se estende aos demais (cfr. art. 521º). Já o caso julgado entre o credor e um dos devedores pode ser oposto pelos restantes, desde que não se baseie em fundamento pessoal daquele devedor (art. 522º).

368 Esse direito de regresso pode ser exercido na própria acção de condenação na obrigação solidária, através do chamamento dos restantes devedores solidários, para efeito de condenação na satisfação do direito de regresso (cfr. at. 317º, nº 1 CPC).

res que pelo credor hajam sido exonerados da obrigação ou do vínculo de solidariedade (art. 526º, nº 1). Esse benefício de repartição deixa, porém, de aproveitar ao credor de regresso, se foi por negligência sua que não lhe foi possível cobrar a parte do seu condevedor na obrigação solidária (art. 526º, nº 2).

Os meios de defesa que cada um dos condevedores possuía em relação ao cumprimento da obrigação, quer sejam comuns, quer pessoais do demandado, podem ser igualmente opostos ao credor de regresso (art. 525º, nº 1), a menos que, sendo um meio comum de defesa, não tivesse sido oportunamente utilizado por culpa desse devedor (art. 525º, nº 2). Especificamente quanto à prescrição, esta não é oponível ao credor de regresso se, por não ter ela ainda decorrido em relação a ele, este vier a ser obrigado a cumprir a obrigação, apesar de prescritas as obrigações dos outros condevedores (art. 521º, nº 1), mas já lhe será oponível se o cumprimento da obrigação se verificou apenas em virtude de ele não ter invocado a prescrição (art. 521º, nº 2).

3.2.3.3. O regime da solidariedade activa

À semelhança do que sucede na solidariedade passiva, no âmbito da solidariedade activa convém analisar separadamente as relações entre os diversos credores e o devedor (relações externas) e as relações dos diversos credores entre si (relações internas).

A) Nas relações externas

Relativamente às relações externas, a solidariedade activa caracteriza-se, em relação aos credores, pela circunstância de apenas um deles poder exigir, por si só, a prestação integral, liberando-se o devedor perante todos com a realização da prestação a qualquer um dos credores (art. 512º, nº 1 *in fine*). O devedor pode, aliás, escolher o credor solidário a quem realiza a prestação, enquanto não tiver sido judicialmente citado por um credor cujo crédito se encontre vencido (art. 528º, nº 1). Neste último caso, deve realizar a prestação integral a esse credor, excepto se a solidariedade activa tiver sido estabelecida em seu favor, caso em que pode, renunciando ao benefício, entregar a esse credor apenas a parte que lhe cabe no crédito comum (art. 528º, nº 2). Os credores solidários podem, porém, optar por demandar conjuntamente o devedor, podendo este igualmente demandar conjuntamente os seus credores (art. 517º, nº 2).

Em relação ao devedor, a solidariedade caracteriza-se pelo facto de a satisfação do direito de um dos credores, por cumprimento, dação em cumprimento, novação, consignação em depósito ou compensação, exonerar igualmente o devedor perante os restantes (art. 532º). Outras causas de extinção da obrigação, que incidirem sobre a totalidade da dívida, como a impossibilidade objectiva da prestação (art. 790º) exoneram naturalmente o devedor perante todos os credores. Se a dívida se extinguir apenas em relação a um dos credores, como sucede na remissão concedida apenas por um dos credores (art. 864º, nº 3), ou na confusão apenas com o crédito deste (art. 869º, nº 2), dá-se uma extinção parcial do crédito limitada à parte daquele credor. Já se a prestação vier a ser não cumprida por facto imputável ao devedor a solidariedade mantém-se em relação ao crédito da indemnização (art. 529º, nº 1). Se a impossibilidade da prestação for imputável a um dos credores, fica o devedor exonerado, mas o credor solidário é obrigado a indemnizar os restantes credores (art. 529º, nº 2). Em relação aos meios de defesa, o devedor, uma vez demandado, pode opor ao credor solidário os meios de defesa que lhe respeitem e os que são comuns aos outros credores, mas não pode utilizar meios de defesa que respeitem exclusivamente a outros credores (art. 514º, nº 2)[369].

B) Nas relações internas

Nas relações entre os credores, a solidariedade activa caracteriza-se pelo facto de o credor cujo direito foi satisfeito além da parte que lhe competia na relação ter a obrigação de satisfazer aos outros a parte que lhes cabe no crédito comum (art. 533º). Existe assim como que um direito de regresso activo dos outros credores sobre o credor que recebeu a prestação, naturalmente limitado à parte que a cada um compete no crédito comum.

Em princípio, a lei presume que são iguais as partes dos credores na obrigação solidária (art. 516º), pelo que a obrigação de regresso será cumprida em partes iguais. Pode, porém, acontecer que os credores sejam titulares em termos diferentes, caso em que o regresso tomará em linha de

[369] No entanto, se se verificar a prescrição relativamente a outros credores, pode o devedor invocar perante o credor em relação ao qual o crédito não tenha prescrito a prescrição do crédito na parte respeitante aos restantes credores (cfr. art. 530º). Já o caso julgado entre um dos credores e o devedor não é oponível em relação aos restantes credores, mas pode ser oposto por estes ao devedor, sem prejuízo das excepções pessoais que o devedor tenha o direito de invocar em relação a cada um deles (art. 531º).

conta essa diferente repartição, ou que só um dos credores tenha o benefício do crédito. Neste último caso, apenas esse credor poderá exercer o direito de regresso, o qual será realizado pela totalidade, se a prestação for realizada a outro credor, ou será excluído, se a prestação lhe for realizada a ele próprio.

3.2.4. As obrigações plurais indivisíveis

A referência que fizémos às obrigações conjuntas ou parciárias pressupunha a divisibilidade da prestação, já que, se a prestação fosse indivisível, não seria possível exigir apenas uma parte a um dos devedores, sem prejuízo para o interesse do credor. Haverá, portanto, que averiguar o que sucede quando a prestação é indivisível, o que nos remete para o exame da categoria das obrigações plurais indivisíveis[370].

Nesta sede, rege o disposto no art. 535º que dispõe que "se a prestação for indivisível e vários os devedores, só de todos eles pode o credor exigir o cumprimento da obrigação, salvo se tiver sido estipulada a solidariedade, ou esta resultar da lei". Assim, por exemplo, se A, B e C se comprometerem a entregar um automóvel a D, o credor não poderá exigir apenas de um deles a realização de uma parte da prestação, uma vez que essa situação implicaria a destruição do objecto da prestação. A prestação tem, por isso, que ser exigida de todos os devedores simultaneamente. No entanto, se tiver sido estipulada a solidariedade já será permitido a D exigir apenas de A a entrega do automóvel.

As obrigações indivisíveis com pluralidade de devedores apresentam um regime especial em vários pontos. O primeiro de todos diz respeito à situação da extinção da obrigação em relação a alguns obrigados. A lei refere que se se verificar a extinção da obrigação em relação a algum ou alguns dos devedores, o credor não fica inibido de exigir a prestação dos restantes obrigados, contanto que lhes entregue o valor da parte que cabia ao devedor ou devedores exonerados (art. 536º). Esta solução é, aliás, desnecessariamente repetida em relação a duas causas de extinção das obrigações: a remissão e a confusão (cfr. arts. 865º, nº 1 e 870º, nº 1). Verifica-se

[370] Cfr. sobre estas, MANUEL DE ANDRADE, *Obrigações*, pp. 174 e ss., ANTUNES VARELA, *Obrigações*, I, pp. 806 e ss., ALMEIDA COSTA, *Obrigações*, pp. 715 e ss., MENEZES CORDEIRO, *Obrigações*, 1º, pp. 380-381, e *Tratado*, II-1, pp. 716-717, JANUÁRIO GOMES, *Assunção*, pp. 178 e ss., e CUNHA DE SÁ, "Modalidades...", pp. 409 e ss.

assim que, apesar da referida indivisibilidade da prestação, o facto de ela se extinguir em relação a algum ou alguns dos devedores não acarreta necessariamente a sua extinção integral, sendo admitido um acréscimo da responsabilidade dos restantes obrigados, desde que seja previamente compensado por uma contraprestação de entrega do valor da parte do devedor ou devedores exonerados[371].

O segundo ponto diz respeito à questão da impossibilidade da prestação por facto imputável a algum ou alguns dos devedores. Neste caso, a lei dispõe que os outros ficam exonerados (art. 537º). O regime compreende-se, uma vez que se apenas um dos devedores impossibilita a prestação (ex: A destrói culposamente o automóvel), só ele deverá ser sujeito à indemnização por impossibilidade culposa (art. 801º, nº 1). Em relação aos outros, a impossibilidade deriva de uma causa que lhes não é imputável, pelo que deverão ver extinta a sua obrigação (art. 790º).

Se a obrigação for indivisível com pluralidade de credores, a lei refere que qualquer deles tem o direito de exigir a prestação por inteiro, mas que o devedor, enquanto não for judicialmente citado, só relativamente a todos os credores em conjunto se pode exonerar (art. 538º). Conforme refere MENEZES CORDEIRO, este regime significa que a citação judicial do devedor por um dos credores transforma a obrigação conjunta em solidária[372]. A lei não refere, neste caso, a possibilidade de extinção da obrigação em relação a algum ou alguns dos credores, mas parece que, neste caso, a solução não pode ser diferente da que resulta da aplicação analógica do art. 536º. Os restantes credores só podem exigir a prestação do devedor se lhe entregarem o valor da parte que cabia à parte do crédito que se extinguiu. Esta solução está, aliás, expressamente prevista em sede de remissão e confusão (cfr. arts. 865º, nº 2 e 870º, nº 2).

3.2.5. Outras modalidades de obrigações plurais

Tem ainda interesse fazer referência a outras modalidades de obrigações plurais, ainda que de verificação rara no direito actual, como sejam as obrigações correais, disjuntas, e de mão comum.

[371] A realização desta contraprestação aparece como um ónus do credor para poder exigir o cumprimento. Se o credor não a realizar incorrerá em mora, com os efeitos respectivos (cfr. arts. 813º e ss.).

[372] Cfr. MENEZES CORDEIRO, *Obrigações*, 1º, p. 380, e *Tratado*, II-1, p. 717.

As *obrigações correais* caracterizar-se-iam por, embora havendo uma pluralidade de devedores ou de credores, quer a obrigação quer o direito de crédito se apresentarem como unos, pelo que, ao contrário do que sucede nas obrigações plurais acima referidas, o crédito não se pode extinguir apenas em relação a um dos devedores, ou a um dos credores, extinguindo-se antes globalmente sempre que ocorra uma circunstância extintiva que afecte um dos sujeitos da obrigação[373].

As *obrigações disjuntas* correspondem a obrigações de sujeito alternativo, ou seja, em que existe uma pluralidade de devedores ou credores, mas apenas um virá, por escolha, a ser designado sujeito da relação obrigacional. Ao contrário do que sucede nas obrigações alternativas, a escolha não se coloca neste caso em relação a várias prestações, mas em relação aos sujeitos da obrigação, vindo posteriormente um de entre vários, a ser designado como devedor ou credor[374].

As *obrigações em mão comum* correspondem a situações, em que apesar de ocorrer uma pluralidade de partes na relação obrigacional, essa pluralidade resulta da pertença da obrigação a um património de mão comum, autonomizado do restante património das partes, o que leva a que o vínculo se estabeleça de uma forma colectiva, onerando o conjunto de devedores com o dever de prestar ou o conjunto de credores com o direito à prestação. Estará neste caso a situação da herança indivisa (art. 2097º) e a da comunhão conjugal de bens (art. 1695º)[375].

[373] Cfr. Menezes Cordeiro, *Obrigações*, 1º, pp. 375-376, e *Tratado*, II-1, pp. 700 e ss. e Januário Gomes, *Assunção*, pp. 176 e ss.

[374] Cfr. Manuel de Andrade, *Obrigações*, p. 110, Menezes Cordeiro, *Obrigações*, 1º, p. 377 e *Tratado*, II-1, pp. 698-699, e Januário Gomes, *Assunção*, pp. 169-170.

[375] Cfr. Larenz, *Schuldrecht* I, § 36 I, p. 622. Entre nós, veja-se Antunes Varela, *Obrigações*, I, p. 755, nota (1) e Menezes Cordeiro, pp. 376-377 e *Tratado*, II-1, pp. 706-707, Januário Gomes, *Assunção*, pp. 172-173, e Cunha de Sá, “Modalidades...”, pp. 404 e ss.

PARTE I
DA CONSTITUIÇÃO DAS OBRIGAÇÕES

Secção I
Classificação das fontes das obrigações

1. As diversas classificações de fontes das obrigações

A obrigação, tal como nos aparece definida no art. 397º, constitui um efeito jurídico. Ora, qualquer efeito jurídico tem sempre na sua origem um facto que o desencadeia (o denominado facto jurídico). Relativamente à obrigação, as categorias de factos jurídicos que produzem a constituição do vínculo obrigacional são denominadas na doutrina por fontes das obrigações.

Desde o Direito Romano que a classificação das fontes das obrigações tem ocupado os juristas. A primeira classificação das fontes das obrigações consta das *Institutas* de GAIUS e limita-se a distinguir entre as obrigações que nascem do contrato (*Obligationes quae ex contractu nascuntur*, Gai Inst. 3.88-181) e as obrigações que nascem do delito (*Obligationes quae ex delictu nascuntur*; Gai Inst. 3.182-225). No Digesto em texto igualmente atribuído a GAIUS (D.44.7.1.), mas de duvidosa autenticidade, considera-se esta classificação como não exclusiva, acrescentando-se ao contrato e ao delito as obrigações que nascem de vários tipos de causas (*ex variis causarum figuris*). Nas *Institutas* de JUSTINIANUS essa categoria é por sua vez objecto de uma subdivisão, repartindo-se as *variae causarum figurae* consoante estivessem mais próximas dos contratos ou dos delitos, o que gera uma tetrapartição das fontes das obrigações entre contratos, quase-contratos, delitos e quase-delitos[376].

Esta tetrapartição das fontes das obrigações vem a estar presente durante todo o Direito intermédio, só se atenuando a sua importância a partir da pré-codificação francesa. DOMAT abandona a classificação tradi-

[376] Cfr. Inst.3.13.2.: "*Sequens divisio in quatuor species deducitur: aut enim ex contractu sunt aut quasi ex contractu aut maleficio aut quasi ex maleficio*".

cional, substituindo-a por um critério baseado na vontade, pelo que distingue entre as obrigações que nascem pela vontade mútua de duas ou mais pessoas nas convenções, ou sem essa vontade mútua, distinguindo ainda neste último caso consoante a obrigação nasça da vontade unilateral do obrigado, sem intervenção da outra parte, ou mesmo sem a vontade de um e outro e por um puro efeito de ordem divina[377]. Também POTHIER, embora adopte a classificação justinianeia, acrescentou-lhe como quinto elemento as obrigações fundadas na lei e na equidade[378].

Esta evolução teve reflexos no Código Civil francês de 1804, uma vez que este Código, embora se refira ainda formalmente aos delitos e quase-delitos, deixa de considerar essa relevante essa distinção, unificando estas duas categorias através da designação *responsabilité* (cfr. art. 1383). Para além disso, o Código diminuiu consideravelmente a importância do quase-contrato, já que, apesar de o continuar a prever como categoria jurídica (art. 1371), limitou a sua aplicação, apenas referindo a gestão de negócios (art. 1372) e o pagamento do indevido (art. 1376).

A pandectística alemã seguiu igualmente esta tendência para a desvalorização das categorias intermédias. SAVIGNY, na sua obra fundamental sobre o Direito das Obrigações, ocupa-se, quanto à constituição das obrigações, principalmente dos contratos[379] e secundariamente dos delitos[380], referindo as *variae causarum figurae* apenas por exclusão de partes[381]. Em seu seguimento o Código Civil alemão de 1896, ainda que renuncie a estabelecer um critério racional de ordenação das fontes das obrigações – e por isso eliminou igualmente a figura do quase-contrato – atribui predominância aos contratos, única fonte das obrigações referida em geral (cfr. BGB, Secção II, §§ 305-361), sendo depois os diversos contratos incluídos num título relativo às relações obrigatórias em especial (cfr. BGB, Secção VII, §§ 433-853), a par com as outras fontes das obrigações, cuja importância relativa é assim fortemente desvalorizada no confronto com os contratos.

[377] Cfr. JEAN DOMAT, *Les loix civiles dans leur ordre naturel, le droit public et legum delectus*, nova edição por Hericourt, Paris, Despilly, 1767, Liv. II, princ., p. 147.

[378] ROBERT-JOSEPH POTHIER, *Traité des obligations*, em *Oeuvres de R.-J. POTHIER contenant les traités du Droit Français*, nova edição por M. Dupin, I, Bruxelles, J. P. Jonker, Ode et Wodon e H. Tarlier, e Amsterdam, Diederichs, 1831, pp. 1-283 (2).

[379] Cfr. SAVIGNY, *Das Obligationenrecht als Teil des heutigen römischen Recht*, 2 vols., Berlin, 1851, reimp. Scientia Verlag Aalen, 1973, II, pp. 7 e ss.

[380] Cfr. SAVIGNY, *Obligationenrecht*, II, pp. 293 e ss.

[381] Cfr. SAVIGNY, *Obligationenrecht*, II, pp. 330-331.

Modernamente, tem-se vindo a ensaiar uma classificação das fontes das obrigações que distingue entre o negócio jurídico e a lei[382], ou seja, entre as obrigações que têm por base uma autovinculação das partes e aquelas que têm por base antes uma heterovinculação. A maioria da doutrina renuncia, porém, a ensaiar um critério racional de sistematização das fontes das obrigações, preferindo seguir a sistematização do Código Civil[383].

Nenhuma destas classificações parece, porém, dever ser adoptada. Em relação à classificação justinianeia, o desenvolvimento da responsabilidade civil veio fazer perder o sentido à distinção entre delitos (ilícitos intencionais) e quase-delitos (ilícitos negligentes), uma vez que a lei, além de ter tornado atípicos os delitos, a partir de uma cláusula geral (art. 483º, nº 1), atribui neste âmbito muito pouca relevância à prática do facto com dolo ou negligência (art. 494º), admitindo ainda casos de responsabilidade civil não baseadas na culpa (arts. 499º e ss.). Para além disso, também a noção de quase-contrato perdeu relevo ao longo do séc. XX, na medida que se foi reconhecendo o carácter altamente indefinido e enganador desse conceito e a heterogeneidade das situações por ele abrangidas[384].

Por outro lado, relativamente à distinção entre a lei e negócio jurídico, tem que se reconhecer a sua inadequação dogmática. As fontes das obrigações são-no porque produzem um efeito de direito (a vinculação de alguém a realizar a outrem uma prestação) e esse efeito de direito verifica-se sempre porque existe uma lei a determiná-lo, verificados certos pressupostos. Não há, assim, obrigações que não resultem da lei. Mas também não há obrigações que resultem apenas da lei, uma vez que se exige sempre um pressuposto para a sua verificação, seja ele o negócio jurídico ou outro. Falar em obrigações que teriam por fonte apenas a lei envolveria, por isso, um círculo vicioso.

[382] Esta é uma classificação que não deixa de ser aceite por ALMEIDA COSTA, *Obrigações*, pp. 199-200, embora reconhecendo as críticas que lhe são dirigidas.

[383] Cfr. ANTUNES VARELA, *Obrigações*, I, pp. 211 e ss., e RIBEIRO DE FARIA, *Obrigações*, I, pp. 147 e ss.

[384] Cfr. MENEZES LEITÃO, *A responsabilidade do gestor perante o dono do negócio no direito civil português*, Lisboa, C.E.F., 1991, reimp. Coimbra, Almedina, 2005, pp. 320 e ss. Conforme referem ANTUNES VARELA, *Obrigações*, I, p. 208 e RIBEIRO DE FARIA, *Obrigações*, I, p. 143, o conceito de quase-contrato (baseado numa ideia de ficção de consentimento) apenas pretendia justificar a constituição das obrigações a partir do dogma da vontade, tão caro ao pensamento liberal.

2. Posição adoptada

As obrigações podem resultar de diversos fenómenos jurídicos, sendo, como se disse, denominado fonte da obrigação o facto jurídico de onde emerge a relação obrigacional. A dificuldade de elaboração de uma classificação de fontes das obrigações resulta da heterogeneidade de situações abrangidas na nossa disciplina, cuja unificação não tem por base uma proximidade entre os factos jurídicos, mas antes uma semelhança de efeitos: a constituição de um vínculo obrigacional.

O nosso Código não apresentou, por isso, qualquer sistematização científica das fontes das obrigações, optando antes por efectuar uma sua mera enumeração nos arts. 405º e ss., apresentando as seguintes:

1) Contratos (arts. 405º e ss.)
2) Negócios unilaterais (arts. 457º e ss.)
3) Gestão de negócios (arts. 464º e ss.)
4) Enriquecimento sem causa (arts. 473º e ss.).
5) Responsabilidade civil (arts. 483º e ss.).

Esta mera enumeração a que procede o nosso Código Civil não deve, porém, fazer obliterar a circunstância de as diversas fontes não terem todas igual importância. Efectivamente é sabido que as fontes das obrigações mais importantes são os contratos e a responsabilidade civil, que são as formas estatisticamente mais comuns de surgimento de obrigações. Em relação às outras, a lei portuguesa procurou restringir a aplicação de duas delas, os negócios unilaterais e o enriquecimento sem causa, a situações excepcionais (cfr. arts. 457º e 474º) e a gestão de negócios refere uma situação específica que é, como se sabe, de verificação rara (art. 464º). Haverá, portanto, que procurar recolocar as fontes das obrigações de acordo com uma orientação dogmática mais adequada, distinguindo em primeiro lugar as fontes das obrigações que resultam das que não resultam da autonomia privada.

Assim, entre as fontes das obrigações resultantes da autonomia privada situam-se em primeiro lugar os contratos. Estes consistem em negócios jurídicos bilaterais, através dos quais as partes por acordo, e no exercício da sua autonomia privada, estabelecem para si próprias comandos juridicamente vinculantes, entre os quais se incluem as relações jurídicas obrigacionais (arts. 405º e ss.). Excepcionalmente, porém, as obrigações podem ainda resultar de negócios jurídicos unilaterais, onde apenas uma das partes, no exercício da sua autonomia privada, estabelece para si uma autovinculação através da constituição de uma relação jurídica obrigacional (art. 457º).

Fora do campo do exercício da autonomia privada, verificam-se igualmente fenómenos que dão origem à constituição de obrigações, as quais nesse caso não resultam de negócios jurídicos. São as denominadas relações obrigacionais legais. Estas consistem em situações em que a lei atribui a determinados pressupostos de facto o efeito jurídico da constituição de uma obrigação, a qual surge por isso sem ter por base qualquer autovinculação das partes nesse sentido.

Entre estas situam-se as fontes da denominada obrigação de indemnização (arts. 562º e ss.) e que a doutrina costuma designar pelo nome genérico de responsabilidade civil[385]. Nestas cabe, em primeiro lugar, a responsabilidade delitual, onde alguém através de uma conduta ilícita e culposa causa danos em bens juridicamente protegidos de outrem (arts. 483º e ss.) e a responsabilidade obrigacional, quando alguém causa danos a outrem através da violação do vínculo obrigacional (arts. 798º e ss.), havendo também situações intermédias, que não se deixam integrar em nenhuma destas categorias[386]. Admite-se, porém, ainda que a obrigação de indemnização possa também derivar, não de factos ilícitos e culposos, mas antes de previsões de risco específicas, que a lei, por alguma razão de justiça, decide fazer suportar por outrem, que não o próprio lesado. Falamos então de responsabilidade pelo risco (arts. 499º e ss.). Finalmente, a obrigação de indemnização pode derivar de a lei atribuir, como contrapartida da autorização conferida a alguém para sacrificar bens juridicamente protegidos de outrem uma indemnização pelo prejuízo sofrido. Fala-se, então, de responsabilidade por factos lícitos ou pelo sacrifício (cfr. arts. 81º, nº 2 e 339º, nº 2).

Para além das fontes legais da obrigação de indemnização, existem ainda relações obrigacionais legais, como a gestão de negócios (arts. 464º e ss.) e o enriquecimento sem causa (arts. 473º e ss.), havendo ainda quem tenha pretendido incluir neste âmbito a controversa categoria das relações contratuais de facto[387].

385 Referimo-nos às fontes legais da obrigação de indemnização, uma vez que esta pode ter fontes contratuais, como no caso de ser celebrado um contrato de seguro.

386 Como a responsabilidade pré-contratual (art. 227º), ou a responsabilidade civil do gestor de negócios (art. 466º).

387 Cfr. Menezes Cordeiro, *Obrigações*, 2º, pp. 29 e ss. e *Da Boa Fé*, pp. 555 e ss. e 642 e ss., Rui de Alarcão, *Obrigações*, pp. 105 e ss. (108) e Joaquim de Sousa Ribeiro, *Cláusulas*, pp. 25 e ss., nota (35).

No primeiro caso, a lei regula a situação específica de alguém (o gestor) ter decidido efectuar determinada actividade por conta e no interesse de outrem (o dono do negócio), sem para tal estar autorizado, através da imposição de obrigações específicas para aquele para assegurar a adequada tutela dos interesses do dono do negócio, e a este último, para compensar o primeiro das despesas e prejuízos que suportou.

No segundo caso, a lei acolhe como fonte de obrigações um princípio geral de direito de proibição do enriquecimento injustificado à custa de outrem, cuja restituição manda realizar (art. 473º, nº 1). Esta formulação é, porém, excessivamente genérica, havendo, por isso, a necessidade de a concretizar em diversas situações típicas, como a realização de uma prestação sem causa jurídica, a intervenção em bens ou direitos alheios, a realização de despesas de que outrem tira proveito e casos excepcionais de desconsideração de um património intermédio em caso de transmissão de bens para terceiro.

A nosso ver, a melhor forma de arrumar esta enumeração das fontes das obrigações é agrupá-las de acordo com o princípio jurídico deste ramo do direito a que respeitam

Teríamos então então o seguinte esquema de sistematização das fontes das obrigações:

1) Fontes das obrigações baseadas no princípio da autonomia privada
   a) Contratos
   b) Negócios unilaterais.
2) Fontes das obrigações baseadas no princípio do ressarcimento de danos:
   a) Responsabilidade por factos ilícitos:
      - Responsabilidade delitual
      - Responsabilidade obrigacional
      - A "terceira via" na responsabilidade civil
   b) Responsabilidade pelo risco
   c) Responsabilidade pelo sacrifício.
3) Fontes das obrigações baseadas no princípio da proibição do enriquecimento injustificado.
   a) Enriquecimento por prestação.
   b) Enriquecimento por intervenção.
   c) Enriquecimento pela realização de despesas de que outrem beneficia.
   d) Enriquecimento por desconsideração de património.

4) Situações específicas de fontes de obrigações não baseadas em princípios gerais:
   a) Gestão de negócios.
   b) Relações contratuais de facto.
   c) Outras situações de facto.

Conforme se pode verificar por esta sistematização, a tradicional classificação das fontes das obrigações opera com uma excessiva abstracção, elaborando uma absorção estrutural de matérias, baseada na simples circunstância de em variadíssimas situações se operar a constituição de um direito de crédito. Se se verificar, esta sistematização tem por base a sua recondução a princípios jurídicos diversos. Efectivamente, enquanto no ponto 1) temos fontes das obrigações baseadas no princípio da autonomia privada, no ponto 2), as fontes das obrigações fundam-se antes no princípio da proibição do dano injusto, enquanto no ponto 3) está em causa o princípio da proibição do enriquecimento injustificado. Finalmente, o ponto 4) abrange outras situações de natureza específica, não baseadas em princípios gerais, como a gestão de negócios e, eventualmente, a controversa categoria das relações contratuais de facto[388].

Serão, assim, apresentadas por esta ordem as fontes das obrigações.

[388] MENEZES CORDEIRO, *Tratado de Direito Civil*, II – *Direito das Obrigações*, tomo II, Coimbra, Almedina, 2010, pp. 54 e ss., critica esta sistematização com o argumento de que o enriquecimento sem causa não seria um princípio, de que a responsabilidade contratual relevaria antes da autonomia privada e não do ressarcimento dos danos, e de que a quarta categoria demonstra a insuficiência dos princípios para a explicar, retomando as obrigações *ex variis causarum figuris*. Cabe responder. Que a proibição do enriquecimento sem causa constitui um princípio jurídico geral parece-nos absolutamente evidente, tal a amplitude da sua formulação. Em relação à responsabilidade contratual, embora ela pressuponha a violação de obrigações, não se constitui sem a ocorrência de danos, pelo que é claramente o princípio do ressarcimento de danos que está em causa. Já quanto à insuficiência dos princípios para explicar certas fontes, a crítica procede, mas tal resulta precisamente da peculiaridade dessas fontes. Em qualquer caso, a nossa sistematização apresenta um critério de arrumação das fontes das obrigações, enquanto a de MENEZES CORDEIRO não opta por critério algum, limitando-se a seguir a enumeração legal, e arrumando as figuras não previstas na lei através da sua proximidade ao contrato, o que constitui um classicismo manifesto. Afinal de contas, o que representa falar em fontes paracontratuais, a não ser reavivar sob uma nova designação a velha figura de quase-contrato?

Secção II
Fontes das obrigações baseadas no princípio da autonomia privada

1. O contrato

1.1. Generalidades

Os negócios jurídicos costumam ser distinguidos em unilaterais, que são os que possuem apenas uma parte, e contratos, que são os que possuem duas ou mais partes. Normalmente, o contrato possui apenas duas partes, e por isso, é designado de *negócio jurídico bilateral*. Pode, porém, o contrato ter cariz multilateral quando tem mais que duas partes, como sucede no contrato de sociedade (art. 980º).

Na definição tradicional, entende-se por parte, não uma pessoa, mas antes o titular de um interesse, o que poderia implicar que duas ou mais pessoas constituíssem uma única parte, quando tivessem interesses comuns. Daí a exigência de uma contraposição de interesses, na autoria das declarações negociais, contraposição essa que seria resolvida através precisamente da estipulação contratual. Falar-se-ia, por isso, em que o contrato consistiria num "acordo vinculativo, assente sobre duas ou mais declarações de vontade (oferta ou proposta, de um lado; aceitação do outro) contrapostas, mas perfeitamente harmonizáveis entre si, que visam estabelecer uma regulamentação unitária de interesses"[389] ou que nele existe "a manifestação de duas ou mais vontades, com conteúdos diversos, prosseguindo distintos interesses e fins, até opostos, mas que se ajustam reciprocamente para a produção de um resultado unitário"[390]. Mas a referência

[389] Cfr. ANTUNES VARELA, *Obrigações*, I, p. 212.
[390] Cfr. ALMEIDA COSTA, *Obrigações*, pp. 220-221.

a interesses tem sido criticada, não apenas por fazer apelo a uma realidade extra-jurídica, mas também porque os vários intervenientes num negócio unilateral podem ter interesses diversos, sem prejuízo da sua posição comum[391].

Recentemente, MENEZES CORDEIRO veio propor para distinção entre negócios unilaterais e contratos um critério baseado nos efeitos que venham a ser desencadeados, referindo que "nos negócios unilaterais *os efeitos não diferenciam as pessoas* que eventualmente neles tenham intervindo, pelo que tende neles a haver uma única pessoa, uma única declaração ou um único interesse". Pelo contrário, nos contratos "os efeitos diferenciam duas ou mais pessoas, isto é: fazem surgir, a cargo de cada interveniente, regras próprias que devem ser cumpridas e possam ser violadas independentemente umas das outras; em moldes formais, há mais que uma parte; e em consequência, tendem a surgir várias declarações, várias pessoas e vários interesses"[392].

Não nos parece, porém, que seja um critério relativo aos efeitos que permite distinguir os negócios jurídicos unilaterais dos contratos, mas antes a necessidade de apenas uma declaração negocial ou de duas. Assim, a doação é um contrato, porque exige duas declarações negociais para a sua efectivação (cfr. art. 940º). No entanto, a doação pura feita a incapaz é um negócio unilateral, uma vez que produz efeitos, mesmo em relação a este, independentemente da sua aceitação (art. 951º, nº 2). Mas, independentemente de ser constituida como contrato ou como negócio unilateral, os efeitos da doação são sempre os mesmos em relação ao doador e ao donatário (cfr. art. 954º). Para além disso, se nos negócios unilaterais se vêm a produzir efeitos a quem não é parte no negócio, nos contratos tal também pode acontecer como sucede no contrato a favor de terceiro (arts. 443º e 444º, nº 1).

Não são, por isso, os efeitos do negócio que permitem distinguir os contratos dos negócios unilaterais, mas antes o modo da sua formação. No negócio unilateral, há apenas uma única declaração negocial, da qual resultam todos os efeitos jurídicos estipulados, independentemente de ter um único autor ou vários. No contrato, a emissão de apenas uma das declarações negociais não se apresenta como suficiente para a produção dos efei-

391 Cfr. MENEZES CORDEIRO, *Tratado*, I-1, p. 459 e FERREIRA DE ALMEIDA, *Contratos*, I. pp. 36 e ss.

392 Cfr. MENEZES CORDEIRO, *Tratado*, I-1, p. 460.

tos jurídicos estipulados, uma vez que a lei os faz depender da emissão de uma segunda declaração negocial contraposta, mas integralmente concordante com a primeira (cfr. art. 232º). O contrato assume-se assim como o resultado de *duas ou mais declarações negociais contrapostas, mas integralmente concordantes entre si, de onde resulta uma unitária estipulação de efeitos jurídicos.* Consequentemente, os contratos pressupõem sempre uma proposta e a sua aceitação, das quais deve resultar o mútuo consenso sobre todas as cláusulas sobre as quais uma das partes julgue necessário o acordo.

1.2. Modalidades de contratos

1.2.1. Classificação dos contratos quanto à forma

No âmbito do Direito Romano vigorava um princípio de tipicidade constitutiva, nos termos do qual a constituição das obrigações *ex contractu* dependia sempre da verificação de determinadas situações típicas, sem as quais o contrato não se constituía.

Essas situações reconduziam-se a quatro categorias: *re*, *verbis*, *litteris*, *consensu*, que representavam processos de formação dos contratos.

A formação dos contratos *re* consistia na situação de se exigir a tradição da coisa para que o contrato se constituísse. Nesse âmbito incluíam-se contratos como o *pignus*, *comodatum*, *mutuum* e *depositum*.

A formação do contrato *verbis* caracterizava-se por se exigir a pronúncia de certas palavras rituais, necessárias à constituição do contrato. O exemplo típico era a *stipulatio*.

A formação do contrato *litteris* caracterizava-se por se exigir a outorga de um documento escrito, para a constituição do contrato. O exemplo típico era a *expensilatio*.

Finalmente, a formação do contrato *consensu* dispensava formalismos exteriores, exigindo apenas um simples acordo (*nudo consensu*) das partes. Nesta situação, estariam contratos como a *emptio et venditio*, a *societas* e o *mandatum*[393].

Conforme se pode verificar, à excepção da última categoria, a constituição do contrato depende, no Direito Romano, da adopção de formalismos complexos, os quais não se reconduziam a simples formas de expressão da

[393] Cfr. Menezes Cordeiro, *Obrigações*, 1º, p. 409 e *Tratado*, II-2, pp. 61 e ss. Cfr., ainda James Gordley, *The philosophical origins of modern contract doctrine*, Oxford, Clarendon Press, 1991, pp. 31 e ss.

vontade negocial, mas antes se apresentavam como o próprio fundamento jurídico do contrato[394]. Por influência da doutrina canonística, que defendeu o carácter vinculativo de qualquer compromisso independentemente da sua forma[395], a evolução posterior foi, porém, no sentido de se dispensar progressivamente esses formalismos, assentando-se na ideia de que, salvo em casos excepcionais, o simples consenso das partes deve ser operativo em relação à constituição do contrato.

Esse princípio – o denominado *princípio do consensualismo* – encontra-se consagrado no art. 219º do Código Civil que refere que "a validade da declaração negocial não depende da observância de forma especial, salvo quando a lei o exigir". Desta norma resulta que o princípio geral é o da desnecessidade de qualquer forma especial para a celebração do contrato, admitindo-se que as declarações das partes podem ser exteriorizadas por qualquer meio. São por esse motivo excepcionais todas as disposições que exigem, sob pena de nulidade, a adopção de uma forma especial para a declaração negocial (art. 220º), o que tem como consequência a proibição da sua aplicação analógica (cfr. art. 11º).

A exigência, em certos casos, de uma forma especial para a validade da declaração negocial leva a que se deva distinguir entre *contratos formais* e *não formais*. São *formais* os contratos em que a declaração negocial só pode ser exteriorizada por uma determinada forma prevista na lei, designadamente um documento autêntico (a escritura pública) ou particular, podendo este último ser autenticado ou não. São *não formais* aqueles contratos em que a declaração negocial pode ser exteriorizada por qualquer meio, incluindo a oralidade.

Como exemplo de contratos em que é exigida escritura pública ou documento particular autenticado, temos os contratos de alienação de imóveis (cfr. os arts. 875º para a compra e venda e 947º, nº 1 para a doação) e o mútuo, quando superior a 25.000 euros (art. 1143º).

A categoria dos contratos formais tem vindo a ser apresentada como contrária à evolução jurídica, em virtude da tendência para o consensualismo[396], o que tem justificado medidas legislativas de desformalização dos

[394] Cfr. Larenz, *Schuldrecht*, I , p. 67.

[395] Cfr. Menezes Leitão, *O enriquecimento*, p. 194, nota (3), reed., p. 190, nota (443).

[396] Assim, Menezes Cordeiro, *Tratado*, I-1, p. 465, que chega a afirmar que "as regras que, ainda hoje, impõem a categoria dos negócios formais, colocam-se um tanto ao arrepio de uma evolução milenária, levantando dúvidas e perplexidades na sua justificação".

negócios, permitindo a adopção de forma .menos solene, como resulta do D.L. 116/2008, de 4 de Julho, que alterou a redacção das disposições do Código Civil acima referidas. No entanto, tem-se assistido concomitantemente a um retorno ao formalismo contratual, designadamente no âmbito dos negócios jurídicos de consumo, o que pode de certa forma questionar essa tendência evolutiva[397].

1.2.2. Classificação dos contratos quanto ao modo de formação

Deve ainda distinguir-se, quanto ao seu modo de formação, entre contratos reais *quoad constitutionem* e contratos consensuais. Os contratos reais *quoad constitutionem* são aqueles para cuja celebração se exige a tradição ou entrega da coisa de que são objecto. Os contratos consensuais são aqueles em que essa entrega é dispensada.

Esta classificação corresponde a um resquício da categoria romana da constituição dos contratos *re*, onde se exigia o formalismo da entrega da coisa para essa constituição. Por esse motivo, os contratos que no Direito Romano correspondiam a essa categoria (*pignus*, *comodatum*, *mutuum* e *depositum*) são aqueles que ainda hoje a integram: *penhor de coisas*, *comodato*, *mútuo* e *depósito*. A estes o Código Civil actual fez acrescentar a *doação verbal de coisas móveis* e a *parceria pecuária*, sendo ainda previsto no Código Comercial o *reporte*.

A exigência da tradição da coisa para a constituição destes contratos costuma ser implicitamente referida através da descrição do tipo contratual e do facto de no seu regime não se prever a obrigação de entrega da coisa. É o que sucede na *parceria pecuária* – definida no art. 1121º como "o contrato pelo qual uma ou mais pessoas entregam a outras um animal..." – no *comodato* – definido no art. 1129º como "o contrato gratuito pelo qual uma das partes entrega à outra certa coisa..." –, no mútuo – referido no art. 1142º como "o contrato pelo qual uma das partes empresta à outra dinheiro ou outra coisa fungível..." – e no depósito – descrito no art. 1185º como "o contrato pelo qual uma das partes entrega à outra uma coisa, móvel ou

[397] Esse retorno ao formalismo contratual é justificado pela intenção de fornecer informação ao consumidor, a qual justifica não apenas a sujeição a forma escrita dos negócios jurídicos de consumo, mas também a obrigatória inclusão neles de uma série de menções. Veja-se por exemplo os casos dos contratos celebrados fora do estabelecimento (art. 9º, nº 1, do D.L. 24/2014, de 14 de Fevereiro), e dos contratos de crédito ao consumo (art. 12º do D.L. 133/2009, de 2 de Junho).

imóvel...". Em todos estes casos, a referência à expressão "contrato pelo qual uma das partes entrega" na descrição do tipo contratual indicia que a entrega não consiste numa obrigação assumida no contrato, sendo antes um acto livre de uma das partes, que é pressuposto para constituir esse mesmo contrato[398].

Noutras hipóteses, porém, o legislador determina expressamente a proibição de o contrato se constituir sem a entrega da coisa. É o que acontece no penhor de coisas (art. 669º: "O penhor só produz os seus efeitos pela entrega da coisa empenhada"), na doação verbal de coisas móveis (art. 947º, nº 2: "a doação de coisas móveis não carece de formalidade alguma externa, quando acompanhada de tradição da coisa doada; não sendo acompanhada de tradição da coisa só pode ser feita por escrito") e no reporte (C.Com art. 477, § único: "é condição essencial à validade do reporte a entrega real dos títulos").

Tem vindo a ser levantada na doutrina a questão de saber se a exigência de tradição da coisa para a constituição de certos contratos ainda desempenharia, no direito actual, alguma função útil e se as partes não poderiam, ao abrigo da sua autonomia privada, dispensar este requisito. Posição afirmativa tem vindo a ser ensaiada na doutrina alemã[399] e mais restritamente na doutrina italiana[400], tendo sido igualmente defendida na nossa doutrina por Vaz Serra[401], Mota Pinto[402], Almeida Costa[403], Menezes

[398] Diferentemente, por exemplo, da locação onde a entrega vem prevista como obrigação para o locador. Cfr. o art. 1031º *a)*.

[399] Cfr. Wolfgang Fikentscher / Andreas Heinemann *Schuldrecht*, 10ª ed., Berlin, De Gruyter, 2006, § 11, nr. 59, p. 41, e Karl Larenz, *Lehrbuch des Schuldrechts*, II-1- *Besonderer Teil*, 13ª ed., München, Beck, 1986, § 50, pp. 293-294 e § 51 I, p. 298.

[400] Cfr. Daniela Cenni, *La formazione del contrato tra realità e consensualità*, Padova, Cedam, 1998, *passim*. Esta autora admite a derrogação pelas partes do regime da realidade em certos contratos reais *quoad constitutionem*, como o mútuo e o depósito onerosos, o depósito de coisa controvertida e o negócio de subscrição de acções. Já não a admite, porém, noutros contratos deste tipo como o o comodato, mútuo e depósito gratuitos, reporte, sinal e doação de baixo valor, por considerar que nestes contratos a realidade tem uma justificação causal, que exclui a autonomia privada.

[401] Cfr. Vaz Serra, "Notas acerca do contrato de mútuo" em *RLJ* 93 (1970), pp. 65-69, 81-83, 97-100, 161-164, 177-180 (*maxime* 67-68).

[402] Cfr. Carlos Mota Pinto, *Cessão*, pp. 11 e ss., nota (1) e *Teoria Geral do Direito Civil*, 4ª ed., por António Pinto Monteiro e Paulo Mota Pinto, Coimbra, Coimbra Editora, 2005, pp. 396-397.

[403] Cfr. Almeida Costa, *Obrigações*, pp. 284 e ss.

CORDEIRO[404], e CARVALHO FERNANDES[405], embora normalmente estes autores excluam da solução propugnada o penhor de coisas, onde consideram que a tradição corresponde a uma situação de publicidade constitutiva. A posição contrária, negando a possibilidade de dispensar o requisito da tradição, foi defendida por PIRES DE LIMA e ANTUNES VARELA[406] e, embora com alguma hesitação, por CARLOS FERREIRA DE ALMEIDA[407].

A nosso ver, a questão da dispensa da tradição – e a consequente admissibilidade da constituição do contrato como consensual – só se pode colocar relativamente às situações em que a referência à tradição aparece apenas na descrição do tipo legal, já que sempre que a lei exige imperativamente a tradição para a constituição do contrato (como acontece no penhor de coisas, na doação verbal de coisas móveis e no reporte), parece claro que as partes não a podem dispensar. Assim, por exemplo, está-lhes vedado constituir consensualmente uma doação verbal de coisas móveis, uma vez que, não existindo tradição, esta só poderá ser realizada por escrito (art. 947º, nº 2). No caso do reporte ou do penhor de coisas, nem a forma escrita permite dispensar a tradição, uma vez que a lei determina que o contrato não se pode constituir sem ela (art. 669º e CCom. art. 477º, § único).

Nos contratos como a parceria pecuária, mútuo, depósito ou comodato fará, porém, sentido a exigência imperativa da tradição, ou deve-se antes considerar que este elemento do tipo legal é meramente natural e não essencial? A questão só poderá ser resolvida perante a análise das funções que a tradição desempenha nestes contratos. Quem entenda que ela não desempenha hoje uma clara função útil[408], tenderá naturalmente a considerá-la dispensável para efeitos da constituição do contrato, admitindo a celebração desses contratos como consensuais.

Parece-nos, porém, que *a exigência da tradição tem uma clara função útil de não permitir que a execução do contrato ocorra numa fase posterior à da declaração negocial*, exigindo que a execução do contrato se manifeste precisamente nessa declaração negocial. Tal regime tem a vantagem de não permitir a

[404] Cfr. MENEZES CORDEIRO, *Tratado*, I-1, pp. 466 e ss.

[405] Cfr. CARVALHO FERNANDES, *A conversão nos negócios jurídicos civis*, Lisboa, Quid juris, 1993, pp. 809 e ss. e *Teoria Geral*, II, pp. 69-70.

[406] Cfr. ANTUNES VARELA, *Ensaio sobre o conceito do modo*, s.l., Atlântida, 1955, pp. 114 e ss. e notas e PIRES DE LIMA/ANTUNES VARELA, *Código Civil Anotado*, II, *sub* art. 1142.

[407] Cfr. FERREIRA DE ALMEIDA, *Contratos*, I, pp. 151 e ss.

[408] É o caso de MENEZES CORDEIRO, *Tratado*, I-1, p. 466.

execução do contrato, quando a declaração negocial da parte mais sacrificada já não é actual, o que é ditado precisamente para evitar a emissão de declarações negociais precipitadas, em contratos que podem implicar a abdicação do gozo das coisas de que são objecto. Sendo essa a razão do regime, parece-nos que a tradição deve ser considerada um elemento essencial do contrato, pelo que as partes não a poderão dispensar[409]. Efectivamente, admitir a dispensa da tradição pelas partes corresponderia a atribuir eficácia constitutiva destes contratos ao simples consenso, quando a lei determina que essa constituição apenas ocorre com a tradição.

Por outro lado, admitir a ideia de que se podem formar, com base na autonomia privada, contratos consensuais ao lado dos contratos reais *quoad constitutionem*, parece-nos incorrecto já que os tipos contratuais são definidos em função dos seus efeitos e não da sua forma de constituição. Não há um comodato real e um comodato consensual ou um mútuo real e um mútuo consensual mas apenas e tão só contratos de comodato e mútuo. Ora, nesses contratos, ou se defende que é exigida a tradição para se constituirem – e então são contratos reais *quoad constitutionem* – ou se entende que o contrato já está formado antes da tradição, e então o contrato é consensual. Admitir as duas soluções simultaneamente implicaria defender dois regimes contraditórios para o mesmo contrato, o que é inaceitável.

Defendemos assim a manutenção no actual direito da categoria dos contratos reais *quoad constitutionem*, recusando a possibilidade de estes contratos se constituirem como consensuais.

1.2.3. Classificação dos contratos quanto aos efeitos

1.2.3.1. Contratos obrigacionais e reais

Existe ainda uma classificação de contratos que repeita à sua eficácia jurídica. Conforme se sabe, a eficácia jurídica reconduz-se à produção de efeitos de direito e estes, sendo necessariamente reportados a pessoas, dão origem a situações jurídicas. A eficácia jurídica classifica-se em eficácia

[409] Imaginemos, por exemplo, um contrato de comodato. Ao se exigir a tradição da coisa para a constituição do contrato (cfr. art. 1129º), o legislador garante que o comodante permanece decidido a realizar o empréstimo da coisa, no momento em que a entrega. Se as partes pudessem dispensar a tradição, o resultado seria a constituição em relação ao comodante de uma obrigação de entrega, a qual, se não tivesse prazo estipulado, se manteria enquanto não ocorresse a prescrição. A nosso ver, não faz sentido vincular o comodante a entregar a coisa em comodato, quanto, passado um certo lapso de tempo, a sua vontade de emprestar desapareceu.

jurídica constitutiva, transmissiva, modificativa ou extintiva, consoante, respectivamente, a situação jurídica se constitua numa esfera jurídica, transite de uma para outra esfera jurídica, se modifique ou se extinga[410].

Nos contratos, conforme se referiu, a produção dos efeitos jurídicos resulta da livre decisão das partes ao abrigo da autonomia privada. Consequentemente, qualquer destes tipos de eficácia jurídica pode ser estipulado, podendo, por isso, falar-se em contratos constitutivos, modificativos, transmissivos ou extintivos de direitos ou obrigações.

A mais importante classificação de contratos é, porém, a que distingue os contratos consoante o tipo de situações jurídicas a que dão origem. Neste caso, fala-se em contratos reais ou obrigacionais, consoante a situação jurídica em questão se reconduza a um direito real sobre uma coisa corpórea ou apenas dê origem a direitos de crédito.

Os contratos obrigacionais reconduzem-se à criação de direitos de crédito e obrigações, sendo a sua eficácia sobre a esfera jurídica das partes imediata. Os contratos reais colocam um problema particular, uma vez que pode suceder que a sua eficácia não seja imediata, o que sucede sempre que não estejam preenchidos, no momento da celebração do contrato, os requisitos necessários para que o contrato dê origem a uma situação jurídica de natureza real.

A regra geral, porém, é a de que a transmissão dos direitos reais sobre coisa determinada ocorre por mero efeito do contrato (art. 408º, nº 1). Temos aqui consagrado nesta disposição *o sistema do título*, o qual significa precisamente que a transmissão dos direitos reais ocorre apenas em virtude do próprio contrato, não ficando dependente de qualquer acto posterior, como a tradição da coisa ou o registo[411]. Daqui resulta a importante con-

[410] Sobre a eficácia jurídica, cfr. MENEZES CORDEIRO, *Tratado*, I-1, pp. 437 e ss.

[411] O **sistema do título**, vigente na França (cfr. arts. 1138, 1583 e 938 C.C.fr.), na Itália (arts. 1376 e ss. C.C.it.) e no nosso país, consiste num dos três sistemas de transmissão dos direitos reais, existente no Direito Comparado, a par do **sistema do título e do modo**, vigente na Áustria e Espanha (art. 609 C.C.) e o **sistema do modo**, vigente na Alemanha (§§ 433, 873 e 929 BGB).
No **sistema do título**, a constituição ou transferência dos direitos reais depende unicamente da existência de um título de aquisição (*titulus adquirendi*), sendo assim o contrato, enquanto negócio causal, suficiente para operar a transmissão do direito real.
No **sistema do título e do modo**, para que o efeito real se produza, é necessário simultaneamente que exista um título e de um modo de aquisição (*titulus et modus adquirendi*), ou seja, que seja celebrado um contrato, enquanto negócio causal, e um acto de transmissão (tradição ou registo), só se operando a transmissão da propriedade através da conjunção dos dois.

sequência de que o adquirente da coisa, sendo considerado proprietário a partir do momento da celebração do contrato, sofre o risco da sua perda ou deterioração a partir desse momento (art. 796º, nº 1).

É de notar, no entanto, que esta transmissão da propriedade no momento da celebração do contrato apenas ocorre relativamente a coisas que já possuam os requisitos necessários para sobre elas ser constituído um direito real, que só pode incidir sobre coisas presentes, determinadas e autónomas de outras coisas[412]. Se as coisas ainda não possuirem esses requisitos, como sucede se o contrato tiver por objecto coisas futuras, indeterminadas, frutos naturais ou partes componentes e integrantes, refere-nos o art. 408º, nº 2 que a transferência da propriedade é diferida para um momento posterior ao da celebração do contrato:

> "Se a transferência respeitar a coisa futura ou indeterminada, o direito transfere-se quando a coisa for adquirida pelo alienante, ou determinada com conhecimento de ambas as partes, sem prejuízo do disposto em matéria de obrigações genéricas e do contrato de empreitada. Se, porém, respeitar a frutos naturais ou a partes componentes ou integrantes, a transferência só se verifica no momento da colheita ou da separação".

Temos, assim, que relativamente a coisas futuras, o momento da transferência da propriedade é o da aquisição da coisa pelo alienante, regime que é aplicável, quer se trate de coisas relativamente futuras – definidas no art. 211º, como as que não estão em poder do disponente ou a que este não tem direito ao tempo da declaração negocial – quer de coisas absolutamente

Já no **sistema do modo,** a produção do efeito real depende apenas do *modus adquirendi,* não sendo necessário um título de aquisição. Neste sistema, o contrato nunca tem eficácia real, mas antes meramente obrigacional. No direito alemão, para que o comprador passe a ser proprietário do bem vendido é necessário, se o referido bem for uma coisa móvel, um novo (e segundo) acordo de transmissão (*Einigung*) – acordo abstracto translativo –, seguido da *traditio* ou entrega (*Übergabe*) da coisa; se o bem vendido for uma coisa imóvel, exige-se um novo (e segundo) acordo de transmissão (que toma o nome de *Auflassung*) – igualmente um acordo abstracto translativo – e, ainda, a inscrição nos registos da propriedade (*Eintragung*). Cfr. HEINRICH EWALD HÖRSTER, "Sobre a formação do contrato segundo os arts. 217º e 218º, 224º a 226º e 228º a 235º do Código Civil" em *RDE* 9 (1983), pp. 121-157 (124, nota (3)), CALVÃO DA SILVA, *Cumprimento,* pp. 100 e ss., nota, e MENEZES LEITÃO, *O Enriquecimento,* pp. 473-474, nota (32), reed., p. 457, nota (1349).

412 Admitem-se direitos reais sobre partes de coisas, como na superfície e na hipoteca parcial, mas neste caso essas partes são objecto de uma afectação jurídica autónoma, o que permite o preenchimento deste requisito. Cfr. OLIVEIRA ASCENSÃO, *Teoria,* I, pp. 316-317.

futuras – as que ainda não existem, ao tempo da declaração negocial. Esta norma é essencialmente aplicável à compra e venda (cfr. art. 880º), uma vez que a doação não pode abranger bens futuros (art. 942º, nº 1) e o próprio art. 408º, nº 2 exclui deste regime a empreitada[413].

Relativamente a coisas indeterminadas, a transferência verifica-se no momento em que a coisa é determinada com conhecimento de ambas as partes. Deste regime são, porém, exceptuadas as obrigações genéricas (arts. 539º e ss.), em que a transmissão da propriedade ocorre com a concentração da obrigação, a qual se verifica geralmente apenas com o seu cumprimento (art. 540º), salvo nos casos especiais referidos no art. 541º. Mas já é aplicável relativamente às obrigações alternativas (arts. 543º e ss.), onde a transferência do direito real se verifica quando a escolha da prestação, efectuada por aquele a quem compete, em regra o devedor (art. 543º, nº 2) chega ao conhecimento da contraparte.

Tratando-se de coisas ligadas a outras, como sucede com os frutos naturais e as partes componentes ou integrantes de outras coisas, a transferência verifica-se no momento da colheita ou da separação. Assim, por exemplo, se alguém vender todos os frutos do seu pomar, antes da sua colheita, ou partes componentes ou integrantes de uma coisa sua, a propriedade só se transfere quando a colheita é efectuada ou as partes são separadas da coisa a que pertenciam. A colheita ou separação constituem neste caso obrigação do vendedor (cfr. art. 880º).

No entanto, em todos estes casos, a transmissão da propriedade continua a realizar-se por efeito do contrato, já que, embora não ocorra no momento da sua celebração, continua a ser consequência directa deste, e não de qualquer outro segundo acto, a praticar pelo alienante, que o nosso sistema dispensa totalmente[414].

1.2.3.2. A cláusula de reserva de propriedade

Ocorrendo entre nós a transferência da propriedade sempre em virtude da celebração do contrato e, normalmente no momento dessa celebração,

[413] Quanto a esta rege o art. 1214º, nº 1, que dispõe que em se tratando de coisa móvel construída com materiais pertencentes ao empreiteiro, é a aceitação da obra que transmite a sua propriedade para o dono da obra.

[414] Contestando, a nosso ver sem razão, este entendimento, veja-se, porém, CARLOS FERREIRA DE ALMEIDA, "Transmissão contratual da propriedade – Entre o mito da consensualidade e a realidade de múltiplos regimes", na *Themis*, ano VI (2005), nº 11, pp. 5-17.

a transmissão dos bens é extraordinariamente facilitada em prejuízo dos interesses do alienante. Assim, se for celebrado um contrato de compra e venda de um bem, o comprador torna-se imediatamente proprietário do bem vendido e pode voltar a aliená-lo, mesmo que este não lhe tenha sido entregue ou o preço respectivo ainda não esteja pago. Ao vendedor resta apenas a possibilidade de cobrar o preço. Este é, porém, um mero direito de crédito, que não lhe atribui qualquer preferência no pagamento, o que implica para o vendedor ter de concorrer com todos os credores comuns do comprador sobre o património deste (art. 604º, nº 2). Assim, caso o comprador não possua bens suficientes para pagar a todos os seus credores, o vendedor não terá possibilidade de cobrar a totalidade do preço.

A compra e venda a crédito (venda a prestações ou venda com espera de preço) apresenta-se por isso como um negócio que envolve riscos elevados para o vendedor, pois a celebração do contrato acarreta para ele a mudança de uma situação de proprietário de um bem para a de um mero credor comum, sem qualquer garantia especial, nem sequer sobre o bem vendido.

Mas mais do que isso, a lei para facilitar a transmissão dos bens e evitar que esta seja revertida, vem, através do art. 886º, retirar ao vendedor a possibilidade de resolução do contrato por incumprimento da outra parte (cfr. art. 801º, nº 2), a partir do momento em que ocorra a transmissão da propriedade e a entrega da coisa.

Em virtude dessas consequências gravosas, tornou-se comum, nos contratos de compra e venda a crédito, a celebração de uma cláusula de reserva de propriedade. A reserva de propriedade vem referida no art. 409º, podendo ser definida como a convenção pela qual o alienante reserva para si a propriedade da coisa, até ao cumprimento total ou parcial das obrigações da outra parte, ou até à verificação de qualquer outro evento (art. 409º, nº 1). A cláusula de reserva de propriedade pode ser celebrada em relação a quaisquer bens, mas a lei dispõe que, no caso de bens imóveis ou móveis sujeitos a registo, só a cláusula constante do registo é oponível a terceiros (art. 409º, nº 2). Nos outros casos, não será, por isso, exigida qualquer publicidade, para se poder opor a reserva a terceiro, mesmo que este esteja de boa fé e tenha obtido a propriedade por transmissão do adquirente sob reserva[415]. No entanto, se o terceiro adquirir a propriedade

[415] Esta solução é indubitável face à redacção do art. 409º, nº 2, e ao facto de não ter sido consagrada entre nós a regra *posse vale título*. Cfr. ANTUNES VARELA, *Obrigações*, I, p. 306,

a título originário, como sucede na usucapião e na acessão, naturalmente que a reserva de propriedade se extinguirá[416].

A cláusula de reserva de propriedade implica assim que, por acordo entre vendedor e comprador, a transmissão da propriedade fique diferida para o momento do pagamento integral do preço. A função desse acordo não é, porém, permitir ao vendedor a continuação do gozo sobre o bem – uma vez que este é entregue ao comprador – mas apenas defender o vendedor das eventuais consequências do incumprimento do comprador.

Efectivamente, a conservação da propriedade no vendedor até ao pagamento do preço impede os credores do comprador de executarem o bem, podendo o vendedor reagir contra essa execução através de embargos de terceiro (art. 342º CPC)[417]. No caso, porém, de ser declarada a insolvência do comprador, a cláusula de reserva de propriedade não será oponível em relação à massa insolvente, a menos que tenha sido estipulada por escrito, até ao momento da entrega da coisa (art. 104º, nº 4, CIRE).

Por outro lado, em caso de incumprimento por parte do comprador, o vendedor continua a poder resolver o contrato nos termos do art. 801º, nº 2, uma vez que a exclusão deste direito pelo art. 886º só se verifica se tiver ocorrido a transmissão da propriedade da coisa. No entanto, em caso de venda a prestações, o art. 934º exclui imperativamente a possibilidade de resolução do contrato se o comprador faltar ao pagamento de uma única prestação e esta não exceder a oitava parte do preço[418].

Almeida Costa, *Obrigações*, p. 297, e Ribeiro de Faria, *Obrigações*, I, p. 222. Não tem, por isso, razão, Romano Martinez, *op. cit.*, p. 38-39, quando defende a inoponibilidade desta cláusula a terceiros de boa fé, já que tal a tornaria inútil nas alienações de bens móveis. O argumento de que a relatividade dos contratos a tal impediria prova demais, já que nesse caso nem sequer a própria transmissão dos bens móveis poderia ser oponível a terceiros. É claro que a solução legal faz recair no adquirente dos bens móveis o risco da evicção do vendedor (*caveat emptor*), obrigando, assim, a uma sua especial diligência nesta situação. Não se esqueça, porém, que relativamente a coisas compradas de boa fé a comerciante, a lei obriga quem as reclama de terceiro a restituir o preço dado por elas (art. 1301º), o que permite tutelar o interesse contratual negativo do adquirente neste domínio.

[416] Neste sentido, veio o STJ em Assento datado de 31 de Janeiro de 1996 (*BMJ*, 453, p. 46) a determinar que "a cláusula de reserva de propriedade de fornecimento e instalação de elevadores em prédios urbanos torna-se ineficaz logo que se concretize a respectiva instalação".

[417] Cfr. Miguel Teixeira de Sousa, *Acção executiva singular*, Lisboa, Lex, 1998, p. 308.

[418] Já haverá, no entanto, lugar à resolução do contrato, se o comprador faltar ao pagamento de duas prestações, mesmo que estas, em conjunto, não excedam a oitava parte do preço.

Pode perguntar-se qual a posição jurídica do comprador relativamente à coisa, a partir do momento em que é celebrada a cláusula de reserva de propriedade. A posição tradicional na nossa doutrina, sufragada nomeadamente por Galvão Telles, Antunes Varela e Almeida Costa[419] é a de que a reserva de propriedade deveria ser qualificada como uma condição suspensiva, na medida em que a transmissão da propriedade ficaria subordinada a um facto futuro e incerto – o pagamento do preço – o que permitiria ver a posição jurídica do comprador como a de adquirente condicional. Essa qualificação permitiria aplicar ao comprador o regime dos arts. 273º e 274º, daí resultando, no entanto, que o risco do perecimento da coisa, durante esse período correria por conta do vendedor, ainda que a coisa já tivesse sido entregue ao comprador (cfr. o art. 796º, nº 3 *in fine*).

A solução de que o vendedor, na venda com reserva de propriedade, suporta o risco pela perda ou deterioração da coisa, mesmo após a entrega ao comprador é, no entanto, claramente inaceitável[420], uma vez que, a partir da entrega, o comprador fica já integralmente investido nos poderes de uso e fruição da coisa, servindo a manutenção da propriedade no vendedor apenas para assegurar a recuperação do bem, em caso de não pagamento do preço. Ora, devendo o risco correr por conta de quem beneficia do direito, parece claro que, a partir da entrega, é por conta do comprador que o risco deve correr, não ficando este exonerado do pagamento do preço em caso de perda ou deterioração fortuita da coisa. A qualificação da reserva de propriedade como condição suspensiva deve, por isso, ser rejeitada.

Uma alternativa possível seria a qualificação da reserva de propriedade como condição resolutiva, tese que chegou a ser defendida entre nós por Cunha Gonçalves[421]. De acordo com esta tese, a propriedade seria logo transmitida para o comprador, mas a partir do momento em que se verificasse o incumprimento do pagamento do preço, ocorreria a resolução dos efeitos do negócio, com eficácia retroactiva, sendo assim recuperada a propriedade pelo vendedor. Esta tese permitiria uma solução adequada em termos de distribuição do risco, face ao que se dispõe no art. 796º, nº 3,

[419] Cfr. Galvão Telles, *Obrigações*, pp. 83 e 471, Antunes Varela, *Obrigações*, I, p. 305 e Almeida Costa, *Obrigações*, p. 297.

[420] Galvão Telles, *Obrigações*, p. 473 critica a solução *de iure condendo*, mas aceita-a *de iure condito*. No mesmo sentido, Ribeiro de Faria, *Obrigações*, I, pp. 222-223.

[421] Cfr. Cunha Gonçalves, *Tratado de Direito Civil em comentário ao Código Civil Português*, VIII, Coimbra, Coimbra Editora, 1934, p. 349.

primeira parte. A solução entra, no entanto, em contradição, quer com o disposto no art. 409º, nº 1 que refere expressamente que o alienante reserva para si a propriedade até ao pagamento do preço, quer com o disposto no art. 304º, nº 3, que determina que, em caso de prescrição do crédito do preço – que equivale à certeza da não verificação da condição – o vendedor continua a poder exigir a restituição da coisa, quando o preço não seja pago.

Pensamos, no entanto, que a reserva de propriedade não pode ser qualificada como uma condição, definindo-se esta como a claúsula acessória do negócio jurídico que determina a subordinação dos seus efeitos a um acontecimento futuro e incerto (art. 270º). Efectivamente, na reserva da propriedade não se subordinam os efeitos do negócio a um evento exterior ao mesmo, antes se faz depender um dos efeitos do negócio do prévio cumprimento de uma obrigação, que é um dos efeitos essenciais desse mesmo negócio. Não há, assim, qualquer condição, mas antes uma alteração da ordem de produção dos efeitos negociais. Sem a reserva, a transmissão da propriedade ocorre antes do pagamento do preço. Com a reserva, ela passa a ocorrer posteriormente a ele.

O problema, no entanto, é que nesse caso, a conservação da propriedade no vendedor visa essencialmente funções de garantia do pagamento do preço, uma vez que o negócio translativo já foi celebrado[422]. Ora, assim sendo, esse negócio já confere ao comprador uma expectativa jurídica de aquisição do bem, a qual deve ser considerada oponível a terceiros. Trata-se, por isso, de uma expectativa real de aquisição que, por ser inerente à coisa, deve ser incluída no âmbito dos direitos reais[423].

Mas, nesse entendimento, não pode considerar-se o comprador como mero detentor, uma vez que a celebração da compra e venda torna-o possuidor em nome próprio. Esta expectativa real atribui-lhe assim o poder de usar e fruir a coisa, apenas lhe estando vedada a sua disposição por tal ser incompatível com a função de garantia visada com a conservação da propriedade no vendedor.

Assim, tanto o vendedor como o comprador são titulares de situações jurídicas reais, havendo que distribuir o risco de acordo com o proveito

[422] Cfr. Lima Pinheiro, *A cláusula de reserva de propriedade*, Coimbra, Almedina, 1988, pp. 115 e ss.

[423] Neste sentido, a posição expressa por Lima Pinheiro, *loc. cit.*, e Ana Peralta, *A posição jurídica do comprador na compra e venda com reserva de propriedade*, Coimbra, Almedina, 1990, pp. 162 e ss.

que cada um tirava da respectiva situação jurídica. Como o vendedor conservava apenas a propriedade com função de garantia, deve apenas suportar o risco da perda dessa garantia. Pelo contrário, como o comprador já se encontrava a tirar todo o proveito da coisa, é a ele que competirá suportar o risco pela sua perda ou deterioração.

1.2.4. Classificação dos contratos entre sinalagmáticos e não sinalagmáticos

Os contratos são denominados sinalagmáticos ou não sinalagmáticos consoante originem obrigações recíprocas para ambas as partes, ficando assim ambas simultaneamente na posição de credores e devedores, ou não originem essas obrigações[424]. Muitas vezes esta classificação é referida sob as expressões "bilateral" e "unilateral", mas trata-se de expressões que devem ser evitadas para não potenciar confusões com a classificação dos negócios jurídicos em bilaterais e unilaterais.

MENEZES CORDEIRO pretende ainda ser possível autonomizar desta a classificação entre contratos monovinculantes e bivinculantes, consoante apenas uma das partes fique vinculada ou a vinculação exista em relação a ambas. O autor dá como exemplo a situação do contrato-promessa unilateral (art. 411º), em que considera existir sinalagma por implicar prestações correlativas, já que para o contrato definitivo se formar se exige a declaração de ambas as partes. Tratar-se-ia, porém, de um contrato monovinculante, uma vez que "apenas uma das partes deve prestar, se a outra quiser e esta presta quando quiser e caso queira que a outra preste"[425]. Não nos parece, porém, que esta classificação se justifique. Dizer que só uma das partes tem uma obrigação ou dizer que só uma das partes está vinculada é, no fundo, dizer exactamente a mesma coisa. No exemplo do contrato-promessa unilateral parece-nos clara a inexistência de sinalagma, pois só uma das partes tem a obrigação de celebrar o contrato definitivo. A situação do beneficiário da promessa unilateral não corresponde a qualquer obrigação, pois ninguém lhe pode exigir que emita a sua declaração negocial. É verdade que essa declaração é necessária para que o contrato definitivo se forme, mas tal corresponde à mera prática de um acto necessário ao cumprimento da obrigação pela outra parte, cuja não realização envolve apenas mora do credor (art. 813º), não desencadeando a aplicação

[424] Cfr. GERNHUBER, *op. cit.*, § 13, pp. 309 e ss.

[425] Cfr. MENEZES CORDEIRO, *Tratado*, I-1, pp. 461-462.

do regime do incumprimento das obrigações de prestações recíprocas[426]. Não vemos, por isso, que exista base para distinguir a classificação entre contratos monovinculantes e bivinculantes da classificação entre contratos sinalagmáticos e não sinalagmáticos[427].

Os contratos sinalagmáticos opõem-se assim aos não sinalagmáticos. Estes podem ser contratos unilaterais, em que apenas uma das partes assume uma obrigação (como na doação obrigacional, ou na fiança) ou contratos bilaterais imperfeitos, em que uma das partes assume uma obrigação, mas a outra apenas realiza uma prestação em circunstâncias eventuais (como no mandato ou no depósito gratuitos)[428].

A classificação dos contratos entre sinalagmáticos e não sinalagmáticos reconduz-se assim à existência de obrigações recíprocas para ambas as partes do contrato ou apenas para uma delas. Um exemplo de contrato sinalagmático é a compra e venda onde, face ao art. 879º *b)* e *c)*, se pode vislumbrar a existência de obrigações para ambas as partes: a obrigação de entrega da coisa para o vendedor e a obrigação de pagamento do preço para o comprador.

A existência de obrigações recíprocas para ambas as partes implica que o surgimento de cada prestação apareça ligado ao surgimento da outra, que se apresenta assim como sua contraprestação. O surgimento deste

[426] A situação da exigência da declaração do beneficiário da promessa unilateral para o cumprimento desta pode ser comparada com a recepção da prestação no âmbito das prestações de coisa. O devedor não pode cumprir a sua obrigação de entrega se o credor não praticar o acto de recepção da coisa, mas a situação não é de obrigações recíprocas, pois só uma das partes está obrigada.

[427] Em *Tratado*, II-2, pp. 199 e ss., MENEZES CORDEIRO procura replicar a esta crítica, entendendo que um contrato pode ser não sinalagmático, mas envolver adstrições para ambas as partes, acrescentando à promessa unilateral o exemplo da opção, onde pretende existir igualmente sinalagma, em virtude de, se a opção funcionar, o obstante ficar adstrito ao preço e recebe a coisa, considerando-o, porém, monovinculante, uma vez que só uma parte está vinculada. Esta construção oblitera, porém, a dualidade existente entre o contrato preliminar e o contrato definitivo. Enquanto contrato preliminar, a opção é um contrato não sinalagmático. Já a compra e venda, formada em virtude do seu exercício, constitui um contrato sinalagmático. Não faz por isso qualquer sentido falar em contratos monovinculantes sinalagmáticos.

[428] Nos contratos bilaterais imperfeitos podem surgir obrigações para ambas as partes, mas não existe qualquer reciprocidade entre elas. No mandato ou no depósito gratuitos, a lei prevê a possibilidade de surgirem também obrigações para o mandante (art. 1167º *a)*, *c)* e *d)*) ou para o depositante (art. 1199 *b)* e *c)*). Trata-se, porém, de obrigações de surgimento eventual e que não constituem contraprestação da obrigação assumida pela outra parte, o que impede que se fale neste caso em contrato sinalagmático.

nexo entre as duas prestações no momento da celebração do contrato (*do ut des*) denomina-se de *sinalagma genético*.

Do surgimento deste nexo entre as duas obrigações retira a lei como consequência a imposição de uma interdependência entre as duas prestações, que se deve manter durante toda a vida do contrato, estabelecendo-se por isso que uma prestação não deve ser executada sem a outra e que, se uma das prestações se impossibilitar, a outra também se deve extinguir. Esta situação é denominada de *sinalagma funcional* e corporiza-se em vários aspectos do regime dos contratos sinalagmáticos. O primeiro é o de que cada uma das partes pode recusar a sua prestação enquanto a outra não efectuar a que lhe cabe ou não oferecer o cumprimento simultâneo (excepção de não cumprimento do contrato – art. 428º). A segunda é a de que o contraente fiel pode resolver o contrato se a outra parte incumprir a sua obrigação (resolução por incumprimento – art. 801º, nº 2). A terceira é a de que a impossibilitação de uma das prestações extingue o contrato e determina a restituição da outra (caducidade do contrato sinalagmático por impossibilidade – art. 795º, nº 1).

No contrato sinalagmático existe assim um nexo final entre as duas prestações principais do contrato, derivada da estipulação comum do fim de troca das prestações, nexo esse que se designa precisamente por sinalagma e que constitui uma específica estrutura final imanente ao contrato, que integra o seu conteúdo, e ao qual a lei atribui o conteúdo normativo específico que referimos[429]. O fundamento desse nexo não reside, porém, na convenção tácita das partes, mas antes numa exigência de justiça comutativa que veda o desequilíbrio contratual que seria gerado pela realização apenas de uma das prestações, sem que a outra fosse igualmente realizada[430].

1.2.5. Classificação dos contratos entre onerosos e gratuitos

Uma outra importante classificação é aquela que distingue os contratos entre contratos onerosos e contratos gratuitos. O contrato diz-se *oneroso* quando implica atribuições patrimoniais para ambas as partes e *gratuito* quando implica atribuições patrimoniais para apenas uma delas. Assim, a compra e venda (art. 874º) é um contrato oneroso, porque ambas as partes realizam atribuições patrimoniais, abdicando o comprador do preço e o vendedor da coisa. Pelo contrário, a doação (art. 940º) e o comodato (art.

[429] Cfr. GERNHUBER, *op. cit.*, § 13 II 1, pp. 313 e ss.

[430] Cfr. GALVÃO TELLES, *Obrigações*, p. 451.

1129º) são contratos gratuitos, porque só uma das partes realiza atribuições patrimoniais. Certos contratos como o mútuo, o mandato e o depósito podem ser tanto onerosos como gratuitos (cfr. arts. 1145º, 1158º e 1186º).

A classificação entre contratos onerosos e gratuitos não se confunde com a classificação anterior entre contratos sinalagmáticos e não sinalagmáticos. Um contrato pode ser oneroso e não ser sinalagmático como sucede com o mútuo oneroso que, apesar de implicar atribuições patrimoniais para ambas as partes (cedência do capital e pagamento dos juros), só faz surgir obrigações para o mutuário (restituir o capital e os juros). Efectivamente, os contratos reais *quoad constitutionem* podem ser onerosos, não sendo sinalagmáticos, quando a atribuição patrimonial de uma das partes não consiste na assunção de uma obrigação mas antes coincide com a celebração do contrato. Mas já os contratos sinalagmáticos são sempre onerosos, uma vez que, ao gerarem obrigações recíprocas para ambas as partes, implicam sempre atribuições patrimoniais para ambas.

A qualificação dos contratos entre onerosos e gratuitos pode, porém, colocar problemas especiais no caso de o contrato instituir relações triangulares, umas vez que, colocando-se a distinção entre a onerosidade e a gratuitidade em termos de existir ou não contrapartida pela prestação realizada, numa dessas relações essa contrapartida pode existir e na outra a contrapartida respectiva faltar. Assim, por exemplo, no caso do contrato a favor de terceiro (art. 443º), o promitente que realiza a prestação ao terceiro não recebe qualquer contrapartida deste, mas pode vir a recebê-la do promissário. Daqui resulta que a onerosidade e gratuitidade são conceitos de relação, tendo por base as atribuiçoes patrimoniais realizadas e não os sujeitos do contrato. Neste sentido, quando o contrato institui uma relação triangular pode ser simultaneamente oneroso e gratuito[431].

Os contratos gratuitos diferenciam-se normalmente dos contratos onerosos em termos de regime pela maior protecção que conferem à parte que realiza a atribuição patrimonial. Essa maior protecção estabelece-se, em primeiro lugar, pelo facto de a constituição do contrato gratuito muitas vezes exigir um processo mais complexo do que a correspondente constituição do contrato oneroso[432]. Em segundo lugar, pelo facto de estes

[431] Cfr. ANTUNES VARELA, *Ensaio*, pp. 131 e ss. e GALVÃO TELLES, *Obrigações*, p. 97.

[432] Compare-se a forma de doação de coisas móveis (art. 947º, nº 2), com a da correspondente venda (art. 219º), bem como a exigência da tradição no comodato (art. 1129º), ao contrário do que sucede na locação (art. 1022º).

contratos serem objecto de um regime mais favorável no que respeita à responsabilidade por perturbações da prestação[433]. Em terceiro lugar, pelo facto de estes contratos normalmente admitirem formas mais alargadas de extinção do que os contratos onerosos[434]; e, em quarto lugar, pelo facto de, em caso de dúvida, a interpretação destes contratos ser realizada acordo com o sentido menos gravoso para o disponente[435] [436].

1.2.6. Classificação dos contratos entre comutativos e aleatórios

Uma outra classificação dos contratos distingue entre contratos comutativos e aleatórios. Esta classificação é restrita aos contratos onerosos, uma vez que toma sempre por base a possibilidade de existência de duas atribuições patrimoniais[437]. O contrato diz-se *comutativo*, quando ambas as atribuições patrimoniais se apresentem como certas e diz-se *aleatório*, quando, pelo menos, uma das atribuições patrimoniais se apresente como incerta, quer quando à sua existência (*an*), quer quanto ao seu conteúdo (*quantum*).

Exemplos de contratos aleatórios são os contratos de jogo e aposta (cfr. art. 1245º), de renda vitalícia (art. 1238º) e de seguro (arts. 425º e ss. CCom.). Em todos estes casos, o contrato fica dependente de uma álea, ou seja, de um risco específico, que pode residir na incerteza da verificação de um facto (*incertus an*), ou na incerteza do momento dessa verificação (*certus an, incertus quando*). Essa álea pode ser ainda bilateral, quando ambas as atribuições patrimoniais se apresentem como incertas, ou unilateral, quando uma das partes está sujeita a uma atribuição patrimonial certa, sendo incerta apenas a atribuição patrimonial da contraparte. Como exemplo da primeira situação, temos os contratos de jogo e aposta, com excepção da lotaria. Como exemplo da segunda situação, surgem-nos, além da lotaria, os contratos de seguro e de renda vitalícia.

[433] Compare-se os art. 956º e 957º, relativos à doação, com os arts. 892º e ss., 905º e 913º e ss., relativos à compra e venda; o art. 1134º, relativo ao comodato, com os arts. 1032º e ss., relativos à locação; e o art. 1151º, apenas aplicável ao mútuo gratuito.

[434] Cfr. os arts. 970º e ss., relativos à doação e os arts. 1140º e ss., relativos ao comodato.

[435] Cfr. o art. 237º.

[436] Cfr. STEFAN GRUNDMANN, "Zur Dogmatik der unentgeltlichen Rechtsgeschäfte", em *AcP* 198 (1998), pp. 457-488.

[437] GALVÃO TELLES, *Manual dos contratos em geral*, 4ª ed., Coimbra, Coimbra, 2002, pp. 482 e ss., qualifica os contratos aleatórios como contratos onerosos *sui generis*, em que a onerosidade não resulta da reciprocidade de atribuições, mas de expectativas e riscos.

1.2.7. Contratos nominados e inominados. Contratos típicos e atípicos

Uma outra classificação de contratos é aquela que distingue entre contratos nominados e inominados e típicos ou atípicos[438]. O contrato diz-se *nominado*, quando a lei o reconhece como categoria jurídica através de um *nomen iuris*. Pelo contrário, o contrato diz-se *inominado*, quando a lei não o designa através de um *nomen iuris*, não o reconhecendo assim nas suas categorias contratuais. A integração do contrato entre as categorias legais opera-se através da sua qualificação e depende da circunstância de os elementos principais do contrato corresponderem aos elementos principais do tipo legal, independentemente de a vontade das partes ir ou não ao encontro dessa qualificação[439].

Esta classificação não se confunde com outra classificação, entre contratos típicos e atípicos. O contrato diz-se *típico*, quando o seu regime se encontra previsto na lei, sendo *atípico*, quando tal não sucede.

Os contratos nominados podem ser típicos e atípicos. O contrato inominado é sempre atípico[440]. Assim, a compra e venda (arts. 874º e ss.) ou a doação (arts. 940º e ss.) são contratos nominados e típicos, uma vez que, além de possuirem um nome, têm estabelecido um regime jurídico na lei. Outros contratos, como a hospedagem, são contratos nominados e atípicos, pois apesar de a lei os reconhecer como categorias jurídicas (cfr., para a hospedagem, art. 755º *b)*) não estabelece qual o seu regime. Se as partes celebrarem um contrato que a lei desconheça por completo, tratar-se-á de um contrato inominado e atípico.

A atipicidade legal pode, porém, ocorrer relativamente a certos contratos que, apesar de não estarem regulados na lei, são amplamente conhecidos na prática jurídica, levando que pela sua simples designação as partes identifiquem um regime, que essa prática teria vindo a impor. Fala-se nes-

[438] Cfr. GERNHUBER, *op. cit.*, § 7 IV, pp. 152 e ss.

[439] Cfr. GERNHUBER, *op. cit.*, § 7 IV, pp. 153.

[440] Não julgamos possível a lei estabelecer um regime para certo contrato, sem lhe atribuir qualquer designação, pelo que não poderá haver contratos inominados típicos. Em sentido contrário, veja-se PESSOA JORGE, *Obrigações*, 1º, p. 158 e MENEZES CORDEIRO, *Tratado*, I-1, p. 473 e II-2, p. 190, e nota (601). Os exemplos dados por este último autor relativamente ao "contrato de usufruto" ou ao "contrato de servidão", previstos nos arts. 1445º e 1564º, não nos parecem minimamente convincentes. Não se trata neste caso de contratos, mas de títulos constitutivos de direitos reais. Quanto aos contratos pelos quais se constituem esses direitos, eles poderão ser nominados e típicos (compra e venda ou doação) ou inominados, caso em que serão necessariamente atípicos.

ses casos em tipicidade social, a qual, normalmente, acaba por desencadear um posterior reconhecimento do contrato pelo legislador. É o que sucede presentemente com os contratos de concessão comercial e de franquia (*franchising*). Nos contratos socialmente típicos poderá eventualmente admitir-se a existência de verdadeiros tipos jurídicos, sempre que a prática social reiterada, ligada à convicção de obrigatoriedade, tenha feito surgir verdadeiras normas de direito consuetudinário a estabelecer a regulação desses contratos. Nos outros casos, o regime do contrato atípico apenas poderá ser estabelecido através da aplicação das normas gerais dos contratos e da aplicação analógica das normas não excepcionais relativas a contratos próximos do contrato atípico[441].

1.2.8. Contratos mistos

Uma categoria importante no âmbito dos contratos diz respeito aos contratos mistos[442]. Denomina-se de contrato misto aquele que reúne em si regras de dois contratos total ou parcialmente típicos[443], assumindo-se dessa forma como um contrato atípico, por não corresponder integralmente a nenhum tipo contratual regulado por lei. Como, porém, a sua atipicidade resulta da adopção de regras de dois ou mais contratos típicos põe-se um problema de conflito entre regimes aplicáveis, o que justifica a autonomização do contrato misto, em função das questões jurídicas que suscita.

É possível distinguir as seguintes categorias de contratos mistos:

- Contratos múltiplos ou combinados;
- Contratos de tipo duplo ou geminados;
- Contratos mistos *stricto sensu*, cumulativos ou indirectos;
- Contratos complementares.

[441] Cfr. Galvão Telles, *Obrigações*, p. 85. Cfr., ainda Helena Brito, *O contrato de concessão comercial*, Coimbra, Almedina, 1990, pp. 218 e ss., Pais de Vasconcelos, *Contratos atípicos*, Coimbra, Almedina, 1995, pp. 315 e ss., e Rui Pinto Duarte, *Tipicidade e atipicidade dos contratos*, Coimbra, Almedina, 2000, pp. 131 e ss.

[442] Cfr. Gernhuber, *op. cit.*, § 7 V, pp. 157 e ss. Entre nós, veja-se especialmente Francisco Manuel de Brito Pereira Coelho, *Contratos complexos e complexos contratuais*, Coimbra, Coimbra Editora, 2014, pp. 227 e ss. e também Carlos Ferreira de Almeida, *Contratos, II- Conteúdo. Contratos de troca*, 4ª ed., Coimbra, Almedina, 2016, pp. 23 e ss.

[443] O art. 405º, nº 2, refere expressamente a exigência da reunião no mesmo contrato de"regras de dois ou mais negócios, total ou parcialmente regulados na lei". Consequentemente, se a reunião se fizer entre regras de um contrato regulado na lei com as de outro que o não esteja, teremos um contrato parcialmente típico, mas não um contrato misto.

Contratos múltiplos ou combinados são aqueles em que as partes estipulam que uma delas deve realizar prestações correspondentes a dois contratos típicos distintos, enquanto a outra realiza uma única contraprestação comum. Como exemplo teríamos a situação de alguém vender um automóvel a outrem e simultaneamente se comprometer a conduzi-lo, contra uma única contraprestação (compra e venda e prestação de serviços).

Contratos de tipo duplo ou geminados, correspondem àqueles contratos em que uma parte se encontra obrigada a uma prestação típica de certo tipo contratual, enquanto que a contraparte se encontra obrigada a uma contraprestação oriunda de outro tipo contratual. Como exemplo, teríamos a situação de alguém arrendar uma casa contra a obrigação da outra parte de realizar serviços de limpeza do prédio (arrendamento e prestação de serviços). Surgem neste contrato uma prestação típica do contrato de arrendamento (a cedência do gozo de um imóvel) e uma prestação típica do contrato de prestação de serviços (o resultado do trabalho manual), mas não surgem as contraprestações típicas destes contratos (renda e retribuição), ocorrendo assim uma situação de contrato misto.

Contratos mistos stricto sensu, cumulativos ou indirectos correspondem àqueles contratos em que é usada uma estrutura própria de um tipo contratual para preencher uma função típica de outro tipo contratual. Como exemplo temos a situação de alguém vender uma casa pelo preço de 1000 euros. A estrutura utilizada é típica do contrato de compra e venda (transferência de uma coisa contra um preço), mas o preço é tão baixo, que assume cariz meramente simbólico, desempenhando por isso o contrato a função própria da doação (realização de uma liberalidade).

Contratos complementares são aqueles em que são adoptados os elementos essenciais de um determinado contrato, mas aparecem acessoriamente elementos típicos de outro ou outros contratos. Como exemplo, teríamos a venda de um automóvel com a obrigação acessória de o vendedor realizar a manutenção do veículo (compra e venda e prestação de serviços acessória).

Nos contratos mistos coloca-se com muita frequência a questão da determinação de qual o regime que lhes deve ser aplicado, uma vez que as partes, ao reunirem no mesmo contrato regras de dois ou mais negócios total ou parcialmente regulados na lei, provocam sempre um conflito de regimes legais potencialmente aplicáveis. Daí que a doutrina tenha apontado as seguintes soluções para resolução desta questão:

- a teoria da absorção, defendida por LOTMAR[444];
- a teoria da combinação, defendida por RÜMELIN[445] e HOENIGER[446];
- a teoria da analogia, defendida por SCHREIBER[447].

A *teoria da absorção* vem defender que o conflito de regimes contratuais suscitado pelos contratos mistos deve ser resolvido pela opção a favor de um único regime contratual – o que se pudesse considerar predominante – o qual absorveria as regulações respeitantes aos outros tipos contratuais.

A *teoria da combinação* vem, por outro lado, sustentar que o conflito entre os regimes contratuais não deve ser resolvido pela opção a favor de um deles, mas antes se deve realizar uma aplicação combinada dos dois regimes.

Finalmente, a *teoria da analogia* vem sustentar que o conflito de regimes contratuais deve implicar a não aplicação de qualquer deles, configurando-se por isso o contrato misto como um contrato integralmente atípico, não regulado por qualquer tipo contratual, mas apenas pela parte geral do Direito das Obrigações, e sendo as questões do seu regime consideradas por isso como lacunas da lei, a resolver através da integração analógica, com base na norma mais próxima em termos de situação de interesses e fim da lei.

A nossa doutrina tem hesitado sobre a solução a aplicar. GALVÃO TELLES sustentou que os contratos múltiplos ou combinados e de tipo duplo ou geminados se deveriam reger pela teoria da combinação, enquanto os contratos cumulativos ou indirectos e os contratos complementares se deveriam reger pela teoria da absorção[448]. ANTUNES VARELA propugnou que, sempre que a lei não estabeleça um regime para o contrato misto, não seria de adoptar uma solução em abstracto, havendo antes que ponderar em concreto, perante cada contrato misto, se o seu regime deveria ser estabelecido através da absorção ou da combinação[449]. ALMEIDA COSTA faz apelo aos critérios de integração dos negócios jurídicos (art.

[444] Cfr. PHILIPP LOTMAR, *Der Arbeitsvertrag nach dem Privatrecht des deutschen Reiches*, I, Leipzig, 1902, pp. 176.

[445] Cfr. GUSTAV RÜMELIN, *Dienstvertrag und Werkvertrag*, Tübingen, 1905, pp. 320 e ss.

[446] Cfr. HEINRICH HOENIGER, *Die gemischte Verträge in ihren Grundformen*, Mannheim/Leipzig, 1910, pp. 354 e ss.

[447] Cfr. OTTO SCHREIBER "Gemischte Verträge im Reichsschuldrecht", em *JhJb* 60 (1912), pp. 106-228 (118 e 209 e ss.).

[448] Cfr. GALVÃO TELLES, *Manual dos contratos*, pp. 474 e ss. e *Obrigações*, pp. 86-87.

[449] Cfr. ANTUNES VARELA, *Obrigações*, I, pp. 290 e ss.

239º), mas sustenta que deve ser em primeiro lugar averiguada a possibilidade de aplicação analógica da disciplina de algum ou alguns contratos típicos, o que corresponde à teoria da analogia[450]. MENEZES CORDEIRO defendeu inicialmente uma aplicação menos rígida da solução proposta por GALVÃO TELLES, entendendo, à semelhança de ANTUNES VARELA, que a ponderação concreta de cada contrato misto poderá ditar uma solução diferente da resultante daquele modelo abstracto[451]. Mais tarde, veio, porém, propugnar a aplicação preferencial da teoria da absorção, admitindo subsidiariamente o recurso à combinação ou à analogia quando a aplicação daquela teoria seja afastada por normas injuntivas, vontade das partes em contrário ou se torne inviável[452]. FERREIRA DE ALMEIDA defende a resolução primordial das questões através da interpretação contratual e da integração de lacunas, defendendo, quando tal seja insuficiente, a combinação cumulada de regimes[453].

A nosso ver, apenas a teoria da analogia merece um afastamento liminar. Efectivamente, defender a exclusão simultânea da aplicação das regras dos dois regimes implica desvirtuar a natureza do contrato misto, que passa a ser considerado um contrato totalmente atípico, o que não corresponde à sua natureza, que é antes a da reunião de regras de dois negócios total ou parcialmente típicos. Para além disso, a teoria acaba por não fornecer uma solução precisa, não indicando as normas a aplicar, mas apenas por se pronunciar sobre a fundamentação da sua aplicação, que seria a integração analógica e não a aplicação directa. Esta constitui, porém, uma questão de segundo plano no âmbito dos contratos mistos[454].

A alternativa colocar-se-á assim entre as teorias da absorção e da combinação.

Um critério indicador importante consiste em averiguar a solução ditada para as situações de contratos mistos regulados na lei, como sucede no domínio do arrendamento. Assim, o art. 1065º, perante uma hipótese de um contrato misto de arrendamento e aluguer, vem determinar a qualificação de todo o preço locativo como renda e a sua sujeição ao regime do arrendamento urbano, o que corresponde a uma aplicação da teoria da absorção.

[450] Cfr. ALMEIDA COSTA, *Obrigações*, pp. 375-377.
[451] Cfr. MENEZES CORDEIRO, *Obrigações*, 1º, p. 428.
[452] Cfr. MENEZES CORDEIRO, *Tratado*, II-2, pp. 245 e ss.
[453] Cfr. CARLOS FERREIRA DE ALMEIDA, *Contratos*, II, p. 24.
[454] Cfr. GERNHUBER, *op, cit.*, § 7 V 4, p. 163.

A teoria da absorção é também aplicada no art. 1066º que perante um contrato de arrendamento que envolva parte rústica e parte urbana, manda aplicar apenas o regime do arrendamento urbano se essa for a vontade dos contraentes, atendendo, na dúvida, ao fim principal do contrato e à renda atribuída a cada uma das partes. Já o art. 1028º, referente à locação com pluralidade de fins, manda aplicar os dois regimes se não houver a subordinação de uns fins a outros (teoria da combinação) ou um único regime, se um dos fins for principal e os outros subordinados (teoria da absorção).

Destas soluções pode tentar extrair-se um critério geral. Assim, sempre que na economia do contrato misto, os elementos pertencentes a um dos contratos assumirem preponderância, deve ser aplicado essencialmente o regime desse contrato, o que corresponde à teoria da absorção. Se, porém, não for possível estabelecer essa preponderância, a solução já deve ser antes a aplicação simultânea dos dois regimes, o que corresponde à teoria da combinação. Face a este critério parece que tendencialmente os contratos múltiplos e combinados e os contratos de tipo duplo ou geminados se regerão pela teoria da combinação e os contratos cumulativos ou indirectos e os contratos complementares pela teoria da absorção. Poderá, porém, em certos casos, a averiguação da economia do contrato misto indicar uma importância relativa dos elementos pertencentes aos diversos contratos diferente desta solução, o que justifica o seu cariz tendencial.

1.2.9. A união de contratos

Dos contratos mistos deve ser distinguida a figura da união de contratos. No contrato misto, ainda que se recolham elementos de vários tipos contratuais, existe um único contrato, já que esses elementos se dissolvem para formar um contrato único. Na união de contratos, pelo contrário, essa dissolução não ocorre, verificando-se antes a celebração conjunta de diversos contratos, unidos entre si. Assim, a união de contratos permite que cada contrato mantenha a sua autonomia, possibilitando a sua individualização em face do conjunto. Como, porém, existe alguma ligação entre os diversos contratos, esse nexo justifica que se fale, não em vários contratos, mas em união de contratos.

São admitidas as seguintes formas de união de contratos:

- união externa;
- união interna;
- união alternativa.

Fala-se em *união externa* quando a ligação entre os diversos contratos resulta apenas da circunstância de serem celebrados ao mesmo tempo, já que as partes não estabeleceram qualquer nexo de dependência entre os diversos contratos. Assim, se alguém vai a um café e pede simultaneamente um maço de cigarros, um café e um bolo, existem três contratos, mas cada um conserva a sua autonomia entre si, só existindo a união de contratos pelo facto de os três contratos serem celebrados ao mesmo tempo.

Na *união interna*, pelo contrário, os dois contratos apresentam-se ligados entre si por uma relação de dependência, já que na altura da sua celebração uma das partes estabeleceu que não aceitaria celebrar um dos contratos sem o outro. Essa dependência pode ser unilateral quando apenas um dos contratos depende do outro, ou bilateral, quando ambos os contratos se encontram dependentes entre si. Em qualquer caso, as partes querem um dos contratos, ou ambos, como associados economicamente, pelo que a validade e a vigência de um ou de ambos os contratos ficará dependente da validade e vigência do outro. Como exemplo, pensemos na situação de alguém determinar que só adquire determinado computador se simultaneamente lhe for vendida uma impressora.

Finalmente, na *união alternativa*, as partes declaram pretender ou um ou outro contrato, consoante ocorrer ou não a verificação de determinada condição. A verificação da condição implica assim a produção de efeitos de um dos contratos, ao mesmo tempo que exclui a produção de efeitos do outro. Os contratos encontram-se, por isso, numa fase inicial unidos entre si, mas essa união é meramente ocasional e virá a ser resolvida a favor da permanência apenas de um dos contratos. Como exemplo, pense-se na hipótese de determinado trabalhador celebrar dois contratos de arrendamento, um em Lisboa e outro no Porto, com a condição de só vigorar o arrendamento se for estabelecido pela sua entidade patronal o seu local de trabalho na respectiva cidade, coisa que ainda não sabe. Temos, provisoriamente, uma situação de união alternativa de contratos, que se dissolverá, com a extinção de um dos contratos, no momento em que se souber em qual dos dois locais o trabalhador foi colocado.

1.3. Os contratos preliminares

1.3.1. Generalidades. Distinção entre contratos preliminares e contratação mitigada

Denominam-se contratos preliminares aqueles contratos cuja execução pressupõe a celebração de outros contratos. Neste âmbito, adquirem relevância especial o contrato-promessa (arts. 410º e ss.) e o pacto de preferência (arts. 414º) onde se verifica, respectivamente a assunção da obrigação de celebração de um futuro contrato, ou da obrigação de dar preferência a outrem na celebração de um contrato futuro.

Muitas vezes, porém, ocorrem situações em que falta esta efectiva vinculação a uma obrigação, embora as partes assumam certos compromissos durante a fase das negociações, o que corresponde ao fenómeno que Menezes Cordeiro designa por contratação mitigada[455]. Estarão neste caso situações como a das cartas de intenção, o acordo de negociação, o acordo de base, o acordo-quadro e o protocolo-complementar.

As *cartas de intenção* (*letters of intent*) corresponderiam à expressão da intenção de celebração de um contrato futuro, sem assunção de uma obrigação nesse sentido. Já os *acordos de negociação* corresponderiam à definição dos parâmetros em que devem decorrer as negociações, expressando a intenção de as prosseguir. No *acordo de base*, as partes referem o acordo existente sobre os pontos essenciais, embora as negociações prossigam para acertar questões complementares. No *acordo-quadro* (*Rahmensvertrag*), as partes numa negociação que envolve múltiplos contratos estabelecem um enquadramento comum a todos eles. Já o *protocolo complementar* (*side-letter*) consiste na celebração de uma convenção acessória de um determinado contrato, visando a sua complementação.

Sempre que dos compromissos acima referidos não resulte a assunção de uma obrigação de contratar, a responsabilidade só poderá ser estabelecida com base na *culpa in contrahendo* (art. 227º), servindo, no entanto, esses compromissos para acentuar a situação de confiança assim criada. Sempre

[455] Cfr. Menezes Cordeiro, *Das cartas de conforto no Direito Bancário*, Lisboa, Lex, 1993, pp. 21-23, e *Tratado*, I-1, pp. 532 e ss. De acordo com a sua lição, na contratação mitigada existe uma situação em que as partes já estabelecem vínculos entre si, mas de conteúdo fluido, tendo em vista uma futura negociação. Sobre o tema, cfr. ainda João Calvão da Silva, "Negociação e formação de contratos (Parecer)", em ID, *Estudos de Direito Civil e Processo Civil (Pareceres)*, Coimbra, Almedina, 1996, pp. 41-78, Eduardo Santos Júnior, "Acordos intermédios: entre o início e o termo das negociações para a celebração de um contrato", na *ROA* 57 (1997), pp. 565-604 = AAVV, *Estudos em Homenagem ao Banco de Portugal, 150º aniversário (1846-1996)*, Lisboa, Banco de Portugal, 1998, pp. 215-249, Menezes Leitão, "Negociações e responsabilidade pré-contratual nos contratos comerciais internacionais", na *ROA* 60 (2000), pp. 49-71 e em AAVV, *Estudos em Homenagem ao Professor Doutor Manuel Gomes da Silva*, Lisboa, FDL, Coimbra Editora, 2001, pp. 765-788 e Carneiro da Frada, *Teoria da confiança e responsabilidade civil*, Coimbra, Almedina, 2004, pp. 537 e ss., nota (566).

que, porém, exista uma obrigação de contratar assumida pelas partes, já se estará perante um contrato-promessa, que poderá ter por objecto outro contrato-promessa, caso em que se aplicará naturalmente o regime da execução específica do contrato, sempre que a isso não se oponha a natureza da obrigação assumida[456].

Por vezes, no entanto, na contratação mitigada a vinculação vai mais longe do que uma obrigação de contratar, procedendo logo à regulação efectiva dos contratos futuros. É manifestamente o que sucede no acordo-quadro em que as partes, ao estipularem antecipadamente um enquadramento comum para toda uma série de contratos futuros, não estabelecem uma obrigação de contratar, mas antes determinam logo o conteúdo de futuros contratos, tornando-se essa estipulação eficaz logo que o futuro contrato é celebrado, sem necessidade de qualquer referência ao acordo-quadro[457].

1.3.2. O contrato-promessa

1.3.2.1. Noção e regime aplicável. O princípio da equiparação

De acordo com a definição prevista no art. 410º, nº 1, o contrato-promessa é a convenção pela qual alguém se obriga a celebrar novo contrato[458]. Estamos assim perante um contrato preliminar de outro contrato que, por sua vez, se designa de contrato definitivo. O contrato-promessa caracteriza-se especificamente pelo seu objecto, uma obrigação de contratar, a qual pode ser relativa a qualquer outro contrato.

A celebração de contratos-promessa apresenta-se como muito frequente na actual vida económica. Efectivamente, em muitas situações as partes

[456] Neste sentido, veja-se MENEZES CORDEIRO, *Tratado*, I-1, p. 534 e nota (1413). Concordamos com a crítica do autor ao interessante caso referido no Ac. STJ 24/10/1995 (TORRES PAULO), em *BMJ* 450 (1995), 443-468, uma vez que o caso aí referido representa uma situação de uma promessa de contrato-promessa, devendo a taxa de inscrição ser qualificada como sinal. Não haveria, assim, obstáculos a que fosse concedida a execução específica para formação de um novo contrato-promessa prometido, embora já não o fosse para um contrato definitivo.

[457] Cfr. LARENZ, *Schuldrecht*, I, p. 88 e FIKENTSCHER/HEINEMANN, *Schuldrecht*, § 23, nº 136, p. 84.

[458] Cfr. ANTUNES VARELA, *Sobre o contrato-promessa*, 2ª ed., Coimbra, Coimbra Editora, 1989, ALMEIDA COSTA, *Contrato-promessa. Uma síntese do regime vigente*, 8ª ed., Coimbra, Almedina, 2004, CALVÃO DA SILVA, *Sinal e Contrato-Promessa*, 12ª ed., Coimbra, Almedina, 2008, *O contrato-promessa e o seu regime civil*, Coimbra, Almedina, 1995, e FERNANDO DE GRAVATO MORAIS, *Contrato-promessa em geral. Contratos-promessa em especial*, Coimbra, Almedina, 2009.

iniciam negociações para a conclusão de um contrato, e chegam a acordo relativamente a essa celebração, mas não querem ou não podem por algum motivo realizá-la naquele momento (pode, por exemplo, o contrato definitivo exigir escritura pública e não haver possibilidade de a efectuar imediatamente). Nesses casos, em lugar de celebrar logo o contrato definitivo, as partes podem comprometer-se à sua celebração, assumindo uma obrigação nesse sentido. Essa obrigação tem por objecto a emissão de uma declaração negocial, podendo por isso ser caracterizada como uma prestação de facto jurídico.

O contrato-promessa pode assim qualificar-se como um contrato preliminar que tem por objecto a celebração de um outro contrato, o contrato prometido. Constitui, no entanto, uma convenção autónoma deste, uma vez que se caracteriza normalmente por ter eficácia meramente obrigacional, mesmo que o contrato definitivo tenha eficácia real[459].

Apesar desta autonomia entre os dois contratos, a lei não deixou de sujeitar, em princípio, o contrato-promessa ao mesmo regime do contrato definitivo (cfr. art. 410º, nº 1). É o que se denomina de *princípio da equiparação*. Efectua-se uma extensão do regime do contrato definitivo ao contrato-promessa, sujeitando-se este, em princípio, às mesmas regras que vigoram para o contrato definitivo. Assim, por exemplo, se a lei proíbe a venda a filhos e netos (art. 877º), naturalmente que também proibirá a celebração de contratos-promessa entre ambos, ou se lei determina um critério supletivo para a determinação do preço na compra e venda (art. 883º), naturalmente que esse critério é também aplicável para a determinação do preço por que se promete vender[460].

O princípio da equiparação é, no entanto, objecto de duas importantes excepções (art. 410º, nº 1):

1) as disposições relativas à forma;
2) as disposições que pela sua razão de ser não devam considerar-se extensivas ao contrato-promessa.

Relativamente à primeira excepção, dela resulta que a forma do contrato-promessa não seja necessariamente a mesma do contrato definitivo,

[459] A eficácia real do próprio contrato-promessa constitui um caso particular, de que falaremos infra.

[460] Cfr. Ribeiro de Faria, *Obrigações*, I, pp. 254-255.

o que permite que ao contrato-promessa seja atribuída uma forma menos solene do que a que seria exigida para o contrato definitivo.

Já quanto à segunda excepção, ela implica o afastamento de todas as disposições relativas ao contrato-prometido, justificadas em função da configuração deste, e que não se harmonizem com a natureza do contrato-promessa.

Assim, por exemplo, o art. 879º refere-nos que a compra e venda tem como efeitos essenciais a transmissão da propriedade da coisa, a obrigação de o vendedor a entregar e a obrigação de o comprador pagar o respectivo preço. Nenhum destes efeitos pode ser estendido em relação ao contrato-promessa, já que dele resulta apenas a obrigação de celebrar um novo contrato (art. 410º, nº 1).

Da mesma forma, o regime das perturbações da prestação no contrato de compra e venda não se estende ao contrato-promessa. Daí que, embora a venda de bens alheios seja nula sempre que o vendedor careça de legitimidade para a realizar (art. 892º), o contrato-promessa de venda de bens alheios é válido já que, estando em causa uma mera obrigação de contratar, não se exige em relação ao promitente-vendedor qualquer requisito de legitimidade[461]. Da mesma forma, se a lei veda que um dos cônjuges possa isoladamente proceder à alienação, oneração, arrendamento ou constituição de outros direitos pessoais de gozo sobre imóveis próprios ou comuns (art. 1682º-A, nº 1 *a*)), não lhe estará, por isso, vedada a celebração de contratos-promessa relativos aos mesmos imóveis[462], uma vez que estes se limitam a constituir obrigações e cada um dos cônjuges não está impedido de contrair dívidas sem o consentimento do outro (art. 1690º, nº 1)[463]. Para além disso, se não é possível vender simultaneamente o mesmo bem a duas pessoas, já não há qualquer obstáculo à celebração de dois contratos-promessa incompatíveis sobre o mesmo bem, uma vez que há apenas a constituição de dois direitos de crédito, os quais não se hierarquizam entre si pela data da constituição, mas antes concorrem simultaneamente sobre o património do devedor (art. 604º, nº 1).

[461] Exige-se a legitimidade para a alienação ou oneração de direitos reais, mas não em relação à constituição de obrigações. Quem não tenha bens não está por isso impedido de contrair dívidas.

[462] Cfr., neste sentido, o Ac. RC 30/1/2001 (EDUARDO ANTUNES), na *CJ* 26 (2001), 1, pp. 24-28.

[463] Já estará, no entanto, vedado ao cônjuge efectuar a tradição da coisa a que se refere o contrato-prometido (art. 442º, nº 2, *in fine*), uma vez que tal implica a constituição de um direito pessoal de gozo sobre o imóvel.

1.3.2.2. Modalidades de contrato-promessa

O contrato-promessa pode, por sua vez, ser classificado em contrato-promessa unilateral ou bilateral, consoante apenas uma das partes se vincule à celebração do contrato-futuro ou essa vinculação ocorra para ambas as partes. Como exemplo de contrato-promessa bilateral, teríamos o caso de alguém prometer vender a outrem determinado imóvel por certo preço e esse outrem, simultaneamente, se comprometer a comprar-lho. Como exemplo de contrato-promessa unilateral, teríamos o caso de alguém se comprometer, da mesma forma, a vender o imóvel por um certo preço, mas a outra parte não se comprometer a comprar-lho, ficando livre de o fazer ou não.

O contrato-promessa unilateral pode ser remunerado, o que sucede sempre que a outra parte assuma a obrigação de pagar ao promitente determinada quantia como contrapartida pelo facto de se manter durante certo tempo vinculado à celebração de um contrato (preço de imobilização)[464]. Em qualquer caso, no contrato-promessa unilateral, a lei considera que o direito à celebração do contrato definitivo apenas deve poder ser exercido dentro de um prazo limitado, pelo que, sempre que as partes não o estipulem, é possível ao promitente fixar à outra parte um prazo para o exercício do direito, findo o qual este caducará (art. 411º).

1.3.2.3. Forma do contrato-promessa

Conforme se salientou, a forma do contrato-promessa é precisamente um dos campos não abrangidos pelo princípio da equiparação de regime com o contrato definitivo (art. 410º, nº 1). Relativamente à forma, o contrato-promessa segue, por esse motivo, o regime geral, que se baseia precisamente na liberdade de forma (art. 219º).

Há, no entanto, uma importante excepção, referida no art. 410º, nº 2, que nos refere que quando a lei exige um documento, autêntico ou particular, para o contrato prometido é também exigido documento para o contrato-promessa, bastando, porém, um documento particular, ainda que o contrato prometido exija um documento autêntico. Assim, o contrato-promessa de compra e venda de um imóvel, sujeita por lei a escritura pública ou documento particular autenticado (art. 875º), pode realizar-se por simples documento particular. A exigência de forma escrita para o

[464] Cfr. sobre esta figura, ANTUNES VARELA, *Sobre o contrato-promessa*, pp. 22 e ss.

contrato-promessa não é naturalmente preenchida com a simples outorga de um recibo de sinal[465].

Nos termos do art. 410º, nº 2, o referido documento tem que ser apenas assinado pela parte que se vincula à celebração do contrato definitivo. Assim, se o contrato-promessa for unilateral, só terá que ser assinado pelo promitente, apenas se exigindo a assinatura de ambos nos contratos-promessa bilaterais. É controvertida a solução a adoptar no caso de se tratar de uma promessa unilateral remunerada, mas parece que deverá entender-se que apenas terá que ser assinada pela parte que assume a obrigação de contratar[466].

Uma questão que tem igualmente suscitado bastante controvérsia desde a entrada em vigor do Código Civil tem sido a de averiguar se o contrato-promessa bilateral, que seja assinado apenas por um dos promitentes, pode ser válido como promessa unilateral, permitindo a subsistência da obrigação por parte de quem assinou o documento. A doutrina tem-se dividido sobre esta questão[467], podendo ser assinaladas as seguintes posições principais:

a) a tese da transmutação automática desse contrato em promessa unilateral;
b) a tese da nulidade total do contrato;
c) a tese da conversão;
d) a tese da redução.

A ideia de que, caso faltasse ao contrato-promessa bilateral a assinatura de uma das partes, ele valeria automaticamente como promessa unilateral, veio a ser sufragada numa primeira fase pelo Supremo Tribunal de Justiça, em sucessivos acórdãos tirados entre 1972 e 1977[468].

[465] Neste sentido, cfr. Ac. RC 5/2/2002 (HÉLDER ROQUE), em *CJ* 27 (2002), 1, pp. 26-29.

[466] Uma vez que só em relação a esta obrigação se colocam as exigências de forma do art. 410º, nº 2. Neste sentido, veja-se ALMEIDA COSTA, *Obrigações*, p. 406 e *Contrato-promessa*, pp. 42-43, PINTO MONTEIRO, *Cláusula penal*, pp. 191-192, nota (415), CALVÃO DA SILVA, *Sinal*, pp. 42 e ss., e MENEZES CORDEIRO, *Tratado*, II-2, pp. 339-340. Em sentido contrário, com o argumento de que ainda se está aqui perante um contrato-promessa bilateral, uma vez que existe uma vinculação de ambas as partes, veja-se GALVÃO TELLES, *Obrigações*, p. 119, e ANTUNES VARELA, *Contrato-promessa*, pp. 27-28.

[467] Encontra-se uma referência detalhada a este debate, em VICTOR JOÃO DE VASCONCELOS RAPOSO E. CALVETE, *A forma do contrato-promessa e as consequências da sua inobservância*, Coimbra, Separata do *BFD* 63 (1987), pp. 54 e ss.

[468] A corrente jurisprudencial inicia-se com o Ac. STJ 25/4/1972 (ALBUQUERQUE ROCHA), em *BMJ* 216 (1972), pp. 144-146 = *RLJ* 106 (1973), pp. 123-125 (com anotação desfavorável de

A tese da nulidade total do contrato veio a ser sufragada pelo STJ numa segunda fase, a partir de 1977[469], passando então a defender-se que a falta da assinatura de uma das partes é um elemento essencial para a forma do contrato-promessa bilateral e que atenta a natureza sinalagmática deste contrato, a invalidade de uma das obrigações tem que afectar igualmente a outra, uma vez que o sinalagma genético não pode ser válido apenas em metade. Não se justificaria, por isso, ponderar hipóteses de redução ou conversão, já que a vontade das partes no sentido da sua aplicação teria que ser inequivocamente demonstrada. Esta tese foi também defendida por GALVÃO TELLES até 1986, como consequência da sua posição, face à legislação anterior, de que o próprio contrato-promessa unilateral deveria ser assinado por ambas as partes[470].

A tese da conversão foi defendida por ANTUNES VARELA[471] e, posteriormente, por GALVÃO TELLES[472]. Os seus argumentos partem do pressuposto de que se apresentaria como iníquo não permitir o aproveitamento do negócio, mas que este deve ser realizado através do mecanismo da conversão e não da redução, já que a redução pressupõe uma invalidade parcial (cfr. art. 292º) e o contrato-promessa bilateral a que falte uma das assina-

VAZ SERRA a pp. 125-127), prosseguindo com os Ac. STJ 2/7/1974 (ARALA CHAVES), em *BMJ* 239 (1974), pp. 168-177 = *RLJ* 108 (1976), pp. 280-286 (com anotação desfavorável de VAZ SERRA a pp. 186-288 e 291-299), Ac. STJ 3/1/1975 (ARALA CHAVES), em *BMJ* 243 (1975), pp. 235-239 = *RLJ* 109, pp. 68-71 (com anotação desfavorável de VAZ SERRA, a pp. 71-73), Ac. STJ 18/11/1975 (RODRIGUES BASTOS), em *BMJ* 251 (1975), pp. 144-147 e Ac STJ 2/6/1977 (DIAS GARCIA), em *BMJ* 268 (1977), pp. 211-217.

[469] A viragem jurisprudencial é desencadeada pelo Ac. STJ 26/4/1977 (RODRIGUES BASTOS) em *BMJ* 266 (1977), pp. 156-159, tirado em reunião conjunta das secções. Seguiram-se-lhe Ac. STJ 7/11/1978 (AQUILINO RIBEIRO), em *BMJ* 281 (1978), pp. 296-298, Ac. STJ 4/12/1979 (RUI CORTE-REAL), em *BMJ* 292 (1979), pp. 352-354, Ac. STJ 3/6/1980 (SEQUEIRA CARVALHO) em *BMJ* 298 (1980), pp. 283-285, Ac. STJ 11/3/1982 (MÁRIO DE BRITO), em *BMJ* 315 (1982), pp. 249-255, Ac. STJ 28/2/1984 (MOREIRA DA SILVA), em *BMJ* 334 (1984), 484-487= *RLJ* 117 (1985), pp. 370-372 (com anotação desfavorável de ALMEIDA COSTA, a pp. 372-376), Ac. STJ 7/2/1985 (CAMPOS COSTA), em *BMJ* 344 (1985), pp. 411-415 = *RLJ* 119 (1986), pp. 17-19 (com anotação desfavorável de ALMEIDA COSTA, a pp. 19-22). Parece ter sido decisivo para a viragem o voto de vencido de ABEL DE CAMPOS ao Ac. STJ 2/7/1974, *BMJ* 239 (1974), p. 175, já que é habitualmente referido na fundamentação destas decisões.

[470] Cfr. GALVÃO TELLES, *Direito das Obrigações*, 5ª ed., Coimbra, Coimbra Editora, 1986, p. 89. Vide a extensa justificação desta posição, em GALVÃO TELLES, *Obrigações*, 7ª ed., 1997, pp. 104 e ss.

[471] Cfr. hoje, ANTUNES VARELA, *Obrigações*, I, p. 326.

[472] Cfr. GALVÃO TELLES, *Obrigações*, pp. 110 e ss.

turas se apresenta como totalmente nulo, por falta da forma exigida por lei. Por outro lado, a natureza sinalagmática do contrato-promessa bilateral torná-lo-ia radicalmente diferente do contrato-promessa unilateral, que não reveste essa natureza. Não se estaria, assim, perante um aproveitamento parcial do negócio, mas perante a sua transformação num negócio de tipo ou, pelo menos, de conteúdo diferente, situação sujeita por isso ao art. 293º. Finalmente, em face do regime da redução, cabe à parte interessada na invalidade total do negócio alegar e provar que este não teria sido concluído sem a parte viciada, quando o correcto seria antes que este ónus recaísse sobre a parte interessada no aproveitamento do negócio.

A tese da redução foi defendida por ALMEIDA COSTA[473], RIBEIRO DE FARIA[474], CALVÃO DA SILVA[475], e GRAVATO DE MORAIS[476]. Os seus argumentos assentam em que, se no contrato-promessa a lei só exige a assinatura para a declaração negocial do contraente que se vincula à promessa, a nulidade por falta de forma no contrato-promessa bilateral será parcial se apenas um dos contraentes não assinar o contrato, o que justifica a aplicação do regime da redução (art. 292º). Para além disso, esse regime é o que melhor tutela os interesses da parte que pretende o aproveitamento do negócio, uma vez que estabelece em princípio essa solução, apenas a afastando quando se demonstre que a vontade hipotética das partes iria em sentido contrário.

Já MENEZES CORDEIRO adopta uma posição intermédia. Considera, em primeiro lugar, que, sendo a promessa unilateral visceralmente diferente da bilateral, a situação nunca poderia ser de invalidade parcial, mas antes de invalidade total pelo que, em princípio, só a conversão poderia salvar o negócio. Como, no entanto, reconhece que a redução pode em concreto salvaguardar melhor os interesses do contraente vinculado propugna uma aplicação conjunta dos dois preceitos, remetendo ainda, com base no art. 239º, para a boa fé em ordem a encontrar a solução mais justa[477].

A questão poderia ter ficado resolvida em 1989, uma vez que em 26 de Novembro desse ano, o Supremo emite um assento, então com força obrigatória geral nos termos do art. 2º do Código Civil, o qual fixou a seguinte doutrina sobre esta questão:

[473] Cfr. ALMEIDA COSTA, *Obrigações*, pp. 392 e ss. e *Contrato-promessa*, pp. 25 e ss.

[474] Cfr. RIBEIRO DE FARIA, *Obrigações*, I, p. 257, e nota (5).

[475] Cfr. CALVÃO DA SILVA, *Sinal*, pp. 50 e ss.

[476] Cfr. GRAVATO MORAIS, *Contrato-promessa*, pp. 51 e ss.

[477] Cfr. MENEZES CORDEIRO, *Tratado*, I-1, pp. 881-882, e II-2, pp. 344-345.

"No domínio do texto primitivo do nº 2 do art. 410º do Código Civil vigente, o contrato-promessa bilateral de compra e venda de imóvel, exarado em documento assinado apenas por um dos contraentes é nulo, mas pode considerar-se válido como contrato-promessa unilateral, desde que essa tivesse sido a vontade das partes"[478].

A formulação do assento foi, no entanto, manifestamente infeliz, uma vez que dela apenas se poderia retirar a recusa da tese da convolação automática, mas não qualquer posição a favor da redução ou da conversão[479], parecendo, pelo contrário, exigir para a validade do negócio que a vontade real passada das partes fosse nesse sentido, o que é insustentável e acabaria por redundar na consagração em termos práticos da tese da nulidade total. Perante esta formulação, ALMEIDA COSTA defendeu ter o assento consagrado a tese da redução[480]. Pelo contrário, GALVÃO TELLES e ANTUNES VARELA inclinaram-se no sentido de que o assento teria consagrado a solução da conversão[481]. CALVÃO DA SILVA entendeu que o assento qualificou a situação como de redução, mas aplicou-lhe o regime da conversão pelo que considerou que o assento seria inconstitucional, por o Tribunal ter desrespeitado a norma do art. 292º a que estava vinculado (art. 203º da Constituição)[482].

A jurisprudência maioritária tem, porém, decidido a favor da redução[483].

A nosso ver, a solução preferível é efectivamente a da redução. Na verdade, uma vez aceite o entendimento de que deve procurar aproveitar-se como contrato-promessa unilateral o contrato-promessa bilateral a que falte uma das assinaturas, então deve adoptar-se a solução que dê mais abertura a essa possibilidade. Essa é indubitavelmente a tese da redução, uma vez que

[478] Assento STJ 29/11/1989 (CASTRO MENDES) em *BMJ* 391 (1986), pp. 101-106 = RLJ 125 (1992), pp. 214-218. Recorde-se que desde o art. 17º do D.L. 329-A/95, de 12 de Dezembro, os assentos passaram a valer como simples jurisprudência uniformizada sem carácter vinculativo.

[479] Neste sentido, MENEZES CORDEIRO, *Tratado*, I-1, p. 882 e II-2, p. 343.

[480] Cfr. ALMEIDA COSTA, *Obrigações*, pp. 394-395 e *Contrato-promessa*, pp. 29-30.

[481] Cfr. GALVÃO TELLES, *Obrigações*, pp. 116-117, nota (1) e ANTUNES VARELA, *Obrigações*, I, pp. 326.

[482] Cfr. CALVÃO DA SILVA, *Sinal*, pp. 59 e ss. e 61 e ss.

[483] Cfr. Ac. RP 18/12/1995 (REIS FIGUEIRA) em *CJ* 20 (1993), 5, 233-237, Ac. STJ 25/3/1993 (MIRANDA GUSMÃO) em *CJ-STJ* 1 (1993), 2, pp. 39-42 e Ac. STJ 9/1/1997 (MIRANDA GUSMÃO) em *BMJ* 463 (1997), pp. 544-559. Pelo contrário, pronuncia-se a favor da conversão, Ac. STJ 16/12/1999 (TORRES PAULO), em *BMJ* 492 (2000), pp. 437-444

nela é ao interessado na nulidade total do negócio que caberá alegar e provar que o contrato não teria sido concluído sem a parte viciada (art. 292º).

Para além disto, a tese da conversão não permite salvaguardar um importantíssimo aspecto do contrato-promessa que é a sua articulação com o regime do sinal. Na verdade, a tese da conversão não salvaguarda a manutenção do sinal, caso este tenha sido constituído já que, pretendendo-se que o contrato-promessa bilateral é totalmente nulo e apenas se converte em promessa unilateral, então essa conversão não poderia abranger a convenção de sinal bilateral, considerada nula. Já a tese da redução, considerando esta situação como uma mera hipótese de invalidade parcial, permitiria manter a sanção do sinal em relação à parte que permanecesse vinculada à celebração do contrato-definitivo[484], o que julgamos ser a solução mais adequada, já que o afastamento dos direitos atribuídos pelo art. 442º representaria um grande prejuízo para o promitente fiel.

Finalmente, mesmo em termos conceptuais, não se nos afigura altamente problemática a qualificação da situação como invalidade parcial, uma vez que, apesar de se tratar de uma invalidade formal, esta é cindível em relação às duas partes. Efectivamente, por força do art. 410º, nº 2, admite-se que, no contrato-promessa unilateral, a assinatura das partes seja apenas necessária para a constituição da obrigação de contratar, adquirindo a outra parte o direito à celebração do contrato definitivo sem ter que assinar o contrato-promessa. Ora, se assim é no contrato-promessa unilateral, não se vê porque motivo esta solução não haveria de valer também para o contrato-promessa bilateral, considerando-se, em virtude da falta de uma das assinaturas, como formalmente válida a assunção de uma das obrigações e formalmente inválida a assunção da outra, o que representaria sempre um caso de invalidade parcial do contrato. A partir daí, saber se essa invalidade parcial se deve comunicar ou não a todo o contrato dependerá da aplicação do art. 292º, e não de uma posição conceptualista sobre a natureza sinalagmática do contrato.

No art. 410º, nº 3, cuja actual redacção lhe foi dada pelo D.L. 116/2008, de 4 de Julho, exige-se ainda que o contrato-promessa, quando respeite à constituição ou transmissão de direito real sobre edifício ou fracção autónoma dele, já construído, em construção ou a construir, o documento referido no nº 1 seja acompanhado de reconhecimento presencial das assi-

[484] No mesmo sentido, Ribeiro de Faria, *Obrigações*, I, p. 257, nota (5).

naturas do promitente ou promitentes e de certificação, pela entidade que efectua o reconhecimento, da existência de licença de utilização ou construção. Neste caso, não se está perante, uma exigência de forma, uma vez que não se revela por esta via qualquer vontade negocial, tratando-se antes de formalidades, exigidas para a validade plena do negócio[485]. A exigência destas formalidades prendeu-se com a intenção de estabelecer um contrôle notarial ou equiparado dos contratos-promessa relativos a edifícios ou suas fracções autónomas, por forma a evitar a sua celebração em casos de construção clandestina, impondo-se por isso, no interesse do promitente adquirente, o reconhecimento presencial das assinaturas e a certificação no próprio documento, da existência de licença de utilização ou construção. Caso estes requisitos não sejam cumpridos, ocorrerá a invalidade do contrato-promessa que, no entanto, só poderá ser invocada pelo promitente adquirente, a menos que seja provocada por sua culpa exclusiva, caso em que o promitente alienante também a poderá invocar.

Daqui resulta que a referida invalidade não pode ser invocada por terceiros, nem conhecida oficiosamente pelo tribunal. Estas soluções, já unanimemente defendidas pela doutrina, foram expressamente consagradas por dois assentos, tirados ainda no domínio do D.L. 236/80, de 18 de Julho, respectivamente, o assento nº 15/94, de 28 de Junho de 1994[486] e o assento nº 3/95, de 1 de Fevereiro de 1995[487]. A omissão destas formalidades não constitui, por isso, uma verdadeira nulidade, sujeita ao regime do art. 286º, mas antes uma situação de invalidade mista, estabelecida no interesse do promitente adquirente em evitar a aquisição de um imóvel clandestino. Por esse motivo, o promitente adquirente pode invocar essa invalidade a todo o tempo[488], admitindo-se, porém, que essa invocação possa ser restringida com base no abuso de direito[489].

[485] Cfr. MENEZES CORDEIRO, *Tratado*, I-1, p. 566.

[486] Assento STJ 15/94, de 28/6/1994 (MIGUEL MONTENEGRO), no *D.R.* I Série-A de 12/10/1994, pp. 6171-6172: "No domínio do nº 3 do artigo 410º do Código Civil (redacção do Decreto-lei nº 236/80, de 18 de Julho), a omissão das formalidades previstas nesse número não pode ser invocada por terceiros".

[487] Assento nº 3/95, de 1/2/1995 (CÉSAR MARQUES), no *D.R.* I Série-A, de 22/4/1995, pp. 2320-2323: "No domínio do nº 3 do artigo 410º do Código Civil (redacção do Decreto-Lei nº 236/80, de 18 de Julho), a omissão das formalidades previstas nesse número não pode ser oficiosamente conhecida pelo Tribunal".

[488] Admite-se, porém, que a nulidade possa ser sanável, mediante a posterior obtenção da licença. Cfr. CALVÃO DA SILVA, *Sinal*, p. 80, posição entretanto seguida por GALVÃO TELLES,

1.3.2.4. Transmissão dos direitos e obrigações emergentes do contrato-promessa

O art. 412º vem esclarecer que os direitos e obrigações emergentes do contrato-promessa, que não sejam exclusivamente pessoais, se transmitem por morte aos sucessores das partes (nº 1), ficando a transmissão por acto entre vivos sujeita às regras gerais (nº 2). Desta norma resulta que em princípio a lei não reconhece ao contrato-promessa um cariz *intuitu personae*, pelo que nada impede que, em caso de morte de uma das partes, o cumprimento da obrigação respectiva seja exigido dos herdeiros ou seja requerido pelos herdeiros do defunto. Caso, no entanto, as partes tenham celebrado o contrato-promessa tomando em consideração especificamente a pessoa do outro contraente, a própria natureza da relação impedirá a transmissão por morte, ao abrigo do art. 2025º.

1.3.2.5. A execução específica

Conforme se referiu, no contrato-promessa os promitentes vinculam-se a uma prestação de facto jurídico. Esta é incoercível, não podendo o devedor ser coagido pela força a emitir a declaração negocial a que se obrigou. No entanto, a lei admite a execução específica desta obrigação, que consiste em o devedor ser substituído no cumprimento, obtendo o credor a satisfação do seu direito por via judicial. Neste caso, a execução específica consistirá em o tribunal emitir uma sentença que produza os mesmos efeitos jurídicos da declaração negocial que não foi realizada, operando-se assim a constituição do contrato definitivo[490].

A execução específica da obrigação de contratar encontra-se prevista no art. 830º, onde se determina que

Obrigações, pp. 122-123, e ALMEIDA COSTA, *Obrigações*, p. 403. Na jurisprudência, veja-se Ac. STJ 28/2/2008 (AZEVEDO RAMOS), em *CJ-ASTJ* 16 (2008), 1, pp. 133-134.

[489] Neste sentido, o Ac. STJ 12/11/1998 (QUIRINO SOARES), em *ROA* 58 (1998), pp. 929-934, com anotação desfavorável de MENEZES CORDEIRO, a pp. 937-968.

[490] Ao contrário das outras hipóteses de execução específica previstas nos arts. 827º e ss., a execução específica da obrigação de contratar não resulta de um processo executivo, mas antes se opera mediante uma acção declarativa constitutiva (cfr. TEIXEIRA DE SOUSA, *Estudos sobre o novo Código de Processo Civil*, 2ª ed, Lisboa, Lex, 1997, p. 611). Essa acção reveste, porém, funcionalmente uma natureza simultaneamente executiva, na medida em realiza o interesse do credor à prestação prometida. Cfr. CALVÃO DA SILVA, *Cumprimento*, p. 144 n. (267) e ANA PRATA, *O contrato-promessa*, pp. 981-982.

"Se alguém se tiver obrigado a celebrar certo contrato e não cumprir a promessa, pode a outra parte, na falta de convenção em contrário, obter sentença que produza os efeitos da declaração negocial do faltoso, sempre que a isso não se oponha a natureza da obrigação assumida"

Desta norma resulta então que o não cumprimento da promessa atribui à outra parte do direito a recorrer à execução específica. A referência legal a "não cumprimento" deve ser entendida em sentido amplo, uma vez que para efeitos da execução específica é suficiente a simples mora, já que o credor mantém interesse na prestação, exercendo o seu direito a ela[491].

Aliás, a execução específica deixa de ser possível a partir do momento em que se verifique uma impossibilidade definitiva de cumprimento, como no caso de o bem que se prometeu vender já ter sido alienado a um terceiro, ou não ser possível obter a licença de utilização do imóvel. Efectivamente, no primeiro caso, a sentença judicial não poderia produzir os efeitos de um contrato definitivo válido, mas antes os efeitos de uma venda de bens alheios nula (arts. 892º e ss.), o que não é admissível[492]. Essa solução é aplicável mesmo que o registo da venda sómente ocorra após o registo da acção de execução específica, uma vez que até à decisão da acção de execução específica continua a haver apenas um direito de crédito, que não adquire prevalência sobre os direitos reais, mesmo que seja registado[493].

[491] Vide neste sentido, HENRIQUE MESQUITA, *Obrigações reais*, p. 233 e nota (160).

[492] Neste sentido, vide o Ac. RP 15/10/2001 (FERREIRA DE SOUSA), na *CJ* 26 (2001), 4, pp. 213-215, que no entanto admitiu que esta inviabilização da execução específica permitiria ao promitente comprador reclamar do promitente vendedor com base no enriquecimento sem causa o ganho obtido por este com a alienação a terceiro (*lucrum ex negotiatione*). Esta tese é, porém, insustentável, pois permanecendo o promitente vendedor como proprietário do bem não tem o promitente comprador direito a ganhos resultantes da sua eventual alienação.

[493] Em sentido diferente, veja-se GALVÃO TELLES, "Contrato-promessa de compra e venda – Prova do contrato e efeitos da execução específica em relação a terceiro (Parecer)", em *CJ* 9 (1984), 4, pp. 7-10 e *Obrigações*, p. 147, OLIVEIRA ASCENSÃO/PAULA COSTA E SILVA, "Alienação a terceiro de prédio objecto do contrato-promessa e registo da acção de execução específica (Anotação ao Ac. STJ de 8 de Maio de 1991)", na *ROA* 52 (1992) pp. 193-226, CALVÃO DA SILVA, *Sinal*, pp. 165 e ss. e "Anotação Ac. STJ 10/7/2008 (Coligação negocial em fraude à lei, ofensiva dos bons costumes ou simulada: a interpretação restritiva do acórdão uniformizador de jurisprudência nº. 4/98 do STJ ou o abuso do direito de terceiro contratar com o promitente-vendedor)", em *RLJ* 137 (2008), pp. 303-316 ((309 e ss.), MENEZES CORDEIRO, *Tratado*, II-2, pp. 451 e ss., e MARIA CLARA SOTTOMAYOR, *Invalidade e registo. A protecção do Terceiro Adquirente de Boa Fé*, Coimbra, Almedina, 2010, pp. 512 e ss. Conforme se refere no

No segundo caso, a sentença de execução específica elidiria a obrigação de obter a autorização de utilização do imóvel antes de realização da sua transmissão, prevista no D.L. 281/99, de 26 de Julho, na redacção do D.L. 116/2008, de 4 de Julho, o que não se pode igualmente permitir[494].

Há ainda duas situações em que é expressamente excluída a execução específica do contrato-promessa. São elas:

1) a existência de convenção em contrário;
2) a execução específica ser incompatível com a natureza da obrigação assumida.

Relativamente à primeira situação, deve referir-se que a possibilidade de execução específica da obrigação de contratar não se apresenta como um regime imperativo, pelo que as partes podem derrogá-lo através de convenção. Presume-se, aliás, que tal sucede no caso de as partes constituirem sinal ou estipularem uma penalização para o incumprimento (art. 830º, nº 2), por se presumir que, nessa situação, o que as partes pretendem em caso de incumprimento é unicamente a obtenção da indemnização convencionada e não a execução específica. Esta presunção é, porém, ilidível por prova em contrário (art. 350º, nº 2), nada impedindo, por isso, que as partes convencionem a aplicação dos dois regimes, cabendo nesse caso ao credor optar pela alternativa que lhe for mais conveniente. Tal acontecerá, aliás, imperativamente na situação prevista no art. 830º, nº 3,

texto, discordamos destes autores. Efectivamente, a solução proposta equivaleria a atribuir eficácia real a todos os contratos-promessa sujeitos a execução específica em que a acção fosse registada, derrogando expressamente o regime do art. 413º. No sentido do texto, vide Antunes Varela, *Obrigações*, I, pp. 332-333, Almeida Costa, *Obrigações*, p. 125 e nota (1) e Carvalho Fernandes, "Efeitos do registo da acção de execução específica do contrato-promessa", em Júlio Gomes (org.), *Estudos dedicados ao Prof. Doutor Mário Júlio de Almeida Costa*, Lisboa, Universidade Católica, 2002, pp. 933-960.

Esta posição foi acolhida pelo STJ no AUJ 4/98, de 5/12/1998 (Sousa Inês) em *D.R.* nº 291, de 18/12/98 = *RLJ* 1999, pp. 240-244, com anotação favorável de Almeida Costa, a pp. 244-246, que firmou a seguinte jurisprudência:

"A execução específica do contrato-promessa sem eficácia real, nos termos do artigo 830º, não é admitida no caso de impossibilidade de cumprimento por o promitente-vendedor haver transmitido o seu direito real sobre a coisa objecto do contrato prometido antes de registada a acção de execução específica, ainda que o terceiro adquirente não haja obtido o registo de aquisição antes do registo da acção; o registo da acção não confere eficácia real à promessa".

[494] Neste sentido, cfr. Ac. RC 15/4/2008 (Gregório Silva), em *CJ* 33 (2008), 2, pp. 41-44 e o Ac. RC 28/10/2008 (Teles Pereira), em *CJ* 33 (2008), 4, pp. 36-43.

onde se determina que nas promessas a que se refere o art. 410º, nº 3 – relativas à constituição ou transmissão de direito real sobre edifício ou fracção autónoma dele, já construído, em construção ou a construir – o direito à execução específica não pode ser afastado pelas partes[495]. Nestas promessas, consequentemente, não podem as partes estipular convenções contrárias à execução específica, pelo que nunca será atribuído esse efeito à convenção de sinal ou à cláusula penal.

Relativamente à segunda situação, existem casos em que a execução específica se apresenta como incompatível com a obrigação assumida por a índole específica do processo de formação do contrato prometido ou a sua natureza pessoal não se apresentar como compatível com a sua constituição por sentença judicial. Assim, por exemplo, nos contratos-promessa relativos a contratos reais *quoad constitutionem* (penhor de coisas, mútuo, comodato e depósito), em que se exige a tradição da coisa para se poder operar a constituição do contrato definitivo, não é possível decretar-se a execução específica, uma vez que o tribunal não pode substituir-se ao promitente na tradição da coisa, acto cuja espontaneidade a lei pressupõe[496]. Da mesma forma, o contrato-promessa de contrato de trabalho é insusceptível de execução específica, atento o carácter pessoal da prestação de trabalho (art. 103º, nº 3, CT). Nestes casos, o incumprimento do contrato-promessa apenas poderá gerar indemnização por responsabilidade contratual, não se admitindo a produção dos seus efeitos através de sentença judicial.

A lei procura ainda resolver dois problemas que a execução específica poderia desencadear. O primeiro diz respeito à hipótese de o bem ter sido prometido vender livre de ónus ou encargos, mas se encontrar presentemente hipotecado. Ora, nesse caso, a execução específica não protegeria adequadamente os interesses do adquirente, que ficaria sujeito a ver o bem posteriormente executado para pagamento da dívida ao credor hipotecário. Por esse motivo, admite-se que na acção de execução específica seja simultaneamente pedida a condenação do promitente faltoso na quantia

[495] Tratando-se de prédio rústico, pelo contrário, a estipulação de sinal afastará em princípio a execução específica. Cfr. Ac. STJ 18/1/2000 (Garcia Marques), publicado no *BMJ* 493 (2000), pp. 379-385.

[496] Neste sentido, veja-se Antunes Varela, *Obrigações*, I, p. 366, Almeida Costa, *Obrigações*, pp. 422-423, e Ribeiro de Faria, *Obrigações*, I, p. 271. Contra, veja-se, porém, Ana Prata, *O contrato-promessa*, pp. 926 e ss.

necessária para expurgar a hipoteca, assim se conseguindo a sua extinção, sem prejuízo para o beneficiário da promessa (art. 830º, nº 4).

Um outro problema diz respeito à hipótese de o promitente faltoso poder invocar a excepção de não cumprimento do contrato, caso em que a acção improcede se ele não consignar em depósito a sua prestação no prazo que lhe for fixado pelo tribunal (art. 830º, nº 5). Pretende-se com esta norma evitar que quando o promitente faltoso beneficie da excepção de não cumprimento do contrato (art. 428º) – como acontece quando as partes convencionam que o pagamento do preço ocorra previamente ou simultaneamente com a celebração do contrato definitivo – viesse o tribunal a emitir a sentença de execução específica – a qual determina a transmissão da propriedade da coisa a que se refere o contrato prometido – sem assegurar que o promitente faltoso viesse a receber a prestação a que tem direito. Para esse efeito, permite-se que o tribunal imponha ao autor o ónus de proceder à consignação em depósito da sua prestação, em prazo por ele fixado, sob pena de a acção ser julgada improcedente[497]. Nesse caso, o depósito prévio assegura que o promitente faltoso continua a beneficiar da protecção conferida pelo sinalagma funcional, caso a acção de execução específica seja julgada procedente.

1.3.2.6. Articulação com o regime do sinal

A) Sinal e antecipação do cumprimento

O regime do contrato-promessa deve ser articulado com o regime do sinal[498]. O sinal consiste numa cláusula acessória dos contratos onerosos, mediante a qual uma das partes entrega à outra, por ocasião da celebração

[497] A realização prévia do depósito constitui nestes casos um pressuposto de procedência da acção, pelo que o tribunal deve rejeitar a execução específica, caso o depósito não se mostre realizado. Cfr. Galvão Telles, *Obrigações*, pp. 135 e ss. e Calvão da Silva, *Sinal*, p. 171 e, na jurisprudência, Ac. RE 1/6/1999 (Mário Manuel Pereira), na *CJ* 24 (1999), 3, pp. 268-270 = *RLJ* 133 (2000), pp. 250-253 e Ac. RL 16/5/2002 (Olindo Geraldes), em *CJ* 27 (2002), 3, pp. 72-73. Em sentido contrário, Almeida Costa, *Obrigações*, pp. 419 e ss., e "Anotação Ac. RE 1/6/1999", na *RLJ* 133 (2000), pp. 254-256 entende que o tribunal se limita, na decisão final que decreta a execução específica, a tornar esta dependente da referida consignação em depósito, apenas se iniciando o respectivo prazo após o trânsito em julgado.

[498] Sobre o sinal, cfr. Menezes Cordeiro, *Tratado*, I-1, pp. 735 e ss., e II-2, pp. 373 e ss., António Pinto Monteiro, *Cláusula penal*, pp. 163 e ss., JOÃO Calvão da Silva, *Sinal*, pp. 95 e ss. e 211 e ss., Ana Prata, *O contrato-promessa*, pp. 743 e ss., Ana Coimbra, "O Sinal: Contributo para o Estudo do seu Conceito e Regime" em *O Direito* 122 (1990), III-IV, pp. 621-671 e Nuno Pinto Oliveira, *Ensaio sobre o sinal*, Coimbra, Coimbra Editora, 2008.

do contrato, uma coisa fungível[499], que pode ter natureza diversa da obrigação contraída ou a contrair. O sinal funciona então como fixação das consequências do incumprimento, uma vez que se a parte que constituiu o sinal deixou de cumprir a sua obrigação, a outra parte tem o direito de fazer sua a coisa entregue. Se o não cumprimento partir de quem recebeu o sinal, tem este que o devolver em dobro (art. 442º, nº 2, primeira parte). Caso, porém, se verifique o cumprimento do contrato, a coisa entregue será imputada na prestação devida – valendo, então, como princípio de pagamento – ou restituída, caso essa imputação não seja possível (art. 442º, nº 1).

O sinal representa, a nosso ver, um caso típico de *datio rei* que transmite a propriedade com uma função confirmatória-penal, podendo nessa medida qualificar-se como um contrato real simultaneamente *quoad constitutionem* e *quoad effectum*. Efectivamente, o sinal só se constitui com a tradição da coisa que é seu objecto[500]. Um vez constituído o sinal, a propriedade é adquirida pelo *accipiens*, mas este pode vir a ser forçado a restituí-la ao *dans*, em caso de não ser possível imputar o sinal à prestação devida. Sendo possível essa imputação, a coisa objecto do sinal fica definitivamente no património do *accipiens*, em caso de cumprimento do contrato. Verificando-se, porém, o incumprimento deste, há lugar à aplicação dos efeitos penais, que passam ou pela perda do sinal ou pela sua restituição em dobro. Uma vez que envolve uma estipulação da indemnização em caso de incumprimento, o

[499] Apesar de a lei não ter expressamente restringido o sinal às coisas fungíveis não é manifestamente concebível que ele consista numa coisa infungível, por não fazer sentido, nesse caso, a sanção da sua restituição em dobro. Em sentido contrário, veja-se, porém, PINTO OLIVEIRA, *Ensaio*, pp. 23-24.

[500] No caso de as partes estipularem sinal, mas o promitente comprador não chegar a entregar qualquer quantia ao promitente vendedor, não chega a ocorrer a constituição de sinal, existindo apenas uma promessa a ele respeitante. No entanto, por força do princípio da boa fé, tem-se admitido que a estipulação possa valer como penalização convencional, em caso de incumprimento do promitente comprador, dispensando o credor da prova dos danos que lhe causou esse incumprimento. Neste sentido, cfr. ANA PRATA, *O contrato-promessa*, p. 827, e na jurisprudência, Ac. RE 3/4/2008 (MANUEL MARQUES), em *CJ* 33 (2008), 2, pp. 259-263. Ocorrendo uma promessa de constituição de sinal, a mora no cumprimento dessa promessa não justificará só por si a resolução do contrato-promessa, exigindo-se a perda do interesse do credor ou a ultrapassagem de um prazo suplementar de cumprimento. Neste sentido, cfr. Ac. RC 12/2/2008 (HÉLDER ROQUE), em *CDP* nº 25 (Janeiro/Março 2009), pp. 34-42, com anoração parcialmente discordante de NUNO MANUEL PINTO OLIVEIRA, "Promessa de contrato, promessa de sinal e resolução (Ac. do TRC de 12.2.2008, Proc. 1283/06)", *ibid*, pp. 42-50.

sinal aproxima-se da cláusula penal (art. 810º, nº 1), desta se distinguindo apenas pelo facto de pressupor a entrega prévia de uma coisa fungível.

Sendo uma figura de aplicação geral, o sinal tem um campo de aplicação privilegiado no âmbito dos contratos-promessa. Efectivamente, o art. 440º, vem esclarecer que "se, ao celebrar-se o contrato ou em momento posterior, um dos contraentes entregar ao outro coisa que coincida, no todo ou em parte, com a prestação a que fica adstrito, é a entrega havido como antecipação total ou parcial do cumprimento, salvo se as partes quiserem atribuir à coisa entregue o carácter de sinal". Desta norma resulta que normalmente a realização de uma *datio rei*, por uma das partes, na altura da celebração do contrato ou em data posterior, não implica presunção de constituição de sinal, sempre que se verifique coincidência entre a *datio* realizada e o objecto da obrigação a que aquela parte está adstrita. Nesta situação, entende-se que o que se visou com a *datio* foi antecipar o cumprimento da obrigação e não a constituição de sinal. Se as partes quiserem que a prestação entregue tenha o carácter de sinal, deverão atribuir-lhe especificamente essa natureza[501].

Diferentemente, se passam as coisas em sede de contrato-promessa, onde a *datio rei* realizada pelo promitente comprador nunca pode ser coincidente com a prestação a que este fica adstrito, pelo que nunca se poderia qualificar como antecipação do cumprimento de uma obrigação vigente. Na verdade, o contrato-promessa institui apenas obrigações de prestação de facto jurídico (celebrar o contrato definitivo) de que a entrega de uma coisa nunca poderia constituir cumprimento. Por esse motivo, é excluída a aplicação do art. 440º, dispondo pelo contrário o art. 441º que:

> "No contrato-promessa de compra e venda presume-se que tem carácter de sinal toda a quantia entregue pelo promitente-comprador ao promitente-vendedor, ainda que a título de antecipação ou princípio de pagamento do preço".

Desta norma resulta que a entrega de quantias em dinheiro (*datio pecuniae*) pelo promitente-comprador ao promitente-vendedor constitui presunção da estipulação de sinal por essa via, e isto mesmo que as quantias

[501] Assim, por exemplo, se alguém comprar um automóvel, comprometendo-se a pagar o preço posteriormente e entregar logo uma quantia ao vendedor, considera-se que apenas adiantou uma parte do preço. Só se aplica o regime do sinal se for estipulado que a quantia entregue tem essa natureza.

entregues o sejam a título de antecipação ou princípio de pagamento do preço. Efectivamente, uma vez que a obrigação de pagamento do preço só surge com a celebração do contrato definitivo, a sua antecipação ou princípio de pagamento na fase do contrato-promessa tem por referência uma obrigação ainda não existente, o que não chega para elidir a presunção de ter sido estipulado sinal.

No entanto, e uma vez que a lei não considera inilidível a presunção da estipulação de sinal, admite-se a produção de prova em sentido contrário (art. 350º, nº 2). Trata-se, porém, de uma prova difícil de efectuar, uma vez que a não estipulação de sinal constitui um facto negativo, de demonstração complicada, e já vimos que a indicação de um título distinto para a prestação não é suficiente para afastar a presunção. Caso, porém, as partes venham a efectuar essa demonstração, a quantia entregue valerá como antecipação do cumprimento de uma obrigação futura, devendo a quantia entregue ser imputada na prestação devida, após a constituição dessa obrigação, ou restituída em singelo quando a obrigação não se venha a constituir[502].

B) Funcionamento do sinal. O regime do art. 442º

Verificámos já que a lei estabelece uma distinção no regime do sinal, consoante ele seja aplicado genericamente a todos os contratos, ou especificamente ao contrato-promessa. O regime estabelecido no art. 442º não distingue, porém, precisamente entre estas duas situações, cabendo à doutrina fazê-lo.

O art. 442º, nº 1, refere-se ao regime do sinal em geral, indicando o seu funcionamento em caso de cumprimento da obrigação. Conforme se referiu, em caso de cumprimento, o sinal é imputado na prestação devida, quando coincida com esta. Se for impossível a imputação, por a coisa entregue não coincidir com a prestação devida, deve o sinal ser restituído em singelo (art. 442º, nº 1). A restituição do sinal em singelo ocorrerá igualmente nos casos em que se verifique a impossibilidade da prestação por facto não imputável a qualquer das partes. Efectivamente, em ambas as situações, a parte deixa de ter causa justificativa para a conservação do sinal, pelo que terá que o restituir[503].

[502] Este último caso representará uma situação de enriquecimento sem causa, nos termos do art. 473º, nº 2, *in fine*. Cfr. MENEZES LEITÃO, *O enriquecimento*, pp. 531 e ss., reed., pp. 512 e ss.

[503] Ocorre aqui, assim, uma situação de enriquecimento sem causa por virtude de ter deixado de existir a causa da prestação (art. 473º, nº 2). Cfr. MENEZES LEITÃO, *O enriquecimento*, pp. 507 e ss., reed., pp. 490 e ss.

O art. 442º, nº 2, primeira parte, refere-se igualmente ao regime do sinal em geral, explicando o seu funcionamento em caso de não cumprimento. Nesse caso, se o não cumprimento for de quem constituiu o sinal, este será perdido a favor da contraparte. Se for esta a incumprir o contrato, terá que restituir o sinal em dobro. A lei não refere a hipótese de o incumprimento ser imputável a ambas as partes, mas parece que neste caso a solução deverá ser a da restituição do sinal em singelo[504]. Efectivamente, por força do art. 442º, nº 2, ambas as partes teriam nessa situação direito à indemnização da contraparte, pelo que essas obrigações se extinguiriam por compensação (art. 847º), ficando apenas subsistente a restituição do sinal em singelo.

Já no art. 442º, nº 2, segunda parte, deixa-se de se falar do funcionamento do sinal em geral para se passar a falar especificamente do funcionamento do sinal no contrato-promessa. A lei prevê que, se houver tradição da coisa a que se refere o contrato-prometido, o promitente adquirente pode optar, em lugar da restituição do sinal em dobro, por receber o valor actual da coisa, ao tempo do incumprimento, com dedução do preço convencionado, acrescido do sinal (em singelo) e da parte do preço que tenha sido paga.

Esta norma tem uma explicação histórica[505]. Na década de 1980, quando se efectuaram as duas alterações do Código Civil nesta matéria, estava-se num período de forte inflação e especulação imobiliária, com a inerente desvalorização das quantias em dinheiro e valorização dos bens imóveis. Neste caso, a demora na execução dos contratos-promessa levava naturalmente a que deixasse de haver correspondência económica entre o preço estipulado para o contrato definitivo e a coisa prometida vender. Por outro lado, a desvalorização pecuniária acabava por tornar platónica a sanção da restituição do sinal em dobro, uma vez que geralmente a valorização da coisa compensava o pagamento dessa indemnização à contraparte. Por todos esses motivos, os promitentes vendedores sentiam-se tentados a incumprir os contratos-promessa, já que os ganhos obtidos com uma venda do imóvel, a preços de mercado, seriam sempre muito superiores à indemnização por incumprimento da promessa.

504 Neste sentido, cfr. na jurisprudência, o Ac. STJ 1/4/2008 (Nuno Cameira), em *CJ-ASTJ* 16 (2008), 2, pp. 11-14.

505 Cfr., sobre ela, Galvão Telles, *op. cit.*, pp. 156 e ss.

Ora, essa solução seria particularmente injusta no caso de já se ter verificado a tradição da coisa a que se refere o contrato prometido. Efectivamente, quando o promitente vendedor procede à entrega ao promitente comprador da coisa que será objecto do contrato definitivo[506], este contrato já estará total ou pelo menos parcialmente executado antes da sua celebração efectiva, funcionando esta como uma mera formalização de uma situação já consolidada no plano dos factos. O promitente adquirente sofreria por isso graves danos, se visse posteriormente frustrada a aquisição de um bem, que já tinha recebido, e que por vezes pagara integralmente, sem conseguir receber uma indemnização adequada, em virtude da desvalorização do sinal. Neste caso, o promitente vendedor obteria um autêntico enriquecimento injustificado, beneficiando com um facto ilícito seu, o incumprimento do contrato-promessa.

A solução encontrada pelo legislador, logo no Decreto-Lei 236/80, foi determinar que a valorização da coisa a que se refere o contrato-prometido pudesse, por opção, ser atribuída ao promitente comprador, em lugar de caber automaticamente ao promitente vendedor, como seu proprietário. A redacção anterior era, porém, algo imprecisa, uma vez que fazia referência apenas ao valor da coisa ao tempo do incumprimento, podendo entender-se que este poderia ser exigido pelo promitente comprador ao promitente vendedor, mesmo que aquele não tivesse pago qualquer parte do preço. Actualmente, na redacção do D.L. 379/86, a lei vem esclarecer que o que aquele pode exigir é a valorização obtida pela coisa entre o momento da celebração do contrato e o momento do não cumprimento, valor que se obtém subtraindo ao valor actual da coisa o preço convencionado. A este montante acresce a restituição do sinal (em singelo) e da parte do preço que tenha sido paga (art. 442º, nº 2, segunda parte)[507].

506 Neste caso, a tradição da coisa não corresponde nem a uma locação, nem a um comodato, mas antes a um contrato inominado pelo qual se procede à transferência da posse sobre o bem, em vista da futura celebração do contrato definitivo, o que legitima o recurso às acções possessórias pelo promitente adquirente, em caso de turbação ou esbulho. Cfr. Ribeiro de Faria, *Obrigações*, I, p. 250, nota (1).

507 A aplicação deste regime poderá ser esclarecida através de um exemplo. Imagine-se que A promete vender a B, e B promete comprar-lhe, uma casa pelo preço de 50.000 euros, pagando B logo 25.000 euros como sinal, e sendo efectuada a tradição da coisa. Posteriormente, no entanto, o valor real da casa sobre para 200.000 euros. Se A apenas tivesse que restituir o sinal em dobro, entregaria a B 50.000 euros, e iria ganhar 150.000 através da alienação da casa a terceiro, o que tornaria para ele o incumprimento do contrato mais vantajoso do que o

Uma questão que tem sido controvertida em face desta norma é saber se a exigência do aumento do valor da coisa ou do direito, a que se refere o contrato-prometido, pressupõe que tenha sido constituído sinal ou basta-se apenas com a tradição da coisa. Menezes Cordeiro defendeu que deve ser exigida a constituição de sinal, uma vez que, quando este não é estipulado, a tradição da coisa para o promitente comprador apresenta-se como um acto de mera tolerância do promitente vendedor, não havendo razão para que ele seja prejudicado por esse acto[508]. Já Galvão Telles e Januário Gomes se pronunciam no sentido de que o aumento do valor da coisa ou do direito tem lugar mesmo que não tenha sido estipulado sinal, já que não haveria motivo para só se aplicar este regime quando o sinal exista, em alternativa a este[509].

Pensamos ser preferível a primeira posição. Efectivamente, o regime do art. 442º, nº 2, segunda parte, pretende evitar, nos casos em que houve tradição da coisa, que o funcionamento tradicional do sinal se torne uma sanção platónica para o promitente vendedor, em virtude de a inflação ter alterado a correspondência entre o valor dessa coisa e o preço convencionado. Trata-se, pois, de uma disposição excepcional, destinada a corrigir um funcionamento desvirtuado do sinal, que não pode ser aplicada fora deste campo.

Ora, em caso de não haver estipulação de sinal, os dados da questão alteram-se totalmente. Assim, em primeiro lugar, o promitente comprador não fica limitado a uma indemnização pré-convencionada, podendo exigir quer a execução específica do contrato (art. 830º, nº 1), quer uma indemnização por todos os prejuízos causados com o incumprimento (art. 798º), não se vendo por que razão lhe deveria ser atribuída ainda em alternativa o direito ao aumento do valor da coisa. Efectivamente, neste caso, a tradição da coisa, por parte do promitente vendedor, não se apresentou

seu cumprimento. Havendo a possibilidade de B optar pela valorização da coisa, A teria que pagar-lhe o seu valor actual, com dedução do preço convencionado (200.000-50.000=150.000) e restituir-lhe o sinal em singelo (25.000), no total de 175.000 euros, o que torna desvantajosa a opção pelo incumprimento.

[508] Cfr. Menezes Cordeiro, "A excepção do cumprimento do contrato-promessa", em *TJ*, nº 27 (1987), pp. 1 5, recolhido em ID, *Estudos de Direito Civil*, I, Coimbra, Almedina, 1987, pp. 41-57 (54).

[509] Cfr. Galvão Telles, *Obrigações*, p. 155 e Januário Gomes, "A eventual subsistência do credor após o incumprimento definitivo e a chamada excepções do cumprimento do contrato-promessa" em *TJ*, nº 35 (1987), recolhido em ID, *Em tema de contrato-promessa*, Lisboa, AAFDL, 1990, pp. 7-27 (15-16).

como contrapartida da constituição do sinal pelo promitente comprador, tendo antes a natureza de um acto gratuito, de favor ou de mera tolerância. Não se vê, por isso, que um acto desta natureza constitua justificação para atribuir esse direito ao promitente comprador[510].

O art. 442º, nº 3, primeira parte, vem referir que, "em qualquer dos casos previstos no número anterior, o contraente não faltoso pode, em alternativa, requerer a execução específica do contrato, nos termos do art. 830º". Trata-se de uma disposição igualmente exclusiva dos contratos-promessa, cuja redacção se apresenta como algo defeituosa, uma vez que dela pareceria resultar que o contraente não faltoso teria sempre a possibilidade de optar pela execução específica em alternativa ao sinal. Não é, porém, assim dado que, em face do art. 830º, havendo sinal, presume-se que as partes efectuam uma estipulação contrária à execução específica (art. 830º, nº 2), só podendo esta funcionar em alternativa, caso as partes ilidam esta presunção, ou se trate da hipótese prevista no art. 830, nº 3, onde a execução específica é imperativa. O que o art. 442º, nº 3, primeira parte, quer simplesmente referir é que a execução específica é possível, haja ou não haja tradição da coisa a que se refere o contrato-prometido, solucionando uma querela que tinha surgido no regime do D.L. 236/80.

O art. 442º, nº 3, segunda parte, prevê ainda que "se o contraente não faltoso optar pelo aumento da coisa ou do direito, conforme se refere no número anterior, pode a outra parte opor-se ao exercício dessa faculdade, oferecendo-se para cumprir a promessa, salvo o disposto no art. 808º". O legislador consagrou expressamente a solução defendida por Menezes Cordeiro, em face do D.L. 236/80, que consistiria em admitir que a oferta do cumprimento da promessa, por parte do promitente faltoso, paralisasse o direito ao aumento do valor da coisa ou do direito pela outra parte[511].

[510] Januário Gomes, *loc. cit.*, refere, em sentido contrário, que as partes podem afastar a presunção do art. 441º, caso em que o promitente comprador poderia até pagar o preço todo, sem que fosse estipulado sinal, não se podendo ver aí a tradição da coisa como acto de mera tolerância. O exemplo não nos impressiona. Efectivamente, nesse caso, as partes querem expressamente rejeitar a constituição de sinal, o que justifica que o art. 442º não lhes seja aplicável. Por outro lado, a rejeição do regime do sinal permite o recurso aos arts. 830º e 798º, que não se vê razão para cumular com o aumento do valor da coisa.

[511] Cfr. Menezes Cordeiro, "O novo regime do contrato-promessa (comentário às alterações aparentemente introduzidas pelo Decreto-Lei 236/80, de 18 de Julho ao Código Civil)", no *BMJ* 306 (1981), pp. 27-59, recolhido em ID, *Estudos de Direito Civil*, I, Coimbra, Almedina, 1987, pp. 11-39 (22-23)"

A figura foi depois qualificada pelo autor como "excepção do cumprimento do contrato-promessa", dado que o cumprimento do contrato-promessa representaria neste caso uma situação jurídica activa, susceptível de paralisar um direito da contraparte, ou seja, uma excepção[512].

A solução legislativa merece a nossa inteira concordância. Efectivamente, conforme se explicou, a atribuição do aumento do valor da coisa ou do direito destina-se a evitar que o promitente faltoso venha obter um enriquecimento injustificado, em virtude do facto ilícito que é o incumprimento da obrigação de contratar. Deve, porém, admitir-se que o cumprimento, ainda que tardio, da sua obrigação possa paralisar esse direito, uma vez que então já não se justifica atribuir-lhe essa sanção e o direito do promitente comprador nunca deixou de ser o direito à celebração do contrato-prometido.

No entanto, a disposição do art. 442º, nº 3, na redacção que lhe foi dada pelo D.L. 379/86, suscitou alguma discussão na doutrina. Questionou-se se, em virtude da admissão que uma posterior oferta de cumprimento, salvo o disposto no art. 808º, paralise o direito ao aumento do valor da coisa, não se teria passado a exigir apenas uma situação de mora no cumprimento para determinar a perda do sinal ou a sua restituição em dobro, ou a alternativa do aumento do valor da coisa, ou do direito, ou se, pelo contrário se continuaria a exigir o incumprimento definitivo da obrigação para a constituição desses direitos. Efectivamente, o art. 808º refere-se aos casos em que a mora se transforma em incumprimento definitivo, pelo que a ressalva desta disposição no art. 442º, nº 3, faria pressupor que o incumprimento definitivo ainda não se tinha verificado. Ora, sendo a previsão dessa norma a opção pelo aumento do valor da coisa, o que aparece no 442º, nº 2, como alternativa à perda do sinal ou sua restituição em dobro, pareceria que todos estes efeitos seriam consequência da simples mora no cumprimento. A isto acresce que uma oferta de cumprimento em relação a um contrato-promessa definitivamente incumprido faria pouco sentido.

A solução de que para a aplicação do art. 442º, nº 2, bastaria a mera ocorrência de mora no cumprimento foi defendida por ANTUNES VARELA e MENEZES CORDEIRO[513], tendo posteriormente a ela aderido NUNO

[512] Cfr. MENEZES CORDEIRO, *TJ*, nº 27 (1987), pp. 1-5 = *Estudos*, pp. 41-57, e *Tratado*, II-2, pp. 395 e ss.

[513] Cfr. ANTUNES VARELA, *Contrato-promessa*, pp. 148 e ss. e *Obrigações*, I, pp. 352 e ss. e MENEZES CORDEIRO, *TJ*, nº 27 (1987), pp. 1-5 = *Estudos*, pp. 41-57 (52) e *Tratado*, II-2, pp. 385

PINTO OLIVEIRA[514]. No sentido de que se continuaria a exigir uma situação de incumprimento definitivo se pronunciaram GALVÃO TELLES e CALVÃO DA SILVA[515]. Outros autores defenderam posições intermédias a esta alternativa. Assim, ALMEIDA COSTA veio considerar que o novo regime legal acrescentaria ao art. 808º, um novo caso de tranformação da mora em incumprimento definitivo, que seria a exigência do sinal ou do aumento do valor da coisa, a qual constituiria uma declaração tácita de resolução do contrato-promessa[516]. Já JANUÁRIO GOMES veio defender que se deveria distinguir entre os dois casos previstos no art. 808º, para a transformação da mora em incumprimento definitivo, exigindo-se previamente à restituição do sinal em dobro ou do aumento do valor da coisa, a outorga ao devedor de um prazo suplementar de cumprimento, podendo este, no entanto, após esse prazo, caso houvesse opção pelo valor da coisa, ainda cumprir a obrigação, a menos que se verificasse a perda do interesse do credor[517]. Na jurisprudência tem prevalecido a posição de que se deve exigir o incumprimento definitivo[518].

Cabe tomar posição nesta contenda. Em primeiro lugar deverá referir-se que o art. 442º, nº 3, é uma norma específica sobre o regime do contrato-promessa, pelo que dele não poderão ser extraídas conclusões sobre o funcionamento do regime do sinal em geral, previsto nos arts. 442º, nº 1 e nº 2, primeira parte. Ora, em relação ao sinal em geral, parece-nos claro que a lei exige o incumprimento definitivo da obrigação, uma vez que seria uma sanção excessiva e desproporcionada que um simples atraso no cumprimento (que pode ser, por exemplo, de um ou dois dias), legitimasse a outra parte a exigir as sanções correspondentes à perda do sinal ou à sua restituição em dobro. Esta solução, além de altamente iníqua, introduziria uma quebra sistemática com o regime da cláusula penal, com a qual o

e ss. Note-se que, enquanto ANTUNES VARELA é fortemente crítico dessa solução, MENEZES CORDEIRO concorda com ela.

[514] Cfr. NUNO MANUEL PINTO OLIVEIRA, "Considerações em torno do artigo 442º do Código Civil. Acórdãos do Supremo Tribunal de Justiça de 8.3.2005, Rec. 4379/04, e de 10.3.2005, Rec. 170/05", em *CDP* nº 14 (Abril/Junho 2006), pp. 76-83.

[515] Cfr. GALVÃO TELLES, *Obrigações*, p. 129 e CALVÃO DA SILVA, *Sinal*, pp. 133 e ss. Este último autor chega a defender a interpretação ab-rogante da expressão: "salvo o disposto no art. 808º", do art. 442º, nº 3, *in fine*.

[516] Cfr. ALMEIDA COSTA, *Contrato-promessa*, pp. 79 e ss. e *Obrigações*, pp. 436-438.

[517] Cfr. JANUÁRIO GOMES, *TJ*, nº 35 (1987) = *Contrato-promessa*, p. 26.

[518] Neste sentido, cfr. Ac. STJ 7/2/2008 (PAULO SÁ), em *CJ-ASTJ* 16 (2008), 1, pp. 85-90.

sinal parcialmente se identifica, dado que esta só se pode ser exigida com o incumprimento definitivo da obrigação, a menos que as partes a estabeleçam para o atraso da prestação (art. 811º, nº 1).

Mas se é esta a interpretação correcta do regime geral do sinal, não se vê que no contrato-promessa haja algo que possa justificar a aplicação de uma solução diferente, que seria a perda ou restituição do sinal em dobro em caso de simples mora. Efectivamente, seria absurdo que, por algum dos promitentes não outorgar na data prevista o contrato definitivo – o que pode ser devido, por exemplo, a simples esquecimento – a outra parte pudesse conservar definitivamente o sinal ou exigir a sua restituição em dobro. A única solução correcta é assim exigir, para a obtenção destes efeitos, a transformação da mora em incumprimento definitivo, por objectiva perda do interesse na prestação ou pela fixação de um prazo suplementar de cumprimento (cfr. art. 808º)[519].

Mas se estes efeitos do sinal ocorrem apenas em caso de incumprimento definitivo, *já a opção pelo aumento do valor da coisa ou do direito pode ocorrer antes, em caso de simples mora, valendo esta como renúncia do promitente comprador a desencadear o mecanismo do sinal, uma vez verificado o incumprimento definitivo.* Efectivamente, neste caso, o promitente comprador, perante a mora, avisa o promitente vendedor que, caso venha a incumprir definitivamente a obrigação não poderá prevalecer-se da estipulação da indemnização através do sinal. Perante esta opção, o promitente vendedor tem ainda como alternativa cumprir a obrigação, a menos que se venha a verificar o incumprimento definitivo, pela perda de interesse ou pela ultrapassagem

[519] Menezes Cordeiro, *Tratado*, II-2, p. 386, critica esta nossa posição, argumentando que em regra o sinal é uma pequena quantia do todo em jogo, devendo funcionar de forma expedita e automática, e que o regime especial dos arts. 440º e 442º prevalece sobre o regime geral dos arts. 805º, nº 1, e 808º. Considera ainda que o funcionamento de sinais gravosos por danos mínimos pode ser tutelado pelo abuso de direito. Não tem razão. No caso do contrato-promessa vigora a presunção do art. 441º, sendo comum as partes irem reforçando o sinal, pelo que dificilmente ele será uma pequena quantia do todo em jogo. Quanto ao facto de o sinal funcionar em termos de mora ou de incumprimento definitivo, o regime especial dos arts. 440º e 442º não dá qualquer resposta, não se vendo razão para afastar as regras gerais dos arts. 805º, nº 1, e 808º, bem como a do art. 811º, nº 2. Quanto à aplicação do abuso de direito, tal só serviria para criar desnecessariamente incerteza no sistema, sendo manifesto que os valores em jogo são muito melhor tutelados pela exigência do incumprimento definitivo para operar o funcionamento do sinal.

suplementar do prazo de cumprimento (art. 808º), caso em que terá sempre que pagar o aumento do valor da coisa ou do direito[520].

Assim se chega a uma grande harmonia de soluções. A perda do sinal ou a sua restituição em dobro pressupõem o incumprimento definitivo (art. 442º, nº 2). Já a opção pelo aumento do valor da coisa, na medida em que admita ainda um posterior cumprimento, pode ocorrer em caso de simples mora. Aliás, esta opção vem referida no art. 442º, nº 3, onde também se prevê a execução específica, cujo pressuposto é, como se sabe, a mora e não o incumprimento definitivo.

Perante esta solução, cabe então questionar qual a natureza deste direito ao aumento do valor da coisa ou do direito, que se reconhece ao promitente comprador, que recebeu a tradição da coisa, em caso de incumprimento da outra parte. ANTUNES VARELA sustentou não constituir uma indemnização, mas antes uma forma especial de sanção pecuniária compulsória[521]. Pelo contrário, GALVÃO TELLES refere que se trata de uma indemnização compensatória, destinada a ressarcir os prejuízos causados pelo incumprimento definitivo do contrato-promessa, atento o facto de surgir em paralelismo com a exigência do sinal em dobro[522].

Cabe tomar posição. Em primeiro lugar, parece que a atribuição deste direito não se poderá qualificar meramente como uma sanção compulsória, já que se assim fosse ele dever-se-ia extinguir sempre que o devedor se dispusesse a cumprir, e tal não acontece se se verificarem as circunstâncias previstas no art. 808º (cfr. art. 442º, 3 *in fine*), caso em que a opção pelo aumento do valor da coisa não desempenha qualquer função compulsória.

[520] A situação será, assim, uma mera hipótese de purgação da mora e não uma autónoma "excepção do cumprimento do contrato-promessa", ao contrário do que defendeu MENEZES CORDEIRO. Também não nos parece que tenha razão JOAQUIM SOUSA RIBEIRO, "O campo de aplicação do regime indemnizatório do artigo 442º do Código Civil: incumprimento definitivo ou mora?" no *BFD* volume comemorativo (2003), pp. 209-232 (223 e ss.), quando defende que a opção pelo aumento do valor da coisa determinaria um processo diferente de conversão da mora em incumprimento definitivo, que seria a não realização da oferta de cumprimento. Efectivamente, ao excepcionar a aplicação do art. 808º, o art. 442º, nº 3, mantém a exigência dos processos normais de conversão da mora em incumprimento definitivo, dado que a oferta de cumprimento do contrato-promessa permanece possível até que o credor perca o interesse ou efectue a intimação admonitória.

[521] Cfr. ANTUNES VARELA, *Contrato-promessa*, p. 96.

[522] Cfr. GALVÃO TELLES, *Obrigações*, p. 155.

Resta assim a tese da indemnização. A nosso ver, apesar de a opção por este direito ser exercida em caso de simples mora, naturalmente que este não tem a natureza de indemnização moratória, já que não é cumulável com a exigência do cumprimento, antes se extinguindo com esse cumprimento. Mas também é duvidoso que se possa ver aqui uma indemnização pelos danos causados com o incumprimento definitivo. Efectivamente, em primeiro lugar a atribuição deste direito não depende da prova de quaisquer danos sofridos pelo promitente comprador, nem nunca os toma como referência, antes tomando em consideração a valorização de um bem, que ainda se encontra no património do promitente vendedor. Para além disso, a indemnização por incumprimento foi expressamente convencionada em montante certo, através da estipulação de sinal, a qual não foi derrogada. É por isso claro que a atribuição do direito ao aumento do valor da coisa não tem cariz indemnizatório.

Parece, por isso, que princípio que serve de fundamento a este regime não é o do ressarcimento de danos, mas antes o da restituição do enriquecimento injustificado. Efectivamente, perante uma situação em que o promitente-vendedor, tendo antecipadamente realizado a tradição da coisa, se enriqueceria à custa do promitente comprador através da restituição do sinal em dobro, atenta a valorização entretanto verificada na coisa entregue, a lei vem determinar que essa valorização possa ser atribuída ao promitente-comprador, em alternativa à indemnização convencionada.

O art. 442º, nº 4, vem dispor ainda que "na ausência de estipulação em contrário, não há lugar, pelo não cumprimento do contrato, a qualquer outra indemnização, nos casos de perda do sinal ou de pagamento do dobro deste, ou do aumento do valor da coisa ou do direito à data do não cumprimento". Desta norma resulta que o sinal funciona como fixação antecipada da indemnização devida, em caso de não cumprimento, pelo que a parte não poderá reclamar outras indemnizações, para além das previstas nesta disposição. Admite-se, porém, estipulação em contrário. Neste caso, a convenção de sinal funcionará como um limite mínimo da indemnização, que não impedirá a parte lesada de reclamar uma quantia superior se demonstrar que sofreu danos mais elevados.

Deve referir-se, porém, que esta norma apenas exclui outras indemnização resultantes do não cumprimento do contrato-promessa, e não a aplicação genérica à obrigação emergente do sinal do regime do não cumprimento das obrigações. Assim, se o contraente faltoso não cumprir a obrigação de restituição do sinal em dobro, poderá naturalmente ser-lhe exigida indemnização pela mora, ou incumprimento definitivo[523].

C) *Funções do sinal*

Na evolução histórica desta figura, o sinal foi variando entre uma função penal, uma função confirmatória do contrato e uma função penitencial. A função penal surge no antigo Direito grego, onde as arras funcionavam como uma coerção ao cumprimento do contrato de compra e venda. Efectivamente, como aí a compra e venda não tinha eficácia obrigacional, sendo um contrato estritamente real em que a transferência da propriedade dependia do pagamento do preço, a constituição de sinal destinava-se a coagir as partes ao cumprimento, permitindo obter indemnização pelos danos sofridos, caso este não se verificasse. No Direito romano clássico, e uma vez que a compra e venda passou a revestir a natureza de contrato consensual, o sinal assumiu uma função confirmatória, destinando-se a provar a celebração do contrato e a ressarcir os danos no caso de incumprimento. Já no Direito justinianeu, o sinal passou a ter natureza penitencial, permitindo às partes libertar-se do contrato, mediante o pagamento do sinal[524].

Estas diferentes funções do sinal verificam-se também actualmente no Direito Comparado. Assim, no Direito Francês, o art. 1590 do *Code Civil* atribui ao sinal (*arrhes*) natureza meramente penitencial, estabelecendo que ele permite às partes desvincular-se da promessa (*de s'en départir*) através da perda do sinal ou da sua restituição em dobro. Já no Direito alemão o § 336 BGB estabelece que o sinal (*Draufgabe*) tem natureza meramente confirmatória, pelo que na dúvida não pode valer como preço de arrependimento (*Reugeld*), ou seja, como sinal penitencial, previsto autonomamente no § 353 BGB. Daí que o § 338 BGB admita que a parte que recebeu o sinal possa optar pela indemnização por não cumprimento. O Direito italiano contempla as duas figuras, admitindo o sinal confirmatório no art. 1385 do *Codice* e o sinal penitencial no artigo 1386. A diferença reside em que no sinal confirmatório as partes podem optar pela indemnização por

523 Cfr. JANUÁRIO GOMES, "Exigência do sinal em dobro e juros moratórios (A propósito do Acórdão da Relação de Lisboa de 3 de Novembro de 1987, publicado na "Colectânea de Jurisprudência, ano XII, 1987, t. 5, Pág. 87-88)" em *TJ*, nº 48 (1988), recolhido em ID, *Em tema de contrato-promessa*, Lisboa, AAFDL, 1990, pp. 29-44.

524 Cfr. ANTÓNIO PINTO MONTEIRO, *Cláusula penal*, pp. 165 e ss. e MENEZES CORDEIRO, *Tratado*, I-1, pp. 735-736 e II-2, p. 374.

incumprimento, enquanto que no sinal penitencial qualquer das partes pode rescindir o contrato, com a única consequência da perda do sinal ou da sua restituição em dobro[525].

No Direito português actual, a natureza do sinal tem sido controvertida. Para Galvão Telles, o sinal não tem natureza penitencial, mas antes confirmatória-penal, já que a indemnização convencionada não funciona como preço de arrependimento, mas antes como sanção para um acto ilícito, o incumprimento da obrigação. Nada impediria, porém, as partes de estipular um sinal penitencial, para o que se deveria reservar o nome de arras[526]. Para António Pinto Monteiro, o sinal tem natureza penitencial no contrato-promessa, face ao disposto no art. 830º, nº 2, e, embora não seja essa a função prevista no art. 442º, nº 4, para os demais contratos, acaba por corresponder, de facto, à mesma situação[527]. Para Menezes Cordeiro, o regime vigente procedeu à junção das diversas funções do sinal, uma vez que o sinal tem natureza confirmatório-penal, "na medida em que dá consistência ao contrato e funciona como indemnização" e natureza penitencial, "quando funcione como 'preço de arrependimento', permitindo ao interessado resolver o contrato, mediante o pagamento que resulte do próprio sinal". A seu ver, a primeira situação ocorre sempre que a possibilidade de execução específica coexista com a convenção de sinal, tendo o sinal natureza penitencial, quando a sua estipulação funcione como convenção contrária à execução específica[528].

Cabe tomar posição nesta querela. Parece-nos que a lei nunca considera o sinal como penitencial, mesmo quando admite que este funcione como convenção contrária à execução específica. Efectivamente, como se demonstrou, o sinal só pode ser exigido em caso de incumprimento definitivo da obrigação pela outra parte, funcionando como pré-determinação das consequências desse incumprimento. Não é, por isso, um preço de arrependimento, não se podendo assim qualificar como penitencial. Defendemos, por isso, a sua natureza confirmatório-penal.

525 Cfr. António Pinto Monteiro, *Cláusula penal*, pp. 169 e ss., e Menezes Cordeiro, *Tratado*, I-1, p. 736 e II-2, p. 374.

526 Cfr. Galvão Telles, *Obrigações*, p. 133.

527 Cfr. Pinto Monteiro, *Cláusula penal*, pp. 173 e ss.

528 Cfr. Menezes Cordeiro, *Tratado*, I-1, p. 736, e II-2, p. 375.

1.3.2.7. A atribuição do direito de retenção ao promitente que obteve a tradição da coisa

A situação do beneficiário da promessa de transmissão ou constituição de direito real, que obteve a tradição da coisa a que se refere o contrato prometido é ainda complementada, em termos de garantia, com a atribuição no art. 755º *f)* de um direito de retenção sobre essa coisa, pelo crédito resultante do não cumprimento imputável à outra parte, nos termos do art. 442º. O beneficiário deste tipo de promessas, que obteve a tradição da coisa, não tem assim apenas um direito de crédito à celebração do contrato prometido, mas também um direito real de garantia, oponível *erga omnes*, que justifica que possa conservar a posse da coisa até ver satisfeito o seu crédito[529].

A atribuição deste direito de retenção, logo efectuada pelo D.L. 236/80, suscitou bastante controvérsia na doutrina, pelo facto de prevalecer sobre as hipotecas, mesmo que registadas anteriormente (cfr. art. 759º, nº 2). Ora, essa situação tornaria mais forte a posição do promitente comprador do que a do próprio comprador, já que este, como adquirente de bens hipotecados, veria a hipoteca ser-lhe oponível e portanto os bens adquiridos responderem, em caso de execução da hipoteca. Pelo contrário, o promitente comprador, titular de um direito real de garantia prevalecente sobre a hipoteca, teria o direito de ser pago pelo não cumprimento da obrigação, à frente do credor hipotecário, que posteriormente dificilmente conseguiria obter a satisfação do seu crédito. Para além disso, a situação é facilmente manipulável, já que as exigências de forma do contrato-promessa não permitem um adequado contrôlo da veracidade da situação, sendo fácil efectuar-se a sua simulação no intuito de prejudicar os credores hipotecários existentes. A solução da atribuição do direito de retenção ao promitente que obteve a tradição da coisa originou, por isso, bastantes críticas na doutrina, face às consequências perniciosas que acarreta[530].

[529] O direito de retenção, como direito real de garantia, é naturalmente oponível a qualquer terceiro adquirente da coisa. Cfr. Ac. STJ 13/1/2000 (Miranda Gusmão), publicado no *BMJ* 493 (2000), pp. 362-366.

[530] Cfr. Antunes Varela, *Contrato-promessa*, pp. 109 e ss., Calvão da Silva, *Sinal*, p. 240, Menezes Cordeiro, "O novíssimo regime do contrato-promessa", na *CJ* 12 (1987), 2, recolhido em *Estudos de Direito Civil*, Coimbra, Almedina, 1987, pp. 59-94 (87 e ss.), e *Tratado*, II-2, p. 398. Pelo contrário, Ribeiro de Faria, *Obrigações*, I, p. 281 considera correcta a solução legislativa, na medida em que faz prevalecer os interesses do consumidor final sobre os interesses das instituições de crédito.

A nosso ver, estas consequências poderão ser colmatadas se se efectuar uma interpretação restritiva do art. 755º *f)*, a única que pode harmonizar o direito de retenção do titular da promessa de constituição ou transmissão de direito real com os direitos do credor hipotecário.

Chama-se a atenção, em primeiro lugar, que o art. 755º *f)* não atribui direito de retenção, em caso de tradição da coisa, a todo e qualquer crédito resultante do não cumprimento imputável à outra parte, uma vez que, se assim fosse, não faria sentido a inclusão, no texto legal, da expressão "nos termos do art. 442º". Ora, os créditos referidos nesta disposição são apenas a restituição do sinal em dobro e o direito ao aumento do valor da coisa, e não a indemnização geral por incumprimento, prevista no art. 798º.

Daqui resulta, portanto, que *o direito de retenção atribuído no art. 755º f) pressupõe, além da tradição da coisa, a estipulação de sinal*. Efectivamente, e conforme se demonstrou, caso não tenha sido estipulado sinal, a tradição da coisa apresenta-se como um acto de mera tolerância, não havendo razão para penalizar o promitente vendedor, através da atribuição à parte contrária de uma garantia como o direito de retenção.

Mas se o direito de retenção pressupõe igualmente a estipulação de sinal, cabe perguntar a que propósito se vem dotar o crédito da restituição do sinal em dobro com esta garantia, quando, ao contrário do que sucede com todos os outros casos do direito de retenção, não se verifica uma conexão efectiva entre a convenção de sinal e a coisa objecto do direito de retenção. Na verdade, a restituição do sinal em dobro ocorre, haja ou não haja tradição da coisa, como consequência do não cumprimento da obrigação de contratar, não se vendo justificação para que a tradição da coisa implique a atribuição da garantia suplementar do direito de retenção a essa obrigação.

Daqui poder-se-á então inferir que o direito de retenção, consagrado no art. 755º *f)* só tem conexão com o direito ao aumento do valor da coisa ou do direito, que é o único crédito resultante do não cumprimento que tem uma relação directa com a coisa a reter. Parece, assim, que o credor só deve poder exercer a retenção em relação a esse crédito. Assim, a retenção não deve poder ser exercida em relação ao crédito da restituição do sinal em dobro, mas apenas em relação ao aumento do valor da coisa, se o credor optar por essa alternativa. E, mesmo no caso de exercer essa opção, não devem ficar garantidos pelo direito de retenção os créditos relativos à restituição do sinal (em singelo) e do preço pago, uma vez que em relação a estes falta também a conexão directa com a coisa.

Com esta interpretação restritiva, aliás baseada no fundamento comum do direito de retenção, se consegue harmonizar os direitos dos credores hipotecários com os direitos do promitente comprador. Efectivamente, o credor hipotecário obteve a sua garantia quando o bem tinha determinado valor. Tendo este obtido uma valorização enquanto se encontrava na posse do promitente comprador, este pode exercer a retenção para obter, em primeiro lugar o pagamento do aumento desse valor, após o que o bem poderá continuar a ser executado pelo credor hipotecário em relação ao valor remanescente[531].

1.3.2.8. A eficácia real do contrato-promessa

A lei permite ainda a atribuição de eficácia real ao contrato-promessa, no caso de a promessa respeitar a bens imóveis ou móveis sujeitos a registo, e as partes declarem expressamente a atribuição de eficácia real e procedam ao seu registo (art. 413º, nº 1). O contrato-promessa com eficácia real está sujeito a uma forma mais solene, uma vez que é exigida escritura pública ou documento particular autenticado, a menos que não seja exigida essa forma para o contrato prometido, caso em que basta um simples documento particular, que a lei estranhamente continua a exigir que tenha reconhecimento de assinatura (art. 413º, nº 2, na redacção do D.L. 116/2008, de 4 de Julho), mas que, após a abolição dos reconhecimentos por semelhança sem menções especiais relativas aos signatários, deve nesse caso considerar-se substituída pela indicação, feita pelo signatário, do número, data e entidade emitente do seu bilhete de identidade ou documento equivalente emitido pela autoridade competente de um dos países da União Europeia ou do passaporte (art. 2º do D.L. 250/96, de 24 de Dezembro).

Cumpridos estes requisitos, o contrato-promessa adquire eficácia real, o que significa que o direito à celebração do contrato definitivo prevalecerá sobre todos os direitos reais que não tenham registo anterior ao registo da promessa com eficácia real. Neste caso, parece que o direito à celebração do contrato definitivo pode ser sempre exercido, mesmo que as partes decidam

[531] Esta nossa posição veio a ter a adesão de MENEZES CORDEIRO, *Tratado*, II-2, pp. 401-402. Em sentido contrário, embora defendendo igualmente uma interpretação restritiva do art. 755º *f)* para o aplicar ao promitente-comprador de habitação própria, cfr. LUÍS MIGUEL PESTANA DE VASCONCELOS, "Direito de retenção, contrato-promessa e insolvência", em *CDP* nº 33 (Janeiro/Março 2011), pp. 3-29.

constituir sinal ou estabelecer penalizações para o incumprimento ou inclusivamente celebrar convenção contrária à execução específica[532].

É controvertida a natureza do direito do beneficiário da promessa com eficácia real. Uma posição defendida por GALVÃO TELLES, OLIVEIRA ASCENSÃO e MENEZES CORDEIRO é a de que se trataria de um verdadeiro direito real de aquisição[533]. Pelo contrário, outra posição, onde se incluem os nomes de ANTUNES VARELA, ALMEIDA COSTA, PESSOA JORGE e HENRIQUE MESQUITA, sustenta tratar-se ainda de um direito de crédito, embora sujeito a um regime especial de oponibilidade a terceiros, em certa medida semelhante ao regime previsto no § 883 B.G.B., que amite a anotação prévia no registo (*Vormerkung*), de certos direitos de crédito sobre imóveis, por forma a permitir que não sejam afectados, em caso de posteriormente serem praticados actos de disposição sobre esses bens[534].

Essa discussão deriva, em certa medida, do facto de a lei não ter esclarecido qual a forma de obter o cumprimento da promessa com eficácia real, em caso de ocorrer efectivamente a venda do prédio a terceiros. Segundo a posição de ANTUNES VARELA, ALMEIDA COSTA e RIBEIRO DE FARIA, deverá estabelecer-se da mesma forma a execução específica contra o obrigado, aplicando-se em relação ao terceiro o regime da venda de bens alheios, o que permitiria exigir imediatamente dele a restituição com base na nulidade da venda[535]. Segundo a opinião de DIAS MARQUES e OLIVEIRA ASCENSÃO, deverá interpor-se uma acção de execução específica contra o terceiro[536]. Segundo a posição de MENEZES CORDEIRO, a forma adequada seria uma acção de reivindicação adaptada contra o terceiro (art. 1315º)[537].

Qualquer das posições nos parece criticável. Em primeiro lugar, a execução específica contra o obrigado faz pouco sentido quando ele já não é

[532] Cfr. GALVÃO TELLES, *Obrigações*, p. 149.

[533] Cfr. GALVÃO TELLES, *Obrigações*, p. 149, OLIVEIRA ASCENSÃO, *Reais*, pp. 567 e ss., MENEZES CORDEIRO, *Obrigações*, 2º, p. 475.

[534] Cfr. ANTUNES VARELA, *Contrato-promessa*, p. 61, e nota (2), ALMEIDA COSTA, *Obrigações*, pp. 129 e 412, PESSOA JORGE, *Obrigações*, I, p. 185, HENRIQUE MESQUITA, *Obrigações reais*, pp. 252 e ss.

[535] Cfr. ANTUNES VARELA, *Obrigações*, I, pp. 374-375, ALMEIDA COSTA, *Obrigações*, pp. 412-413, RIBEIRO DE FARIA, *Obrigações*, I, p. 273.

[536] Citados *apud* MENEZES CORDEIRO, *Estudos*, p. 78. Posteriormente, em *Reais*, pp. 566 e ss., OLIVEIRA ASCENSÃO vem defender que a acção de execução específica seja instaurada simultaneamente contra o obrigado e o terceiro adquirente.

[537] Cfr. MENEZES CORDEIRO, *Obrigações*, 1º, p. 477 e *Tratado*, II-2, pp. 446 e ss.

o dono do bem, sendo também de rejeitar a qualificação da alienação por ele efectuada como venda de bens alheios, já que ele era proprietário no momento da venda, a qual é plenamente válida, e só é posta em causa se a eficácia real for exercida, a qual não pode por isso consistir numa acção de nulidade. Mas a execução específica contra o terceiro coloca o problema de ele não se ter obrigado a celebrar qualquer contrato com o beneficiário da promessa, faltando por isso o pressuposto essencial da sua aplicação. Finalmente, a reivindicação (adaptada) contra o terceiro suscita a dificuldade de a reivindicação ser uma acção destinada a reconhecer um direito real e reclamar a restituição da coisa que é seu objecto (art. 1311º, nº 1), não tendo assim natureza constitutiva, enquanto o exercício da eficácia real teria que revestir essa natureza, uma vez que através dela se procede a uma aquisição potestativa do direito real.

Parece-nos, por isso, que o exercício da eficácia real não corresponde a uma acção judicial típica, devendo considerar-se como uma acção declarativa constitutiva, eventualmente cumulável com um pedido de restituição, a instaurar em litisconsórcio necessário contra o promitente e o terceiro adquirente, destinada a fazer prevalecer o direito de aquisição do promitente comprador sobre a aquisição desse terceiro.

1.3.3. Pacto de preferência

1.3.3.1. Noção e qualificação jurídica

O pacto de preferência encontra-se previsto nos arts. 414º e ss. do Código Civil, sendo definido como "a convenção, pela qual alguém assume a obrigação de dar preferência a outrem na venda de determinada coisa"[538]. A lei

[538] Cfr. GALVÃO TELLES, *Obrigações*, pp. 161 e ss., ANTUNES VARELA, *Obrigações*, I, pp. 375 e ss., ALMEIDA COSTA, *Obrigações*, pp. 442 e ss., PESSOA JORGE, *Obrigações*, 1º, pp. 186 e ss., MENEZES CORDEIRO, *Obrigações*, 1º, pp. 483 e ss., *Tratado*, II-2, pp. 461 e ss., RIBEIRO DE FARIA, *Obrigações*, 1º, pp. 286 e ss., HENRIQUE MESQUITA, *Obrigações reais*, pp. 187 e ss., CARLOS LACERDA BARATA, *Da Obrigação de Preferência. Contributo para o estudo do art. 416º do Código Civil*, Coimbra, Coimbra Editora, 1990, AGOSTINHO CARDOSO GUEDES, *A natureza jurídica do direito de preferência*, Porto, Universidade Católica, 1999. "Efeitos da declaração de preferência (Anotação ao acórdão do STJ, de 13 de Dezembro de 2000)", em JÚLIO GOMES (org.), *Estudos dedicados ao Prof. Doutor Mário Júlio de Almeida Costa*, Lisboa, Universidade Católica, pp. 17-48 e *O exercício do direito de preferência*, Porto, UC, 2006, passim, JOÃO REDINHA, "Natureza jurídica da obrigação de preferência e consequências do seu incumprimento", em AAVV, *Estudos em Homenagem a Cunha Rodrigues*, II, Coimbra, Coimbra Editora, 2002, pp. 603-626.

referiu-se expressamente aos casos de preferência na venda, mas o pacto de preferência é figura mais geral, uma vez que o art. 423º admite igualmente a assunção da obrigação de preferência em relação a outros contratos, com ela compatíveis. Estarão nesta situação naturalmente todos os contratos onerosos, que não tenham cariz *intuitu personae.*

O pacto de preferência constitui, à semelhança do contrato-promessa, um contrato preliminar de outro contrato. Porém, ao contrário do que sucede no contrato-promessa, o obrigado à preferência não se obriga a contratar, mas apenas a escolher alguém como contraente, no caso de decidir contratar, se esse alguém lhe oferecer as mesmas condições que conseguiu negociar com um terceiro. O pacto de preferência é assim *a convenção pela qual alguém assume a obrigação de escolher outrem como contraente, nas mesmas condições negociadas com terceiro, no caso de decidir contratar.*

Tal como resulta desta definição, o pacto de preferência é um contrato unilateral, uma vez que apenas uma das partes assume uma obrigação, ficando a outra parte (o titular da preferência) livre de exercer ou não o seu direito.

1.3.3.2. Forma do pacto de preferência

Em matéria de forma, o pacto de preferência encontra-se sujeito ao mesmo regime do contrato-promessa (art. 415º), o que significa que regra geral a sua validade não depende de forma especial, apenas se exigindo que o pacto de preferência conste de documento particular, se para a celebração do contrato preferível for exigido documento autêntico ou particular (art. 410º, nº 2). Uma vez que o pacto de preferência consiste num contrato unilateral, apenas terá que ser assinado pelo obrigado à preferência[539]. Não se aplica ao pacto de preferência o regime do art. 410º, nº 3, pelo que esse documento não estará em caso algum sujeito a mais formalidades.

1.3.3.3. Os direitos de preferência com eficácia real

Normalmente a estipulação do pacto de preferência atribui apenas ao seu beneficiário um direito de crédito contra a outra parte. Ora, esse direito está sujeito às características comuns dos direitos de crédito, entre as quais se inclui a relatividade, pelo que, em princípio, não pode ser oposto a terceiros.

[539] Na hipótese de preferências recíprocas, estas recaem necessariamente sobre objectos diferentes, pelo que teremos dois pactos de preferência. Se estes constarem do mesmo documento, e for exigida forma especial para o contrato preferível, ambos devem assinar o documento, mas a falta de assinatura de um, não afectará a constituição da obrigação do outro.

A lei admite, porém, que ao direito de preferência seja atribuída eficácia real, desde que, respeitando a bens imóveis ou a móveis sujeitos a registo, as partes explicitamente o estipulem, celebrem o pacto de preferência por escritura pública ou documento particular autenticado, ou, quando não seja exigida essa forma para o contrato prometido, por documento particular com assinatura do obrigado, referindo a entidade emitente, data e número do seu documento de identificação, e procedam à respectiva inscrição no registo (art. 421º, 413º, na redacção do D.L. 116/2008, de 4 de Julho, e art. 2º do D.L. 250/96, de 24 de Dezembro).

Para além disso, por vezes a lei concede a certos titulares de direitos reais ou pessoais de gozo sobre determinada coisa a preferência na venda ou dação em cumprimento da coisa objecto desse direito. É o caso, por exemplo, do comproprietário (art. 1409º), do arrendatário (art. 1091º), e do proprietário de solo (art. 1535º). Nessa situação, estamos perante o que se denomina de *preferências legais*, as quais se caracterizam por terem sempre eficácia real, permitindo aos que dela disfrutam exercer o seu direito de preferência, mesmo perante o terceiro adquirente[540].

A atribuição de eficácia real ao pacto de preferência coloca, por isso, o problema do seu eventual conflito com os direitos legais de preferência. A lei vem esclarecer essa questão, determinando que o direito convencional de preferência não prevalece contra os direitos reais de preferência (art. 422º), o que corresponde à sua solução lógica, uma vez que não faria sentido que as partes através de convenção tivessem a possibilidade de afactar direitos legalmente atribuídos.

1.3.3.4. A obrigação de preferência

A lei regula genericamente o regime da obrigação de preferência nos arts. 416º a 418º. É de notar que esse regime é também aplicável em relação aos direitos legais de preferência, atentas as sucessivas remissões que, na sede própria, são efectuadas para essas disposições (cfr. arts. 1409º, nº 2, 1091º, nº 4, e 1535º, nº 2).

Relativamente à forma de cumprimento da obrigação de preferência, ela encontra-se prevista no art. 416º que nos refere o seguinte:

[540] Cfr., sobre estas, Carlos Lima, "Direitos legais de preferência", em António Menezes Cordeiro/Luís Menezes Leitão/Januário da Costa Gomes, *Estudos em homenagem ao Prof. Doutor Inocêncio Galvão Telles*, IV- *Novos Estudos de Direito Privado*, Coimbra, Almedina, 2003, pp. 495-517 = *ROA* 65 (2005), 3, pp. 599-624.

"1. Querendo vender a coisa que é objecto do pacto, o obrigado deve comunicar ao titular do direito o projecto de venda e as cláusulas do respectivo contrato.

2. Recebida a comunicação, deve o titular exercer o seu direito dentro do prazo de oito dias, sob pena de caducidade, salvo se estiver vinculado a prazo mais curto ou o obrigado lhe assinar prazo mais longo".

Esta disposição levanta fundadas dúvidas interpretativas, o que tem justificado alguma discussão doutrinária neste âmbito. Vejamos em que termos essas dúvidas poderão ser esclarecidas.

Resulta, em primeiro lugar, desta norma que a forma adequada de cumprir a obrigação de preferência é efectuar uma comunicação para preferência. A lei não exige, porém, uma forma específica para essa comunicação, nem para o posterior exercício do direito, o que implica que ela possa ser inclusivamente verbal, ao abrigo do art. 219º[541]. Trata-se de uma solução que consideramos muito criticável *de iure condendo*, ainda mais que sendo tão curto o prazo para o exercício do direito – que pode ser mesmo dilatado pelo obrigado na comunicação – a determinação do cumprimento da obrigação e do eventual exercício ou caducidade do direito tornam-se de difícil demonstração em tribunal, quando deveria prevalecer neste âmbito uma certeza absoluta. Não admira, por isso, que as partes quase sempre optem por fazer estas comunicações por escrito, como forma de se precaverem para a hipótese de posterior discussão judicial da questão.

Por outro lado, ao se referir ao projecto de venda e às cláusulas do respectivo contrato, parece claro que a comunicação da preferência tem que estabelecer por referência a existência de um contrato preferível, não podendo ser considerada como comunicação para preferência a emissao de propostas contratuais ou de convites a contratar[542]. Assim, caso o titular da preferência rejeite uma proposta contratual ou convite a contratar não perde,

[541] Neste sentido, igualmente GALVÃO TELLES, *Obrigações*, p. 166 e CARLOS LIMA, *Estudos Galvão Telles*, IV, p. 501 = *ROA* 65 (2005), 3, p. 605.

[542] Não é, portanto, comunicação para preferência aquela em que se pergunte simplesmente: "Queres comprar por 100?". Deve antes informar-se: "Vou vender a X por 100. Queres preferir?". Como se pode calcular a reacção da outra parte tenderá a ser completamente diferente numa e noutra situação. Na primeira situação, o titular do direito pressuporá que o preço proposto derivou do arbítrio do proponente, podendo as condições de mercado determinar um valor inferior, pelo que tenderá a querer conservar a preferência para exercer numa futura ocasião. No segundo caso, é informado de que o preço foi obtido através de negociação com terceiro

por isso, o seu direito de preferência, mesmo que o contrato preferível tenha exactamente o mesmo conteúdo que a proposta ou convite rejeitados. Se, no entanto, vier a ser celebrado o contrato em consequência dessa proposta ou convite, o direito de preferência extinguir-se-á por inutilidade.

Tendo obrigatoriamente que ter por referência um contrato preferível, parece claro que a comunicação para preferência não pode ser realizada logo que o obrigado se encontre na situação de "querer vender", ao contrário do que parece resultar do art. 416º, nº 1. Exigir-se-á antes uma negociação com terceiro, com o qual sejam acordadas as cláusulas a comunicar, designadamente preço e condições de pagamento. A comunicação para preferência terá, porém, que ser efectuada antes da celebração de um contrato definitivo com o referido terceiro, pois no caso contrário já teria ocorrido o incumprimento da obrigação de preferência.

Uma outra questão discutida na doutrina é a de determinar o conteúdo da comunicação para preferência. Ao se referir não apenas o projecto de venda, mas também as cláusulas do respectivo contrato, a lei esclarece que não basta indicar as elementos gerais do negócio, mas que terão igualmente que ser comunicadas todas as estipulações particulares acordadas, que sejam relevantes para a decisão de exercício da preferência.

A lei não esclarece ainda uma outra questão que é a de se a comunicação para preferência deve conter igualmente o nome do terceiro, com o qual foram negociadas as condições comunicadas.

Esta questão tem tido respostas divergentes na doutrina. Para uma posição, defendida por Oliveira Ascensão, a lei apenas faz referência a cláusulas do contrato, e o nome do terceiro não se pode considerar abrangido por essa referência, pelo que este não teria que ser indicado na comunicação para preferência[543]. Já outra posição, sufragada por Galvão Telles e Menezes Cordeiro, entende que o princípio da boa fé impõe que o nome do terceiro tenha quer ser obrigatoriamente indicado na comunicação para preferência[544]. Finalmente, uma terceira posição, defendida

e que o não exercício da preferência precludirá definitivamente qualquer possibilidade de a exercer no futuro.

[543] Cfr. Oliveira Ascensão "Preferência do arrendatário habitacional, notificação, caducidade, renúncia. Anotação ao Acórdão do Supremo Tribunal de Justiça de 23 de Junho de 1992", na *ROA* 53 (1993), pp. 673-708 (691 e ss.).

[544] Cfr. Galvão Telles, *Obrigações*, p. 167, nota (1) e Menezes Cordeiro, *Obrigações*, 1º, p. 492 e *Tratado*, II-2, pp. 497 e ss.

por PIRES DE LIMA/ANTUNES VARELA e por CARLOS BARATA, sustenta que o nome do terceiro não tem genericamente que ser indicado na comunicação para preferência, devendo sê-lo nas situações em que o não exercício da preferência implique que fiquem a subsistir relações jurídicas entre o terceiro e o titular da preferência, de que seriam exemplos a situação do comproprietário e do arrendatário[545]. Esta última posição é, no essencial, seguida por JOÃO REDINHA que, porém, acrescenta a estes casos outros em que a revelação do nome do terceiro corresponda a um interesse essencial, digno de protecção legal do preferente e recognoscível para o obrigado, como na hipótese de alienação a terceiros de bens familiares com valor estimativo[546].

A nossa posição é, porém, antes a de que o nome do terceiro adquirente, desde que esteja determinado, tem que ser sempre indicado na comunicação para preferência, havendo que mencionar a situação de indeterminação no caso contrário[547]. Efectivamente, a função do pacto de preferência é permitir que o titular da preferência possa optar por contratar com o obrigado, em igualdade de condições com as que este conseguiu numa negociação com um terceiro. Daí que, se a comunicação não indicar o nome do terceiro, não há qualquer hipótese de o titular da preferência verificar a veracidade das condições comunicadas, não fazendo qualquer sentido que ele fosse exercer a preferência nessa situação. Propendemos, por isso, a considerar que o titular da preferência não tem que exercer o seu direito se na comunicação para preferência não for indicado o nome do terceiro[548].

Efectuada a comunicação para preferência, conforme se referiu, o titular tem que exercer o seu direito no prazo de oito dias, salvo se o pacto de preferência o vincular a um prazo mais curto, ou se o obrigado lhe assi-

[545] Cfr. PIRES DE LIMA/ANTUNES VARELA, *Código Civil Anotado*, I, 4ª ed., com a colaboração de Henrique Mesquita, Coimbra, Coimbra Editora, 1987, *sub* art. 416º e CARLOS BARATA, *op. cit.*, p. 126.

[546] Cfr. JOÃO REDINHA, *op. cit.*, p. 610, nota (16).

[547] OLIVEIRA ASCENSÃO, *loc. ult. cit.* pronuncia-se contra esta solução com o argumento de que a imposição da revelação do nome do terceiro impediria o obrigado à preferência de celebrar um contrato para pessoa a nomear. O argumento é, porém, reversível. Na verdade, a reserva de nomeação, como cláusula do contrato, teria que ser mencionada na comunicação para preferência (art. 416º, nº 1), não se vendo razão para, nos mesmos termos, não se mencionar a identificação do adquirente, quando ele se encontra determinado.

[548] Neste sentido, veja-se na jurisprudência o Ac. STJ 11/1/2011 (SALAZAR CASANOVA), em *CJ-ASTJ* 19 (2011), 1, pp. 43-45.

nalar um prazo mais longo. Cabe, porém, perguntar, quais os efeitos do exercício desse direito. Parece claro, que uma vez exercida a preferência, ambas as partes perdem a liberdade de decidir celebrar ou não o contrato, praticando um facto ilícito se voltarem atrás com a sua decisão. A natureza desse ilícito dependerá, porém, da forma observada para a comunicação e exercício da preferência, uma vez que o legislador infelizmente não as sujeitou a forma especial.

A nosso ver, com a comunicação e exercício da preferência, ambas as partes formulam uma proposta de contrato e respectiva aceitação, que em princípio deveria implicar sem mais a celebração do contrato definitivo, desde que estejam preenchidos os seus requisitos de forma[549]. Quando tal não suceda, essas declarações poderão ainda valer como promessas de contratar, caso tenha sido observada a respectiva forma, o que permitirá o recurso à execução específica prevista no art. 830º, em caso de não cumprimento[550]. Se nem sequer essa forma for observada, haverá responsabilidade pré-contratual, nos termos do art. 227º, subsistindo a obrigação de preferência, que só é definitivamente incumprida com a celebração de contrato incompatível com um terceiro[551]. Caso, no entanto, a notificação para preferência seja realizada através do processo dos art. 1028º e ss. do Código de Processo Civil, a solução é mais simples, exigindo a lei que o contrato seja celebrado no prazo de vinte dias após o exercício da preferência. Se tal não acontecer, deve o preferente, sob pena de perda do seu direito (art. 1028º, nº 3 CPC) "requerer, nos 10 dias subsequentes, que se designe dia e hora para a parte contrária receber o preço por termo no processo, sob pena de ser depositado, podendo o preferente depositá-lo no dia seguinte, se a parte contrária, devidamente notificada, não comparecer ou se recusar a receber o preço" (art. 1028º, nº 2 CPC). Efectuado o pagamento ou depositado o preço, os bens são adjudicados pelo tribunal ao preferente, com eficácia retroactiva à data do pagamento ou depósito (art. 1028º, nº 4 CPC).

O direito de preferência só surge caso o obrigado tome a decisão de celebrar o contrato em relação ao qual tenha concedido a preferência, não

[549] Neste sentido, igualmente CARLOS LIMA, *Estudos Galvão Telles*, IV, pp. 504 e ss. = *ROA* 65 (2005), 3, pp. 609 e ss.,

[550] Neste sentido, veja-se o Ac. STJ 21/2/2006 (CUSTÓDIO MONTES), na *CJ-ASTJ* 14 (2006), 1, pp. 78-80.

[551] No mesmo sentido, GALVÃO TELLES, *Obrigações*, p. 168 e CARLOS BARATA, *op. cit.*, pp. 145 e 150. Em sentido diferente, veja-se JOÃO REDINHA, *op. cit.*, p. 614 e 619, nota (36).

havendo naturalmente incumprimento da obrigação de preferência se o obrigado celebrar um contrato de natureza diferente do contrato preferível, mesmo que esse contrato implique a não celebração em definitivo do contrato preferível[552]. Há, no entanto, duas hipóteses que a lei considerou poderem ainda justificar a manutenção da preferência, que são os casos da união de contratos (art. 417º) e dos contratos mistos (art. 418º).

A situação da união de contratos é-nos referida no art. 417º que se refere à hipótese da venda da coisa juntamente com outras, por um preço global. Trata-se de uma situação de união entre diversos contratos de compra e venda, pela estipulação de um preço comum para várias coisas vendidas simultaneamente. Nesse caso, haverá que distinguir entre união interna e externa. Sendo externa a união de contratos, há apenas uma estipulação comum do preço, sem qualquer dependência entre os vários contratos, pelo que nada impede o titular de exercer a preferência pelo preço que for atribuído proporcionalmente à coisa. Já se essa união for interna, existe dependência entre os diversos contratos, pelo que o exercício da preferência pelo titular afectaria toda a união de contratos, o que justifica que se permita ao obrigado exigir que a preferência se faça em relação a todas as coisas vendidas. Exige-se, porém, para tal que a quebra da união interna acarrete prejuízos objectivamente apreciáveis para uma das partes[553].

Já a situação do contrato misto aparece-nos referida no art. 418º. Esta norma refere-se apenas aos contratos mistos complementares, o que justifica que se questione se é possível exercer a preferência em relação aos outros tipos de contratos mistos. Em relação aos contratos múltiplos ou combinados (ex: a transmissão de um bem com uma obrigação principal de prestação de serviços, a título oneroso) ou aos contratos de tipo duplo ou geminados (ex: a transmissão de um bem como contrapartida de uma prestação de serviços), não nos parece possível o exercício da preferência, uma vez que o contrato efectivamente realizado não corresponde ao contrato em relação ao qual se concedeu a preferência. Já quanto aos con-

[552] Assim, por exemplo, se alguém se compromete a dar preferência no arrendamento de uma casa e posteriormente decide vendê-la a terceiro, não ocorre incumprimento da obrigação de preferência.

[553] Conforme sustenta o Ac. RL 9/10/2001 (Roque Nogueira), na *CJ* 26 (2001), 4, pp. 119-120, o conceito de prejuízo apreciável não pode ser entendido em sentido subjectivo, relativo à não celebração do negócio global pelas partes, já que se assim fosse se elidiriam facilmente as preferências legais.

tratos mistos cumulativos ou indirectos (ex: venda com preço de favor), é claramente admissível o exercício da preferência, uma vez que foi efectivamente celebrado um contrato em relação ao qual se concedeu a preferência, mesmo que no caso concreto as partes tenham utilizado a sua estrutura contratual para fins distintos dos que lhe são típicos.

Só em relação aos contratos complementares, em que ao contrato típico se acrescenta uma prestação acessória típica de outro contrato (ex: compra e venda com uma obrigação acessória de prestação de serviços pelo comprador), o art. 418º permite o exercício da preferência, determinando que essa prestação acessória deve ser compensada em dinheiro. Caso, porém, essa prestação acessória não seja avaliável em dinheiro, é excluída a preferência, a menos que seja lícito presumir que, mesmo sem a prestação estipulada, o contrato não deixasse de ser celebrado. A lei considera que a estipulação de prestações acessórias não avaliáveis em dinheiro torna o contrato celebrado distinto do contrato em relação ao qual se concedeu a preferência, daí que seja excluída a preferência, salvo se essa prestação não tiver grande importância para a decisão de contratar do obrigado. Há, ainda, um caso em que à estipulação da prestação acessória não se reconhece qualquer efeito, que é a hipótese de ela ter sido convencionada para afastar a preferência. Neste caso, o preferente pode sempre exercer a preferência, nunca tendo que compensar essa prestação, mesmo que ela seja avaliável em dinheiro (art. 418º, nº 1 *in fine* e nº 2).

1.3.3.5. A violação da obrigação de preferência

A) A indemnização por incumprimento em caso de simples eficácia obrigacional

A obrigação de preferência é definitivamente incumprida, conforme se referiu, a partir do momento em que o obrigado à preferência celebra com terceiro um contrato incompatível com a preferência, sem efectuar qualquer comunicação para preferência ou, tendo-a efectuado, se o titular tiver comunicado, dentro do prazo, a intenção de exercer a preferência. Essa celebração do contrato com terceiro provoca, assim, o incumprimento definitivo da obrigação de preferência[554], o que implicará que o titular da preferência adquira o direito a uma indemnização por incumprimento (art.

[554] No sentido de que a notificação para preferência deixa de ter cabimento quando se celebra um contrato incompatível com a preferência, cfr. Ac. STJ 11/10/2001 (Miranda Gusmão), na *RLJ* 135 (2005), pp. 89-99, com anotação favorável de Henrique Mesquita, a pp. 99-113.

798º). Em virtude de os direitos de crédito não prevalecerem contra direitos reais, estará vedado ao obrigado reclamar a coisa do terceiro adquirente.

B) A acção de preferência em caso de haver eficácia real

Vimos, porém, que o direito de preferência pode gozar de eficácia real, o que sucederá sempre que se trate de direitos legais de preferência, ou caso as partes atribuam essa característica ao pacto de preferência, cumprindo os requisitos de forma e publicidade para tal exigidos (art. 413º, aplicável por força do art. 421º). Nesse caso, o titular da preferência não possui apenas um direito de crédito à preferência, mas também um direito real de aquisição, que pode opor *erga omnes*, mesmo a posteriores adquirentes da propriedade.

A lei esclarece neste caso que o processo adequado para o exercício do direito de preferência é a denominada acção de preferência. Esta vem prevista no art. 1410º (redacção do D.L. 68/96, de 31 de Maio), a propósito da preferência do comproprietário, mas é extensível a qualquer titular de direitos reais de preferência (cfr. art. 421º, nº 2, art. 1091º, nº 4, e art. 1535º, nº 2). Esta acção deve ser intentada no prazo de seis meses a contar da data em que o titular da preferência teve conhecimento dos elementos essenciais da alienação, tendo como condição de procedência que ocorra o depósito do preço devido nos quinze dias posteriores à propositura da acção[555].

Uma dúvida que se colocou na doutrina diz respeito à legitimidade passiva para a acção de preferência. A posição maioritária, seguida por GALVÃO TELLES, ALMEIDA COSTA e MENEZES CORDEIRO, era a de que o obrigado à preferência não seria, enquanto tal, parte legítima para a acção de preferência, só o sendo caso o titular da preferência decida simultaneamente exigir uma indemnização. A fundamentação apresentada para esta solução é a de que na acção de preferência se discute unicamente se o bem é atribuído ao titular da preferência ou permanece na propriedade

[555] O depósito do preço é obrigatório, não podendo ser substituído por qualquer das formas de caução previstas no art. 623º, desigadamente a fiança bancária. Cfr. Ac. STJ 6/3/2012 (MÁRIO MENDES), em *CJ*-ASTJ 20 (2012), 2, pp. 117-118. O prazo de depósito do preço é um prazo de caducidade mas, como se refere a um acto a praticar em juízo, termina à hora de encerramento das secretarias judiciais. No caso de a preferência ser exercida ao abrigo do art. 417º, nº 1 e 2, o depósito deve ser realizado proporcionalmente ao preço praticado, apurando-se posteriormente o montante efectivo a depositar. Cfr. Ac. STJ 30/1/2001 (ARAGÃO SEIA) na *CJ-ASTJ* 9 (2001), I, pp. 84-85.

do terceiro, não podendo a acção afectar o obrigado, que normalmente já recebeu o preço que lhe era devido, nada mais tendo a ganhar ou a perder[556]. Pelo contrário, ANTUNES VARELA pronunciou-se no sentido de que o obrigado à preferência tinha necessariamente que ser demandado para a acção de preferência, existindo assim um litisconsórcio necessário passivo entre ele e o terceiro adquirente[557].

Pensamos que a razão está com ANTUNES VARELA. Efectivamente, o que dá causa à acção de preferência é o incumprimento da obrigação de preferência por parte do obrigado, não fazendo sentido que essa questão fosse apreciada sem que ele seja chamado à acção (art. 3º do CPC). Parece-nos haver, assim, uma situação de litisconsórcio necessário passivo entre o obrigado à preferência e o terceiro adquirente (art. 33º do CPC). Assim, o titular deverá interpor a acção de preferência simultaneamente contra o obrigado à preferência e o terceiro adquirente. Já não será, porém, necessário que demande igualmente os subadquirentes de direitos reais de gozo e garantia incidentes sobre o bem[558].

Uma questão que suscitou igualmente dúvidas residiu em determinar se o depósito do preço devido exigido no art. 1410º abrange apenas o preço propriamente dito, ou também as outras despesas que, por lei, devem ficar a cargo do comprador como os impostos de transmissão ou os emolumentos notariais e registais. A solução correcta deve ser a de que apenas é exigido o depósito do preço devido[559], ainda que o preferente deva, no caso de ficar também sujeito às mesmas despesas com impostos e emolumentos e na medida em que o ficar, reembolsar ao terceiro as despesas por ele suportadas, sem o que haveria enriquecimento sem causa[560].

[556] Cfr. GALVÃO TELLES, *Obrigações*, p. 169, ALMEIDA COSTA, *Obrigações*, pp. 455-456, e MENEZES CORDEIRO, *Obrigações*, 1º, p. 499, e *Tratado*, II-2, pp. 514 e ss.

[557] Cfr. ANTUNES VARELA, *Obrigações*, I, pp. 384 e ss.

[558] Neste sentido, em relação ao credor hipotecário, cfr. Ac. STJ 22/10/2009 (LOPES DO REGO) na *CJ-ASTJ* 17 (2009), 3, pp. 95-98.

[559] Em sentido contrário, defendendo uma interpretação extensiva do art. 1410º, nº 1, por forma a abranger não apenas o preço, mas também o imposto de transacção e as despesas com o título, veja-se PIRES DE LIMA/ANTUNES VARELA, *op. cit*, I, p. 374 e RIBEIRO DE FARIA, *Obrigações*, I, p. 291.

[560] Daí que se admita que o terceiro possa solicitar esse reembolso na acção de preferência em reconvenção ou posteriormente. Cfr. Ac. RP 17/5/1983 (JOAQUIM DE CARVALHO) em *CJ* 8 (1983), 3, pp. 232-235, Ac. STJ 27/6/1985 (SOLANO VIANA), no *BMJ* 348 (1985), pp. 422-426, Ac. STJ 20/5/1986 (CÔRTE-REAL), no *BMJ* 357 (1986), pp. 418-422, Ac. RL 15/12/1993

Uma outra questão levantada pela acção de preferência prende-se com o problema da simulação de preço (arts. 240º e ss.). Efectivamente, as partes no intuito de enganar terceiros podem por acordo celebrar um negócio que não corresponda à sua verdadeira vontade. Essa simulação pode passar pela indicação de um preço superior, no intuito de defraudar o próprio exercício da preferência, ou inferior, no intuito de evitar o pagamento dos impostos de transmissão. Como realizar o exercício da preferência numa situação deste género?

Se o preço declarado para a transmissão é superior ao preço efectivamente praticado, nenhumas dúvidas existem no sentido de que o titular da preferência deve exercê-la pelo preço real. Efectivamente, nesse caso o negócio simulado é nulo (art. 240º, nº 2), sendo válido o dissimulado (art. 241º), pelo que a preferência é naturalmente exercida em relação ao negócio válido.

Se o preço declarado para a transmissão é inferior ao preço efectivamente praticado, a questão torna-se mais complexa, parecendo que a lei vedaria aos simuladores a possibilidade de exigir que a preferência seja efectuada pelo preço real. Efectivamente, o preferente sustenta-se com base no negócio nulo, pelo que a preferência só poderia ser afastada através da invocação dessa nulidade. Só que o art. 243º, nº 1 proíbe a arguição da nulidade proveniente da simulação por parte dos simuladores contra terceiro de boa fé, consistindo a boa fé na ignorância da simulação ao tempo em que foram constituídos os respectivos direitos (art. 243º, nº 2). Por outro lado, a lei é extremamente restritiva em relação à prova da simulação, uma vez que exclui o recurso à prova testemunhal (art. 394º, nº 2), bem como às presunções judiciais (art. 351º), o que restringiria em termos práticos a possibilidade de os simuladores demonstrarem com êxito a simulação perante terceiro de boa fé. Daí que com base neste regime tenham sustentado ANTUNES VARELA, VAZ SERRA e CASTRO MENDES que a lei vedaria aos simuladores exigir que a preferência seja exercida com base no preço real[561].

(MARTINS RAMIRES), na *CJ* 18 (1993), 5, pp. 161-163, Ac. RL 22/1/1998 (PAIXÃO PIRES), na *CJ* 23 (1998), pp. 87-88 e Ac. RL 6/11/2001 (ROQUE NOGUEIRA), na *CJ* 26 (2001), 5, pp. 72-74.

[561] Cfr. PIRES DE LIMA/ANTUNES VARELA, *op. cit.*, I, pp. 229-230, ANTUNES VARELA, *Obrigações*, I, p. 383, nota (1), VAZ SERRA, "Anotação Ac. STJ 21/11/1967" na *RLJ* 101º (1969), pp. 230-236 (236), CASTRO MENDES, *Teoria Geral do Direito Civil*, II, Lisboa, AAFDL, 1985 (mas 1979), pp. 153-154.

Contra esta interpretação, pronunciaram-se sucessivamente MOTA PINTO, ALMEIDA COSTA, MENEZES CORDEIRO, RIBEIRO DE FARIA e CARVALHO FERNANDES, sustentando que não permitir aos simuladores exigir que a preferência seja realizada pelo preço real equivale a autorizar um enriquecimento ilegítimo do preferente à custa dos simuladores, que nada justifica[562]. MENEZES CORDEIRO fundamentou especificamente esta solução com base numa interpretação do art. 243º, nº 2, não considerando a situação do preferente neste caso como a de um terceiro de boa fé, inicialmente com o argumento de que o seu direito de adquirir por determinado preço só se constituiria com a sentença que julgasse procedente a acção de preferência[563] e, posteriormente, com o argumento de que o preferente não faz qualquer investimento de confiança, que justifique a sua tutela através da boa fé[564].

A jurisprudência tem-se orientado maioritariamente também a favor desta segunda solução[565].

As dificuldades de prova levantadas pelo art. 394º, nº 2, a esta solução têm sido torneadas através da defesa de uma interpretação restritiva desta disposição, segundo a qual bastaria um princípio de prova documental para logo se admitir a sua complementação através de testemunhas[566]. A jurisprudência tem seguido essa orientação[567], aceitando para o efeito inclusivamente

[562] Cfr. CARLOS MOTA PINTO, *Teoria Geral*, p. 482, ALMEIDA COSTA, *Obrigações*, p. 457 e ss., nota (3), MENEZES CORDEIRO, *Obrigações*, 1º, p. 503 e *Tratado*, I-1, pp. 849-850, e II-2, pp. 519 e ss., RIBEIRO DE FARIA, *Obrigações*, I, pp. 297 e ss. e CARVALHO FERNANDES, "Simulação e Tutela de Terceiros", nos *Estudos em Memória do Professor Doutor Paulo Cunha*, Lisboa, s.e., 1989, pp. 407-519 (456 e ss.) e *Teoria*, II, pp. 302 e ss.

[563] Cfr. MENEZES CORDEIRO, *Obrigações*, 1º, p. 503.

[564] Cfr. MENEZES CORDEIRO, *Tratado*, I-1, p. 850, e II-2, p. 526.

[565] Cfr. Ac. STJ de 25/11/1986 (ALCIDES DE ALMEIDA), no *BMJ* 361 (1986), pp. 534-543 e Ac. STJ de 18/11/1993 (SÁ COUTO, com voto de vencido de ZEFERINO FARIA), em *CJ-ASTJ* I (1993), 3, pp. 140-143). Pelo contrário, o Ac. RL 23/10/2001 (RUA DIAS), na CJ 26 (2001), 4, pp. 123-125 decidiu no sentido de que ao preferente só pode ser oposta a simulação se dela tem conhecimento antes da acção.

[566] Esta posição foi defendida inicialmente por VAZ SERRA, "Anotação ao Ac. STJ 4/12/1973", na *RLJ* 107º (1975), pp. 309-314 (311 e ss.), seguido por MOTA PINTO / PINTO MONTEIRO, "Arguição da simulação pelos simuladores. Prova testemunhal", na *CJ* 10 (1985), 3, pp. 11-15, e por CARVALHO FERNANDES, "A prova da simulação pelos simuladores", em *O Direito* 124 (1992), pp. 593-616 e *Teoria*, II, pp. 287 e ss.

[567] Cfr. Ac. RE de 16/6/1994 (ARMINDO LUÍS), em *CJ* 19 (1994), 4, pp. 259-261, Ac STJ 23/9/1999 (GARCIA MARQUES) no *BMJ* 489 (1999), pp. 304-310 e Ac. RL 18/12/2001 (TOMÉ GOMES), na *CJ* 26 (2001), 5, pp. 119-124.

escrituras de rectificação[568]. Para além disso, tem-se admitido a possibilidade de os simuladores serem ouvidos através de depoimentos de parte[569].

Parece-nos que essa solução contraria frontalmente, e de forma artificiosa, a disposição do art. 394º, nº 2, a pretexto de uma tutela da posição dos simuladores, cuja justificação se apresenta como duvidosa. A ela opõe-se, porém, não apenas a história do preceito[570], e a comparação com os direitos estrangeiros[571], mas também a adequada interpretação do fim legislativo. Efectivamente, a lei quis evitar que, com base numa prova testemunhal de conteúdo altamente duvidoso, se venha pôr em causa a fiabilidade do documento autêntico, na qual os terceiros confiam para exercer os seus direitos. Daqui que não seja admitido que a confiança do terceiro na veracidade do negócio constante do documento autêntico possa ser elidida com base na prova testemunhal. E, sendo proibida a prova testemunhal, menos admissível ainda será a prestação de depoimento de parte, cuja função é a confissão de factos desfavoráveis, e não a prestação de prova em favor do depoente, que neste caso até se apresentaria como contrária à velha máxima *nemo auditur propriam turpitudinem allegans*. Finalmente, a admissão de que os simuladores celebrem escrituras de rectificação parece-nos ser também ilegal, uma vez que se a lei veda, no art. 1410º, nº 2, que a modificação ou distrate da alienação possa prejudicar o exercício da preferência, não se vê como uma escritura de rectificação, alegando simulação, poderia ter esse efeito, já que tal equivaleria a deixar entrar pela janela o que a lei quis evitar fechando essa porta.

[568] Cfr. Ac. RC de 24/1/1995 (Francisco Lourenço), em *CJ* 20 (1995), 1, pp. 35-39

[569] Cfr. Ac. RL de 9/7/1992 (António da Cruz) em *CJ* 17 (1992), 4, pp. 136-140.

[570] Recorde-se que o art. 394º, nº 2, veio resolver a controvérsia existente no Código de Seabra sobre a conjugação dos arts. 1031º e 2507º, já que havia posições como a de Guilherme Moreira, *Instituições*, II, pp. 159 e ss., que entendia que a proibição da prova testemunhal constante do art. 2507º não abrangeria o acordo simulatório, uma vez que neste caso, o que se prova não é a falsidade do documento, mas do acto dele constante, tendo essa doutrina vindo a ser consagrada nos arts. 530º e 621º do CPC de 1939 (cfr. Manuel de Andrade, "Sobre a recente evolução do Direito Privado Português", no *BFD* 22 (1946), pp. 284-343 (295)). Actualmente, porém, o art. 394º, nº 2, é claro no sentido de que a proibição da prova testemunhal abrange todos os actos contrários ao conteúdo do documento autêntico, incluindo o acordo simulatório e o negócio dissimulado.

[571] No âmbito do Direito Comparado, os arts. 1347 do Código Civil francês e 2724, al. 1) do Código italiano admitem que as proibições de prova testemunhal sejam derrogadas quando exista um princípio de prova escrita. No nosso Direito não se encontra, porém, qualquer previsão semelhante.

Finalmente, note-se que é condição de procedência da acção de preferência que o preferente deposite o preço devido nos quinze dias posteriores à interposição da acção (art. 1410º, nº 1). Defender que o preferente é obrigado a preferir pelo preço real, em caso de simulação, implicaria não ter ele depositado o preço devido dentro do prazo legal, inviabilizando-se assim o exercício da preferência, o que julgamos ser solução que ninguém defenderá.

Por outro lado, não julgamos correcto afirmar que não existe qualquer investimento de confiança por parte do titular da preferência. Efectivamente, note-se que poucos dias após a interposição da acção ele tem que depositar o preço devido, e para o fazer o preferente pode ter tido custos consideráveis (obtenção de um empréstimo, pagamento de juros, prestação de garantias)[572]. Ora, seria manifestamente iníquo que, tendo o preferente feito o que a lei lhe exigia para a procedência da acção de preferência, e suportado despesas para esse efeito, visse no fim improceder a respectiva acção, por os simuladores virem, em contrariedade ao art. 243º, nº 2, invocar a simulação do preço que eles próprios tinham declarado em documento autêntico e em cuja exactidão o preferente confiou[573].

Por todos estes motivos, aderimos à posição de que, em caso de celebração de negócio simulado, o titular da preferência pode exercê-la pelo preço simulado.

1.3.3.6. A natureza da obrigação de preferência

Tem vindo a ser controvertida na doutrina a verdadeira natureza da obrigação de preferência. Para alguns autores, como é o caso de Manuel de Andrade e Galvão Telles, a obrigação de preferência corresponderia a uma verdadeira obrigação de contratar, sujeita simultaneamente a uma condição potestativa *a parte debitoris*, a de que o devedor tome a decisão de contratar, e a uma condição potestativa *a parte creditoris*, de que o credor queira exercer a preferência[574]. Para outros, entre os quais se inclui

[572] Cfr. Vaz Serra, *RLJ* 101º (1969), p. 236.

[573] Menezes Cordeiro, *Tratado*, II-2, p. 529, responde a este argumento, sustentando que "as despesas e demais danos causados ao preferente, quando ele próprio esteja de boa fé, devem ser ressarcidos". Só que o que a lei determina em relação ao preferente de boa fé não é o ressarcimento de despesas e danos, mas antes a inoponibilidade da simulação (art. 243º, nº 1). É precisamente por esse motivo que restringe a sua prova (art. 394º, nº 2).

[574] Cfr. Manuel de Andrade, *Obrigações*, p. 20, nota (1) e p. 156 e Galvão Telles, *Obrigações*, p. 163.

Carlos Barata a obrigação de preferência teria antes um conteúdo negativo: o de não celebrar com mais ninguém o contrato, em relação ao qual se deu preferência, a não ser com o titular da preferência, salvo se este renunciar à preferência[575]. Para outros, em que se incluem os nomes de Antunes Varela, Menezes Cordeiro e João Redinha, não existiria na obrigação de preferência nem uma obrigação de contratar, nem um negócio condicional, tendo, porém, a obrigação conteúdo positivo: escolher o titular da preferência como contraparte, caso se decidir a contratar[576]. Finalmente, para outros em que se incluem os nomes de Henrique Mesquita e Agostinho Cardoso Guedes, a preferência não corresponderia a uma obrigação, mas antes a uma sujeição, adquirindo o titular da preferência, no caso de o obrigado decidir contratar com outrem, um direito potestativo a constituí-lo no dever de celebrar o contrato antes consigo[577].

Conforme se verificou da análise do regime legal, a preferência só é violada quando é celebrado um contrato incompatível com a preferência, o que nos leva a preferir a posição de que constitui uma obrigação de conteúdo negativo.

1.4. O conteúdo dos contratos

1.4.1. Contrato a favor de terceiro

1.4.1.1. Definição e estrutura do contrato a favor de terceiro

Uma situação específica em termos de conteúdo dos contratos consiste no contrato a favor de terceiro, previsto nos arts. 443º e ss. do Código Civil[578]. O contrato a favor de terceiro pode ser definido como *o contrato em que uma*

[575] Cfr. Carlos Barata, *op. cit.*, pp. 150 e ss.

[576] Cfr. Antunes Varela, *Obrigações*, I, pp. 394 e ss., Menezes Cordeiro, *Obrigações*, 1º, p. 505, e *Tratado*, II-2, pp. 531 e ss., e João Redinha, *op. cit.*, p. 615.

[577] Cfr. Henrique Mesquita, *Obrigações Reais*, pp. 210 e ss. e Agostinho Cardoso Guedes, *A natureza*, pp. 135 e ss.

[578] Sobre o contrato a favor de terceiro, cfr., Gernhuber, *op. cit.*, § 20, pp. 464 e ss. e, recentemente, Walter Bayer, *Der Vertrag zugunsten Dritter. Neuere Dogmengeschichte–Anwendungsbereich-Dogmatische Strukturen*, Tübingen, Mohr, 1995, *maxime*, pp. 209 e ss. Entre nós, cfr. Vaz Serra, "Contratos a favor de terceiro. Contratos de prestação por terceiro" no *BMJ* 51 (1955), pp. 29-229, Galvão Telles, *Obrigações*, pp. 170 e ss., Antunes Varela, *Obrigações*, I, pp. 408 e ss., Almeida Costa, *Obrigações*, pp. 350 e ss., Diogo Leite de Campos, *Contrato a favor de terceiro*, 2ª ed., Coimbra, Almedina, 1991 (mas 1969), *passim*, Menezes Cordeiro, *Obrigações*, 1º, pp. 535 e ss., e *Tratado*, II-2, pp. 553 e ss., Ribeiro de

das partes (o promitente) se compromete perante outra (o promissário) a efectuar uma atribuição patrimonial em benefício de outrem, estranho ao negócio (o terceiro). Essa atribuição patrimonial consiste normalmente na realização de uma prestação (art. 443º, nº 1), mas pode igualmente consistir na liberação de uma obrigação, ou na cessão de um crédito, bem como na constituição, modificação, transmissão ou extinção de um direito real (art. 443º, nº 2).

Essa atribuição patrimonial a realizar pelo promitente é, no entanto, determinada pelo promissário, que tem aliás que ter em relação a ela um interesse digno de protecção legal (art. 443º, nº 1). No âmbito do contrato a favor de terceiro verifica-se, por isso, por desejo do promissário, uma atribuição patrimonial indirecta deste ao terceiro, que é executada pelo promitente. O terceiro, no entanto, não é interveniente no contrato, embora adquira um direito contra o promitente, em virtude do compromisso deste para com o promissário.

Por esse motivo o contrato a favor de terceiro institui uma situação jurídica complexa, de natureza triangular, que pode ser analiticamente decomposta em três relações:

a) uma relação de cobertura (ou relação de provisão);
b) uma relação de atribuição (ou relação de valuta);
c) uma relação de execução.

A relação de cobertura consiste numa relação contratual entre promitente e promissário, no âmbito da qual se estabelecem direitos e obrigações entre as partes, podendo inclusivamente a estipulação a favor de terceiro ser, em relação a elas, uma mera cláusula acessória. Essa relação é fundamental para definição da posição jurídica do promitente, uma vez que é em face dela que se definem os direitos e deveres do promitente em face do promissário, sendo os meios de defesa dela resultantes oponíveis ao terceiro (art. 449º).

A relação de atribuição é a que existe ou se estabelece entre o promissário e o terceiro e justifica a outorga desse direito ao terceiro, tendo por base um interesse do promissário nessa concessão (cfr. art. 443º, nº 1). Essa relação pode identificar-se com uma relação jurídica pré-existente ou pode consistir, como na hipótese de liberalidade, numa relação constitu-

Faria, *Obrigações*, I, pp. 308 e ss., Menezes Leitão, *O enriquecimento*, pp. 590 e ss., reed., pp. 569 e ss., e Carlos Ferreira de Almeida, *Contratos*, II, pp. 43 e ss.

ída por intermédio do próprio contrato a favor de terceiro[579]. Em qualquer caso, essa relação determina que a prestação do promitente ao terceiro seja vista como uma atribuição patrimonial indirecta do promissário em relação ao terceiro[580].

Já a relação de execução consiste na relação entre o promitente ao terceiro, no âmbito da qual ele vem a executar a determinação do promissário.

1.4.1.2. Modalidades de contrato a favor de terceiro

Os contratos a favor de terceiro constituem uma categoria que abrange várias modalidades, de acordo com as seguintes classificações:

a) Contratos a favor de terceiro verdadeiros e contratos a favor de terceiro falsos;
b) Contratos a favor de pessoa determinada e contratos a favor de pessoas indeterminadas;
c) Contratos a cumprir em vida do promissário e contratos a cumprir depois da morte do promissário.

O regime geral que primeiro examinaremos diz respeito ao caso paradigmático do contrato a favor de terceiro, que consiste na hipótese de ele ser verdadeiro, em benefício de pessoa determinada, e a cumprir em vida do promissário. Examinaremos depois particularmente os casos especiais, em que alguma destas características esteja ausente.

1.4.1.3. O regime normal do contrato a favor de terceiro

Conforme se referiu, o contrato a favor de terceiro faz nascer automaticamente um direito para o terceiro, o qual se constitui independendemente de aceitação deste (art. 444º, nº 1), sendo nessa medida uma excepção ao regime da ineficácia dos contratos em relação a terceiros (art. 406º, nº 2). A lei seguiu aqui a dominante teoria do incremento (*Anwachsungstheorie*), nos termos da qual a aquisição do terceiro se verifica imediatamente em virtude do contrato celebrado entre promitente e promissário, dispensando-se qualquer outra declaração negocial para esse efeito[581]. Foram assim rejeitadas outras posições como a teoria da aceitação, que enten-

[579] Cfr. Leite de Campos, *Contrato*, pp. 27-28 e 163.

[580] Cfr. Leite de Campos, *Contrato*, pp. 169-170.

[581] Cfr. Gernhuber, *op. cit.*, § 20 I 3, p. 468.

dia que a aquisição do terceiro só se processava quando ele manifestava a sua concordância ao promissário[582] e a teoria da cessão, que considerava a aquisição do terceiro como uma aquisição derivada a partir do promissário, que apareceria como adquirente primário do direito[583].

A celebração do contrato atribui assim directamente o direito ao terceiro. No entanto, em homenagem ao princípio *invito beneficium non datur*, admite-se que o terceiro possa rejeitar a promessa, mediante declaração ao promitente, que a deve comunicar ao promissário (art. 447º, nº 1), caso em que se extinguirá o direito por si adquirido.

A lei prevê ainda a possibilidade de o terceiro aderir à promessa (art. 447º, nº 1). Neste caso, a adesão não se destina a permitir ao terceiro a aquisição do direito, uma vez que, conforme se referiu, este é adquirido logo com a celebração do contrato. A sua função é antes impedir a revogação da promessa, a qual pode ser efectuada enquanto a adesão não for manifestada (art. 448º, nº 1). Em princípio essa revogação compete ao promissário, mas necessita do acordo do promitente, quando a promessa tenha sido efectuada no interesse de ambos (art. 448º, nº 2). Mesmo quando o terceiro manifesta a sua adesão a promessa poderá ainda ser revogada no caso de só dever ser cumprida após a morte do promissário (art. 448º, nº 1 *in fine*), ou, em se tratando de liberalidade, se se verificarem os pressupostos da revogação por ingratidão do donatário (art. 450º, nº 2 e 970º).

Conforme se referiu, o contrato a favor de terceiro faz nascer directamente um crédito na esfera jurídica do terceiro (art. 444º, nº 1), legitimando-o a exigir o cumprimento da promessa. O terceiro não se limita, por isso, a ser apenas o receptor material da prestação, possuindo face ao promitente um direito de crédito a essa mesma prestação. No entanto, normalmente também o promissário pode exigir do promitente o cumprimento da sua obrigação (art. 444º, nº 2), o que se explica em virtude de ter sido ele a acordar com o promitente a realização da prestação a terceiro e

[582] É a tese ainda hoje de HADDING, em SOERGEL/HADDING, 2- *Schuldrecht I*, §§ 241-432, 12ª ed., Stuttgart et al., Kollhammer, 1990, Vor § 328, nr 13, p. 1526, que sustenta dever exigir-se, em virtude da autonomia privada, pelo menos uma aceitação tácita por parte do terceiro, o que seria demonstrado pelo facto de a sua rejeição destruir retroactivamente a aquisição.

[583] É esta a tese de KARL-HEINZ HOFFMANN, "Der Vertrag zugunsten Dritter von Todes wegen" em *AcP* 158 (1959/60), pp. 178-222 (190 e ss.), que considera a aquisição como derivada, resultante de uma cessão unilateral do promissário e de HEILMANN, "Der Vertrag zugunsten Dritter – ein schuldrechtliches Verfügungsgeschäft" em *NJW* 1968, pp. 1852-1857, que vê no contrato a favor de terceiro um contrato especial equiparado a uma cessão de créditos.

possuir interesse jurídico no seu cumprimento. Para LEITE DE CAMPOS, estaríamos assim aqui perante um fenómeno de concorrência funcional entre dois créditos, um próprio do terceiro, e outro do promissário, coadjuvante deste[584]. Parece-nos, no entanto, e seguindo TEIXEIRA DE SOUSA, que existe aqui apenas uma única posição jurídica objectiva que permite a aquisição da prestação, que é o direito de crédito do terceiro, independentemente de a vinculação subjectiva do promitente ocorrer tanto em relação ao terceiro como ao promissário[585].

A lei procura ainda resolver o problema das relações entre o promissário e pessoas estranhas ao benefício (art. 451º, nº 1), designadamente para os casos em que a diminuição do património do promissário, gerada pela sua atribuição ao terceiro, não seja legalmente permitida e deva por isso ser revertida, como sucede nas hipóteses de colação (arts. 2104º e ss.), imputação ou redução das doações (art. 2114º e 2168º e ss.) ou impugnação pauliana (art. 610º e ss.). Nesses casos, a interposição da prestação do promitente poderia colocar em dúvida qual o valor que se deveria tomar em conta para efeitos dessa restituição: a diminuição patrimonial por parte do promissário ou a efectiva aquisição por parte do terceiro. A lei vem esclarecer que apenas o primeiro desses valores é tomado em consideração para efeitos de aplicação destes institutos. No caso, porém, de se verificar a revogação por ingratidão do donatário, é o próprio bem recebido pelo terceiro ou o seu valor, que deve ser objecto de restituição ao promissário (art. 451º, nº 2 e 974º)[586].

[584] Cfr. LEITE DE CAMPOS, *Contrato*, p. 141 e 151-152, explica este fenómeno de concorrência funcional entre os créditos com a observação de que o crédito do promissário, embora justificado por um interesse seu, funciona a favor do terceiro, na medida em que o seu interesse também é um interesse a favor de terceiro.

[585] Cfr. TEIXEIRA DE SOUSA, *O concurso de títulos de aquisição da prestação. Estudo sobre a dogmática da pretensão e do concurso de pretensões*, Coimbra, Almedina, 1988, p. 56, para quem este caso representa uma expressão da objectivização da posição jurídica relativamente à vinculação subjectiva, já que, embora o contrato a favor de terceiro conceda tanto ao promissário como ao beneficiário a faculdade de exigir a prestação (art. 444º, nº 2) atribui apenas a este a competência para a sua aquisição (art. 444º, nº 1).

[586] Neste sentido, RIBEIRO DE FARIA, *Obrigações*, I, p. 327. A norma do art. 451º, nº 2, encontra-se deficientemente localizada, uma vez que o que nela se estabelece é uma dilatação das causas de revogação da promessa, no caso de esta constituir uma liberalidade, e não uma relação entre o promissário e as pessoas estranhas ao benefício.

1.4.1.4. Regimes especiais

A) A promessa de liberação de dívida como falso contrato a favor de terceiro

A doutrina costuma realizar uma distinção entre os verdadeiros contratos a favor de terceiro (art. 443º e 444º, nº 1 e 2) e os falsos contratos a favor de terceiro ou contratos a favor de terceiro impróprios, de que seria exemplo a promessa de liberação[587].

A promessa de liberação aparece referida no art. 444º, nº 3, que nos dispõe que:

> "Quando se trate da promessa de exonerar o promissário de uma dívida para com terceiro, só àquele é lícito exigir o cumprimento da promessa."

Estamos neste caso, perante uma situação em que promitente e promissário acordam numa obrigação de resultado: a de que o promitente obterá a extinção de uma dívida que o promissário tem para com terceiro. Assim, o promitente não se obriga a realizar uma prestação a terceiro, mas apenas a conseguir obter a liberação da dívida do promissário.

Mas, embora o promitente não assuma uma obrigação perante o terceiro, para obter o resultado da liberação do promissário naturalmente que terá que efectuar uma prestação a esse terceiro (cumprir a obrigação ou conseguir o seu acordo para satisfação do crédito por outra via). Só que essa prestação é meramente instrumental em relação à obrigação do promitente, que é antes a de obter a liberação do promissário. Nestes termos, considera-se que só o promissário (e não o terceiro) tem interesse na promessa. Daí que a lei considere que as partes não visaram atribuir ao terceiro qualquer direito de crédito, mas apenas proceder à exoneração do promissário, pelo que só o promissário (e já não o terceiro) poderá exigir do promitente o cumprimento da promessa.

Neste caso, e uma vez que não há qualquer direito atribuído a terceiro, é manifesto que não estaremos perante um verdadeiro contrato a favor de terceiro.

[587] Cfr. Vaz Serra, *BMJ* 51 (1955), pp. 44 e ss., Leite de Campos, *Contrato*, pp. 51 e ss. e p. 69 e José Carlos Ney Ferreira, *Da assunção de dívidas*, Lourenço Marques, Minerva Central, 1973, pp. 66 e ss.

B) As promessas em benefício de pessoas indeterminadas ou no interesse público

Uma outra situação que apresenta especialidades em relação ao regime normal do contrato a favor de terceiro consiste na situação de a designação do beneficiário da prestação, não se referir a uma pessoa determinada, mas antes a um conjunto indeterminado de pessoas ou corresponder mesmo a um interesse público[588]. A especialidade consiste no facto de se estabelecer uma legitimidade difusa para a exigência da prestação, a qual pode ser efectuada não apenas pelo promissário ou seus herdeiros, mas também pelas entidades competentes para defender os interesses em causa (art. 445º). Essas entidades não podem, porém, dispor do direito à prestação ou autorizar qualquer modificação do seu objecto (art. 446º, nº 1). Não possuem, por isso, como sucede com o terceiro um direito de crédito à prestação do promitente, mas apenas, à semelhança do que sucede em geral com o promissário (art. 444º, nº 2), um mero direito de reclamar a prestação do promitente para o fim estabelecido[589].

C) A promessa a cumprir depois da morte do promissário

A promessa a cumprir depois da morte do promissário faz excepção ao regime ao art. 444º, nº 1, uma vez que o terceiro não pode exigir o cumprimento da promessa antes da verificação da morte do promissário. É duvidoso se neste caso as partes pretendem atribuir ao terceiro logo um direito de crédito sobre o promitente, o qual apenas se vencerá no momento da morte do promissário, ou se, pelo contrário, pretendem que o direito de crédito apenas se constitua após a morte do promissário, beneficiando até lá o terceiro apenas de uma expectativa jurídica. Teoricamente a diferença entre as duas soluções é a de que, na primeira, em caso de o terceiro morrer antes do promissário, os seus herdeiros sucedem no seu direito sobre o promitente. No segundo caso, essa sucessão já não se verifica uma vez que o terceiro quando morreu ainda não era titular de qualquer direito, que pudesse transmitir aos seus herdeiros, pelo que estes só poderiam adqui-

[588] Como exemplo da primeira situação poderíamos apontar o caso de alguém acordar com um restaurante que ele forneceria uma refeição na noite de Natal aos pobres de determinada região. Como exemplo da segunda teríamos o caso de alguém se comprometer a não urbanizar um terreno em ordem a permitir a conservação de uma floresta.

[589] Cfr. Pires de Lima/Antunes Varela, I, p. 428.

rir a prestação com base no próprio contrato a favor de terceiro, ou seja, se também tivessem sido designados beneficiários a título subsidiário[590].

Numa posição que podemos considerar claramente salomónica entre as duas soluções, a lei vem presumir que a estipulação das partes é no sentido de que o terceiro só adquire o direito com a morte do promissário (art. 451º, nº 1), mas que, se aquele falecer antes deste, os seus herdeiros são chamados no lugar dele à titularidade da promessa (art. 451º, nº 2). A aparente contradição que resulta destas duas disposições deve ser resolvida através da sua adequada interpretação. É manifesto que se o terceiro não adquire qualquer direito antes da morte do promissário, sendo este premoriente em relação àquele, a aquisição dos herdeiros não se processa *iure hereditario*, mas antes resulta do próprio contrato a favor de terceiro. Sendo, assim, o que a lei estabelece são duas regras interpretativas: a de que o direito só é atribuído com a morte do promissário, e a de que o promissário designa subsidiariamente como beneficiários os herdeiros do terceiro, no caso de este falecer antes de adquirir esse direito. Naturalmente que qualquer destas presunções pode ser ilidida (art. 350º, nº 2), através da estipulação de que a celebração do contrato faz adquirir imediatamente o direito, determinando a morte do promissário apenas o vencimento da obrigação, ou através da estipulação de que só o terceiro (e não os seus herdeiros) poderão beneficiar da promessa.

Uma outra característica específica da promessa a cumprir depois da morte do promissário é o facto de a promessa ser sempre revogável enquanto o promissário for vivo, independentemente da aceitação do terceiro (art. 448º, nº 1 *in fine*), o que, saliente-se, sucede quer o direito já tenha sido adquirido pelo terceiro, quer a aquisição apenas se verifique após a sua morte. A revogação, que compete ao promissário, pode ser expressa ou tácita, como sucederá na hipótese de o promissário resolver designar ao promitente outro beneficiário da promessa (ex: alteração do beneficiário de um seguro de vida).

1.4.2. O contrato para pessoa a nomear

1.4.2.1. Noção e regime

O contrato para pessoa a nomear verifica-se quando um dos intervenientes no contrato se reserva a faculdade de designar outrem para adqui-

[590] Cfr. Gernhuber, *op. cit.*, § 20 V 1, pp. 502 e ss.

rir os direitos ou assumir as obrigações resultantes desse contrato (art. 452º, nº 1)[591]. Trata-se assim de um caso em que se admite uma dissociação subjectiva entre a pessoa que celebra o contrato e aquela onde vão repercutir-se os respectivos efeitos jurídicos. Na verdade, efectuada a designação, os efeitos do contrato vão repercutir-se directamente na esfera do nomeado. Não ocorre, por isso, qualquer transmissão entre o nomeante ou nomeado. Dá-se antes um fenómeno de substituição de contraentes, uma vez que, após a nomeação, o contraente nomeado adquire os direitos e assume as obrigações provenientes do contrato a partir do momento da celebração dele (art. 455º, nº 1). A nomeação tem assim eficácia retroactiva, tudo se passando como se o nomeado fosse parte no contrato desde o seu início[592].

Na sua modalidade mais comum, a reserva de nomeação do terceiro é colocada em alternativa com a subsistência do contraente originário no contrato. Daí que a lei preveja que, se não for efectuada a nomeação nos termos legais, o contrato irá produzir os seus efeitos em relação ao contraente originário (art. 455º, nº 2). Admite-se, porém, estipulação em contrário, pelo que as partes podem acordar que, em caso algum, o contrato virá a produzir efeitos em relação ao contraente originário. Nessa hipótese, a não verificação da nomeação acarretará a ineficácia do contrato[593].

Para poder produzir os seus efeitos, a nomeação deve observar determinados requisitos legais. Assim, deve ser feita por escrito ao outro contraente no prazo convencionado, ou na falta de convenção, dentro de cinco dias, a contar da celebração do contrato (art. 453º, nº 1), e deve ser acompanhada para ser eficaz de instrumento de ratificação do contrato ou de procuração anterior à celebração deste (art. 453º, nº 2). A nomeação tem assim como requisito necessário uma atribuição de poderes representativos por parte do nomeado, por forma a garantir a sua vinculação ao contrato, exigindo a lei para o efeito procuração ou ratificação, consoante essa atribuição de poderes representativos ocorra antes ou após a cele-

[591] Cfr. Ferreira de Almeida, *Contratos*, II, pp. 53 e ss.

[592] Esse regime é igualmente reconhecido em termos fiscais, já que o art. 4º *h)* do CIMT apenas considera existir uma nova transmissão para a pessoa nomeada se ela não tiver sido identificada ou se o contraente originário tiver beneficiado de isenção.

[593] Esta situação aproxima-se da representação sem poderes, prevista no art. 268º, dela se distinguindo, no entanto, pelo facto de o contrato para pessoa a nomear ser celebrado em nome próprio, e não em nome alheio.

bração do contrato para nomear[594]. Sendo exigida a ratificação, esta deve ser outorgada por escrito (art. 454º, nº 1), ou revestir a forma do contrato celebrado, quando este tenha sido celebrado por documento com maior força probatória (art. 454º, nº 2)[595].

O facto de o contrato estar sujeito a registo não é obstáculo à introdução de uma cláusula para pessoa a nomear, podendo nesse caso o registo ser realizado provisoriamente, em nome do contraente originário, com indicação da cláusula para pessoa a nomear, registando-se por averbamento a posterior nomeação do terceiro ou ausência dela (art. 456º e art. 94º *b)* do C.R.P.).

1.4.2.2. Natureza jurídica

A natureza do contrato para pessoa a nomear é controvertida[596]. Para alguma doutrina, no contrato para pessoa a nomear existiria um fenómeno de representação anónima[597]. Para outros, tratar-se-ia de um contrato a favor de terceiro. A maioria da doutrina considera-o como um contrato celebrado simultaneamente em nome próprio e em nome alheio, sendo a sua celebração em nome próprio sujeita a uma condição resolutiva, e a sua celebração em nome alheio sujeita a uma condição suspensiva (a eficaz nomeação do terceiro)[598].

[594] Não se vê justificação lógica para esta solução. Efectivamente, ao celebrar o contrato para pessoa a nomear, o contraente originário celebra o negócio em nome próprio, não tendo que indicar o terceiro, pelo que não chega a exercer quaisquer poderes representativos. Esse exercício só vem a ocorrer quando o terceiro é nomeado, não se vendo, por isso, qual o motivo para afastar a possibilidade de utilizar para esse efeito uma procuração posterior à celebração do contrato. A ratificação nesse caso do contrato para pessoa a nomear constitui uma exigência dispensável, já que não tendo sido exercidos até à altura poderes representativos, não há necessidade de proceder à sua atribuição retroactiva para se exercer a nomeação.

[595] A ratificação obedece assim à forma do contrato celebrado, seja esta legal ou voluntária. A lei consagra aqui um requisito de forma absolutamente desnecessário, já que não se vê qualquer razão para que a a ratificação do contrato para pessoa a nomear não seja sujeita à mesma forma que a ratificação da representação sem poderes, que é a mesma da procuração (art. 268º, nº 2).

[596] Cfr. VAZ SERRA, "Contrato para pessoa a nomear", no *BMJ* 79 (1958), pp. 163-199 (172 e ss.).

[597] Esta tese parece ter sido seguida entre nós por PESSOA JORGE, *O mandato sem representação*, Lisboa, Ática, 1961, p. 248 e nota (29).

[598] Esta tese, defendida inicialmente por GUILHERME MOREIRA, *Instituições*, II, p. 700, foi depois seguida por GALVÃO TELLES, *Manual dos Contratos*, pp. 437-438 e *Obrigações*, p. 174, ANTUNES VARELA, *Obrigações*, I, pp. 435-436, e RIBEIRO DE FARIA, *Obrigações*, I, pp. 336-337.

É esta última posição a preferível. Efectivamente, a qualificação como representação anónima é duplamente incorrecta, em primeiro lugar porque é essencial à representação a existência da *contemplatio domini* (art. 258º), e em segundo lugar porque os efeitos do negócio podem acabar por se repercutir exclusivamente no contraente originário, o que nunca acontece com o representante, mesmo que este actue sem poderes (art. 268º, nº 1). Também a doutrina do contrato a favor de terceiro peca porque o objecto do contrato não é a atribuição de um benefício ao nomeado, pelo que a sua aquisição não opera automaticamente, como no contrato a favor de terceiro (art. 444º, nº 1), mas antes depende da sua vinculação voluntária ao contrato, por procuração ou ratificação (art. 453º, nº 2). Daí que, enquanto no contrato a favor de terceiro o terceiro não é parte no contrato, no contrato para pessoa a nomear vem a sê-lo se a nomeação for efectuada eficazmente (art. 455º).

Já a tese de que existe no contrato para pessoa a nomear uma dupla condição relativa à celebração do contrato em nome próprio ou em nome alheio fornece uma adequada explicação dogmática desta figura.

2. Negócios unilaterais

2.1. O problema da eficácia dos negócios unilaterais

Conforme se referiu, a forma privilegiada de constituição de obrigações com base no princípio da autonomia privada consiste na celebração de contratos. Daí resulta uma certa limitação à constituição de obrigações por negócio unilateral[599], contra a qual a doutrina opõe as seguintes objecções:

1) A constituição de obrigações por negócio unilateral implicaria a constituição de um direito de crédito na esfera jurídica alheia sem o acordo do seu titular, violando-se assim a regra *invito beneficium non datur*.
2) Admitir a eficácia dos negócios unilaterais como constitutivos de obrigações poderia conduzir à criação de vinculações precipitadamente assumidas, sem a prévia obtenção do acordo das partes em relação a elas.

A primeira objecção é facilmente torneável, bastando consagrar também em relação aos negócios unilaterais a solução que vigora no contrato a

[599] A qual é aliás comum no Direito Comparado. Cfr. JAMES GORDLEY (org.), *The Enforceability of Promises in European Contract Law*, Cambridge, CUP, 2001.

favor de terceiro, em que o terceiro, embora adquira o direito, pode extingui-lo mediante a comunicação da sua rejeição.

Já quanto à segunda objecção, ela não pode deixar de proceder. Considera-se efectivamente pouco adequado que a obrigação, dado que implica um vínculo entre duas pessoas, se constitua antes que o futuro credor comunique a sua aceitação de uma proposta contratual nesse sentido, a qual é normalmente sujeita a apertados prazos de vigência. Apenas se a aceitação for emitida nesse período, ocorrerá a constituição do vínculo obrigacional, a qual não retroage ao momento em que o devedor emitiu a sua declaração negocial[600].

Foi, por esse motivo, defendida a solução de só o contrato seria fonte idónea para constituir obrigações. É o denominado *princípio do contrato*, do qual resulta que para a constituição de uma obrigação se exige não apenas uma declaração negocial do devedor, mas também uma declaração negocial do credor, com ela convergente.

O nosso legislador não aceitou o princípio do contrato em termos absolutos, mas não deixou de considerar que só excepcionalmente se deveria admitir a constituição de obrigações por negócio unilateral. Por esse motivo, vem o art. 457º do Código Civil estabelecer um princípio da tipicidade dos negócios unilaterais, estabelecendo que "a promessa unilateral de uma prestação só obriga nos casos previstos na lei". A doutrina maioritária interpreta essa norma como visando estabelecer uma limitação à celebração de negócios unilaterais, instituindo um sistema de *numerus clausus*[601], que tem contribuído para que o negócio unilateral venha a funcionar como "parente pobre" em comparação com os contratos[602]. Alguma doutrina tem, porém, tentado reagir contra esta formulação, propondo uma inter-

[600] Cfr. GALVÃO TELLES, *Obrigações*, p. 177. Exemplo deste regime é a doação, que, embora implique uma única atribuição patrimonial, tem geralmente carácter contratual (art. 940º), só produzindo efeitos se a correspondente proposta for aceite pela outra parte (art. 945º, nº 1), sendo a esse momento que se reporta o surgimento da obrigação de entrega (art. 955º, nº 1). Há, porém, uma excepção a este regime, que é o caso do contrato a favor de terceiro (art. 443º), onde se prevê expressamente a constituição da obrigação em relação ao terceiro, antes de qualquer declaração deste (art. 444º, nº 1)

[601] Cfr. ANTUNES VARELA, *Obrigações*, I, pp. 441 e ss., ALMEIDA COSTA, *Obrigações*, pp. 461 e ss. e RUI DE ALARCÃO, *Obrigações*, pp. 141 e ss. Criticamente, veja-se CARNEIRO DA FRADA, *Teoria da confiança*, pp. 782 e ss. e ss. e notas (875) e (876).

[602] Cfr. FERREIRA DE ALMEIDA, *Texto e enunciado na teoria do negócio jurídico*, Coimbra, Almedina, 1992, pp. 771 e ss.

pretação restritiva desta disposição. É o caso de MENEZES CORDEIRO e de PAIS DE VASCONCELOS.

MENEZES CORDEIRO defende a ausência de tipicidade dos negócios unilaterais com fundamento no carácter totalmente livre da proposta contratual, negócio unilateral por excelência. No seu entender, sendo a proposta contratual um negócio unilateral, e sendo a sua celebração possível em relação a qualquer contrato, o princípio da tipicidade fica esvaziado de conteúdo, uma vez que a lei prevê um tipo de negócio unilateral suficientemente abrangente para permitir uma atipicidade negocial[603].

Já PAIS DE VASCONCELOS defende que o art. 457º apenas se aplica a negócios unilaterais abstractos, uma vez que, em se tratando de negócios unilaterais causais, vigoraria antes a regra do art. 458º, que estabeleceria o seu valor declaratório, levando a presumir a respectiva causa[604].

Pensamos que a posição de MENEZES CORDEIRO resulta de uma interpretação excessivamente literal do art. 228º. Efectivamente, embora a lei diga que a proposta contratual obriga o proponente, a verdade é que não se pode considerar a sua situação como a de uma verdadeira obrigação. Tal significa apenas que a proposta é irrevogável, o que implica que foi criado em relação ao proponente um estado de sujeição, podendo a outra parte obter a conclusão do contrato, através do exercício de um direito potestativo à aceitação[605]. No entanto, a obrigação só surge com a efectiva conclusão do contrato, o que implica que a proposta contratual não seja fonte de obrigações, não servindo assim de exemplo para a rejeição do princípio da tipicidade dos negócios unilaterais[606].

Relativamente à posição de PAIS DE VASCONCELOS, parece-nos que não é correcto interpretar o art. 457º como restrito à matéria dos negócios unilaterais abstractos, uma vez que não se vê razão para estabelecer essa

603 Cfr. MENEZES CORDEIRO, *Obrigações*, 1º, pp. 560 e ss.

604 Cfr. PAIS DE VASCONCELOS, *Teoria Geral*, pp. 339 e ss. (351-352).

605 Cfr. GALVÃO TELLES, *Obrigações*, p. 65.

606 MENEZES CORDEIRO, *Tratado*, II-2, p. 683, e nota (2474) replica a esta nossa crítica, dizendo que a sujeição é mais forte que a obrigação, e que pode dar origem a uma relação complexa. Mas o que está em causa é a tipicidade do negócio unilateral como fonte de obrigações e não de sujeições. Em relação a estas, nunca se colocou qualquer questão de tipicidade. Também não contestamos que qualquer proposta contratual gera deveres acessórios para o proponente, mas negamos que os mesmos possam ser qualificados como obrigações, uma vez que são relações de protecção e não de prestação. Ora, do que fala o art. 457º é da "promessa unilateral de uma prestação", o que manifestamente não ocorre na proposta contratual.

distinção, nem nos parece que ela tenha estado no espírito do legislador. Mas ao mesmo tempo também não se concorda que o art. 458º contemple a situação dos negócios unilaterais causais, uma vez que o que lei refere é, pelo contrário, a promessa ou reconhecimento de uma dívida sem indicação da respectiva causa, o que corresponde à celebração de um negócio unilateral abstracto. A esse negócio, porém, não é reconhecida eficácia, de acordo com o que resulta do art. 457º. A lei limita-se a lei a retirar da celebração desse negócio a presunção da existência de uma prévia fonte para a obrigação referida, efeito que não corresponde minimamente à estipulação das partes e a que, por isso, não se pode atribuir fonte negocial.

Pensamos, por isso, que se encontra efectivamente consagrada no art. 457º a tipicidade dos negócios unilaterais enquanto fonte de obrigações, o que significa que, salvo nos casos previstos na lei, a emissão de uma simples declaração negocial não é vinculante para o seu autor em termos de constituição de obrigações, exigindo-se antes a celebração de um contrato.

2.2. Promessa de cumprimento e reconhecimento de dívida

A promessa de cumprimento e reconhecimento de dívida aparece referida no art. 458º, nº 1, que nos refere o seguinte:

> "Se alguém, por simples declaração unilateral, prometer uma prestação ou reconhecer uma dívida, sem indicação da respectiva causa, fica o credor dispensado de provar a relação fundamental, cuja existência se presume até prova em contrário".

É reconhecida a má colocação deste preceito nesta sede[607], uma vez que nesta secção, o Código ocupa-se dos negócios unilaterais como fontes de obrigações e a promessa de cumprimento ou reconhecimento de dívida não é entre nós um negócio unilateral constitutivo de obrigações, já que para tal teria que revestir as características de negócio abstracto, permitindo às partes a constituição da obrigação sem indicação da fonte[608]. Ora, face à nossa lei, a promessa de cumprimento e reconhecimento de dívida não reveste essas características, já que, embora não seja necessário demons-

[607] Cfr. GALVÃO TELLES, *Obrigações*, p. 181.

[608] É o que sucede no âmbito do Direito Alemão, atento o disposto nos §§ 780 e 781 BGB. Nesses preceitos, no entanto, a promessa de cumprimento e reconhecimento de dívida é expressamente qualificada como um contrato.

trar a fonte da obrigação, uma vez que o negócio a faz presumir, essa presunção pode ser ilidida (cfr. art. 350º, nº 2) pela demonstração de que a relação fundamental não existe, não se estando assim perante um negócio abstracto constitutivo de obrigações.

Certa doutrina tem, por isso, integrado esta figura nos negócios jurídicos de causa presumida[609]. Não nos parece, porém, que se lhe possa reconhecer efectiva natureza negocial, a qual pressuporia que o efeito obtido correspondesse àquele que foi estipulado pela parte. Ora, o que a parte quis estipular foi a promessa de uma prestação ou o reconhecimento de uma dívida em termos abstractos, e não dispensar o credor da prova correspondente à respectiva fonte. O que resulta do art. 458º é a ineficácia dessa estipulação e a sua relevância apenas para inversão do ónus da prova, o que corresponde à celebração de um acto jurídico simples e não de um negócio jurídico[610].

A lei exige, em termos de forma, que a promessa ou reconhecimento constem de documento escrito, se outras formalidades não forem exigidas para a prova da relação fundamental (art. 458º, nº 2). Assim, a promessa de cumprimento ou reconhecimento de dívida, embora a sua eficácia seja limitada à prova da relação fundamental, está, pelo menos, sujeita à forma escrita, constituindo assim uma prova documental (art. 362º) por documento particular (art. 373º e ss.), admitindo-se, no entanto, que fique sujeita a uma forma superior, designadamente a escritura pública, caso a lei a exija para a prova da relação fundamental. Neste caso, tratar-se de uma prova por documento autêntico (arts. 369º e ss.).

[609] Cfr. Menezes Cordeiro, *Tratado*, I-1, p. 471, e II-2, p. 693, e Pais de Vasconcelos, *Teoria Geral*, pp. 341 e ss.

[610] Não é abrangida pelo art. 458º a promessa de cumprimento ou reconhecimento de dívida com carácter causal, em que é indicada a respectiva fonte (ex: um contrato, ou responsabilidade civil). Neste caso, estar-se-á perante um negócio celebrado com fim de pacificação, que não terá carácter apenas declaratório, mas também constitutivo, na medida em que a parte renuncia a discutir a verificação de pressupostos ou a oponibilidade de excepções ao vínculo obrigacional, que reconhece ter sido constituído por aquela via. Face ao disposto no art. 457º, a celebração deste negócio só pode ser admitida com base na liberdade contratual (art. 405º), constituindo neste caso um contrato análogo à transacção (art. 1248º), o qual por isso nem sequer deverá admitir que a parte faça prova da inexistência da obrigação. Cfr. Karl Larenz / Claus Wilhelm Canaris, *Lehrbuch des Schuldrechts* II- *Besonderer Teil*, 2, 13ª ed., München, Beck, 1994, § 61 II, pp. 32-33.

2.3. Promessa pública

Diz-se promessa pública a declaração negocial dirigida ao público, através da qual se promete uma prestação a quem se encontre em determinada situação ou pratique certo facto, positivo ou negativo. A lei determina que essa situação implica imediatamente, e sem necessidade de aceitação do beneficiário, a vinculação do promitente a essa promessa (art. 459º, nº 1). A promessa pública é assim um negócio unilateral constitutivo de obrigações não se confundindo por isso com outras declarações negociais dirigidos ao público – como a oferta ao público (art. 230º, nº 3) ou o convite ao público para contratar – as quais se apresentam como partes integrantes do processo de formação de um contrato, sendo só com a conclusão deste que se constituem obrigações.

A promessa pública é assim em primeiro lugar uma declaração emitida através de anúncio público. O anúncio público poderá revestir formas variadas, abrangendo qualquer meio de comunicação social ou de difusão pública de mensagens, seja este de maior ou menor alcance. Assim, a mensagem poderá ser publicada na imprensa, rádio, televisão, ou ser difundida através da *internet*, ou inclusivamente limitar-se à inserção de um anúncio em local público. Já não constituirão, porém, anúncio público hipóteses em que essa declaração seja realizada em conversa particular.

Essa declaração negocial deve ter como conteúdo a promessa de uma prestação, atribuída a quem se encontre em determinada situação ou pratique um facto, positivo ou negativo. Uma vez emitida, a declaração tem como efeito a constituição imediata de uma obrigação, ficando o promitente desde logo vinculado à promessa (art. 459º, nº 1), mesmo ignorando quem é o beneficiário, que só virá a ser determinado posteriormente. Está-se, por isso, neste caso, perante uma obrigação de sujeito activo indeterminado, mas determinável (art. 511º), vindo a ocorrer essa determinação quando se souber quem se encontra na situação prevista ou vem a praticar o referido facto. De notar que, salvo declaração em contrário, não são excluídos da atribuição do direito aqueles que se encontrem na situação prevista ou tenham praticado o facto, sem atender à promessa ou na ignorância dela (art. 459º, nº 2). Se na produção do resultado previsto tiverem cooperado várias pessoas, conjunta ou separadamente, e todas tiverem direito à prestação, far-se-á uma divisão equitativa desta, atendendo-se à parte que cada uma das pessoas teve nesse resultado (art. 463º).

A extinção da promessa pública pode ocorrer por caducidade ou revogação. A caducidade opera em relação às promessas públicas em que o promitente fixa um prazo de validade ou este é imposto pela natureza ou fim da promessa (art. 460º). Nestes casos, a promessa só é eficaz durante esse prazo, pelo que se o direito não for exercido nesse período, extinguir-se-á por caducidade (art. 331º).

Se, no entanto, a promessa não tem fixado um prazo de validade apenas se pode extinguir por revogação (art. 460º). Esta é igualmente possível nas promessas com prazo estipulado, caso exista justa causa para a revogação (art. 461º, nº 1)[611]. A revogação, no entanto, só pode ser realizada na forma da promessa ou em forma equivalente, e nunca depois de a situação referida já se ter verificado ou o facto já ter sido praticado (art. 461º, nº 2).

2.4. Concurso público

O concurso público constitui uma modalidade especial de negócio unilateral, distinta da promessa pública, em virtude de a oferta da prestação ocorrer como prémio de um concurso, o que justifica que tenha que ser fixado prazo para a apresentação dos concorrentes, sem o que o negócio não será válido (art. 463º, nº 1). Posteriormente, a decisão sobre a admissão dos candidatos e sobre a atribuição do prémio caberá às pessoas designadas no anúncio como júri do concurso ou, se não houver designação, ao promitente (art. 463º, nº 2). Essa decisão do júri ou do promitente é em princípio vinculada, tendo estes que efectuar a selecção dos candidatos e a atribuição do prémio em conformidade com as regras definidas no anúncio do concurso, podendo a sua decisão ser judicialmente impugnada caso ocorra a violação dessas regras[612].

Uma vez que constitui um autêntico negócio unilateral, o concurso público não se confunde com os concursos relativos à celebração de contratos[613]. Nestes, está em causa um processo de formação de um contrato, enquanto que naquele ocorre antes a constituição de um negócio unilateral, que atribui logo um direito de crédito à prestação recebida.

[611] Nesta última hipótese, a designação correcta é antes a de resolução ou rescisão. Cfr. GALVÃO TELLES, *Obrigações*, p. 180.

[612] Neste sentido, cfr. o desenvolvido Ac. RL 8/7/2004 (ROSA RIBEIRO COELHO), em *CJ* 29 (2004), 4, pp. 75-79 que considerou judicialmente impugnável a decisão do júri dos concursos públicos não sujeita a discricionariedade especial.

[613] Cfr., sobre estes, LUÍS DA CUNHA GONÇALVES, *Dos contratos em especial*, Lisboa, Edições Ática, 1953, p. 30, MENEZES CORDEIRO, "Da abertura de um concurso para a celebração de um contrato no Direito Privado", no *BMJ* 369 (1987), pp. 5-59 e FERREIRA DE ALMEIDA, *Contratos*, I, pp. 155 e ss.

Secção III
Fontes das obrigações baseadas no princípio do ressarcimento dos danos

1. A responsabilidade civil como fonte das obrigações. Classificações da responsabilidade civil

Inclui-se entre as fontes das obrigações a responsabilidade civil. Denomina-se responsabilidade civil o conjunto de factos que dão origem à obrigação de indemnizar os danos sofridos por outrem. A responsabilidade civil consiste, por isso, numa fonte de obrigações baseada no princípio do ressarcimento dos danos.

A responsabilidade civil pode ser classificada em responsabilidade por culpa, pelo risco ou pelo sacrifício, consoante o título de imputação a que recorra para transferir o dano da esfera do lesado para outrem. Na responsabilidade por culpa, que é a regra geral (cfr. art. 483º, nº 1), a responsabilização do agente pressupõe um juízo moral da sua conduta, que leve a efectuar uma censura ao seu comportamento. Na responsabilidade pelo risco, admitida só nos casos previstos na lei (arts. 483º, nº 2 e 499º e ss.), prescinde-se desse juízo de desvalor, efectuando-se a imputação de acordo com critérios objectivos de distribuição do risco (por exemplo, a obtenção de benefícios a partir de uma zona de riscos; a possibilidade de exercer contrôle sobre ela, ou a criação de perigos em resultado de uma actividade específica). Já na responsabilidade pelo sacrifício, também se prescinde de um juízo de desvalor da conduta do agente, sendo a imputação do dano baseada numa compensação ao lesado, justificada pelo sacrifício suportado.

Esta classificação é importante para esclarecer as funções da responsabilidade civil. No caso da responsabilidade pelo sacrifício é manifesto que a responsabilidade desempenha exclusivamente funções de reparação do dano. Tal acontece também primordialmente na responsabilidade pelo risco que, no entanto, desempenha ainda limitadamente funções acessórias de prevenção. No caso da responsabilidade por culpa, além da função principal de reparação do dano, existe também uma clara função preventiva e punitiva, a qual se demonstra pela diminuição da indemnização em caso de negligência (art. 494º); pela repartição da indemnização em função da culpa dos agentes, em caso de pluralidade de responsáveis (art. 497º, nº 2); pela redução ou exclusão da indemnização em caso de culpa do lesado (art. 570º), e pela normal irrelevância da causa virtual na responsabilidade civil[614].

A responsabilidade civil pode ainda ser classificada em responsabilidade civil delitual (ou extracontratual) e responsabilidade obrigacional (ou contratual). Na responsabilidade delitual está em causa a violação de deveres genéricos de respeito, de normas gerais destinadas à protecção doutrem, ou a prática de *Tatbestände* delituais específicos. Já a responsabilidade obrigacional resulta do incumprimento das obrigações. O nosso Código tratou separadamente estas duas categorias de responsabilidade nos arts. 483º e ss. e 798º e ss., ainda que tenha sujeitado a obrigação de indemnização delas resultante a um regime unitário (arts. 562º e ss.).

Mantêm-se, no entanto, diferenças menores entre os dois regimes de responsabilidade de que se deve salientar as seguintes:

a) Presume-se a culpa na responsabilidade obrigacional (art. 799º, nº 1), mas não na delitual (art. 487º, nº 1);
b) A responsabilidade delitual tem prazos de prescrição mais curtos (art. 498º), enquanto a responsabilidade obrigacional é sujeita aos prazos de prescrição gerais das obrigações (arts. 309º e ss.);
c) É diferente o regime da responsabilidade por actos de terceiro (arts. 500º e 800º);
d) Em caso de pluralidade de responsáveis na responsabilidade delitual o regime aplicável é o da solidariedade (art. 497º), ao passo que

[614] Cfr. RIBEIRO DE FARIA, *Obrigações*, I, pp. 426-427. Em sentido contrário, MENEZES CORDEIRO, *Obrigações*, 1º, p. 277, considera que a exigência do dano como pressuposto essencial da responsabilidade, faz obliterar a punição de comportamentos em que ele não se verifica, bem como a função de prevenção, porque nela o dano falta. O autor viria, porém, a rever a sua posição em *Tratado de Direito Civil*, II – *Direito das Obrigações*, tomo 3, Coimbra, Almedina, 2010, pp. 419 e ss.

na responsabilidade obrigacional tal só acontecerá se esse regime já vigorar para a obrigação incumprida.

e) As duas responsabilidades regem-se por regras de conflitos diferentes – para a responsabilidade obrigacional, cfr. arts. 3º e ss., do Regulamento (CE) nº 593/2008 do Parlamento Europeu e do Conselho, de 17 de Junho de 2008, sobre a lei aplicável às obrigações contratuais («Roma I»); para a responsabilidade delitual, cfr. art. 4º do Regulamento (CE) nº 864/2007 do Parlamento Europeu e do Conselho, de 11 de Julho de 2007, relativo à lei aplicável às obrigações extracontratuais («Roma II») – bem como por diferentes regras de competência jurisdicional (art. 71º, nº 1 e 2 CPC).

Tradicionalmente a doutrina distingue a responsabilidade delitual da obrigacional como tendo não apenas por fonte situações jurídicas diferentes, mas também uma diferente natureza. Efectivamente, afirma-se que a responsabilidade delitual gera deveres primários de prestação e, consequentemente, consiste numa fonte das obrigações, uma vez que através dela surge pela primeira vez uma relação obrigacional legal (cfr. art. 483º do Código Civil). Pelo contrário, a responsabilidade obrigacional não geraria deveres primários de prestação, mas apenas deveres secundários, uma vez que teria como pressuposto uma obrigação já existente, de que o dever de indemnizar se apresentaria como sucedâneo, em caso de incumprimento (cfr. art. 798º), ou como paralelo em caso de mora (cfr. art. 804º)[615].

Discordamos dessa formulação, apoiados na doutrina tradicionalmente seguida na Faculdade de Direito de Lisboa[616]. Efectivamente, a obrigação

[615] Assim, LARENZ, *Schuldrecht*, I, p. 9. Entre nós, esta posição foi defendida por GUILHERME MOREIRA, *Instituições*, II, pp. 117 e ss., MANUEL DE ANDRADE, *Teoria Geral da Relação Jurídica*, II – *Facto jurídico, em especial negócio jurídico*, reimp., Coimbra, Almedina, reimp. 1974, p. 21, GALVÃO TELLES, *Obrigações*, pp. 58 e 211 e ss., ANTUNES VARELA, *Obrigações*, I, pp. 518 e ss. (520, nota (1)), MOTA PINTO, *Cessão*, pp. 426 e ss., JORGE SINDE MONTEIRO, *Estudos*, pp. 8-9 e JOÃO CALVÃO DA SILVA, *Cumprimento*, pp. 146 e ss.

[616] Essa doutrina foi efectivamente defendida por PAULO CUNHA, *Direito das Obrigações (Apontamentos das aulas da 2ª cadeira de Direito Civil da Faculdade de Direito da Universidade de Lisboa (regência do Prof. Dr. Paulo Cunha)*, por MARGARIDA PIMENTEL SARAIVA e ORLANDO GARCIA BLANCO COURRÉGE, II, Lisboa, 1938-1939, pp. 239-240, MANUEL DUARTE GOMES DA SILVA, *O dever*, pp. 300 e ss., e FERNANDO PESSOA JORGE, *Ensaio sobre os pressupostos da responsabilidade civil*, Lisboa, CEF, 1968, reimp. Coimbra, Almedina, 1995, pp. 40-41. Defendeu igualmente posição semelhante MENEZES CORDEIRO, *Obrigações*, 2º pp. 263 e ss. e *Da Boa Fé*, I, pp. 575, nota (181) e 637 e ss., mas esta posição foi por ele abandonada em *Da Responsabilidade*

de indemnização em caso de incumprimento ou mora não se identifica com a obrigação inicialmente violada, uma vez que apresenta um fundamento distinto: o princípio do ressarcimento de danos, desta vez resultantes da violação do direito de crédito[617]. A responsabilidade obrigacional deve assim ser considerada como sendo uma fonte das obrigações, à semelhança da responsabilidade delitual, e não como uma mera modificação da obrigação inicialmente constituída. A sua especialidade resulta da circunstância de a sua fonte ser a frustração ilícita de um direito de crédito, o qual era primariamente tutelado através da acção de cumprimento. No entanto, o dever de prestar violado não se confunde com o dever de indemnizar originado em consequência dessa violação tendo antes este uma fonte autónoma: a responsabilidade obrigacional.

A diferença entre a responsabilidade delitual e a responsabilidade obrigacional é que, enquanto a responsabilidade delitual surge como consequência da violação de direitos absolutos, que aparecem assim desligados de qualquer relação inter-subjectiva previamente existente entre lesante e lesado, a responsabilidade obrigacional pressupõe a existência de uma relação inter-subjectiva, que primariamente atribuía ao lesado um direito à prestação, surgindo como consequência da violação de um dever emergente dessa relação específica.

Há, porém, situações em que não existe um direito primário de crédito, por meio do qual alguém possa exigir de outrem uma prestação, mas a responsabilidade surge em consequência da violação de deveres específicos e não apenas dos deveres genéricos de respeito, que se apresentam como contrapostos aos direitos absolutos. Fala-se, por isso, nesse caso da existência de uma terceira via da responsabilidade civil, onde se poderão incluir situações como a violação dos deveres de boa fé, geradoras da responsabilidade pré-contratual e pós-contratual. Efectivamente, esses deveres não possuem uma tutela primária, através da acção de cumprimento, mas surgem no âmbito de ligações específicas entre as partes que instituem deveres que constituem um *plus* relativamente ao dever geral de respeito.

Civil dos Administradores das Sociedades Comerciais, Lisboa, Lex, 1997, pp. 485 e ss., e em *Tratado*, II-3, pp. 387 e ss.

[617] Atente-se, para confirmação desta solução, no disposto no art. 537º que determina que, na obrigação indivisível com pluralidade de devedores, se a prestação se tornar impossível por facto imputável a algum ou alguns dos devedores ficam os outros exonerados. Neste caso, todos os devedores possuíam um dever de prestar, mas como a violação da obrigação foi apenas praticada por um, só ele fica constituído no dever de indemnizar.

2. A responsabilidade civil por factos ilícitos

2.1. A responsabilidade delitual

2.1.1. Pressupostos genéricos da responsabilidade delitual

O art. 483º vem estabelecer uma cláusula geral de responsabilidade civil subjectiva, fazendo depender a constituição da obrigação de indemnização da existência de uma conduta do agente (facto voluntário), a qual represente a violação de um dever imposto pela ordem jurídica (ilicitude), sendo o agente censurável (culpa), a qual tenha provocado danos (dano), que sejam consequência dessa conduta (nexo de causalidade entre o facto e o dano).

Surgem-nos assim os seguintes pressupostos da responsbilidade civil subjectiva:

1) facto voluntário do agente;
2) ilicitude;
3) culpa;
4) dano;
5) nexo de causalidade entre o facto e o dano.

Examinemos sucessivamente estes pressupostos:

2.1.1.1. O facto voluntário do lesante

O primeiro pressuposto da responsabilidade civil é o facto voluntário do agente. Efectivamente, tratando-se de uma situação de responsabilidade civil subjectiva, esta nunca poderia ser estabelecida sem existir um comportamento dominável pela vontade, que possa ser imputado a um ser humano e visto como expressão da conduta de um sujeito responsável[618]. Não se exige, porém, que o comportamento do agente seja intencional ou sequer que consista numa actuação, bastando que exista uma conduta que lhe possa ser imputada em virtude de estar sob o contrôle da sua vontade. Não são, por isso, factos voluntários, por estarem fora do contrôle da vontade do agente, os acontecimentos do mundo exterior causadores de danos (queda de raios, tremores de terra, ciclones). Mas mesmo fenómenos respeitantes ao agente podem não constituir factos voluntários sempre que ao agente falte a consciência ou não possa exercer domínio sobre a sua vontade. Não envolve, por isso, responsabilidade civil a situação de o agente destruir um vaso de porcelana precioso, porque cai sobre ele em

[618] Cfr. Larenz/Canaris, *Schuldrecht*, § 75-II, p. 360.

consequência de uma síncope cardíaca, ou foi submetido a coacção física (*vis absoluta*) para esse efeito[619]. Se existir algum domínio da vontade já pode, porém, haver responsabilidade como na hipótese de a destruição do vaso ter resultado de um gesto brusco do agente.

O facto voluntário do agente pode revestir duas formas: a acção (art. 483º) e a omissão (art. 486º). Tratando-se de uma acção, a imputação da conduta ao agente apresenta-se como simples. Já no caso da omissão essa imputação ao agente exige algo mais: a sua oneração com um dever específico de praticar o acto omitido. Efectivamente, se existe um dever genérico de não lesar os direitos alheios (*neminem laedere*), já não existe um correspondente dever genérico de evitar a ocorrência de danos para outrem, uma vez que a sua instituição multiplicaria exponencialmente as ingerências na esfera jurídica alheia, tornando a vida em sociedade impossível. Daí que para alguém ser responsável por omissão pelos danos sofridos por outrem se exija, para além dos outros pressupostos da responsabilidade delitual, um dever específico, que torne um particular sujeito garante da não ocorrência desses danos.

Conforme resulta do art. 486º, esse dever específico de garante pode ser criado por contrato (v.g: alguém se obriga a vigiar um doente mental por forma a evitar que este se suicide) ou pode mesmo ser imposto por lei, como acontece nalgumas disposições do nosso Código (arts. 491º, 492º e 493º). No direito alemão, a partir de disposições semelhantes (v.g. § 836 BGB), tem-se vindo a desenvolver a doutrina dos "deveres de segurança no tráfego" ou "deveres de prevenção do perigo delituais", que permitiu alargar bastante a responsabilidade delitual por omissão, para além dos casos legalmente típicos[620], tendo essa doutrina sido posteriormente recebida entre nós[621]. De acordo com essa doutrina, sempre que alguém possui coisas ou exerce uma actividade que se apresentam como potencialmente

[619] Não sucede o mesmo em caso de coacção moral, já que nessa situação *coactus tamen voluit*.

[620] Cfr. CHRISTIAN VON BAR, *Verkehrspflichten. Richterliche Gefahrsteurungsgebote im deutschen Deliktsrecht*, Köln, Carl Heymanns, 1980 (que a pp. 25 sustenta mesmo o carácter *contra legem* deste desenvolvimento da responsabilidade por omissão), CLAUS-WILHELM CANARIS, "Schutzgesetze – Verkehrspflichten – Schutzpflichten", em CLAUS-WILHELM CANARIS / UWE DIEDERICHSEN (org.), *Festschrift für Karl Larenz zum 80. Geburtstag am 23. April 1983*, München, Beck, 1983, pp. 27-110 (77 e ss.), e LARENZ/CANARIS, *Schuldrecht* II-2, § 76 III, pp. 399 e ss.

[621] Sobre os deveres de segurança no tráfego, cfr., entre nós, ANTUNES VARELA, "Anotação STJ 28/3/1980", na *RLJ* 114 (1981), pp. 40-41 e 72-79 e MENEZES CORDEIRO, *Da Boa Fé*, II,

susceptíveis de causar danos a outrem, tem igualmente o dever de tomar as providências adequadas a evitar a ocorrência de danos, podendo responder por omissão se o não fizer[622]. As coisas ou actividades perigosas, que se encontram no âmbito do contrôle do sujeito, delimitam assim um campo específico de imputação, onde a ocorrência de danos o sujeita à responsabilidade por omissão.

2.1.1.2. A ilicitude

A) Generalidades

Nem sempre a previsão da ilicitude do facto aparece tipificada a nível legislativo, nos diversos sistemas de responsabilidade civil. Efectivamente, no âmbito do Direito Comparado pode-se considerar existente uma contraposição entre os sistemas de grande cláusula geral, como o sistema francês (art. 1382 do *Code Civil*) e italiano (art. 2043 do *Codice*), e os sistemas de cláusulas gerais limitadas, como o sistema alemão (§§ 823, I e II e 826 B.G.B.).

pp. 831 e ss., e *Tratodo*, II-3, pp. 571 e ss., Sinde Monteiro, *Responsabilidade*, pp. 307 e ss., e Rui Ataíde, *Responsabilidade civil por violação de deveres no tráfego*, Coimbra, Almedina, 2015.

[622] Assim, por exemplo, se um ramo cai de uma árvore seca e provoca danos, o proprietário é responsável por não a ter cortado. Se uma criança atinge outra com uma arma de caça, o dono pode ser responsabilizado por a ter deixado em sítio acessível. No Ac. STJ 13/12/2000 (Neves Ribeiro) em *CJ-ASTJ* 8 (2000), 3, pp. 171-174 admitiu-se especificamente uma responsabilidade do Estado por não ter colocado um aviso do perigo causado por uma actividade de extracção de areias levando a que um trausente morresse afogado ao passar junto ao rio, em virtude da deslocação de areias. Igualmente no Ac. RL 9/5/2002 (Maria do Rosário Oliveira), em *CJ* 27 (2002), 3, pp. 69-70 responsabilizou-se o Hospital por um queda de um utente no piso molhado de uma casa de banho. O dever de prevenção do perigo delitual é ainda expressamente reconhecido no Ac. STJ 8/7/2003 (Afonso Correia), em *CJ-ASTJ* 11 (2003), 2, pp. 127-129. Essa doutrina foi ainda aplicada para responsabilizar a Federação Portuguesa de Futebol por não adoptar medidas de segurança em jogo de futebol de alto risco, levando a que um dos espectadores tenha sido morto por um *very-light* (Ac. STJ 6/7/2004 (Ponce de Leão), em *CJ-ASTJ* 12 (2004), 2, pp. 138-144, e a entidade organizadora de um *rally* automóvel por não ter colocado dispositivos destinados a evitar a aproximação das pessoas dos carros, levando à morte de um espectador (Ac. RP 7/6/2004 (Santos Carvalho), em *CJ-ASTJ* 19 (2004), 3, pp. 190-194). Da mesma forma, no Ac. RP 16/12/2009 (Mário Fernandes), em *CJ* 34 (2009), 5, pp. 181-185, foi responsabilizado um clube desportivo por não ter tomado medidas que impedissem o público de arremessar blocos de cimento sobre um árbitro de futebol. No Ac. RC 14/1/2014 (Maria Domingas Simiões), em *CJ* 39 (2014), 1, pp. 5-8, foi responsabilizada uma empresa de limpeza de um condomínio por não ter avisado quer as escadas do prédio estavam molhadas, causando assim que um condónio escorregasse e tivesse danos físicos.

A diferença entre os dois sistemas baseia-se na circunstância de os primeiros não determinarem a nível legislativo quais os bens jurídicos cuja lesão envolve responsabilidade, remetendo a resolução dessa questão para a apreciação do julgador, enquanto os segundos procedem por via legislativa à enunciação dos bens jurídicos tutelados. No direito francês (art. 1382) a responsabilização do agente apenas requer a causação de um dano a outrem através de uma *faute*, expressão ampla que abrange simultaneamente o facto voluntário, a ilicitude e a culpa, mas que normalmente é apreciada globalmente a partir da simples avaliação do facto com base em considerações de ordem moral ou social[623]. No direito italiano a responsabilidade resulta da prática de qualquer facto doloso ou culposo, que cause a outrem um dano injusto (art. 2043), sendo assim a valoração negativa do dano o critério para que a lesão sofrida permita a obtenção de indemnização, critério esse que naturalmente depende de uma ampla apreciação judicial.

Pelo contrário, no sistema alemão encontra-se uma clara tipificação das posições jurídicas cuja lesão pode envolver responsabilidade civil, repartidas de acordo com três específicas variantes de ilicitude. Assim, em primeiro lugar, estabelece-se a responsabilidade do agente pelos danos causados se este, com dolo ou negligência, lesou ilicitamente a vida, a saúde, a liberdade, a propriedade ou outro direito (§ 823 I BGB). A mesma responsabilidade ocorre no caso de se ter violado culposamente uma lei dirigida à protecção doutrem (§ 823 II BGB). Finalmente, estabelece-se a responsabilidade no caso de violação dos bons costumes, exigindo-se, aqui, porém, que o agente tenha actuado com dolo (§ 826 BGB).

O legislador optou claramente por este último sistema, estabelecendo no art. 483º, uma cláusula geral limitada, correspondente ao somatório do § 823 I e II BGB[624], ainda que com uma formulação mais abrangente[625].

[623] Cfr. JEAN CARBONNIER, *op. cit.*, pp. 402 e ss. e FRANÇOIS TERRÉ / PHILIPPE SIMLER / YVES LEQUETTE, *op. cit.*, p. 646. Entre nós, veja-se MENEZES CORDEIRO, *A responsabilidade*, pp. 428 e ss.

[624] No mesmo sentido, SINDE MONTEIRO, *Responsabilidade*, pp. 183 e ss. e BRANDÃO PROENÇA, *A conduta*, pp. 122 e NUNO MANUEL PINTO OLIVEIRA, "Sobre o conceito de ilicitude do art. 483º. do Código Civil", em ANTÓNIO CÂNDIDO DE OLIVEIRA (org.), *Estudos em Homenagem a Francisco José Velozo*, Braga, Universidade do Minho/Associação Jurídica de Braga, 2002, pp. 521-544 (524 e ss.). Contra, distinguindo claramente os sistemas delituais alemão e português, MENEZES CORDEIRO, *Boa Fé*, pp. 636 e ss.

[625] Efectivamente, o § 823 I BGB apenas se refere a certos direitos, enquanto o art. 483º permite abranger todo e qualquer direito subjectivo.

Temos, por isso, uma exigência expressa da ilicitude do facto praticado pelo agente, ilicitude essa que, nos termos do art. 483º, pode consistir na violação de direitos subjectivos alheios, ou de disposições legais destinadas a proteger interesses alheios, surgindo ainda noutros locais previsões específicas de comportamentos ilícitos (arts. 334º, 335º, 484º e 485º).

Em qualquer dessas previsões a ilicitude aparece sempre configurada como um juízo de desvalor atribuído pela ordem jurídica. A dúvida que se coloca reside, porém, em determinar se esse juízo de desvalor se refere em relação ao comportamento do agente (teoria do desvalor do facto) ou se pelo contrário incide sobre o próprio resultado (teoria do desvalor do resultado).

A teoria do desvalor do resultado foi durante imenso tempo maioritariamente defendida, em virtude da influência da doutrina da acção causal. De acordo com esta concepção, o desvalor do resultado causado pela acção (v.g. a morte da vítima) preenche logo o requisito da ilicitude, sendo o agente responsabilizado se o seu comportamento é culposo. Esta solução foi, no entanto, posteriormente posta em causa na medida em que qualificaria como ilícitos comportamentos perfeitamente conformes ao tráfego, apenas porque são causalmente adequados a produzir o resultado. Ora, se o agente actuou conforme as regras do tráfego parece incorrecto considerar presente a ilicitude (ainda que excluída por uma causa de justificação), só porque esse comportamento conduziu ao resultado, como no exemplo do condutor de comboios que, conduzindo correctamente, mata um suicida que se tinha colocado sobre a linha férrea, ou no caso de fabricante de armas e automóveis, relativamente a danos causados por esses objectos[626].

Estas objecções conduziram à defesa de um conceito de ilicitude assente num desvalor do facto, posição que corresponde actualmente à doutrina maioritária comum[627]. A ilicitude não se afere em relação ao resultado, mas pressupõe antes uma avaliação do comportamento do agente. De acordo a doutrina da acção final[628], a ilicitude é avaliada através da pros-

[626] Cfr. Larenz/Canaris, *Schuldrecht*, II-2, § 75 II, pp. 364 e ss. Neste último caso, a responsabilização subjectiva do agente dependerá da consideração de que ele desrespeitou normas de segurança no fabrico desses produtos, o que implica uma avaliação do seu comportamento, e não do resultado.

[627] Cfr. Antunes Varela, *Obrigações*, I, p. 532, e Ribeiro de Faria, *Obrigações*, I, p. 416.

[628] Cfr. Erwin Deutsch, *Haftungsrecht*, I – *Allgemeine Lehren*, 2ª ed., Köln et al., Carl Heymanns, 1996, pp. 64 e ss., 160 e ss,. Entre nós, veja-se José de Oliveira Ascensão,

secução de um fim não permitido pelo Direito (intenção de praticar a lesão no ilícito doloso, ou violação do dever objectivo de cuidado no ilícito negligente). Não há, por isso, ilicitude sempre que o comportamento do agente, apesar de representar uma lesão de bens jurídicos, não prossiga qualquer fim proibido por lei[629].

Pode-se, assim, considerar que a lesão de bens jurídicos só é imediatamente constitutiva de ilicitude no caso de o agente ter actuado com dolo. No caso de actuações meramente negligentes não se mostra suficiente a simples lesão de bens jurídicos, tendo que lhe acrescer a violação do dever objectivo de cuidado por parte do agente[630].

B) A ilicitude por violação de direitos subjectivos

A primeira variante de ilicitude prevista no art. 483º, nº 1 do Código Civil consiste na violação de direitos subjectivos. Esta modalidade de ilicitude tem como característica especial o facto de, ao se exigir uma lesão de um direito subjectivo específico, se limitar a indemnização à frustração das utilidades proporcionadas por esse direito, não se admitindo assim nesta sede a tutela dos danos puramente patrimoniais (*pure economic loss*)[631]. Efectivamente, neste caso a função da primeira variante de ilicitude prevista no art. 483º, nº 1, não se reconduz à tutela genérica do património do sujeito, mas antes à tutela das utilidades que lhe proporcionava o direito subjectivo objecto de violação.

Na ordem jurídica alemã a ilicitude por violação de direitos subjectivos tem vindo a sofrer um desenvolvimento especial, atento o cariz limitado do sistema de responsabilidade delitual no Direito alemão, que tipifica apenas neste âmbito a violação do direito à vida, corpo, saúde, liberdade, propriedade ou outro direito (§823, I BGB). Esta limitação tem levado a doutrina a procurar aplicar a expressão "outro direito" (*ein sonstiges Recht*) a situações delituais, que não se possam considerar nem violação de normas de protecção (§ 823 II BGB) nem violação dolosa dos bons costumes

"A teoria finalista e o ilícito civil", na *RFDUL* 37 (1986), pp. 9-28 e Ribeiro de Faria, "Algumas notas sobre o finalismo no Direito Civil", no *BFD* 69 (1993), pp. 71-160 e no *BFD* 70 (1994), pp. 133-219.

[629] Daí que, por exemplo, as intervenções médicas efectuadas de acordo com as *leges artis* não se possam considerar ilícitas.

[630] Cfr. Sinde Monteiro, *Responsabilidade*, pp. 300 e ss.

[631] Cfr. Sinde Monteiro, *Responsabilidade*, pp. 187 e ss.

(§826 BGB), surgindo assim construções de novos direitos subjectivos, abrangidos por esta primeira variante de ilicitude. Atenta a já referida proximidade entre os dois sistemas cabe aqui examinar a aplicabilidade dessas tipificações no nosso ordenamento.

Em primeiro lugar, é evidente que são abrangidos por esta modalidade de ilicitude os direitos sobre bens jurídicos pessoais como a vida, corpo, saúde e liberdade, cuja protecção tem, aliás, dignidade constitucional (cfr. arts. 24º e ss. da Constituição). A lesão de qualquer um destes bens é assim sancionada com a indemnização pelos prejuízos causados.

Também os outros direitos absolutos como os direitos reais, os direitos de propriedade industrial e os direitos de autor se encontram tutelados pela responsabilidade civil[632]. Haverá assim ilicitude sempre que o agente venha a lesar alguma das utilidades proporcionadas por esses direitos.

Já os direitos de crédito não são abrangidos pelo art. 483º, uma vez que, conforme já se referiu, a sua tutela apenas se efectua nos termos da responsabilidade contratual (art. 798º), ou da cláusula geral do abuso de direito (art. 334º)[633].

Entre nós, a lei é ainda expressa quanto à tutela da simples posse pela responsabilidade civil (art. 1284º)[634], o que permite abranger nesta sede os direitos pessoais de gozo que atribuem ao seu titular a protecção possessória, como o arrendamento, o comodato e a parceria pecuária (cfr. arts. 1037º, nº 2, 1125º, nº 2, e 1133º, nº 2).

Relativamente aos direitos familiares parece possível aqui incluir os direitos familiares de natureza patrimonial, como o direito dos cônjuges à meação dos bens comuns, e os direitos de administração sobre os bens dos menores. A lei é, aliás, expressa na previsão de obrigações de indemnização nesta sede (cfr. arts. 1681º, nº 1, 1901º, nº 2, 1940º, nº 4 e 1945º), as quais têm que se considerar correspondentes a esta variante da ilicitude delitual. Já quanto aos direitos familiares de natureza pessoal (como o direito

632 Relativamente à propriedade industrial, veja-se o art. 316º do CPI, que lhe atribui as mesmas garantias que para a propriedade em geral. No âmbito do direito de autor, cfr., v.g., o art. 201º CDADC e, na doutrina, Oliveira Ascensão, *Direito Civil. Direito de autor e direitos conexos*, Coimbra, Coimbra Editora, 1992, pp. 623 e ss.

633 Neste sentido é também a doutrina dominante na Alemanha. Cfr. Larenz/Canaris, *Schuldrecht* II-2, § 76 II, pp. 397 e ss.

634 Pelo contrário, no direito alemão é maioritária a opinião de que a posse não constitui um "*sonstiges Recht*", para efeitos de aplicação do § 823 I BGB, salvo quando é conferida em virtude de um direito pessoal de gozo. Cfr. Larenz/Canaris, *Schuldrecht* II-2, § 76 II, p. 396.

à fidelidade do cônjuge ou a responsabilidade parental sobre os filhos), não parece admissível a sua tutela através da responsabilidade civil delitual, em virtude de a lei estabelecer sanções de outra ordem para a sua violação[635].

Para além disso, haverá ilicitude sempre que sejam violados direitos de personalidade, como o direito ao nome e ao pseudónimo (arts. 72º a 74º); à não divulgação de escritos confidenciais (arts. 75º a 78º), à imagem (art. 79º) e à intimidade da vida privada (art. 80º)[636]. No âmbito do direito alemão tem-se vindo mesmo a sustentar a existência de um direito geral de personalidade, incidindo sobre os aspectos da personalidade em globo, que assim poderia ser tutelado pela responsabilidade civil[637]. Entre nós, essa construção pode ser igualmente defendida atendendo à consagração da tutela jurídica da personalidade física e moral no art. 70º e a previsão

[635] Cfr. Antunes Varela, *Obrigações*, I, p. 535 e Ribeiro de Faria, *Obrigações*, I, p. 417.

[636] Cfr. Jorge Ferreira Sinde Monteiro, *Responsabilidade*, pp. 223 e ss., Diogo Leite de Campos, *Lições de direitos da personalidade*, 2ª ed., Coimbra, separata do *BFD* 66, 1992, pp. 49 e ss., Hörster, *A Parte Geral*, pp. 257 e ss., Rita Amaral Cabral, "O Direito à intimidade da vida privada (Breve reflexão acerca do artigo 80º do Código Civil" em AAVV, *Estudos em Memória do Professor Doutor Paulo Cunha*. Lisboa, s.e., 1989, pp. 373-406, Paulo Mota Pinto, "O direito à reserva sobre a intimidade da vida privada" em *BFD 69* (1993), pp. 478-585 e Tiago Soares da Fonseca, "Da tutela judicial civil dos direitos de personalidade", na *ROA* 66 (2006), I, pp. 231-293.

[637] Cfr., especialmente, Larenz, "Das 'allgemeine Persönlichkeitsrecht' im Recht der Unerlaubten Handlungen" em *NJW* 1955, pp. 521-525, Robert Scheyhing, "Zur Geschichte des Persönlichskeitsrecht im 19. Jahrhundert" em *AcP* 158 (1959-1960), pp. 503-525, L-J Constantinesco, "Persönlichkeitsrechte und ihr Schutz im französichen Recht", em *AcP* 159 (1960/61), pp. 321-344, Dieter Leuze, *Die Entwicklung des Persönlichkeitsrechts im 19. Jahrhundert*, Bielefeld, Gieseking, 1962, pp. 80 e ss., Ernst Von Caemmerer, "Wandlungen des Deliktsrecht" em Ernst Von Caemmerer/Ernst Friesenhahn/Richard Lange, *Hundert Jahre Deutsches Rechtsleben. Festschrift zum Hundertjährigen Bestehen des Deutschen Juristentages 1860-1960*, II, Karlsruhe, Müller, 1960, pp. 49-136 (102 e ss.) = Ernst Von Caemmerer, *Gesammelte Schriften*, I-*Rechtsvergleichung und Schuldrecht*, Tübingen, Mohr, 1968, pp. 452-553 (513 e ss.), ID, "Der Privatrechtliche Persönlichkeitsschutz nach deutschem Recht", em Josef Esser/Hans Thieme (org.), *Festschrift für Fritz von Hippel zum 70. Geburtstag*, Tübingen, Mohr, 1967, pp. 27-40, Heinrich Hubmann, *Das Persönlichkeitsrecht*, Köln/Graz, Böhlau, 1967, Hans Erich Brandner, "Das allgemeine Persönlichkeitsrecht in der Entwicklung durch die Rechtsprechung" em *JZ* 1983, pp. 689-696, Schwerdtner, *Das Persönlichkeitrecht in der deustchen Zivilrechtsordnung*, Berlin, Schweitzer, 1977 e "Der zivilrechtliche Persönlichkeitschutz" em *JuS* 1978, p. 289-299, Jürgen Simon, *Das allgemeine Persönlichkeitsrecht und seine gewerblichen Erscheinungsformen*, Berlin, Duncker & Humblot, 1981, pp. 155 e ss. e Christoph Degenhardt, "Das allgemeine Persönlichskeitrecht, art. 2, I. i. V. mit Art. 1 I GG" em *JuS* 1992, pp. 361-368.

expressa da sua protecção pela responsabilidade civil (art. 70º, nº 2)[638]. A responsabilidade civil pela lesão de direitos de personalidade tem vindo aliás a ter uma presença jurisprudencial importante, designadamente em caso de danos causados através dos meios de comunicação social[639].

Uma outra construção existente na ordem jurídica alemã relativamente a "outro direito", susceptível de tutela delitual consiste no denominado "direito à empresa". Esta construção surge por intermédio da jurisprudência alemã[640], depois seguida pela doutrina[641], que perante certos com-

[638] Neste sentido, ORLANDO DE CARVALHO, *Teoria Geral do Direito Civil*, Coimbra, Centelha, 1981, p. 40, afirma existir um direito geral de personalidade, como direito subjectivo civil que recai sobre a personalidade no seu conjunto, e "que tutela a pessoa, não apenas como ser, mas como ser em devir e, por consequência, no seu próprio poder de autodeterminação ou autogestão". Cfr. ainda, ID, *Teoria Geral da Relação Jurídica*, Coimbra, polic., pp. 165-166 e *Os direitos do homem no Direito Civil Português*, Coimbra, ed. do autor, 1973, pp. 24 e ss. Mais recentemente, veja-se a investigação geral de RABINDRANATH CAPELO DE SOUSA, *O direito geral de personalidade*, Coimbra, Coimbra Editora, 1995, passim, maxime pp. 106 e ss. e 605 e ss. Contra a construção do direito geral de personalidade, manifesta-se, porém, OLIVEIRA ASCENSÃO, *Teoria Geral*, I, pp. 86 e ss., que considera ter uma desmesurada extensão, susceptível, por isso, de pôr em causa a segurança jurídica.
Por nosso lado, parece-nos extremamente valiosa a construção do direito geral de personalidade como enquadramento dogmático da cláusula do art. 70º do Código Civil, não envolvendo a construção mais riscos para a segurança jurídica do que os de qualquer cláusula geral.

[639] Sobre a jurisprudência existente neste domínio, cfr. MENEZES CORDEIRO, "Os direitos de personalidade na civilística portuguesa", na *ROA* 61 (2001), pp. 1229-1256 (1245 e ss.), LUÍS VASCONCELOS ABREU, "A violação de direitos de personalidade pela comunicação social e as funções da responsabilidade civil. Recentes desenvolvimentos jurisprudenciais. Uma breve comparação luso-alemã", em RUI MANUEL DA MOURA RAMOS / CARLOS FERREIRA DE ALMEIDA / ANTÓNIO MARQUES DOS SANTOS / PEDRO PAIS DE VASCONCELOS / LUÍS DE LIMA PINHEIRO / MARIA HELENA BRITO / DÁRIO MOURA VICENTE, *Estudos em Homenagem à Professora Doutora Isabel de Magalhães Collaço*, Coimbra, Almedina, 2002, pp. 457-475 e TIAGO SOARES DA FONSECA, *ROA* 66 (2006), I, pp. 243 e ss..

[640] Cfr. "Ent. 27/2/1904" em *RGZ* 58, pp. 24-31 (29), "Ent. 26/10/1951" em *BGHZ* 3, pp. 270-285, "Ent. 28/11/1952" em *BGHZ* 8, pp. 142-146, "Ent. 30/1/1953" em *BGHZ* 8, pp. 387-395, "Ent. 10/5/1957" em *BGHZ* 24, pp. 200-214 e "Ent. 9/12/1958" em *BGHZ* 29, pp. 65-75.

[641] Cfr. LUDWIG ENNECCERUS / HEINRICH LEHMANN, *Recht der Schuldverhältnisse. Ein Lehrbuch* (vol. II do *Lehrbuch des Bürgerlicchen Rechts*, de LUDWIG ENNECCERUS / THEODOR KIPP / MARTIN WOLFF), 15ª ed., Tübingen, Mohr, 1958, § 234 b y (*trad. esp.* de Blas Perez Gonzalez e José Alguer, sob o título *Derecho de Obligaciones*, Barcelona, Bosch, 1966, pp. 1056 e ss.), ERNST VON CAEMMERER, *FS Deutschen Juristentages*, pp. 83 e ss. = *Gesammelte*, pp. 491 e ss., ERNST WOLF, "Das Recht am eingerichteten und ausgeübten Gewerbebetrieb", em JOSEF ESSER/HANS THIEME (org.), *Festschrift für Fritz von Hippel zum 70. Geburtstag*, Tübingen, Mohr, 1967, pp. 665-685, JÜRGEN SIMON, *Das allgemeine*, pp. 134 e ss.

portamentos lesivos da actividade empresarial, como a ilegítima exigência de suspensão de uma actividade empresarial para efeitos de tutela de um direito de propriedade industrial que efectivamente não existia, o apelo ao boicote de determinados produtos ou a divulgação de informações sobre a empresa de um concorrente, sem interesse legítimo, considerou existir um direito subjectivo à empresa (*Recht am eingerichteten und ausgeübten Gewerbetrieb*) que tornaria ilícitas essas actuações, permitindo ao lesado reclamar indemnização pelos danos sofridos. Parece dever reconhecer-se a utilidade desta construção também no nosso direito, conferindo assim à actividade empresarial a protecção da cláusula geral do art. 483º[642].

C) A ilicitude por violação de normas de protecção

A outra variante da ilicitude constante do art. 483º, nº 1, refere-se às disposições legais destinadas a proteger interesses alheios[643], e que poderíamos designar mais precisamente por normas de protecção[644]. Trata-se de normas que, embora dirigidas à tutela de interesses particulares – quer exclusivamente, quer conjuntamente com o interesse público – não atribuem aos titulares desses interesses um verdadeiro direito subjectivo, por não lhes atribuirem em exclusivo o aproveitamento de um bem. Estarão neste caso certas disposições do Direito Penal, primário ou secundário, bem como do Direito de Mera Ordenação Social. Assim, por exemplo, a falsificação de documentos ou a violação das regras do Código da Estrada prejudica as pessoas que confiam na veracidade do documento ou no correcto comportamento dos outros intervenientes no tráfego pelo que, embora não se possa dizer que existam direitos subjectivos com esse conteúdo, é possível nestes casos exigir indemnização com fundamento na violação de uma norma destinada à protecção doutrem.

[642] Neste sentido, SINDE MONTEIRO, *Responsabilidade*, pp. 206 e ss. Já OLIVEIRA ASCENSÃO, *Concorrência Desleal*, Coimbra, Almedina, 2002, pp. 224 e ss. duvida, porém, da utilidade deste conceito na ordem jurídica portuguesa, que lhe parece uma sobrecarga dispensável. A posição de OLIVEIRA ASCENSÃO viria a ser seguida por ADELAIDE MENEZES LEITÃO, *Normas de protecção e danos puramente patrimoniais*, Coimbra, Almedina, 2009, p. 569 e MENEZES CORDEIRO, *Tratado*, II-3, p. 447.

[643] Cfr. ADELAIDE MENEZES LEITÃO, *Normas de protecção*, passim.

[644] Efectivamente não se vê razão para restringir a categoria de normas de protecção às disposições legais, uma vez que, conforme refere CANARIS, *FS Larenz*, 1983, p. 45, qualquer norma jurídica, ainda que não escrita, deve integrar o conceito de norma de protecção.

Também a violação das normas relativas à concorrência desleal, que se destinem a proteger apenas interesses individuais, e não a concorrência em geral, como sucede com os actos susceptíveis de criar confusão com o estabelecimento ou os produtos concorrentes, as falsas afirmações realizadas com o fim de desacreditar um concorrente, as invocações ou referências não autorizadas, com o fim de beneficiar do crédito ou da reputação de um nome, estabelecimento ou marca alheios, ou a utilização de segredos negociais alheios (cfr. arts. 317º *a)*, b, *c)* e 318º do CPI), serão susceptíveis de se integrar nesta categoria de ilicitude[645].

Esta categoria de ilicitude exige os seguintes pressupostos:

a) a não adopção de um comportamento, definido em termos precisos pela norma;
b) que o fim dessa imposição seja dirigido à tutela de interesses particulares;
c) a verificação de um dano no âmbito do círculo de interesses tutelados por esta via[646].

Exige-se, assim, em primeiro lugar, que alguém tenha desrespeitado determinado comando, sem o que não haverá base para estabelecer o juízo de ilicitude. Não basta, porém, qualquer norma jurídica, exigindo-se que o fim da norma consista especificamente na tutela de interesses particulares e não do interesse geral[647]. Se a norma for dirigida a proteger o interesse público e só reflexamente atingir interesses particulares, estará naturalmente excluída a possibilidade de um particular exigir indemnização[648]. Finalmente, exige-se que o dano se verifique no círculo de interesses que

[645] Cfr., na jurisprudência, o Ac. RP 16/12/2009 (FILIPE CAROÇO), em *CJ* 34 (2009), 5, pp. 185-189.

[646] Cfr. ANTUNES VARELA, *Obrigações*, I, pp. 539 e ss. e ALMEIDA COSTA, *Obrigações*, p. 563.

[647] Cfr. CANARIS, *FS Larenz*. 1983, p. 46.

[648] Decidiu por isso o Ac. RL 11/12/2001 (MARTINS E SOUSA) na *CJ* 26 (2001), 5, pp. 113-115 que a imposição legal à televisão pública para informar sobre as actividades sindicais não legitima um sindicato a exigir indemnização por não ter sido referida no noticiário uma iniciativa sua. Também no Ac. RC 9/2/2010 (FRANCISCO CAETANO), na *CJ* 35 (2010), 1, pp. 39-42, se considerou que a violação de normas legais urbanísticas por parte do autor de um projecto de construção e director técnico da obra não o torna responsável perante os compradores desse imóvel.

a norma visa tutelar, sendo excluída a indemnização relativamente a outros danos, ainda que verificados em consequência do desrespeito da norma[649].

Ao contrário do que sucede na categoria de ilicitude anterior, neste caso será naturalmente admitida a indemnização dos danos puramente patrimoniais[650].

D) *Os tipos delituais específicos*

Para além da previsão geral da responsabilidade civil subjectiva no art. 483º, estendida à omissão pelo art. 486º, encontram-se espalhadas pelo Código diversas previsões delituais que permitem estabelecer tipos delituais específicos, para além das categorias gerais de ilicitude. Entre eles salienta-se nomeadamente o abuso de direito (art. 334º), a não cedência recíproca em caso de conflito de direitos (art. 335º), a ofensa do crédito e do bom nome (art. 484º) e a prestação de conselhos, recomendações e informações (art. 485º).

Analisemos, assim, sucessivamente estas situações:

a) O abuso de direito

A previsão do abuso de direito, consagrada no art. 334º, vem estabelecer a ilegitimidade do exercício do direito sempre que o seu titular exceda manifestamente os limites impostos pela boa fé, pelos bons costumes, ou pelo fim social e económico desse direito[651]. Trata-se de uma cláusula geral, de

[649] PIETRO TRIMARCHI, *Causalitá e danno*, Milano, Giuffrè, 1967, p. 70, nota (25), e p. 74, também referido em ANTUNES VARELA, *Obrigações*, I, p. 540, nota (3), indica a este propósito exemplos interessantes de casos em que os danos verificados em consequência da não adopção da conduta devida nada têm a ver com o círculo de interesses tutelados pela norma. O primeiro diz respeito à situação de uma criança ter sido electrocutada por ter subido a um poste de linha eléctrica colocado abaixo da altura regulamentar e o segundo de um motociclista que, conduzindo em excesso de velocidade, provoca que o passageiro que transportava sofra uma bronquite devido à acção das correntes de ar. Em ambos os casos, não se pode estabelecer a responsabilidade do infractor por esses danos, uma vez que as normas não se destinavam a preveni-los.

[650] Cfr. CANARIS, *FS Larenz*, 1983, pp. 58 e ss. e, entre nós, SINDE MONTEIRO, *Responsabilidade*, pp. 254 e ss.

[651] Sobre o abuso de direito, veja-se essencialmente a obra de MENEZES CORDEIRO, *Da Boa Fé*, II, pp. 661 e ss. e *Tratado de Direito Civil Português*, I – *Parte Geral*, tomo 4, Coimbra, Almedina, 2005, pp. 239 e ss. e II-3, pp. 454 e ss., e "Do abuso do direito: estado das questões e perspectivas", na *ROA* 65 (2005), pp. 327-385. Cfr. ainda FERNANDO AUGUSTO CUNHA DE SÁ, *Abuso de direito*, Lisboa, C.E.F., 1973, reimp., Coimbra, Almedina, 1997, e 2005.

aplicação muito mais vasta do que apenas à responsabilidade civil, através do qual se procura estabelecer limites ao exercício das posições jurídicas que embora formalmente permitido, se apresenta como disfuncional ao sistema jurídico, quando contraria manifestamente vectores fundamentais do seu funcionamento. Entre esses vectores encontra-se principalmente a boa fé, já acima referida, mas também os bons costumes, e o fim sócio-económico do direito. Relativamente aos bons costumes, estes podem ser entendidos como as proibições resultantes da moral social dominante. Já quanto à função sócio-económica, esta deve ser entendida como um respeito pelo fim da norma que procedeu à criação do direito subjectivo, impondo-se assim ao titular que não desvirtue as utilidades sociais e económicas que presidiram a essa criação.

No âmbito da responsabilidade civil, a previsão do abuso de direito assume duas funções: a primeira é a de limitar as possibilidades de exclusão da ilicitude por parte de quem exerce um direito subjectivo próprio; a segunda é a de estabelecer o carácter ilícito dos comportamentos que se apresentem como contrários aos vectores referidos no art. 334º, acrescentando assim uma pequena cláusula geral, que pode funcionar em substituição da previsão da ilicitude por ofensa dolosa dos bons costumes, prevista no § 826 BGB, e no âmbito da qual pode ser admitido o ressarcimento dos danos patrimoniais puros. Neste sentido, o art. 334º não se limitará a abranger o exercício abusivo de direitos subjectivos, compreendendo igualmente outras posições jurídicas, incluindo as permissões genéricas de actuação, como a autonomia privada ou o direito de acção judicial. Poderão ser aqui incluídos comportamentos como a lesão do direito de crédito por terceiro[652]; a actuação do devedor por forma a beneficiar ou prejudicar algum dos seus credores em relação aos outros[653]; e a interposição de acções materialmente infundadas, ou cujo êxito para o autor seja absolutamente desproporcionado com os prejuízos causados ao réu[654].

[652] Cfr. *supra*

[653] Cfr. LARENZ, *Schuldrecht* I, § 78 IV, pp. 457 e ss. Entre nós, chega mesmo a sustentar a existência de um dever de tratamento igualitário dos credores pelo devedor MENEZES CORDEIRO, "A «impossibilidade moral» do tratamento igualitário no cumprimento das obrigações" em *TJ* 18 e 19 (1986) = MENEZES CORDEIRO, *Estudos de Direito Civil*, Coimbra, Almedina, 1987, pp. 97-114.

[654] Cfr. LARENZ, *Schuldrecht* I, § 78 IV, pp. 457 e ss.

b) A não cedência em caso de colisão de direitos

Dispõe o art. 335º, nº 1, que "havendo colisão de direitos iguais ou da mesma espécie, devem os titulares ceder na medida do necessário para que todos produzam igualmente o seu efeito, sem maior detrimento para qualquer das partes", acrescentando o nº 2 que "se os direitos forem desiguais ou de espécie diferente prevalece o que deva considerar-se superior".

A colisão de direitos pode ocorrer em circunstâncias várias[655], sendo os direitos iguais ou desiguais. No caso de os direitos serem iguais, como nos exemplos de vários comproprietários pretenderem utilizar ao mesmo tempo a coisa comum (art. 1406º, nº 1) ou vários caçadores pretenderem caçar ao mesmo tempo na mesma coutada[656], a solução prevista na lei impõe que cada um dos titulares se abstenha de comportamentos que embora se situem na esfera de competência do seu direito, impliquem para os outros titulares igualmente a impossibilidade de o exercer. No caso de os direitos serem desiguais, como no exemplo de colisão entre o direito do locatário ao gozo da coisa (art. 1031º *b)*) e o direito do proprietário de nela fazer reparações urgentes (art. 1038º *e)*) o titular do direito inferior deve ceder perante o titular do direito superior.

Se, em qualquer dos casos, não se verificar essa cedência, naturalmente que estará preenchido o requisito da ilicitude para efeitos da responsabilidade civil, ficando assim o que desrespeitou o dever de cedência sujeito a responder pelos prejuízos causados.

c) A ofensa ao crédito ou ao bom nome

O art. 484º, ao referir que "quem afirmar ou difundir um facto capaz de prejudicar o crédito ou o bom nome de qualquer pessoa, singular ou colectiva, responde pelos danos causados", estabelece uma outra previsão delitual específica, considerando ilícita a ofensa do crédito ou do bom nome, quer das pessoas singulares, quer das pessoas colectivas.

Esta norma suscita várias questões. A primeira diz respeito a saber se esta previsão abrange indistintamente a afirmação ou difusão de quaisquer factos, sejam eles falsos ou verdadeiros, questão que tem levantado grande debate na nossa doutrina. PESSOA JORGE pronunciou-se no sen-

[655] Cfr. MENEZES CORDEIRO, "Da colisão de direitos", em AAVV, *Estudos Jurídicos e Económicos em Homenagem ao Prof. Doutor António de Sousa Franco*, I, Faculdade de Direito da Universidade de Lisboa/Coimbra Editora, 2006, pp. 289-306, e *Tratado*, II-3, pp. 485 e ss.

[656] Estes exemplos são referidos em PIRES DE LIMA/ANTUNES VARELA, *op. cit.*, I, pp. 300-301.

tido de que, desde que a divulgação não integrasse os pressupostos de uma previsão penal, não haveria responsabilidade pela divulgação de factos verdadeiros, já que, a não se entender assim, teria que se considerar ilícita a actividade das agências de informações, quando estas desempenham factos socialmente relevantes[657]. ANTUNES VARELA, pelo contrário, considerou abrangida também aqui a divulgação de factos verdadeiros já que esta representa igualmente uma ofensa do crédito ou do bom nome, considerando que o exemplo das agências de informação não depõe em sentido contrário, atento o facto de estas estarem legalmente autorizadas a exercer a sua actividade, o que as colocaria no âmbito da causa de exclusão do exercício de um direito[658], tendo posteriormente aderido a esta posição MENEZES CORDEIRO[659]. Já ALMEIDA COSTA veio considerar que, embora a regra seja a irrelevância da veracidade ou falsidade do facto, sempre que a difusão corresponda a interesses legítimos deve-se admitir a exclusão da responsabilidade com base na *exceptio veritatis*[660]. Finalmente, RIBEIRO DE FARIA entende que a divulgação de factos verdadeiros apenas deverá envolver responsabilização do agente se for efectuada dolosamente, pelo que, a não se considerar consagrada esta solução no art. 484º, não poderá admitir-se a inclusão no seu âmbito da divulgação negligente de factos verdadeiros[661].

Cabe tomar posição neste debate. Em primeiro lugar haverá que tomar em consideração as tipificações criminais nesta sede, designadamente os crimes de difamação (art. 180º C.P.), injúria (art. 181º C.P.), ofensa a pessoa colectiva, organismo e serviço (art. 187º C.P.) e devassa da vida privada (art. 192º *d)* C.P.). Ora, na maioria destas tipificações só é admitida como relevante a *exceptio veritatis* para isentar o agente de responsabilidade criminal desde que a imputação se efectue para realizar interesses legítimos (art. 180º, nº 2 e 181º, nº 2). Tratando-se de facto relativo à intimidade da vida privada e familiar, tal *exceptio* nem sequer é admitida (art. 180º, nº 3), admitindo-se no entanto essa divulgação quando ela é o meio adequado para realizar um interesse público legítimo e relevante (art. 192º, nº 2 CP).

[657] Cfr. PESSOA JORGE, *Ensaio*, p. 310.

[658] Cfr. ANTUNES VARELA, *Obrigações*, I, pp. 548-549, nota (2).

[659] Cfr. MENEZES CORDEIRO, *Obrigações*, 2º, p. 350, e *Tratodo*, II-3, pp. 555 e ss.

[660] Cfr. ALMEIDA COSTA, *Obrigações*, p. 564.

[661] Cfr. RIBEIRO DE FARIA, *Obrigações*, I, p. 434.

Destas normas resulta que a afirmação ou difusão de factos falsos é sempre proibida, pelo que o agente que com dolo ou negligência adopte esse comportamento responderá por todos os danos causados ao visado[662]. Quanto aos factos verdadeiros, a sua divulgação poderá ser admitida, mas desde que tal se efectue para assegurar um direito próprio ou um interesse público legítimo. Parece-nos ser esta a melhor forma de interpretação do art. 484º. Efectivamente, se, por exemplo, alguém resolve divulgar práticas de má administração dos negócios públicos, não faz sentido a sua responsabilização com fundamento no art. 484º, uma vez que essa divulgação é de interesse público numa sociedade democrática[663]. Também não parece haver responsabilidade se uma empresa explica aos seus clientes as razões por que decidiu deixar de contratar outra empresa[664], ou uma seguradora informa os seus segurados que não aceita a continuação de um seguro de crédito, em virtude do agravamento dos riscos do devedor[665], uma vez que tal corresponde a uma sua opção comercial legítima. Mas já haverá naturalmente responsabilidade se a difusão de um facto, sendo prejudicial, não corresponder a qualquer interesse legítimo (como na hipótese de alguém divulgar a quantidade de operações plásticas a que um cantor se submeteu)[666].

Convirá ainda salientar que o art. 484º parece ser em rigor dispensável, uma vez que o art. 483º já prevê a violação de direitos subjectivos como

[662] Na sentença do Juiz de Círculo de Ponta Delgada de 20/7/2001 (Moreira das Neves), na *CJ* 26 (2001), 4, pp. 299-303 foi aplicado o art. 484º a um caso em que um Banco, por deficiência do seu sistema informático, rescinde com uma empresa uma convenção de cheques e inclui o seu nome na lista de utilizadores de risco. O Tribunal condenou o Banco a indemnizar não apenas danos morais, mas também danos resultantes da frustração de negócios que iriam ser celebrados por essa empresa, ou seja, danos puramente patrimoniais. Já no Ac. RL 25/1/2011 (Roque Nogueira), em *CJ* 36 (2011), 1, pp. 110-117, considerou-se envolver responsabilidade por violação do direito à honra a falsa acusação de plágio efectuada ao autor de um romance.

[663] No Ac. RL 23/9/2004 (Graça Amaral), em *CJ* 29 (2004), 4, pp. 91-96, considerou-se, porém, que a crítica política em termos ofensivos pode preencher os pressupostos do art. 484º.

[664] Cfr. o Ac. RL 9/9/2008 (Graça Amaral), em *CJ* 33 (2008), 4, pp. 71-75.

[665] Cfr. o Ac. RL 1/12/2008 (Abrantes Geraldes), em *CJ* 33 (2008), 5, pp. 107-113 e em *RLJ* 139 (2009-2010), pp. 117-126. Este acórdão tem anotação desfavorável de Sinde Monteiro, "Ofensa ao crédito ou ao bom nome., "culpa de organização" e responsabilidade de empresa (Anotação Ac. RL 1/12/2008), na *RLJ* 139 (2009-2010), pp. 126-136.

[666] No Ac. STJ 14/1/2010 (Pires da Rosa), em *CJ-ASTJ* 18 (2010), 1, pp. 23-27, considerou-se igualmente não existir interesse público na divulgação do litígio que uma figura pública tinha com os irmãos a propósito de uma herança.

categoria de ilicitude, e é manifesta a existência de um direito subjectivo ao bom nome e reputação (art. 26º, nº 1, da Constituição) e à intimidade da vida privada e familiar (art. 80º do Código Civil)[667]. Não se vê, assim, utilidade na previsão desta situação como *Tatbestand* delitual específico[668].

d) A responsabilidade por conselhos, recomendações e informações

O art. 485º estabelece ainda uma outra importante previsão delitual: a respeitante aos conselhos, recomendações e informações[669]. A regra geral, consagrada no nº 1, é a irrelevância para efeitos de responsabilidade civil dos conselhos, recomendações ou informações, ainda que se tenha actuado com negligência. Efectivamente, considera-se que, sendo a prestação dos conselhos, recomendações e informações normalmente fundada na mera obsequiosidade, e efectuada em termos displicentes[670], caberá ao seu receptor tomar a decisão de determinar-se ou não por eles, suportando os riscos dessa decisão, em lugar de os transferir para o autor do conselho, recomendação ou informação.

O art. 485º, nº 2 admite, porém, a responsabilidade do autor dos conselhos, recomendações e informações pelos danos sofridos pelo seu receptor em três situações específicas, que cabe agora examinar:

A primeira situação ocorre *quando se haja assumido a responsabilidade pelos danos*. Efectivamente, neste caso, o conselho, recomendação ou informa-

[667] No sentido de que o art. 484º pressupõe a verificação dos pressupostos do art. 483º, veja-se Ac. STJ 27/9/2001 (FERREIRA RAMOS) na *CJ-ASTJ* 9 (2001), 3, pp. 122-125, e Ac. RL 25/10/2007 (BORGES CARNEIRO), em *CJ* 32 (2007), 4, pp. 122-126.

[668] A fonte desta disposição é o § 824 BGB que prevê a responsabilidade do agente pela divulgação de factos prejudiciais, desde que esses factos sejam falsos, e o agente conhecesse ou devesse conhecer essa falsidade. Porém, se essa norma é necessária no sistema alemão, perante o carácter restrito da enumeração dos bens jurídicos tutelados no § 823 I BGB, é totalmente dispensável no sistema português perante a previsão genérica da ilicitude por violação de qualquer direito subjectivo no art. 483º, nº 1.

[669] A distinção entre conselhos, recomendações e informações, baseia-se no facto de os dois primeiros serem exortações a uma conduta do destinatário, sendo o conselho uma exortação directa e a recomendação uma exortação implícita, referida através da descrição das boas qualidades de uma pessoa ou coisa. Pelo contrário, na informação não existe qualquer proposta de conduta, mas antes uma mera descrição objectiva de factos. Cfr. SINDE MONTEIRO, *Responsabilidade*, pp. 14-15. As três situações têm em comum o facto de o destinatário ser susceptível de se determinar pela comunicação recebida, o que coloca o problema da imputação dos danos causados em consequência dessa determinação.

[670] Cfr. ANTUNES VARELA, *Obrigações*, I, p. 550.

ção não é prestado em termos displicentes, mas assume a natureza de uma garantia contra a ocorrência de danos na esfera do receptor, caso seja adoptado o comportamento indicado. Naturalmente que, em consequência dessa garantia, o autor do conselho, recomendação ou informação passa a responder pelos danos sofridos pelo receptor.

A segunda situação ocorre *quando exista um dever jurídico de dar o conselho, recomendação ou informação e se tenha procedido com negligência ou intenção de prejudicar.* Efectivamente, em várias situações a lei impõe deveres jurídicos de prestação de informação ou de aconselhamento, podendo também esses deveres constituir objecto de vários contratos. Como exemplos de deveres legais temos os deveres acessórios de informação, impostos pela boa fé (cfr. arts. 227º e 762º, nº 2); a obrigação de informação ao titular do direito sobre a sua existência e conteúdo (art. 573º); e os deveres de informação relativos a valores mobiliários (cfr. arts. 7º e ss. e 134º e ss. do Código dos Valores Mobiliários, aprovado pelo D.L. 483/99, de Novembro).

Finalmente, a terceira situação ocorre sempre que *o procedimento do agente constitua facto punível.* Efectivamente, se a lei vier a sancionar através de sanções punitivas a deficiente prestação de conselhos, recomendações ou informações (cfr., por exemplo, os ilícitos relativos à informação relativa à situação das sociedades comerciais, previstos nos arts. 518º e 519º CSC), poderá igualmente exigir-se do responsável a indemnização pelos danos sofridos.

A dúvida que a redacção do artigo coloca é, porém, o que sucede, se não se verificar qualquer destas três situações, mas o agente tiver actuado com dolo, ou seja, se o agente prestar o conselho, recomendação ou informação com *animus decipiendi*, ou mesmo com *animus nocendi*. Pessoa Jorge e Almeida Costa pronunciaram-se no sentido de que a actuação dolosa do agente está igualmente abrangida pela exclusão da responsabilidade prevista no art. 485º, nº 1, admitindo, no entanto, a responsabilização no caso de o agente ter actuado com abuso de direito (art. 334º)[671]. Pelo contrário, Menezes Cordeiro sustenta que qualquer actuação dolosa envolve necessariamente responsabilidade por parte do agente relativamente aos danos causados pela informação falsa[672].

[671] Cfr. Pessoa Jorge, *Ensaio*, pp. 311-312 e Almeida Costa, *Obrigações*, p. 566.
[672] Cfr. Menezes Cordeiro, *Obrigações*. 2º, pp. 350-351, e *Tratodo*, II-3, p. 567.

Pensamos que a razão está com MENEZES CORDEIRO. Efectivamente, o recurso à cláusula geral do abuso de direito apresenta-se como dispensável no caso em que o agente encara a prestação de informação apenas como um expediente para causar danos ao receptor. Esse tipo de conduta extravasa claramente das razões pela qual a lei consagra a irrelevância destas comunicações, pelo que o agente não se pode considerar abrangido pela exclusão do art. 485º, nº 1, respondendo antes por todos os danos causados.

E) As causas de exclusão da ilicitude

A lei prevê que, para haver responsabilidade, a violação dos direitos subjectivos ou das normas de protecção tem que ser realizada ilicitamente (art. 483º), admitindo assim a possibilidade de essa violação ser efectuada licitamente. Essa situação ocorrerá sempre que o agente tenha actuado no âmbito de uma causa de exclusão de ilicitude ou causa de justificação, caso em que a ilicitude indiciada é, no caso concreto, excluída em virtude de o agente se encontrar no âmbito de uma situação específica que produz a justificação do facto.

Tradicionalmente, a doutrina admite as seguintes causas de justificação[673]:

a) exercício de um direito;
b) cumprimento de um dever;
c) legítima defesa;
d) acção directa;
e) estado de necessidade;
f) consentimento do lesado.

Examinemos, assim, sucessivamente estas causas de justificação:

a) exercício de um direito

A primeira causa de justificação baseia-se no exercício de um direito, considerando-se que, se alguém tem um direito subjectivo e o exerce, não deve responder pelos danos daí resultantes para outrem, de acordo com o brocardo *qui suo iure utitur nemini facit iniuram*. Assim, por exemplo, se alguém tiver uma licença de caça poderá caçar num determinado terreno em que

[673] Cfr. PESSOA JORGE, *Ensaio*, pp. 167 e ss., ANTUNES VARELA, *Obrigações*, I, pp. 552 e ss., ALMEIDA COSTA, *Obrigações*, pp. 567 e ss., e RIBEIRO DE FARIA, *Obrigações*, I, pp. 437 e ss.

tal lhe seja permitido, sem que o seu proprietário possa reclamar indemnização pelas peças de caça abatidas[674].

Esta causa de justificação deve, porém, face à crescente funcionalização dos direitos subjectivos, ser hoje entendida em termos restritivos. Efectivamente, há que salientar as limitações do exercício dos direitos subjectivos pelos institutos do abuso do direito (art. 334º) ou da colisão de direitos (art. 335º), os quais restringirão a operatividade desta causa de justificação. Mas, para além disso, a existência de um direito subjectivo não impede a oneração do agente com deveres de segurança no tráfego, os quais se destinam precisamente a evitar a ocorrência de danos. Assim, por exemplo, o caçador que pode caçar no terreno não deixará de responder pelos danos em coisas ou pessoas que provocar em virtude de não ter tomado as precauções necessárias. Daí que como refere Pessoa Jorge, desta causa de justificação apenas resulte que "o titular não tem que indemnizar os prejuízos que, causados embora pelo exercício do direito, representem a frustração de interesses que, precisamente ao conceder esse direito, a lei postergou"[675]. No fundo, o agente apenas se exonerará de responsabilidade se se limitar a desfrutar das utilidades que correspondem ao exercício legítimo do seu direito, não deixando de responder, verificados os demais pressupostos da responsabilidade, por outros danos que provoque com a sua actuação.

b) Cumprimento de um dever

Uma outra causa de justificação reside no cumprimento de um dever. Efectivamente, vigorando para o sujeito o dever de adoptar determinada conduta, este pode ver-se forçado a acatá-la ainda que para isso tenha que infringir outros deveres relativos a posições jurídicas alheias, e cuja infracção normalmente acarretaria a ilicitude do facto. Nessa situações, está-se perante o que se denomina de *conflito de deveres*, que deve ser resolvido dando preponderância ao dever que se considere de natureza superior. Assim, por exemplo, o médico que apenas dispõe de um número limitado de unidades para efectuar transfusões de sangue pode, em caso de excesso de sinistrados, optar por privilegiar os doentes em maior risco, sem que actue ilicitamente.

Para haver exclusão da ilicitude é, porém, necessário que o dever seja efectivamente cumprido, não bastando a simples colisão. Assim, se o agente

[674] O exemplo é de Antunes Varela, *Obrigações*, I, p. 553.

[675] Cfr. Pessoa Jorge, *Ensaio*, p. 207

em caso de conflito de deveres opta por não cumprir nenhum, naturalmente que será responsável pelo incumprimento dos dois[676]. É, para além disso, necessário que a impossibilidade de cumprimento dos dois deveres não resulte de uma culpa anterior do agente, já que nesse caso ele não deixará de ser responsabilizado. No exemplo anterior, se as unidades de sangue não existem no hospital por o médico se ter esquecido de as solicitar na altura devida, naturalmente que ele responderá pelos danos causados[677].

Há uma situação específica de conflito de deveres que justifica ponderação especial que consiste no dever de obediência hierárquica. Para excluir a ilicitude é manifesto que a obediência hierárquica terá que ser de direito público, uma vez que o dever emergente do contrato de trabalho de obediência às ordens emitidas pela entidade patronal não é naturalmente causa de justificação da prática de condutas ilícitas. Mas já poderá haver justificação da conduta no caso do dever de obediência dos trabalhadores que exercem funções públicas (cfr. art. 73º, nº 8, da Lei 35/2014, de 20 de Junho) ou dos militares (cfr. art. 12º da Lei Orgânica 2/2009, de 22 de Julho). Efectivamente, neste caso, trata-se de deveres estabelecidos no âmbito de actividades de gestão pública, e cujo acatamento por isso prevalece normalmente sobre a tutela de interesses privados. É de notar, porém, que o art. 271º, nº 3, da Constituição expressamente determina a cessação do dever de obediência sempre que o cumprimento das ordens e instruções acarrete a prática de qualquer crime, o que impossibilita a exclusão da ilicitude com base nesta causa de justificação em relação à prática de factos criminosos. Para além disso, o art. 271º, nº 2, da Constituição, exige ao funcionário que efectue previamente ao superior hierárquico uma reclamação ou exija a comunicação escrita da ordem, tendo este assim que manifestar alguma divergência em relação à ordem para poder ficar isento da responsabilidade pelo seu acatamento.

c) legítima defesa

A legítima defesa encontra-se prevista no art. 337º, recebendo igualmente consagração constitucional no art. 21º *in fine* da Constituição. Consiste numa atitude defensiva do agente, que estando a ser vítima de uma agressão põe termo a essa agressão pelos seus próprios meios.

[676] Cfr. PESSOA JORGE, *Ensaio*, p. 177.

[677] Cfr. PESSOA JORGE, *Ensaio*, p. 167.

Nos termos do art. 337º, são os seguintes os pressupostos da legítima defesa:

- existência de uma agressão;
- contra a pessoa ou património do agente ou de terceiro;
- actualidade e contrariedade à lei dessa agressão;
- impossibilidade de recurso aos meios normais;
- o prejuízo causado pelo acto não seja manifestamente superior ao que pode resultar da agressão.

A legítima defesa pressupõe antes de tudo a existência de uma agressão, a qual consiste numa actuação finalisticamente dirigida à provocação de uma lesão para outrem. Como actuação finalística a agressão corresponde necessariamente a uma conduta humana, o que exclui a legítima defesa contra animais ou coisas inanimadas, salvo quando utilizados como instrumento de uma actuação humana.

A lei não distingue entre os tipos de lesão que podem ser visados pela agressão, admitindo tanto lesões pessoais como patrimoniais, quer respeitantes ao agente quer a terceiro. Admite-se assim tanto a legítima defesa de bens pessoais, como a vida, a liberdade e a honra, como a legítima defesa de bens patrimoniais, como a propriedade, quer sejam respeitantes ao agente quer a terceiro. A legítima defesa em relação ao terceiro constituirá um caso de gestão de negócios (arts. 464º e ss.), salvo se tiver sido por ele autorizada.

É necessário ainda que essa agressão seja actual e contrária à lei. Por actual entende-se em execução ou iminente, o que exclui desta causa de justificação a atitude do agente que pretenda castigar agressões passadas ou antecipar-se a eventuais agressões futuras. Por contrária à lei entende-se a exigência do carácter ilícito da agressão pelo que quaisquer lesões lícitas de direitos do agente não admitem o recurso à legítima defesa. Não é assim permitida ao agente a defesa se este estiver a ser preso em consequência de mandato judicial, ou se a agressão de que está a ser objecto já constituir legítima defesa.

Outro pressuposto da legítima defesa é a impossibilidade de recurso aos meios normais. Caso o agente pudesse parar a agressão, apelando, por exemplo, para um polícia que se encontrasse próximo, naturalmente que não lhe é permitida a defesa. Esta, porém, já lhe será permitida se o recurso aos meios normais se revelar incompatível com a dignidade do agente, impondo-lhe, por exemplo, a fuga à agressão. Efectivamente, o agente não é obrigado, perante uma agressão, a adoptar atitudes humilhantes para si próprio como a fuga, podendo fazer cessar essa agressão pela defesa. A fuga já parece, porém, impor-se se a agressão provier de inimputável (v.g. uma criança de cinco anos encontra-se a apontar uma arma de fogo) uma vez que aí esta não atenta contra a dignidade do agente e a eventual defesa (no caso, matar a criança) apresentar-se-ia como totalmente desproporcionada[678].

Finalmente, exige-se que o prejuízo causado não seja manifestamente superior ao que pode resultar da agressão. Este requisito deve ser interpretado no sentido de que a defesa, embora podendo exceder a lesão que resultaria da agressão, tem que corresponder em termos de racionalidade a esta não podendo ser desproporcionada[679]. Não seria assim lícito que alguém abatesse a tiro quem injuria outrem ou pretende realizar um pequeno furto, mas já será permitida essa defesa se a agressão pretender causar ofensas corporais graves ou corresponder a uma tentativa de violação.

A lei prevê ainda que o acto possa ser igualmente justificado, ainda que haja excesso de legítima defesa, desde que esse excesso corresponda a perturbação ou medo não culposo do agente (art. 337º, nº 2). Em rigor, entendemos que nesse caso não estaremos perante uma causa de exclusão da ilicitude – uma vez que não é lícito ao agente actuar em excesso de legítima defesa – mas antes perante uma causa de exclusão da culpa, consistente no medo invencível causado pela agressão.

d) acção directa

Vem igualmente a ser consagrada como causa de justificação no art. 336º a acção directa. Sendo uma atitude ofensiva, naturalmente que os pressupostos que a desencadeiam são bastante mais restritivos do que os da legítima defesa.

Assim é necessário que:

- esteja em causa a realização ou protecção de um direito subjectivo do próprio agente;
- seja impossível recorrer em tempo útil aos meios coercivos normais;

[678] Cfr. neste sentido, Pessoa Jorge, *Ensaio*, p. 240.

[679] Cfr. Oliveira Ascensão, *O Direito. Introdução e Teoria Geral. Uma perspectiva luso-brasileira*, 13ª ed., Coimbra, Almedina, 2005, p. 95.

- a actuação do agente seja indispensável para evitar a inutilização prática do direito;
- o agente não exceda o que for necessário para evitar o prejuízo;
- o agente não sacrifique interesses superiores aos que a sua actuação visa realizar ou assegurar.

A acção directa só pode ser realizada quando estiver em causa um direito subjectivo do próprio agente, não parecendo possível a sua utilização em relação a direitos alheios. A lei admite expressamente o seu exercício relativamente à propriedade (art. 1314º), a outros direitos reais (art. 1315º); à posse (art. 1277º) e aos outros direitos pessoais de gozo (art. 1037º, nº 2; art. 1125º, nº 2; art. 1133º, nº 2 e art. 1188º, nº 2). Assim, por exemplo, se alguém vê um objecto seu ser furtado pode impedir o ladrão de fugir para o recuperar. Já nos parece que os direitos de crédito não poderão ser tutelados pela acção directa, não sendo lícito ao credor obrigar pela força o devedor a cumprir nem retirar-lhe os bens necessários para assegurar esse cumprimento[680].

Para além disso a acção directa exige a impossibilidade de recorrer em tempo útil aos meios coercivos normais. Essa impossibilidade não tem, porém, que ser absoluta, bastando que, face ao tempo de resposta habitual do meio coercivo a que se teria de recorrer, seja previsível que não se conseguisse realizar ou assegurar o próprio direito[681]. Assim, por exemplo, é possível a subtracção ao ladrão do objecto furtado, se, chamando a polícia, este se pusesse em fuga.

A acção directa pressupõe ainda que o direito ficasse inutilizado praticamente sem essa actuação do agente, o que significa que sem ela o agente perderia o direito ou deixaria de o poder exercer.

A acção directa está, no entanto, ainda condicionada pelo facto de o agente não poder exceder o que for necessário para evitar o prejuízo. Toda e qualquer actuação do agente que não possa, por isso, justificar-se pelo fim de evitar a ocorrência de danos para o agente será, por isso, ilícita.

Por último, a acção directa estará excluída sempre que implique para outrem maiores prejuízos do que os que se pretendia evitar para o agente.

Apenas verificados estes pressupostos é possível recorrer à acção directa, que a lei esclarece que "pode consistir na apropriação, destruição ou danificação de uma coisa, na eliminação da resistência irregularmente oposta

[680] De opinião diferente parece ser PESSOA JORGE, *Ensaio*, 221.

[681] Cfr. PESSOA JORGE, *Ensaio*, pp. 222.

ao exercício do direito, ou noutro acto análogo" (art. 336º, nº 2). Qualquer desses actos pode implicar a ocorrência de danos para outrem, mas o preenchimento dos pressupostos da acção directa afasta a ilicitude do facto, irresponsabilizando assim o agente pelos danos causados.

e) estado de necessidade

Outra das causas de justificação, prevista no art. 339º, é o estado de necessidade. Ao contrário do que sucede na legítima defesa, o estado de necessidade apenas justifica o sacrifício de bens patrimoniais[682], permitindo-o quando o agente pretenda remover um perigo de um dano manifestamente superior, a ocorrer na sua própria esfera de terceiro, ainda que em certos casos imponha uma obrigação de compensar os danos sofridos pelo lesado (art. 339º, nº 2). Estarão aqui naturalmente abrangidas situações em que, por exemplo, o agente resolve arrombar um carro para transportar um ferido inconsciente ao hospital, ou, para evitar o atropelamento de um peão, desvia o seu carro, indo embater noutro.

O estado de necessidade só se coloca se o sacrifício de bens patrimoniais for realizado no âmbito de uma esfera jurídica distinta daquela ameaçada por um perigo manifestamente superior. Assim se, no primeiro exemplo acima referido, o carro arrombado pertencer ao próprio ferido, a situação já não será de estado de necessidade, mas antes de consentimento presumido (art. 340º). Da mesma forma têm que ser sacrificados bens alheios e não bens do próprio agente. No segundo exemplo, referido se o agente se limitar a destruir o seu carro em consequência do desvio, já não teremos estado de necessidade, mas antes gestão de negócios (art. 464º).

f) consentimento do lesado

O art. 340º, nº 1 acrescenta ainda como causa de exclusão da ilicitude o consentimento do lesado. Efectivamente é doutrina tradicional de que, destinando-se a responsabilidade civil à tutela de interesses privados e, portanto, normalmente disponíveis, o seu titular poderá renunciar a essa tutela. Assim, a existência de consentimento retira ao acto lesivo a sua natu-

[682] Contra, admitindo o sacrifício de bens pessoais para tutela de outros bens pessoais superiores, ou mesmo de bens patrimoniais de valor considerável, ALMEIDA COSTA, *Obrigações*, pp. 573-574. Os exemplos que refere, parecem-nos, no entanto, corresponder a situações de exclusão da culpa e não de exclusão da ilicitude. No sentido defendido, RIBEIRO DE FARIA, *Obrigações*, I, p. 446.

reza ilícita (*in volenti non fit iniuria*). Exige-se, no entanto, que os actos consentidos não se apresentem como contrários a uma proibição legal ou aos bons costumes (art. 340º, nº 2). Assim, o facto de alguém consentir na sua morte por outrem, não exclui a responsabilidade do autor do acto, atento o facto de a lei criminalizar esse comportamento (art. 134º do Código Penal). Da mesma forma, mesmo que não expressamente proibidos, considera-se irrelevante o consentimento para actos contrários aos bons costumes (ex: graves lesões causadas por práticas sado-masoquistas).

O consentimento poderá ser expresso ou tácito, considerando-se como tal aquele que resulte de um comportamento concludente do lesado. No caso de lesões causadas em práticas desportivas perigosas (boxe, artes marciais, râguebi ou futebol) é de considerar que a participação nelas envolve uma aceitação tácita e recíproca dos riscos de acidentes, pelo que, desde não haja atitudes dolosas e sejam respeitadas as regras do jogo, será excluída a ilicitude da lesão[683]. Neste caso, aplicar-se-á também a restrição do art. 340º, nº 2, pelo que não haverá exclusão de ilicitude se o jogo praticado for ilegal ou contrário aos bons costumes[684].

O art. 340º, nº 3, equipara ao consentimento efectivo o consentimento presumido, considerando que este ocorre sempre que a lesão se deu no interesse do lesado e de acordo com a sua vontade presumível. Parece claro que esta norma se refere ao instituto da gestão de negócios (arts. 464º e ss.), esclarecendo que a assunção da gestão em termos de respeito pelo interesse do lesado e de acordo com a sua vontade presumível exclui a ilicitude da conduta do gestor[685].

2.1.1.3. A culpa

A) Definição de culpa

Ao prever que o agente tenha actuado "com dolo ou mera culpa" (art. 483º, nº 1) a lei exige ainda a culpa como pressuposto normal da responsabilidade civil, considerando excepcionais os casos de responsabilidade sem culpa (art. 483º, nº 2).

[683] Cfr. ANTUNES VARELA, *Obrigações*, I, p. 562, e ALMEIDA COSTA, *Obrigações*, pp. 577-578. A exclusão da ilicitude não ocorre sempre que a lesão seja intencional (ex: jogador de futebol que atinge deliberadamente a perna de adversário) ou praticada com violação das regras do jogo (ex: jogador de boxe que aplica ao adversário golpes não permitidos).

[684] Pense-se, por exemplo, na prática do duelo ou da roleta russa.

[685] Cfr., desenvolvidamente a nossa *Responsabilidade do gestor*, pp. 248 e ss.

Tradicionalmente, a culpa era definida em sentido psicológico como o nexo de imputação do acto ao agente, que se considerava existir sempre que o acto resultasse da sua vontade, ou seja, lhe fosse psicologicamente atribuível[686]. Essa concepção tem vindo a ser substituída por uma definição da culpa em sentido normativo como um juízo de censura ao comportamento do agente[687].

A culpa pode ser assim definida como o juízo de censura ao agente por ter adoptado a conduta que adoptou, quando de acordo com o comando legal estaria obrigado a adoptar conduta diferente. Deve, por isso, ser entendida em sentido normativo, como a omissão da diligência que seria exigível ao agente de acordo com o padrão de conduta que a lei impõe. Nestes termos, o juízo de culpa representa um desvalor atribuído pela ordem jurídica ao facto voluntário do agente, que é visto como axiologicamente reprovável[688].

B) A imputabilidade como pressuposto da culpa e o regime da responsabilidade dos inimputáveis

No entanto, para que o agente possa ser efectivamente censurado pelo seu comportamento é sempre necessário que ele conhecesse ou devesse conhecer o desvalor do seu comportamento e que tivesse podido escolher a sua conduta. Daí que se considere existir *falta de imputabilidade* quando o agente não tem a necessária capacidade para entender a valorização negativa do seu comportamento ou lhe falta a possibilidade de o determinar livremente. Sendo a imputabilidade pressuposto do juízo de culpa, naturalmente que o agente fica isento de responsabilidade se praticar o facto em estado de inimputabilidade (art. 488º, nº 1), o que a lei presume que se verifica sempre que o agente seja menor de sete anos ou interdito por anomalia psíquica (art. 488º, nº 2)[689].

[686] Cfr. Gomes da Silva, *O dever*, pp. 107 e ss. e Pessoa Jorge, *Ensaio*, p. 321, Rui de Alarcão, *Obrigações*, p. 209. Já Galvão Telles, *Obrigações*, pp. 345 e ss., e Antunes Varela, *Obrigações*, 1º, pp. 566 e ss., embora partam de uma definição da culpa em sentido psicológico, acabam por a considerar primordialmente em sentido normativo.

[687] Cfr., Almeida Costa, *Obrigações*, p. 579, Menezes Cordeiro, *Obrigações*, 2º, p. 309, e *Tratado*, II- 3, pp. 466 e ss., e Ribeiro de Faria, *Obrigações*, I, p. 451.

[688] Cfr. Menezes Cordeiro, *Obrigações*, 1º, p. 308, e *Tratado*, II-3, p. 467.

[689] Por força do art. 350º, nº 2, esta presunção pode ser ilidida, demonstrando *in casu* a capacidade de entender ou querer do agente. *A contrario*, todos os outros se presumem imputáveis, salvo se provarem no caso concreto a sua inimputabilidade.

Conforme resulta do art. 488º, nº 1, a falta de imputabilidade não exclui, no entanto, a responsabilidade, sempre que, sendo transitória, seja devida a um facto culposo do agente (doutrina das *actiones liberae in causa*). Assim, quem inconscientemente causou danos a outrem em virtude de ter ingerido substâncias psicotrópicas, ou se ter deixado adormecer a conduzir veículos automóveis, não deixa de responder por esses danos. No entanto, a responsabilidade continuará a ser excluída se a inimputabilidade, ainda que resultante de um facto culposo do agente, seja definitiva[690].

A lei admite ainda no art. 489º, nº 1, a possibilidade de, por motivos de equidade, responsabilizar total ou parcialmente o inimputável pelos danos que este causar, desde que não seja possível obter a devida reparação das pessoas a quem incumbe a sua vigilância, estabelecendo ainda que a fixação da indemnização não pode privar o inimputável dos alimentos necessários conforme o seu estado e condição, nem dos meios indispensáveis para cumprir os seus deveres de alimentos.

Esta norma levanta várias questões. Em primeiro lugar, é manifesta a sua subsidiariedade em relação à responsabilidade dos vigilantes (art. 491º), exigindo-se, portanto, para a sua aplicação, ou que não exista vigilante, ou que, existindo, ele não seja responsável pela situação, ou ainda que, sendo responsável, não tenha meios para pagar a devida reparação[691]. Por outro lado, parece que esta norma pressupõe que a responsabilidade apenas não tenha ocorrido em razão da inimputabilidade do agente, pelo que terá este que ter praticado um facto ilícito que seria considerado culposo se o seu autor fosse imputável[692]. Não parece, por isso, que exista aqui uma situação de responsabilidade pelo risco, como já tem sido defendido[693], tratando-se antes de uma responsabilidade baseada na ilicitude objectiva, em que, por motivos de equidade, se dispensa a imputabilidade como pressuposto da culpa[694].

690 Será, por exemplo, o caso de alguém sofrer lesões cerebrais que o tornam inimputável, como resultado de um facto culposo seu. Naturalmente que não faria sentido que esse facto culposo, de origem remota, bastasse para responsabilizar o agente por todos os danos que futuramente viesse a causar em estado de inimputabilidade.

691 Cfr. ALMEIDA COSTA, *Obrigações*, p. 581.

692 Cfr. RUI DE ALARCÃO, *Obrigações*, p. 212. Não faria efectivamente sentido que, não sendo uma pessoa normal responsável por aqueles danos se os tivesse causado, o inimputável o fosse com base na equidade, apenas por ser inimputável.

693 Cfr. PESSOA JORGE, *Ensaio*, p. 332 e ALMEIDA COSTA, *Obrigações*, p. 581, nota (1).

694 Cfr. ANTUNES VARELA, *Obrigações*, I, p. 565. Já haverá, porém, responsabilidade do inimputável pelo risco no caso previsto no art. 503º, nº 2.

C) O dolo e a negligência

O art. 483º, ao fazer referência ao "dolo e mera culpa" admite duas formas de culpa: o dolo e a negligência. O dolo, para efeitos de responsabilidade civil corresponde à intenção do agente de praticar o facto. Já na negligência não se verifica essa intenção, mas o comportamento do agente não deixa de ser censurável em virtude de ter omitido a diligência a que estava legalmente obrigado.

A distinção entre o dolo e a negligência tem a maior importância em sede de Direito Penal, uma vez que existe uma grande variação na medida das penas entre os tipos penais dolosos e os tipos penais negligentes. No âmbito da responsabilidade civil, uma vez que a sanção para as actuações dolosas ou negligentes consiste sempre na obrigação de reparar os danos sofridos (art. 483º), a distinção reveste menos importância. Não deixa, porém, de ser relevante já que em certos casos a lei apenas responsabiliza o agente se este tiver actuado com dolo (cfr. arts. 814º, nº 1, 815º, nº 1, e 1681º, nº 1) e em caso de actuações negligentes é concedida ao tribunal a possibilidade de fixar equitativamente a indemnização em montante inferior aos danos causados, em atenção às circunstâncias do caso (art. 494º), o que não se admite em relação às actuações dolosas.

A distinção entre dolo e negligência tem, porém, ainda uma grande importância para efeitos da dogmática do ilícito civil. É que se o agente agir com dolo actua logo ilicitamente, desde que lese algum direito subjectivo alheio ou um interesse objecto de uma norma de protecção (art. 483º). Se, porém, não existir uma actuação dolosa do agente, só haverá ilicitude, conforme acima se referiu, se o agente violar um dever objectivo de cuidado na lesão de bens jurídicos, o que implica reconhecer estar presente na negligência um requisito suplementar de ilicitude e não apenas uma forma de culpa.

Tradicionalmente a doutrina apresenta uma classificação do dolo e da negligência, a qual admite três graus de dolo (dolo directo, dolo necessário e dolo eventual) e dois graus de negligência (a negligência consciente e inconsciente), classificação que actualmente se encontra estabelecida nos arts. 14º e 15º do Código Penal.

A negligência admitiria assim as seguintes modalidades:

a) *negligência consciente:* o agente, violando o dever de diligência a que estava obrigado, representa a verificação do facto como consequência possível da sua conduta, mas actua sem se conformar com a sua verificação.

b) *negligência inconsciente*: o agente, violando o dever de diligência a que estava obrigado, não chega sequer a representar a verificação do facto.

Em ambas as situações o agente não deseja efectivamente a verificação do facto, ainda que a omissão do dever de cuidado a que estava obrigado o torne responsável. No primeiro caso, o agente chega a representar a possibilidade de se verificar o facto, mas essa possibilidade é por ele afastada (ex. alguém, que conduz em desrespeito às regras de trânsito, admite a possibilidade de provocar um acidente, mas convence-se que tal não acontecerá). No segundo caso, o agente infringe o seu dever de diligência sem que tenha qualquer representação em relação ao facto (ex. alguém infringe as regras de trânsito sem sequer equacionar a possibilidade de provocar um acidente).

Já o dolo admitiria as seguintes modalidades:

a) *dolo directo*: o agente quer a verificação do facto, sendo a sua conduta dirigida directamente a produzi-lo.

b) *dolo necessário*: o agente não dirige a sua actuação directamente a produzir a verificação do facto, mas aceita-o como consequência necessária da sua conduta.

c) *dolo eventual*: o agente representa a verificação como consequência possível da sua conduta e actua, conformando-se com a sua verificação.

No dolo directo, é claríssima a intenção do agente em praticar o facto, como no exemplo de alguém, pretendendo a morte de outrem, o atingir a tiro.

No dolo necessário essa intenção não é tão clara mas encontra-se igualmente presente. Assim, por exemplo, o indíviduo que coloca uma bomba numa embaixada, no intuito de protestar contra determinado país estrangeiro, sabe que a sua actuação irá inevitavelmente implicar a morte ou ferimentos graves para os que se encontrarem no respectivo edifício, pelo que a sua acção deve também considerar-se também como intencional em relação a essas lesões.

Já no dolo eventual, a sua distinção da negligência consciente é mais fluida mas não deixa de existir, uma vez que a actuação do agente, não visando o facto como consequência directa nem necessária da sua conduta, representa uma conformação tão grande com a possibilidade da sua verificação, que chocaria considerar a situação como de mera negligência, ainda que consciente. Imagine-se, por exemplo, que a violação das regras de trânsito pelo agente consiste em ele entrar conscientemente na auto-estrada a alta velocidade em contra-mão, comportamento que toda a gente sabe que, salvo hipóteses excepcionais, conduz necessariamente a um acidente. Neste caso, a qualificação do acidente como meramente negligente ofenderia o senso comum, pois dificilmente se poderia dizer que o agente estava convencido de o seu comportamento nunca conduziria ao facto.

Dúvidas existem, no entanto, sobre o critério que deve ser adoptado para distinguir o dolo eventual da negligência consciente. De acordo com a *teoria da verossimilhança*, essa diferença reside no grau de probabilidade com que o resultado é representado pelo agente, havendo dolo eventual quando o agente representasse o resultado como extremamente provável e negligência no caso contrário. De acordo com a *fórmula hipotética de Frank*, haverá dolo eventual se o agente, na hipótese de ter considerado como certo o resultado da sua conduta, não tivesse adoptado comportamento diferente. De acordo com a *fórmula positiva de Frank*, haverá dolo eventual se o agente, tendo previsto o resultado da sua conduta como possível, conforma-se com esse resultado, não alterando consequentemente o seu comportamento[695].

Parece que a fórmula positiva de Frank se encontra consagrada no art. 14º, nº 3 do Código Penal e corresponde efectivamente à melhor forma de resolver casos controversos como o clássico exemplo dos mendigos que estropiavam crianças para as melhor explorarem na caridade pública, acabando por causar a morte de algumas[696]. É manifesto que dificilmente se poderia aceitar a qualificação dessas mortes como resultando de mera negligência, limitando-se o dolo às ofensas corporais graves. No entanto, a teoria da verossimilhança parece aqui de aplicação difícil, já que a maioria das crianças até poderia sobreviver aos ferimentos. A fórmula hipoté-

[695] Cfr. EDUARDO CORREIA, *Direito Criminal*, I, Coimbra, Almedina, 1971, pp. 378 e ss. e MENEZES CORDEIRO, *Obrigações*, 2º, p. 316, e *Tratodo*, II-3, p. 471.

[696] Cfr. EDUARDO CORREIA, *op. cit.*, p. 384-385, nota (2).

tica de Frank falha completamente, uma vez que, se o agente soubesse que iria seguramente produzir o resultado, manifestamente que alteraria o seu comportamento, já que não tiraria qualquer benefício da morte das crianças. Já a fórmula positiva resolve a questão: o agente que pratica na vítima esse tipo de lesões representa claramente a possibilidade de elas conduzirem à morte desta, e conforma-se com a sua verificação.

Uma questão ainda a resolver no âmbito da distinção entre o dolo e a negligência na responsabilidade civil diz respeito ao papel da consciência da ilicitude para efeitos dessa distinção, questão que tem sido amplamente discutida na dogmática penalística, onde se confrontam a teoria do dolo (*Vorsatztheorie*) e a teoria da culpa (*Schuldtheorie*). De acordo com a primeira concepção, o dolo, para além da intenção do agente, pressupõe a consciência da ilicitude do facto pelo que, sempre que ao agente falte essa consciência da ilicitude, ele não agiria com dolo, mas antes com negligência. Já de acordo com a segunda concepção, ao dolo não é necessária a consciência da ilicitude, pelo que a falta de consciência da ilicitude não impede que o comportamento do agente seja qualificado como doloso, ocorrendo apenas a exclusão da culpa, caso essa falta de consciência da ilicitude seja não censurável.

No âmbito do direito penal, tem vindo a prevalecer a teoria da culpa, que aliás se encontra expressa no art. 17º do actual Código Penal[697]. Já no direito civil a doutrina tem-se mantido maioritariamente ligada à teoria do dolo[698], tendo permanecido minoritária a proposta de NIPPERDEY de aplicação igualmente da teoria da culpa neste âmbito[699].

Efectivamente, no âmbito do direito civil o dolo é considerado uma forma de culpa, pelo que não faria sentido qualificar um comportamento como doloso, ainda que não culposo, em virtude de a falta de consciência da ilicitude não censurável impedir a formação do juízo de culpa. Se ocorre a exclusão da culpa em virtude da desculpabilidade do erro sobre a

[697] Cfr., neste âmbito, JORGE DE FIGUEIREDO DIAS, *O problema da consciência da ilicitude em Direito Penal*, 2ª ed., Coimbra, Coimbra Editora, 1978, e TERESA SERRA, *Problemática do erro sobre a ilicitude*, Coimbra, Almedina, 1985.

[698] Cfr. LARENZ, *Schuldrecht* I, § 20 II, pp. 280 e ss., FIKENTSCHER/HEINEMANN, *Schuldrecht*, § 55 III 1 *c)*, nº 649, pp. 322-323. Entre nós, veja-se ANTUNES VARELA, *Obrigações*, I, pp. 582 e ss. e RIBEIRO DE FARIA, *Obrigações*, I, p. 460 e nota (1).

[699] Esta posição foi, no entanto, defendida entre nós por MENEZES CORDEIRO, *Obrigações*, 2º, pp. 330 e ss. e *Tratado*, II-3, pp. 478 e ss.

consciência da ilicitude, naturalmente que também estará excluído o dolo. No entanto, se a falta de consciência da ilicitude é censurável não parece que a sua ausência transforme necessariamente o ilícito doloso em ilícito negligente, conforme propugna a teoria do dolo. Essa situação ocorrerá no caso de o agente destruir coisa alheia, julgando-a sua, mas aí porque o erro incide sobre a situação jurídica da coisa e não propriamente sobre a ilicitude do comportamento, e só aquela é causa de afastamento do elemento intelectual do dolo. No entanto, se, por exemplo, o agente, sendo professor, agride um aluno por julgar censuravelmente que a lei lhe atribuía poderes de correcção física deste, teremos que reconhecer que o seu comportamento é doloso. A não ser assim, a falta de consciência da ilicitude, ainda que censurável, excluiria sempre a responsabilidade nos casos em que a lei não responsabiliza o agente pela negligência, o que não consideramos adequado[700].

Daí reconhecer-se que a falta de consciência da ilicitude não pode relevar para distinguir o dolo da negligência, constituindo antes uma causa da exclusão da culpa em geral.

D) Critérios de apreciação e graduação da culpa

O juízo de censura ao agente pode ser estabelecido por duas formas, que assim se reconduzem a diferentes critérios de apreciação da culpa. Um primeiro critério aponta para a apreciação da culpa em concreto, exigindo ao agente a diligência que ele põe habitualmente nos seus próprios negócios ou de que é capaz (*diligentia quam in suis rebus adhibere solet*). Um segundo critério aponta para a apreciação da culpa em abstracto, exigindo a lei ao agente a diligência padrão dos membros da sociedade, a qual é naturalmente a diligência do homem médio ou, como diziam os romanos, do *bonus pater familias*.

No âmbito do Código Civil de 1867, e face ao seu artigo 717º § 3º, a doutrina dominante apontava que se deveria estabelecer uma apreciação da culpa em abstracto no âmbito da responsabilidade civil delitual, mas em concreto no âmbito da responsabilidade contratual. A justificação apontada era a de que, diferentemente do que sucedia na responsabilidade civil

[700] Imagine-se, por exemplo, que o devedor destrói intencionalmente o objecto da prestação, por julgar censuravelmente que a lei lhe permite fazê-lo, em consequência da mora do credor. Haverá algum motivo para não lhe aplicar o regime do art. 814º, nº 1?

delitual, na responsabilidade contratual o credor conhece o seu devedor e sabe qual é a sua diligência habitual, pelo que é esta que lhe deveria poder exigir. Pelo contrário, no âmbito da responsabilidade delitual, o lesado desconhece em princípio o lesante, pelo que a culpa deveria ser apreciada em função da diligência comum à generalidade das pessoas.

O Código actual afastou-se desta orientação, vindo antes estabelecer, no art. 799º, nº 2, que o critério de apreciação da culpa na responsabilidade obrigacional é comum à responsabilidade delitual. Esse critério encontra-se formulado no art. 487º, nº 2, onde se prevê que "a culpa é apreciada, na falta de outro critério legal, pela diligência de um bom pai de família, segundo as circunstâncias do caso". Aponta-se, assim, para o critério tradicional da apreciação em abstracto segundo a diligência do homem médio, que continua a ser definido através da fórmula tradicional romana do bom pai de família[701].

Esse padrão abstracto não deixa de exigir, no entanto, uma análise das circunstâncias do caso, ou seja, do condicionalismo da situação e do tipo de actividade em causa. Compreende-se que a diligência exigida a um profissional qualificado na sua actividade não seja a mesma que a que é exigida a um transeunte em passeio, e que a ocorrência de uma situação de emergência implique uma apreciação da culpa distinta da que seria efectuada numa situação normal.

Em diversos preceitos do Código é considerado relevante para efeitos de determinação da obrigação de indemnização, não apenas o estabelecimento da culpabilidade, mas também a sua graduação. Tal sucede, em primeiro lugar no art. 494º, onde se considera que nos casos de negligência do agente a indemnização pode ser fixada em montante inferior aos danos causados, tomando em consideração o grau de culpabilidade, a par da situação económica do agente e do lesado e das demais circunstâncias do caso[702]. A graduação da culpabilidade é também considerada relevante em caso de pluralidade de responsáveis pelos danos (art. 490º), caso em

[701] Mantêm-se, porém, casos de apreciação da culpa em concreto, como o disposto no art. 1897º do Código Civil.

[702] Conforme refere GALVÃO TELLES, *Obrigações*, p. 357, nota (1), este preceito deveria ser aplicado com prudência, quer em frequência de utilização, quer quanto à extensão da redução, uma vez que contraria o direito do lesado ao ressarcimento integral. Lamentavelmente, porém, ele tem vindo a ser usado como um dos esteios a que a jurisprudência recorre para justificar as baixas indemnizações que concede, numa tendência que justificadamente MENEZES

que a obrigação de indemnização é solidária (art. 497º, nº 1), repartindo-se nas relações internas de acordos com a medida das respectivas culpas, que se presumem iguais (arts. 497º, nº 2 e 507º, nº 2). Finalmente a graduação da culpabilidade releva em caso de concurso com a culpa do lesado, caso em que é a ponderação das culpas de ambos que poderá determinar a concessão, redução ou exclusão da indemnização (art. 570º).

Cabe, por isso, examinar em que termos se pode estabelecer essa graduação da culpabilidade.

Tradicionalmente, era estabelecida uma graduação da culpabilidade em três estádios: culpa grave, culpa leve e culpa levíssima. De acordo com o critério da apreciação da culpa em abstracto, a culpa grave corresponde a uma situação de negligência grosseira, em que a conduta do agente só seria susceptível de ser realizada por uma pessoa especialmente negligente, uma vez que a grande maioria das pessoas não procederia da mesma forma (*culpa lata est non intelligere quod omnes intelligunt*, na expressão latina). Já a culpa leve corresponde à situação em que a conduta do agente não seria susceptível de ser praticada por um homem médio, correspondendo assim a sua actuação à omissão da diligência do *bonus pater familias*. Finalmente a culpa levíssima corresponde à situação em que a conduta do agente só não seria realizada por uma pessoa excepcionalmente diligente (*diligentissimus pater familias*), uma vez que mesmo um homem médio não a conseguiria evitar.

Em virtude de o art. 487º, nº 2, só considerar como culposa a omissão da diligência do bom pai de família, tal implica que a culpa levíssima não seja nesta sede considerada actualmente como culpa[703]. Mantém-se, no entanto, como relevante a distinção entre a culpa grave e a culpa leve, exigindo-se por vezes apenas aquela para responsabilizar o agente, como sucede no art. 1323º, nº 4 e no art. 10º da Lei Uniforme das Letras e Livranças. Não parece, porém, que se justifique estabelecer uma equiparação geral do ilícito negligente com culpa grave ao ilícito intencional, uma vez que o brocardo latino *culpa lata dolo aequiparatur* não se mantém vigente no direito actual[704].

CORDEIRO, *Da Responsabilidade*, pp. 550 e ss., e *Tratado*, II-3, pp. 718 e ss., qualifica como constituindo uma série negra.

703 Em casos excepcionais como no âmbito do Código de Valores Mobiliários (cfr. art. 304º, nº 2), mantém-se, porém, a relevância da culpa levíssima.

704 Em sentido contrário, GALVÃO TELLES, *Obrigações*, p. 358 entende que geralmente, quando a lei fala de dolo, deve-se presumir que abrange também a culpa grave.

E) Prova da culpa

Nos termos do art. 487º, nº 1, incumbe ao lesado a prova da culpa do autor da lesão, salvo havendo presunção legal de culpa[705]. Regra geral, corre, portanto, por conta do lesado o ónus da prova da culpa do agente, só adquirindo este ganho de causa se conseguir demonstrar em tribunal o carácter objectivamente censurável da conduta deste. Sendo esta prova difícil de realizar (*probatio diabolica*), esse ónus a cargo do lesado reduz em grande medida as suas possibilidades efectivas de obter indemnização, ao mesmo tempo que assegura a função sancionatória da responsabilidade civil, só responsabilizando o agente perante uma demonstração efectiva da sua culpa.

Por vezes, no entanto, a lei estabelece presunções de culpa. Nesses casos verifica-se uma inversão do ónus da prova (art. 350º, nº 1), que passa a correr por conta do lesante. Apesar de as presunções serem genericamente ilidíveis (art. 350º, nº 2), a verdade é que as dificuldades de prova neste domínio tornam, em caso de presunção de culpa, muito mais segura a obtenção de indemnização pelo lesado, levando assim a que na responsabilidade por culpa presumida a função indemnizatória praticamente apague a função sancionatória[706].

Além da presunção de culpa vigente na responsabilidade contratual, de que falaremos adiante, o Código Civil prevê as seguintes presunções de culpa: *a)* danos causados por incapazes; *b)* danos derivados de edifícios ou outras obras; *c)* danos causados por coisas ou animais; e *d)* danos derivados do exercício de actividades perigosas. Todas estas presunções de culpa correspondem a situações em que se verifica uma fonte específica de perigo, cuja custódia se encontra atribuída a determinado sujeito, resultando assim a sua responsabilização da violação de deveres de segurança do tráfego, que lhe impunham evitar a ocorrência de danos resultantes dessa fonte de perigo.

Examinemos sucessivamente essas situações:

[705] Em bom rigor, esta previsão legal seria desnecessária, pois incluindo o art. 483º, nº 1, a culpa entre os factos constitutivos da responsabilidade civil, esta solução já resultaria do art. 342º, nº 1.

[706] Não se concorda com a tese de Gomes da Silva, *O dever*, p. 206, que desvaloriza a importância do ónus da prova, face ao princípio da aquisição processual e às presunções judiciais.

a) Danos causados por incapazes

O art. 491º vem regular a responsabilidade pelos danos causados pelos incapazes naturais, estabelecendo uma presunção de culpa das pessoas a quem, por lei ou negócio jurídico, incumbe a sua vigilância, que pode ser ilidida através da demonstração de que cumpriram o seu dever de vigilância, ou que os danos continuariam a produzir-se, ainda que o tivessem cumprido (relevância negativa da causa virtual)[707]. A responsabilização parte da presunção de não cumprimento do dever de vigilância, por parte das pessoas sobre as quais este recai, seja por lei (caso dos pais ou do tutor), seja por negócio jurídico (contrato de trabalho ou prestação de serviços, que tenha esse dever por objecto[708]) indiciada através da prática de um facto danoso pelo incapaz natural (menor ou deficiente físico ou mental). Não se trata, por isso, de uma responsabilidade objectiva[709], admitindo-se que a presunção de culpa possa ser ilidida através da prova de que se exerceu a adequada vigilância sobre o incapaz[710].

A responsabilidade do vigilante não pressupõe a inimputabilidade do vigiado, mas apenas a sua incapacidade natural. Pode assim, o vigiado ser

[707] Cfr. MARIA CLARA SOTTOMAYOR, "A responsabilidade civil dos pais pelos factos ilícitos praticados pelos filhos menores", no *BFD* 71 (1995), pp. 403-468 e HENRIQUE SOUSA ANTUNES, *Responsabilidade civil dos obrigados à vigilância de pessoa naturalmente incapaz*, Porto, U.C., 2000, *passim*.

[708] No Ac. RP 14/2/2002 (JOÃO BERNARDO), com voto de vencido de GONÇALO SILVANO, na *CJ* 27 (2002), pp. 205-209 considerou-se mesmo que o facto de um menor estar a cargo dos avós, em consequência de abandono da mãe, que com eles o deixou, constituiria um negócio jurídico para efeitos da sua responsabilização nos termos do art. 491º.

[709] Refere, no entanto, BRANDÃO PROENÇA, *A conduta*, p. 471, nota, a existência de uma tendência no Direito Comparado na sentido da objectivização dessa responsabilidade de que é expressão o aditamento em 1968 ao *Code Civil*, do art. 489-2, estabelecendo a responsabilidade objectiva dos doentes mentais e o NBW holandês, de 1992, cujos arts. 6:164º e 6:169º consagram a responsabilidade objectiva dos pais pelos actos dos menores de 14 anos, surgindo a responsabilidade por culpa presumida apenas a partir dessa idade, e não afastam a responsabilidade dos deficientes físicos ou mentais. Defende a mesma solução *de iure condendo*, CLARA SOTTOMAYOR, no *BFD* 71 (1995), pp. 450 e ss. Cfr. ainda SOUSA ANTUNES, *op. cit.*, pp. 256 e ss.

[710] Sobre o conteúdo dessa prova, vide na jurisprudência Ac. STJ 8/2/1977 (DIAS GARCIA) em *BMJ* 264 (1977), pp. 154-158, Ac. STJ 2/3/1978 (JOÃO MOURA), no *BMJ* 275 (1978), p. 170-173, Ac. STJ 13/2/1979 (FURTADO DOS SANTOS) em *BMJ* 284 (1979), p. 187-191, Ac. STJ 17/1/1980 (ABEL DE CAMPOS) em *BMJ* 293 (1980), pp. 308-315, Ac. STJ 23/2/1988 (CURA MARIANO) em *BMJ* 374 (1988) pp. 466-471 e Ac. RP 14/2/2002 (JOÃO BERNARDO), com voto de vencido de GONÇALO SILVANO, na *CJ* 27 (2002), pp. 205-209.

considerado imputável (cfr. art. 488º) e continuar a existir a responsabilidade do vigilante[711], caso em que ambos responderão solidariamente (art. 497º). Se o vigiado for inimputável, em princípio, só o vigilante responderá (art. 491º), só se admitindo acção contra o vigiado, por motivos de equidade, no caso de ser impossível exigir responsabilidade ao vigilante (art. 489º).

b) Danos causados por edifícios ou outras obras

O art. 492º, nº 1, contempla a situação da responsabilidade pelos danos causados pela ruína de edifícios ou outras obras, devida a vício de construção ou defeito de conservação, estabelecendo nesse caso uma presunção de culpa que recai sobre o proprietário ou possuidor do edifício, presunção essa que, no caso de danos devidos exclusivamente a defeitos de conservação, se transfere para a pessoa obrigada, por lei ou negócio jurídico, a conservar o edifício ou obra (nº 2). Como normalmente sucede nos casos de responsabilidade por culpa presumida, admite-se a possibilidade de demonstração de que os danos continuariam a verificar-se, mesmo que se tivesse adoptado a diligência devida (relevância negativa da causa virtual).

A posição de alguma doutrina[712], seguida inicialmente pela jurisprudência[713] é a de que a aplicação desta presunção de culpa depende da prova de que existia um vício de construção ou um defeito de conservação no edifício ou obra que ruiu, prova essa que, de acordo com as regras gerais, deveria ser realizada pelo lesado.

Discordamos, no entanto, salvo o devido respeito, dessa orientação, uma vez que fazer recair esta prova sobre o lesado equivale a retirar grande parte do alcance à presunção de culpa. Salvo no caso de fenómenos extraordinários, como os terramotos, a ruína de um edifício ou obra é um facto que indicia só por si o incumprimento de deveres relativos à construção ou conservação dos edifícios, não se justificando por isso que recaia sobre o lesado o ónus suplementar de demonstrar a forma como ocorreu esse

[711] Neste sentido, Clara Sottomayor, no *BFD* 71 (1995), p. 408.

[712] Cfr. Antunes Varela, *Obrigações*, I, p. 592.

[713] Cfr. Ac. STJ 17/3/1977 (João Moura), em *BMJ* 265 (1977), pp. 223-226 e Ac. STJ 28/4/1977 (Hernâni de Lencastre), em *BMJ* 266 (1977), pp. 161-164 e Ac. RL 6/6/1983 (Alcides de Almeida), na *CJ* 8 (1983), 3, pp. 143-144. Recentemente, no entanto, algumas decisões têm sustentado posição contrária. Cfr. o Ac. RL 19/6/2008 (Maria José Moura), em *CJ* 33 (2008), 3, pp. 103-107 e o Ac. RP 14/5/2009 (Barateiro Martins), em *CJ* 34 (2009), 3, pp. 185-188.

incumprimento. É antes o responsável pela construção ou conservação que deve genericamente demonstrar que não foi por sua culpa que ocorreu a ruína do edifício ou obra – nomeadamente pela prova da ausência de vícios de construção ou defeitos de conservação – ou que os danos continuariam a verificar-se, ainda que não houvesse culpa sua.

O fundamento desta responsabilização não se baseia no perigo causado pelos imóveis ou no proveito deles retirado pelo seu proprietário ou possuidor, não sendo por isso uma hipótese de responsabilidade objectiva[714]. Trata-se antes de uma responsabilidade subjectiva fundada na violação dos deveres a observar na construção e na conservação de edifícios ou outras obras (deveres de segurança no tráfego), a qual é agravada através de uma presunção de culpa[715].

c) Danos causados por coisas ou animais

O art. 493º, nº 1, prevê igualmente uma responsabilidade por culpa presumida por parte de quem tiver em seu poder coisa móvel ou imóvel, com o dever de a vigiar, bem como por aquele que assumir a vigilância de quaisquer animais, pelos danos que a coisa ou o animal causarem a terceiro. Trata-se de uma norma bastante importante, que pressupõe, em face da perigosidade imanente de certas coisas o surgimento de um dever de segurança no tráfego, que impõe automaticamente a sua custódia em relação ao seu detentor.

Entre as coisas cuja perigosidade justifica essa obrigação de vigilância encontram-se por exemplo os paióis de explosivos, depósitos de combustíveis, máquinas industriais, árvores secas[716], auto-estradas[717], elevadores[718],

[714] No caso de escavações o art. 1348º, nº 2, prevê, porém, um caso de responsabilidade objectiva.

[715] Cfr. Antunes Varela, *Obrigações*, I, p. 593.

[716] Responsabilizando o proprietário de um terreno pela queda de uma árvore sobre um carro, cfr. Ac. RC 17/6/2008 (António da Costa Fernandes), na *CJ* 33 (2008), 3, pp. 27-32 e Ac. RC 7/6/2011 (Carlos Querido), em *CJ* 36 (2011), 3, pp. 44-47. No mesmo sentido, em relação à concessionária de uma auto-estrada, Ac. RC 5/5/2009 (Silva Pires), em *CJ* 34 (2009), 3, pp. 5-7.

[717] Foi objecto de controvérsia a questão de saber se o concessionário da auto-estrada poderia ser responsabilizado pelos danos causados por coisas ou animais que nela se introduzem, quer com base no art. 493º, nº 1, quer com base na doutrina do contrato com eficácia de protecção para terceiros. Em sentido negativo, cfr. Ac. STJ 12/11/1996 (Cardona Ferreira), no *BMJ* 461 (1996), pp. 411-422, Ac. STJ 17/2/2000 (Miranda Gusmão), publicado na *CJ-ASTJ* 8

balizas de campos de futebol[719], guarda-ventos de vidro[720], armas, instrumentos cortantes, venenos, ou de animais[721].

(2000), 1, pp. 107-110 = *RLJ* 133 (2000), pp. 17-20, bem como a sentença do Juiz do 3º Juízo de Competência Especializada Cível do Tribunal da Comarca de Santo Tirso de 2 de Maio de 1996 (Alberto Ruço), também na *RLJ* 133 (2000) a pp. 21-27, estes dois últimos com anotação desfavorável de Sinde Monteiro, a pp. 27-32 e 59-66 e Ac. STJ 25/3/2004 (Nuno Cameira), em *CJ-ASTJ* 12 (2004), 1, pp. 146-149. Em sentido afirmativo, cfr. Ac. RC 28/5/2002 (Quintela Proença), em *CJ* 27 (2002), 3, pp. 22-24, Ac. RC 1/10/2002 (Hélder Almeida), em *CJ* 27 (2002), 4, pp. 15-19, Ac. STJ 2/2/2006 (Noronha do Nascimento), na *CJ-ASTJ* 14 (2006), 1, pp. 56-60, e Ac. RC 20/11/2007 (Isabel Fonseca), em *CJ* 32 (2007), 5, pp. 19-23. Na doutrina, Sinde Monteiro, *RLJ* 133 (2000), pp. 27-32 e 59-66, entende que existe neste caso uma presunção de culpa da concessionária, resultante, quer do regime do art. 493º, nº 1, quer da existência de um contrato com eficácia de protecção para terceiros. Esta posição é, no essencial, seguida por Manuel Carneiro da Frada, "Sobre a responsabilidade das concessionárias por acidentes ocorridos em auto-estradas", na *ROA* 65 (2005), pp. 407-433, ainda que o autor entenda que, como a concessionária, não está vinculada a deveres de resultado, basta uma mera prova *prima facie* de cumprimento do seu dever de vigilância para elidir a presunção. Já António Menezes Cordeiro, *Igualdade rodoviária e acidentes de viação em auto-estradas. Estudo de Direito Civil Português*, Coimbra, Almedina, 2004, passim, maxime, pp. 45 e ss., sustenta tratar-se de uma responsabilidade extracontratual por violação de normas destinadas a proteger interesses alheios (art. 483º), em que a culpa da concessionária não se presume. A solução que defendemos em anteriores edições desta obra foi a de que os deveres que recaem sobre a concessionária implicam manifestamente o dever de vigilância da auto-estrada o que, face ao art. 493º, nº 1, implica o estabelecimento de uma presunção de culpa, relativamente aos danos causados a terceiros em resultado das deficientes condições da via, a qual seria, nos termos gerais, elidida com a mera demonstração de que o dever de vigilância foi cumprido. Esta solução foi expressamente consagrada no art. 12º da Lei 24/2007, de 18 de Julho, cujo nº 1 faz correr pela concessionária o ónus da prova do cumprimento das obrigações de segurança no caso de o acidente se dever a objectos a objectos arremessados ou existentes na via, atravessamento de animais, ou líquidos na via não resultantes de condições climatéricas anormais. Excluem-se, no entanto, desta presunção os casos de força maior, enumerados no nº 3. No sentido da natureza interpretativa desta diposição, cfr. Ac. STJ 2/11/2008 (Azevedo Ramos), na *CJ-ASTJ* 16 (2008), 3, pp. 108-109, Ac. RE 30/4/2009 (Manuel Marques), em *CJ* 34 (2009), 2, pp. 286-289, Ac. RC 25/5/2010 (Carlos Querido), em *CJ* 35 (2010), 3, pp. 11-17 e Ac. RC 15/3/2011 (António Magalhães), em *CJ* 36 (2011), 2, pp. 17-19.

[718] Cfr. sobre elevadores o Ac. RC 27/6/1989 (Castanheira da Costa), na *CJ* 14 (1989), 3, pp. 89-92.

[719] Aplicando o art. 493º, nº 1, para responsabilizar um clube desportivo pela queda de uma baliza sobre um menor, não sócio desse clube, que aí jogava futebol, veja-se o Ac. STJ 26/2/2006 (PIRES DA ROSA), em *CDP* nº 17 (Janeiro/Março 2007), pp. 32-34, com anotação favorável de BRANDÃO PROENÇA, "Balizas perigosas e responsabilidade civil – Ac. do STJ de 26.2.2006. Proc. 3834/05" *ibid*, pp. 34-42. É de referir que a multiplicação deste tipo de acidentes levou à publicação do D.L. 100/2003, de 23 de Maio, o qual, executando o D.L.

Normalmente, a obrigação de vigilância recairá sobre o proprietário da coisa ou animal, podendo, porém, recair sobre detentores onerados com essa obrigação (credor pignoratício, locatário, depositário, comodatário), caso em que o proprietário deixará de ser sujeito a responsabilidade[722].

d) Danos resultantes de actividades perigosas

O art. 493º, nº 2, vem ainda prever a responsabilidade por culpa presumida daquele que causar danos a outrem no exercício de uma actividade, perigosa por sua própria natureza ou pela natureza dos meios utilizados. Esta norma constitui uma cláusula geral que necessita de um preenchimento valorativo em relação à qualificação da actividade como perigosa, que pode ser realizado tanto pelo legislador[723] como pela jurisprudência[724].

317/1997, de 25 de Novembro, aprovou o Regulamento das Condições Técnicas e de Segurança a observar na Concepção, Instalação e Manutenção das Balizas de Futebol, de Andebol, de Hóquei e de Pólo Aquático e dos Equipamentos de Basquetebol Existentes nas Instalações Desportivas de Uso Público. O art. 11º deste Regulamento, posteriormente alterado pelo D.L. nº 82/2004, de 14 de Abril, e pela Portaria nº 1049/2004, de 19 de Agosto, obrigou a entidade responsável pelos equipamentos desportivos a celebrar um seguro de responsabilidade civil pelos danos causados aos utilizadores.

[720] No Ac. STJ 20/11/2014 (Orlando Afonso), processo 476/2000, na *CJ-ASTJ* 22 (2014), 3, pp. 116-119, foi responmsabilizado o cessionário da exploração de um restaurante que instalou um guarda-vento de vidro não sinalizado, levando a que o mesmo se partisse ao ser embatido por uma criança de quatro anos que por esse motivo sofreu graves danos.

[721] Cfr. o Ac. STJ 13/12/2000 (Pinto Monteiro) em *CJ-ASTJ* 8 (2000), 3, pp. 168-171. No caso de animais de companhia perigosos, o D.L. 315/2009, de 29 de Outubro, alterado pelo Decreto-Lei 260/2012, de 12 de Dezembro, e pela Lei 46/2013, de 4 de Julho, condiciona a sua detenção à obtenção de uma licença especial, a qual pressupõe a obtenção de um seguro obrigatório de responsabilidade civil (arts. 5º e 6º), recaindo sobre o detentor do animal um dever especial de vigilância (art. 11º), e a imposição de medidas de segurança reforçadas (arts. 12º e ss.).

[722] Cfr. Ac. RC 8/4/2008 (Silvia Pires), em *CJ* 33 (2008), 2, pp. 13-15.

[723] Como exemplo de uma concretização pelo legislador, temos a Lei Geral de Bases da Caça (Lei 173/99, de 21 de Setembro, alterada pelo Decreto-Lei 159/2008, de 8 de Agosto, e pelo Decreto-Lei 2/2011, de 6 de Janeiro), cujo art. 37º, nº 1, manda aplicar aos danos causados no exercício da caça o disposto no art. 493º, nº 2, do Código Civil. No Ac. RC 27/5/2015 (Maria João Areias), processo 186/10.6TBIDN.C1, em *CJ* 40 (2015), 3, pp. 16-23, considerou-se esta norma aplicável não apenas aos danos que possam ser imputados ao caçador e causados directamente por este, mas também a todos aqueles que participam nessa actividade, como os auxiliares do caçador ou os organizadores de montarias.

[724] Entre os casos considerados como tal na nossa jurisprudência incluem-se as actividades de monda química por meios aéreos (Ac. RE 10/10/1985 (Martins Alves), em *CJ* 10 (1985),

A responsabilização pelos danos resultantes de actividades perigosas parece ser estabelecida a um nível mais objectivo do que o que resulta das disposições anteriores, uma vez que, além de não se prever a elisão da responsabilidade com a demonstração da relevância negativa da causa virtual, parece exigir-se ainda a demonstração de um grau de diligência superior à das disposições anteriores, uma vez que, em lugar da simples prova da ausência de culpa (apreciada nos termos do art. 487º, nº 2), o legislador exige a demonstração de que o agente "empregou todas as providências exigidas pelas circunstâncias com o fim de prevenir" os danos, o que parece apontar para um critério mais rigoroso de apreciação da culpa, ou seja, para o critério da *culpa levissima*[725]. É de referir, no entanto, que a presunção de

4, pp. 293-294), construção de barragens (Ac. RP 28/1/1988 (Jorge Vasconcelos), na *CJ* 13 (1988), 1, pp. 202-204), fabrico de produtos pirotécnicos (Ac. RL 13/11/1990 (Nunes da Cruz) na *CJ* 15 (1990), 5, p. 49-51), abate de árvores (Ac. RL 25/3/1993 (Nascimento Gomes), na *CJ* 18 (1993), 2, p. 124-126), utilização de explosivos (Ac. RP 14/12/1993 (Araújo Barros) na *CJ* 18 (1993), 5, pp. 242-244 e Ac. RC 25/1/2011 (Beça Pereira), em *CJ* 36 (2011), 1, pp. 12-14), realização de escavações no sopé de encosta por máquinas escavadoras (Ac. STJ 18/1/2000 (Pinto Monteiro), publicado no *BMJ* 493 (2000), pp. 368-373), utilização de gruas na construção civil (Ac. RL 8/6/2008 (Teresa Soares), em *CJ* 33 (2008), 3, pp. 99-103, demolição de placas com retroescavadora (Ac. RL 14/1/2010 (Carla Mendes), em *CJ* 35 (2010), 1, pp. 71-73, captação, condução e transporte de água potável (Ac. RL 21/6/2004 (Bruto da Costa), em *CJ-ASTJ* 19 (2004), 3, pp. 107-111), organização de corridas de *karting* (Ac. STJ 6/6/2002 (Abel Freire), em *CJ-ASTJ* 10 (2002), 2, pp. 98-99) ou de veículos todo o terreno (Ac. RC 25/9/2007 (Garcia Calejo), em *CJ* 32 (2007), 4, pp. 24-27, lançamento de fogos de artifício (Ac. RG 5/11/2003 (Rosa Tching), em *CJ* 28 (2003), 5, pp. 289-293 e Ac. STJ 17/6/2004 (Ferreira Girão), em *CJ-ASTJ* 12 (2004), 2, pp. 92-94), caça (Ac. RE 25/9/2008 (Pires Robalo), em *CJ* 33 (2008), 4, pp. 259-262 e equitação (Ac. RE 2/6/2011 (Ribeiro Cardoso), em *CJ* 36 (2011), 3, pp. 248-252. Pelo contrário, não foi considerada como actividade perigosa a exploração de piscinas (Ac. STJ 13/10/2009 (Urbano Dias), em *CJ-ASTJ* 17 (2009), 3, pp. 92-95.

[725] Não é esta a posição maioritária na doutrina (cfr. Almeida Costa, *Obrigações*, p. 588, nota (2), e Ribeiro de Faria, *Obrigações*, I, p. 480, nota (5)), nem na jurisprudência (Ac. STJ 4/10/1984 (Joaquim Figueiredo), em *BMJ* 340 (1984), p. 370-373 e Ac. STJ 5/6/1996 (Miranda Gusmão) em *CJ-ASTJ* 4 (1996), 2, pp. 119-122. No entanto, conforme refere Brandão Proença, *A conduta*, pp. 481 e ss. não parece suficiente a utilização neste caso do critério geral de apreciação da culpa. Na Itália, perante a norma semelhante do art. 2050 do *Codice*, existe mesmo uma doutrina que sustenta a responsabilidade objectiva, imputando o dano a partir da causalidade em relação ao mero exercício da actividade, com base num critério de exposição ao perigo (Marco Comporti, *Esposizione al pericolo e responsabilità civile*, Napoli, Morano, 1965, pp. 255 e ss.) ou de risco de empresa (cfr. Pietro Trimarchi, *Rischio e responsabilità oggetiva*, Milano, Giuffrè, 1961, pp. 48-49 e 271 e ss.)

culpa no art. 493º, nº 2, não envolve simultaneamente a dispensa da prova do nexo de causalidade, exigindo-se, por isso, a demonstração de que a actividade perigosa foi juridicamente a causa da ocorrência daqueles danos[726].

F) Causas de exclusão da culpa

À semelhança do que sucede com a ilicitude, também a culpa pode ser excluída sempre que o agente se encontre em determinada situação que afaste a possibilidade de a ordem jurídica estabelecer um juízo de censura em relação ao seu comportamento. Seguindo PESSOA JORGE, poderemos apontar como causas de exclusão da culpa as seguintes[727]:

a) erro desculpável;
b) medo invencível;
c) desculpabilidade.

Examinemos sucessivamente estas situações:

a) erro desculpável

Ocorre erro desculpável sempre que a actuação do agente resulte de uma falsa representação da realidade, que não lhe possa, em face das circunstâncias, ser censurada. A lei prevê uma hipótese deste tipo no art. 338º, que se refere ao erro desculpável sobre os pressupostos da acção directa ou da legítima defesa. Imagine-se, por exemplo, que alguém anda a ser perseguido numa floresta por um grupo de assaltantes e na fuga depara com dois homens armados que julga fazerem parte do grupo, pelo que os resolve atingir a tiro, vindo, porém, mais tarde a descobrir que esses dois homens eram simples caçadores. Neste caso, ocorrerá a exclusão da culpa do agente, uma vez que a sua reacção é compreensível naquelas circunstâncias. A mesma situação ocorrerá, conforme acima se referiu, na hipótese de falta de consciência da ilicitude não censurável (cfr. art. 17º do Código Penal).

b) medo invencível

Outra causa de exclusão da culpa reside no medo invencível. Esta situação ocorre sempre que a actuação do agente tenha sido provocada por um

[726] Cfr., neste sentido, Ac. RL 20/3/2001 (VAZ DAS NEVES) em *CJ* 26 (2001), 2, pp. 83-84 e Ac. RP 17/12/2008 (LUÍS ESPÍRITO SANTO), em *CJ* 33 (2008), 5, pp. 206-208.

[727] Cfr. PESSOA JORGE, *Ensaio*, pp. 341 e ss.

medo que ele não conseguiu ultrapassar, sem que tal lhe possa, em face das circunstâncias, ser censurado. Esse medo poderá origem à denominada situação de estado de necessidade desculpante, a que se refere o art. 35º do Código Penal, o qual pode surgir tanto em resultado de actuações humanas (a coacção psicológica por um terceiro), como em resultado de factores objectivos (perigo desencadeado por fenómenos naturais). Neste caso, o agente procede ao sacrifício de bens alheios fora dos pressupostos em que lhe é lícito fazê-lo – nomeadamente por os bens serem de valor igual ou superior ao bem ameaçado pelo perigo que se pretendia prosseguir – em virtude do medo de se ver privado desses bens. No entanto, se o perigo ameaçava um bem pessoal do agente ou de terceiro (como a vida, integridade física, liberdade e honra) e se não é censurável ao agente não ter sido capaz de vencer o medo que o atingiu, a situação representa uma causa de exclusão da culpa, o que justifica a ausência de responsabilidade[728].

Uma das situações em que a lei prevê ainda o medo como causa de exclusão da culpa, diz respeito ao excesso de legítima defesa. Este é qualificado, no art. 337º, nº 2, como uma forma de justificação do acto, mas, como já se referiu, a interpretação correcta é a de que se trata antes de uma causa de exclusão da culpa.

c) Desculpabilidade

Para além das causas de exclusão da culpa anteriores (e que poderíamos considerar típicas) admite-se ainda genericamente a exlusão da culpa do agente, sempre que, embora não se verificando medo nem erro, em face das circunstâncias do caso não lhe fosse exigível comportamento diferente. A esta causa de justificação chama-se *desculpabilidade*. Efectivamente, pode por algum motivo especial a actuação do agente, que seria normalmente censurável, não o ser naquele caso concreto. Imagine-se, por exemplo, a situação de um médico que causa danos ao doente numa intervenção

[728] Têm sido apontados dois exemplos clássicos desta causa de exclusão da culpa. O primeiro é o exemplo da Tábua de Carnêiades (214. a. C.–129 a. C.), segundo o qual tendo apenas duas pessoas escapado ao naufrágio de um navio, lutam entre si pela posse de uma tábua a que se agarrar, acabando um deles por matar o outro, assim salvando a sua própria vida. O segundo é o exemplo do caso do Mignotte, ocorrido na Inglaterra em 1884. Dois naufrágos numa jangada, na iminência de morrer de inanição, matam e comem um terceiro náufrago, assim sobrevivendo. Cfr. HANS WELZEL, *Derecho Penal Alemán* (trad.), 12ª ed., Santiago, Juridica del Chile, 1987, pp. 249-250. Naturalmente que nenhuma das mortes se pode considerar lícita, mas o medo invencível dos agentes pode excluir a sua culpa.

cirúrgica de emergência, em virtude de, num estado de emergência geral provocado por uma catástrofe, ter sido obrigado a trabalhar dezoito horas seguidas sem o descanso adequado. Neste caso, não obstante a existência do erro médico, as circunstâncias concretas em que ele ocorreu tornam-no desculpável, excluindo assim a indemnização.

G) O concurso da culpa do lesado

A culpa do lesante pode concorrer com a existência simultânea de culpa do lesado, entendendo-se essa, nos termos do art. 487º, nº 2, como a omissão da diligência que teria levado um bom pai de família, nas circunstâncias do caso, a evitar ou reduzir os danos sofridos. Nesse caso, tendo sido demonstrada a culpa do lesante, o art. 570º, nº 1, estabelece que "cabe ao tribunal determinar, com base na gravidade das culpas de ambas as partes e nas consequências que delas resultaram, se a indemnização deve ser totalmente concedida, reduzida ou mesmo excluída"[729]. No caso de a culpa do lesante não ter sido provada, mas ser apenas presumida, a culpa do lesado, salvo disposição em contrário, excluirá o dever de indemnizar (art. 570º, nº 2), preceito que se deve também considerar aplicável, por maioria de razão, à hipótese da responsabilidade pelo risco[730]. No caso da responsabilidade por culpa, caberá ao tribunal apreciar se e em que medida a concorrência da culpa do lesado com a culpa do lesante deve relevar para efeitos da atribuição da indemnização[731].

O regime da culpa do lesado demonstra a vertente sancionatória da responsabilidade civil subjectiva, uma vez que, não sendo o juízo de censura exclusivamente estabelecido em relação à conduta do lesante, não seria justificado obrigá-lo a indemnizar todos os danos sofridos pelo lesado, havendo antes que efectuar uma ponderação de ambas as culpas e das

[729] Cfr. Brandão Proença, *A conduta*, passim, e "Culpa do lesado", em FACULDADE DE DIREITO DA UNIVERSIDADE DE COIMBRA (org.), *Comemorações dos 35 anos do Código Civil e dos 25 anos da Reforma de 1977*, III- *Direito das Obrigações*, Coimbra, Coimbra Editora, 2007, pp. 139-151.

[730] Como refere Brandão Proença, *A conduta*, p. 462, a culpa provada do lesado constitui um fundamento "forte" de responsabilidade, pelo que deve absorver os fundamentos "fracos" (culpa presumida e risco).

[731] No Ac. STJ 1/2/2000 (Silva Paixão), no *BMJ* 494 (2000), pp. 281-287 em que um motoclista, circulando na sua faixa, é atingido por um veículo fora de mão, o Supremo considerou que o facto de o motociclista circular de noite, sem a luz acesa, deveria importar a redução da indemnização em 40%.

consequências que delas resultaram, sendo em função dessa ponderação que se estabelecerá a indemnização. Para este regime se aplicar é necessário que a actuação do lesado seja subjectivamente censurável em termos de culpa, não bastando assim a mera causalidade da sua conduta em relação aos danos[732]. Naturalmente que por esse motivo, o lesado terá que ser imputável[733]. A actuação culposa do lesado que contribui para os danos, não corresponde, porém, a um acto ilícito, mas apenas ao desrespeito de um *ónus jurídico*, uma vez que não existe um dever jurídico de evitar a ocorrência de danos para si próprio[734].

Não parece que a existência de dolo do lesante exclua a possibilidade de ponderação da culpa do lesado[735], uma vez que o art. 570º não estabelece esse requisito, ao contrário do que sucede no art. 494º. Assim, se alguém atingir outrem com uma faca, no intuito de lhe causar danos corporais, e os danos vêm a ser consideravelmente agravados por o lesado se recusar a tratar o ferimento, a agravação dos danos sofridos deve ser-lhe imputada, e não ao lesante.

A lei estabelece ainda uma equiparação entre a culpa do lesado e a culpa dos seus auxiliares ou das pessoas de que ele se tenha utilizado (art. 571º), evitando assim que o juízo da culpa que pode recair sobre o lesado seja prejudicado pela interposição da culpa de alguma destas entidades.

Em termos de prova da culpa do lesado, a lei faz correr esse ónus da prova por conta do lesante, admitindo-se, porém, que o tribunal conheça dessa culpa ainda que não seja alegada (art. 572º).

[732] Neste sentido, ANTUNES VARELA, *Obrigações*, I, p. 917, e nota (3), ALMEIDA COSTA, *Obrigações*, pp. 782-783, e RIBEIRO DE FARIA, *Obrigações*, I, p. 523. Contra, PESSOA JORGE, *Obrigações*, 1º, p. 555 e MENEZES CORDEIRO, *Obrigações*, 2º, p. 409, e nota (251), *Da Boa Fé*, II, p. 768, nota (457) e 841, e *Tratado*, II-3, pp. 731-732, defendem uma interpretação ampla da referência à culpa, considerando suficiente para aplicação deste artigo, qualquer conduta do lesado, ainda que não censurável. Pensamos, porém, que a conduta não censurável do lesado que contribua para os danos só poderá relevar nos termos do art. 494º, e não para efeitos de aplicação do art. 570º.

[733] Cfr. neste sentido, RIBEIRO DE FARIA, *Obrigações*, I, p. 524.

[734] Esta qualificação, que já era pressuposta por BAPTISTA MACHADO, *Obra dispersa*, I, p. 581, é agora expressamente defendida por BRANDÃO PROENÇA, *A conduta*, pp. 512 e ss. (524).

[735] Em sentido contrário, RIBEIRO DE FARIA, *loc. ult. cit.*

2.1.1.4. O dano

A) Definição de dano

Conforme se referiu, da responsabilidade civil resulta a obrigação de indemnizar "os danos" sofridos pelo lesado. O dano apresenta-se por isso como condição essencial da responsabilidade. Por muito censurável que seja o comportamento do agente, se as coisas correrem bem e ninguém sair lesado, não poderá ele ser sujeito à responsabilidade civil. Neste momento, interessa, por isso, precisar em que consiste o dano.

Em termos naturalísticos, entende-se por dano a supressão de uma vantagem de que o sujeito beneficiava. Essa noção não será, porém, suficiente para definir o dano em termos jurídicos, já que as vantagens que não sejam juridicamente tuteladas não são susceptíveis de indemnização. O conceito de dano terá por isso que ser definido num sentido simultaneamente fáctico e normativo, ou seja, como *a frustração de uma utilidade que era objecto de tutela jurídica*[736].

B) Dano em sentido real e dano em sentido patrimonial

Relativamente ao conceito de dano, é possível estabelecer uma distinção entre o dano em sentido real e o dano em sentido patrimonial[737]. Em sentido real, o dano corresponde à avaliação em abstracto das utilidades que eram objecto de tutela jurídica, o que implica a sua indemnização através da reparação do objecto lesado (restauração natural) ou da entrega de outro equivalente (indemnização específica). Em sentido patrimonial, o dano corresponde à avaliação concreta dos efeitos da lesão no âmbito do património do lesado, consistindo assim a indemnização na compensação da diminuição verificada nesse património, em virtude da lesão.

Assim, por exemplo, se alguém embate no carro de outra pessoa, o dano em sentido real consistirá na perda ou na deterioração do automóvel. Já o dano em sentido patrimonial corresponderá às alterações que se verificam no património do lesado em consequência dessa perda ou deterioração,

[736] Cfr. a nossa *Responsabilidade do gestor*, pp. 273 e ss.

[737] Por vezes, alguns autores denominam o dano real por prejuízo concreto e o dano patrimonial por dano em abstracto. Cfr. Galvão Telles, *Obrigações*, pp. 375 e ss. Esta terminologia é, porém, enganosa e deve ser evitada uma vez que a avaliação do dano real é comum a todos, sendo por isso uma avaliação em abstracto, enquanto a determinação do dano patrimonial, tomando em consideração exclusivamente o património do lesado, corresponde a uma avaliação em concreto.

designadamente as despesas do conserto e as importâncias que deixou de auferir em consequência da não utilização do automóvel.

O art. 562º estabelece como princípio geral de que "quem estiver obrigado a reparar um dano deve reconstituir a situação que existiria se não se tivesse verificado o evento que obriga à reparação", o que implica a lei dar primazia à reconstituição natural do dano ou à sua indemnização em espécie, no âmbito da obrigação de indemnização. Neste sentido, pode dizer-se que o critério predominante é o da determinação do dano em sentido real. Assim, deve proporcionar-se ao lesado as mesmas utilidades que ele possuía antes da lesão, através da reconstituição do bem afectado ou da entrega de um bem idêntico.

Mas já o art. 566º, nº 1 vem-nos dizer que "a indemnização é fixada em dinheiro, sempre que a reconstituição natural não seja possível, não repare integralmente os danos, ou seja excessivamente onerosa para o devedor". Quando já não é possível reparar o bem ou entregar outro equivalente, ou quando essa forma de indemnização não seja suficiente para reparar todos os danos sofridos pelo devedor, ou ainda quando se torna absolutamente desproporcionado em face dos sacrifício que importa exigir do lesante a reconstituição natural do dano, a lei vem estabelecer que a indemnização seja fixada em dinheiro. Neste caso, "a indemnização em dinheiro toma como medida a diferença entre a situação patrimonial do lesado, na data mais recente que puder ser atendida pelo tribunal, e a que teria nessa data, se não existissem danos" (art. 566º, nº 2), o que implica partir de um conceito de dano em sentido patrimonial, determinado pela diferença entre a situação patrimonial real do lesado e a que seria a sua situação patrimonial hipotética, se não existissem danos[738].

C) Danos emergentes e lucros cessantes

Em relação aos danos patrimoniais costuma estabelecer-se uma classificação oriunda do Direito Romano, em danos emergentes e lucros cessantes[739]. Tradicionalmente separavam-se estas duas realidades, no âmbito

[738] Não está, portanto, em causa uma comparação entre a situação patrimonial presente e a situação patrimonial passada do lesado (entre o antes e o depois da lesão), mas antes uma comparação entre duas situações patrimoniais presentes, uma real e a outra hipotética o que permite considerar eventuais evoluções hipotéticas do património do lesado, se não tivesse ocorrido a lesão.

[739] Sobre a distinção entre danos emergentes e lucros cessantes, veja-se PEREIRA COELHO, *O problema da causa virtual na responsabilidade civil*, Coimbra, 1955, pp. 91-92, nota (43), e pp.

da indemnização a conceder, através da consagrada expressão "perdas e danos" (cfr. art. 706º do Código Civil de 1867). Actualmente, porém, admite-se que o conceito de dano tanto pode abranger os denominados prejuízos emergentes como os lucros cessantes, empregando-se assim um conceito comum para abranger as duas realidades. Já nos direitos da *common law* é usual continuar a referir separadamente as duas situações, como sucede na expressão "*losses and damages*".

O dano ou prejuízo emergente corresponde assim à situação em que alguém em consequência da lesão vê frustrada uma utilidade que já tinha adquirido. O lucro cessante corresponde àquela situação em que é frustrada uma utilidade que o lesado iria adquirir, se não fosse a lesão. O art. 564º, nº 1, numa fórmula que a doutrina considera em geral pouco feliz[740], determina que ambos devem ser abrangidos pelo dever de indemnizar. Em certos casos, no entanto, a lei determina que só haja indemnização de danos emergentes (cfr. arts. 899º e 909º).

A indemnizabilidade dos danos emergentes não coloca questões especiais, bastando que o lesado possuísse uma utilidade que perdeu em consequência da lesão. Já em relação aos lucros cessantes, tem-se entendido que os mesmos só se verificam se se o lesado, no momento da lesão, for titular de uma expectativa jurídica que lhe permitisse a aquisição de um benefício, tendo deixado essa aquisição de se verificar em consequência da lesão[741]. Não basta, porém, uma mera hipótese de aquisição desse ganho,

240, nota (19), CASTRO MENDES, "Do conceito jurídico de prejuízo", em *JF* 16 (1952), pp. 41-66 (64 e ss.), GALVÃO TELLES, *Obrigações*, p. 377, PESSOA JORGE, *Ensaio*, pp. 378 e ss., RUI DE ALARCÃO, *Obrigações*, pp. 229-230, ANTUNES VARELA, *Obrigações*, I, p. 599, MÁRIO JÚLIO DE ALMEIDA COSTA, *Obrigações*, p. 546, RIBEIRO DE FARIA, *Obrigações*, I, pp. 482 e ss., MENEZES CORDEIRO, *Obrigações*, 2º, pp. 295-296, e *Tratodo*, II-3, pp. 525 e ss. Já GOMES DA SILVA, *O dever*, pp. 74 e ss., adoptava antes uma classificação quadripartida, classificando os prejuízos em danos emergentes, gastos extraordinários, desaproveitamento de despesas e lucros cessantes.

740 Uma vez que os lucros cessantes não deixam de ser prejuízos causados. Cfr. GALVÃO TELLES, *Obrigações*, p. 377,

741 PESSOA JORGE, *Ensaio*, p. 378, defende que o lucro cessante pressupõe a existência, já no momento da lesão, de um direito ao ganho que se frustrou, ou melhor, a titularidade de uma situação jurídica que, mantendo-se, lhe daria direito a esse ganho. A ideia é, porém, rejeitada pela maioria da doutrina que defende que no lucro cessante, o lesado não tem, à data do facto danoso, um direito sobre o bem atingido. Cfr. PEREIRA COELHO, *O problema*, pp. 91-92, nota (43), ANTUNES VARELA, *Obrigações*, I, p. 599, nota (2) e RIBEIRO DE FARIA, *Obrigações*, I, p. 482, nota (4), e p. 484.

tendo que existir uma probabilidade quase em termos de certeza de que essa aquisição ocorreria[742].

D) Danos presentes e danos futuros

Estabelece-se também uma distinção entre danos presentes e danos futuros. Os danos consideram-se presentes se já se encontram verificados no momento da fixação da indemnização, sendo futuros no caso contrário.

A lei vem referir no art. 564º, nº 2, que "na fixação da indemnização pode o Tribunal atender aos danos futuros, desde que sejam previsíveis; se não forem determináveis, a fixação da indemnização correspondente será remetida para decisão ulterior". Desta norma resulta, em primeiro lugar, que o facto de o dano ainda não se ter verificado não é fundamento para excluir a indemnização, bastando-se o tribunal com a previsibilidade da verificação do dano para a fixar. A fixação da indemnização naquele momento depende, porém, da determinabilidade do dano futuro. Efectivamente, se este não for logo determinável em objecto ou quantidade a fixação da indemnização deverá ser remetida para execução de sentença (cfr. art. 609º, nº 2 CPC).

E) Danos patrimoniais e danos não patrimoniais

Deve igualmente estabelecer-se uma distinção entre os danos patrimoniais e os danos não patrimoniais, também denominados danos morais. Os primeiros são aqueles que correspondem à frustração de utilidades susceptíveis de avaliação pecuniária, como na hipótese da destruição de coisas pertencentes ao lesado. Os segundos são aqueles que correspondem à frustração de utilidades não susceptíveis de avaliação pecuniária, como o desgosto resultante da perda de um ente querido. A distinção entre danos patrimoniais e danos não patrimoniais não tem por isso a ver com a natureza do bem afectado, mas antes com o tipo de utilidades que esse bem proporcionava e que se vieram a frustrar com a lesão. Assim, se alguém causa uma lesão no corpo de outrem, este sofre danos não patrimoniais, correspondentes à dor e sofrimento físico suportados, mas pode também sofrer danos patrimoniais, correspondentes à redução do valor da

[742] Conforme refere PESSOA JORGE, *Ensaio*, pp. 386-387, um dos requisitos do prejuízo é o seu carácter certo, não sendo indemnizável "o mero prejuízo possível ou eventual, de verificação duvidosa". Em relação aos lucros cessantes, a sua certeza nunca pode ser absoluta, sendo, no entanto, necessário atentar "na evolução normal (e, portanto, provável) dos acontecimentos".

sua força de trabalho[743]. Da mesma forma, a lesão de uma coisa pode provocar danos patrimoniais como a diminuição do seu valor comercial, mas também danos não patrimoniais, se esta possuir elevado valor estimativo.

Entre os danos patrimoniais inclui-se naturalmente a privação do uso das coisas ou prestações, como sucede no caso de alguém ser privado da utilização de um veículo seu ou ser impedido de realizar uma viagem turística que tinha contratado. Efectivamente, o simples uso constitui uma vantagem susceptível avaliação pecuniária[744], pelo que a sua privação constitui naturalmente um dano[745].

[743] Assim, no Ac. STJ 6/2/1976 (Arala Chaves), em *BMJ* 254 (1976), pp. 202-206, considerou-se que tendo um acidente de viação provocado na vítima uma incapacidade normal para o trabalho de 24,32%, este constitui um dano susceptível de indemnização, mesmo que no caso concreto o seu salário não tivesse sido reduzido na empresa em que trabalhava. Tem-se vindo, aliás, a equacionar uma consideração do dano biológico, independentemente dos seus reflexos patrimoniais ou não patrimoniais, cuja fixação poderia ser estabelecida em tabela legal. Essa solução acabou por ser consagrada no Anexo II ao Decreto-Lei 352/2007, de 23 de Outubro, que aprovou a Tabela Indicativa para Avaliação das Incapacidades Permanentes em Direito Civil. Cfr. especialmente a investigação de João Antònio Álvaro Dias, *Dano corporal (quadro espistemológico e aspectos ressarcitórios)*, Coimbra, Almedina, 2001, *passim* e ainda Joaquim José de Sousa Dinis, "Dano corporal em acidentes de viação. Cálculo da indemnização em situações de morte, incapacidade total e incapacidade parcial. Perspectivas futuras", na *CJ-ASTJ* 9 (2001), I, pp. 5-12 (10-11). Na jurisprudência, esta solução foi adoptada no Ac. STJ 1/7/2010 (Barreto Nunes), em *CJ-ASTJ* 18 (2010), 2, pp. 75-78.

[744] A avaliação far-se-á naturalmente pela consideração do valor locativo do veículo, ou do preço da viagem.

[745] Neste sentido, cfr. Júlio Gomes, na *RDE* 12 (1986), pp. 169-239 e Paulo Mota Pinto, "Dano da privação do uso", em *EDC* nº 8 (2006/2007), pp. 229-273 e *Interesse contratual negativo e interesse contratual positivo*, I, Coimbra, Coimbra Editora, 2008, pp. 568 e ss.. O problema que, no entanto, coloca este tipo de danos diz respeito à dificuldade de aplicação do critério patrimonial resultante da teoria da diferença, expressa no art. 566º, nº 2, no caso em que o lesado não suportou despesas em virtude da privação, porque, por exemplo, não procedeu à locação de um veículo em substituição ou à contratação de outra viagem (cfr. Antunes Varela, *Obrigações*, I, p. 909, nota (1) e Brandão Proença, *A conduta*, p. 676, nota (2328)). Por esse motivo, a nossa jurisprudência hesitou inicialmente na consideração do dano da privação do uso, havendo decisões que negaram que fosse um dano (Ac. RP 17/10/1984 (Alves Ribeiro), em *CJ* 9 (1984) 4, p. 247-249) e outras que o qualificaram como dano moral (Ac. RE 26/3/1980 (Fidalgo Matos), cm *CJ* 5 (1980), 2, pp. 96-97). É manifesto, no entanto, que a conduta poupadora de despesas por parte do lesado não pode servir para obstar à indemnização do dano verificado, havendo por isso que proceder ao seu cálculo em termos reais. Posteriormente, surgiram, porém, inúmeras decisões judiciais admitindo o ressarcimento do dano da privação do uso, o qual, numa feliz evolução, acabou assim por ser reconhecido na nossa jurisprudência. Cfr. o Ac. RL 11/3/2003 (Abrantes Geraldes),

Durante imenso tempo foi objecto de controvérsia atribuir indemnização por danos não patrimoniais[746]. Argumentava-se em sentido contrário que os referidos danos não são por natureza susceptíveis de reparação, já que não há nada que permita compensar a dor ou o desgosto sofrido por alguém. Assim, a atribuição de uma indemnização pecuniária quando o dano não reveste essa natureza acabaria por conduzir a um enriquecimento da vítima, que receberia uma quantia em dinheiro sem que o seu património tivesse sofrido qualquer diminuição. Para além disso, a indemnização dos danos morais equivaleria a uma forma de comercialização do sentimento (*pretium doloris*), que se teria considerar como imoral, correspondente a uma visão materialista da sociedade. Finalmente, afirmava-se que, sendo os danos não patrimoniais insusceptíveis de avaliação pecuniária, o quantitativo que se viesse a fixar para a sua reparação seria totalmente arbitrário, por não haver critério que permitisse ao julgador calcular o valor da indemnização a atribuir.

A estas argumentos tem-se respondido que, se a indemnização por danos não patrimoniais não elimina o dano sofrido, pelo menos permite atribuir ao lesado determinadas utilidades que lhe permitirão alguma compensação pela lesão sofrida sendo, em qualquer caso, melhor essa compensação do que coisa nenhuma. A atribuição dessa compensação não representa qualquer imoralidade, uma vez que não resulta do comércio de bens não patrimoniais, representando, pelo contrário, uma sanção ao ofendido por ter privado o lesado das utilidades que aqueles bens lhe proporcionavam.

em *CJ* 28 (2003), 2, pp. 70-74, Ac. RC 2/12/2003 (Cardoso de Albuquerque),em *CJ* 28 (2003), 5, pp. 23-26, os Acs. RP 5/2/2004 e 26/2/2004 (Pinto de Almeida), em *CJ* 29 (2004), 1, pp. 178-180 e 200-202, o Ac. RE 25/10/2007 (Almeida Simões), na *CJ* 32 (2007), 4, pp. 261-263, o Ac. STJ 4/3/2008 (Alves Velho), em *CJ-ASTJ* 16 (2008), 1, pp. 151-157, o Ac. STJ 17/4/2008 (Serra Baptista), em *CJ-ASTJ* 16 (2008), 2, pp. 31-32, o Ac. STJ 6/5/2008 (Urbano Dias), em *CJ-ASTJ* 16 (2008), 2, pp. 50-55, o Ac. RC 23/9/2008, em *CJ* 33 (2008), 4, pp. 13-16, o Ac. RP 4/11/2008 (Rodrigues Pires), em *CJ* 33 (2008), 5, pp. 169-171, o Ac. STJ 23/9/2008 (Moreira Camilo), em *CJ-ASTJ* 16 (2008), 3, pp. 39-42, o Ac. STJ 9/12/2008 (Moreira Alves), em *CJ-ASTJ* 16 (2008), 3, pp. 179-181, o Ac. RP 19/3/2009 (Barateiro Martins), em *CJ* 34 (2009), 2, pp. 200-203, o Ac. RL 21/5/2009 (Leitão Leal), em *CJ* 34 (2009), 3, pp. 78-82, e o Ac. RP 5/1/2010 (Ramos Lopes), em *CJ* 35 (2010), 1, pp. 165-169. No Ac. RG 3/5/2011 (Ana Cristina Duarte), em *CJ* 36 (2011), 3, pp. 277-279, sustenta-se inclusivmente que a indemnização pela perda total do veículo não exclui o ressarcimento do dano da privação do uso.

[746] Cfr. Galvão Telles, *Obrigações*, pp. 379 e ss.

Actualmente, a situação encontra-se resolvida em virtude de o art. 496º, nº 1, estabelecer que "na fixação da indemnização deve atender-se aos danos não patrimoniais que, pela sua gravidade, mereçam a tutela do direito". Desta norma resulta assim claramente a admissibilidade genérica do ressarcimento dos danos não patrimoniais. Apesar da sua deficiente localização em sede de responsabilidade delitual, trata-se de disposição aplicável a toda a responsabilidade civil, incluindo naturalmente a responsabilidade contratual[747].

A lei refere-nos que a indemnização pelos danos não patrimoniais é fixada equitativamente, tomando em consideração não apenas a extensão dos danos causados, mas também o grau de culpabilidade do agente, a situação económica deste e do lesado e as demais circunstâncias do caso (arts. 496º, nº 4, primeira parte, e 494º)[748]. Daqui resulta que a indemnização por danos não patrimoniais não reveste natureza exclusivamente ressarcitória, mas também cariz punitivo, assumindo-se como uma pena privada, estabelecida no interesse da vítima, por forma a desagravá-la do comportamento do lesante[749].

[747] Em sentido contrário, Antunes Varela, *Obrigações*, I, p. 605, e nota (3). Ribeiro de Faria, *Obrigações*, I, pp. 493, considera o ponto duvidoso. No sentido defendido, Galvão Telles, *Obrigações*, p. 396, Almeida Costa, *Obrigações*, p. 603, Pessoa Jorge, *Obrigações*, 1º, pp. 576-578 e Pinto Monteiro, *Cláusula penal*, pp. 31 e ss., nota (77).

[748] Não pode deixar de se criticar a extrema parcimónia com que a jurisprudência tradicionalmente fixa a indemnização por danos não patrimoniais, claramente demonstrada na recolha efectuada por Menezes Cordeiro, *Responsabilidade*, pp. 550 e ss., e *Tratado*, II-3, pp. 748 e ss. Recentemente, porém, tem havido alguns sinais de alteração desta tendência. Assim, no Ac. STJ 13/1/2000 (Sousa Inês), no *BMJ* 493 (2000), pp. 354-360 foi fixado em 25.000.000$00 (€ 124 700) a indemnização por ter ficado tetraplégico um jovem de 28 anos e no Ac. STJ 4/3/2008 (Fonseca Ramos), em *CJ-ASTJ* 16 (2008), 1, pp. 134-143 foi fixada em € 224 459,05 a indemnização por uma extracção da próstata desnecessária, que deixou o lesado impotente e incontinente. Também no Ac. STJ 4/5/2010 (Urbano Dias), em *CJ* 18 (2010), 2, pp. 55-59, foi fixada em € 10 000 a indemnização pelos danos resultantes de injúrias sofridas.

[749] Cfr. Galvão Telles, *Obrigações*, p. 387, nota (1) e Paula Meira Lourenço, *A função punitiva da responsabilidade civil*, Coimbra, Coimbra Editora, 2006, pp. 285 e ss. No âmbito do Direito alemão, é clássica a afirmação (efectuada pelo BGH, em *BGHZ* 18 (1955), pp. 149-168 (154 e ss.) da existência de uma dupla função da indemnização por danos não patrimoniais, simultaneamente de compensação (*Ausgleich*) e de desagravo (*Genugtuung*) do lesado. Na doutrina alemã tem sido defendido que para essa função de desagravo é especialmente relevante o grau de culpabilidade do agente, o que justificaria para alguns autores a existência de uma função punitiva própria da indemnização por danos não patrimoniais. Cfr. nesse sentido Deutsch, *Haftungsrecht*, pp. 573 e ss., e "Grundmechanismus der Haftung

F) A morte como dano

Um dos problemas que se tem colocado relativamente ao dano consiste em determinar a possibilidade de indemnização da morte de uma pessoa. Efectivamente, as ofensas de que resulte a morte de uma pessoa podem dar origem aos seguintes danos:

a) a perda da vida da própria vítima;
b) danos não patrimoniais sofridos pelos familiares da vítima em consequência da sua morte;
c) no caso de a morte não ser instantânea, danos não patrimoniais sofridos pela vítima e pelos seus familiares até à ocorrência da morte.

Ninguém duvidaria, face ao princípio geral do art. 496º, nº 1, de que quer os danos não patrimoniais sofridos pelos familiares da vítima em consequência da morte, quer os danos não patrimoniais sofridos por estes e pela vítima enquanto não sobrevém a morte são indemnizáveis. Coloca-se, no entanto, um problema relativamente ao dano que consista na perda da vida da vítima (dano morte em sentido restrito). Efectivamente, em relação a este dano, alguma doutrina, onde se integram os nomes de ANTUNES VARELA, OLIVEIRA ASCENSÃO, RIBEIRO DE FARIA e PAMPLONA CORTE-REAL tem vindo a contestar a possibilidade de atribuição de indemnização pela perda da vida, com o argumento de que, face ao art. 68º, nº 1 a personalidade jurídica cessa pela morte, pelo que a morte não permitiria a aquisição de qualquer direito, não podendo consequentemente o direito de indemnização ser transmitido aos herdeiros por via sucessória, uma vez que não tinha sido sequer adquirido pelo falecido. Para além disso, a atribuição dessa indemnização apenas desempenharia uma função punitiva, afastando-se da função ressarcitória correspondente à responsabilidade civil. Assim, ao fazer referência à morte da vítima nos arts. 496º, nºs 2, 3, e 4, a lei limitar-se-ia a considerar os danos não patrimo-

nach deutschem Recht", em *JZ* 1968, pp. 722-727 (723) e BERND-RÜDIGER KERN, "Die Genugtuungsfunktion der Schmerzengeldes – ein pönales Element im Schadensersatzrecht" em *AcP* 169 (1969), pp. 247-272 (268 e ss.). Outros autores, como LARENZ/CANARIS, *op. cit.*, § 83 III, p. 592, não atribuem relevância especial a essa função, que consideram apenas como expressão da reparação, considerando que atribuir uma componente punitiva à indemnização por danos morais seria contrária à sua função como instituto de Direito Civil.

niais sofridos reflexamente pelos familiares, em consequência da morte da vítima, e não ao próprio dano morte que não seria assim indemnizável[750].

Pelo contrário, outros autores, onde se incluem os nomes de GALVÃO TELLES, ALMEIDA COSTA e MENEZES CORDEIRO propugnam que, independentemente do art. 68º, nº 1, a vida constitui um bem jurídico cuja lesão faz surgir na esfera da vítima o direito a uma indemnização, que naturalmente se transmitirá aos seus herdeiros, por força do art. 2024º. Neste enquadramento, o dano morte é transmissível por via sucessória e não seria abrangido pelos arts. 496º, nºs 2, 3, e 4, que se refeririam aos danos não patrimoniais sofridos pelos familiares da vítima[751].

Já LEITE DE CAMPOS vem, numa posição original, sustentar a hereditabilidade do dano morte, considerando que com a lesão o lesado já suporta um dano que conduzirá potencialmente à morte, o qual é indemnizável nos termos do art. 564º, nº 2. Entende, porém, que o art. 496º, nº 2, não resolve a questão da hereditabilidade do dano morte, na medida em que a expressão "por morte da vítima" aparece como uma mera referência ao momento temporal da abertura da sucessão. O dano morte encontrar-se-ia antes previsto no (hoje) art. 496º, nº 4, tendo o legislador esclarecido, através da expressão "no caso de morte" que o dano morte era autonomamente indemnizável no meio dos restantes danos não patrimoniais[752].

A jurisprudência, manifestando a princípio alguma divisão[753], tem vindo posteriormente a aderir claramente à tese da indemnizabilidade do dano morte[754].

[750] Cfr. ANTUNES VARELA, *Obrigações*, I, pp. 615 e ss., OLIVEIRA ASCENSÃO, *Direito Civil. Sucessões*, 5ª ed., Coimbra, Coimbra Editora, 2000, pp. 243 e ss. e *Teoria*, I, p. 57, RIBEIRO DE FARIA, *Obrigações*, I, pp. 493-494 e CARLOS PAMPLONA CORTE-REAL, *Direito da Família e das Sucessões*, II- *Sucessões*, Lisboa, Lex, 1993, pp. 45 e ss.

[751] Cfr. GALVÃO TELLES, *Direito das Sucessões. Noções Fundamentais*, 6ª ed., Coimbra, Coimbra Editora, 1991, pp. 96 e ss., ALMEIDA COSTA, *Obrigações*, p. 602, nota (1) e MENEZES CORDEIRO, *Obrigações*, 2º, pp. 289 e ss., e *Tratodo*, II-3, pp. 516 e ss.

[752] Cfr. LEITE DE CAMPOS, "A indemnização do dano da morte" em *BFD* 50 (1974), pp. 247-297 (270 e s. e 292 e ss.)

[753] No Ac. STJ 12/2/1969 (ADRIANO VERA JARDIM), em *RLJ* 103 (1970) pp. 166-171 (com anotação desfavorável de VAZ SERRA, a pp. 172-176) o STJ pronunciou-se em sentido contrário à ressarcibilidade da perda da vida como dano autónomo. Mas no Ac. 17/3/1971 (BERNARDES DE MIRANDA), em *RLJ* 105 (1973), pp. 53-63, com anotação favorável de VAZ SERRA, a pp. 73-74, foi consagrada a solução contrária.

[754] A mesma posição viria a ser seguida em STJ 16/3/1973 (OLIVEIRA CARVALHO), *RLJ* 107 (1974), pp. 137-140, com anotação favorável de VAZ SERRA, a pp. 140-143 e ss., Ac. STJ 16/1/74

Por nossa parte aderimos também a esta posição. Efectivamente, parece-nos extremamente conceptualista a solução que defende a impossibilidade de indemnizar a perda da vida com o fundamento de que a personalidade cessa com a morte. Também não se vê o que impede a responsabilidade civil de desempenhar neste caso funções preventivas ou punitivas, sabendo-se que a solução naturalmente mais justa passa pela ressarcibilidade do dano-morte. Efectivamente, a perda da vida constitui para o titular o dano máximo que ele poderia suportar e representaria uma autêntica contradição valorativa que a lesão de outros bens pessoais (como a saúde, a liberdade ou a honra) legitimasse, em caso de morte da vítima, os herdeiros a reclamar indemnização pelos danos sofridos e a perda da vida já não o permitisse[755]. A perda da vida constitui assim claramente um dano autónomo, cujo direito à indemnização se transmite aos herdeiros da vítima, com fundamento no art. 2024º, e de acordo com as classes de sucessíveis referidas no art. 2133º. Esta posição parece, aliás, hoje indiscutível, em face do que dispõe o art. 3º, nº 2, do D.L. 291/2007, de 21 de Agosto, para efeitos do qual "a morte integra o conceito de dano corporal", referindo ainda o art. 2º *a)* da Portaria 377/2008, de 26 de Maio, a violação do direito à vida entre os danos indemnizáveis em caso de morte, para além dos danos morais dela decorrentes.

Sendo essa a conclusão a retirar cabe perguntar a que situação se refere o art. 496º, nºs 2, 3, e 4 *in fine*, quando volta a referir-se à indemnização por morte da vítima. Parece claro que não poderá ser ao dano-morte em sentido próprio, pois este, conforme se referiu, gera um direito à indemni-

(ADRIANO VERA JARDIM), em *BMJ* 233 (1974), pp. 55-65 e Ac. STJ 23/1/74 (FERREIRA MANSO), em *BMJ* 233 (1974), pp 82-89, Ac. STJ 13/11/1974 (JOSÉ MONTENEGRO), em *BMJ* 241 (1974), pp. 204-215, Ac. STJ 7/3/1975 (JOÃO MOURA), em *BMJ* 245 (1975), pp. 486-489, Ac. STJ 17/5/1978 (SANTOS VÍTOR), em *BMJ* 277 (1978), pp. 253-257, Ac. RE 3/7/2008 (BERNARDO DOMINGOS), em *CJ* 33 (2008), 3, pp. 255-258. No entanto, em sentido inverso, o Supremo Tribunal não considerou como dano autonomamente indemnizável a perda da vida de um feto (cfr Ac. STJ 25/5/1985 (GÓIS PINHEIRO), em *BMJ* 347 (1985), pp. 398-403 e Ac. STJ 9/10/2008 (BETTENCOURT DE FARIA, vencido SANTOS BERNARDINO), em *CJ-ASTJ* 16 (2008), 3, pp. 59-65.

[755] Efectivamente, de acordo com esta tese, se alguém resolve ir ministrando sucessivamente veneno a uma pessoa, sofrendo esta grave lesão na sua saúde e acabando por morrer, aos seus herdeiros seria transmitido, com base no art. 2024º o direito à indemnização pelos danos na saúde, mas não o direito à indemnização pela perda da vida. Não faz, porém, sentido que a transmissão por morte aos herdeiros não abranja todos os danos resultantes do facto ilícito e exclua da indemnização precisamente o dano mais importante.

zação que se transmite aos herdeiros da vítima. O art. 496º, nºs 2 e 3, refere-se, por isso, a uma outra situação: aos danos não patrimoniais sofridos por outras pessoas, em consequência da morte da vítima. Efectivamente, a morte de uma pessoa constitui um facto que é susceptível de provocar dor e sofrimento numa série de outras pessoas, desde os familiares, amigos e até simples conhecidos ou admiradores. Naturalmente que não seria aceitável a multiplicação de pretensões indemnizatórias em consequência da mesma lesão, pelo que o legislador veio restringir o círculo de pessoas que pode pedir indemnização pelos danos não patrimoniais que sofreram em consequência da morte da vítima. Essas pessoas são assim apenas o cônjuge não separado de pessoas e bens e os filhos ou, se a vítima vivia antes em união de facto, a pessoa que vivia com ela e os filhos[756]; na falta de qualquer destes, os pais e outros ascendentes; e, finalmente, os irmãos e os sobrinhos que os representem. Esta enumeração é taxativa, pelo que não é susceptível de aplicação analógica[757].

Já o art. 496º, nº 4, não parece referir-se aos danos causados pela morte da vítima, mas antes à atribuição da indemnização por danos não patrimoniais ocorridos antes dessa morte. Efectivamente, a lesão que causou a morte, no caso de esta não ter sido instantânea, pode ter produzido dor e sofrimento quer na vítima, quer nos seus familiares mais próximos, pre-

[756] Pode questionar-se quem terá direito à indemnização por morte da vítima no caso de esta viver em união de facto com uma pessoa, sendo casada e não separada e pessoas e bens com outra. Face ao disposto no art. 2º *c)* da Lei 7/2001, de 11 de Maio, na redacção dada pela Lei 23/2010, de 30 de Agosto, parece que nesse caso o direito à indemnização se mantém no cônjuge, uma vez que esse casamento impede a atribuição de direitos ou benefícios em vida ou por morte à união de facto.

[757] Em sentido contrário, veja-se, porém, MENEZES CORDEIRO, *Tratado*, II-3, p. 519. No sentido defendido, vide o Ac. RC 12/10/2004 (TÁVORA VÍTOR), em *CJ* 29 (2004), 4, pp. 28-31, que consequentemente considerou, perante a anterior redacção deste artigo, não poder reclamar indemnização por danos não patrimoniais o membro sobrevivo de união de facto. Em sucessivos acórdãos, o Tribunal Constitucional já se pronunciou pela não inconstitucionalidade dessa exclusão, considerando que a mesma não viola o art. 36º, nº 1, da Constituição. Cfr. Acs. TC 86/2007 e 87/2007 (PAULO MOTA PINTO, vencidos MÁRIO TORRES e FERNANDA PALMA), de 6/2/2007 e Ac. TC 210/2007 (MARIA DOS PRAZERES BELEZA, vencidos GIL GALVÃO e ARTUR MAURÍCIO), de 21/3/2007. No entanto, no Ac. 275/2002 (PAULO MOTA PINTO, vencidos CARDOSO DA COSTA e BRAVO SERRA), de 19/6/2002, tinha sido julgada inconstitucional essa solução, quando aplicada aos casos de morte resultante de crime doloso. Hoje a situação encontra-se esclarecida pela nova redacção dada ao art. 496º, nº 3, do Código Civil pela Lei 23/2010, de 30 de Agosto, que passou a incluir expressamente entre as pessoas com direito a indemnização o membro sobrevivo da união de facto.

vendo o art. 496º, nº 4, que o direito à indemnização se estende igualmente a esses danos.

Naturalmente que não haverá obstáculo à cumulação no mesmo sujeito do direito à indemnização relativamente a estes três tipos diferentes de danos, uma vez que se trata de pretensões indemnizatórias com conteúdo distinto.

G) A perda de oportunidade como dano

Discute-se ainda a indemnizabilidade do dano relativo à "perda de oportunidade" (*loss of chance, perte de chance*) de que se tem feito eco alguma doutrina e jurisprudência estrangeira, em casos de responsabilidade civil profissional por actos médicos[758] ou actos de advogado[759].

A indemnizabilidade da perda de oportunidade já tinha sido defendida entre nós por JAIME DE GOUVEIA[760], sendo presentemente sustentada por JORGE SINDE MONTEIRO[761], JOÃO ÁLVARO DIAS[762], e JÚLIO GOMES[763],

[758] Onde existe ampla doutrina sobre a perda de oportunidade diz respeito precisamente aos casos de responsabilidade médica, tendo-se discutido se a perda de oportunidade de cura pode constituir um dano autónomo.

[759] A indemnizabilidade pela perda de oportunidade de instauração de uma acção foi reconhecida pela *House of Lords* no caso *Kitchen v. Royal Air Force Association* [1958] *WLR* 563. Cfr. HELMUT KOZIOL, "Schadenersatz für den Verlust einer Chance?", em GERHARD HOHLOCH / RAINER FRANK / PETER SCHLECHTRIEM (org.), *Festschrift für Hans Stoll zum 75. Geburtstag*, Tübingen, Mohr Siebeck, 2001, pp. 233-250. Entre nós, veja-se o Ac. RL 9/2/2010 (ROSA RIBEIRO COELHO), em *CJ* 35 (2010), 1, pp. 97-102.

[760] Efectivamente, JAIME DE GOUVEIA, *Da responsabilidade contratual*, depois de considerar a p. 93 e ss., que o prejuízo só pode ser indemnizável se for certo, admite a pp. 95, existir ainda um prejuízo certo na "perda da *sorte*, da *chance*", havendo nesses casos que "determinar o valor que tem esta *álea*".

[761] Cfr. SINDE MONTEIRO, *Responsabilidade*, pp. 297 e ss.

[762] Cfr. JOÃO ÁLVARO DIAS, *Dano corporal*, pp. 250 e ss. Para este autor, a perda da oportunidade não corresponde a um lucro cessante, o qual exige uma demonstração da sua probabilidade de verificação, mas a um dano emergente certo, de perda de uma possibilidade actual. Neste âmbito, o autor admite a sua indemnizabilidade, mas exige "que se consiga fazer prova de todos os requisitos ou pressupostos da obrigação de indemnizar, com destaque especial para a certeza do dano que se invoca e o nexo de causalidade adequada entre o facto e o dano".

[763] Cfr. JÚLIO GOMES, "Sobre o dano da perda de chance", em *DJ* 19 (2005), 2, pp. 9-47 (maxime 43-44). O autor considera que a perda de oportunidade não terá, entre nós, virtualidades para fundamentar uma pretensão indemnizatória, admitindo, no entanto, a sua aplicação residual nos casos de a oportunidade estar de tal forma consolidada, que já constitua um bem no patrimóno do lesado.

com o apoio de alguma jurisprudência[764]. A doutrina que aceita a indemnizabilidade da *perte de chance* estabelece essa indemnização com base na determinação das probabilidades que a oportunidade tinha de se verificar, nunca concedendo mesmo perante fortíssimas probabilidades, mais do que uma indemnização parcial[765]. Neste enquadramento, a perda da oportunidade não é vista como um lucro cessante, mas antes como um dano emergente, considerando-se que a oportunidade corresponderia a um benefício já adquirido pelo lesado, de que este vem a ser privado, benefício esse que se deve calcular com base nas probabilidades de realização da oportunidade[766].

A doutrina tradicional pronuncia-se, porém, contra a indemnizabilidade autónoma da *perte de chance*, por considerar extremamente fluida a sua demonstração, o que se opõe ao carácter certo, que é exigido para o dano[767]. Sustenta-se ainda que reconhecer a indemnização pela perda de

[764] No Ac. STJ 22/11/2009 (João Bernardo), em *CJ-ASTJ* 17 (2009), 3, pp. pp. 152-158, considerou-se indemnizável como dano moral a perda de oportunidade de progressão na carreira sofrida por uma professora que, por negligência do superior hierárquico, não viu apreciada uma sua candidatura a uma avaliação extraordinária para reconhecimento de mérito excepcional.

[765] Assim, na doutrina francesa, Jean Carbonnier, *op. cit.*, p. 378, depois de considerar que o dano deve ser certo, não permitindo os danos eventuais obter direito a reparação, admite que a perda de oportunidade é mais do que um dano eventual, sendo um valor no património que pode ser avaliado de acordo com um cálculo de probabilidades. Exige, porém, que a perda de oportunidade seja certa e se encontre em relação directa com o dano invocado, sendo em qualquer caso a reparação sempre parcial.
Também Yves Chartier, *La réparation du préjudice dans la responsabilité civile*, Paris, Dalloz, 1983, nºs 22 e ss., pp. 31 e ss., admite a indemnização nos casos de perda de oportunidade real e séria de realizar um ganho ou evitar uma perda, estabelecendo a indemnização com base nas probabilidades de verificação da oportunidade perdida.
Esse critério é aliás expressamente estabelecido pela UNIDROIT, nos seus *Principles of International Commercial Contracts*, de 1994, cujo art. 7.4.3. começa no seu primeiro parágrafo por referir: "*Compensation is due only for harm, including future harm, that is established with a reasonable degree of certainty*", acrescentando o nº 2 que "*Compensation may be due for the lost of chance in proportion to the probability of its ocurrence*".

[766] Diferentemente, Júlio Gomes, *DJ* 19 (2005), 2, p. 38, considera com razão não haver aqui uma revisão do conceito de dano, mas antes uma ruptura en relação à concepção clássica da causalidade.

[767] Neste sentido, cfr. na doutrina alemã, Erwin Deutsch, *Haftungsrecht*, nº 852, p. 342, sustentando que a perda de oportunidade não pode seguramente ser qualificada como dano, uma vez que as perspectivas de verificação da mesma podem ser diferentemente avaliadas, não podendo assim ser determinadas com segurança. Também Paulo Mota Pinto, *Interesse contratual negativo*, II, pp. 1103 e ss., nota (3103), sustenta não existir entre nós base jurídico-

oportunidade implica estabelecer desvios às regras do nexo de causalidade e estabelecer uma sobrecompensação, tão incertas são as probabilidades de que essa oportunidade conduzisse ao ganho visado. No caso específico da responsabilidade pela não interposição de uma acção por um advogado, essa doutrina permitiria à parte lesada obter direitos sobre o advogado, que provavelmente nem tinha sobre a outra parte na acção que não pôde instaurar[768].

Em qualquer caso, mesmo quando se aceita a indemnizabilidade autónoma da *perte de chance*, é-se especialmente rigoroso na exigência de que a oportunidade tenha uma probabilidade de verificação superior a 50%, uma vez que oportunidades com uma percentagem de sucesso inferior não são indemnizáveis[769].

2.1.1.5. O nexo de causalidade entre o facto e o dano

A) O problema do nexo de causalidade

O art. 483º, ao estabelecer a obrigação de indemnização como sanção para o comportamento ilícito e culposo do agente, limita no entanto essa indemnização aos "danos resultantes da violação", o que implica exigir

positiva para fundamentar uma indemnização pela perda de oportunidade, defendendo antes *de iure condendo* o caminho da inversão do ónus da prova ou da facilitação da prova da causalidade e do dano.

[768] Cfr. Holger Fleischer, "Schadensersatz für verlorene Chancen im Vertrags- und Deliktsrecht", em *JZ* 1999, pp. 766-775 (774-775).

[769] Esse critério é absolutamente pacífico na jurisprudência inglesa, relativamente à perda de oportunidade de cura na responsabilidade civil médica. Os tribunais têm sido restritivos em conceder indemnização nesses casos, exigindo a demonstração pelo menos de que a possibilidade de cura perdida fosse superior a 50%. Assim, no precedente *Hotson v. East Berkshire Health Authority* [1987] *AC* 750, a *House of Lords* rejeitou uma acção de responsabilidade fundada num atraso de diagnóstico que tinha reduzido consideravelmente as possibilidades de cura do doente, pelo facto de essas probabilidades de cura serem inferiores a 50%, o que excluía a demonstração de que a oportunidade de cura do doente tivesse sido perdida. Recentemente, a 27 de Janeiro de 2005, no caso *Gregg v. Scott* [2005] *UKHL* 2, a *House of Lords* confirmou essa orientação, considerando não poder ser indemnizável um atraso de diagnóstico de um cancro que reduziu as chances de sobrevivência do doente de 42% para 25%, uma vez que tal não representava uma efectiva perda de oportunidade.
Defende igualmente a aplicação do critério da probabibilidade superior a 50% para considerar existente um dano resultante da perda de oportunidade na responsabilidade civil de advogado, Adela Serra Rodríguez, *La responsabilidad civil del abogado*, 2ª ed., Madrid, Aranzadi, 2001, pp. 245-246, sustentando que só em caso de probabibilidades efectivas e sérias, e não meramente hipotéticas ou eventuais, se pode considerar provada a existência de prejuízo.

que esse comportamento seja causa dos danos sofridos, ou seja, que haja um nexo de causalidade entre o facto e o dano.

O problema que no entanto se coloca diz respeito aos limites em que se pode admitir esse nexo, já que o facto pode ser causa do dano em termos muito remotos, que tornam difícil responsabilizar o agente por este. Esta situação é visível num célebre exemplo clássico da autoria de POTHIER: um comerciante vendeu a um lavrador uma vaca que ele sabia estar infectada com uma doença contagiosa, tendo dissimulado esse vício. O lavrador coloca a vaca junto dos seus outros animais, acabando todos por vir a perecer da mesma doença. Em consequência, o lavrador vê-se impedido de lavrar as suas terras, perdendo assim o rendimento agrícola que habitualmente auferia. Daí que os seus credores decidam executar os seus bens que são vendidos judicialmente ao desbarato[770]. A este exemplo clássico, tem sido ainda acrescentada para cúmulo a situação de o lavrador, desesperado com a sua triste sorte, ter posto termo à vida[771].

Naturalmente que não faria sentido que o comerciante, por ter vendido uma vaca doente, seja responsabilizado por todos os infortúnios que atingiram o lavrador. Haverá, por isso, que definir um critério para o estabelecimento do nexo de causalidade, que permita que ele seja entendido não em termos naturalísticos, mas em termos jurídicos.

B) As diversas concepções relativas ao nexo de causalidade

No âmbito da doutrina, os critérios para o estabelecimento do nexo de causalidade têm consistido nas seguintes teorias:

a) teoria da equivalência das condições;
b) teoria da última condição;
c) teoria da condição eficiente;
d) teoria da causalidade adequada;
e) teoria do fim da norma violada.

Examinemos brevemente estas concepções:

a) teoria da equivalência das condições

A teoria da equivalência das condições, igualmente designada como teoria da *conditio sine qua non*, considera causa de um evento toda e qualquer

[770] Cfr. POTHIER, *op. cit.*, I, nºs 166-167, pp. 44-45.
[771] Cfr. MANUEL DE ANDRADE, *Obrigações*, p. 350.

condição que tenha concorrido para a sua produção, em termos tais que a sua não ocorrência implicaria que o evento deixasse de se verificar.

Esta concepção parte do conceito de causalidade apresentado pelo filósofo inglês JOHN STUART MILL, tendo sido transposta para o Direito por VON BURI. De acordo com ela, o que caracteriza o conceito de causa de um evento é a apenas a imprescindibilidade de uma condição para a sua verificação ("sem a qual não") não se justificando estabelecer qualquer apreciação da relevância jurídica dessas condições, uma vez que todas elas são equivalentes para o processo causal, mesmo que o evento só resulte da acção conjugada de ambas[772].

Aplicada ao Direito, a teoria conduz a resultados absurdos. Efectivamente, ao se afirmar a relevância de todas as condições para o processo causal, já que por si nenhuma teria força suficiente para afastar a outra, o resultado é abdicar-se de efectuar uma selecção das condições relevantes juridicamente. Daí que, como afirma LARENZ, a teoria da *conditio sine qua non* não forneça uma exacta definição de causalidade, mas antes uma regra geral (*Faustregel*) descritiva[773].

b) teoria da última condição

A teoria da última condição, ou da causa próxima, só considera como causa do evento a última condição que se verificou antes de este ocorrer e que, portanto, o precede directamente. Trata-se de uma doutrina inspirada na fórmula de BACON, "in iure non remota causa sed proxima"[774], que é bastante usada nos países da *common law* e que igualmente se pode considerar presente nos art. 1151 do Código Civil francês e 1223 do Código Civil italiano, que apenas admitem a indemnização de um dano quando ele seja consequência directa e imediata da inexecução.

A teoria não é, porém, aceitável, uma vez que a acção não tem que produzir directamente o dano, podendo produzi-lo apenas indirectamente e nem sequer há obstáculos a que decorra um lapso de tempo considerável entre o facto ilícito e os danos (cfr. art. 564º, nº 2). Seria, por outro lado,

[772] Assim, se duas empregadas de restaurante, actuando isoladamente uma da outra, colocarem veneno na comida de uma pessoa em doses individuais insuficientes para lhe causarem a morte, mas vindo esta a ocorrer em resultado do efeito conjugado das duas doses, qualquer dessas doses é considerada causa da morte, uma vez que se qualquer delas fosse retirada, o evento deixava de se verificar.

[773] Cfr. LARENZ, *Schuldrecht* I, § 27 III, pp. 433.

[774] Cit. *apud* BRANDÃO PROENÇA, *A conduta*, p. 440.

altamente injusto colocar toda a relevância do processo causal numa última condição, que muitas vezes é provocada por uma condição antecedente, que se apresenta como a verdadeiramente decisiva para efeitos causais[775].

c) teoria da condição eficiente

A teoria da condição eficiente, formulada por Birkmeyer, pretende que, para descobrir a causa do dano terá que ser efectuada uma avaliação quantitativa da eficiência das diversas condições do processo causal, para averiguar qual a que se apresenta mais relevante em termos causais.

Conforme se pode verificar, esta teoria não fornece um verdadeiro critério para o estabelecimento do nexo causal. Efectivamente, escolher a condição mais eficiente em termos causais apenas é possível remetendo para o ponto de vista do julgador, o que acaba por redundar num subjectivismo integral, totalmente inadequado para a construção jurídica[776].

d) teoria da causalidade adequada

A posição que tem sido maioritariamente defendida na nossa doutrina consiste na teoria da causalidade adequada, elaborada por Von Kries. De acordo com esta concepção, para que exista nexo de causalidade entre o facto e o dano não basta que o facto tenha sido em concreto causa do dano, em termos de *conditio sine qua non*. É necessário que, em abstracto, seja também adequado a produzi-lo, segundo o curso normal das coisas[777].

[775] Cfr. Menezes Cordeiro, *Obrigações*, 2º, p. 335, e *Tratodo*, II-3, p. 572. Pense-se no exemplo de alguém prender um inimigo numa jaula de leões, que vem a ser morto pelos animais. É manifesto que a última condição (o ataque dos leões) não afasta a relevância causal do ilícito antecedente (a prisão na jaula).

[776] Veja-se o exemplo de Manuel de Andrade, *Obrigações*, p. 358: uma mulher que habitualmente se dá mal com o marido, sem que no entanto tenha fundamento para dele se divorciar, vê-o chegar a casa alcoolizado, o que conduz a uma discussão entre os dois. No calor dessa discussão, o marido puxa de um revólver e atinge a mulher a tiro. Esta faz-se tratar por um curandeiro e morre, quando teria sido salva se tivesse sido tratada por um médico capaz. Se se perguntasse a uma série de pessoas qual a causa da morte, obter-se-ia um conjunto de respostas diferentes, consoante as preocupações particulares de cada uma. Assim, um reformador social diria que a causa da morte foi a ausência de uma boa lei de divórcio; um apóstolo do anti-alcoolismo diria que a causa da morte foi o consumo de álcool; um pacifista diria que a causa da morte foi não estar eficazmente proibido o uso de armas de fogo; um médico colocaria como causa da morte o curandeirismo. É manifesto assim o subjectivismo em que redundaria esta teoria do nexo causal.

[777] Cfr. Almeida Costa, *Obrigações*, p. 763.

A averiguação da adequação abstracta do facto a produzir o dano só pode ser realizada *a posteriori*, através da avaliação se seria previsível que a prática daquele facto originasse aquele dano (*prognose póstuma*). A doutrina da adequação aceita que essa avaliação tome por base não apenas as circunstâncias normais que levariam um observador externo a efectuar um juízo de previsibilidade, mas também circunstâncias anormais, desde que recognoscíveis ou conhecidas pelo agente[778]. Tal implica que a doutrina da causalidade adequada remeta, no fundo, para questões de imputação subjectiva[779], podendo, nessa medida, assumir-se como uma fórmula vazia[780].

Em qualquer caso, essa teoria encontra-se subjacente ao art. 563º do nosso Código Civil[781]. Efectivamente, o art. 563º vem procurar resolver a questão do nexo de causalidade ao referir que "a obrigação de indemnização só existe em relação aos danos que o lesado provavelmente não teria sofrido se não fosse a lesão". Esta formulação parte da teoria da *conditio sine qua non*, em termos tais que até poderíamos dizer que a consagraria. No entanto, a introdução do advérbio "provavelmente" faz supor que não está em causa apenas a imprescindibilidade da condição para o desencadear do processo causal, exigindo-se ainda que essa condição, de acordo com um juízo de probabilidade, seja idónea a produzir um dano, o que corresponde à consagração da teoria da causalidade adequada.

e) teoria do escopo da norma violada

Já a teoria do escopo da norma violada[782] defende, pelo contrário, que para o estabelecimento do nexo de causalidade é apenas necessário averiguar se os danos que resultaram do facto correspondem à frustração das utilidades que a norma visava conferir ao sujeito através do direito subjectivo ou da norma de protecção. Assim, a questão da determinação do nexo de causali-

[778] Assim, ocorrendo a morte da vítima, não deixaria de haver causalidade no apontar de uma arma descarregada, ou na ingestão de açúcar, se o agente soubesse ou devesse saber que a vítima tinha uma grave lesão cardíaca, no primeiro caso, ou era diabética, no segundo.

[779] Cfr., MENEZES LEITÃO, *Responsabilidade do gestor*, p. 237, e BRANDÃO PROENÇA, *A conduta*, p. 193.

[780] Cfr. BENERT, "Die Leerformel von der Adaequanz" em *AcP* 169 (1969), pp. 421-442

[781] Daí ser a posição seguida pela jurisprudência. Cfr. Ac. STJ 15/1/2002 (SILVA PAIXÃO), em *CJ-ASTJ* 10 (2002), 1, pp. 36-38.

[782] Cfr. sobre ela a detalhada exposição de MENEZES CORDEIRO, *Da responsabilidade*, pp. 532 e ss., e *Tratodo*, II-3, pp. 537 e ss.

dade acaba por se reconduzir a um problema de interpretação do conteúdo e fim específico da norma que serviu de base à imputação dos danos.

Tivémos já em tempos a ocasião de defender que nos parece ser esta a melhor forma de determinação do nexo de causalidade[783]. Efectivamente a obrigação de reparar os danos causados constitui uma consequência jurídica de uma norma relativa à imputação de danos, o que implica que a averiguação do nexo de causalidade apenas se possa fazer a partir da determinação do fim específico e do âmbito de protecção da norma que determina essa consequência jurídica. Nestes termos, justifica-se, por exemplo, considerar que o não funcionamento de um sistema de alarme é causal relativamente ao roubo de um estabelecimento[784], uma vez que o objectivo da sua instalação é precisamente evitar essa ocorrência.

C) Os processos causais virtuais

Um outro problema que se coloca no âmbito do nexo de causalidade diz respeito à denominada relevância da causalidade virtual. Esta verifica-se sempre que o dano resultante da causa real se tivesse igualmente verificado, na ausência desta, por via de outra causa, denominada a causa virtual. É o que acontece no clássico exemplo de alguém ter envenenado um cavalo, no intuito de lesar o seu proprietário, sendo, porém, antes disso o animal abatido a tiro por outra pessoa, com as mesmas intenções. Neste caso, o disparo é a causa real do dano sofrido pelo lesado, constituindo o envenenamento uma causa virtual que iria da mesma forma produzi-lo.

Em abstracto seria possível conceber três soluções jurídicas para o problema da causa virtual. A primeira seria a da relevância positiva da causa virtual, segundo a qual o autor da causa virtual seria responsabilizado pelo dano, nos mesmos termos que o autor da causa real. A segunda seria a da relevância negativa da causa virtual, segundo a qual o autor da causa virtual não seria responsabilizado, mas a existência dessa causa virtual serviria para afastar a responsabilidade do autor da causa real. A terceira seria a da irrelevância da causa virtual, segundo a qual a responsabilidade do autor do dano não seria minimamente afectada pela existência de uma causa virtual.

A solução da relevância positiva da causa virtual implicaria prescindir do nexo de causalidade, já que este é interrompido pela ocorrência da causa

[783] Cfr. MENEZES LEITÃO, *Responsabilidade do gestor*, p. 281.

[784] Cfr., neste âmbito, o Ac. RC 13/5/2014 (BARATEIRO MARTINS), processo 630/13.0TBGRD, em *CJ* 39 (2014), 3, pp. 5-8.

real. O autor da causa virtual seria por isso responsabilizado por danos que não resultaram do seu comportamento, o que é inaceitável face ao disposto no art. 483º do Código Civil. Esta solução não é, por isso, admissível.

Mais discutível se apresenta, porém, a solução da relevância negativa da causa virtual. Efectivamente, esta é expressamente admitida na lei para certo tipo de situações (arts. 491º, 492º, 493º, nº 1, 616º, nº 2 e 807º, nº 2) onde se admite que a responsabilização do agente possa não ocorrer se ele demonstrar que o dano seria igualmente causado por um outro fenómeno (causa virtual). A dúvida que se coloca é, no entanto, a de determinar se estas disposições são excepcionais ou se representam antes o afloramento de um princípio geral de relevância negativa da causa virtual.

A favor da excepcionalidade pronunciou-se PEREIRA COELHO, com o fundamento de que essas disposições não correspondem ao regime normal da responsabilidade civil, mas antes instituem uma responsabilidade agravada em resultado de uma presunção de culpa ou de uma imputação pelo risco, funcionando a relevância negativa da causa virtual como uma compensação pelo agravamento da responsabilidade. Por outro lado, desempenhando a responsabilidade civil não apenas funções reparatórias, mas também funções preventivas e punitivas, não se justificaria estabelecer genericamente a relevância negativa da causa virtual[785].

A favor da aplicação genérica desta solução pronunciou-se PESSOA JORGE, considerando ser ela a solução lógica em consequência da posição por si propugnada de fixação sempre da indemnização com base na teoria da diferença e que a função reparatória é a função primordial da responsabilidade civil, pelo que não deve a prossecução de funções acessórias impedir a consagração da relevância negativa da causa virtual[786]. Em termos mais restritos, também PAULO MOTA PINTO admite a relevância negativa da causa virtual se a mesma resultar da ponderação da finalidade da norma, uma vez que essa relevância se imporia quando a responsabilidade tenha apenas uma função reparatória, de acordo com a teoria da diferença, e se pretenda evitar o enriquecimento do lesado[787].

[785] Cfr. PEREIRA COELHO, *Obrigações*, Coimbra, polic. 1967, pp. 184-185. Essa posição já tinha sido expressa pelo autor no domínio do anterior Código em *O problema da causa virtual*, pp. 293 e ss.

[786] Cfr. PESSOA JORGE, *Ensaio*, pp. 417-418.

[787] Cfr. PAULO MOTA PINTO, *Interesse contratual negativo*, I, pp. 614 e ss., maxime 704 e ss.

A esmagadora maioria da nossa doutrina orienta-se, porém, pela consideração como regra geral da irrelevância negativa da causa virtual[788]. Por nosso lado, também aderimos a essa posição. Efectivamente, verificando-se a imputação delitual de um facto ao agente, naturalmente que ele há de responder pelos danos causados (art. 483º), não prevendo a lei como regra geral que essa responsabilidade seja perturbada pela causa virtual, o que se afiguraria absurdo face às funções preventivas e punitivas prosseguidas na responsabilidade delitual (bem como face às funções preventivas, que não deixam de ser igualmente prosseguidas na responsabilidade pelo risco). Se a lei dá relevância à causa virtual em situações específicas, é como uma causa suplementar de exclusão da responsabilidade, que concede em situações restritas de responsabilidade agravada.

2.2. A responsabilidade obrigacional

A responsabilidade obrigacional encontra-se genericamente prevista no art. 798º, onde se estabelece que "o devedor que falta culposamente ao cumprimento da obrigação torna-se responsável pelo prejuízo que causa ao credor". Desta norma resulta uma clara equiparação dos pressupostos da responsabilidade obrigacional aos pressupostos da responsabilidade civil delitual, uma vez que também aqui se estabelece uma referência a um facto voluntário do devedor ("o devedor que"), cuja ilicitude resulta do não cumprimento da obrigação ("falta (...) ao cumprimento da obrigação"), exigindo-se da mesma forma a culpa ("culposamente"), o dano ("torna-se responsável pelos prejuízos") e o nexo de causalidade entre o facto e o dano ("que causa ao credor").

Posteriormente, porém, essa equiparação veio a ser contestada por Menezes Cordeiro que considerou que, enquanto na esfera delitual, o legislador português tinha adoptado o sistema alemão baseado na distinção entre culpa e ilicitude, na esfera obrigacional já se tinha influenciado pelo sistema francês, que unifica culpa e ilicitude num conceito omnicompreensivo de *faute*. Haveria assim, por força do art. 799º, nº 1, uma presunção de *faute* na responsabilidade obrigacional, que não consistiria numa simples presunção de culpa, mas antes numa presunção simultânea de ilicitude, culpa e nexo de causalidade entre o facto e os danos, sendo que

[788] Cfr. Antunes Varela, *Obrigações*, I, pp. 929 e ss., Almeida Costa, *Obrigações*, pp. 767 e ss., Menezes Cordeiro, *Obrigações*, 2º, pp. 421 e ss., e *Tratodo*, II-3, pp. 744 e ss., Ribeiro de Faria, *Obrigações*, I, pp. 478 e 494.

essa conclusão implicaria rever o movimento tendente à unificação da responsabilidade delitual com a responsabilidade obrigacional[789].

Não se concorda, porém, com essa posição, pelas razões que se irão em seguida enunciar:

Antes de tudo, começamos por salientar que, seja qual for o entendimento a dar à presunção da culpa na responsabilidade obrigacional, ele não pode pôr em causa o movimento tendente a elidir as diferenças entre as duas responsabilidades. Efectivamente, essa presunção de culpa em nada se distingue das múltiplas presunções de culpa que vigoram na responsabilidade delitual (cfrs. arts. 491º, 492º, 493º e 503º, nº 3), as quais muitas vezes pressupõem o próprio incumprimento de obrigações.

Por outro lado, parece-nos extremamente contestável que o art. 798º tenha sido influenciado pelo modelo francês da *faute*. Efectivamente, o modelo da *faute* é em França um modelo delitual (art. 1382 *Code Civil*), não sendo o regime da responsabilidade contratual baseado no conceito de *faute*, mas antes no conceito de *inexécution*, prevendo a lei que a responsabilidade contratual tem lugar se o devedor não justifique que a inexecução provém de uma causa estranha que não lhe pudesse ser imputada (art. 1147), ou que ele tivesse sido impedido por força maior ou caso fortuito (art. 1148). A aplicação da noção de *faute* à responsabilidade obrigacional é uma construção da doutrina francesa, que também efectuou a transposição do seu sistema delitual para o campo da responsabilidade obrigacional[790]. É, por isso, questionável a possibilidade de utilizar entre nós esse conceito precisamente para separar o sistema obrigacional do sistema delitual.

Por outro lado, parece-nos que no art. 798º existe igualmente uma clara distinção entre a ilicitude (o incumprimento da obrigação) e a culpa (a censurabilidade ao devedor desse incumprimento), a qual não é diferente da contraposição entre a violação do direito subjectivo e a culpa no art. 483º. Ao contrário do que sucede no sistema francês, o devedor não necessita de provar para se isentar de responsabilidade que a inexecução resultou de uma causa estranha (facto do credor, caso fortuito ou de força maior), bastando-lhe demonstrar que o seu comportamento não lhe era censurável de acordo com a diligência de um bom pai de família[791], o que corresponde precisamente ao mesmo critério que vigora para a responsabilidade

[789] Cfr. MENEZES CORDEIRO, *Da Responsabilidade*, pp. 469-470 e 485 e ss.

[790] Cfr. CARBONNIER, *op. cit.*, pp. 291 e ss.

[791] Neste sentido, expressamente PESSOA JORGE, *Ensaio*, pp. 131 e ss.

delitual (art. 799º, nº 2 e 487º, nº 2), apenas se estabelecendo a inversão do respectivo ónus probatório (art. 799º, nº 1)[792].

São efectivamente muito reduzidas as diferenças entre a responsabilidade delitual e a responsabilidade obrigacional. A diferença essencial reside no diferente regime do ónus da prova, face à presunção de culpa que recai sobre o devedor (art. 799º), mas tal também sucede em certas situações delituais. Para além disso, verifica-se que na responsabilidade obrigacional são tutelados todos os prejuízos sofridos e os benefícios que o credor deixou de obter pelo facto de lhe não ter sido realizada a prestação devida (art. 798º), o que permite a tutela nesta sede dos danos puramente patrimoniais. Já vimos, no entanto, que se tal não sucede na ilicitude por violação de direitos subjectivos (art. 483º), sucede nas outras categorias de ilicitude delitual.

Pensamos, por isso, que estas diferenças entre a responsabilidade delitual e a responsabilidade obrigacional não justificam que se prescinda de uma consideração unitária dos pressupostos da responsabilidade civil subjectiva, uma vez que, conforme se verificou, eles são absolutamente idênticos nas duas categorias de responsabilidade. A responsabilidade obrigacional será, porém, examinada por nós mais detalhadamente no capítulo relativo ao não cumprimento das obrigações, pelo que para aí remetemos.

[792] Menezes Cordeiro, *Tratado*, II-3, pp. 380-381, procurou replicar a estes argumentos em termos que continuam a não nos parecer convincentes. Diz este autor que a unidade das responsabilidades só pode surgir como consequência dos regimes, com o que concordamos. Mas a verdade é que é manifesta a coincidência de pressupostos entre o art. 483º e o art. 798º, não valendo a pena procurar estabelecer distinções recorrendo a uma pretensa influência francesa no anteprojecto de Vaz Serra sobre o art. 798º, que nada tem em comum com a versão final do Código. Aliás, ao contrário do que constantemente refere o autor, o Código Civil de 1966 não pode ser considerado o Código Vaz Serra, uma vez que foi uma obra colectiva, com inúmeros contributos, havendo neste âmbito a influência decisiva de Antunes Varela na redacção final do art. 798º. O autor depois sustenta que uma presunção de culpa "não faz sentido, se não envolver a da ilicitude", do que discordamos, pois é perfeitamente possível presumir apenas a culpa. No entanto, depois sustenta que a referida "presunção de ilicitude" também existe nos arts. 492º, nº 1, e 493º, nº 1. Mas a ser assim, ainda menos razão se encontra para afastar as duas categorias de responsabilidade, sujeitas afinal a regras comuns, salvo em relação a certos aspectos, como o ónus da prova. O autor acaba por perguntar se o sistema "híbrido aparentemente consagrado não será o mais justo e eficaz?". Pessoalmente, achamos que esse sistema não está legalmente consagrado, nem sequer de forma aparente, estando por demonstrar a sua justiça e eficácia.

2.3. A "terceira via" na responsabilidade civil

2.3.1. A admissão de uma terceira via na responsabilidade civil

Modernamente tem-se vindo ainda a ensaiar a defesa de uma nova categoria da responsabilidade civil, entre a responsabilidade contratual e a responsabilidade delitual, para abranger a violação de deveres específicos, que embora constituindo um *plus* relativamente à protecção delitual, não chegam a constituir obrigações em sentido técnico. Tratar-se-ia assim de situações de responsabilidade quase-obrigacional, ou de uma "terceira via" na responsabilidade civil.

Esta ideia surge primeiramente na dogmática alemã por intermédio de Claus-Wilhelm Canaris. De acordo com a posição deste autor, entre a responsabilidade delitual – que se caracterizaria por, à semelhança do Direito Penal, visar a protecção de determinados bens jurídicos e admitir uma graduação com base na culpa do lesante – e a responsabilidade obrigacional – que tutelaria a situação do incumprimento das obrigações, permitindo o ressarcimento de danos patrimoniais puros – admitir-se-ia uma responsabilidade baseada em vinculações específicas (*Sonderverbindungen*), que representariam deveres dos participantes no tráfego negocial superiores aos deveres genéricos, cuja fundamento se basearia no dever de boa fé negocial e não no dever geral de diligência. A ocorrência desses deveres permitiria aplicar o regime da responsabilidade obrigacional, designadamente quanto ao ressarcimento dos danos patrimoniais puros, à responsabilidade dos auxiliares. Entre os institutos abrangidos situar-se-iam a *culpa in contrahendo*, a violação positiva do crédito e o contrato com eficácia de protecção para terceiros, onde se gerariam deveres de protecção, quer de direitos ou bens jurídicos, quer de interesses puramente patrimoniais. Todos esses deveres instituiriam uma relação unitária de protecção que vigoraria entre as partes desde antes da celebração do contrato até após a sua extinção[793].

Bastante relevância tem tido ainda a análise desta categoria de responsabilidade por parte de Eduard Picker[794]. Este autor parte da consideração de saber se se justifica ou não manter o desenvolvimento *praeter legem* dos institutos da *culpa in contrahendo* e da violação positiva do contrato no Direito alemão, ou se estes institutos não deverão ser antes remetidos

[793] Cfr. Canaris, *FS Larenz*, 1983, pp. 34 e 84 e ss.

[794] Cfr. Eduard Picker, "Positive Vertragsverletzung und culpa in contrahendo. Zur Haftung zwischen Vertrag und Delikt", em *AcP* 183 (1983), pp. 369-520.

para o campo delitual[795]. Relativamente aos deveres de protecção da integridade, o autor considera que a sua fundamentação no contrato para os sujeitar à responsabilidade contratual é dificilmente sustentável, uma vez que esses deveres já existiam antes da celebração do contrato, pelo que não podem ser afectados pela ordenação de bens a que este procede[796]. A sua autonomização da responsabilidade delitual não se poderia assim fundar num fortalecimento da relação entre as partes, instituída por uma vinculação específica, mas antes na existência de uma lacuna na responsabilidade delitual que não permite abranger a tutela dos danos puramente patrimoniais[797]. Efectivamente, o princípio do *neminem laedere* obriga à reparação de todos os danos causados, sendo a responsabilidade delitual uma excepção a esse princípio em razão das restrições à liberdade de actuação que geraria uma tutela dos danos puramente patrimoniais neste domínio, face à multiplicidade de pretensões de indemnização assim geradas. No entanto, essa excepção só se justifica no caso de contactos anónimos entre as pessoas, já que no âmbito das vinculações específicas, onde a limitação de pretensões indemnizatórias decorre da exclusividade e isolamento da relação, deverá igualmente admitir-se o ressarcimento destes danos[798]. Seria esta a justificação para a diferenciação da responsabilidade surgida nas relações específicas em relação à responsabilidade delitual, a qual justifica ainda a sujeição ao regime da responsabilidade por actos dos auxiliares próprio da responsabilidade contratual[799].

Conforme já tivémos ocasião de defender[800], entendemos que se justifica igualmente a defesa de uma solução semelhante em face do Direito português. Efectivamente, as hipóteses de vinculações específicas distintas do dever de prestar suscitam problemas jurídicos próprios, que não podem ser cabalmente resolvidos pela aplicação em bloco do regime da responsabilidade obrigacional ou da responsabilidade delitual. Na verdade, estas vinculações não permitem uma tutela primária, através da acção de cumprimento, mas também são algo mais do que a simples observância do dever genérico de respeito. Haverá, portanto, que atribuir a esta zona

[795] Cfr. Picker, *AcP* 183 (1983), pp. 386 e ss. e 391 e ss.

[796] Cfr. Picker, *AcP* 183 (1983), pp. 399 e ss.

[797] Cfr. Picker, *AcP* 183 (1983), pp. 437 e ss.

[798] Cfr. Picker, *AcP* 183 (1983), pp. 465-466.

[799] Cfr. Picker, *AcP* 183 (1983), pp. 485 e ss.

[800] Cfr. Menezes Leitão, *Responsabilidade do gestor*, pp. 340 e ss.

cinzenta uma qualificação intermédia, sujeita a um regime específico, a descobrir caso a caso através das regras de integração de lacunas (art. 10º), admitindo-se assim o que tem sido designado como a "terceira via" (*Dritte Spur*) da responsabilidade civil[801].

Neste âmbito, ir-se-ão analisar os seguintes institutos onde se poderá equacionar essa autonomização, quer da responsabilidade obrigacional, quer da responsabilidade delitual:

a) a responsabilidade pré-contratual;
b) a *culpa post pactum finitum;*
c) o contrato com eficácia de protecção para terceiros;
d) a relação corrente de negócios.

Examinaremos, assim, sucessivamente estes institutos:

2.3.2. A responsabilidade pré-contratual

Examinar-se-á agora a questão da culpa na formação do contrato ou responsabilidade pré-contratual[802].

[801] Posição semelhante tem sido igualmente defendida por BAPTISTA MACHADO, *Obra dispersa*, I, pp. 573 e ss., SINDE MONTEIRO, *Responsabilidade*, pp. 478 e ss. e CARNEIRO DA FRADA, *Contrato*; e *Uma "terceira via" no Direito da Responsabilidade civil? O problema da imputação dos danos causados a terceiros por audtores de sociedade*, Coimbra, Almedina, 1997. Esta teorização é, porém, rejeitada em GALVÃO TELLES, *Obrigações*, p. 75, que a qualifica como correspondendo à escola do Direito livre. Também MENEZES CORDEIRO, *Tratado*, II-3, pp. 400 e ss., contesta a necessidade desta formulação, considerando que estão em causa obrigações, cuja fonte seria reconduzível à paracontratualidade, e que integrá-las no âmbito da responsabilidade seria reduzir o seu âmbito, tratado apenas pela perspectiva da patologia, além de enfraquecer a responsabilidade obrigacional. A crítica não nos parece procedente. É manifesto que a exclusão da acção de cumprimento obriga a incluir estes deveres no âmbito da responsabilidade, a qual é diferente da responsabilidade obrigacional, pois não se destina a tutelar secundariamente a violação de um dever de prestar. Abdicar desta construção implica dar um tratamento indiferenciado a realidades distintas, assim empobrecendo a ciência do Direito.

[802] Cfr. DIETER MEDICUS, "Verschulden bei Vertragsverhandlungen", em BUNDESMINISTER DER JUSTIZ (org.), *Gutachten und Vorschläge zur Überarbeitung des Schuldrechts*, Köln, Bundesanzeiger, 1981, pp. 479-550, GERNHUBER, *op. cit.*, § 8, pp. 172 e ss., LARENZ, *Schuldrecht*, I, pp. 106 e ss., e MÜNCHENER KOMMENTAR/EMMERICH, § 311, nºs, 50 e ss., 2, pp. 1452 e ss. Entre nós, veja-se especificamente, CARLOS MOTA PINTO, "A responsabilidade pré-negocial pela não conclusão dos contratos", em *BFD* Suplemento 14 (1966), pp. 143-250. ALMEIDA COSTA, "Responsabilidade civil pela ruptura das negociações preparatórias de um contrato", na *RLJ* 116 (1983-1984), pp. 84-90, 101-105, 146-152, 172-179, 204-210 e 251-256 e

Tradicionalmente, entendia-se que, antes da celebração do contrato, as partes não adquiriam qualquer direito, uma vez que não se tinha verificado um válido exercício da autonomia privada. Assim, o facto de se terem iniciado negociações, ou mesmo a emissão de declarações negociais, não poderia nunca conduzir a uma situação de responsabilidade, no caso de o contrato não se vir a concluir, o que só ocorre quando é obtido o mútuo consenso sobre todas as suas cláusulas (art. 232º).

Esta solução tradicional veio a ser posta em causa, por uma investigação de JHERING de 1861 que, com base em textos romanos, veio a considerar que de um contrato nulo poderiam igualmente surgir situações geradoras de responsabilidade. Essa responsabilidade resultaria de uma das partes vir a contratar sem poder fornecer as condições necessárias para a validade do contrato que celebra, induzindo com isso em erro a outra parte. Ora, ao se entrar em negociações as partes sairiam do círculo de deveres puramente negativo dos contactos extra-contratuais, entrando na vinculação positiva da esfera contratual, tendo por isso que aplicar na própria contratação a diligência necessária para evitar a ocorrência de danos. O autor qualificou essa situação como a da culpa na formação dos contratos, designando-o pela expressão latina *culpa in contrahendo*[803].

276-279, estudo também publicado em separata, Coimbra, Coimbra Editora, 1984 (pela qual se citará), MENEZES CORDEIRO, *Da Boa Fé*, pp. 527 e ss. e *Tratado*, I-1, pp. 497 e ss., e II-2, pp. 645 e ss., ANA PRATA, *Notas sobre Responsabilidade pré-contratual*, Lisboa, Separata da *RB* 16 (1990) e 17 (1991), reimp., Coimbra, Almedina, 2002, SÓNIA MOREIRA, *Da responsabilidade pré-contratual por violação dos deveres de informação*, Coimbra, Almedina, 2003 e "O ónus da prova na responsabilidade pré-contratual por violação de deveres de informação", em ANTÓNIO CÂNDIDO DE OLIVEIRA (org.), *Estudos em comemoração do 10º aniversário da licenciatura em Direito da Universidade do Minho*, Coimbra, Almedina, 2003, pp. 281-296, JORGE SINDE MONTEIRO, "Culpa in contrahendo (Direito Civil)", em *CJA* nº 42 (Novembro/Dezembro 2003), pp. 5-14, PAULO FERNANDO MODESTO SOBRAL SOARES DO NASCIMENTO, "A responsabilidade pré-contratual pela ruptura das negociações e a recusa injustificada de formalização do contrato", em ANTÓNIO MENEZES CORDEIRO/LUÍS MENEZES LEITÃO/ JANUÁRIO DA COSTA GOMES, *Estudos em Homenagem ao Prof. Doutor INOCÊNCIO GALVÃO TELLES*, IV- *Novos Estudos de Direito Privado*, Coimbra, Almedina, 2003, pp. 179-262, NUNO PINTO OLIVEIRA, *Obrigações*, I, pp. 86 e ss., DÁRIO MOURA VICENTE, "Culpa na formação dos contratos", em FACULDADE DE DIREITO DA UNIVERSIDADE DE COIMBRA (org.), *Comemorações dos 35 anos do Código Civil e dos 25 anos da Reforma de 1977*, III- *Direito das Obrigações*, Coimbra, Coimbra Editora, 2007, pp. 265-284 e PAULO MOTA PINTO, *Interesse contratual negativo*, II, pp. 1125 e ss. e passim.

[803] Cfr. RUDOLF VON JHERING, "Culpa in contrahendo oder Schadensersatz bei nichtigen oder nicht zur Perfection gelangten Verträgen", em *JhJb* 4 (1861), pp. 1-113.

A doutrina da *culpa in contrahendo* tem vindo a partir daí a ser recebida nos diversos ordenamentos continentais, quer a nível jurisprudencial, quer a nível legislativo. A nível jurisprudencial é conhecido o enorme trabalho da jurisprudência alemã, que a partir do célebre § 242 do BGB foi desenvolvendo a aplicação do princípio da boa fé na fase dos preliminares e da formação do contrato, com o consequente reconhecimento da c.i.c. Esse desenvolvimento levou à posterior consagração nos arts. 197º e 198º do Código Civil grego de 1940, nos arts. 1337º e 1338º do *Codice Civile* italiano[804] e no art. 227º do Código Civil Português do dever de actuação segundo a boa fé, durante as negociações para a formação do contrato. Posteriormente, a reforma do Direito das Obrigações alemão efectuada pela *Schuldrechtsmodernisierungsgesetz* levou ao reconhecimento legislativo expresso da c.i.c., também nesse ordenamento (§§ 241, II e 311, II, do BGB).

Antes mesmo da sua consagração legislativa em Portugal, já a doutrina de JHERING tinha sido recebida entre nós por obra de GUILHERME MOREIRA que admitia a *culpa in contrahendo* para as hipóteses de celebração de contratos nulos, especialmente no caso da venda de coisa alheia de má fé[805], excluindo, no entanto, a sua aplicação nos casos em que uma das partes contra a boa fé rompe as negociações[806]. Mas já JOSÉ TAVARES veio expressamente defender a sua aplicação também no caso de ruptura injustificada das negociações[807].

Actualmente a doutrina da *culpa in contrahendo* torna-se imprescindível, uma vez que a evolução da sociedade tornou cada vez mais complexo o processo de formação dos contratos, levando à existência de conversações múltiplas, envio de cartas de intenção, elaboração de acordos de princípio e emissão de declarações negociais sob reserva. Ora, esta complexidade da formação dos contratos vai criando sucessivas situações de confiança nas partes, que seria inaceitável que não viessem a ser juridicamente protegidas através da responsabilidade civil. É essa a função da responsabilidade pré-contratual, consagrada no art. 227º , com a seguinte formulação:

[804] Podem confrontar-se estes artigos em ALMEIDA COSTA, *Responsabilidade*, p. 102

[805] Cfr. GUILHERME MOREIRA, *Instituições*, II, pp. 664 e ss.

[806] Cfr. GUILHERME MOREIRA, *Instituições*, II, pp. 596 e ss. O autor argumentava que o abandono das negociações não poderia considerar-se como um facto ilícito, susceptível de implicar responsabilidade civil.

[807] Cfr. JOSÉ TAVARES, *Princípios*, I, pp. 492 e ss., nota (3). O autor argumentava que as negociações só por si constituíam já um contrato tácito, cujo abandono seria susceptível de implicar responsabilidade por incumprimento.

"1. Quem negoceia com outrem para conclusão de um contrato deve, tanto nos preliminares como na formação dele, proceder segundo as regras da boa fé, sob pena de responder pelos danos que culposamente causar à outra parte.

2. A responsabilidade prescreve nos termos do artigo 498º".

Ao referir-se simultaneamente aos preliminares e à formação do contrato, a lei esclarece-nos que a responsabilidade pré-contratual abrange simultaneamente a fase negociatória, que decorre desde o início das negociações até à emissão da proposta contratual, e a fase decisória, que decorre desde a emissão da proposta contratual até à conclusão do contrato, com a sua aceitação. A lei não distingue os tipos de contratos abrangidos, pelo que a responsabilidade contratual pode ser aplicada a todo e qualquer contrato, e não apenas aos contratos obrigacionais[808].

A lei impõe a observância das regras da boa fé durante todo o processo de formação do contrato, entendendo que o mero facto de se entrar em negociações é susceptível de criar uma situação de confiança na outra parte, confiança essa que é imediatamente tutelada pelo Direito, mesmo antes de ter surgido qualquer contrato. Assim, caso essa situação de confiança venha a ser lesada, com violação das regras da boa fé, verifica-se um facto ilícito, que constitui o lesante no dever de indemnizar os danos sofridos pelo lesado. Naturalmente que a ilicitude do facto deriva da violação de deveres acessórios de conduta, que neste caso surgem antes da constituição do dever de prestar principal.

De acordo com a sistematização da jurisprudência alemã, e que entre nós tem vindo a ser defendida por MENEZES CORDEIRO, do dever de actuar segundo a boa fé derivam três tipos de deveres pré-negociais[809]:

– *deveres de protecção*, que determinam que as partes na fase negocial devem evitar qualquer actuação susceptível de causar danos à outra parte, sejam eles pessoais ou patrimoniais. A jurisprudência alemã utiliza neste âmbito abundantemente a *culpa in contrahendo* para colmatar as lacunas do seu direito delitual, talvez por forma excessiva como nos célebres casos do linóleo[810], da casca de banana[811] e

[808] Cfr. GERNHUBER, *op. cit.*, § 8 I 1, p. 173. É de notar o regime específico da ruptura da promessa de casamento (art. 1594º).

[809] Cfr. MENEZES CORDEIRO, *Tratado*, I-1, pp. 504 e ss. e 513 e ss.

[810] Rg 7/12/1981, em *RGZ* 78, 239

[811] BGH 26/9/1961, em LM, nº 13 § 276 (Fa) BGB.

da folha de hortaliça[812]. Na jurisprudência portuguesa esse entendimento não tem sido acolhido.

- *deveres de informação*, em especial quanto às circunstâncias que possam ser relevantes para a formação do consenso da outra parte, e com especial intensidade quando uma das partes se apresenta como mais fraca. Esta situação tem vindo a ser acolhida na jurisprudência portuguesa, salientando-se o Acórdão STJ de 14/10/1986 (Joaquim Figueiredo), em *BMJ* 360 (1986), pp. 583-587, bem como várias decisões posteriores[813]. Tem-se entendido, no entanto, que o dever de informação só surge, quando a outra parte cumpriu o seu dever de auto-informação, fazendo o que estava razoavelmente ao seu alcance para se auto-informar[814].
- *deveres de lealdade*, por forma evitar comportamentos que de traduzam numa deslealdade para com a outra parte, aqui se incluindo a própria ruptura das negociações, quando a outra parte tinha adquirido justificadamente a confiança de que elas iriam conduzir à celebração do contrato. O *leading case* nessa matéria é o Acórdão de 5/2/1981 (Solano Viana), em *RLJ* 116 (1983), pp. 81-84, havendo inúmeras decisões posteriores[815].

Estes deveres são impostos em virtude do princípio da boa fé, correspondendo assim aos vectores deste princípio, como seja a tutela da confiança e a primazia da materialidade subjacente, sendo neste caso primordial o primeiro vector. É a violação desses deveres que gera a *culpa in contrahendo*, a qual, conforme refere Galvão Telles[816], abrange fundamentalmente três situações:

[812] BGH 28/1/1976 em *BGHZ* 66, 51.

[813] Assim, no Ac. STJ 4/4/2006 (Nuno Cameira), em *CJ-ASTJ* 14 (2006), 2, pp. 29-31, considerou-se, num negócio de cessão de quotas em que o cessionário assumiu os débitos da sociedade, gerar responsabilidade pré-contratual a incorrecta informação dos cedentes relativamente à situação do IVA, considerando-se que a indemnização seria equivalente aos débitos omitidos.

[814] Neste sentido, cfr. Ac. RL 24/4/2008, em *CJ* 33 (2008), 2, pp. 121-124.

[815] Cfr., por último, o Ac. STJ 26/1/2006 (Oliveira Barros), na *CJ-ASTJ* 14 (2006), 1, pp. 40-45, onde se considerou envolver violação do dever de lealdade, susceptível de gerar a responsabilidade pré-contratual, o facto de um Banco, depois de ter deferido a concessão de um crédito à habitação, recusar-se posteriormente a celebrar a escritura, devido a novas informações que recebeu sobre o mutuário.

[816] Cfr. Galvão Telles, *Obrigações*, p. 71.

1) a interrupção ou ruptura das negociações, levando a que o contrato não se venha a celebrar;
2) a celebração do contrato, em termos tais que este venha a padecer de invalidade ou ineficácia;
3) a celebração válida ou eficaz do contrato, mas em termos tais que o modo como foi celebrado gere danos para uma das partes.

Relativamente à ruptura das negociações, ela constitui um caso que tem vindo a ser objecto de ampla discussão na doutrina. A maior parte dos autores salienta que não se pode considerar as partes vinculadas a uma obrigação de concluir o contrato, apenas pelo facto de terem entrado em negociações. Antes pelo contrário, uma vez que as negociações visam precisamente a obtenção de um acordo, as partes têm que contar sempre com a possibilidade de esse acordo não ser obtido, e que a parte contrária rompa as negociações quando chegar a essa conclusão, podendo igualmente decidir, ao abrigo da sua liberdade contratual, celebrar antes esse negócio com terceiro[817]. Apenas quando na outra parte tenha sido criada a confiança justificada de que o contrato iria ser concluído e ocorre uma ruptura das negociações sem motivo legítimo é que se pode considerar ter ocorrido uma violação das regras da boa fé, único caso em que a responsabilidade pré-contratual se aplica.

Cabe, porém, perguntar nesse caso quais os danos que devem ser indemnizados. A esta questão não poderá ser dada a resposta linear de que todos os danos devem ser indemnizados, uma vez que constituindo o dano a frustração de uma utilidade que era objecto de tutela jurídica, apenas a frustração de utilidades juridicamente tuteladas atribui direito à indemnização. Haverá, por isso, que averiguar quais são neste caso as utilidades juridicamente tuteladas. Ora, não se tendo constituído um direito de crédito, por não se ter chegado a celebrar qualquer contrato, não parece possível que o lesado possa reclamar os danos sofridos em virtude da não realização da prestação (o denominado interesse contratual positivo), uma vez que não tinha obtido qualquer direito prévio à sua realização[818].

[817] Neste sentido, cfr. Ac. RE 5/6/2008 (Pires Robalo), em *CJ* 33 (2008), 3, pp. 240-245.

[818] Neste sentido, vide Larenz, *Schuldrecht*, I, pp. 112 e ss., Esser/Schmidt, *op. cit.*, § 29-II, p. 134, e, entre nós, Galvão Telles, *Obrigações*, p. 77, Almeida Costa, *Responsabilidade*, p. 75 e "O cálculo da indemnização na responsabilidade civil pela ruptura das negociações preparatórias de um contrato", na *RLJ* 139 (2009-2010), pp. 314-323. No mesmo sentido

Os danos indemnizáveis são assim aqueles que a parte sofreu em virtude da confiança que lhe tinha sido gerada pela outra parte (o denominado interesse contratual negativo), abrangendo, por exemplo, as despesas que se revelaram infrutíferas, mas também a perda de ganhos que de outra forma teriam sido obtidos. Naturalmente que esta indemnização não estará limitada pelo referido interesse contratual positivo.

Tem vindo a ser controvertida a qualificação da responsabilidade pré-contratual como responsabilidade obrigacional ou como responsabilidade delitual. A maioria da doutrina, onde se incluem os nomes de GALVÃO TELLES, CARLOS MOTA PINTO, MENEZES CORDEIRO e RIBEIRO DE FARIA, inclina-se para a sua qualificação como responsabilidade obrigacional com o fundamento da existência de um prévio dever de prestar, surgido por imposição legal, com o início das negociações[819]. Já ALMEIDA COSTA defende a sua qualificação como responsabilidade delitual[820]. A nosso ver, no entanto, a responsabilidade pré-contratual situa-se num meio termo entre a responsabilidade contratual e a responsabilidade delitual, uma vez que não resulta do incumprimento de uma obrigação previamente assumida, nem da violação de um dever genérico de respeito dos direitos absolutos, mas antes a deveres surgidos no âmbito de uma relação especí-

PAULO MOTA PINTO, *Interesse contratual negativo*, II, pp. 1125 e ss., maxime 1463 e ss., para a generalidade das situações, ainda que admita que em casos excepcionais de ruptura injustificada de negociações, e de violação das regras de um concurso que iria ser vencido pelo lesado, a indemnização se possa estender ao interesse contratual positivo. Na jurisprudência, a limitação da indemnização ao interesse contratual negativo é sufragada no Ac. RL 8/7/2001 (RUA DIAS) na *CJ* 26 (2001), 4, pp.77-84, pelo Ac. STJ 11/9/2007 (FONSECA RAMOS), em *CJ-ASTJ* 15 (2007), 3, pp. 40-46, e pelo Ac. STJ 31/3/2011 (FERANDO BENTO), em *CJ-ASTJ* 19 (2011), 1, pp. 165-169.
Contra, sustentando que a responsabilidade pré-contratual abrange o interesse contratual positivo, cfr. GERNHUBER, *op. cit.*, § 8 IV 2, p. 202, SCHLECHTRIEM, *op. cit.*, pp. 20-21, nr. 32 e, entre nós, MENEZES CORDEIRO, *Tratado*, I-1, pp. 518-519, RIBEIRO DE FARIA, *Obrigações*, I, p. 130, nota (2) e SINDE MONTEIRO, *CJA* nº 42 (Novembro/Dezembro 2003), p. 9. No mesmo sentido, na jurisprudência vejam-se o Ac. RC 4/2/2003, em *CDP* 7 (Julho/Setembro 2004), pp. 32-41, com anotação de SÓNIA MOREIRA, a pp. 41-45 e o Ac. STJ 28/4/2009 (AZEVEDO RAMOS), em *CJ-ASTJ* 17 (2009), 2, pp. 44-47.

[819] Cfr. GALVÃO TELLES, *Obrigações*, pp. 72 e ss., (que fala, neste caso de uma obrigação de contratar bem, se se vier a contratar), CARLOS MOTA PINTO, *Cessão*, p. 351, MENEZES CORDEIRO, *Da Boa Fé*, I, p. 585, e *Tratado*, II-2, p. 646, e RIBEIRO DE FARIA, *Obrigações*, I, p. 130, nota (2).

[820] Cfr. ALMEIDA COSTA, *Responsabilidade*, p. 98.

fica entre as partes, que impõem a tutela da confiança no âmbito do tráfego negocial[821].

Assim, não deve ser defendida a aplicação em bloco do regime da responsabilidade obrigacional ou da responsabilidade delitual, mas antes reconhecer-se que se está perante uma das situações incluídas no âmbito da terceira via da responsabilidade civil, onde o regime aplicável deverá ser construído a partir da aplicação de normas da responsabilidade contratual ou da responsabilidade delitual, consoante o que se considerar mais adequado à solução do caso. Em relação à *culpa in contrahendo*, o regime aplicável será preponderantemente o da responsabilidade obrigacional, sujeitando-se, por isso, o autor do facto à presunção de culpa prevista no art. 799º e ficando a responsabilidade por actos dos auxiliares sujeita ao regime do art. 800º. Haverá, no entanto, a aplicação de algumas soluções da responsabilidade delitual, uma vez que parece que não se deverá aplicar à *culpa in contrahendo* a exigência da capacidade negocial, e a lei manda expressamente aplicar a regra da prescrição da responsabilidade delitual (art. 227º, nº 2).

2.3.3. A *culpa post pactum finitum*

Examinemos agora a situação da *culpa post pactum finitum*. Consiste esta na responsabilização das partes, após a extinção do contrato pelos danos causados à outra parte, em consequência de comportamentos que lhe seriam vedados por força da boa fé. Efectivamente, após a extinção do contrato pode prolongar-se a necessidade de observância de certas condições para que se mantenha a satisfação do interesse do credor ou não resultem danos para as partes. A boa fé impõe que, após o cumprimento o devedor não venha retirar ou reduzir consideravelmente as vantagens que o cumprimento proporcionou ao credor. Caso o venha a fazer, justifica-se a sua responsabilização pelos danos sofridos pela outra parte.

O fundamento dessa responsabilização reside na violação dos deveres acessórios de boa fé. Os deveres acessórios que vigoram entre as partes por força do princípio da boa fé podem manter-se após a extinção do vínculo obrigacional, uma vez que, conforme se referiu, a sua função extravasa da simples realização do programa obrigacional. Assim, no caso de ter sido

[821] Cfr., no mesmo sentido, CANARIS, *FS Larenz*, 1983, pp. 90 e ss. e, entre nós, SINDE MONTEIRO, *Responsabilidade*, p. 516

criada uma situação de confiança, que se pressupôs ser respeitada após a extinção do vínculo obrigacional, não deixará de existir responsabilidade se uma das partes trair a confiança da outra parte (*culpa post pactum finitum*)[822]. É o que acontecerá, por exemplo, se uma das partes resolver, após a extinção do contrato, revelar os segredos industriais da outra parte aos seus concorrentes, ou após o trespasse de um estabelecimento decidir abrir outro para fazer-lhe concorrência directa (violação de um dever de lealdade), ou se, por exemplo, o senhorio de um escritório de advogado se recusar a revelar, após a extinção do arrendamento, o novo domicílio do advogado aos clientes que lá se dirigem (violação de um dever de informação). A fundamentação positiva dos deveres de boa fé pós-contratuais, na ausência de disposição expressa pode inferir-se, quer do art. 239º[823], quer do art. 762º, nº 2 do Código Civil[824].

No entanto, também no caso da *culpa post factum finitum*, a situação de responsabilidade assim gerada não é susceptível de se reconduzir, quer à responsabilidade contratual, quer à responsabilidade delitual, havendo, portanto, que considerar esta situação igualmente incluída nas hipóteses de responsabilidade civil, que não se deixam reconduzir a nenhuma das situações tradicionais.

2.3.4. O contrato com eficácia de protecção para terceiros

Para além disso, os deveres acessórios que vigoram entre as partes podem abranger a tutela da posição de terceiros, situação que tem sido designada na doutrina por "contrato com eficácia de protecção em relação a terceiros"[825]. Esta situação ocorrerá sempre que o terceiro apresente uma posição de tal proximidade com o credor, que se justificará a extensão em relação a ele do círculo de protecção do contrato. Têm sido apontados a

[822] Cfr. Menezes Cordeiro, *Da Boa Fé*, II, pp. 625 e ss., *Tratado*, II-2, pp. 657 e ss. e tomo IV-*Cumprimento e não cumprimento, transmissão, modificação e extinção, garantias*, Coimbra, Almedina, 2010, pp. 61 e ss., e Rui de Alarcão, *Obrigações*, pp. 53 e ss., Ribeiro de Faria, *Obrigações*, I, pp. 131 e ss. e Nuno Pinto Oliveira, *Obrigações*, I, pp. 95-96.

[823] Cfr. Mota Pinto, *Cessão*, pp. 355-356, e RUI DE ALARCÃO, *Obrigações*, p. 54.

[824] Cfr. Menezes Cordeiro, *Da Boa Fé*, p. 631.

[825] Cfr. Carlos Mota Pinto, *Cessão*, pp. 419 e ss., Menezes Cordeiro, *Da Boa Fé*, II, pp. 619 e ss., e *Tratado*, II-2, pp. 650 e ss., Sinde Monteiro, *Responsabilidade*, pp. 518 e ss., Carneiro da Frada, *Contrato*, pp. 43-44 e 71-72, e nota (143), *Uma "terceira via"*, pp. 88 e ss. e *Teoria da confiança*, pp. 135 e ss., nota (108) e Carlos Ferreira de Almeida, *Contratos*, II, pp. 57-58.

este propósito os exemplos de fornecimentos defeituosos a determinados empresários, que vêm a causar danos nos seus trabalhadores[826], do incumprimento de prescrições de segurança contratualmente impostas que causam danos a terceiros[827], ou do arrendamento da habitação sem condições, que vem a lesar os familiares do inquilino. Não se trata nestes casos de um contrato a favor de terceiro (art. 443º), uma vez que o terceiro não adquire qualquer direito à prestação, sendo apenas tutelado pelos deveres de boa fé, que a lei impõe em relação às partes, e cuja violação lhe pemite reclamar indemnização pelos danos sofridos.

Também neste caso essa indemnização não corresponde aos pressupostos da responsabilidade delitual, uma vez que não se reconduz a deveres genéricos de respeito, nem aos da responsabilidade obrigacional, uma vez que o devedor, em relação ao terceiro, tem apenas uma relação de protecção. Estamos aqui manifestamente também no âmbito da terceira via da responsabilidade civil.

2.3.5. A relação corrente de negócios

Finalmente, cabe-nos examinar a relação corrente de negócios[828]. Consiste ela na situação que se verifica sempre que as partes estão de tal forma habitualmente ligadas por vínculos contratuais, que qualquer prestação realizada por uma delas à outra, mesmo que não corresponda a qualquer dos contratos celebrados, toma por referência uma vinculação específica entre as partes. Essa vinculação específica não resulta, porém, de um contrato-quadro previamente celebrado, pois é independente de qualquer

[826] Assim, o *leading case* na jurisprudência alemã de um fornecedor que tendo entregue uma máquina industrial sem informar dos riscos da sua utilização, vem esta a lesar não o credor, mas um empregado que com a máquina trabalhava. Neste caso, admitiu-se que o empregado pudesse reclamar directamente do fornecedor indemnização (Ent. BGH 25/4/1976, em *NJW* 1956, pp. 1193-1194).

[827] Assim, na decisão BGH 2/7/1996, em *JZ* 1997, pp. 358-361, com anotação concordante de WERNER LORENZ, a pp. 361-362, o material de dois clientes era colocado simultaneamente numa fornalha, a qual impunha prescrições específicas de segurança. Um dos clientes infringe estas prescrições de segurança, causando uma explosão que danifica a fornalha e o material lá colocado pelo outro cliente. O BGH considerou que a responsabilidade do cliente perante o dono da fornalha era contratual, sendo aquele igualmente responsabilizado pelos danos causados ao outro cliente, por se estar perante um contrato com eficácia de protecção perante terceiros.

[828] Cfr. sobre ela, SINDE MONTEIRO, *Responsabilidade*, pp. 55 e ss. e 514 e ss. e CARNEIRO DA FRADA, *Teoria da confiança*, pp. 574 e ss.

declaração negocial, ainda que tácita nesse sentido, baseando-se antes na perenidade, em termos fácticos, da relação que as partes vinham mantendo, no âmbito da qual existe uma disponibilidade permanente para a celebração de negócios. Assim, à semelhança do que sucede na *culpa in contrahendo*, essa vinculação específica é fundamento para o surgimento de deveres de protecção, informação e lealdade, cuja violação pode dar origem ao dever de indemnizar.

Um exemplo típico de relação corrente de negócios é a que liga os bancos aos seus clientes. Imagine-se que alguém tem habitualmente uma conta num banco, mas solicita ou recebe do seu gestor de conta serviços que nada têm a ver com o depósito bancário em questão (ex. informação sobre investimentos ou concessão de crédito). Naturalmente que o serviço prestado não aparece desgarrado da relação habitualmente existente entre as partes, através da qual é criada uma situação de confiança na esfera do cliente, cuja lesão deve envolver responsabilidade civil pelos danos causados. Essa responsabilidade apresenta-se igualmente como intermédia entre a responsabilidade obrigacional e a responsabilidade delitual, admitindo a ressarcibilidade dos danos puramente patrimoniais, bem como a responsabilidade pelos actos dos auxiliares, nos termos do art. 800º.

3. A responsabilidade pelo risco

3.1. O fundamento da imputação pelo risco

Conforme se explicou no início, o risco consiste num outro título de imputação de danos, que se baseia na delimitação de uma certa esfera de riscos pela qual deve responder outrem que não o lesado. Essa esfera de riscos pode ser estabelecida através de diversas concepções que por vezes se cumulam entre si. De acordo com a concepção do risco criado, cada pessoa que cria uma situação de perigo deve responder pelos riscos que resultem dessa situação. Por sua vez, segundo a concepção do risco-proveito, a pessoa deve responder pelos danos resultantes das actividades que tira proveito[829]. Na concepção do risco de autoridade, deve responder pelos danos resultantes das actividades que tem sob o seu contrôle.

O nosso Direito veio adoptar uma concepção restritiva da responsabilidade pelo risco, consagrando taxativamente a sua admissibilidade ape-

[829] Esta concepção já era expressa por PAULUS em D.50.17.10: "*Secundum naturam est commoda cuisque rei eum sequi, quem sequenter incommoda*".

nas nos casos previstos na lei (art. 483º, nº 2), o que tem vindo a funcionar como um travão ao desenvolvimento jurisprudencial neste domínio. Em face do Código, são consideradas como situações de responsabilidade pelo risco a actuação das pessoas em proveito alheio (arts. 500º e 501º) e a utilização de coisas perigosas, como animais (art. 502º), veículos (arts. 503º e ss.) e instalações de energia eléctrica e gás (arts. 509º e ss.), havendo ainda a considerar outras situações constantes de diplomas especiais. Face ao disposto no art. 483º, nº 2, não é, no entanto, possível proceder à aplicação analógica das disposições respeitantes à responsabilidade pelo risco.

3.2. Casos de responsabilidade pelo risco

3.2.1. A responsabilidade do comitente

No art. 500º a lei vem estabelecer a situação da responsabilidade do comitente, referindo no nº 1 que "aquele que encarregar outrem de qualquer comissão responde, independentemente de culpa pelos danos que o comissário causar, desde que sobre este recaia também a obrigação de indemnizar". O nº 2 esclarece, no entanto, que "a responsabilidade do comitente só existe se o facto danoso for praticado pelo comissário, ainda que intencionalmente ou contra as instruções daquele, no exercício da função que lhe estava confiada".

A responsabilidade do comitente é uma responsabilidade objectiva pelo que não depende de culpa sua na escolha do comissário, na sua vigilância ou nas instruções que lhe deu[830]. No entanto, essa responsabilidade objectiva apenas funciona na relação com o lesado (relação externa), já que posteriormente o comitente terá na relação com o comissário (relação interna) o direito a exigir a restituição de tudo quanto pagou ao lesado, salvo se ele próprio tiver culpa, em que se aplicará o regime da pluralidade de responsáveis pelo dano (art. 500º, nº 3). Pode-se, por isso, dizer que esta responsabilidade tem por função específica a garantia do pagamento da indemnização ao lesado, dada a circunstância de os comissários serem pessoas normalmente desprovidas de património susceptível de suportar o pagamento de elevadas indemnizações e, actuando eles no interesse e por conta do comitente, dever caber a este garantir ao lesado a

[830] Ao contrário do que sucede no direito alemão (§ 831 BGB) não se admite entre nós que o comitente possa elidir a responsabilidade através da demonstração de que actuou com diligência exigível no tráfego na escolha ou direcção do comissário.

indemnização[831]. Em consequência, a lei atribui ao lesado uma pretensão directa contra o comitente, em ordem a obter o ressarcimento dos danos causados pelo comissário, que pode exercer isolada ou cumulativamente com a pretensão de indemnização que adquiriu contra o comissário[832].

Temos, assim, instituído legalmente um regime de responsabilidade objectiva do comitente pelos factos danosos praticados pelo seu comissário, que possui os seguintes pressupostos:

a) Existência de uma relação de comissão;
b) Prática de factos danosos pelo comissário no exercício da função;
c) Responsabilidade do comissário.

Examinemos sucessivamente estes requisitos:

a) Existência de uma relação de comissão

Relativamente ao requisito da existência de uma relação de comissão deve-se referir que a expressão comissão não tem aqui o sentido técnico referido no art. 266º do Código Comercial, mas antes o sentido amplo de tarefa ou função realizada no interesse e por conta de outrem, podendo abranger tanto uma actividade duradoura como actos de carácter isolado e tanto actos materiais como jurídicos. A nossa doutrina tem vindo, porém, especialmente por influência da doutrina francesa, a estabelecer a exigência de algumas características específicas na relação de comissão, tais como a liberdade de escolha do comissário pelo comitente e a existência de um nexo de subordinação do comissário ao comitente[833].

831 Cfr. Antunes Varela, *Obrigações*, I, p. 646 e Ribeiro de Faria, *op. cit.*, pp. 19-20.

832 Cfr. Antunes Varela, *Obrigações*, I, p. 639, nota (4).

833 Exigem uma relação de subordinação na responsabilidade do comitente, Antunes Varela, *Obrigações*, I, pp. 640 e ss., Almeida Costa, *Obrigações*, pp. 616-617, Rui de Alarcão, *Obrigações*, p. 252, e Ribeiro de Faria, *Obrigações*, II, p. 12 e Maria da Graça Trigo, "Responsabilidade civil do comitente (ou responsabilidade por facto de terceiro", em FACULDADE DE DIREITO DA UNIVERSIDADE DE COIMBRA (org.), *Comemorações dos 35 anos do Código Civil e dos 25 anos da Reforma de 1977*, III – *Direito das Obrigações*, Coimbra, Coimbra Editora, 2007, pp. 153-169 (157). Dispensa esse requisito Menezes Cordeiro, *Da Boa Fé*, I, p. 638, nota (382), e *Tratado*, II-3, p. 608, embora exija um mínimo de liberdade do comitente na escolha do comissário. Dubitativamente em relação à liberdade de escolha, Antunes Varela, *Obrigações*, I, pp. 641 e ss., sendo esse requisito negado expressamente por Rui de Alarcão, *Obrigações*, p. 255, por Ribeiro de Faria, *Obrigações*, II, p. 14 e por

Não parece, porém, que qualquer destas características seja legalmente exigida para caracterizar o conceito de comissão. Relativamente à liberdade de escolha, trata-se de uma característica que apenas se poderia justificar se a lei tivesse estabelecido a responsabilidade do comitente por *culpa in eligendo*, quando o que a lei estabelece é uma responsabilidade objectiva de garantia da indemnização. A mesma coisa se pode dizer quanto ao nexo de subordinação, cujo exigência faria sentido se a concepção da responsabilidade do comitente se baseasse na doutrina do risco de autoridade. Ora, é manifesto que não é essa a solução do nosso direito, já que a responsabilidade do comitente se mantém mesmo que o comissário desrespeite as suas instruções ou actue intencionalmente (art. 500º, nº 2), bastando que esteja no exercício da função. Não se vê, por isso, qual o sentido de se exigir um nexo de subordinação ou poder de direcção sobre o comissário, se o comitente responde mesmo por actos do comissário que desrespeitem esse vínculo.

Estabelecida esta conclusão parece, no entanto, manifesto que a responsabilidade do comitente não pode surgir relativamente a toda e qualquer prestação de serviços em sentido amplo. Necessário será que a função praticada pelo comissário possa ser imputada ao comitente[834], por os actos nela compreendidos serem praticados exclusivamente no seu interesse e por conta sua, ou seja, suportando ele as despesas e os ganhos dessa actividade. Essa situação acontecerá no âmbito do contrato de trabalho (art. 1152º), mas também no contrato de mandato (art. 1157º) e noutras situações em que os resultados da função confiada ao comissário se repercutam directamente na esfera do comitente.

Já não haverá, porém, comissão nas situações em que, apesar de ser encomendado um serviço a outrem, esse serviço corresponda a uma função autonomamente exercida pelo devedor, a qual não lhe é por isso delegada por um comitente. Estarão neste caso as prestações de serviços em que a actividade é sempre imputada ao próprio devedor, ainda que o resultado dessa actividade seja objecto de uma prestação ao credor, como no depósito (art. 1185º), empreitada (art. 1207º) ou no contrato de transporte.

MARIA DA GRAÇA TRIGO, em FACULDADE DE DIREITO DA UNIVERSIDADE DE COIMBRA (org.), *Comemorações*, p. 157.

[834] Esta ideia está expressa na expressão comitente (do latim *commitens*, "aquele que confia"), que implica que alguém, tendo que desempenhar determinada tarefa, a confiou a outra pessoa. A responsabilidade do comitente por actos do comissário resulta assim de aquele ter confiado a este uma função que originalmente lhe caberia, e da qual continua a tirar proveito.

b) Prática de factos danosos pelo comissário no exercício da função que lhe foi confiada

O segundo requisito da responsabilidade do comitente é o de que a prática de factos danosos pelo comissário se verifique no exercício da função que lhe foi confiada. A razão deste requisito é clara: se a imputação ao comitente se justifica por ele ter confiado ao comissário uma função que lhe cabia desempenhar, não deve a sua responsabilidade extravasar da função que foi efectivamente confiada, funcionando esta assim como delimitação da zona de riscos a cargo do comitente.

A doutrina tem realizado uma interpretação restritiva deste requisito, considerando que a expressão "no exercício da função", exclui os danos causados por ocasião da função, com um fim ou interesse que lhe seja estranho, exigindo-se assim um nexo instrumental entre a função e os danos[835]. Parece-nos, porém, que essa interpretação restritiva retiraria grande parte do alcance à responsabilidade do comitente, e não tem suporte legal, já que a lei apenas se refere à causação de danos no exercício da função, não exigindo também que os danos sejam causados por causa desse exercício. Por outro lado, incluem-se na responsabilização os danos intencionais e os danos causados em desrespeito das instruções, em relação aos quais seguramente se poderia sempre falar de um desvio aos fins pelos quais foi conferida a comissão.

Bastará, por isso, a nosso ver, um nexo etiológico entre a função e os danos, no sentido de que seja no seu exercício que os danos sejam originados. Efectivamente, tirando o comitente proveito da função exercida pelo comissário, é justo que responda por todos os danos que o comissário causa a outrem enquanto exerce essa função. Neste âmbito, naturalmente que se incluirá tanto a situação de o operário deixar cair uma telha, ferindo um transeunte, como também a de o operário que, fumando enquanto trabalha, deixar cair uma ponta de cigarro, provocando um incêndio, uma vez que em ambos os casos os danos são causados no exercício da função, não se justificando distinguir valorativamente as duas situações. Da mesma forma se, por exemplo, o empregado bancário resolver burlar os clientes do banco, naturalmente que se justifica que o banco responda como comitente, ao abrigo do art. 500º.

Note-se que, desde que no exercício da função, a responsabilidade do comitente abrange também os actos intencionais do comissário, ou prati-

[835] Cfr. ANTUNES VARELA, *Obrigações*, I, p. 643 e ALMEIDA COSTA, *Obrigações*, p. 619. Na jurisprudência vide Ac. STJ 12/7/2001 (SILVA SALAZAR), na *CJ* 9 (2001), 3, pp. 27-29.

cados em desrespeito das instruções. Assim, naturalmente que o comitente responderá se o segurança de uma discoteca resolve intencionalmente agredir quem lá pretendia entrar, ou se o operário, conduzindo uma máquina em desrespeito às instruções do comitente vem a provocar danos.

c) desde que sobre o comissário recaia também a obrigação de indemnizar

Finalmente, o último requisito da responsabilidade do comitente é o de que sobre o comissário recaia também a obrigação de indemnizar. A doutrina diverge sobre se para a responsabilidade objectiva do comitente se exige culpa do comissário ou se basta qualquer imputação ao comitente, mesmo que a título de responsabilidade pelo risco ou por factos lícitos. No sentido da primeira solução, pronunciaram-se ANTUNES VARELA, RUI DE ALARCÃO e PEDRO NUNES DE CARVALHO[836]. No sentido da segunda solução pronunciaram-se ALMEIDA COSTA, MENEZES CORDEIRO e SOFIA GALVÃO[837].

A interpretação da lei suscita efectivamente fundadas dúvidas. O nº 1 do art. 500º refere que, para que o comitente responda pelos danos causados pelo comissário, é necessário que sobre este recaia também a obrigação de indemnizar, parecendo admitir por isso que, além do nexo de causalidade entre a conduta do comissário e os danos, apenas se exige que o comissário responda por esses danos a qualquer título. Mas o nº 3 do art. 500º, ao estabelecer o direito de regresso do comitente, parece pressupor a culpa do comissário, já que se estabelece que este direito se exclui se ele tiver "*também* culpa".

A nosso ver, parece que a lei não exigirá uma demonstração efectiva da culpa do comissário, bastando-se o art. 500º, nº 1, com uma culpa presumida[838]. Já parece, porém, duvidosa a possibilidade de aqui serem abrangidas a responsabilidade pelo risco ou por sacrifício praticado pelo comissário. Efectivamente, nos casos de responsabilidade pelo risco, a lei

[836] Cfr. ANTUNES VARELA, *Obrigações*, I, p. 644, RUI DE ALARCÃO, *Obrigações*, p. 255 e PEDRO NUNES DE CARVALHO, "A responsabilidade do comitente", na *ROA* 48 (1998), pp. 85-120 (97 e ss.)

[837] Cfr. ALMEIDA COSTA, *Obrigações*, pp. 617-618, e nota (2), MENEZES CORDEIRO, *Obrigações*, 2º. pp. 373-374, e *Tratado*, II-3, p. 613, e SOFIA DE SEQUEIRA GALVÃO, *Reflexões acerca da responsabilidade do comitente no direito civil português (a propósito do contributo civilista para a dogmática da imputação)*, Lisboa, AAFDL, 1990, pp. 111 e ss.

[838] Cfr. RIBEIRO DE FARIA, *Obrigações*, II, p. 18, nota (2).

quase sempre exige um benefício próprio retirado da actividade (cfr. arts. 502º e 503º), que não pode recair no comitente por intermédio do comissário. Na verdade, ou esse benefício é retirado pelo comitente e então ele responde logo com base nas referidas previsões de risco, ou compete antes ao próprio agente e está por natureza excluída a existência de uma relação de comissão (*tertium genus non datur*). Já na responsabilidade pelo sacrifício o comitente pode responder como beneficiário, no caso de tirar proveito do acto (ex: alguém manda um empregado seu arrombar um carro pertença doutrem para o levar ao hospital), mas essa responsabilidade resultará da aplicação dos critérios do art. 339º, nº 2 e não do artigo 500º.

Para além disso, convém recordar que a lei estabelece a responsabilidade do comitente apenas para garantia do pagamento da indemnização, uma vez que depois cabe ao comitente um direito de regresso integral sobre o autor do dano, a menos que haja concorrência de culpas (art. 500º, nº 3). Ora, esse regime do direito de regresso do comitente adequa-se muito mal aos outros títulos de imputação que recaiam sobre o comissário, onde não se compreenderia qual o critério para estabelecer esse direito de regresso[839], e, mesmo que esse critério fosse estabelecido, qual a razão para o comitente funcionar nesses casos como garante da indemnização.

Por essas razões, damos a nossa adesão à primeira solução.

3.2.2. A responsabilidade do Estado e de outras pessoas colectivas públicas

O art. 501º vem ainda estabelecer que "o Estado e demais pessoas colectivas públicas, quando haja danos causados a terceiro pelos seus órgãos, agentes ou representantes no exercício de actividades de gestão privada, respondem civilmente por esses danos nos termos em que os comitentes respondem pelos danos causados pelos seus comissários". O conteúdo desta norma é essencialmente remissivo, destinando-se a fazer aplicar igualmente o art. 500º quando o comitente seja o Estado ou outra pessoa colectiva pública. No entanto, essa remissão é limitada aos actos de gestão

[839] Menezes Cordeiro, *Obrigações*, 2º. pp. 373-374, resolvia o problema excluindo o direito de regresso do comitente se a imputação ao comissário não é a título de culpa. Essa solução é no entanto claramente contrária ao disposto no art. 500º, nº 3, não se vendo por que razão o comitente deveria responder definitivamente à frente do destinatário da imputação pelo risco. Essa posição foi, porém, alterada em *Tratado*, II-3, p. 614, em que já admite o direito de regresso em relação ao comissário responsável pelo risco.

privada, ou seja, aqueles em que as entidades públicas actuam desprovidas de poderes de autoridade ou *ius imperii*, como no exemplo do militar que conduz um camião ou do funcionário que vai buscar material de escritório. Efectivamente, se a actuação das entidades públicas corresponder ao exercício de poderes de autoridade (a denominada *gestão pública*), já não será aplicável o art. 501º, mas antes o regime da responsabilidade das entidades públicas por danos causados no exercício das funções administrativa, político-legislativa e jurisdicional (cfr. os arts. 22º e 271º da Constituição e a Lei 67/2007, de 31 de Dezembro).

Tratando-se de uma situação de gestão privada, a responsabilidade do Estado e das outras pessoas colectivas públicas é estabelecida nos mesmos termos do art. 500º. Exige-se, assim, também em primeiro lugar uma relação de comissão que, neste caso concreto, pode consistir em o lesante ser órgão (executivo ou deliberativo), agente ou representante do Estado ou de outra pessoa colectiva pública[840]. Para além disso é necessário que o facto danoso tenha sido praticado no exercício da função que competia ao órgão, agente ou representante, ainda que este tenha actuado intencionalmente ou desrespeitado as instruções recebidas. E, finalmente, é necessário que o órgão, agente ou representante possa ser responsabilizado a título de culpa pelos danos sofridos pelo lesado.

3.2.3. Danos causados por animais

O art. 502º vem estabelecer que "quem no seu próprio interesse utilizar quaisquer animais responde pelos danos que eles causarem, desde que os danos resultem do perigo especial que envolve a sua utilização". Neste caso a lei determina a responsabilidade pelo risco do utilizador de animais no seu próprio interesse, depois de no art. 493º, nº 1, ter estabelecido em relação ao vigilante de animais uma responsabilidade por culpa presumida. Naturalmente que nada impede a cumulação das duas responsabilidades, caso em que os dois responderão solidariamente perante o lesado[841].

[840] Os órgãos são as entidades a quem compete exprimir a vontade juridicamente imputável à pessoa colectiva. Os agentes executam essa vontade realizando operações materiais, enquanto os representantes (*hoc sensu*) o fazem mediante a prática de actos jurídicos. Cfr. Antunes Varela, *Obrigações*, I, pp. 649-650.

[841] Cfr. Ribeiro de Faria, *Obrigações*, I, p. 481 e II, p. 28. Conforme defende este autor a repartição da responsabilidade nas relações internas far-se-á ponderando a contribuição para os danos do perigo especial do animal e da culpa do seu vigilante.

O primeiro requisito desta responsabilidade é a utilização dos animais no próprio interesse, o que abrange naturalmente o proprietário dos animais, mas também todos os titulares da faculdade de utilização própria do animal, como o usufrutuário, locatário, comodatário ou o simples possuidor, sendo que a utilização por estes excluirá a responsabilidade daquele. No caso, porém, da locação, parece que tanto o proprietário como o locatário se poderão considerar utilizadores no seu próprio interesse, o primeiro em virtude da percepção do preço locativo e o segundo em virtude da utilização própria do animal[842].

O segundo requisito é que os danos resultem do perigo especial que envolve a utilização do animal, restringindo-se assim a responsabilidade a uma zona de riscos normalmente conexos com a sua utilização. Desta zona de risco não são, por isso, excluídos os casos de força maior (ex: o cavalo que derruba alguém em fuga de um incêndio)[843] nem os factos de terceiro (como na hipótese de o animal ter sido açulado por terceiro), ainda que nesta última possa concorrer também a responsabilidade deste[844]. Já ocorrendo culpa do lesado (ex: alguém, desrespeitando um aviso, vai fazer uma festa a um cão feroz), aplicar-se-á o regime do art. 570º, cabendo ao tribunal decidir se mantém, reduz ou exclui a indemnização. Pelo contrário, estarão excluídos os danos que, embora causados pelo animal, são exteriores aos perigos da sua utilização. Assim, se alguém sofre uma queda por se assustar, ouvindo ladrar um cão preso, que não tinha qualquer hipótese de o atingir, não haverá qualquer responsabilidade do dono do animal[845].

[842] Cfr. Antunes Varela, *Obrigações*, I, pp. 652-653.

[843] No sentido de que a aplicação do art. 502º não é excluída por situações de força maior, cfr. o Ac. STJ 17/6/2003 (Oliveira Barros), em *CJ-ASTJ* 11 (2003), 2, pp. 115-117, referente a um caso de um rebanho de ovelhas que um temporal faz fugir para uma linha férrea, provocando o descarrilamento de um comboio.

[844] Cfr. Antunes Varela, *Obrigações*, I, p. 654.

[845] No Ac. STJ 23/4/2009 (Oliveira Vasconcelos), em *CJ-ASTJ* 17 (2009), 2, pp. 41-44, considerou-se igualmente não se poder responsabilizar com base no art. 502º o dono de um cão de caça pelo facto de o animal pisar uma arma carregada deixada no chão por outro caçador, uma vez que tal não constitui perigo especial resultante da utilização do animal.

3.2.4. Danos causados por veículos

3.2.4.1. Danos causados por veículos de circulação terrestre

A) Pressupostos da responsabilidade pelo risco

O art. 503º, nº 1, estabelece que "aquele que tem a direcção efectiva de qualquer veículo de circulação terrestre e o utilizar no seu próprio interesse, ainda que por intermédio de comissário, responde pelos danos provenientes dos riscos próprios do veículo, mesmo que este não se encontre em circulação". Temos assim uma responsabilidade objectiva do utilizador de veículos, limitada aos riscos próprios do veículo, responsabilidade essa que, em relação a veículos a motor, reboques ou semi-reboques, a lei obriga que seja previamente garantida por um seguro de responsabilidade civil automóvel, sem o que o próprio veículo não pode sequer circular[846].

Antes de tudo a responsabilidade pelo risco recai sobre aquele que tiver a direcção efectiva de veículo de circulação terrestre e o utilizar no seu próprio interesse, ainda que por intermédio de comissário.

A expressão "direcção efectiva do veículo" significa ter um poder de facto, ou exercer contrôle sobre o veículo[847], independente da titularidade ou não de algum direito sobre o mesmo. Assim, terão a direcção efectiva do veículo não apenas os seus detentores legítimos, como o proprietário, usufrutuário, locatário e comodatário, mas também os detentores ilegítimos, como o ladrão que procede ao roubo, furto ou furto de uso do veículo. Pelo contrário, sempre que falte esse poder de facto, excluir-se-á a direcção efectiva, como no caso do proprietário a quem o veículo foi furtado, o cliente do serviço de táxi ou o aluno durante as aulas de condução. Apesar de se tratar de um caso de responsabilidade objectiva, a lei parece vir exigir a imputabilidade do agente, nos termos do art. 503º, nº 2,

[846] O regime do seguro de responsabilidade civil automóvel consta presentemente do D.L. 291/2007, de 21 de Agosto, alterado pelo Decreto-Lei 153/2008, de 6 de Agosto. Nos termos desse regime, a obrigação de seguro recai sobre o proprietário do veículo, usufrutuário, adquirente sob reserva de propriedade e locatário financeiro (art. 6º). O capital mínimo seguro era inicialmente de € 1 200 000 por acidente para os danos corporais, e de € 600 000 por acidente para os danos materiais, montantes que foram sendo sucessivamente elevados respectivamente para € 2 500 000 e € 750 000, a partir de 2009 e para € 5 000 000 e € 1 000 000 a partir de 2012, sendo a partir desta data revistos de 5 em 5 anos (art. 12º). No caso de transportes colectivos e provas desportivas o capital mínimo obrigatoriamente seguro corresponde respectivamente a duas e oito vezes aqueles montantes, com o limite, por lesado, dos mesmos montantes simples (art. 13º).

[847] Esta expressão não corresponde por isso a estar a conduzir o veículo.

por considerar que os inimputáveis não estão em condições de exercer poderes de facto sobre o veículo. Estes responderão apenas nos já referidos termos do art. 489º.

Já a expressão "o utilizar no próprio interesse, ainda que por intermédio de comissário" destina-se a excluir da responsabilidade objectiva, prevista no art. 503º, nº 1, aqueles que conduzem o veículo por conta de outrem (comissários), esclarecendo que nesses casos essa responsabilidade objectiva recai antes sobre o próprio comitente[848].

Relativamente aos veículos abrangidos, a lei refere que são todos os de circulação terrestre, nos quais se inclui expressamente não apenas a circulação rodoviária, mas também a circulação ferroviária (art. 508º, nº 3). Assim, quaisquer veículos que circulem em terra, como automóveis, motocicletas, bicicletas, comboios, carros eléctricos, ou carruagens de metropolitano deverão considerar-se incluídos nesta disposição.

Em relação aos danos abrangidos por esta responsabilidade, a lei refere que são "os danos provenientes dos riscos próprios do veículo, ainda que este não se encontre em circulação". Abrangem-se aqui, portanto, não apenas todos os danos resultantes da circulação do veículo, quer em via pública, quer em recintos privados (como o atropelamento de pessoas, embate contra coisas, ou colisão com outros veículos), mas também os danos causados pelo veículo quando imobilizado (incêndio por curto-circuito do motor ou colocação do veículo em andamento por avaria no sistema de travões).

B) Casos de exclusão da responsabilidade

Conforme resulta do art. 505º, para além de se manter a aplicação do regime da culpa do lesado (art. 570º), a responsabilidade pelo risco é excluída sempre que o acidente seja "imputável ao próprio lesado, ou a terceiro, ou quando resulte de causa de força maior estranha ao funcionamento do veículo". Haverá que procurar delimitar estes casos de exclusão da responsabilidade pelo risco.

Em primeiro lugar, a responsabilidade pelo risco é excluída sempre que o acidente seja imputável ao próprio lesado. A expressão "imputável" não significará neste caso que seja exigível a culpa do lesado, sendo, porém,

[848] No sentido de que a propriedade do veículo faz presumir a direcção efectiva e a utilização no seu próprio interesse, vide Ac. STJ 6/12/2001 (Ribeiro Coelho) na *CJ-ASTJ* 9 (2001), 3, pp. 141-143.

necessário que a sua conduta tenha sido a única causa do dano[849]. Assim, os comportamentos automáticos, ditados por medo invencível ou por reacções instintivas, os actos de inimputáveis e os eventos fortuitos relativos ao lesado (desmaios ou quedas) serão também determinantes da exclusão da responsabilidade pelo risco[850], uma vez que nesse caso o acidente deixa de se poder considerar como um risco próprio do veículo e passa a ser devido exclusivamente a outros factores.

A lei não esclarece, porém, o que sucede havendo concorrência de causalidade em relação ao dano entre o facto do lesado e a condução do veículo. Se o lesado tiver actuado sem culpa, parece que a responsabilidade pelo risco (ou culpa) do condutor do veículo não é excluída. Se se verificasse a culpa concorrente do lesado com a culpa do condutor aplicar-se-ia o regime do art. 570º. A questão principal reside, porém, na hipótese de, não se demonstrando a culpa do condutor, a culpa do lesado concorrer com o risco próprio do veículo. Parece que nesse caso, será excluída a responsabilidade do condutor do veículo, não só porque aponta nesse sentido a redacção abrangente do art. 505º, mas também porque, em face do art. 570º, nº 2, a culpa do lesado exclui o dever de indemnizar em caso de culpa presumida, pelo que não faria sentido que tal não sucedesse perante a responsabilidade pelo risco[851].

Para além disso, a responsabilidade será excluída sempre que o acidente seja imputável, nos mesmos termos, a terceiro. Também neste caso não se

[849] Cfr. Pereira Coelho, *Obrigações*, p. 170, notas (2) e (4), Pires de Lima/Antunes Varela, *op. cit.*, I, pp. 518-519, Almeida Costa, *Obrigações*, p. 638.

[850] Cfr. Brandão Proença, *A conduta*, pp. 268-269.

[851] É esta a posição tradicional na nossa doutrina. Cfr. Pires de Lima/Antunes Varela, *op. cit.*, I, pp. 517-518, Antunes Varela, *Obrigações*, I, p. 677, Menezes Cordeiro, *Obrigações*, 2º, p. 387, Rui de Alarcão, *Obrigações*, p. 278. Em sentido contrário, vide Vaz Serra, "Fundamento da responsabilidade civil (Em especial responsabilidade por acidentes de viação terrestre e por intervenções lícitas", no *BMJ* 90 (1959), pp. 5-322 (162 e ss.), Brandão Proença, *A conduta*, pp. 811 e ss. e "Responsabilidade pelo risco do detentor do veículo e conduta do lesado: a lógica do "tudo ou nada"? – Ac. STJ de 6.11.2003", em *CDP* 7 (Julho/Setembro 2004), pp. 25-31 e João Calvão da Silva, "Anotação Ac. STJ 4/10/2007 (Concorrência entre risco do veículo e facto do lesado: o virar da página?", em *RLJ* 137 (2007), pp. 49-64. No Ac. STJ 20/1/2009 (Salazar Casanova), em *CJ-ASTJ* 17 (2009), 1, pp. 62-66 considerou-se excluir a responsabilidade pelo risco do condutor do veículo pelo atropelamento o facto de o peão ter atravessado a via à saída de um túnel. Da mesma forma, no Ac. RC 7/2/2012 (Fontes Ramos), em *CJ* 37 (2012), 1, pp. 32-36, considerou-se excluir a responsabilidade pelo risco o facto de o peão se ter atravessado á frente do veículo a curta distância.

exigirá um acto culposo do terceiro, bastando que um facto a ele respeitante seja considerado a única causa do dano em termos tais que não se possa atribuir este a risco próprio do veículo. Neste caso, a reponsabilidade pelo risco do condutor de veículos é excluída, podendo o terceiro responder, quer a título de culpa pessoal, quer a outro título (como no caso de o terceiro deixar escapar um animal que utiliza no seu próprio interesse – art. 502º – ou cuja vigilância assumiu – art. 493º, nº 1)[852]. Caso haja culpa concorrente do condutor com a responsabilidade do terceiro, ambos responderão solidariamente perante o lesado (arts. 497º e ss.).

Finalmente, a responsabilidade pelo risco será excluída sempre que o acidente resulte de causa de força maior estranha ao funcionamento do veículo. Por causa de força maior, entende-se aqui o acontecimento imprevisível, cujas consequências não podem ser evitadas, exigindo-se, porém, que esse acontecimento seja exterior ao funcionamento do veículo. Assim, circunstâncias relativas ao funcionamento do veículo, ainda que provocados por um facto externo, como a derrapagem, o rebentamento de pneus, a quebra da direcção ou o incêndio por curto-circuito do motor não excluem a responsabilidade pelo risco[853]. Essa exclusão, porém, ocorrerá, se o veículo for projectado por um ciclone ou arrastado por uma inundação, uma vez que essas circunstâncias não se podem considerar riscos da utilização do veículo.

C) Beneficiários da responsabilidade

Relativamente aos beneficiários da responsabilidade pelo risco, a lei vem esclarecer que esta tanto aproveita a terceiros, como às pessoas transportadas (art. 504º, nº 1), abrangendo assim tanto os que se encontravam fora do veículo como dentro dele (exs: motorista, maquinista, assistente de viagem, cobrador de bilhetes)[854]. No caso de transporte por virtude de contrato, no entanto, a responsabilidade só abrange os danos que atinjam a própria pessoa e as coisas por ela transportadas (art. 504º, nº 2), sendo por isso excluídos da responsabilidade objectiva os danos em coisas

[852] Cfr. Antunes Varela, *Obrigações*, I, p. 681.

[853] Cfr. Pires de Lima/Antunes Varela, *op. cit.*, I, p. 519 e Antunes Varela, *Obrigações*, I, p. 681.

[854] O próprio proprietário e segurado pode ser considerado beneficiário da responsabilidade enquanto passageiro relativamente a acidente de viação em que interveio o veículo. Neste sentido, cfr. Ac. STJ 20/1/2010 (Abílio Carvalho), em *CJ-ASTJ* 18 (2010), 1, pp. 27-28.

não transportadas com a pessoa e os danos reflexos sofridos pelas pessoas referidas nos arts. 495º, nºs 2 e 3, e 496º, nºs 2 e 3. No caso de transporte gratuito, a responsabilidade apenas abrange os danos pessoais da pessoa transportada (art. 504º, nº 3)[855], sendo, portanto, nesse caso ainda excluídos os danos nas coisas transportadas com a pessoa. A lei vem ainda referir no art. 504º, nº 4, que são nulas as cláusulas que excluem ou limitem a responsabilidade do transportador pelos acidentes que atinjam a pessoa transportada, o que *a contrario* parece permitir que no contrato as partes excluam ou limitem a responsabilidade do transportador pelos danos que atingem as coisas transportadas[856].

D) Limites da responsabilidade pelo risco

É de salientar que a responsabilidade pelo risco se encontra sujeita a limites máximos de indemnização. Efectivamente, dispõe o art. 508º, nº 1 (redacção do D.L. 59/2004 de de 19/3), que "a indemnização fundada em acidente de viação, quando não haja culpa do responsável, tem como limites máximo o capital mínimo do seguro obrigatório de responsabilidade civil automóvel". "Se o acidente for causado por veículo utilizado no transporte colectivo, a indemnização tem como limite máximo o capital mínimo do seguro obrigatório de responsabilidade civil automóvel estabelecido para os transportes colectivos" (art. 508º, nº 2, na redacção do D.L. 59/2004, de 19/3). "Se o acidente for causado por veículo utilizado em transporte ferroviário, a indemnização tem como limite máximo o capital mínimo do seguro automóvel estabelecido para essa situação em legislação especial" (art. 508º, nº 3, na redacção do D.L. 59/2004, de 19/3).

Uma vez que, nos termos do art. 12º do D.L. 291/2007, de 21 de Agosto, o capital mínimo seguro é, em geral de € 1 200 000 por acidente para os danos corporais, e de € 600 000 por acidente para os danos materiais, montantes que foram elevados respectivamente para € 2 500 000 e € 750 000,

[855] Anteriormente, no caso de transporte gratuito era excluída a responsabilidade pelo risco, admitindo-se apenas a responsabilidade por culpa do transportador. A actual extensão a este caso da responsabilidade pelo risco, ainda que limitada aos danos pessoais do transportado, foi efectuada pelo D.L. 14/96, de 6 de Março, para harmonização com a Directiva 90/232/CEE, de 14 de Maio de 1990, que estendeu a protecção do seguro de responsabilidade civil automóvel aos danos de todos os passageiros do veículo, incluindo os transportados gratuitamente, excluindo apenas o condutor.

[856] Cfr. Ribeiro de Faria, *Obrigações*, II, p. 59.

a partir de 2009 e para € 5 000 000 e € 1 000 000 a partir de 2012, passaram a ser esses os limites máximos da responsabilidade pelo risco[857].

E) A hipótese de ocorrência de responsabilidade por culpa

A previsão da responsabilidade pelo risco nos acidentes causados por veículos não dispensa a necessidade de se averiguar se existe ou não culpa do condutor do veículo. Efectivamente, nesse caso, a sua responsabilidade rege-se pelas regras gerais (art. 483º), pelo que não estará sujeita a um limite máximo, abrangendo antes todos os danos sofridos pelo lesado (arts. 562º e ss.)[858].

A responsabilidade por culpa do condutor do veículo tem, porém, de acordo com as regras gerais, que ser provada pelo lesado (art. 487º, nº 1), a menos que se possa considerar a condução de veículos inserida nalgumas das situações que origine a presunção de culpa do agente. Durante bastante tempo foi sustentada a doutrina de que a condução de veículos consistiria numa actividade perigosa por sua própria natureza, o que nos termos do art. 493º, nº 2, permitiria fazer recair sobre o condutor de veí-

[857] Antes do D.L. 59/2004, de 19/3, chegou a ser equacionada a hipótese de o art. 508º ter sido tacitamente revogado pelo art. 1º, nº 2 da Segunda Directiva 84/5/CEE do Conselho, de 30 de Dezembro de 1983, relativa à aproximação das legislações dos Estados-Membros respeitantes ao seguro de responsabilidade civil que resulta da circulação de veículos automóveis, uma vez que estabelecia limites máximos de responsabilidade muito inferiores ao capital mínimo do seguro obrigatório. A posição que defendemos em anterior edição desta obra é a de que essa revogação não se tinha verificado, o que se veio a confirmar pela necessidade de alteração legislativa, entretanto concretizada. Também no sentido da não revogação do art. 508º, cfr. Ac. RP 14/3/2002 (Gonçalo Silvano) em *CJ* 27 (2002), 2, pp. 183-189, Ac. RG 19/6/2002 (Leonel Serôdio), em *CJ* 27 (2002), 3, pp. 288-293, Ac. RG 7/10/2002 (Narciso Machado), em *CJ* 27 (2002), 4, pp. 278-281, Ac. STJ 9/5/2002 (Ribeiro Coelho), em *CJ-ASTJ* 10 (2002), 2, pp. 55-58 e Ac. STJ 17/6/2003 (Pinto Monteiro), em *CJ-ASTJ* 11 (2003), 2, pp. 121-122. Em sentido contrário, vide o Ac. STJ 13/2/2003 (Quirino Soares), com voto de vencido de Araújo Barros, em *RLJ* 134 (2001), pp. 192-197, com anotação favorável de Calvão da Silva, a pp. 197-202 e desfavorável de Nuno Manuel Pinto Oliveira, "Em tema de revogação do art. 508º do Código Civil – Ac. do STJ de 13.2.2003, Rev. 4591/02", em *CDP* nº 4 (Outubro/Dezembro 2003), pp. 47-67. Cfr. ainda, sobre a questão, Nuno Manuel Pinto Oliveira, "Revogação tácita do art. 508º do Código Civil?" em *SI*, tomo 51, nº 292 (Janeiro-Abril 2002), pp. 97-109, e Pedro Branquinho Ferreira Dias, "Os limites máximos de responsabilidade pelo risco, em matéria de acidentes de viação", na *RMP* ano 24, nº 93 (Janeiro-Março 2003), pp. 87-99.

[858] Admite-se, porém, conforme se referiu, a fixação da indemnização abaixo dos danos sofridos na hipótese de mera culpa (art. 494º).

culos a presunção de culpa, caso se verificassem acidentes[859]. No entanto, pelo Assento do STJ 1/80, de 21/11/1979 (SANTOS VICTOR) foi fixada a doutrina de que "o disposto no art. 493º, nº 2 do Código Civil não tem aplicação em matéria de acidentes de circulação terrestre"[860], interpretação que implica que na condução de veículos o lesado só beneficie em geral da responsabilidade pelo risco, já que a obtenção de uma indemnização com base na culpa dependerá das possibilidade que tenha de provar a culpa do agente (art. 487º, nº 1). Parece, no entanto, que se poderá efectuar uma interpretação restritiva desta doutrina em ordem a considerar como actividade perigosa certos tipos de condução de veículos, como as provas desportivas de condução[861], a condução de empilhadoras[862], o transporte de materiais explosivos ou inflamáveis e a condução sob influência do álcool.

Encontra-se, no entanto, consagrado na lei um caso de responsabilidade por culpa presumida no domínio da condução de veículos, que corresponde à condução de veículo por conta doutrem. Efectivamente, refere-nos o art. 503º, nº 3, que "aquele que conduzir o veículo por conta doutrem responde pelos danos que causar, salvo se provar que não houve culpa da sua parte; se, porém, o conduzir fora das suas funções de comissário responde nos termos do nº 1". Desta norma resulta, em primeiro lugar, que o comissário só é responsável pelo risco, nos termos do art. 503º, nº 1, se conduzir o veículo fora das suas funções de comissário, uma vez que só nessa situação se encontra preenchido o requisito da utilização do veículo no interesse próprio. Em todos os outros casos, a responsabilidade pelo risco prevista nesta disposição é atribuída ao comitente, que tem a direcção efectiva do veículo e o utiliza do seu próprio interesse, ainda que por intermédio do comissário[863].

[859] Defendeu convictamente essa posição Joaquim de Sousa Ribeiro, *O ónus da prova da culpa na responsabilidade civil por acidentes de viação*, Coimbra, Separata dos Estudos em Homenagem ao Prof. Doutor José Joaquim Teixeira Ribeiro, 1980. A esta posição veio recentamente aderir Maria da Graça Trigo, "Das presunções de culpa no regime de responsabilidade civil por acidentes de viação", em *CDP* nº 32 (Outubro-Dezembro 2010), pp. 22-44 (40 e ss.).

[860] Cfr. Assento do STJ 1/80, de 21/11/1979 (Santos Victor), publicado no D.R. I Série de 29 de Janeiro de 1980, pp. 72-76.

[861] Neste sentido, vide o Ac. RE 29/11/2001 (Tavares Paiva) na *CJ* 26 (2001), 5, pp. 251-253, relativo ao *karting*.

[862] Neste sentido, cfr. Ac. STJ 17/6/2010 (Salazar Casanova), em *CJ-ASTJ* 18 (2010), 2, pp. 109-112.

[863] Numa solução que não podemos acompanhar, o Ac. STJ 19/6/2008 (Custódio Montes), em *CJ* 16 (2008), 2, pp. 115-117, exclui, no entanto, a aplicação do art. 503º, nº 3, aos casos em que o titular de um órgão de pessoa colectiva conduz um veículo desta.

No entanto, o art. 503º, nº 3, vem estabelecer uma presunção de culpa do comissário pelos danos causados, o que permite ao comitente, caso o comissário não vier a elidir essa presunção, exercer contra ele o direito de regresso pela indemnização que tiver pago ao lesado com fundamento na responsabilidade pelo risco. Discutiu-se, porém, na doutrina se o próprio lesado poderia com base nessa presunção demandar directamente o comissário com fundamento na sua culpa presumida, o que, além de excluir a aplicação a ele dos limites do art. 508º, permitiria ainda responsabilizar o comitente nos mesmos termos ao abrigo do art. 500º. Rodrigues Bastos negou essa possibilidade com fundamento de que a presunção de culpa do art. 503º, nº 3 valeria apenas no âmbito das relações internas, entre comitente e comissário, não funcionando nas relações externas entre o comissário e o lesado, no que foi acompanhado por alguma jurisprudência[864], tendo essa posição sido inicialmente seguida por Menezes Cordeiro[865], que, no entanto, viria posteriormente a abandoná-la[866]. Mas a maioria da doutrina, onde se encontravam os nomes de Antunes Varela, Almeida Costa, Rui de Alarcão, Sinde Monteiro e Sousa Ribeiro defendeu sempre claramente que a presunção de culpa do art. 503º, nº 3 tem alcance externo, ou seja, é eficaz perante o lesado[867]. A solução maioritária foi depois consagrada no Assento 1/83, de 29 de Abril de 1983 (Licurgo dos Santos), que veio fixar a doutrina de que "a primeira parte do nº 3 do art. 503º estabelece uma presunção de culpa do condutor do veículo por conta doutrem pelos danos que causar, aplicável nas relações entre ele como lesante e o titular ou titulares do direito a indemnização"[868].

A lei faz assim recair sobre o comissário, em lugar da responsabilidade pelo risco, uma presunção de culpa, respondendo ele assim por todos os

[864] Cfr. Rodrigues Bastos, "Voto de vencido ao Ac. STJ de 4/5/1976", no *BMJ* 257 (1976), pp. 123-124. A sua posição foi posteriormente aceite nos Ac. RE/11/11/1976 (Valadas Preto) na *CJ* I (1976), 3, pp. 729-732, Ac. RC 7/6/1978, no BMJ 279, p. 269 e Ac. STJ 19/10/1978 (Rodrigues Bastos) no *BMJ* 280 (1978), pp. 272-277.

[865] Cfr. Menezes Cordeiro, *Obrigações*, 2º, p. 386, nota (228).

[866] Cfr. Menezes Cordeiro, *Tratado*, II-3, pp. 669 e 671.

[867] Cfr. Antunes Varela, *Obrigações*, I, pp. 659 e ss., Almeida Costa, *Obrigações*, pp. 632 e ss. e nota (2), Rui de Alarcão, *Obrigações*, p. 265, Sinde Monteiro, *Estudos*, p. 71, nota, Sousa Ribeiro, *O ónus*, pp. 63 e ss.

[868] Cfr. Assento STJ 1/83, de 29/4/1983 (Licurgo dos Santos), em D.R. I Série de 28/6/1983 (Suplemento), pp. 2328 (1)-2328 (4).

danos causados sem qualquer limite[869], a menos que prove não ter actuado culposamente (art. 503º, nº 3). Naturalmente que esta situação envolve um tratamento discriminatório do condutor por conta doutrem em relação aos restantes condutores, que a doutrina tem justificado com o fundamento de que há na condução por conta doutrem tanto um perigo sério de afrouxamento na vigilância do veículo, uma vez que ele é habitualmente conduzido por quem não é o seu proprietário, como um perigo sério de fadiga do comissário que tenderá a conduzi-lo horas seguidas. Para além disso, sendo os condutores por conta doutrem normalmente condutores profissionais, a eles se deve exigir uma perícia especial no exercício da condução, podendo com facilidade elidir a presunção de culpa[870].

A aplicação da presunção de culpa depende, no entanto, da demonstração da existência de uma relação de comissão entre o condutor do veículo e o seu proprietário, não se presumindo como comissário qualquer condutor não proprietário do veículo. Esta solução resulta claramente do Acórdão de Unifomização de Jurisprudência de 30/4/1996, o qual estabeleceu que "o dono do veículo só é responsável, solidariamente, pelos danos causados pelo respectivo condutor, quando se alegue e prove factos que tipifiquem uma relação de comissão, nos termos do art. 500º, nº 1, entre o dono do veículo e o condutor do mesmo"[871]. A jurisprudência considerou, no entanto, como comissário o sócio-gerente de uma sociedade que conduz um automóvel pertencente à mesma[872].

F) A colisão de veículos

O art. 506º vem regular em termos específicos no âmbito do regime dos acidentes de veículos, a situação da colisão de veículos. Compreende-se que assim aconteça, uma vez que nessa situação ocorre a possibilidade de, com base no art. 503º, nº 1, se estabelecer a imputação do acidente a qual-

[869] É manifesto que, estando em causa uma responsabilidade do comissário por culpa presumida, ela não poderia estar sujeita aos limites do art. 508º. Neste sentido, dispôs expressamente o Assento nº 7/94, de 2/3/1994, publicado no D.R. I Série de 28/4/1994, pp. 2061-2063.

[870] Cfr. Antunes Varela, *Obrigações*, I, pp. 662-663..

[871] Cfr. AUJ de 30/4/1996, publicado no *BMJ* nº 456 (1996), p. 19, e no *DR* II Série, de 24/6/1996. Em sentido concordante, veja-se na doutrina Maria da Graça Trigo, *CDP* nº 32 (Outubro-Dezembro 2010), p. 30.

[872] Cfr. neste sentido, Ac. STJ 5/7/2012 (Álvaro Rodrigues), em *CJ-ASTJ* 20 (2012), 2, pp. 178-181.

quer dos condutores, o que justifica que a lei venha apresentar critérios para resolver esse conflito de imputações com base no risco.

A solução que resulta do art. 506º, nº 1, é a de que se apenas um dos condutores tiver culpa no acidente, deve ser ele a responder exclusivamente pelos danos causados. Já se "nenhum dos condutores tiver culpa no acidente, a responsabilidade é repartida na proporção em que o risco de cada um dos veículos houver contribuído para os danos", ou seja, havendo uma concausalidade de ambos os veículos em relação aos danos sofridos, averiguar-se-á se algum dos veículos causou mais danos que o outro – o que naturalmente acontecerá se um dos veículos for mais pesado do que o outro ou circular a uma velocidade superior à deste – atribuindo-se ao seu detentor a proporção correspondente na repartição da responsabilidade pelos danos. Se, porém, "os danos forem causados somente por um dos veículos, sem culpa de nenhum dos condutores, só a pessoa por eles responsável é obrigada a indemnizar". Ou seja, se, independentemente da apreciação da culpa dos condutores, apenas um dos veículos tiver causado os danos (como na hipótese de um dos veículos ter embatido na parte traseira do outro), a responsabilidade pelo risco só surge em relação ao causador dos danos.

A lei estabelece ainda no nº 2 do art. 506º que "em caso de dúvida, considera-se igual a contribuição de cada um dos veículos para os danos, bem como a contribuição da culpa de cada um dos condutores", estabelecendo-se assim, como regra geral, a ideia de uma repartição igualitária dos danos[873].

Uma dúvida que se colocou, porém, na doutrina diz respeito ao problema de averiguar se a presunção de culpa estabelecida no art. 503º, nº 3, era igualmente aplicável à hipótese da colisão de veículos referida no art. 506º. Mais precisamente colocava-se a questão de determinar se, ocorrendo a colisão de veículos em que um veículo era conduzido por um condutor por conta de outrem e o outro por um condutor que conduzia no seu próprio interesse, e não se provasse a culpa de qualquer dos condutores, se deveria aplicar o critério da contribuição causal do risco dos veículos para

[873] No Ac. TJUE de 17/3/2011. processo C-484/09, na *CJ-ASTJ* 19 (2011), 1, pp. 18-22 foi considerado que esta disposição nacional não infringia os arts. 3º, nº 1 da Primeira Directiva 72/166/CEE do Conselho, de 24 de Abril de 1972, 2º, nº 1, da Segunda Directiva 84/5/CEE do Conselho, de 30 de Dezembro de 1983, e 1º da Terceira Directiva 90/232/CEE do Conselho, de 14 de Maio de 1990, relativas ao seguro de responsabilidade civil automóvel.

os danos, ou, pelo contrário, presumir culpado o condutor por conta doutrem, ao abrigo do art. 503º, nº 3. A solução que nos parece preferível seria a correspondente à primeira solução. Efectivamente, a presunção de culpa do art. 503º, nº 3 faz todo o sentido, quando se trata de dispensar o lesado de provar a culpa do comissário, mas já nos parece fazer muito pouco sentido, quando se trata de discutir os critérios de repartição da responsabilidade entre dois condutores causadores dos danos. Fazer presumir a culpa de um deles nesse caso, corresponde na prática a atribuir-lhe a responsabilidade integral pela colisão, e excluir da zona de riscos a cargo de quem conduz o veículo no interesse próprio a colisão com um veículo conduzido por conta doutrem, o que nos parece claramente injustificado. Para além disso, o elemento sistemático que justifica a autonomização da *facti species* da colisão de veículos no art. 506º, parece apontar no sentido da não aplicação a este caso da disposição do art. 503º, nº 3. Finalmente, a solução oposta pode conduzir a situações iníquas como, por exemplo, perante um choque entre dois veículos, um conduzido por um comissário no exercício das suas funções e outro por um comissário em abuso delas, presume-se a culpa do primeiro para isentar de responsabilidade o segundo[874].

A posição que veio a constituir jurisprudência uniformizada no Supremo Tribunal de Justiça foi, porém, a que a presunção de culpa do art. 503º, nº 3 é aplicável na hipótese da colisão de veículos referida no art. 506º. Esta posição já estava de algum modo subjacente ao Assento 1/83, de 29 de Abril de 1983 (Licurgo dos Santos), uma vez que, apesar de tal não se encontrar expressamente referido no texto do assento, o caso *sub judice* consistia precisamente na colisão entre um veículo conduzido por conta doutrem e um veículo conduzido por conta própria, tendo o Pleno do Supremo Tribunal de Justiça considerado que recaía sobre o primeiro condutor a presunção de culpa do art. 503º, nº 3, o que levou a doutrina a considerar que a fixação de jurisprudência abrangia igualmente essa solução[875]. Anos mais tarde, porém, o Supremo reafirmou agora *expressis verbis* esse entendimento, referindo no Assento 3/94, de 26 de Janeiro de 1994 (Fernando Fabião), que "a responsabilidade por culpa presumida do comissário, estabelecida no art. 503º, nº 3, primeira parte do Código

[874] Cfr. Sousa Ribeiro, *O ónus*, pp. 132 e ss. e Rui de Alarcão, *Obrigações*, p. 277.

[875] Cfr. Rui de Alarcão, *Obrigações*, pp. 276-277, que apesar de não considerar feliz a decisão do Supremo defendeu que não se poderia duvidar ter sido igualmente fixada a jurisprudência nesse sentido.

Civil, é aplicável no caso de colisão de veículos prevista no art. 506º, nº 1, do mesmo Código"[876]. Este entendimento corresponde por isso actualmente à posição maioritária da doutrina[877].

Assim, no caso de ocorrer uma colisão de veículos em que um dos condutores conduz o veículo por conta de outrem, já não se aplicará a solução do art. 506º, nº 2, presumindo-se a culpa do comissário na verificação do acidente, nos termos do art. 503º, nº 3. Já no caso de ambos os condutores conduzirem o veículo por conta doutrem, haverá uma concorrência de presunções de culpa, pelo que, na ausência de outros elementos de prova, se deverá considerar como igual a medida da culpa de ambos os condutores na verificação do acidente[878].

G) *Pluralidade de responsáveis pelo dano*

Por força da aplicação dos critérios acima referidos pode suceder que no âmbito de um acidente de viação surjam vários responsáveis pelo dano, quer quando o acidente é causado por vários veículos, quer quando, sendo causado por um, concorram vários tipos de imputação no caso concreto (por exemplo, o locador e o locatário do veículo respondem ambos de acordo com a responsabilidade pelo risco; já o comitente responde pelo risco, enquanto o comissário é sujeito à responsabilidade por culpa).

A lei vem resolver essa questão estabelecendo a solidariedade dos vários responsáveis pelo dano, ao referir no art. 507º, nº 1, que "se a responsabilidade pelo risco recair sobre várias pessoas todas respondem solidariamente pelos danos, mesmo que haja culpa de alguma ou algumas". Neste caso, o art. 507º, nº 2, determina que a repartição da responsabilidade no âmbito das relações internas estabelece-se, sendo todos apenas responsáveis pelo risco, "de harmonia com o interesse de cada um na utilização do veículo". Se, no entanto, "houver culpa de algum ou alguns apenas os culpados respondem, sendo aplicável quanto ao direito de regresso, entre eles, ou em relação a eles, o disposto no nº 2 do art. 497º".

[876] Cfr. Assento STJ 3/94, de 26 de Janeiro de 1994 (Fernando Fabião), publicado em D.R. I Série de 19 de Março de 1994, pp. 1399-1342.

[877] Cfr. Antunes Varela, *Obrigações*, I, p. 682, nota (3), Almeida Costa, *Obrigações*, p. 644, nota (2). Propugnando por uma aplicação mais restrita desta solução, face às iniquidades a que pode conduzir, Ribeiro de Faria, *Obrigações*, II, pp. 41 e ss.

[878] Neste sentido, cfr. Ac. STJ 27/4/1993 (Martins da Costa), no *BMJ* 426 (1993), pp. 471-477 e Ac. STJ 9/3/2010 (Moreira Alves), em *CJ-ASTJ* 18 (2010), 1, pp. 115-119.

Assim, no caso de pluralidade de responsáveis pelo risco, é aquele que tem maior interesse na utilização do veículo que suporta a maior parte da indemnização, o qual será, por exemplo, o locatário, no caso da locação de veículos. Havendo, porém, culpa de algum dos responsáveis, como na hipótese de o locador não ter feito no veículo as revisões que lhe competiam, competirá no fim a responsabilidade exclusivamente a quem actuou com culpa. Assim, se foi o responsável culpado que pagou a indemnização não terá qualquer direito de regresso. Se foi outrem, poderá exercer o direito de regresso em relação ao responsável culpado pela totalidade da indemnização.

3.2.4.2. Danos causados por outros veículos

Conforme se referiu, a responsabilidade pelo risco por acidentes de veículos, prevista nos arts. 503º e ss. do Código Civil é limitada a veículos de circulação terrestre. Não deixa de existir, no entanto, consagrada em legislação especial uma responsabilidade pelo risco em relação a outros veículos, como sucede com as embarcações de recreio, aeronaves e ultraleves. Já em relação aos navios, a regra continua a ser a responsabilidade por culpa, ainda que se preveja uma responsabilidade objectiva do proprietário ou armador pelos danos causados por acções ou omissões das pessoas que se encontrem ao serviço do navio.

Examinaremos brevemente esses regimes:

A) Embarcações de recreio

A náutica de recreio encontra-se regulada pelo Regulamento da Náutica de Recreio, aprovado pelo Decreto-Lei 124/2004, de 25 de Maio. Este regulamento abrange assim as embarcações de recreio (ER), definidas no art. 2º, *a)*, como "todo o engenho ou aparelho, de qualquer natureza, utilizado ou susceptível de ser utilizado como meio de deslocação de superfície na água em desportos náuticos ou em simples lazer", sendo, no entanto, certo tipo de embarcações excluídas da aplicação do regulamento (art. 1º, nº 3). Nos termos do art. 41º desse regulamento "os proprietários e os comandante de ER são solidariamente responsáveis, independentemente de culpa, pelo ressarcimento dos danos causados a terceiros pela embarcação, salvo se o acidente se tiver ficado a dever a culpa exclusiva do lesado".

Institui-se, assim, uma responsabilidade pelo risco, a qual em certos casos anda associada à imposição de um seguro obrigatório de responsabilidade (art. 42º do Regulamento e Portaria 689/2001, de 10 de Julho).

B) *Navios*

Relativamente aos danos causados por navios, o regime dessa responsabilidade é regida pelo D.L. 202/98, de 10 de Julho. Nos termos do art. 4º deste diploma, o proprietário armador é responsável, independentemente de culpa, pelos danos derivados de actos e omissões: *a)* do capitão e da tripulação; *b)* dos pilotos ou práticos tomados a bordo, ainda que o recurso ao piloto ou prático seja imposto por lei, regulamento ou uso; *c)* de qualquer pessoa ao serviço do navio. O nº 2 desta disposição esclarece que esta responsabilidade segue o regime da responsabilidade do comitente pelos actos do comissário, efectuando assim uma remissão para o art. 500º do Código Civil, o que parece pressupor que a responsabilidade do proprietário armador constitui uma responsabilidade indirecta, que apenas ocorre se for a demonstrada a culpa de algum dos causadores dos danos acima referidos (art. 500º, nº 1) e que, uma vez satisfeita a indemnização, permite o regresso do proprietário armador sobre o causador do dano, salvo se houver também culpa da sua parte, caso em que a responsabilidade se repartirá na proporção das respectivas culpas (art. 500º, nº 2).

No caso de o proprietário do navio não ser o armador, é a este que se aplica este regime de responsabilidade (art. 5º do D.L. 202/98, de 10 de Julho), respondendo o proprietário apenas a título subsidiário (art. 6º). Se, porém, nem o proprietário nem o armador do navio puderem ser identificados é o próprio navio que vai responder, nos mesmos termos em que estes responderiam, sendo-lhe atribuída para o efeito a necessária personalidade judiciária (art. 11º)

C) *Aeronaves*

Relativamente aos danos causados por aeronaves no âmbito do transporte aéreo, há que distinguir entre o transporte aéreo internacional, comunitário e nacional.

a) transporte aéreo internacional

Relativamente ao *transporte aéreo internacional*, existe na ordem jurídica internacional a Convenção de Varsóvia de 12 de Outubro de 1929, modificada pelo Protocolo da Haia de 28 de Setembro de 1955, aditada pela Convenção de Guadalajara, de 18 de Setembro de 1961, modificada pelo Protocolo de Guatemala, de 8 de Março de 1971, e pelos Protocolos Adicionais, nºs 1 e 3 e nº 4 de Montreal, de 25 de Setembro de 1975[879]. O sistema instituído por essa Convenção foi objecto de modernização e consolidação pela Convenção para a Unificação de certas regras relativas ao Transporte Aéreo Internacional (Convenção de Montreal), assinada em 28 de Maio de 1999, e já aprovada por Portugal através do Decreto nº 39/2002, de 27 de Novembro, que reproduz em anexo a Convenção.

De acordo com a Convenção de Montreal estabelece-se uma responsabilidade objectiva do transportador pelos seguintes danos:

a) danos causados, em consequência de morte, ferimento ou qualquer outra lesão corporal sofrida pelo passageiro, desde que o acidente que tenha causado o dano se haja produzido a bordo da aeronave ou durante uma operação de embarque ou desembarque (art. 17º, nº 1);

b) danos resultantes da destruição, perda ou avaria de bagagens, se o evento causador se produzir a bordo da aeronave ou durante o período em que a bagagem registada se encontra à guarda da transportadora (art. 17º, nº 2)

c) danos causados em caso de destruição, perda ou avaria de mercadorias, desde que o evento causador do dano ocorra durante o transporte aéreo (art. 18º).

Existe ainda uma responsabilidade do transportador aéreo internacional baseada numa presunção de culpa relativamente a danos causados pelo atraso no transporte de passageiros, bagagens ou mercadorias, podendo neste caso ele elidir a sua responsabilidade se provar que ele ou os seus trabalhadores ou agentes tomaram todas as medidas necessárias para evitar o dano, ou que lhes foi impossível tomá-las (art. 19º).

Finalmente, a responsabilidade do transportador dependerá mesmo da prova da sua culpa, se estiverem em causa danos em bagagem não registada, incluindo objectos pessoais (art. 17º, nº 3).

A responsabilidade do transportador aéreo internacional pode ser afastada em qualquer caso, com base na demonstração da culpa do lesado

[879] Sobre o regime desta, cfr. Cfr. Santiago Areal Ludeña, "El contrato de transporte aéreo", em Alfonso L. Calvo Caravaca / Luis Fernández De La Gándara / Pilar Blanco-Morales Limones (org.), *Contratos Internacionales*, Madrid, Tecnos, 1997, pp. 649-707.

(art. 20º) e é sujeita a limites máximos de indemnização (arts. 21º e 22º da Convenção).

b) transporte aéreo comunitário

Já no âmbito do *transporte aéreo comunitário* rege o Regulamento (CE) 2027/97, do Conselho, de 9 de Outubro de 1997, alterado pelo Regulamento (CE) nº 889/2002 do Parlamento Europeu e do Conselho, de 13 de Maio de 2002. No termos desse Regulamento as transportadoras aéreas comunitárias são responsáveis em relação aos passageiros em caso de acidente, por danos sofridos em caso de morte, ferimento ou qualquer outra lesão corporal, se o acidente causador desses danos tiver ocorrido a bordo de uma aeronave ou durante qualquer operação de embarque ou desembarque (art. 1º). A responsabilidade é estabelecida sem limite (art. 3º, nº 1), mas só é objectiva até ao montante do equivalente a 100.000 direitos de saque especial, uma vez que acima desse montante se permite à transportadora demonstrar que ela e os seus agentes tomaram todas as medidas necessárias para evitar o dano ou que lhes foi impossível tomar tais medidas (art. 3º, nº 2). Admite-se, no entanto, que a responsabilidade da transportadora possa ser total ou parcialmente excluída se ela provar que os danos foram causados pelo passageiro lesado ou falecido, ou que este para eles contribuiu por negligência (art. 3º, nº 3). Nos termos do art. 5º do referido Regulamento, a transportadora é ainda obrigada a adiantar após o acidente, os montantes que permitam ao lesado fazer face a necessidades económicas imediatas, sem que tal implique reconhecimento de responsabilidade pelo dano sofrido. À luz do artigo 7º do Regulamento (CEE) nº 2407/92 do Conselho, de 23 de Julho de 1992, as transportadores aéreas comunitárias estão obrigadas à celebração de um seguro de responsabilidade.

c) transporte aéreo nacional

Finalmente, no âmbito do *transporte aéreo nacional* rege o disposto no D.L. 321/89, de 25 de Setembro, alterado pelo D.L. 279/95, de 26 de Outubro. Esse regime estabelece a responsabilidade objectiva, tanto do transportador como do proprietário ou explorador da aeronave. Nos termos do seu art. 3º, o transportador responde, independentemente de culpa, pelos danos que consistam na morte, ferimentos ou quaisquer outras lesões corporais sofridas pelos passageiros em virtude de acidente ocorrido no decurso do transporte aéreo ou nas operações de embarque ou desembarque (art. 3º *a)*), pela avaria, perda, destruição ou deterioração de bagagens ou carga, também com origem no transporte aéreo ou nas operações de embarque ou desembarque (art. 3º *b)*) ou resultantes de atrasos verificados relativamente à hora prevista e anunciada pelo transportador no transporte aéreo de passageiros, bagagens e carga (art. 3º *c)*). Essa responsabilidade está sujeita a limites máximos, definidos nos arts. 4º e 5º desse diploma e obriga à celebração de um seguro obrigatório de responsabilidade civil (art. 17º).

Da mesma forma, o proprietário ou explorador da aeronave é responsável pelos danos causados pela aeronave, quer, quando em voo, em consequência dos danos causados em terceiros à superfície pela própria aeronave ou por objectos que dela se soltem, incluindo os alijamentos resultantes de força maior (art. 10º, nº 1), quer, quando no solo, esteja ela imobilizada ou em movimento (art. 10º, nº 2). O proprietário ou explorador da aeronave não deixa de responder em caso de furto, furto de uso ou qualquer usurpação ou comando ilícito da aeronave, tendo neste caso direito de regresso sobre os autores de facto (art. 14º). No entanto, a responsabilidade exclui-se em caso de tremores de terra, abalos sísmicos e outras catástrofes naturais (art. 13º, nº 1 *a)*); conflitos armados, guerras, revoluções, insurreições ou tumultos; (art. 13º, nº 1 *b)*); utilização por terceiros de armas ou engenhos explosivos com modificação do núcleo atómico (art. 13º, nº 1 *c)*), ou quando for devida a culpa exclusiva do lesado (art. 13º, nº 2). No caso de colisão de duas ou mais aeronaves em voo ou em manobras no solo, a responsabilidade é atribuída ao proprietário ou explorador da aeronave que deu origem ao acidente (art. 15º, nº 1). Se essa colisão se deveu a mais de uma aeronave, a responsabilidade será repartida na proporção das respectivas causas (art. 15º, nº 2), a qual, na ausência de determinação das causas, será repartida em partes iguais (art. 15º, nº 3). Existe igualmente para o proprietário ou explorador da aeronave a obrigação de garantir a sua responsabilidade (art. 18º).

D) Aeronaves de voo livre e ultraleves

Existe igualmente um regime de responsabilidade objectiva, para as aeronaves de voo livre e ultraleves, constante do D.L. 238/2004, de 18 de Dezembro. Efectivamente, esse diploma estabelece no seu art. 40º, nº 1, que "os proprietários dos ultraleves e os pilotos das aeronaves de voo livre abrangidos pelo presente diploma são responsáveis, independentemente de culpa, pelo ressarcimento dos danos causados a terceiros pela aeronave, salvo se o acidente se tiver ficado a dever a culpa exclusiva do lesado", determinando o nº 2 que essa responsabilidade, quando não haja culpa do responsável, tem por limite máximo o montante estabelecido na legislação em vigor para o sector da aviação civil. Também neste caso é obrigatória a celebração de um seguro de responsabilidade civil (art. 41º).

3.2.5. Danos causados pela utilização efectiva de instalações de energia eléctrica ou de gás

Uma outra causa de responsabilidade pelo risco, diz respeito aos danos causados pelas instalações de energia eléctrica ou do gás. Dispõe o nº 1 do art. 509º que "aquele que tiver a direcção efectiva de instalação destinada à condução ou entrega da energia eléctrica ou do gás, e utilizar essa instalação no seu interesse, responde tanto pelo prejuízo que derive da instalação ou entrega da electricidade ou do gás, como pelos danos resultantes da própria instalação, excepto se ao tempo do acidente ela estiver de acordo com as regras técnicas em vigor e em perfeito estado de conservação".

A responsabilidade pelo risco é assim atribuída a quem tiver a direcção efectiva de uma instalação destinada à condução de energia eléctrica ou do gás e utilizar essa instalação no seu próprio interesse (art. 509º). Para Antunes Varela e Almeida Costa essa responsabilidade estende-se a todo o tipo de actividades a que se destinam as instalações de energia, o que permite abranger, quer a produção e armazenamento, quer a condução ou transporte, quer a entrega ou distribuição[880]. Já Ribeiro de Faria entende que a responsabilidade pelo risco se restringe à condução ou entrega, pelo que não abrange os riscos derivados da própria produção de energia[881].

Pensamos que a razão está com Ribeiro de Faria. Efectivamente, não só a lei não prevê expressamente a produção de energia, como também a exclusão dessa produção ocorre igualmente no direito alemão, e justifica-se porque uma instalação destinada à produção de gás ou energia eléctrica não envolve maiores riscos do que outras instalações industriais, não devendo assim o seu regime ser diferenciado[882]. Já a distribuição e entrega de energia eléctrica e gás envolve riscos específicos, justificando assim o

[880] Cfr. Antunes Varela, *Obrigações*, I, p. 712 e Almeida Costa, *Obrigações*, pp. 654-655.
[881] Cfr. Ribeiro de Faria, *Obrigações*, II, p. 109.
[882] Cfr. Larenz/Canaris, *Schuldrecht*, II-2, § 84-IV, pp. 627-628.

seu tratamento através da responsabilidade pelo risco. No entanto, se a instalação de produção proceder igualmente à distribuição da energia, já poderá considerar-se abrangida pelo art. 509º, nº 1.

É de notar que esta responsabilidade pelo risco é afastada se, ao tempo do acidente, a instalação se encontrar a funcionar de acordo com as regras técnicas em vigor e em perfeito estado de conservação. Trata-se, por isso, de uma formulação da responsabilidade pelo risco que corresponde praticamente a uma situação de ilicitude imperfeita, uma vez que se o detentor demonstrar que respeitou as regras técnicas e o dever de conservação da instalação deixa de estar sujeito à responsabilidade. Da mesma forma, a responsabilidade é afastada se os danos forem devidos a causa de força maior, considerando-se como tal "toda a causa exterior independente do funcionamento e utilização da coisa" (art. 509º, nº 2). Considera-se, assim, força maior não apenas factos naturais externos (por exemplo, um ciclone que derruba um poste de energia)[883], mas também factos do próprio lesado (eletrocução derivada de o lesado ter decidido subir ao poste)[884] ou de terceiro (derrube do poste eléctrico em virtude de escavações)[885]. Também os danos causados por utensílios de uso de energia, como electrodomésticos ou máquinas industriais, não são abrangidos por esta categoria de responsabilidade (art. 509º, nº 3).

Por força da remissão do art. 510º para o art. 508º, a responsabilidade pelo risco é sujeita aos mesmos limites do que se encontra previsto para os acidentes por veículos terrestres. No entanto, esses limites apenas funcionam em relação a cada lesado, não se verificando igualmente uma limitação em função do número de lesados.

O regime dos arts. 509º e 510º do Código Civil foi ainda estendido pelo D.L. 449/85, de 25 de Outubro, aos "danos e prejuízos resultantes das pró-

[883] No Ac. STJ 13/7/2004 (Ribeiro Luís, com votos de vencido de Ferreira de Sousa e Neves Ribeiro), em *CJ-ASTJ* 12 (2004), 2, pp. 155-160 não foi, no entanto, considerada causa de força maior a interrupção da energia eléctrica derivada de um curto-circuito provocado por cegonhas, por se considerar que, tendo a empresa de electricidade conhecimento da situação, deveria ter prevenido o evento.

[884] No Ac. RP 10/2/2011 (Deolinda Ribeiro), em *CJ* 36 (2011), 1, pp. 212-215, confirmado pelo Ac. STJ 22/9/2011 (António da Silva Gonçalves), em *CJ-ASTJ* 19 (2011), 3, pp. 54-58, não se considerou responsável a companhia eléctrica pelo facto de uma criança ter sido electrocutada ao lançar um papagaio que atingiu a linha, por nesse caso haver culpa dos pais da criança, nos termos dos arts. 570º e 571º-

[885] Cfr. Almeida Costa, *Obrigações*, p. 654.

prias redes internas ou ramais de distribuição dos gases a que se refere o nº 1 do artigo 1º do Decreto-Lei nº 512/80, de 28 de Outubro, bem como dos aparelhos ou utensílios destinados ao uso dos gases, designadamente os derivados da sua deficiente instalação, dos sistemas de evacução dos produtos de combustão, da ventilação dos locais e da ausência de certificados dos aparelhos, nos termos da lei" (art. 1º, nº 1). Essa responsabilidade é também excluída "se se provar que ao tempo do acidente a rede interna ou o canal de distribuição se encontravam de acordo com os requisitos técnicos de certificação de instalação e de segurança de utilização em vigor e em perfeito estado de conservação ou que o acidente é imputável ao próprio lesado ou a terceiro" (art. 1º, nº 2), declarando-se igualmente aplicáveis, quer o nº 2 do art. 509º, quer o nº 1 do art. 510º do Código, com as necessárias adaptações (art. 1º, nº 7). Cumulativamente, existe a obrigação de celebração de um seguro de responsabilidade civil (art. 3º, nº 3), de acordo com apólice aprovada por portaria do Ministro das Finanças e do Plano (art. 3º, nº 4, e Portaria nº 490/87, de 11 de Junho).

3.2.6. A responsabilidade do produtor

Um outro campo em que se verificou um grande alargamento da responsabilidade pelo risco reside na responsabilidade do produtor pelos danos causados por produtos defeituosos, cuja multiplicação na actual sociedade tem demonstrado a inadequação da sua reparação através da responsabilidade baseada na culpa.

Efectivamente, segundo o modelo do Código Civil o consumidor que viesse a ser lesado por esses produtos ver-se-ia forçado a provar todos os pressupostos da responsabilidade civil, ou seja o facto ilícito, a culpa, o dano e o nexo de causalidade entre o facto e o dano (art. 483º do Código Civil), prova que todos reconhecerão constituir uma *probatio diabolica*. O efeito concreto consiste numa situação deste tipo: num acidente causado por um electrodoméstico ou doença após ingestão de alimentos enlatados, o consumidor não apenas teria que provar o dano que sofreu, mas também a causalidade decorrente da utilização ou consumo dos alimentos e ainda a culpa do vendedor ou do produtor. Ora, para efectuar esta última demonstração, é imprescindível o conhecimento do processo de fabrico ou da concepção técnica dos produtos, o que o consumidor habitualmente não possui. Consequentemente, bastaria ao lesante adoptar uma posição passiva no processo para quase de certeza ver qualquer acção interposta por um consumidor lesado ser julgada improcedente[886]. Mas, ainda que, por hipótese, o consumidor conseguisse provar todos os requisitos da acção, seguramente que não deixaria de ser confrontado com o problema da culpa do lesado, uma vez que, mesmo demonstrados todos os pressupostos da responsabilidade civil, dificilmente o juiz não se convenceria da existência da culpa concorrente do lesado, pois, por exemplo, quem consome um produto deteriorado, muitas vezes poderia aperceber-se dessas deteriorações através de um exame atento desse produto.

A injustiça que representaria aplicar aos danos resultantes de produtos defeituosos as soluções tradicionais assentes na responsabilidade com base na culpa foi, por isso, equacionada em primeiro lugar nos países da *common law* como os Estados Unidos (caso *Macpherson v. Buick Motor Co.*) e na Inglaterra (caso *Donoghue v. Stevenson*) onde foi consagrada pela jurisprudência um entendimento alargado dos deveres do empresário que lança produtos no mercado de consumo, com a ideia de um dever geral de diligência razoável no fabrico dos produtos (*reasonable care*) e de informação sobre as condições do seu uso ou funcionamento (*duty of warn*)[887]. Mas, e principalmente decide-se que em relação às coisas consideradas perigosas existiria um regime de inversão do ónus da prova já que a demonstração de que a coisa era perigosa falaria por si mesma (*res ipsa loquitur*) em relação aos resultados da prova da culpa. Seria, assim, ao produtor, uma vez verificado o dano que caberia demonstrar não ter agido com culpa[888].

Na Alemanha uma solução semelhante veio a ser consagrada através do chamado "dever de segurança no tráfego" (*Verkehrssicherungspflicht*) através do qual se pretendeu tornar mais ampla a responsabilidade do produtor com base na culpa. Neste âmbito estabelecia-se uma distinção entre defeitos de toda uma série (*Konstruktionsfehlern*) e os defeitos isolados de fabrico (*Fabrikationsfehlern*), estabelecendo-se a responsabilidade do produtor quanto aos primeiros, e admitindo-se quanto aos segundos a prova

[886] Cfr. Calvão da Silva, *Responsabilidade civil do produtor*, Coimbra, Almedina, 1990, pp. 383 e ss.

[887] O caso *Donogue v. Stevenson* foi resolvido pela *House of Lords* em 1932 (A.C. 562, 1932) e diz respeito à situação em que uma senhora, tendo consumido uma garrafa de refrigerante, vem depois a descobrir no fundo da garrafa um caracol em decomposição, o que, além do choque, lhe provocou distúrbios psico-somáticos. Cfr. Guido Alpa, *Tutela del consumatore e controlli sull'impresa*, Bologna, Mulino, 1977, p. 248.

[888] Cfr. Ferreira de Almeida, *Os direitos dos consumidores*, Coimbra, Almedina, 1982, pp. 134-135 e Calvão da Silva, *Responsabilidade*, pp. 387 e ss.

da observância dos deveres de cuidado, para efeitos de exclusão da culpa (§ 831 BGB). A jurisprudência alemã considera ainda assimiláveis aos defeitos de construção os casos de deficiente informação prestada pelo fabricante quanto aos riscos de utilização dos produtos (*Instruktionsfehlern*). Admitir-se-ia, porém, a prova da diligência quando o dano resultasse de riscos de desenvolvimento (*Entwicklungsgefahren*), ou seja, efeitos inesperados de um produto, em relação aos quais não se havia ainda obtido o conhecimento técnico bastante. Desde 1968 (*Hühnerpestfall*) que os tribunais alemães admitem a ideia de inversão do ónus da prova neste âmbito[889].

Uma outra forma de equacionar a responsabilidade do produtor através do regime da responsabilidade delitual consiste na invocação da responsabilidade dos comitentes, a que se refere o arts. 500º do Código Civil Português. Só que essa responsabilidade depende da prova da culpa do comissário, dado que se o comissário não for responsável o comitente também não o será, o que levanta precisamente ao lesado as mesmas dificuldades de prova do modelo geral da responsabilidade civil, apenas lhe atribuindo a garantia da responsabilidade empresarial no caso de conseguir efectuar essa prova[890].

A tendência moderna relativamente à responsabilidade civil do produtor consiste, porém, em admitir uma responsabilidade objectiva, ou seja, independente da demonstração da culpa do lesante. Esta tendência surge em primeiro lugar na jurisprudência norte-americana, através do caso *Greenman v. Yuba Power Products* (1962), onde pela primeira vez se prevê uma *strict liability in tort*. O caso dizia respeito a uma situação em que um consumidor é atingido na cara com um pedaço de madeira duma máquina pertencente a uma conjunto de ferramentas de carpintaria que lhe tinha sido oferecido pela mulher. O Tribunal considerou responsável o fabricante, independentemente da sua culpa, referindo que *"a manufacture is strictly liable in tort when an article he places on the market, knowing that it is to be used without inspection for defects, proves to have a defect that causes injury to a*

[889] Cfr. Ferreira de Almeida, *Os direitos*, p. 135 e Calvão da Silva, *Responsabilidade*, pp. 394 e ss. O caso *Hühnerpest* (*BGHZ* 51(1968), pp. 91 e ss. = *NJW* 1969, pp. 269 e ss.) diz respeito à situação de uma empresa produtora de vacinas para animais, que produziu uma vacina defeituosa, a qual, prescrita por um veterinário, levou à infecção de 4.000 galinhas de um aviário.

[890] Cfr. Calvão da Silva, *Responsabilidade*, pp. 421 e ss.

human being"[891]. O precedente assim consagrado serviu de base a inúmeras outras decisões, tendo o correspondente princípio sido posteriomente recolhido em 1965 no *Restatement (second) of Torts*, secção 402-A, como registo da tendência dos tribunais[892].

Na Europa, a responsabilidade civil do produtor veio a ser objecto de uma Directiva Comunitária, relativa à aproximação de legislações entre os Estados membros, a Directiva 85/374/CEE, do Conselho de 25 de Julho de 1985[893], já revista pela Directiva 1999/34/CE do Parlamento Europeu e do Conselho, de 10 de Maio de 1999[894], tendo a primeira sido transposta pelo D.L. 383/89, de 6 de Novembro, e a segunda pelo D.L. 131/2001, de 24 de Abril.

Foi assim também instituída entre nós a responsabilidade do produtor, independentemente de culpa, pelos danos causados por defeitos dos produtos que põe em circulação. Nos termos do regime constante do D.L. 383/89, de 6 de Novembro, alterado pelo D.L. 131/2001, de 24 de Abril. é considerado como produtor "o fabricante do produto acabado, de uma parte componente ou de matéria prima e ainda quem se apresente como tal pela aposição no produto do seu nome, marca ou sinal distintivo" (art. 2º, nº 1), e por extensão também "aquele que, na Comunidade Económica Europeia e no exercício da sua actividade comercial importe do exterior da mesma produtos para venda, aluguer, locação financeira ou qualquer outra forma de distribuição" e "qualquer fornecedor de produto cujo produtor comunitário ou importador não esteja identificado, salvo se, notificado por escrito, comunicar ao lesado no prazo de três meses, igualmente por escrito a identidade de um ou outro, ou de algum fornecedor precedente" (art. 2º, nº 2)[895].

[891] Cfr. Greenman v. Yuba Power Products, 59 Cal. 2d, 57 (1963).

[892] Cfr. Alpa, *op. cit.*, pp. 251 e ss., Ferreira de Almeida, *Os direitos*, p. 137 e Calvão da Silva, *Responsabilidade*, pp. 421 e ss. Recentemente, este *Restatement* foi substituído pelo *Restatement (third) of Torts*.

[893] JOCE nº L 210 de 07/08/1985 pp. 29-33.

[894] JOCE nº L 141 de 04/06/1999, pp. 20-21.

[895] Daqui resulta, portanto, que não pode ser considerado como produtor quem importa produtos dentro da Comunidade Europeia, o que obrigará o lesado nesses casos a demandar o fabricante ou o importador comunitário. Neste sentido, cfr. Ac. RP 4/11/1999 (João Bernardo), na *CJ* 24 (1999), 4, pp. 177-179.

A lei considera como defeituoso o produto – definido no art. 3º como coisa móvel, ainda que incorporada noutra coisa, móvel ou imóvel[896] – quando este não oferece a segurança com que legitimamente se pode contar, tendo em atenção todas as circunstâncias, designadamente a sua apresentação, a utilização que dele razovalmente possa ser feita e o momento da sua entrada em circulação (art. 4º)[897]. Há, porém, um limite à ressarcibilidade dos danos, já que, nos termos desta legislação apenas são ressarcíveis os danos resultantes de morte ou lesão corporal e os danos em coisa diversa do produto defeituoso, desde que seja normalmente destinada ao uso ou consumo privado e o lesado lhe tenha dado principalmente esse destino (art. 8º)[898]. Os chamados "danos patrimoniais puros" (*pure economic loss*), ou seja, os danos resultantes dos prejuízos sofridos com o inaproveitamento do produto não são, portanto, ressarcíveis no âmbito desta legislação[899].

Para além disso, porém, nos termos do art. 5º deste diploma, o produtor pode ser isento de responsabilidade se provar:

a) que não pôs o produto em circulação

b) que, tendo em conta as circunstâncias, se pode razoavelmente admitir a inexistência do defeito no momento da entrada do produto em circulação;

c) que não fabricou o produto para venda ou qualquer outra forma de distribuição com um objectivo económico, nem o produziu ou distribuiu no âmbito da sua actividade profissional;

[896] Na sua versão original, o nº 2 do art. 3º excluía deste regime os produtos do solo, da pecuária, da pesca e da caça, que não tivessem sofrido qualquer transformação, mas o art. 2º do D.L. 131/2001, de 24 de Abril, eliminou essa exclusão por imposição da Directiva 1999/34/CE, de 10 de Maio de 1999. Efectivamente, a exclusão era dificilmente justificável não apenas por, na actual sociedade ser extremamente difícil distinguir entre matérias primas agrícolas ou pecuárias e produtos transformados, como também porque as sucessivas crises de confiança dos consumidores nos produtos agrícolas e pecuárias só poderiam ser mitigadas com a extensão da responsabilidade do produtor a estes produtos.

[897] Cfr. Calvão da Silva, *Responsabilidade*, pp. 633 e ss.

[898] Cfr. Calvão da Silva, *Responsabilidade*, pp. 677 e ss.e 697 e ss.

[899] O art. 6º do D.L. 67/2003, de 8 de Abril, na redacção do D.L. 84/2008, de 21 de Maio, admite, porém, a possibilidade de o consumidor solicitar do produtor a reparação ou substituição da coisa defeituosa, em alternativa a exercer esses direitos contra o vendedor, salvo se tal se manifestar impossível ou desproporcionado tendo em conta o valor que o bem teria se não existisse falta de conformidade, a importância desta e a possibilidade de a solução alternativaser concretizada sem grave inconveniente para o consumidor.

d) Que o defeito é devido à conformidade do produto com as normas imperativas estabelecidas pelas autoridades públicas;
e) que o estado dos conhecimentos científicos e técnicos, no momento em que pôs o produto em circulação não permitia detectar a existência do defeito;
f) que, no caso de parte componente, o defeito é imputável à concepção do produto em que foi incorporada ou às instruções dadas pelo fabricante do mesmo[900].

Trata-se, conforme se pode verificar de casos muito amplos de exclusão de responsabilidade. Especialmente criticável parece-nos ser o da alínea *e)* que, ao excluir os danos resultantes dos riscos de desenvolvimento, aproxima bastante esta responsabilidade de uma responsabilidade por culpa[901]. Esta norma foi consagrada porque a Directiva, numa solução de compromisso, permitiu que alguns Estados membros mantivessem esta exoneração, a qual outros consideravam como uma restrição injustificada da protecção dos consumidores. Esta exoneração foi, porém, subordinada através do art. 15º da Directiva a um procedimento de *stand-still* comunitário para aumentar, se possível, o nível de protecção na Comunidade de modo uniforme, tendo-se previsto expressamente uma eventual revisão da Directiva neste ponto, após o estudo da sua utilização pelos tribunais[902].

É ainda estabelecido um limite à indemnização dos danos causados em coisas, que só são indemnizáveis a partir do montante de 500 euros ou 100.241$00 (art. 9º, na redacção do D.L. 131/2001, de 24 de Abril)[903].

[900] Cfr. Calvão da Silva, *Responsabilidade*, pp. 717 e ss.

[901] Sobre esta questão, veja-se Calvão da Silva, *Responsabilidade*, pp. 503 e ss.

[902] A qual, no entanto, não foi ainda estabelecida na alteração efectuada pela Directiva 1999/34/CE, de 10 de Maio de 1999. Franz Werro/Vernon Palmer, (org.), *The Boundaries of Strict Liability in European Tort Law*, Durhan NC/Bern/Bruxelles, Carolina Academic Press/Stämpfli/Bruylant, 2003, p. 442, referem que apenas a Finlândia e o Luxemburgo excluem inteiramente esta defesa.

[903] Na sua redacção original, o art. 9º, nº 1, do estabelecia ainda um limite máximo de indemnização para os casos de morte e lesão pessoal, correspondente em 10.000 milhões de escudos, conforme admitido pelo art. 16º, nº 1, da Directiva 85/374/CEE. O Decreto-Lei 131/2001 não apenas transpôs a Directiva 1999/34/CE mas ainda veio eliminar esse limite máximo. Consideramos, porém,criticável essa opção, uma vez que estabelecer uma responsabilidade objectiva ilimitada neste momento só poderá servir para agravar a insegurança jurídica dos produtores, retraindo a actividade económica. O objectivo de

Nos termos do art. 10º, não são permitidos outros casos de exclusão ou limitação de responsabilidade perante o lesado, tendo-se por não escritas quaisquer disposições em contrário.

A responsabilidade do produtor pode ainda concorrer com a culpa do lesado ou de terceiro (art. 7º do D.L. 383/89, de 6 de Novembro). Havendo concurso da responsabilidade do produtor com a culpa do lesado, atribui-se ao tribunal a possibilidade de reduzir ou excluir a indemnização, tendo em conta todas as circunstâncias (art. 7º, nº 1 do D.L. 383/89, de 6 de Novembro)[904]. Já a intervenção de um terceiro não exclui nem reduz essa responsabilidade (art. 7º, nº 2).

Nos termos do art. 13º, o regime da responsabilidade do produtor não prejudica a aplicação da responsabilidade decorrente de outras disposições legais, o que permite ao lesado optar por outro regime de responsabilidade que se lhe apresente como mais favorável.

4. A responsabilidade pelo sacrifício

Verifica-se a responsabilidade pelo sacrifício sempre que a lei preveja o direito à indemnização a quem viu os seus direitos sacrificados em resultado de uma actuação lícita destinada a fazer prevalecer um direito ou um interesse de valor superior[905].

O caso mais importante em que a lei prevê uma responsabilidade pelo sacrifício ocorre no estado de necessidade (art. 339º, nº 2), em que, conforme se referiu, é justificada a conduta do agente que sacrifica bens patrimoniais alheios para evitar um perigo actual de um dano manifestamente superior, quer do agente quer de terceiro. Nesse caso, a lei impõe imperativamente que o agente deva indemnizar o prejuízo causado se o dano for

incrementar a defesa dos interesses dos consumidores seria muito melhor assegurado através de uma mera elevação deste limite. Efectivamente, é comum na responsabilidade pelo risco a existência de limites máximos de indemnização, só se justificando a cobertura integral dos prejuízos no âmbito da responsabilidade por culpa, cuja via está sempre aberta ao lesado (cfr. art. 13º D.L. 383/89)

904 Sobre este regime, cfr. Calvão da Silva, *Responsabilidade*, pp. 731 e ss., e Brandão Proença, *A conduta*, pp. 808 e ss.

905 A responsabilidade pelo sacrifício pode ser de direito privado ou de direito público, ocorrendo esta última, por exemplo, na expropriação e requisição por utilidade pública mediante justa indemnização (art. 62º, nº 2, da Constituição e Código das Expropriações aprovado pelo Decreto-Lei 168/99, de 18 de Setembro). Aqui naturalmente apenas se referirá a responsabilidade de direito privado.

provocado por sua culpa exclusiva. Nos outros casos, admite-se, mas apenas como possibilidade, que o tribunal conceda uma indemnização equitativa, condenando nela não só o agente como todos os que tiraram proveito do acto ou contribuiram para o estado de necessidade. Assim, no conhecido exemplo de alguém, para salvar uma pessoa, cujas roupas se encontram a arder, apagar o fogo com um casaco de peles que tem à mão, o agente só será necessária e exclusivamente responsável se tiver sido ele a provocar o sinistro. Nos outros casos, a lei deixa ao prudente arbítrio do julgador a opção entre deixar o lesado sem indemnização ou responsabilizar, cumulativamente ou em alternativa, o agente, o beneficiário do acto, ou outrem que tenha contribuído para a situação de perigo[906]. Naturalmente que não se pode aplaudir esta total ausência de regulação normativa, que se apresenta como prejudicial à segurança jurídica.

Uma outra situação de responsabilidade pelo sacrifício ocorre ainda no caso previsto no art. 81º, nº 2, em que se admite a revogação de quaisquer limitações voluntárias aos direitos de personalidade em ordem a permitir ao agente, em qualquer momento, o livre exercício da sua personalidade, com obrigação, no entanto, de indemnizar as legítimas expectativas da outra parte. Naturalmente que o direito geral de personalidade tem valor superior ao de um simples direito de crédito, o que torna lícito o sacrifício deste último, mas esse sacrifício deve ser compensado com uma indemnização, sob pena de se pôr em causa a eficácia vinculativa desses negócios.

São ainda casos de responsabilidade pelo sacrifício as situações de ingerência lícita em prédio alheio para captura de enxame de abelhas (art. 1322º), apanha de frutos (art. 1367º), reparações ou construções (art., 1349º), e, bem assim os casos de constituição de servidões legais (arts. 1554º, 1559º, 1560º, nº 3 e 1561º, nº 1) e a revogação do mandato (arts. 1170º, nº 1, e 1172º).

Neste âmbito, tem sido objecto de discussão na doutrina alemã relativamente a quem devem ser imputados os danos: se ao autor do sacrifício que os causou[907], ou ao titular do direito de valor superior, em benefício

[906] A interpretação literal do art. 339º, nº 2, *in fine*, aponta para a cumulação em qualquer caso da responsabilidade do agente com a dos outros sujeitos, mas a doutrina entende que o tribunal pode optar por responsabilizar apenas qualquer deles. Cfr. Antunes Varela, *Obrigações*, I, p. 560, nota (1) e Ribeiro de Faria, *Obrigações*, I, pp. 447-448.

[907] Neste sentido Fikentscher/Heinemann, *Schuldrecht*, § 116, nº 1710, pp. 827-828.

de quem esse sacrifício ocorreu[908]. Entre nós, a lei, conforme se verificou, no único caso em que se prevê que o autor do sacrifício não seja o seu beneficiário, deixa na discricionariedade do tribunal a determinação do responsável pelo dano, ainda que o critério legal pareça orientar-se no sentido do agente[909]. Por nosso lado, entendemos que deveria ser antes sobre o beneficiário que deveria recair essa responsabilidade[910], atribuindo-se-lhe, no entanto, o direito de regresso sobre aquele (o agente ou terceiro) que culposamente tenha dado causa à situação.

5. A obrigação de indemnização

5.1. Generalidades

A obrigação de indemnização é tratada nos arts. 562º e ss. como uma modalidade das obrigações. Efectivamente, ela constitui uma categoria autónoma de obrigações em virtude de possuir uma fonte específica (a imputação de um dano a outrem), ter um conteúdo próprio (prestação de equivalente ao dano sofrido) e um particular interesse do credor (a eliminação do dano que sofreu)[911].

Este especial conteúdo da obrigação de indemnização vai implicar certas especialidades processuais na sua reclamação. Assim, em primeiro lugar, a exigência da indemnização não implica uma determinação exacta do montante dos danos antes da propositura da acção, podendo ela ser proposta sem essa indicação e, inclusivamente, no decurso dela, ser exigido um aumento da indemnização se o processo vier a revelar danos superiores aos inicialmente previstos (art. 569º). Mas também o próprio tribunal não necessita de determinar o valor exacto dos danos, para atribuir a indemnização podendo esta ser estabelecida equitativamente, dentros dos limites que se tiverem como provados (art. 566º, nº 3). Caso não seja possível determinar logo o montante dos danos, poderá a fixação da indemnização ser remetida para execução de sentença (cfr. art. 609º, nº 2 CPC), admitindo-se ainda nesse caso que o tribunal condene logo o devedor, dentro do quantitativo que considere já provado.

908 Cfr. LARENZ/CANARIS, *Schuldrecht* II-2, § 85 I, p. 655.
909 É o que parece resultar do teor literal do art. 339º, nº 2.
910 Até porque actuando normalmente o agente em gestão de negócios do beneficiário, teria em princípio direito a solicitar deste a indemnização dos prejuízos que sofreu (art. 468º, nº 1).
911 Cfr. MENEZES CORDEIRO, *Tratado*, I-1, p. 421.

5.2. Formas de indemnização

O regime geral da obrigação de indemnização é referido no art. 562º que prescreve que "quem estiver obrigado a reparar um dano é obrigado a reconstituir a situação que existiria se não se tivesse verificado o evento que obriga à reparação", acrescentando ainda o art. 566º, nº 1, que "a indemnização é fixada em dinheiro sempre que a reconstituição natural não seja possível, não repare integralmente os danos ou seja excessivamente onerosa para o devedor".

Da articulação destas duas normas resulta uma clara primazia da reconstituição *in natura* sobre a indemnização em dinheiro, o que quer dizer que é primordialmente através da reparação do objecto destruído ou da entrega de outro idêntico que se estabelece a obrigação de indemnização. Como atrás se explicou, tal corresponde à defesa, no nosso direito, de uma concepção real do dano.

Haverá, porém, fixação da indemnização em dinheiro no caso de a reconstituição natural não ser possível. Efectivamente, se o objecto destruído é de impossível reparação e se, por ser de natureza infungível, não se admitir a sua substituição por outro, a solução correcta é a atribuição da indemnização em dinheiro.

Também haverá fixação da indemnização em dinheiro sempre que a reconstituição natural não repare integralmente os danos. Efectivamente, nesse caso, através da reconstituição natural não será obtida a satisfação do interesse do credor, pelo que para se obter essa satisfação se terá que recorrer à indemnização em dinheiro. Parece, no entanto, que a indemnização em dinheiro deverá ser estabelecida em complemento à reconstituição natural para eliminar os danos não abrangidos por esta e não em sua substituição.

Finalmente, ocorre a fixação da indemnização em dinheiro sempre que a reconstituição natural seja excessivamente onerosa para o devedor. Esta previsão deve ser interpretada restritivamente sob pena de se pôr em causa o direito do lesado a dispor do seu próprio património[912]. Apenas

[912] Precisamente por esse motivo a jurisprudência sustentou que, no caso, de alguém danificar um automóvel usado de reduzido valor comercial, mas que o lesado pretendesse continuar a utilizar para as suas deslocações, não se justificaria autorizar o lesante a indemnizar apenas o valor em dinheiro do automóvel, sob pretexto de a reparação ser mais cara que esse valor, já que tal implicaria privar o lesado do meio de locomoção de que dispunha e que não pretendia trocar por dinheiro. Cfr. neste sentido, o Ac. STJ 27/2/2003 (FERREIRA GIRÃO), em *CDP* 3

quando a reconstituição natural se apresente como um sacrifício manifestamente desproporcionado para o lesante e se deva considerar abusiva por contrária à boa fé a sua exigência ao lesado, é que fará sentido excluir o seu direito à reconstituição natural.

A forma da determinação da indemnização em dinheiro é estabelecida no art. 566º, nº 2, que refere que "sem prejuízo do estabelecido noutras disposições a indemnização em dinheiro tem como medida a diferença entre a situação patrimonial do lesado na data mais recente que puder ser atendida pelo tribunal e a que teria nessa data se não existissem danos". Trata-se da denominada *teoria da diferença*, nos termos da qual se faz uma avaliação do dano em sentido patrimonial, mediante a apreciação concreta das alterações verificadas no património do lesado[913]. Para apreciação dessas alterações efectua-se uma comparação entre a situação patrimonial

(2003), pp. 52-55, com anotação favorável de Júlio Manuel Vieira Gomes, a pp. 55-62, o Ac. RL 9/2/2006 (Gil Roque), na *CJ* 31 (2006), 1, pp. 98-101, Ac. RC 17/6/2008 (Luís Correia de Mendonça), na *CJ* 33 (2008), 3, pp. 33-35, e Ac. RP 16/12/2009 (José Ferraz), na *CJ* 34 (2009), 5, pp. 178-181. Criticavelmente, no entanto, para efeitos da regularização dos sinistros por parte das companhias de seguros, o art. 41º, nº 1, *c)* do D.L. 291/2007, de 21 de Agosto, considera existir perda total e determina o pagamento da indemnização em dinheiro sempre que o valor estimado para a reparação, acrescido do valor dos salvados ultrapasse 100% ou 120% do valor venal do veículo consoante se trate respectivamente de um veículo com menos ou mais de dois anos.

[913] Não se toma assim em consideração o valor objectivo do bem destruído, mas antes a reposição da situação patrimonial do lesado. A jurisprudência sustentou por isso correctamente que, no caso de veículo acidentado a indemnização não pode tomar em consideração o valor comercial de venda do veículo, mas antes o que custaria ao lesado a sua compra (cfr. Ac. RE 26/4/2001 (Ribeiro Cardoso) em *CJ* 26 (2001), 2, pp. 262-263, Ac. STJ 21/2/2006 (Ferreira Girão), na *CJ-ASTJ* 14 (2006), 1, pp. 67-69 e Ac. RE 18/9/2008 (Fernando Bento), em *CJ* 33 (2008), 4, pp. 249-254. O regime consta actualmente do art. 41º, nºs 2 e 3, do D.L. 291/2007, de 21 de Agosto, o qual determina que, em caso de perda total do veículo, a indemnização seja calculada com base no seu valor venal, o qual é estabelecido a partir do seu valor de substituição no momento anterior ao acidente, sendo a este deduzido o valor do salvado, caso este permaneça na posse do seu proprietário. Conforme salienta Calvão da Silva, na *RLJ* 137 (2007), p. 64, "*o valor de substituição do veículo totalmente perdido no acidente será o valor pecuniário de um veículo de substituição de características semelhantes ao sinistrado no momento anterior ao acidente*, por forma que com esse valor o lesado possa adquirir, no mercado (normalmente mercado de ocasião ou mercado de usados), um veículo que lhe permita continuar a circular e assim satisfazer as necessidades do giro pessoal-familiar ou giro profissional, o seu verdadeiro interesse (*inter est: quid* entre o sujeito e o objecto). Deste modo (mas só deste modo) se reconstituirá a situação que existiria se não se tivesse verificado o evento que obriga à indemnização...".

actual efectiva do lesado e sua situação patrimonial actual hipotética se não existissem danos[914].

A teoria da diferença tem, porém, uma aplicação limitada, na medida em que o cálculo patrimonial que estabelece não é possível a não ser estando em causa danos patrimoniais presentes. Não são assim abrangidos nessa forma de cálculo nem os danos não patrimoniais nem os danos futuros. Mas, para além disso, a teoria da diferença não se aplica sempre que o tribunal possa fixar a indemnização em montante inferior aos danos causados (cfr. art. 494º e 570º), caso em que a fixação final da indemnização dependerá de outros factores que não a simples avaliação patrimonial do lesado[915].

Um outro caso em que a teoria da diferença falha diz respeito à situação dos danos de natureza continuada. Assim, por exemplo, se alguém, em consequência de uma lesão, vê reduzida a sua capacidade para prestar trabalho ou para auferir outro tipo de rendimentos, é manifesto que o dano não fica eliminado com a atribuição de um valor para cobrir a diferença entre a sua actual situação patrimonial real e a sua situação patrimonial hipotética nesse momento. Efectivamente, passado algum tempo voltará a haver diferença entre essas duas situações patrimoniais. A solução apenas pode passar, assim, pela atribuição de uma indemnização em renda vitalícia ou temporária, cabendo ao tribunal determinar as providências necessárias para garantir o seu pagamento, conforme prevê o art. 567º. Só dessa forma a fixação da indemnização permitirá colmatar a perda continuada de rendimentos pelo lesado. Nesse caso, admite-se ainda que a fixação da indemnização seja modificada, caso sofram alteração sensível as condições em que se baseou (art. 567º, nº 2). Efectivamente, é sabido que a percepção dos rendimentos pode ser afectada pela conjuntura económica, pelo que também a indemnização, quando fixada sob a forma de renda deve poder evoluir em função dessa conjuntura.

5.3. *Compensatio lucri cum damno* e cessão dos direitos do lesado

Visando a reparação do dano, a indemnização não deve colocar o lesado em situação mais benéfica do que aquela em que ele se encontrava antes

[914] Não se trata, por isso, de uma comparação entre duas situações patrimonial reais, presente e passada, mas antes entre duas situações patrimoniais presentes, uma real e a outra hipotética.

[915] Conforme refere Ribeiro de Faria, *Obrigações*, I, p. 511, uma aplicação integral da teoria da diferença apenas seria possível numa concepção da reponsabilidade civil estritamente reparatória, não quando o sistema prossegue ainda outros fins.

da lesão. Tem-se admitido por isso que o lesante possa deduzir à indemnização os lucros que a lesão proporcionou ao lesado, situação habitualmente denominada de *compensatio lucri cum damno*[916]. Para esse efeito, é, no entanto, necessário que se verifique um nexo de causalidade entre a obtenção do lucro pelo lesado e o facto que lhe causou o prejuízo, não bastando uma simples coincidência acidental. Não haverá, porém, *compensatio lucri cum damno* nos casos em que o bem danificado represente um valor remanescente no seu património, uma vez que nesse caso a questão é antes de extensão dos danos.

Por razões semelhantes, mas com um alcance diverso, o art. 568º estabelece que, nos casos de indemnização resultante da perda de qualquer coisa ou direito, o lesado pode exigir, no acto de pagamento ou em momento posterior, que o lesante lhe ceda os seus direitos contra terceiros[917]. Neste caso, não se verifica uma compensação de lucros, mas antes a atribuição ao lesante de um direito à cessão de direitos. O fim é, no entanto, igualmente evitar o enriquecimento do lesado, que inevitavelmente se verificaria, se continuasse a exercer esses direitos, após receber a indemnização.

5.4. Titularidade do direito de indemnização

Haverá ainda que resolver a questão da titularidade do direito de indemnização. Genericamente pode dizer-se que o titular do direito de indemnização é apenas o lesado, ou seja, o titular dos direitos ou interesses que a lei visava proteger. Quanto a terceiros, mesmo que estes tenham sofrido reflexamente danos em consequência da actuação do lesante não serão abrangidos na indemnização. Assim, por exemplo, alguém que conduzindo o seu veículo atropele um jogador de futebol poderá ter que indemnizar o jogador por todos os prejuízos e lucros cessantes resultantes das lesões sofridas, mas o próprio clube não terá direito a indemnização por se ver privado do jogador durante certo tempo.

Esta regra geral sofre, no entanto, algumas restrições no âmbito das quais terceiros poderão ser igualmente titulares do direito de indemnização. Já se examinou a questão do dano-morte e dos danos não patrimoniais

[916] Cfr., sobre ela ANTUNES VARELA, *Obrigações*, I, pp. 937 e ss., ALMEIDA COSTA, *Obrigações*, pp. 778 e ss., MENEZES CORDEIRO, *Obrigações*, 2º, pp. 407 e ss., e *Tratado*, II-3, pp. 730 e ss., e principalmente, PAULO MOTA PINTO, *Interesse contratual negativo*, I, pp. 710 e ss.

[917] É o que sucede, por exemplo, no caso de o bem destruído pelo lesante se encontrar seguro contra danos próprios

em consequência da morte da vítima, a que se referem os arts. 496º, nºs 2, 3, e 4, caso em que, conforme se salientou, outras pessoas, além da vítima, podem considerar-se titulares do direito de indemnização por danos não patrimoniais próprios[918].

Há, porém, ainda em caso de morte da vítima outros titulares do direito da indemnização. Efectivamente, o art. 495º, nº 1, refere que "no caso de lesão de que proveio a morte, é o responsável obrigado a indemnizar as despesas feitas para salvar o lesado e todas as demais, sem exceptuar as do funeral". Verifica-se, assim, que, conduzindo a morte da vítima à realização de despesas, o causador dessa morte é obrigado a indemnizá-las.

Para além disso, quer em caso de morte, quer em caso de lesão corporal, a lei prevê que tenham direito a indemnização "aqueles que socorreram o lesado, bem como os estabelecimentos hospitalares, médicos ou outras pessoas ou entidades que tenham contribuído para o tratamento ou assistência da vítima" (art. 495º, nº 2). Efectivamente, estas entidades têm naturalmente direito à remuneração pelo tratamento ou assistência que ministraram à vítima, parecendo justo que a indemnização a cargo do lesante sirva igualmente para a satisfação desse direito.

Por último, a lei atribui igualmente direito de indemnização aos "que podiam exigir alimentos ao lesado ou aqueles a quem o lesado prestava no cumprimento de uma obrigação natural". Efectivamente, os alimentos são essenciais para a sobrevivência do seu titular, pelo que a existência de um crédito de alimentos, ou a possibilidade do seu surgimento futuro, que vem

[918] Parece ser ainda de admitir a extensão da indemnização a terceiros por danos não patrimoniais prevista nestas disposições a outros casos de lesão corporal grave da vítima que não a morte (ex: os pais que se vêm confrontados com uma deficiência profunda do filho). Neste sentido, Ribeiro de Faria, *Obrigações*, I, p. 491, nota (2), e António Santos Abrantes Geraldes, "Ressarcibilidade dos danos não patrimoniais de terceiros em caso de lesão corporal", em António Menezes Cordeiro/Luís Menezes Leitão/Januário da Costa Gomes, *Estudos em Homenagem ao Prof. Doutor* Inocêncio Galvão Telles, IV – *Novos Estudos de Direito Privado*, Coimbra, Almedina, 2003, pp. 263-289 e *Temas da responsabilidade civil*, II- *Indemnização dos danos reflexos*, 2ª ed., Coimbra, Almedina, 2007, pp. 35 e ss. A nossa jurisprudência tem andado dividida sobre essa questão. No Ac. RP 31/3/2009 (Antóno Martins), em *CJ* 34 (2009), 2, pp. 216-219 e no Ac. STJ 17/9/2009 (João Moreira Camilo, vencidos Salreta Pereira e Salazar Casanova), na *CJ-ASTJ* 17 (2009), 3, pp. 55- 58 foi rejeitada essa extensão. Mas já no Ac. STJ 26/5/2009 (Paulo Sá), em *CJ-ASTJ* 17 (2009), 2, pp. 77-81, e no Ac. STJ 8/9/2009 (Nuno Cameira), em *CJ-ASTJ* 17 (2009), 3, pp. 43-48, considerou-se ter direito a indemnização o cônjuge do lesado que, em consequência da lesão corporal por este sofrida, ficou impossibilitado de ter relações sexuais.

a ser frustrada pelo lesante, constitui um prejuízo tão elevado, que justifica a atribuição de indemnização ao titular desse crédito[919]. A mesma coisa acontecerá no caso de não existir direito a alimentos, mas estes estiverem a ser prestados no cumprimento de uma obrigação natural.

5.5. Prescrição da obrigação de indemnização

A prescrição da obrigação de indemnização encontra-se prevista no art. 498º, sendo esse regime genericamente aplicável a toda a responsabilidade civil, com excepção da responsabilidade obrigacional, sujeita ao mesmo regime de prescrição da obrigação incumprida[920].

A prescrição da obrigação da indemnização depende da ultrapassagem de um de dois prazos que a lei estabelece em alternativa: em primeiro lugar, o prazo de prescrição ordinária a contar do facto danoso, que como se sabe é de vinte anos (art. 309º); em segundo lugar, um prazo de três anos a contar do momento em que o lesado tem conhecimento do direito que lhe compete – ou seja, sabe que está lesado – mesmo que desconheça a pessoa do responsável ou a extensão integral dos danos. Se o lesado deixar passar um destes dois prazos sem exigir a indemnização (cfr. art. 323º, nº 1) o lesante poderá opor-lhe eficazmente a prescrição do seu direito (cfr. art. 304º, nº 1). Se, porém, no momento em que finda o prazo, ainda não for conhecida a pessoa do responsável, sem culpa do lesado, nessa situação, a prescrição suspender-se-á nos últimos três meses do prazo, nos termos do art. 321º. Para além disso, se houver reconhecimento do direito do lesado, esse reconhecimento interromperá o prazo de prescrição, nos termos do art. 325º[921].

O decurso do prazo de três anos previsto no nº 1 não impedirá o lesado de reclamar a indemnização por qualquer novo dano de que só tenha tido conhecimento posteriormente, nos três anos anteriores, desde que ainda não tenha decorrido o prazo de prescrição ordinária a contar do facto danoso[922].

[919] Parece que a simples previsibilidade futura de que iriam ser exigidos alimentos ao lesado é suficiente para a atribuição do direito à indemnização, cujos parâmetros neste caso serão fixados, de acordo com o art. 564º, nº 2. Cfr., neste sentido, Ribeiro de Faria, *Obrigações*, I, p. 527, nota (3).

[920] É a conclusão que se retira do art. 499º relativo à responsabilidade pelo risco e do art. 227º, nº 2, relativo a uma hipótese de terceira via da responsabilidade civil.

[921] Cfr. o Ac. STJ 22/9/2009 (Alves Velho), em *CJ-ASTJ* 17 (2009), 2, pp. 71-75.

[922] Neste sentido Pires de Lima / Antunes Varela, *op. cit.*, I, sub art. 498º, nº 2, p. 504 e, na jurisprudência, Ac. STJ 16/6/2009 (Urbano Dias), em *CJ-ASTJ* 17 (2009), 2, pp. 110-113.

Se se tratar de um facto ilícito que constitua crime sujeito a um prazo de prescrição mais longo, passa a ser esse prazo o aplicável, pelo que, enquanto for possível a instauração do procedimento criminal, é também possível a exigência da indemnização correspondente (art. 498º, nº 3).

Ocorrendo a pluralidade de responsáveis pelo dano, em que conforme se sabe o regime aplicável é o da solidariedade, a lei estabelece que prescreve igualmente no prazo de três anos após o cumprimento o direito de regresso entre os responsáveis (art. 498º, nº 2).

A prescrição do direito de indemnização não afectará, porém, outros direitos que o lesado tenha contra o lesante em resultado da sua conduta, designadamente a acção de reivindicação e a acção de restituição por enriquecimento sem causa (art. 498º, nº 3).

Secção IV
Fontes das obrigações baseadas no princípio da restituição do enriquecimento injustificado

1. O enriquecimento sem causa como fonte das obrigações

Referiu-se já que a proibição do enriquecimento injustificado constitui um dos princípios constitutivos do nosso Direito Civil[923]. Com base nele, podem-se justificar inúmeros institutos, como o cumprimento dos contratos, a garantia contra os vícios da coisa, a resolução por incumprimento, a alteração das circunstâncias, e a excepção de não cumprimento do contrato.

Esse princípio vem a ser consagrado no art. 473º, nº 1 do Código Civil, que dispõe que "aquele que, sem causa justificativa, enriquecer à custa de outrem é obrigado a restituir aquilo com que injustamente se locupletou", apresentando-se, por isso, como um princípio em forma de norma[924], através do qual se institui uma fonte das obrigações genérica, segundo a qual o enriquecido fica obrigado a restituir ao empobrecido o benefício que injustificadamente obteve à custa dele.

A cláusula geral do art. 473º, nº 1, permite o exercício da acção de enriquecimento sempre que alguém obtenha um enriquecimento, à custa de outrem, sem causa justificativa. Teríamos então os seguintes pressupostos constitutivos do enriquecimento sem causa:

[923] Cfr., sobre o enriquecimento sem causa LUÍS MENEZES LEITÃO, *O Enriquecimento sem Causa no Direito Civil*, Lisboa, C.E.F., 1996, reed. Coimbra, Almedina, 2005, ID, "O enriquecimento sem causa no Código Civil de 1966", em FACULDADE DE DIREITO DA UNIVERSIDADE DE COIMBRA (org.), *Comemorações dos 35 anos do Código Civil e dos 25 anos da Reforma de* 1977, III- *Direito das Obrigações*, Coimbra, Coimbra Editora, 2007, pp. 15-37, e JÚLIO GOMES, *O conceito de enriquecimento, o enriquecimento forçado e os vários paradigmas do enriquecimento sem causa*, Porto, U.C., 1998, pp. 214 e ss.

[924] Cfr. MENEZES LEITÃO, *O enriquecimento*, pp. 27 e ss., reed., pp. 29 e ss.

a) existência de um enriquecimento;
b) obtenção desse enriquecimento à custa de outrem;
c) ausência de causa justificativa para o enriquecimento.

Assim, sempre que se verificasse a reunião de todos estes pressupostos, seria possível interpor uma acção a exigir a restituição do enriquecimento sem causa. O problema, no entanto, é que esses pressupostos são tão amplos e genéricos, que seria possível efectuar uma aplicação indiscriminada desta cláusula geral, colocando em causa a aplicação de uma série de outras regras de direito positivo[925].

Por esse motivo, o nosso legislador decidiu consagrar expressamente no art. 474º a denominada subsidiariedade do instituto do enriquecimento sem causa, determinando que "não há lugar à restituição por enriquecimento, quando a lei facultar ao empobrecido outro meio de ser indemnizado ou restituído, negar o direito à restituição ou atribuir outros efeitos ao enriquecimento". Esta norma pretende estabelecer que a acção de enriquecimento seja o último recurso a utilizar pelo empobrecido. Estar-lhe-á, por isso, vedada a sua utilização no caso de possuir outro fundamento para uma acção de restituição (como em caso de invalidade ou resolução do contrato), no caso de a lei pretender que a aquisição à custa de outrem seja definitiva (como nas hipóteses de usucapião e prescrição[926]) ou quando a lei atribui outros efeitos ao enriquecimento sem causa (como na modificação do contrato, em caso de usura ou alteração das circunstâncias)[927]. Essa exclusão ocorrerá mesmo, que a acção concorrente não possa já ser exercida por ter decorrido o prazo respectivo, sob pena de perder sentido o estabelecimento desse prazo[928].

Uma análise mais cuidada do regime do enriquecimento sem causa permite, porém, concluir que a denominada regra da subsidiariedade não

[925] Imaginemos, por exemplo, que alguém adquire uma casa por um preço excessivo em relação ao preço de mercado. Seria fácil argumentar que o vendedor se encontra enriquecido à custa do comprador, sem causa justificativa. O problema é que a tutela do comprador se encontra condicionada pelo regime da anulação por erro ou usura, que seria facilmente ultrapassado se fosse permitido ao comprador recorrer à acção de enriquecimento.

[926] Cfr. o Ac. RC 15/11/2011 (Emídio Santos), em *CJ* 36 (2011), 5, pp. 14-16.

[927] Cfr. Leite de Campos, *A subsidiariedade da obrigação de restituir o enriquecimento*, Coimbra, Almedina, 1974, *passim*.

[928] Cfr. Menezes Leitão, *O enriquecimento*, pp. 946 e ss., reed., pp. 916 e ss. Cfr., no entanto, o art. 498º, nº 4.

tem um alcance absoluto[929]. Basta ver que a acção de enriquecimento não pressupõe, entre nós, que o empobrecido tenha perdido a propriedade sobre as coisas obtidas pelo empobrecido, pelo que esta pode concorrer com a reivindicação. Também é manifesto que a acção de enriquecimento poderá concorrer com a responsabilidade civil, sempre que esta não atribua uma protecção idêntica à da acção de enriquecimento. Finalmente, o art. 472º admite claramente uma opção do empobrecido entre a aplicação do regime da gestão de negócios e o do enriquecimento sem causa.

Não parece assim, que a regra do art. 474º consagre uma subsidiariedade geral da acção de enriquecimento, mas antes uma incompatibilidade de pressupostos entre as situações referidas e essa acção. Efectivamente, se a lei determina a subsistência do enriquecimento é porque lhe reconhece causa jurídica e, se atribui algum direito ao empobrecido em consequência da situação ocorrida, fica excluída a obtenção de enriquecimento à custa de outrem. Não existe, por isso, uma verdadeira subsidiariedade do enriquecimento sem causa.

2. Configuração dogmática do instituto

A configuração dogmática do enriquecimento sem causa tem vindo, porém, a suscitar certa controvérsia na doutrina, tendo sido apontadas as seguintes posições:

a) a teoria unitária da deslocação patrimonial;
b) a teoria da ilicitude;
c) a doutrina da divisão do instituto.

Examinemos sucessivamente estas posições:

A) A teoria unitária da deslocação patrimonial

De acordo com a tradicional doutrina unitária da deslocação patrimonial, surgida logo aquando da elaboração do Código Civil alemão, a cláusula geral de enriquecimento sem causa institui uma pretensão geral de aplicação directa, bastando para tal única e simplesmente que se verificasse a detenção injustificada de um enriquecimento à custa de outrem[930].

[929] Cfr. MENEZES LEITÃO, *O enriquecimento*, pp. 941 e ss., reed., pp. 911 e ss.

[930] Cfr, neste sentido, ERICH JUNG, *Die Bereicherungsansprüche und der Mangel des rechtlichen Grundes*, Leipzig, Hirschfeld, 1902, pp. 127 e ss., VON MAYR, *Der Bereicherungsanspruch des*

Esta concepção funda-se essencialmente na doutrina de SAVIGNY, segundo a qual a pretensão de enriquecimento se constitui sempre que se verifique uma deslocação patrimonial sem causa directamente entre o enriquecido e o empobrecido, independentemente da forma que revista essa deslocação. Exigir-se-ia, consequentemente que aquilo que produz o enriquecimento de uma pessoa tivesse pertencido anteriormente ao património de outra, só assim podendo esta recorrer à acção de enriquecimento[931]. Esta regra valeria para todas as categorias de enriquecimento sem causa, uma vez que o fundamento comum a todas elas seria a restituição de tudo o que saiu de determinado património[932]. Para os partidários desta concepção, não haveria consequentemente base para a criação de uma tipologia de pretensões de enriquecimento[933].

Assim, de acordo com esta doutrina, o fundamento comum a todas as pretensões de enriquecimento residiria na oposição entre a aquisição de uma vantagem e a legitimidade da sua manutenção[934]. A pretensão de enriquecimento dependeria sempre da verificação de dois pressupostos:

1) Uma deslocação patrimonial directa entre duas pessoas, produzindo um enriquecimento numa e um correlativo empobrecimento noutra;
2) a ausência de causa jurídica para essa deslocação patrimonial[935].

deutschen bürgerlichen Rechtes, Leipzig, Duncker & Humblot, 1900, p. 420 e ss., ROBERT KRAWIELICKI, *Grundlagen des Bereicherungsrechts*, Breslau, Marcus, 1936, reimp. Scientia Verlag Aalen, 1964, pp. 1-6, RICHARD PLESSEN, *Die Grundlagen der modernen condictio*, Leipzig, Deichert, 1904, p. 28, PAUL OERTMANN, *Kommentar zum Bürgerlichen Gesetzbuch und seinen Nebengesetzen*, II-*Recht der Schuldverhältnisses*, 4ª ed., Berlin, Heymann, 1910, pp. 1019 e ss.

[931] Cfr. SAVIGNY, *System*, V, pp. 526-527. O autor invoca como fundamento o texto de D.12.6.55. *in fine*.

[932] Cfr. SAVIGNY, *System*, V, pp. 567.

[933] Cfr. KRAWIELICKI, *Grundlagen*, p. 2, VON MAYR, *Der Bereicherungsanspruch*, pp. 422 e ss., PLESSEN, *op. cit.*, pp. 45 e ss. e RUDOLF STAMMLER, "Zur Lehre von der ungerechtfertigten Bereicherung nach dem Bürgerlichen Gesetzbuch", em AAVV, *Festgabe der juristischen Fakultät der vereinigten Friedrichs-Universität Halle Wittenberg für Hermann Fitting zum 27. Oktober 1902*, Halle, Max Niemeyer, 1903 (reimp. Tübingen, Max Niemeyer, 1979), pp. 129-168 (154 e ss.).

[934] Cfr. A. HARTMANN, "Der Bereicherungsanspruch des Bürgerlichen Gesetzbuchs", em *AbR* 21 (1902), pp. 224-243 (231) e HECK, *Grundriß des Schuldrechts*, p. 417.

[935] Cfr. KARL LUDWIG BATSCH, *Vermögensverschiebung und Bereicherungsherausgabe in den Fällen unbefugten Gebrauchens bzw. Nutzens von Gegenständen (Eine Kritik der Lehre von der "Eingriffskondiktion")*, Marburg, Elwert, 1968, p. 24 e JOACHIM WOLF, *Der Stand der Bereicherungslehre und ihre Neubegründung*, Köln et al., Carl Heymanns, 1980, pp. 14 e ss.

Assim, segundo esta concepção, os casos típicos de enriquecimento sem causa especialmente previstos na lei, nada mais representariam do que uma mera enumeração de exemplos característicos[936]. Fundamental em matéria de enriquecimento sem causa é antes o conceito unitário de deslocação patrimonial, entendida como a transmissão de um bem de uma pessoa para outra pessoa, efectuada directamente mediante uma deslocação de valor entre dois patrimónios[937].

Esta concepção continua a ser entre nós sustentada por GALVÃO TELLES, que defende que "a restituição supõe a deslocação de um valor entre patrimónios, havendo um património beneficiado e outro prejudicado"[938]. Daí que, para este autor, só existe empobrecimento se o lesado tiver sofrido a perda de um valor que pertencia ao seu património[939], correspondendo a ausência de causa justificativa à descoberta da vontade profunda da lei, sendo o enriquecimento sem causa quando, segundo os princípios legais, não haja razão para ele[940].

B) A teoria da ilicitude

A tradicional doutrina unitária da deslocação patrimonial entra, porém, em crise após o surgimento da obra de FRITZ SCHULZ, *System der Rechte auf den Eingriffserwerb*[941], onde o autor coloca pela primeira vez a questão jurídica da aplicação do instituto ao problema da intervenção em bens ou direitos alheios.

936 Cfr. HECK, *Grundriß des Schuldrechts*, p. 423, o qual chega a referir que essa enumeração constitui unicamente um fio, através do qual se ligam exemplos entre si.

937 Cfr. PLESSEN, *op. cit.*, p. 25, KRAWIELICKI, *Grundlagen*, p. 4, ERICH JUNG, *Die Bereicherungsansprüche*, pp. 125 e ss., ID,"Das Wesen des schuldrechtlichen Grundes (§ 812 BGB.) und dessen Bedeutung für die Systematik des Privatrechts" em OTTO SCHREIBER (org.), *Die Reichsgerichtspraxis im deutschen Rechtsleben. Festgabe der juristischen Fakultäten zum 50jährigen Bestehen des Reichsgerichts*, Berlin e Leipzig, Walter de Gruyter, 1929, pp. 143-179 (154), VON MAYR, *Der Bereicherungsanspruch*, pp. 192 e ss., ERNST NEBENZAHL, *Das Erfordernis der unmittelbaren Vermögensverschiebung in der Lehre von der ungerechtfertigten Bereicherung*, Berlin, Ebering, 1930, p. 101.

938 Cfr. GALVÃO TELLES, *Obrigações*, p. 199.

939 Cfr. GALVÃO TELLES, *Obrigações*, p. 199, que refere que "não é possível pedir a restituição de um valor que não se perdeu. Tem de se sofrer uma privação para se pretender a restituição de que a lei fala".

940 Cfr. GALVÃO TELLES, *Obrigações*, p. 200.

941 FRITZ SCHULZ, "System der Rechte auf den Eingriffserwerb" em *AcP* 105 (1909), pp. 1-488.

No entender de SCHULZ, a base do enriquecimento sem causa não reside na deslocação patrimonial sem causa jurídica, mas antes numa acção contrária ao direito, que o autor considera o conceito central na dogmática do instituto. A seu ver, existiria um princípio de que ninguém deveria obter um ganho através de uma intervenção ilícita num direito alheio[942], princípio que o autor considera de aplicação geral, expresso em diversos preceitos do Código[943]. Desse princípio resultaria que quem efectuasse uma intervenção objectivamente ilícita no direito alheio deveria restituir o resultado dessa intervenção. A ingerência no direito de outrem daria, portanto, sempre lugar a uma pretensão à restituição do lucro por intervenção, entendido como tudo o que se adquiriu mediante a intervenção nos direitos alheios[944].

Assim, através da referência a um conceito de ilicitude delitual, dirigida à acção, SCHULZ aproxima o enriquecimento sem causa da responsabilidade civil, qualificando a obrigação de restituir o enriquecimento como uma sanção todo o tipo de comportamentos ilícitos[945]. Entre eles incluir-se-iam o enriquecimento por prestação e o derivado de facto da natureza, existindo no primeiro caso uma ilícita aceitação ou detenção da coisa por parte do enriquecido[946] e, no segundo caso uma intromissão equiparada a um comportamento ilícito[947].

Na doutrina de SCHULZ, o enriquecimento sem causa deixa assim de ser visto como baseado nas deslocações patrimoniais sem causa para passar a ser considerado como baseado na violação de um direito alheio. Esta concepção levou ao surgimento de uma corrente doutrinária, denominada de teoria da ilicitude, onde se podem incluir as obras de ERNST WOLF[948], KELLMANN[949], WILHELM[950], BATSCH[951], KAEHLER[952], COSTEDE[953] e KUPISCH[954].

[942] Cfr. SCHULZ, *AcP* 105 (1909), p. 443.

[943] Cfr. SCHULZ, *AcP* 105 (1909), pp. 1-426.

[944] Cfr. SCHULZ, *AcP* 105 (1909), p. 427: *"Recht auf den Eingriffserwerb ist ein Recht auf alles, was durch den Eingriff in ein fremdes Recht erworben worden ist"*.

[945] Cfr. SCHULZ, *AcP* 105 (1909), p. 445.

[946] Cfr. SCHULZ, *AcP* 105 (1909), pp. 310, 435, 447 e 479 e ss.

[947] Cfr. SCHULZ, *AcP* 105 (1909), p. 440.

[948] Cfr. ERNST WOLF, *Lehrbuch des Schuldrechts*, II- *Besonderer Teil*, Köln et. al., Carl Heymanns, 1978, pp. 412 e ss.

[949] CHRISTOF KELLMANN, *Grundsätze der Gewinnhaftung. Rechtsvergleichender Beitrag zum Recht der ungerechtfertigten Bereicherung*, Berlin, Duncker & Humblot, 1969, esp. pp. 97 e ss., e "Bereicherungsausgleich bei Nutzung fremder Rechtsgüter" em *NJW* 1971, pp. 862-865 (863).

De acordo com esta concepção o *Tatbestand* do enriquecimento sem causa é o mesmo em todas as situações, tendo como elemento decisivo a aquisição em desconformidade ao Direito de um benefício a partir de um património alheio[955]. Da mesma forma que a responsabilidade civil, o enriquecimento sem causa deve ser fundado em primeiro lugar com base na desconformidade ao Direito de uma aquisição, a qual é indiciada em virtude da sua obtenção a partir de um património alheio, indício esse que, da mesma forma que as causas de exclusão da ilicitude, só será afastado se for encontrado um fundamento de legitimação legal ou negocial dessa aquisição[956]. A unidade dos pressupostos do enriquecimento reside na exigência, em primeiro lugar, de que ocorra o enriquecimento de alguém, o enriquecido, segundo, que o enriquecimento provenha do património de outrem, o empobrecido e, terceiro, que o enriquecido não tenha em relação ao empobrecido, uma causa jurídica[957]. Estes pressupostos do enriquecimento sem causa necessitam de ser concretizados em grupos de casos que, no entanto, apenas podem ser "casos de aplicação do princípio" já que a pretensão de enriquecimento tem como pressuposto unitário "o incremento patrimonial, que o devedor obtém a partir do património do seu credor, ou seja que, de acordo com o direito ou com a posição jurídica desse credor, pertence ao seu património, quando a aquisição do devedor não é legitimada por um negócio jurídico ou directamente através de uma norma do direito objectivo"[958].

[950] JAN WILHELM, *Rechtsverletzung und Vermögensentscheidung als Grundlagen und Grenzen des Anspruch aus ungerechtfertigter Bereicherung*, Bonn, Röhrscheid, 1973, esp. pp. 173 e ss., e "Das Merkmal "auf Kosten" als notwendiges Kriterium des Leistungskondiktion" em *JuS* 1973, pp. 1-9 (1).

[951] BATSCH, *Vermögensverschiebung*, *passim*.

[952] CHRISTIAN-MICHAEL KAEHLER, *Bereicherungsausgleich und Vindikation, Allgemeine Prinzipien der Restitution*, Bielefeld, Gieseking, 1972, *passim*.

[953] JÜRGEN COSTEDE, *Dogmatische und methodologische Überlegungen zum Verständnis des Bereicherungsrechts*, Bern, Stämpfli, 1977, *passim*.

[954] BERTHOLD KUPISCH, *Gesetzespositivismus im Bereicherungsrecht, Zur Leistungskondiktion im Drei-Personen-Verhältnis*, Berlin, Duncker & Humblot, 1978, pp. 11 e ss. e 17 e ss., e "Einheitliche Voraussetzungen des Bereicherungsanspruchs – ein Mißgriff des Gesetzgebers?" em MANFRED HARDER e GEORG THIELMANN (org.), *De iustitia et iure. Festgabe für Ulrich von Lübtow zum 80. Geburtstag*, Berlin, Duncker & Humblot, 1980, pp. 501-545.

[955] Cfr. WILHELM, *Rechtsverletzung*, pp. 98 e ss. e 173 e ss.

[956] Cfr. WILHELM, *Rechtsverletzung*, pp. 173 e 191.

[957] Cfr. KUPISCH, *FS von Lübtow*, p. 503.

[958] Cfr. WILHELM, *Rechtsverletzung*, pp. 173.

C) A doutrina da divisão do instituto

Uma outra concepção corresponde à doutrina da divisão do instituto do enriquecimento em categorias autónomas e distintas entre si. Esta doutrina tem essencialmente a sua origem nos trabalhos de WALTER WILBURG[959] e ERNST VON CAEMMERER[960]. A tese principal destes autores reside na divisão do instituto do enriquecimento sem causa em duas categorias principais, sendo uma delas relativa às situações de enriquecimento geradas com base numa prestação do empobrecido e outra abrangendo as situações de enriquecimento não baseadas numa prestação, atribuindo-se nesta última papel preponderante ao enriquecimento por intervenção. Esta doutrina da divisão do instituto rompe completamente com o tratamento dogmático unitário do enriquecimento sem causa, que deixa inclusive de ser considerado como sujeito a princípios comuns ou a uma mesma ordenação sistemática. Efectivamente, de acordo com esta nova concepção, o enriquecimento por prestação passa a ser visto como um anexo do direito dos contratos, inserido no regime da transmissão dos bens, enquanto o enriquecimento por intervenção é visto antes como anexo a um prolongamento da eficácia do direito de propriedade, inserindo-se no âmbito da protecção jurídica dos bens[961].

Na opinião de WILBURG, nunca fora demonstrado que as restituições fundadas na realização de uma prestação sem causa e as baseadas num enriquecimento sem prestação tivessem o mesmo fundamento[962], existindo antes entre elas uma perfeita diferenciação de pressupostos[963], pelo que não haveria qualquer possibilidade de as reconduzir a um princípio genérico comum[964]. O enriquecimento por prestação seria baseado num acto voluntário do seu autor, constituindo uma forma de impugnação jurí-

[959] WALTER WILBURG, *Die Lehre von der ungerechtfertigten Bereicherung nach österreichischem und deutschem Recht. Kritik und Aufbau*, Graz, Leuschner & Lubensky, 1934.

[960] Cfr. ERNST VON CAEMMERER, "Bereicherung und unerlaubte Handlung" em HANS DÖLLE, MAX RHEINSTEIN, KONRAD ZWEIGERT (org.) *Festschrift für Ernst Rabel, I – Rechtsvergleichung und internationales Privatrecht*, Tübingen, Mohr, 1954, pp. 333-401, depois recolhido em ERNST VON CAEMMERER, *Gesammelte Schriften, I – Rechtsvergleichung und Schuldrecht*, Tübingen, Mohr, 1968, pp. 210-278.

[961] Cfr. WILBURG, *op. cit.*, pp. 27 e ss., 49 e ss., e 112 e ss. e VON CAEMMERER, *FS Rabel*, I, pp. 337, 340 e ss. e 352 e ss. = *Gesammelte*, p. 213, 217 e ss. e 228 e ss.

[962] Cfr. WILBURG, *op. cit.*, p. 23.

[963] Cfr. WILBURG, *op. cit.*, pp. 112 e ss.

[964] Cfr. WILBURG, *op. cit.*, pp. 22, 23, e 29 e ss.

dica desse acto, sendo a base dessa impugnação sobretudo o erro sobre a causa jurídica da sua prestação. Já o enriquecimento não baseado numa prestação teria como fim a recuperação de um direito afectado pela aquisição do enriquecido (normalmente a propriedade), sendo por isso uma pretensão a um prolongamento da eficácia desse direito[965].

Consequentemente, para WILBURG, no enriquecimento por prestação, a definição dos sujeitos da obrigação de restituir o enriquecimento, assim como do seu objecto e da extensão da obrigação, resultaria directamente do objecto e conteúdo da prestação realizada, podendo dessa forma renunciar-se aos requisitos da deslocação patrimonial e da imediação[966]. Também o conceito de ausência de causa jurídica é desenvolvido especialmente para o enriquecimento por prestação e apenas nele pode ser aplicado, sendo a causa jurídica definida como a ligação a uma relação obrigacional que a prestação visava extinguir, verificando-se a ausência de causa jurídica quando esse efeito não é atingido[967]. Daí que o enriquecimento por prestação constitua uma forma de impugnação jurídico-negocial da prestação realizada[968].

WILBURG considera o enriquecimento não baseado numa prestação como um instituto dogmático independente. Nesta categoria de enriquecimento sem causa seria inaplicável o conceito de ausência de causa jurídica, que teria sido desenvolvido expressamente para o enriquecimento por prestação. Efectivamente, a prestação, para se considerar justificada, deveria ser fundada numa obrigação, sem a qual teria de ser restituída ao empobrecido, sendo a realização da prestação sem causa jurídica que determina a aplicação do enriquecimento por prestação. No enriquecimento não baseado numa prestação esse raciocínio já não tem, porém, aplicação. Aqui não se procuraria averiguar da justificação do enriquecimento, mas antes atingir a razão do seu carácter injustificado, o que leva à inutilidade do conceito de causa jurídica nesta categoria de enriquecimento[969].

Assim, para WILBURG o carácter injustificado desse tipo de enriquecimento, nos casos de consumo ou utilização de bens alheios, reside no fim material do direito atingido e na destinação da sua utilidade para o

[965] Cfr. WILBURG, *op. cit.*, pp. 7 e ss., 28 e ss., e 49 e ss.
[966] Cfr. WILBURG, *op. cit.*, pp. 106, 113 e 114.
[967] Cfr. WILBURG, *op. cit.*, p. 11.
[968] Cfr. WILBURG, *op. cit.*, p. 49.
[969] Cfr. WILBURG, *op. cit.*, pp. 13-14.

titular[970]. Como o fim económico da propriedade inclui uma destinação das utilidades proporcionadas pela coisa, o seu uso ou consumo por terceiro atribui com base no conteúdo da destinação (*Zuweisungsgehalt*) uma pretensão de enriquecimento contra quem beneficiou das utilidades da coisa[971]. A pretensão de enriquecimento desenvolve-se assim organicamente a partir da propriedade e configura-se como uma pretensão da "continuação da eficácia jurídica" (*Rechtsfortwirkungsanspruch*) desse direito[972]. Como tal, a pretensão de enriquecimento dirigir-se-ia primordialmente à restituição do resultado da intervenção, abrangendo todas as vantagens resultantes do uso e fruição de bens alheios[973].

Qualificado como uma "pretensão de continuação da actuação jurídica", seriam dispensáveis no enriquecimento por outra via os requisitos da imediação e da deslocação patrimonial[974]. Em lugar da imediação, a "pretensão da continuação da actuação jurídica" apenas pressupõe que o seu credor fosse, ao tempo da destinação, o titular do direito fundamento, a partir do qual se desenvolve a pretensão[975]. Já o requisito da deslocação patrimonial, que WILBURG identifica como a necessidade de um dano, é completamente abandonado[976]. A pretensão de enriquecimento resultante da destinação não autorizada de bens alheios não teria por base um dano do seu titular, mas antes um direito subjacente, que é lesado com o seu aproveitamento não autorizado, sem que se tome em consideração, se o próprio titular teria obtido esse ganho ou não[977].

A teoria de WILBURG veio a ser desenvolvida por ERNST VON CAEMMERER[978], que parte do conceito central de "conteúdo da destinação" na sua construção da teoria do enriquecimento sem causa. O autor entende que a proibição do enriquecimento injustificado consiste apenas numa

[970] Cfr. WILBURG, *op. cit.*, p. 27.

[971] Cfr. WILBURG, *op. cit.*, pp. 27-28. A ideia de que existiria uma destinação das utilidades da coisa ao seu titular, cuja afectação determinaria a aplicação do instituto foi primeiramente formulada por HECK, *Grundriß des Schuldrechts*, p. 421, a propósito do esclarecimento do requisito à custa de outrem. HECK é assim o fundador da doutrina do conteúdo da destinação.

[972] Cfr. WILBURG, *op. cit.*, pp. 35 e ss.

[973] Cfr. WILBURG, *op. cit.*, pp. 122 e ss.

[974] WILBURG, *op. cit.*, p. 5.

[975] Cfr. WILBURG, *op. cit.*, p. 114.

[976] Cfr. WILBURG, *op. cit.*, pp. 106 e ss.

[977] Cfr. WILBURG, *op. cit.*, p. 106.

[978] Cfr. ERNST VON CAEMMERER, *FS Rabel*, I, p. 333 e ss. = *Gesammelte*, p. 209 e ss.

máxima de justiça comutativa que se encontra a um nível de abstracção tal que carece de preenchimento pelo julgador[979], a efectuar através da integração do caso numa categoria específica de enriquecimento sem causa[980]. Assim, o autor apresenta uma tipologia de hipóteses de enriquecimento sem causa distinguindo entre o enriquecimento por prestação (*Leistungskondiktion*), enriquecimento por intervenção (*Eingrifskondiktion*), enriquecimento por liberação de uma dívida paga por terceiro (*Rückgriffskondiktion*) e enriquecimento resultante de despesas efectuadas em coisa alheia (*Verwendungskondiktion*). Essa tipologia não é, porém, considerada como fechada, na medida em que posteriores concretizações permitiriam o surgimento de novas categorias[981]. Esta tipologia constituiria o ponto de partida para a construção de diversas pretensões de enriquecimento, que não apenas se distinguiriam no seu objecto, mas também no seu conteúdo e extensão. Assim, no enriquecimento por prestação o objecto da restituição seria tudo o que o seu autor proporcionou ao receptor, indepentemente de ele ter disposto sobre um bem próprio ou alheio ou de uma prestação de terceiro, à qual tinha direito[982].

Já o enriquecimento por intervenção seria uma categoria independente de enriquecimento sem causa, em que se fundamentaria a desconformidade desse enriquecimento com o direito, através da função de ordenação da propriedade e dos outros direitos absolutos[983]. Aí, em contrariedade a WILBURG, VON CAEMMERER defende que o que é destinado ao titular de um direito absoluto e, consequentemente, o que é objecto da pretensão de enriquecimento, não é o resultado da intervenção derivado do uso e fruição não autorizados, mas antes esse mesmo uso e fruição. Tratando-se esse uso e fruição de algo que já não pode ser restituído *in natura*, determina VON CAEMMERER que a restituição do enriquecimento obtido a partir dos bens alheios consista numa dívida de valor a qual deveria ter sempre por objecto a remuneração normalmente acordada para esse uso e fruição[984].

O terceiro grupo importante de pretensões de enriquecimento residiria no pagamento de dívidas alheias ou de dívidas próprias que o autor

[979] Cfr. VON CAEMMERER, *FS Rabel*, I, p. 335 = *Gesammelte*, p. 211.

[980] Cfr. VON CAEMMERER, *FS Rabel*, I, pp. 335 e 375 = *Gesammelte*, pp. 212 e 251.

[981] Cfr. VON CAEMMERER, *FS Rabel*, I, p. 335 = *Gesammelte*, p. 211.

[982] Cfr. VON CAEMMERER, *FS Rabel*, I, p. 350 = *Gesammelte*, p. 226.

[983] Cfr. VON CAEMMERER, *FS Rabel*, I, pp. 352 e ss. = *Gesammelte*, pp. 228 e ss.

[984] Cfr. VON CAEMMERER, *FS Rabel*, I, pp. 356 e ss. = *Gesammelte*, pp. 232 e ss.

do cumprimento não deva suportar integralmente a final (*Rückgriffskondiktion*). Neste caso o enriquecimento seria injustificado, em virtude de a liberação do devedor contrariar a repartição de responsabilidades juridicamente estabelecida[985].

O quarto grupo de casos residiria no enriquecimento por benfeitorias efectuadas numa coisa alheia, onde Von Caemmerer admite igualmente a restituição do enriquecimento sem causa, embora saliente a necessidade de protecção contra enriquecimentos não desejados[986].

As obras de Wilburg e Von Caemmerer influenciaram profundamente a doutrina posterior, tendo surgido uma grande avalanche de estudos na matéria do enriquecimento sem causa em que a divisão do instituto numa tipologia de *condictiones* aparecia como doutrina dominante, posição que se mantém até hoje[987]. A maioria da doutrina alemã sustenta hoje, por isso, que o § 812 BGB distingue claramente, no âmbito do enriquecimento sem causa, entre o enriquecimento baseado numa prestação (*Leistungskondiktionen*) e o enriquecimento não baseado numa prestação (*Nichtsleistungskondiktionen* ou *Bereicherung in sonstiger Weise*). No âmbito da primeira categoria encontrar-se-iam os casos tradicionais da *condictio indebiti, condictio ob causam finitam*, *condictio ob rem* e *condictio ob turpem vel iniustam causam*. No âmbito da segunda categoria teríamos, além do caso principal do enriquecimento por intervenção (*Eingrifsskondiktion*), outras hipóteses de enriquecimento não baseados numa prestação, como o enriquecimento por despesas feitas (*Aufwendungskondiktion*), nas suas modalidades da *condictio* por benfeitorias (*Verwendungskondiktion*) e da *condictio* para exercício do direito de regresso (*Rückgriffskondiktion*), e ainda o enriquecimento derivado de fenómeno da natureza (*Naturvorgangeskondiktion*)[988].

985 Cfr. Von Caemmerer, *FS Rabel*, I, p. 360 = *Gesammelte*, p. 237.

986 Cfr. Von Caemmerer, *FS Rabel*, I, pp. 365 e ss. = *Gesammelte*, pp. 241 e ss.

987 Cfr. Stephan Lorenz, em J. Von Staudinger, *Kommentar zum Bügerlichen Gesetzbuch mit Einführungsgesetz und Nebengesetzen*, II – *Recht der Schuldverhältnisse*, Neubearbeitung., Berlin, Sellier, De Gruyter, 2007, § 812, Rdnr. 1, a pp. 94 e ss., Josef Esser/Hans-Leo Weyers, *Schuldrecht* II – *Besonderer Teil*, 7ª ed., Heidelberg, Müller, 1991, § 47, 3, pp. 422 e ss., Jauernig / Schlechtriem / Stürner / Teichmann / Vollkommer, *Bürgerliches Gesetzbuch*, München, Beck, 1991, Vor § 812, nºs 1 e 2, a pp. 907-909, Hartmut Reeb, *Grundprobleme des Bereicherungsrechts*, München, Beck, 1975, p. 2, Hermann Weitnauer, "Die Leistung" em *Festschrift für Ernst von Caemmerer zum 70. Geburtstag*, Tübingen, Mohr, 1978, pp. 255-293 (255), Joachim Gernhuber, *Bürgerliches Recht*, 2ª ed., München, 1983, pp. 380 e ss.

988 Cfr. Hans Georg Koppensteiner / Ernst A. Kramer, *Ungerechtfertigte Bereicherung*, 2ª ed., Berlin/New York, De Gruyter, 1988, p. 67.

D) Posição adoptada

Conforme tivémos ocasião de defender na nossa dissertação de doutoramento, entendemos que a cláusula geral do art. 473º, nº 1, ao referir que "aquele que, sem causa justificativa, enriquecer à custa de outrem é obrigado a restituir aquilo com que injustamente se locupletou", apresenta-se como demasiado genérica, não permitindo o tratamento dogmático unitário do enriquecimento sem causa, uma adequada subsunção aos casos concretos. Haverá, por isso, que estabelecer uma tipologia de categorias que permita efectuar, através da integração do caso numa dessas categorias, a referida subsunção[989]. Defendemos por isso a doutrina da divisão do instituto. Por esse motivo, distinguiremos no âmbito do enriquecimento sem causa as seguintes situações:

1) o enriquecimento por prestação;
2) o enriquecimento por intervenção;
3) o enriquecimento por despesas realizadas em benefício doutrem;
4) o enriquecimento por desconsideração de um património intermédio.

No número seguinte ir-se-ão examinar detalhadamente estas categorias.

3. Modalidades de enriquecimento sem causa

3.1. O enriquecimento por prestação

3.1.1. Conceito e modalidades típicas

O enriquecimento por prestação respeita a situações em que alguém efectua uma prestação a outrem, mas se verifica uma ausência de causa jurídica para possa ocorrer por parte deste a recepção dessa prestação. Nesta categoria, o requisito fundamental do enriquecimento sem causa é a realização de uma prestação, que se deve entender como uma atribuição finalisticamente orientada, sendo por isso, referida a uma determinada causa jurídica, ou na definição corrente na doutrina alemã dominante como "o incremento consciente e finalisticamente orientado de um património alheio"[990].

Este conceito de prestação seria composto pelos seguintes requisitos: em primeiro lugar, um elemento real consistente numa atribuição patri-

[989] Cfr. MENEZES LEITÃO, *O enriquecimento*, pp. 955 e ss., reed., pp. 925 e ss.

[990] Cfr. MENEZES LEITÃO, *O enriquecimento*, pp. 654 e ss., reed., pp. 629 e ss., e bibliografia aí citada. Posteriormente, veja-se JÚLIO GOMES, *O conceito de enriquecimento, o enriquecimento forçado e os vários paradigmas do enriquecimento sem causa*, Porto, UCP, 1998, pp. 675 e ss.

monial que produza no receptor um enriquecimento[991]. Em segundo e terceiro lugar, exigem-se dois elementos, um cognitivo e outro volitivo, os quais se traduzem no facto de esse incremento do património doutrem exigir uma consciência da prestação e a vontade de prestar. Sem essa consciência e a vontade não se estará perante uma prestação, devendo o caso integrar-se noutra categoria de enriquecimento sem causa[992]. Por último, exige-se sobretudo um elemento final, segundo o qual a atribuição tem que visar a realização de um fim específico (o incremento do património alheio), que na maior parte das vezes corresponde à execução de um programa obrigacional. Sem a definição desse fim específico não existe prestação, sendo precisamente esse o traço distintivo desta categoria de enriquecimento sem causa.

Conforme se referiu verifica-se, nesta sede, uma situação de enriquecimento sem causa se ocorre a ausência de causa jurídica para a recepção da prestação que foi realizada. De acordo com o que defendemos na nossa dissertação de doutoramento, a ausência de causa jurídica deve ser definida em sentido subjectivo, como a não obtenção do fim visado com a prestação[993]. Haverá assim lugar à restituição da prestação sempre que esta é realizada com vista à obtenção de determinado fim, e esse fim não vem a ser obtido.

Há, porém, várias modalidades possíveis de não obtenção do fim visado com a prestação. Tradicionalmente, na época post-clássica do Direito Romano estabelecia-se uma distinção entre: *a)* a *condictio indebiti*, caso em que alguém realizava uma prestação na intenção de extinguir uma obrigação, mas se verificava a inexistência da dívida que o prestante visava solver, o que permitia ao *solvens* exigir a sua restituição; *b)* a *condictio ob rem*, caso em que alguém realizava uma prestação em vista de determinado efeito futuro, pelo que a sua não verificação lhe permitia exigir a sua restituição posterior; *c)* a *condictio ob turpem vel iniustam causa*, caso em que alguém rea-

[991] Esse elemento real pode consistir na transmissão ou na renúncia a um direito real, no concessão do gozo de um bem, na constituição ou transmissão de um crédito, na liberação de uma dívida, ou na evitação de uma diminuição do património do empobrecido. Essa atribuição patrimonial pode consistir num negócio jurídico (unilateral ou bilateral) ou numa pura actividade de facto, como a incorporação, união ou confusão de coisas, ou ainda a realização de serviços.

[992] Para usar um exemplo extremamente comum na doutrina alemã: o porteiro que, por engano, coloca o seu próprio carvão no aquecimento central da casa não efectua uma prestação.

[993] Cfr. Menezes Leitão, *O enriquecimento*, pp. 893 e ss., reed., pp. 863 e ss.

lizava uma prestação por um fim torpe ou ilícito, o que permitia pedir a restituição mesmo que ele se verificasse; e *d)* a *condictio sine causa*, categoria residual, que permitia pedir a restituição nas outras hipóteses de realização de uma prestação sem causa[994], e que na evolução posterior do Direito foi evoluindo até ser configurada posteriormente apenas como uma *condictio ob causam finitam*, ou seja, como a hipótese em que a causa jurídica da prestação realizada desaparece posteriormente à sua realização.

O nosso actual Direito herdou esta tradicional sistematização das *condictiones*, ainda que abolindo a *condictio ob turpem vel iniustam causam*. O art. 473º, nº 2, ao referir que "a obrigação de restituir por enriquecimento sem causa tem tradicionalmente por objecto o que for indevidamente recebido, ou o que for recebido em virtude de uma causa que deixou de existir, ou em vista de um efeito que não se verificou", mantém, porém, a referência à *condictio indebiti*, à *condictio ob causam finitam* e à *condictio ob rem*. Examinaremos assim sucessivamente estas hipóteses.

3.1.2. A repetição do indevido

São pressupostos comuns à repetição do indevido a realização de uma prestação com intenção de cumprir uma obrigação (*animo solvendi*), sem que exista uma obrigação subjacente a essa prestação (indevido objectivo) ou sem que esta tenha lugar entre *solvens* e *accipiens* (indevido subjectivo) ou deva ser realizada naquele momento (cumprimento antecipado).

O primeiro pressuposto referido pelo art. 476º, nº 1 do Código Civil é que algo tenha sido prestado com intenção de cumprir uma obrigação. A lei exige aqui, assim, uma intenção solutória específica, sem a qual não se poderá falar de um pagamento indevido, o que permite concluir pela exclusão da *condictio indebiti* quando o *solvens* realiza a prestação conhecendo a inexistência da dívida. Efectivamente, embora a lei não exija o erro do *solvens* como pressuposto da repetição do indevido, parece claro que, nos casos em que ele conheça a inexistência da dívida, não se verifica a intenção de cumprir uma obrigação, pelo que não pode aplicar-se o art. 476º, nº 1[995].

[994] Cfr. MENEZES LEITÃO, *O enriquecimento*, pp. 96 e ss., reed., pp. 96 e ss.

[995] Contra, PIRES DE LIMA/ANTUNES VARELA, *op. cit.*, I, *sub* art. 476º e ANTUNES VARELA, *Obrigações*, I, p. 508, defendem que a intenção solutória não é incompatível com o conhecimento seguro da inexistência da dívida. Porém, conforme defendemos em MENEZES LEITÃO, *O enriquecimento*, pp. 484-485, reed., pp. 468-469, e notas, consideramos que constituiria um *venire contra factum proprium* o *solvens* realizar uma prestação, no conhecimento de que

O segundo pressuposto é o de que a obrigação não existisse no momento da prestação (*indevido objectivo*). Se a obrigação que o *solvens* visou extinguir não se chegou a constituir ou já estava extinta quanto a prestação foi realizada, haverá direito a pedir a sua restituição. A mesma solução ocorrerá no caso de à prestação realizada poder ser aposta uma excepção duradoura, que o *solvens* ignorava[996]. A restituição é, porém, excluída perante a verificação de uma obrigação natural (arts 402º e ss. e 476º, proémio), entre as quais se inclui a obrigação prescrita (art. 304º, nº 2), já que estas, embora não sendo verdadeiras obrigações, atribuem ao credor causa jurídica para a recepção da prestação espontaneamente realizada (*soluti retentio*: art. 403º)[997].

A obrigação pode existir no momento da prestação, mas respeitar a sujeitos diferentes daquele que recebeu ou realizou a prestação. Fala-se então em *indevido subjectivo*, que poderá respeitar ao receptor da prestação (*ex latere accipientis*) ou ao autor da prestação (*ex latere solventis*).

O indevido subjectivo *ex latere accipientis* ocorre quando a prestação é realizada a terceiro, e não ao seu verdadeiro credor. Esta situação é praticamente equiparada ao indevido objectivo pelo art. 476º, nº 2, com a excepção de se poder admitir casos em que a obrigação venha a ser extinta, apesar de ser realizada a terceiro. São as situações referidas no art. 770º. Nesses casos, a prestação, apesar de ter sido realizada a terceiro, conseguiu obter o efeito que visava (a extinção da obrigação), pelo que não se admite a repetição do indevido[998].

O indevido subjectivo *ex latere solventis* ocorre quando a prestação é realizada por terceiro, e não pelo verdadeiro devedor. Neste caso, há que tomar em consideração a posição do credor, uma vez que este recebe o que lhe é devido (*suum recepit*), pelo que se torna dificilmente sustentá-

não existia a dívida, e vir depois a exigir a sua restituição, sendo neste caso, em face do princípio da boa fé, merecedora de maior protecção a confiança do *accipiens* na realização do pagamento, que naturalmente tenderá a presumir ser devido a uma causa jurídica distinta, e que o prestante não modificará as suas intenções. Neste sentido, cfr. ainda VAZ SERRA, *Enriquecimento sem causa*, Lisboa, Separata do *BMJ* 81 e 82, 1959, p. 300.

996 Cfr. PIRES DE LIMA/ANTUNES VARELA, *loc. ult. cit.* e MENEZES LEITÃO, *O enriquecimento*, pp. 486 e ss., reed., pp. 469 e ss. Pense-se especificamente no cumprimento da obrigação, após obtenção de caso julgado absolutório, ou existindo abuso de direito na cobrança (art. 334º), nomeadamente na hipótese do art. 638º, nº 2.

997 Cfr. MENEZES LEITÃO, *O Enriquecimento*, pp. 491 e ss., reed., pp. 474 e ss.

998 Cfr. MENEZES LEITÃO, *O Enriquecimento*, pp. 494 e ss., reed., pp. 477 e ss.

vel obrigá-lo pura e simplesmente à restituição[999]. Essa restituição só é, por isso, admitida em casos excepcionais, referidos nos arts. 477º e 478º, pressupondo-se um erro do terceiro, cujos efeitos variam consoante ele julgue cumprir uma obrigação própria ou julgue estar obrigado perante o devedor a cumpri-la. Essas limitações visam tutelar a situação do credor de boa fé, pelo que, conhecendo ele o erro do autor da prestação, estará sempre obrigado à restituição.

Verificando-se que o terceiro cumpriu a obrigação alheia por a julgar própria, o art. 477º faz depender a restituição de o erro ser "desculpável". Sendo o erro indesculpável, estará excluída a restituição, podendo o credor conservar a prestação recebida em pagamento. A restituição é ainda excluída, sempre que "o credor, desconhecendo o erro do autor da prestação, se tiver privado do título ou das garantias do crédito, tiver deixado prescrever ou caducar o seu direito, ou não o tiver exercido contra o devedor ou contra o fiador, enquanto solventes". Efectivamente, verificando-se uma dessas situações, o credor vê claramente agravados os riscos de cobrança do crédito, pelo que não se justifica que os suporte em resultado da conduta do terceiro. Neste caso, este terá apenas direito à sub-rogação nos direitos do credor (art. 477º, nº 2, e 592º), adquirindo o direito deste sobre o devedor, agora de cobrança mais difícil.

Já no art. 478º, regula-se a situação de o terceiro cumprir obrigação alheia na convicção errónea de estar obrigado para com o devedor a cumpri-la. Neste caso, existe uma situação de enriquecimento por prestação, mas o fim desta não reside em realizar uma atribuição ao credor, mas antes em relação ao devedor, em virtude de uma obrigação que o terceiro julga ter em relação a ele. Está-se, assim, perante uma atribuição patrimonial indirecta, já que o património do credor aparece como meramente interposto em relação ao património do devedor, sendo este que o terceiro pretende incrementar, obtendo a liberação da sua obrigação perante o credor. Naturalmente que, por esse motivo, não é do credor, mas do devedor que o terceiro deverá exigir a restituição do enriquecimento, salvo se o credor conhecer o erro do terceiro, caso em que a sua posição deixa de merecer tutela[1000].

[999] Neste sentido, já D.12.6.44: "*Repetitio nulla esta ab eo qui suum recepit, tametsi ab alio quam vero debitor solutum est*"."

[1000] Cfr. MENEZES LEITÃO, *O Enriquecimento*, p. 503 e 552 e ss., reed., pp. 486 e 533 e ss.

A lei estabelece ainda no art. 476º, nº 3, que "a prestação realizada por erro desculpável antes do vencimento da obrigação, só dá lugar à restituição daquilo com que o credor se enriqueceu por efeito do cumprimento antecipado". Neste caso, a prestação realizada antes do tempo obtém o fim visado (a extinção da obrigação), pelo que não é admitida a sua restituição. No entanto, uma vez que o devedor possui, em virtude do prazo da prestação, uma excepção material dilatória, o facto de renunciar a ela enriquece o credor (que beneficia do *interusurium*). Se, porém, essa renúncia não é voluntária e resulta antes de um erro desculpável, verifica-se um incremento do património do credor sem causa jurídica, o que permite ao devedor exigir a sua restituição[1001].

3.1.3. A restituição da prestação por posterior desaparecimento da causa

O art. 473º, nº 2 inclui também entre as modalidades de enriquecimento por prestação a hipótese de alguém ter recebido uma prestação em virtude de uma causa que deixou de existir, correspondendo à tradicional *condictio ob causam finitam*[1002]. No direito actual são casos da sua aplicação a posterior extinção do direito à prestação já recebida[1003]; a restituição do sinal em caso de cumprimento do contrato ou sua extinção por impossibilidade ou revogação (art. 442º, nº 1); a restituição do título da obrigação após a extinção da dívida (art. 788º); e a restituição da prestação em virtude da extinção do contrato por impossibilidade casual da contraprestação (art. 795º, nº 1). Deve também considerar-se aplicável esta disposição aos casos de extinção do casamento, quando um dos cônjuges realizou ao outro atribuições patrimoniais que excedam o cumprimento dos seus deveres conjugais e não revistam a natureza de uma doação[1004].

3.1.4. A restituição da prestação por não verificação do efeito pretendido

O art. 473º, nº 2, inclui ainda no enriquecimento por prestação a hipótese de alguém realizar uma prestação "em vista de um efeito que não se veri-

[1001] Cfr. MENEZES LEITÃO, *O Enriquecimento*, pp. 496 e ss., reed., pp. 480 e ss.

[1002] Cfr. MENEZES LEITÃO, *O Enriquecimento*, pp. 504 e ss., reed., pp. 486 e ss.

[1003] Como no exemplo de alguém receber de uma seguradora uma indemnização pelo furto do seu veículo, quando este vem posteriormente a aparecer.

[1004] Cfr. MENEZES LEITÃO, *O Enriquecimento*, pp. 513 e ss. (517)., reed., pp. 495 e ss. (499)

ficou". Trata-se da clássica *condictio ob rem*, que o BGB recebeu no § 812, Abs. 1 e à qual a doutrina e juriprudência alemãs têm apontado os seguintes pressupostos, que devem considerar-se igualmente como exigidos pelo art. 473º, nº 2, *in fine*, do Código Civil[1005]:

a) a realização de uma prestação visando um determinado resultado;
b) correspondendo esse resultado ao conteúdo de um negócio jurídico;
c) sendo que esse resultado não se vem posteriormente a realizar.

Em primeiro lugar, é necessário que seja realizada uma prestação, visando um resultado determinado. Para delimitar a figura relativamente às outras categorias de enriquecimento por prestação exige-se que o resultado, ou seja, o fim da prestação, não respeite ao cumprimento de uma obrigação ou não se esgote nesse cumprimento, já que, na primeira situação, estaríamos perante um caso de *condictio indebiti* e, na segunda, o desaparecimento da obrigação legitima o surgimento da *condictio ob causam finitam*. O resultado visado com a prestação tem assim que corresponder a um comportamento da outra parte, mais precisamente uma contraprestação, cuja realização se esperava quando se verificou a prestação.

Em segundo lugar, é necessário que esse resultado corresponda ao conteúdo de um negócio jurídico. Esse negócio não pode, porém, ser considerado como juridicamente vinculante, uma vez que nesse caso a frustração da fim da prestação não poderia dar lugar a uma restituição por enriquecimento sem causa, dado que relevaria antes do regime do não cumprimento dos contratos. Apenas quando o autor da prestação não tem qualquer possibilidade jurídica de exigir o cumprimento da contraprestação é que lhe será permitido recorrer à *condictio ob rem*. O que se exige é antes um acordo das partes sobre o fim da prestação[1006], através do qual a prestação é colocada ao serviço de uma específica relação causal, cuja execução visa assegurar (acordo sobre a causa jurídica).

Finalmente, é necessário que o resultado visado não se venha a verificar. Efectivamente, nesta *condictio* a prestação tem em vista um acontecimento

[1005] Cfr. Menezes Leitão, *O Enriquecimento*, pp. 524 e ss., reed., pp. 506 e ss.

[1006] Não basta uma condição puramente unilateral, ainda que a outra parte pudesse conhecê-la, devendo a expectativa de obter o resultado integrar o conteúdo do negócio jurídico, o qual pode ser inclusivamente tácito, bastando que o receptor da prestação conheça a definição do fim efectuada pelo prestante e dê a entender, pela sua aceitação, que aprova essa definição.

futuro, que é considerado como um resultado certo pelas partes, pelo que haverá lugar à restituição da prestação se esse resultado não se verifica.

Não serão muito frequentes os casos em que todos estes pressupostos estejam reunidos, pelo que será bastante rara a aplicação desta figura. É possível, porém, sustentar a sua aplicação à realização de prestações antecipadamente à constituição do contrato gerador das correspondentes obrigações[1007]; à realização de prestações para provocar determinada actuação do receptor, a que este não pode ou não quer obrigar-se[1008]; e à realização de prestações com destinação do fim[1009]. Já não parece, porém, admissível que, no caso de a prestação ser realizada ao abrigo de um contrato sinalagmático – tendo, por isso, como causa a contraprestação –, ocorra simultaneamente um acordo através do qual se atribua cumulativamente uma outra causa acessória à prestação (escalonamento de fins), em ordem a permitir a aplicação da *condictio ob rem*. Efectivamente nestes casos, o nexo sinalagmático entre as obrigações não deixa espaço para a aplicação da *condictio ob rem*[1010].

A *condictio ob rem* é ainda excluída sempre que o autor da prestação sabe que o resultado por ela visado é impossível ou, agindo contra a boa fé, impede a sua realização (art. 475º). Efectivamente, se o autor da prestação sabe que o resultado por ela visado é impossível, ou, em contrariedade à boa fé, actua por forma a impedir que ele se verifique, não merece tutela qualquer pretensão sua a obter a restituição da prestação com fundamento precisamente na não verificação desse resultado, já que ele ou não o poderia esperar ou é o causador dessa situação.

[1007] Pense-se na hipótese de pagamento do preço de uma compra, quando apenas se celebrou o respectivo contrato-promessa, ou na realização de uma prestação na expectativa de posterior ratificação de um contrato celebrado por representante sem poderes.

[1008] Um caso interessante de aplicação desta hipótese de *condictio ob rem* é o referido no Ac. RC 6/11/2001 (Pires da Rosa) na *CJ* 26 (2001), 5, pp. 14-17, que determinou a restiuição pela herança do valor do trabalho prestado pelo adoptado restrito aos falecidos na expectativa de vir a ser instituído seu herdeiro.

[1009] Trata-se de casos em que o autor da prestação pretende que o receptor a destine a um fim determinado (v.g: concessão de bolsas ou subsídios para determinados fins), admitindo-se a restituição se esse fim não se verifica.

[1010] Cfr. Menezes Leitão, *O enriquecimento*, pp. 545 e ss., reed., pp. 526 e ss. No mesmo sentido, já Antunes Varela, *Obrigações*, I, pp. 485-486. Posteriormente, veja-se Júlio Gomes, *Conceito*, pp. 491 e ss.

3.1.5. O problema das atribuições patrimoniais indirectas

A tradicional doutrina da deslocação patrimonial considerava como requisito do enriquecimento sem causa a imediação, no sentido de que a deslocação patrimonial teria que se processar directamente entre dois patrimónios, não podendo assim ocorrer a interposição do património de um terceiro, através de um negócio independente com ele celebrado.

A doutrina moderna tem vindo, porém, a contestar este entendimento, defendendo que a prestação, no enriquecimento sem causa, muitas vezes não se refere imediatamente a uma única relação de atribuição entre duas pessoas, mas antes comporta várias relações de atribuição[1011]. Essas situações são denominadas de atribuições patrimoniais indirectas, podendo ocorrer em situações como a delegação[1012]; o contrato a favor de terceiro[1013]; a cessão de créditos[1014]; a assunção de dívida[1015]; e a fiança[1016]. Em todos esses casos geram-se relações trilaterais, compostas por três relações obrigacionais: a relação de cobertura; a relação de atribuição; e a relação de execução. Daí que a realização da prestação tenha simultaneamente como referência as várias relações, pelo que, verificando-se a falta de uma delas ou de ambas, existe incerteza em relação ao sujeito que deve efectuar a restituição da prestação.

De acordo com a posição de Canaris, que nos parece preferível, a determinação do onerado com a obrigação de restituição passa por uma ponderação das regras relativas ao risco da prestação e do concurso de credores, através dos seguintes pontos de vista valorativos:

a) *Manutenção das excepções*: qualquer parte numa relação malograda deve poder conservar as excepções de que dispunha contra a outra parte;
b) *Protecção contra as excepções de terceiro*: nenhuma das partes deve poder ser onerada com excepções que digam respeito às relações entre a outra parte e terceiro;
c) *Justa repartição do risco de insolvência*: é a parte numa relação que deve suportar o risco de insolvência da outra parte nessa relação, e não

[1011] Cfr. Menezes Leitão, *O enriquecimento*, pp. 549 e ss., reed., pp. 530 e ss.
[1012] Cfr. Menezes Leitão, *O enriquecimento*, pp. 563 e ss., reed., pp. 544 e ss.
[1013] Cfr. Menezes Leitão, *O enriquecimento*, pp. 590 e ss., reed., pp. 569 e ss.
[1014] Cfr. Menezes Leitão, *O enriquecimento*, pp. 610 e ss., reed., pp. 587 e ss.
[1015] Cfr. Menezes Leitão, *O enriquecimento*, pp. 615 e ss., reed., pp. 592 e ss.
[1016] Cfr. Menezes Leitão, *O enriquecimento*, pp. 619 e ss., reed., pp. 596 e ss.

um terceiro, que não tomou qualquer decisão relativa à avaliação desse risco[1017].

Será, assim, com base nestas regras – e não numa exigência conceptualista de um requisito de imediação – que deverá ser determinado o obrigado à restituição da prestação no âmbito das relações trilaterais.

3.2. O enriquecimento por intervenção

3.2.1. Conceito e situações abrangidas

Ao referir-se apenas a situações de enriquecimento por prestação, o art. 473º, nº 2, omite completamente a situação de alguém obter um enriquecimento através de uma ingerência não autorizada no património alheio, como sucederá nos casos de uso, consumo, fruição ou disposição de bens alheios. Parece, no entanto, claro que nessa situação não deixa de ocorrer uma hipótese de enriquecimento sem causa, que aliás, a doutrina há muito tem qualificado como enriquecimento por intervenção (*Eingriffskondiktion*)[1018]. Daí que, com base na cláusula geral do art. 473º, nº 1, deva ser atribuída nesses casos ao titular uma pretensão à restituição do enriquecimento sem causa, sempre que essa pretensão não seja excluída pela aplicação de outro regime jurídico[1019]. O fim dessa pretensão será a recuperação da vantagem patrimonial obtida pelo interventor, o que ocorrerá sempre que, de acordo com repartição dos bens efectuada pela ordem jurídica, essa vantagem se considere como pertencente ao titular do direito.

As hipóteses mais comuns de enriquecimento por intervenção reconduzem-se às intervenções em direitos absolutos, como sejam os direitos

[1017] Cfr. CLAUS-WILHELM CANARIS, "Der Bereicherungsausgleich im Dreipresonenverhältnis", em GOTTHARD PAULUS / UWE DIEDERICHSEN / CLAUS-WILHELM CANARIS, *Festschrift für Karl Larenz zum 70. Geburtstag*, München, Beck, 1973, pp. 799-865 (802 e ss.). Cfr. ainda MENEZES LEITÃO, *O enriquecimento*, pp. 627 e ss.

[1018] Cfr., desenvolvidamente, MENEZES LEITÃO, *O Enriquecimento*, pp. 688 e ss., reed., pp. 663 e ss. Posteriormente, veja-se REINHARD ELLGER, *Bereicherung durch Eingriff: das Konzept des Zuweisungsgehalt im Spannungsfeld von Ausschließkeirsrecht und Wettbewerbsfreiheit*, Tübingen, Mohr,.2002.

[1019] Tal acontecerá, nomeadamente, nas hipóteses de atribuição de frutos ao possuidor de boa fé (art. 1270º), acessão (1325º e ss.), ou nos casos de tratamento da intervenção como gestão de negócios, por força do art. 472º. Já não parece, porém, que a existência de responsabilidade civil (arts. 483º e ss.) exclua liminarmente a aplicação do enriquecimento por intervenção, no caso de a protecção por ele conferida ser superior. Cfr. MENEZES LEITÃO, *O Enriquecimento*, pp. 689 e ss., reed., pp. 664 e ss.

reais, os direitos de autor e a propriedade industrial, e os direitos de personalidade. No caso dos direitos reais, o *uti, frui, abuti* sobre a coisa cabe exclusivamente ao proprietário (art. 1305º), pelo que o gozo ou disposição por outrem não autorizados, legitimam sempre o titular a exigir a restituição por enriquecimento[1020], ainda que não tenha sofrido qualquer prejuízo efectivo[1021]. No caso dos direitos de autor e da propriedade industrial há igualmente uma atribuição exclusiva de um bem imaterial ao titular do direito correspondente, pelo que, apesar do silêncio dos Códigos respectivos[1022], a ingerência não autorizada pelo titular (publicação de uma obra alheia; utilização de patentes, modelos de utilidade ou marcas alheias) deverá permitir-lhe o recurso à acção de enriquecimento[1023]. Finalmente, quanto aos direitos de personalidade, o facto de na actual sociedade económica se ter vindo a verificar cada vez mais um aproveitamento comercial dos bens de personalidade implica que se tenha que reconhecer ao seu titular um direito à restituição do enriquecimento obtido através da ingerência nesses bens sem autorização do respectivo titular (utilização do nome, imagem, voz, ou divulgação de factos relativos à vida privada doutrem com intuitos comerciais)[1024].

[1020] Cfr. Menezes Leitão, *O Enriquecimento*, pp. 710 e ss., reed., pp. 684 e ss.

[1021] Tal foi admitido em *obiter dictum* no "Ac. STJ 3/4/1964" (Gonçalves Pereira), no *BMJ* 136 (1964), pp. 317-322 = *RLJ* 97º (1965), pp. 331-334, com anotação favorável de Vaz Serra, a pp. 334-336.

[1022] Nem o art. 203º do Código dos Direitos de Autor e dos Direitos Conexos, nem o art. 316º do Código da Propriedade Industrial se referem expressamente à tutela destes direitos pela acçao de enriquecimento.

[1023] Cfr. Menezes Leitão, *O enriquecimento*, pp. 720 e ss., reed., pp. 694 e ss. Quanto ao direito de autor, veja-se especificamente, Oliveira Ascensão, *Direito de Autor*, pp. 628 e ss. e *Direito Autoral*, Lisboa, AAFDL, 1989, pp. 325-326. Quanto às patentes e modelos de utilidade, a aplicação do enriquecimento por intervenção é aceite por Pereira Coelho, *O enriquecimento e o dano*, Coimbra, Almedina, 1970, p. 59 e recusada por Oliveira Ascensão, *Direito Comercial*, II-*Direito industrial*, Lisboa, polic., 1988, pp. 374 e ss.

[1024] Contra a aplicação do enriquecimento sem causa nos direitos de personalidade, veja-se Pereira Coelho, *Enriquecimento*, pp. 55-56, que afirma "não se pretender aí propriamente atribuir ao titular do direito um objecto de domínio patrimonialmente utilizável, mas antes, e justamente mediante a concessão do *ius excludendi omnes alios* correspondente ao respectivo direito, impor o respeito da dignidade do homem como pessoa moral". Esta posição está, no entanto, isolada já que a maioria da doutrina admite claramente a aplicação do enriquecimento por intervenção neste âmbito. Cfr. Antunes Varela, "Alterações legislativas no direito ao nome", em *RLJ* 114º (1981-1982), pp. 207-212, 115º (1982-1983), pp. 7-9, 37-40, 68-72, 196-201, 116º (1983-1984), pp. 140-146, 257-258, 289-293, 117º (1984-1985), pp. 97-100, 133-136, 161-165,

A aplicação do enriquecimento por intervenção não é, no entanto, restrita aos direitos absolutos podendo abranger posições jurídicas de outra natureza, de que examinaremos a posse, a protecção contra a concorrência desleal, o denominado "direito à empresa" e a oferta de prestações contra retribuição.

Em relação à posse, se existir um efectivo direito à posse (real ou pessoal de gozo), a sua perturbação ou esbulho poderá dar lugar à aplicação do enriquecimento por intervenção. Já em se tratando de simples posse formal, uma vez que a sua tutela é provisória e visa apenas assegurar a paz jurídica, não parece que se possa admitir uma pretensão à restituição do enriquecimento por intervenção[1025].

É discutível se se pode aplicar o enriquecimento por intervenção em caso de obtenção por um concorrente de vantagens patrimoniais em resultado da violação de uma norma relativa à protecção contra a concorrência desleal. Naturalmente que as normas destinadas à protecção da concorrência em geral não permitirão a aplicação deste instituto, uma vez que se tal acontecesse haveria uma multiplicidade de pretensões de enriquecimento, sem que houvesse possibilidade de determinar qual o concorrente a que deveria ser efectuada a restituição. No caso, porém, de a norma violada se destinar a proteger apenas interesses individuais, de cuja protecção o concorrente pudesse abdicar contra remuneração, parece que a intervenção não autorizada legitima o recurso à acção de enriquecimento. Desta forma a aplicação do enriquecimento por intervenção vem a ser limitada a certas infracções, como os actos susceptíveis de criar confusão com o estabelecimento ou os produtos concorrentes, as falsas afirmações realizadas com o fim de desacreditar um concorrente, as invocações ou referências não autorizadas, com o fim de beneficiar do crédito ou da reputação de um nome, estabelecimento ou marca alheios, ou a utilização de segredos negociais alheios (cfr. arts. 317º *a)*, b, *c)* e 318º do CPI)[1026].

196-200, 257-262, 353-357, 118º (1985-1986), pp. 262-267, 293-298, 321-324 e 119º (1986-1987), pp. 197-200 (116º, p. 145), Leite de Campos, *A subsidiariedade*, pp. 470-471, nota, e Paulo Mota Pinto, em *BFD* 69 (1993), pp. 582, nota (451). Na jurisprudência no Ac. RL 21/3/2012 (Pedro Martins), em *CJ* 37 (2012), 2, pp. 90-98 foi reconhecida a aplicação dos direitos de personalidade à utilização da gravação da voz de uma actriz após a extinção do contrato que o autorizava.

1025 Cfr. Menezes Leitão, *O enriquecimento*, pp. 751 e ss., reed., pp. 724 e ss.

1026 Cfr. Menezes Leitão, *O enriquecimento*, pp. 756 e ss., reed., pp. 728 e ss.

Já relativamente ao "direito à empresa", que referimos a propósito da responsabilidade civil, não parece que as actuações lesivas desse direito possam determinar a aplicação do enriquecimento por intervenção. Efectivamente, neste caso existe apenas uma protecção da liberdade empresarial, na qual não se podem considerar estabelecidas oportunidades definidas para a obtenção de ganhos, nem é possível delas abdicar contra remuneração, não havendo assim qualquer circunstância que legitime o recurso à acção de enriquecimento[1027].

Uma outra hipótese em que se pode ponderar a aplicação do enriquecimento por intervenção diz respeito à oferta de prestações reservada ao pagamento de uma retribuição, mas que alguém consegue receber sem a pagar (v.g.: utilização de um transporte sem pagar o respectivo bilhete). Neste caso, não se pode considerar estar-se perante uma situação de contrato tácito – uma vez que há apenas uma apropriação da prestação – nem de um enriquecimento por prestação – uma vez que falta a consciência de realização da prestação. A solução estará, por isso, na aplicação do enriquecimento por intervenção[1028]. Efectivamente, nestas situações, verifica-se uma intervenção na esfera da liberdade económica do oferente de não realizar prestações a outrem sem a adequada remuneração, pelo que se justifica plenamente a aplicação do enriquecimento por intervenção[1029].

[1027] Cfr. Menezes Leitão, *O enriquecimento*, pp. 761 e ss., reed., pp. 734 e ss. No mesmo sentido, Ellger, *op. cit.*, pp. 785 e ss. (802).

[1028] Esta solução foi defendida na Alemanha, na"Ent. BGH 18/4/1956" em *BGHZ 20* (1956), pp. 270-275, onde os réus tinham estacionado sem autorização um carro num local antes da estação, que pertencia à autora, tendo o Tribunal considerado que por via dessa utilização os réus estariam enriquecidos à custa da autora.

[1029] Cfr. Menezes Leitão, *O enriquecimento*, pp. 764 e ss., reed., pp. 737 e ss. Esta via de solução da questão é criticada por Pedro Ferreira Múrias, "Regulações do dono: uma fonte de obrigações", em Rui Manuel da Moura Ramos / Carlos Ferreira de Almeida / António Marques Dos Santos / Pedro Pais de Vasconcelos / Luís de Lima Pinheiro / Maria Helena Brito / Dário Moura Vicente, *Estudos em Homenagem à Professora Doutora Isabel de Magalhães Collaço*, Coimbra, Almedina, 2002, pp. 255-293, que, com o fundamento de que não permite atribuir o preço fixado, mas antes o valor correspondente à prestação, entende existir uma fonte autónoma de obrigações: as regulações do dono, no âmbito da qual se poderia exigir esse preço. Não parece, no entanto, que esta tese possa proceder. Efectivamente, sendo um acto de autonomia privada, uma simples regulação do dono a exigir o pagamento de um preço não é eficaz para constituir na esfera jurídica alheia a obrigação de pagamento desse preço, se o seu destinatário não a aceitar. A atribuição de uma compensação ao dono por apropriação da prestação só poderá assim resultar de uma

Poderá ainda haver lugar à aplicação do enriquecimento por intervenção no caso de ocorrer uma disposição de direitos alheios eficaz em relação ao respectivo titular[1030]. Por exemplo, A vende sucessivamente o mesmo bem a B e a C, mas por força das regras do registo, acaba por prevalecer a aquisição de C. Neste caso, não há dúvida de que A se enriqueceu injustificadamente à custa de B, pelo que haverá lugar à restituição por enriquecimento sem causa. A dúvida que existe reside, porém, em determinar se a restituição deve ser referida ao valor da coisa (*commodum ex re*) ou se deve antes tomar por referência o preço obtido por A como contrapartida da alienação (*commodum ex negotiatione cum re*). A nosso ver, o objecto da restituição deverá corresponder ao valor da coisa, uma vez que é este o objecto de que foi privado o empobrecido. Eventuais ganhos acima deste valor resultarão da capacidade negocial do enriquecido, pelo que não se pode considerar que o empobrecido a eles tenha direito por força das regras do enriquecimento sem causa[1031].

Finalmente, a última situação em que pode haver lugar à aplicação do enriquecimento por intervenção diz respeito à realização da prestação a terceiro, que a lei considera eficaz em relação ao respectivo credor, por razões de tutela da aparência (v.g., arts. 583º, nº 2 e 645º). Neste caso, o terceiro que recebe a prestação acaba por usurpar o objecto de um direito de crédito alheio, efectuando assim uma intervenção nesse mesmo direito, que o enriquece em prejuízo do verdadeiro credor. Justifica-se, por isso, que o verdadeiro credor tenha contra o terceiro receptor o direito à restituição por enriquecimento por intervenção[1032].

3.2.2. Configuração dogmática

A configuração dogmática do enriquecimento por intervenção tem originado alguma discussão doutrinária[1033]. É manifesto que *a teoria da deslocação patrimonial* não se poderá aplicar neste âmbito, uma vez que a vantagem patrimonial obtida pelo enriquecido, ainda que tenha implicado a utili-

fonte de obrigações não baseada na autonomia privada, sendo neste caso o enriquecimento sem causa a fonte mais adequada.

[1030] Cfr. MENEZES LEITÃO, *O enriquecimento*, pp. 770 e ss., reed., pp. 742 e ss.

[1031] Poderá, porém, haver lugar à aplicação do regime da gestão de negócios imprópria, por aplicação analógica do art. 472º. Cfr. MENEZES LEITÃO, *O enriquecimento*, pp. 774 e ss. (783), reed., pp. 746 e ss. (755).

[1032] Cfr. MENEZES LEITÃO, *O enriquecimento*, pp. 785 e ss., reed., pp. 757 e ss.

[1033] Cfr. sobre ela MENEZES LEITÃO, *O enriquecimento*, pp. 790 e ss., reed., pp. 762 e ss.

zação, fruição ou disposição de bens pertencentes ao empobrecido, não existia previamente no património deste. Não se pode, por isso, considerar que tenha ocorrido uma deslocação de valor entre os dois patrimónios, a não ser que se construa essa deslocação patrimonial com recurso a ficções operativas, como a de que se teria produzido uma poupança de despesas por parte do enriquecido[1034], ou ela seja definida através de fórmulas vazias como a de que a deslocação patrimonial é mera expressão da alteridade de sujeitos na fenomenologia do enriquecimento[1035], ou de que representa todo o acto por virtude do qual se aumenta o património de alguém à custa doutrem[1036].

Uma parte importante da doutrina tem vindo a explicar dogmaticamente o enriquecimento por intervenção a partir de uma qualificação do acto de intervenção, entendendo poder este dar lugar a uma pretensão de enriquecimento sempre que se pudesse qualificar como ilícito. Esta tese é designada como *a teoria da ilicitude*, cuja origem remonta ao referido trabalho de Fritz Schulz e foi defendida por Casjen Peters[1037], Kellmann[1038], Jakobs[1039], Haines[1040], e Wilhelm[1041].

A teoria da ilicitude funda-se na concepção de Fritz Schulz, segundo a qual o fundamento de todas as pretensões de enriquecimento reside na

[1034] Essa formulação foi muito usada na jurisprudência alemã, para justificar a determinação de uma deslocação patrimonial no enriquecimento por intervenção, o que sucede pela primeira vez na "Ent. 20/12/1919" em *RGZ 97* (1920), pp. 310-312, sendo continuada nas "Ent. 12/5/1926" em *RGZ* 113, pp. 413-424 (424), "Ent. 12/2/1952" em *BGHZ* 5, pp. 116-124 (123), "Ent. 3/6/1954" em *BGHZ* 14 (1954), pp. 7-11 (9), "Ent. 8/5/1956" (*Paul Dahlke*) em *BGHZ* 20, pp. 345-355 (354-355), "Ent. BGH 19/12/1956" em *BGHZ* 22 (1957), 395-400, "Ent. 18/12/1962" em *BGHZ* 38, pp. 356-369 (368-369) e "Ent. LG Frankenthal 23/7/1958" em *MDR* 1958, p. 770. Trata-se, porém, de uma justificação incorrecta, uma vez que a poupança de despesas é uma situação que se determina com referência a um único património, não se podendo considerar derivada de uma deslocação patrimonial a partir de outro património.

[1035] Cfr. Menezes Cordeiro, *Obrigações*, 2º, p. 45, e nota (537). Em *Tratado*, II-3, p. 212, define a intervenção como "uma actuação do enriquecido ou de terceiro, sobre o património alheio".

[1036] Cfr. Antunes Varela, *Obrigações*, I, pp. 494-495.

[1037] Cfr. Casjen Peters, "Die Ansprüche aus dem Eigentum", em *AcP* 153 (1954), pp. 454-465.

[1038] Cfr. Kellmann, *Grundsätze*, pp. 90 e ss. e 110 e ss.

[1039] Cfr. Horst Heinrich Jakobs, *Eingriffserwerb und Vermögensenstcheidung in der Lehre von der ungerechtfertigten Bereicherung*, Bonn, Röhrscheid, 1964, pp. 29 e ss. e 50 e ss.

[1040] Cfr. Hartmut Haines, *Bereicherungsansprüche bei Warenzeichenverletzungen und unlauterem Wettbewerb. Zugleich ein Beitrag zur Dogmatik der Eingriffskondiktion*, Köln et al., Carl Heymanns, 1970, pp. 84 e ss.

[1041] Cfr. Wilhelm, *Rechtsverletzung*, pp. 77 e ss.

ilicitude da intervenção, a qual se pode considerar também presente no âmbito do enriquecimento por prestação, derivada da aceitação de uma prestação não devida[1042]. No âmbito do enriquecimento por intervenção essa ilicitude resultaria de uma aquisição contrária ao direito, identificando-se por isso com a ausência de causa jurídica. Para SCHULZ a qualificação das acções como ilícitas, no âmbito do enriquecimento sem causa, não se reconduz à violação de normas de obrigação e de proibição, abrangendo antes todas as acções que representem uma ingerência em direitos subjectivos privados, que o titular não é obrigado a suportar e que, em consequência, o agente estaria obrigado a omitir[1043]. Sempre que exista uma actuação dessa natureza poderia assim o titular do direito lançar mão do enriquecimento por intervenção. A teoria da ilicitude configura assim o enriquecimento por intervenção como uma pretensão de compensação independente de culpa, que aparece como complemento da responsabilidade civil, onde a violação de bens imateriais e de simples posições protegidas é tuteladas de forma insuficiente. O enriquecimento sem causa permitiria obter o reembolso de todas as vantagens obtidas pelo violador desses direitos e posições jurídicas, incluindo a hipótese da concorrência desleal, que se poderia considerar abrangida por um conceito extensivo de acção ilícita[1044].

Esta teoria deve, porém, considerar-se igualmente como incorrecta, uma vez que ao fundamentar o enriquecimento por intervenção na acção ilícita, entra em contradição com a função do instituto que é a de reprimir aquisições injustificadas, independentemente da qualificação da acção do interventor que as originou. Para além disso, a configuração da restituição por enriquecimento sem causa como obrigação de indemnização também não é correcta. A restituição por enriquecimento sem causa configura um dever primário de prestação, não aparecendo como secundária em relação a qualquer outro dever, enquanto a indemnização resultante da responsabilidade civil representa antes um dever secundário, pressupondo a violação de um dever anterior, de que se apresenta como sanção.

A posição dominante na doutrina corresponde, porém, ainda hoje à *teoria do conteúdo da destinação*. A teoria do conteúdo da destinação assenta essencialmente na tese de que qualquer direito subjectivo absoluto (direi-

[1042] Cfr. FRITZ SCHULZ, *AcP* 105 (1909), pp. 427 e ss.

[1043] Cfr. SCHULZ, *AcP* 105 (1909), p. 433.

[1044] Cfr. HAINES, *Bereicherungsansprüche*, pp. V do prefácio.

tos reais, direitos de personalidade, direitos sobre bens imateriais) atribui ao seu titular a exclusividade (*ius excludendi alios*) do gozo e da fruição da utilidade económica do bem. Essa exclusividade implica uma ordenação jurídica dos bens, que se vier a ser desrespeitada através da intervenção de outrem no âmbito exclusivamente destinado ao titular do direito permite--lhe intentar a acção de enriquecimento sem causa. Esta teoria vem a ser primeiramente defendida por HECK[1045], vindo depois a ser desenvolvida nos já referidos trabalhos de WILBURG e VON CAEMMERER como fundamentação dogmática unitária do enriquecimento por intervenção. Para estes autores, quem explora sem autorização um direito absoluto alheio, adquire algo que, de acordo com o conteúdo da destinação desse direito, pertence ao respectivo titular. O interventor está assim apenas em resultado da intervenção no direito alheio enriquecido injustificadamente à custa de outrem e portanto obrigado à restituição desse enriquecimento. A pretensão de enriquecimento realiza assim o conteúdo da destinação ("*Zuweisungsgehalt*") de um direito absoluto, considerando-se por isso uma pretensão derivada do próprio direito, de "continuação da sua actuação jurídica".

O enriquecimento por intervenção teria por objecto a restituição integral do resultado da intervenção, ou seja, a restituição das vantagens resultantes da exploração dos bens ou posições jurídicas alheias. Os diversos autores têm, no entanto, vindo a divergir na determinação concreta do objecto da restituição. Para HECK a pretensão de enriquecimento deve ter por objecto a restituição de todos os ganhos obtidos pelo interventor[1046]. Para WILBURG, o enriquecimento por intervenção, como continuação da actuação jurídica de um direito, deveria ter apenas por objecto todas as vantagens do enriquecido que se apresentem em conexão económica com o bem jurídico alheio[1047]. Já VON CAEMMERER rejeita a concepção de que o enriquecimento por intervenção possa ter por objecto qualquer ideia de restituição de ganhos, sustentando que essa obrigação apenas pode abranger a restituição das vantagens usurpadas ao titular do direito, pelo que não podendo estas ser restituídas em espécie, haverá que restituir o valor correspondente, o que, no fundo, se reconduz a conceder uma contrapartida adequada como remuneração pela utilização[1048].

[1045] Cfr. HECK, *Grundriß des Schuldrechts*, p. 421.

[1046] Cfr. HECK, *loc. cit.*.

[1047] Cfr. WILBURG, *Die Lehre*, pp. 122 e ss.

[1048] Cfr. VON CAEMMERER, *FS Rabel*, I, pp. 356 e ss. = *Gesammelte*, pp. 232 e ss.

A teoria do conteúdo da destinação parece efectivamente possuir maior força explicativa desta categoria do enriquecimento sem causa[1049]. Não é, porém, isenta de defeitos, atendendo ao carácter tautológico indiciado pela expressão conteúdo da destinação. Conforme refere WEYERS, a expressão "conteúdo da destinação" fornece apenas uma reformulação da questão, já que se limita a referir que a exploração de uma posição jurídica compete exclusivamente ao seu titular, deixando em aberto a determinação das posições jurídicas em que tal sucede e não fornecendo qualquer critério para essa determinação[1050].

Parece evidente que nem sempre a titularidade de uma situação de pertença implica a destinação exclusiva ao titular de todas as utilidades conferidas pela coisa. O proprietário de uma casa pode impedir que ela seja ocupada, mas não pode impedir que alguém dela tire fotografias, não adquirindo uma pretensão de enriquecimento em virtude desse facto. Também um agricultor adquirirá uma pretensão de enriquecimento se alguém cultivar o seu terreno, mas não se alguém nele caçar, assim como ninguém pode invocar uma pretensão de enriquecimento contra o apicultor que, como é sabido, normalmente produz mel "à custa" das flores dos vizinhos. A restituição do enriquecimento por intervenção não pressupõe, por isso, apenas que tenha ocorrido a apropriação de utilidades inseridas num bem alheio, exigindo-se a demonstração de que essa apropriação é indevida, o que implica demonstrar que se tratava de uma utilidade destinada em exclusivo ao titular do direito, ou seja, que se incluía no seu conteúdo da destinação[1051].

A expressão "conteúdo da destinação" define e delimita assim juridicamente uma esfera patrimonial protegida do empobrecido, o que permite simultaneamente configurar o enriquecimento como obtido à custa de outrem e sem causa justificativa, o que justifica a afirmação de que nesta categoria de enriquecimento sem causa apareça como requisito preponderante o dano, tendo a ausência de causa um significado jurídico mais

[1049] No mesmo sentido, JÚLIO GOMES, *O conceito*, p. 228, que, no entanto, entende que não se pode prescindir totalmente da noção de intromissão ilícita, injustificada perante o ordenamento.

[1050] Cfr. ESSER/WEYERS, *op. cit.*, p. 463, § 50 I 1. Também REEB, *op. cit.*, p. 36, considera a teoria do conteúdo da destinação como uma fórmula vazia, da qual o intérprete pode retirar o que quiser.

[1051] Cfr. PAOLO GALLO, *L'arrichimento senza causa*, Padova, Cedam, 1990, p. 396.

rudimentar. Não obstante, deve-se considerar como também presente, no âmbito do enriquecimento por intervenção o requisito da ausência de causa jurídica, elevando como princípio comum ao enriquecimento por prestação e por intervenção a noção de que o direito exige uma causa jurídica válida para produzir modificações na ordenação e destinação dos bens, sendo a ausência dessa causa jurídica que provoca o surgimento de pretensões dirigidas à restituição do enriquecimento. A diferença reside, porém, no facto de no enriquecimento por prestação a ausência de causa jurídica se reconduzir à frustração do fim visado com a prestação enquanto no enriquecimento por intervenção se reconduz à frustração da destinação atribuída pela ordem jurídica a determinados bens[1052].

3.3. O enriquecimento resultante de despesas efectuadas por outrem

3.3.1. Generalidades

Uma outra categoria de enriquecimento sem causa, que se distingue, quer do enriquecimento por prestação, quer do enriquecimento por intervenção reside no enriquecimento resultante de despesas efectuadas por outrem (*Aufwendungskondiktion*), no âmbito do qual se pode distinguir entre o enriquecimento por incremento de valor de coisas alheias (*Verwendungskondiktion*) e o enriquecimento por pagamento de dívidas alheias (*Rückgriffskondiktion*)[1053].

Examinemos sucessivamente estas duas situações:

3.3.2. O enriquecimento por incremento de valor de coisas alheias

No âmbito do enriquecimento por incremento de valor em coisas alheias, encontram-se situações em que alguém efectua despesas (gastos de dinheiro, trabalho ou materiais) em determinada coisa, que se encontra na posse do benfeitorizante ou, mesmo não se encontrando na sua posse, ele acredita que a coisa lhe pertence. Pode ainda considerar-se ocorrer uma hipótese de enriquecimento por incremento do valor de coisas alheias, na situação de alguém, embora conhecendo o carácter alheio da coisa, desconhece que se encontra a realizar as despesas com materiais seus e não com materiais alheios. No caso de essas despesas determinarem a aquisição de um benefício por outrem, a nossa lei admite várias situações em

[1052] Cfr. Reuter/Martinek, *Ungerechtfertigte Bereicherung*, Tübing, Mohr, 1983, pp. 240-241.
[1053] Cfr. Menezes Leitão, *O enriquecimento*, pp. 820 e ss., reed., pp. 791 e ss.

que se verifica uma obrigação de restituir, limitada ao benefício obtido e, portanto, ao enriquecimento. É o que sucede nas despesas para produção de frutos (arts. 1270º, nº 2 e 1447º); na restituição das benfeitorias necessárias e úteis ao possuidor (arts. 1273º)[1054] ou ao titular de um direito menor sobre a coisa (arts. 670º *b)*, 901º, 1046º, 1138º, 1450º, e 1459º, nº 2); na acessão indutrial de má fé, caso o titular venha a optar pela aquisição da coisa (art. 1334º, nº 2, 1341º e 1342º, nº 2, *in fine*)[1055]. Pode igualmente considerar-se como abrangida nesta categoria de enriquecimento sem causa a indemnização atribuída pela extinção do direito de superfície (art. 1538º, nº 2) ou a indemnização por clientela no contrato de agência (art. 33º do D.L. 178/86, de 3 de Julho, alterado pelo Decreto-Lei 118/93, de 13 de Abril).

Esta figura aproxima-se bastante mais do enriquecimento por prestação do que do enriquecimento por intervenção, na medida em que o benfeitorizante realiza voluntariamente a despesa, não estando, portanto, em questão uma defesa contra uma intervenção do enriquecido. Há, no entanto, especialidades dogmáticas resultantes no facto de não ocorrer aqui uma definição do fim da atribuição em relação ao incremento do património alheio, não podendo consequentemente a ausência de causa jurídica ser encontrada na frustração desse fim. Por outro lado, ao contrário do enriquecimento por prestação em que a própria autoria da prestação dispensa a aplicação do requisito "à custa de outrem", no âmbito do enriquecimento por incremento de valor em coisa alheia não se pode dispensar esse requisito. Quem efectua um incremento de valor numa coisa alheia só pode recorrer à acção de enriquecimento se as despesas tiverem sido suporta-

[1054] O actual regime da restituição de benfeitorias necessárias e úteis ao possuidor, no âmbito do art. 1273º do Código Civil, tem integralmente por fonte o enriquecimento sem causa, cuja aplicação não resulta apenas da remissão que é efectuada no art. 1273º, nº 2. Efectivamente, em se tratando de benfeitorias necessárias, uma vez que o proprietário teria sempre que as realizar, ele fica enriquecido pela poupança da despesa correspondente, pelo que se justifica que restitua o seu montante, quer ao possuidor de boa fé, quer ao possuidor de má fé. Em se tratando de benfeitorias úteis, o enriquecimento não consiste na poupança da despesa pelo proprietário (pois este poderia não a realizar), mas antes no correspondente incremento de valor da coisa, que pode ser restituído através do *ius tollendi* (que corresponde à restituição em espécie, nos termos do art. 479º, nº 1) ou através da restituição do valor correspondente, em caso de impossibilidade (art. 1273º, nº 2 e art. 479º; cfr. Ac. RL 30/1/1992 (Silva Paixão) em *CJ* 17 (1992), 1, pp. 150-152).

[1055] Tem-se considerado existir uma opção tácita pela aquisição da coisa, quando não é determinada a demolição das construções. Cfr. Ac. RP 16/4/1991 (Cardoso Lopes), na *CJ* 16 (1991), 2, pp. 263-267.

das pelo seu património, já não lhe cabendo qualquer acção se, por exemplo, tiver utilizado materiais alheios ou força de trabalho de outrem[1056]. Haverá, portanto, que encontrar outra fundamentação dogmática para a restituição nestes casos do enriquecimento sem causa.

Essa fundamentação reside na existência de um incremento no património do enriquecido, que não é conscientemente nem finalisticamente orientado pelo empobrecido, mas que é suportado economicamente pelo seu património. É esse sacrifício económico que determina a restituição do enriquecimento. Assim, ao contrário, do que se passa no enriquecimento por prestação, onde é a frustração do fim visado com a prestação que dá lugar à restituição, nesta categoria de enriquecimento sem causa o que determina a restituição é o facto de o incremento patrimonial do enriquecido ter origem em despesas suportadas pelo empobrecido, sendo por esse motivo que se considera esse enriquecimento "à custa de outrem". Não se põe por isso um problema de frustração do fim da prestação, inerente ao conceito de "ausência de causa jurídica", mas antes de sacrifício patrimonial, inerente ao conceito "à custa de outrem".

3.3.3. O enriquecimento por pagamento de dívidas alheias

Já o enriquecimento por pagamento de dívidas alheias constitui uma hipótese em que o empobrecido libera o enriquecido de determinada dívida que este tem para com um terceiro sem visar realizar-lhe uma prestação, nem estar abrangido por qualquer uma das hipóteses em que a lei lhe permite obter uma compensação por esse pagamento[1057]. A doutrina tem discutido

[1056] É essa circunstância que explica o regime do art. 1342º, nº 1, que atribui a legitimidade para a reclamação do valor em sede de acessão ao dono dos materiais e não ao autor da incorporação.

[1057] Cfr. Von Caemmerer, *FS Rabel*, I, pp. 360 e ss. = *Gesammelte*, pp. 237 e ss. Assim, o pagamento não pode ser realizado por virtude de um mandato celebrado com o devedor, uma vez que nesse caso o reembolso das despesas é determinado nos termos do art. 1167º *c)*. Também não pode ter ocorrido uma gestão de negócios, uma vez que em caso de gestão regular vigora a regra idêntica (art. 468º, nº 1). Da mesma forma, não pode o terceiro ter julgado estar a cumprir uma obrigação própria, uma vez que nesse caso ou há lugar à restituição contra o credor (enriquecimento por prestação) ou se verifica uma sub-rogação legal nos direitos deste (art. 477º). Também não pode o terceiro ter julgado estar obrigado para com o devedor a cumprir essa obrigação, uma vez que nessa hipótese tem lugar a aplicação do enriquecimento por prestação em relação a esse devedor (art. 478º). Por último não pode o terceiro ter interesse directo na satisfação do crédito, ou ser sub-rogado pelo credor ou pelo devedor, uma vez que nesses casos há lugar à transmissão do crédito por sub-rogação (arts. 592º, 589º e 590º).

se nessa situação é admissível o recurso à acção de enriquecimento. PIRES DE LIMA e ANTUNES VARELA entendem que, se o terceiro sabe que não é obrigado ao cumprimento e não tem interesse em cumprir, não lhe assiste, tanto em relação ao credor como em relação ao devedor, qualquer direito[1058]. PESSOA JORGE recusou expressamente a possibilidade de uma acção de enriquecimento contra o devedor, admitindo apenas uma acção do *solvens* contra o credor no caso de o devedor consignar em depósito a prestação ou vier a cumprir posteriormente o mesmo crédito[1059]. Parece, por isso, ser seu entendimento que, fora desta hipótese, o *solvens* não poderia ter acção nenhuma, quer contra o devedor, quer contra o credor. Mas já MENEZES CORDEIRO entende ser de rejeitar uma situação de inexistência de qualquer acção, considerando que nesta hipótese existe claramente uma deslocação patrimonial sem causa, sendo de admitir uma acção de enriquecimento contra o devedor ou contra o credor, consoante aquele que se enriquece com a operação. A acção será dirigida contra o credor quando a obrigação não existisse ou quando este receba nova prestação do devedor e será dirigida contra o devedor quando a obrigação existisse, mas este não a cumprisse[1060].

Uma acção de enriquecimento interposta pelo terceiro contra o credor deve, a nosso ver, considerar-se excluída, uma vez que viola as regras relativas ao concurso de credores, à oposição de excepções e à distribuição do risco de insolvência que impõem que cada parte apenas deva exigir uma restituição ao seu parceiro contratual, regras essas que se aplicam, mesmo nesses casos. O terceiro que cumpre a obrigação deve, por isso, apenas poder intentar a acção de enriquecimento contra o devedor[1061].

1058 Cfr. PIRES DE LIMA / ANTUNES VARELA, *op. cit.*, p. 465.

1059 Cfr. PESSOA JORGE, *Obrigações*, 1º, p. 336.

1060 Cfr. MENEZES CORDEIRO, *Obrigações*, 2º, p. 199 e nota (66).

1061 Na hipótese em que o crédito exista, a admissão de uma acção de restituição contra o credor violaria o princípio do *suum recepit*, pelo que se deve naturalmente considerar excluída. Se o devedor, após o cumprimento por terceiro, realizar nova prestação ao credor, realiza um pagamento indevido, adquirindo ele próprio o direito à restituição da prestação segundo a *condictio indebiti*. Por força da regra do concurso de credores, o terceiro só possa efectuar a sua cobrança ao credor, através da acção sub-rogatória (arts. 606º). Se não existir a dívida que o terceiro visou satisfazer, ele não deixa de adquirir um direito de regresso contra o devedor, tendo da mesma forma a acção de enriquecimento por objecto a *condictio* que o devedor adquire contra o seu pretenso credor (*condictio* da *condictio*). É claro que se pode afirmar que esta solução faz cumular no terceiro simultaneamente os riscos de insolvência do credor e do

Esta acção deve considerar-se admissível através da cláusula geral do art. 473º, nº 1. Efectivamente, apesar de não se verificar qualquer das circunstâncias em que a lei permite expressamente a compensação do *solvens*, o facto de este cumprir uma obrigação alheia provoca um enriquecimento do devedor à sua custa, pelo que, sendo excluída a acção contra o credor, haverá que permitir a aplicação da *condictio* para possibilitar o exercício do direito de regresso[1062]. Um afloramento deste regime parece ocorrer no art. 468º, nº 2, onde se prevê que, caso o gestor deixe de actuar em conformidade com o interesse e a vontade do dono do negócio, este não tem que o reembolsar pelas despesas efectuadas, mas responde em relação a ele nos termos do enriquecimento sem causa. Também no art. 617º, nº 1 se prevê que o adquirente de má fé que, por força da impugnação pauliana, se veja constrangido à restituição de bens para satisfação de dívidas do alienante tem o direito de exigir deste aquilo com que ele se enriqueceu. Por aqui se vê que é residualmente admissível uma acção de enriquecimento por pagamento de dívidas alheias, quando o regresso pela quantia dispendida não se pode verificar nos termos de nenhuma outra fonte.

3.3.4. A necessidade de tutela do enriquecido contra a imposição do enriquecimento

No âmbito desta categoria de enriquecimento sem causa, coloca-se com especial acuidade o problema do enriquecimento imposto, uma vez que, se por um lado o enriquecido vem a beneficiar das despesas realizadas pelo empobrecido, por outro lado não tem normalmente possibilidade de impedir a sua realização, o que leva a considerar ocorrer a imposição de um enriquecimento forçado. Essa imposição do enriquecimento coloca problemas valorativos específicos, uma vez que a tutela do enriquecido contra esta imposição do enriquecimento pode justificar neste caso um diferente entendimento dos pressupostos e do objecto da obrigação de restituição.

Suscita especiais dificuldades a questão de determinar em que termos se pode atribuir a alguém uma obrigação de restituição por enriquecimento sem causa quando esse enriquecimento se opera sem o concurso da vontade do enriquecido, ou mesmo com a sua oposição expressa, questão

devedor, mas quem conscientemente cumpre uma obrigação de outrem, visando satisfazer um interesse indirecto seu assume naturalmente esses riscos.

[1062] Cfr., neste sentido, o Ac. RC 27/2/2007 (Serra Baptista), em *CJ* 32 (2007), 1, pp. 30-33.

que tem tido respostas diferentes nos vários ordenamentos[1063]. Entre nós, basta examinar o art. 1214º, nºs 2 e 3 para verificar que para o legislador não é irrelevante a vontade do enriquecido, uma vez que, se este conceder autorização verbal a uma alteração da obra pode ficar sujeito a responder pelo seu enriquecimento (nº 3). Se, porém, a obra tiver sido alterada sem haver autorização do dono da obra, a lei exclui expressamente a sua responsabilidade por enriquecimento sem causa, permitindo-lhe aceitar a obra, tal como ela resultou das alterações (nº 2).

Em outras disposições, porém, o legislador não vai tão longe na protecção contra enriquecimentos não desejados. Tal sucede em primeiro lugar, nos arts. 1341º e 1342º, nº 2, em que a aquisição da obra, sementeira ou plantação realizada de má fé em terreno alheio, depende do reembolso do enriquecimento sem causa por parte do dono do terreno. Nesta hipótese, porém, ele continua a ter a alternativa de não aceitar a aquisição, exigindo a restituição do terreno ao seu estado anterior, continuando nessa medida a ser tutelado o seu interesse em evitar enriquecimentos não desejados.

Há situações, porém em que o legislador não atribui essa tutela ao enriquecido. É o que sucede em relação à gestão de negócios exercida em desconformidade com o interesse e a vontade, real ou presumível do dono do negócio, onde o legislador dispõe expressamente que o *dominus* responde nos termos do enriquecimento sem causa quando o gestor exerce a gestão em desobediência à sua vontade (art. 468º, nº 2).

Também no âmbito do reembolso por benfeitorias necessárias e úteis feitas em coisa alheia, o art. 1273º determina que tanto o possuidor de boa fé, como o de má fé, podem exigir a restituição do enriquecimento quando, para evitar o detrimento da coisa, não possam levantar as benfeitorias úteis, autorizando assim a imposição de enriquecimento em relação ao proprietário da coisa. Esta é disposição é extensiva em relação ao usufrutuário (art. 1450º, nº 2), ao locatário (art. 1046º, nº 1) e ao comodatário (1138º, nº 1), em virtude da equiparação do primeiro ao possuidor de boa fé e dos dois últimos ao possuidor de má fé.

Conforme se referiu, as hipóteses de enriquecimento por despesas efectuadas distinguem-se das situações do enriquecimento por intervenção por não resultarem de uma acção do próprio enriquecido, mas também

[1063] Cfr., detalhadamente MENEZES LEITÃO, *O enriquecimento*, pp. 838 e ss., reed., pp. 808 e ss., e notas. Posteriormente, veja-se JÚLIO GOMES, *O conceito*, pp. 311 e ss.

devem ser distinguidas do enriquecimento por prestação que, embora tenha por base uma acção do empobrecido, pressupõe a colaboração do enriquecido mediante a recepção da prestação (art. 473º, nº 2). Neste caso, o enriquecimento é obtido sem qualquer acção ou colaboração do enriquecido, podendo mesmo ter a sua oposição expressa ou presumível, pelo que os valores em presença serão necessariamente diferentes. Efectivamente, sujeitar o enriquecido a uma obrigação de restituição contra a sua vontade, em virtude de um comportamento do empobrecido implica reconhecer a possibilidade de alguém constituir obrigações noutra esfera jurídica contra a vontade do seu titular, o que se apresenta contraditório com a autonomia privada, princípio fundamental do direito das obrigações. Há, por isso, que questionar se a cláusula geral do art. 473º, nº 1 do Código Civil pode ser aplicada para exigir a restituição do enriquecimento imposto ao enriquecido.

Não parece, porém, que se possa retirar da nossa lei a existência de uma protecção absoluta contra enriquecimentos não desejados, atendendo ao facto de o legislador, em quase todas as disposições atrás citadas determinar uma restituição do enriquecimento obtido contra a vontade do empobrecido. A única norma em que essa solução não ocorre é o art. 1214º, nº 2, mas tal tem uma explicação simples. É que o legislador institui na primeira parte dessa disposição uma ficção, equiparando a obra alterada sem autorização a uma obra defeituosa. A instituição dessa ficção implica que o legislador tire dela todas as consequências, designadamente a de que existe um prejuízo do dono da obra e não um enriquecimento. Se não existisse essa ficção, a acção de enriquecimento seria claramente aplicável, como o é em todas as outras situações. Deve, por isso, considerar-se que a imposição do enriquecimento não é, entre nós, impeditiva da aplicação do instituto.

Questão de natureza diferente é, no entanto, a de saber se a oposição do enriquecido ao enriquecimento não deve ser tomada em consideração para efeitos de determinação do objecto da obrigação de restituição. Na doutrina alemã, há autores que respodem afirmativamente, sustentando várias soluções para essa ponderação. De acordo com uma posição, expressa por REUTER e MARTINEK, a imposição do enriquecimento nesta situação justifica que a obrigação de restituição apenas possa abranger as despesas que o enriquecido poupou e não o incremento que o seu património veio a registar[1064]. Outra posição, expressa por KOPPENSTEINER e KRAMER

[1064] Cfr. REUTER / MARTINEK, *op. cit.*, pp. 542 e ss.

defende uma subjectivização do valor a restituir, determinando esse valor por referência às relações específicas e efectivas do enriquecido, através das quais se deve verificar, de uma forma objectiva, se a imposição do enriquecimento representou ou não uma vantagem para ele[1065]. Outra posição, defendida por LARENZ, considera que a tutela contra enriquecimentos indesejados só se justifica em caso de boa fé do enriquecido, havendo nessa situação que definir o limite do enriquecimento por referência às decisões patrimoniais do beneficiado, por forma a averiguar se, de acordo com a sua planificação patrimonial subjectiva, o que veio a receber corresponde a qualquer enriquecimento, ou não tem qualquer utilidade para o pretenso enriquecido[1066]. Finalmente, uma outra posição, expressa por JURGEN REIMER considera que, nos casos de enriquecimento imposto, existe para o enriquecido um correspondente dever de alterar a sua planificação patrimonial em consequência do seu enriquecimento por forma a que esse enriquecimento corresponda ao valor do obtido à custa de outrem. Apenas quando o enriquecido não desrespeite esse dever é que se poderá considerar que o valor do obtido à custa de outrem não corresponde ao seu efectivo enriquecimento[1067].

A nosso ver deve ser seguida a posição de LARENZ. Efectivamente, só em caso de boa fé do enriquecido é que fará sentido estabelecer uma protecção contra a imposição do enriquecimento, uma vez que se o enriquecido tem conhecimento da ausência de causa jurídica daquela aquisição deverá proceder à sua restituição em espécie ou em valor objectivo, conforme determina o art. 479º, nº 1, e não à restituição da poupança de despesas ou do valor subjectivo da aquisição. Já havendo boa fé do enriquecido, a aplicação do limite do enriquecimento, para efeitos do art. 479º, nº 2, deverá tomar em conta a planificação subjectiva do enriquecido, não se considerando haver um enriquecimento efectivo se o incremento de valor não tem para ele qualquer utilidade. Na determinação desta planificação subjectiva é especialmente relevante a poupança de despesas, uma

1065 Cfr. KOPPENSTEINER, "Probleme des bereicherungsrechtlichen Wertersatzes" em *NJW* 1971, pp. 588-595 e 1769-1775 e KOPPENSTEINER / KRAMER, *op. cit.*, p. 168.

1066 Cfr. LARENZ, "Zur Bedeutung des 'Wertersatzes' im Bereicherungsrecht", em *Festschrift für Ernst von Caemmerer zum 70. Geburtstag*, Tübingen., Mohr, 1978, pp. 209-239 (225 e ss.)

1067 Cfr. JÜRGEN REIMER, *Die aufgedrängte Bereicherung. Paradigma der "negatorischen" Abschöpfung im Umkehrung zum Schadenserstaz*, Berlin, Duncker & Humblot, 1990, pp. 97 e ss. e pp. 176 e ss.

vez que o enriquecimento subsiste se o enriquecido planeava efectuar despesas que desse modo poupou.

3.4. O enriquecimento por desconsideração de património

Excepcionalmente, a lei admite em certas situações a possibilidade de ultrapassar o património de alguém com quem o empobrecido entra em relação e demandar directamente com base no enriquecimento sem causa um terceiro que obteve a sua aquisição não a partir do empobrecido, mas sim a partir do património interposto. Essa situação tem sido denominada de enriquecimento por desconsideração de património (*Durchgriffskondiktion*)[1068] e diz respeito a casos em que, com prejuízo para o empobrecido, se verifica uma aquisição de terceiro a partir de um património que se interpõe entre ele e o empobrecido. Essa situação ocorre quer no art. 481º (onde se prevê que o adquirente por título gratuito de coisa que o alienante enriquecido devesse restituir, responde na medida do seu enriquecimento), quer no art. 289º, nº 2 (onde se prevê que a mesma solução em caso de alienação gratuita de coisa que o alienante tinha adquirido por negócio inválido) quer no art. 616º (que atribui uma obrigação de restituição do obtido pelo adquirente directamente em relação ao credor impugnante quando um negócio tenha sido objecto de impugnação pauliana).

Em todos estes casos ocorre um fenómeno de desconsideração de um património intermédio, o património do alienante, com a consequente não sujeição do empobrecido às regras do concurso de credores nesse património. Efectivamente, em qualquer destas três situações o empobrecido pode agir directamente contra um terceiro exigindo a restituição de prestações conferidas pelo alienante através de um negócio em que não é parte. Como pressuposto para este fenómeno de desconsideração exige-se apenas a existência de uma pretensão contra o alienante, a impossibilidade de satisfação dessa prestação, em virtude da insolvência do devedor ou da extinção do enriquecimento, e que a alienação de bens para o terceiro constitua uma *causa minor* de aquisição, referindo a lei como tais o negócio gratuito e o negócio paulianamente impugnado.

[1068] Cfr. Menezes Leitão, *O enriquecimento*, pp. 845 e ss., reed., pp. 815 e ss.

4. Pressupostos genéricos do enriquecimento sem causa

4.1. Generalidades

Todas as categorias de enriquecimento sem causa consistem numa concretização da cláusula geral do art. 473º, nº 1, que como se sabe apresenta como pressupostos genéricos do instituto os seguintes:

a) A obtenção de um enriquecimento;
b) à custa doutrem
c) sem causa justificativa.

Após o exame das diversas categorias de enriquecimento sem causa, a que procedemos nas páginas anteriores, cabe agora examinar analiticamente cada um desses pressupostos.

4.2. O enriquecimento

Relativamente ao conceito de enriquecimento referido no art. 473º, nº 1 do Código Civil, este deve ser entendido no sentido de vantagem de carácter patrimonial, excluindo-se assim do âmbito deste instituto as vantagens obtidas à custa de outrem, que não sejam susceptíveis de avaliação pecuniária, como sucede com os benefícios de cariz espiritual ou moral[1069]. Já não há, porém, obstáculos a que se peça a restituição de prestações indevidas sem valor patrimonial, uma vez que a mesma entidade que pode ser objecto de uma prestação (cfr. art. 398º, nº 2), naturalmente que também o pode ser da restituição.

Assumida esta conclusão, tem sido, porém, discutido se o enriquecimento deve ser definido num sentido real-individual, como a vantagem patrimonial concreta de qualquer tipo, com valor pecuniário, obtida pelo enriquecido, ou num sentido patrimonial-global, através da comparação entre a situação patrimonial vigente e a situação patrimonial que existiria sem a obtenção do enriquecimento[1070].

De acordo com a primeira concepção, o enriquecimento, quer como pressuposto (473º, nº 1), quer como objecto da obrigação de restituição (art, 479º, nº 2) deveria ser sempre entendido no sentido de "vantagem patrimonial concreta". Sc cssa vantagem desaparece, em virtude de destruição

[1069] Neste sentido, cfr. Rodolfo Sacco, *L'arrichimento ottenuto mediante fatto ingiusto*, Torino, Utet, 1959, pp. 193 e ss.
[1070] Cfr. sobre esta discussão, Joachim Wolf, *op. cit.*, pp. 7 e ss.

ou alienação, a manutenção da pretensão de enriquecimento pressupõe uma sub-rogação real ou obrigacional. Verificando-se o desaparecimento dessa vantagem sem se verificar uma substituição ou uma indemnização, essa pretensão cessa. Porém, não se consideram relevantes consequências desvantajosas provocadas por esta aquisição noutros objectos patrimoniais do enriquecido ou que não tenham conexão com o enriquecimento[1071].

De acordo com a concepção contrária, o enriquecimento não constitui uma vantagem patrimonial, mas antes uma valorização em termos económicos do património global do receptor. Para esta concepção, o enriquecimento não é necessariamente provocado por uma deslocação patrimonial entre as partes, já que posteriores modificações unilaterais do património por parte do receptor podem retirar ou dar outro significado a essa deslocação patrimonial[1072]. Daí que no âmbito do uso e fruição de bens alheios, esta concepção entenda o enriquecimento, não como a vantagem patrimonial obtida, mas exclusivamente como a poupança de despesas pelo enriquecido[1073]. O enriquecimento seria assim sempre definido através de um cálculo aritmético referido ao património do receptor e consequentemente deveria considerar-se no âmbito desse incremento patrimonial tudo o que tivesse sido obtido pelo próprio enriquecido após a deslocação patrimonial. Para além disso, determinariam a medida desse enriquecimento todos os

[1071] A configuração do enriquecimento num sentido real-individual é propugnada por A. STIEVE, *Der Gegenstand des Bereicherungsanspruchs nach dem Bürgerlichen Gesetzbuche*, Strassburg, Trübner, 1899, pp. 47 e ss. e 86 e ss. (embora a pp. 28 e 93 o autor faça afirmações próximas da tese contrária), ANDREAS VON TUHR, "Zur Lehre von der ungerechtfertigten Bereicherung" em *Festschrift für Ernst Immanuel Bekker*, s.l., s.e., 1907, pp. 293-322 (304 e ss.) e JUNG, *Die Bereicherungsansprüche*, p. 146, nota (227).

[1072] Esta concepção funda-se na doutrina de WINDSCHEID/KIPP, *Lehrbuch*, II, § 424, pp. 886-887 e notas (2) e (3), vindo depois a ser seguida por VON MAYR, *Der Bereicherungsanspruch*, pp. 589 e ss., HANS ALBRECHT FISCHER, "Bereicherung und Schaden", em AAVV, *Festschrift für Ernst Zitelmann zu seinem 60. Geburtstag überreicht von Verehren und Schülern*, München/Leipzig, Duncker & Humblot, 1913, pp. 1-55 (11).

[1073] Cfr., na jurisprudência alemã, as Ent. 20/12/1919 em *RGZ 97* (1920), pp. 310-312, Ent. 12/5/1926 em *RGZ* 113, pp. 413-424 (424), Ent. 12/2/1952 em *BGHZ* 5, pp. 116-124 (123), Ent. 3/6/1954 em *BGHZ 14* (1954), pp. 7-11 (9), Ent. 8/5/1956 em *BGHZ* 20, pp. 345-355 (354-355), Ent. 19/12/1956 em *BGHZ 22* (1957), 395-400, Ent. 18/12/1962 em *BGHZ* 38, pp. 356-369 (368-369), Ent. LG Frankenthal 23/7/1958 em *MDR* 1958, p. 770. Na doutrina, esta solução é defendida por HECK, *Grundriß des Schuldrechts*, p. 419, que afirma não desencadear a aplicação do instituto a obtenção de uma vantagem que não represente um incremento de bens exteriores ou uma poupança. O autor questiona, porém, *de lege ferenda* a legitimidade desta restrição.

gastos efectuados e um eventual desaparecimento do enriquecimento, o que implicaria que o conceito de enriquecimento, previsto no art. 479º, nº 2, já não corresponda ao pressuposto primitivo referido no art. 473º, nº 1, mas antes a um limite da obrigação de restituição, definido por esta forma.

O enriquecimento tem sido na nossa doutrina quase sempre concebido de acordo com a concepção patrimonial, sendo definido como a valorização ou não desvalorização que o património apresenta e o que apresentaria se não tivesse ocorrido determinado facto. Seria, por isso, um conceito mais restrito do que o de vantagem patrimonial, na medida em que se exigiria a sua projecção no património, não sendo nessa medida considerada a ocorrência de enriquecimento em caso de consumo de bens que não se traduzisse numa poupança de despesas, por não ser normal essa aquisição[1074].

Não nos parece, porém, que a definição em termos patrimoniais do enriquecimento como pressuposto da obrigação de restituição seja adequada, uma vez que na lei se faz referência a uma aquisição específica e não a um incremento patrimonial global. Efectivamente, o art. 473º refere também expressamente que quem enriquecer à custa de outrem é obrigado a restituir "aquilo com que injustamente se locupletou", identificando o enriquecimento com uma concreta aquisição injusta, a qual no enriquecimento por prestação consiste "no que for recebido" (art. 473º, nº 2), dando-se primazia à restituição em espécie do obtido (art. 479º, nº 1). Não é feita referência a um incremento patrimonial global consistindo antes o enriquecimento numa vantagem patrimonial concreta.

Definido dessa forma o enriquecimento, há que determinar casuisticamente quais as aquisições em que este pode consistir. Em primeiro lugar, constituirão naturalmente casos de enriquecimento as hipóteses que se reconduzam à aquisição de direitos subjectivos, sejam eles reais ou de crédito, ou qualquer reforço desses direitos. Da mesma forma representarão hipóteses de enriquecimento sem causa a extinção de situações passivas como a liberação de obrigações ou de ónus reais. As hipóteses de mero reconhecimento de direitos, uma vez que este entre nós não tem valor constitutivo mas apenas probatório (art. 458º, nº 1), não parecem desencadear a aplicação da pretensão de enriquecimento. Já a obtenção da facul-

[1074] Cfr. Galvão Telles, *Obrigações*, p. 196, Antunes Varela, *Obrigações*, I, pp. 510 e ss., Pereira Coelho, *Enriquecimento*, pp. 42 e ss., Rui de Alarcão, *Obrigações*, p. 167, Leite de Campos, *A subsidiariedade*, p. 452, Ribeiro de Faria, *Obrigações*, I, pp. 376-377 e Menezes Cordeiro, *Obrigações*, 2º, p. 59, e *Tratado*, II-3, pp. 224 e ss..

dade de disposição sobre um bem alheio, como, por exemplo, em caso de indevida inscrição registral, embora não constitua um direito subjectivo, implica também um incremento da situação patrimonial do beneficiado e, portanto, é susceptível de determinar a aplicação do enriquecimento sem causa. A obtenção da posse terá também naturalmente que se considerar abrangida no âmbito do conceito de enriquecimento, uma vez que se verifica sempre uma vantagem patrimonial do enriquecido, através do valor da protecção possessória[1075]. Finalmente, o enriquecimento pode ainda consistir na obtenção de vantagens patrimoniais não apreensíveis em termos materiais, como sucede com as prestações de serviços (como, por exemplo, o ensino) ou com utilidades imateriais (como a utilização de um veículo). Não podendo estas vantagens ser restituídas em espécie, terá de se lhes aplicar a restituição do valor, prevista no art. 479º, nº 1.

No âmbito da determinação do enriquecimento tem ainda que se tomar em consideração a poupança de despesas, que de outra forma se teriam realizado. Não parece aceitável a tese que generaliza a poupança de despesas, como critério genérico determinante do obtido à custa de outrem, aplicando-o, por exemplo, no âmbito das prestações de serviços e da utilização de bens alheios[1076]. Efectivamente, nesses casos, o que se obtém à custa de outrem é uma vantagem patrimonial incorpórea, enquanto a poupança de despesas constitui um mero reflexo dessa vantagem no património do enriquecido. A poupança de despesas pode funcionar, porém, para determinação do eventual desaparecimento ou subsistência do enriquecimento, após a aquisição, em caso de boa fé do adquirente (art. 479º, nº 2), sendo assim relevante para esse efeito[1077].

[1075] A questão não suscita dúvidas no âmbito do enriquecimento por prestação, onde se pode considerar que a realização da prestação faz surgir uma *condictio possessionis*, mesmo quando o prestante não tem qualquer direito sobre a coisa. Já no âmbito do enriquecimento por intervenção, deverá considerar-se que a simples posse não atribui ao possuidor um conteúdo da destinação, cuja lesão pudesse determinar a concessão de pretensões de enriquecimento, exigindo-se que a obtenção da posse tenha resultado da lesão de um direito para que se possa determinar a restituição deste enriquecimento (ex. subtracção da casa ao arrendatário).

[1076] Cfr. Enneccerus / Lehmann, *op. cit.*, pp. 874 e ss. (*trad. esp. cit.*, pp. 952 e ss.) e Peter Schaufelberger, *Bereicherung durch unerlaubte Handlung*, Zürich, Schultess, 1981, pp. 61-62.

[1077] Cfr. Von Caemmerer, *FS Rabel*, I, p. 381 = *Gesammelte*, pp. 257-258.

4.3. A obtenção do enriquecimento à custa de outrem

De acordo com os pressupostos do instituto, estabelecidos no art. 473º, nº 2 do Código Civil, exigir-se-ia para constituir uma obrigação de restituir, para além do simples enriquecimento, o facto de este ter sido obtido à custa de outrem, o que a doutrina tem interpretado como a exigência de um concomitante empobrecimento na esfera de outra pessoa. Importa, por isso, neste momento, delimitar por que forma deve ser entendido esse conceito, que igualmente nos aparece no âmbito do direito comparado.

A tradicional concepção unitária do instituto considerava este requisito como um dos pólos de uma deslocação patrimonial, sempre necessária ao surgimento da obrigação de restituição. Numa fase inicial, a doutrina interpretava este requisito independentemente das regras da responsabilidade civil[1078]. Após a descoberta do enriquecimento por intervenção passou-se a recorrer a essas regras, por forma a considerar o empobrecimento como a perda de um lucro cessante, em virtude da intervenção do enriquecido, não tendo, porém, o empobrecido direito à restituição se não pudesse demonstrar que teria obtido os benefícios, se não fosse a lesão (cfr. § 252 BGB, correpondente ao nosso art. 564º, nº 1)[1079]. Posteriormente, prescindiu-se mesmo deste requisito, salientando-se que neste instituto não se visava compensar uma diminuição no património do empobrecido, mas antes eliminar um incremento patrimonial sem causa do enriquecido, sendo por isso suficiente que a intervenção que causa vantagens ao enriquecido afecte a situação patrimonial do empobrecido[1080].

Em consequência deste reposicionamento em relação ao conceito de empobrecimento surge toda uma série de decisões relativos ao uso e frui-

[1078] Cfr. Batsch, *Vermögensverschiebung*, pp. 57 e ss.

[1079] Cfr. Fischer, *op. cit.*, pp. 15 e ss. Na jurisprudência alemã esta doutrina surge expressa nas seguintes decisões: Ent. RG 23/5/1903 em *JW 1903, Beilage 11*, p. 101; Ent. RG 16/2/1917 em *LZ* 1917, pp. 921-922; e Ent. 1/12/1922 em *RGZ* 105, pp. 408-410 (409).

[1080] Esta solução foi primeiramente consignada na Ent. 9/6/1928 em *RGZ* 121, pp. 258-264 (263), onde, perante a utilização ilegítima de uma obra intelectual sobre a qual recaem direitos de autor, o RG considerou que não fazia sentido discutir se a colocação no mercado da imitação de uma obra implicava uma redução do direito de autor sobre esta, ou se, para efeitos do § 252 B.G.B. as vendas da obra imitada eram afectadas por essa circunstância, mas apenas se a obra tinha sido produzida a partir de outra obra. A doutrina foi prontamente seguida pela jurisprudência posterior (Ent. 13/5/1955 em *BGHZ* 17, pp. 236-242 (239), Ent. 8/5/1956 em *BGHZ* 20, pp. 345-355 (355) e Ent. 21/12/1961 em *BGHZ* 36, 232-237 (233)) e pela doutrina (Cfr. Heck, *Grundriß des Schuldrechts*, p. 421, , Wilburg, *Die Lehre*, pp. 97 e ss., 102 e ss. e 127-128 e Enneccerus/Lehmann, *op. cit.*, II, 2-2, § 221 II 2, p. 877 (*trad. esp.*, p. 956)).

ção de bens alheios em que ou não se estabelece expressamente a exigência de um empobrecimento no sentido de dano patrimonial[1081] ou essa exigência apenas aparentemente é feita, através da referência ao desgaste do objecto utilizado[1082] ou aos seus custos de produção[1083]. Posteriormente, a jurisprudência alemã procedeu a uma identificação dos conceitos de empobrecimento e de enriquecimento, através da utilização do mesmo critério para a determinação da sua verificação. Se o enriquecido, se tivesse adoptado um procedimento conforme à ordem, devesse ter normalmente pago ao empobrecido uma remuneração, então através do seu comportamento não autorizado, não apenas poupou para si essa remuneração (enriquecimento), mas também privou dela o empobrecido (empobrecimento). A objecção de que o enriquecido, caso tivesse conhecimento da situação, não teria pago ao empobrecido essa remuneração, já que teria actuado de outra forma, é menosprezada com o fundamento de que o réu apenas se pode basear na situação de facto efectiva, sob pena de haver violação do princípio da boa fé, consagrado no § 242 BGB[1084]. Esta fundamentação simultânea do empobrecimento e do enriquecimento na simples ausência de um comportamento conforme à ordem veio a ser posteriormente acolhida pela doutrina[1085].

Este último critério corresponde, porém, a um círculo vicioso, já que nem o enriquecimento nem o empobrecimento aparecem como resultado de algum fenómeno, mas antes fundamentam-se reciprocamente um no outro, e deixam-se ambos induzir de tópicos como o do "comportamento conforme à ordem" (*ordnungsmäßigen Vorgehen*) e do *"venire contra factum proprium"* (que a doutrina deduziu do § 242 B.G.B.). Considera-se que qualquer obtenção de vantagens a partir de bens alheios obriga o inter-

[1081] Cfr. Ent. RG 20/12/1924 em *RGZ 110* (1925), pp. 1-19 (14-15); Ent. RG 13/3/1933 em *HRR* 1933, nº 1311; Ent. KG 3/4/1917 em *OLGE* 36, pp. 56-58 (57-58), Ent. 12/2/1952 em *BGHZ* 5, pp. 116-124 (123-124), Ent. 26/2/1954 em *BGHZ* 12 (1954), pp. 380-400 (394, 395).

[1082] Cfr. Ent. OLG Köln 6/12/1905 em *OLGE* 13, pp. 388-389 (389).

[1083] *Ent.* OLG Braunschweig 12/11/1907 em *OLGE* 18, pp. 48-49.

[1084] Cfr. Ent. 20/12/1919 em *RGZ 97* (1920), pp. 310-312, Ent. RG 20/4/1931 em *JW* 1932, pp. 1044-1045, *Ent. LG Frankenthal 23/7/1958"* em *MDR* 1958, p. 770, Ent. BGH 18/4/1956 em *BGHZ 20* (1956), pp. 270-275; Ent. 8/5/1956 em *BGHZ* 20, pp. 345-355; Ent. 19/12/1956 em *BGHZ 22* (1957), 395-400 (400); Ent. 18/12/1962 em *BGHZ* 38 pp. 357-369 (368-369), Ent. BayObLG 22/1/1965, em *NJW* 1965, pp. 973-976 (974); Ent. 12/1/1966 (*Meßmer-Tee II*) em *BGHZ* 44, pp. 372-382; Ent. BGH 26/6/1979 em *NJW* 1979, pp. 2205-2207 e a Ent. BGH 14/4/1992 em *NJW* 1992, pp. 2084-2086.

[1085] Cfr. Arwed Blomeyer, "Anmerkung zu BGH 14/7/1956" em *MDR* 1957, pp. 153-154, Heinrich Lehmann, "Faktisches Vertragsverhältnisse" em *NJW*, 1958, pp. 1-5, (2 e 5).

ventor a pagar uma remuneração como se tivesse celebrado um contrato, o que representa uma concepção quase-contratual do enriquecimento sem causa[1086]. Em consequência, o requisito do empobrecimento no sentido de dano patrimonial acabou por tornar-se apenas aparente, através do postulado do comportamento conforme à ordem[1087].

Efectivamente, a manutenção do requisito do dano patrimonial só se torna possível através do recurso a ficções que passam ou pela aceitação de danos fictícios (considerando-se dano o não pagamento da remuneração por uma utilização não permitida), ou pela extensão do conceito de património (por forma a nele incluir o valor de utilização das coisas ou os ganhos obtidos pelo interventor) ou pela renúncia à sua consideração como um pólo da deslocação patrimonial (referindo-se que o património do lesado tem que ser apenas afectado pelo enriquecimento)[1088].

A doutrina dominante na Alemanha vem assim a questionar o requisito da obtenção do enriquecimento "à custa de outrem". No âmbito do enriquecimento por prestação, afirma-se que esse requisito não tem autonomia, uma vez que a sua função é estabelecer uma relação entre o credor e o devedor da pretensão de enriquecimento e essa relação já se encontra estabelecida através da realização da prestação[1089]. No âmbito do enriquecimento por intervenção, a teoria do conteúdo da destinação considera que o enriquecimento é obtido à custa de outrem quando ele se verifica mediante uma ingerência no conteúdo da destinação de um direito alheio, infringindo a ordenação jurídica dos bens, o que vem gerar uma identificação do requisito à custa de outrem com o da ausência de causa justificativa, explicável através da doutrina do conteúdo da destinação[1090].

1086 Neste sentido, VON CAEMMERER, *FS Rabel*, I, p. 357 = *Gesammelte*, p. 234, ERNST JOACHIM MESTMÄCKER, "Eingriffserwerb und Rechtsverletzung in der ungerechtfertigten Bereicherung", em *JZ* 1958, pp. 521-526 (522), JAKOBS, *Eingriffserwerb*, p. 38-39, KLEINHEYER, "Eingriffsbereicherung durch unbefugte Nutzung und Wertersatz", em *JZ* 1961, pp. 473-478 (474-475) e KNIEPER, "Recht der Kondiktionen: vergebliche Versuche, Bereicherung zu rechtfertigten", em *KJ* 1980, pp. 117-133 (127).

1087 Cfr. MESTMÄCKER, *JZ* 1958, p. 522, KLEINHEYER, *JZ* 1961, pp. 474-475, JAKOBS, *Eingriffserwerb*, pp. 61 e ss. Cfr. também já BERNHARD FRANKE, *Herausgabe des Gewinns bei Verletzung absoluter Rechte*, Leipzig, Deichert, 1931, pp. 28-29 e WILBURG, *Die Lehre*, pp. 97.

1088 Cfr. KELLMANN, *Grundsätze*, p. 80.

1089 Cfr. KOPPENSTEINER/KRAMER, *op. cit.*, p. 17, REEB, *op. cit.*, p. 31, e KÖNDGEN, *op. cit.*, p. 55.

1090 Cfr. WILBURG, *Die Lehre*, p. 27 e "Zusammenspiel der Kräfte im Aufbau des Schuldrechts" em *AcP* 163 (1963), pp. 346-379 (349), VON CAEMMERER, *FS Rabel*, I, pp. 353 e 398 = *Gesammelte*, p. 229-230 e 275 e REUTER/MARTINEK, *op. cit.*, pp. 240-241.

É possível assim concluir hoje que nem no enriquecimento por prestação nem no enriquecimento por intervenção se exige uma efectiva deslocação de valores entre o património do enriquecido e o do empobrecido nem sequer um efectivo dano patrimonial sofrido pelo empobrecido. No âmbito do enriquecimento por prestação, o requisito do enriquecimento à custa de outrem dissolve-se na própria autoria da prestação, sendo essa autoria que determina a legitimidade do credor da pretensão de enriquecimento, não sendo necessário fazer acrescer o requisito da obtenção do enriquecimento à custa de outrem. No âmbito do enriquecimento por intervenção esse requisito adquire relevo central, uma vez que nem todos os que beneficiam de uma aquisição patrimonial têm que restituir o enriquecimento, a quem seja prejudicado por ela, havendo que determinar se se verifica ou não uma afectação do conteúdo da destinação de determinada posição jurídica do lesado. Só que a determinação dessa afectação não se identifica com qualquer dano patrimonial, que pode não existir como sucede nas hipóteses de utilização de bens alheios[1091].

No enriquecimento por despesas efectuadas, o requisito "à custa de outrem" reconduz-se à averiguação de qual foi o património que suportou economicamente a despesa, uma vez que só o titular deste património tem legitimidade para recorrer à pretensão de enriquecimento[1092]. Neste sentido, também nesta categoria de enriquecimento sem causa se deve atribuir relevo central à obtenção do enriquecimento à custa de outrem, embora ela seja definido em termos distintos do que sucede no enriquecimento por intervenção, já que não está em causa uma afectação da posição jurídica do empobrecido, mas antes a demonstração do suporte económico de uma despesa, de que outrem beneficiou. O requisito do empobrecimento consiste neste caso na exigência de as despesas (gastos, trabalho ou materiais) serem efectivamente suportadas pelo património do titular da pretensão de enriquecimento.

Finalmente, no enriquecimento por desconsideração de um património intermédio, o requisito "à custa de outrem" reside na impossibilidade de satisfação de um crédito contra o alienante, o que justifica a interposição da acção de enriquecimento contra o terceiro que dele obteve uma

[1091] Tal é inclusivamente reconhecido na nossa jurisprudência, no Ac, STJ 29/4/1992 em *RLJ 125* (1992), pp. 86-92 (com anotação favorável de Henrique Mesquita, a pp. 92-96, 100-103 e 158-160).

[1092] Cfr. o art. 1342º do Código Civil.

aquisição gratuita. Neste sentido, pode-se considerar estar aqui presente a exigência de um prejuízo patrimonial do empobrecido, só que ele não está relacionado directamente com a aquisição do enriquecido, não fazendo assim sentido a configuração do empobrecimento como um dos pólos da deslocação patrimonial.

Face a esta conclusão parece que não faz sentido continuar a configurar o requisito "à custa de outrem" como a exigência de um empobrecimento concomitante em relação ao enriquecimento. Esta conclusão representa, no fundo, o reconhecimento da verdadeira função do instituto do enriquecimento sem causa que é a de reprimir o enriquecimento injustificado e não o de compensar os danos sofridos. Assim, o requisito do empobrecimento em termos genéricos parece apenas poder ser definido como a imputação do enriquecimento à esfera de outra pessoa, sendo essa imputação que justifica que alguém tenha que restituir o enriquecimento que se gerou no seu património[1093]. Essa imputação pode resultar de várias formas como a realização de uma prestação por parte do empobrecido, a afectação do conteúdo da destinação de uma posição jurídica de que ele era titular, a realização de uma despesa ou a impossibilidade de satisfação de um crédito em virtude dessa situação. Verifica-se, assim, uma grande heterogeneidade das situações correspondentes ao conceito de "à custa de outrem", as quais não têm carácter comum entre si. Tem, por isso, que se entender que o requisito "à custa de outrem" não tem um significado unitário, tendo configuração e relevância diversas na várias categorias de enriquecimento sem causa, podendo mesmo ser dispensado no enriquecimento por prestação. Sendo assim, não faz sentido a sua definição em termos tão abstractos, não se podendo continuar a apresentá-lo como um pressuposto unitário deste instituto. A unificação destas situações resulta simplesmente de em todas elas se verificar um benefício para outrem, o

[1093] Cfr. Menezes Leitão, *O enriquecimento*, pp. 865 e ss., reed., pp. 836 e ss. Esta solução já tinha sido expressa entre nós por Leite de Campos, "Enriquecimento sem causa e responsabilidade civil" na *ROA* 42 (1982), I, pp. 39-55 (44) que refere que as palavras "à custa", não têm um significado literal unívoco, estabelecendo tão só a necessidade de imputação do enriquecimento a um certo património, cabendo ao intérprete fixar que nexo de imputação deva ser esse, para determinar que parte do património do enriquecido foi alcançada em virtude do gozo de bens jurídicos alheios. Almeida Costa, *Obrigações*, pp. 495 e ss. não exige sequer um requisito do empobrecimento ou dano, mas antes o "suporte do enriquecimento por outrem" no sentido de que o locupletamento se deve produzir com bens jurídicos pertencentes a pessoa diversa.

que leva a reconhecer que é precisamente o conceito de enriquecimento o factor aglutinador deste instituto.

4.4. A ausência de causa justificativa

A ausência de causa justificativa é seguramente o conceito mais indeterminado no âmbito do enriquecimento sem causa. Daí que, por vezes, a doutrina se limite a estabelecer a sua definição em termos puramente abstractos, salientando-se estar em causa a descoberta da profunda vontade legislativa através da interpretação da lei, considerando-se que o enriquecimento não terá causa justificativa quando segundo os princípios legais não haja razão de ser para ele[1094], quando, segundo o sistema jurídico, deve pertencer a outrem, e não ao efectivo enriquecido[1095] ou quando inexistam normas que determinem a manutenção do enriquecimento[1096].

Essa metodologia não é, porém, aceitável, na medida em que a ausência de causa jurídica, apesar de constituir um conceito vago e indeterminado é susceptível de uma concretização, com base nas hipóteses específicas a que atrás fizémos referência. Essa concretização encontra-se já, aliás, efectuada pelo legislador (embora de uma forma incompleta) no art. 473º, nº 2, ao referir como hipóteses de ausência de causa jurídica a inexistência da obrigação, o posterior desaparecimento da causa ou a não verificação do efeito pretendido. Como esta concretização diz respeito, no entanto, apenas a hipóteses de enriquecimento por prestação, haverá que delimitar igualmente o conceito de ausência de causa jurídica no âmbito das outras categorias de enriquecimento sem causa.

[1094] Cfr. Galvão Telles, *Obrigações*, p. 200, Pires de Lima / Antunes Varela, *op. cit.*, I, p. 455-456, Antunes Varela, *Obrigações*, I, p. 487. Neste sentido, veja-se também o Ac. STJ 14/1/1972 (Oliveira Carvalho), em *BMJ* 213, pp. 214-219.

[1095] Cfr. Leite de Campos, *ROA* 42 (1982), p. 43.

[1096] Cfr. Menezes Cordeiro, *Obrigações*, 2º, pp. 46 e 56. Já em *Tratado*, II-3, p. 237 o autor já distingue a falta de causa na prestação e na intervenção, mas continua a fazê-lo em termos excessivamente abstractos, acabando por chegar à mesma conclusão. Assim, a falta de causa na prestação verificar-se-ia quando esta "não advenha de nenhuma fonte, ou de nenhuma fonte válida, e ainda quando, não obstante, o Direito não permita a sua retenção". Já a falta de causa na intervenção ocorreria quando "corresponda à inobservância das normas aplicáveis na área da distribuição dos bens onde o problema se ponha ou, pela positiva: quando não tenha a cobertura das competentes regras aplicáveis". Em consequência, acaba por reiterar a sua anterior posição de que a falta de causa é "a inaplicabilidade de uma norma (ou princípio) que legitime a aquisição".

Parece claro, no entanto, que o conceito de ausência de causa justificativa não pode ser entendido de forma idêntica no âmbito do enriquecimento por prestação e nas outras categorias de enriquecimento sem causa[1097]. Efectivamente, no âmbito do enriquecimento por prestação está em causa um incremento consciente e finalisticamente orientado do património alheio, sendo a não realização do fim visado com esse incremento que determina a restituição. A não realização desse fim é tipificada no art. 473º, nº 2, por referência a uma relação obrigacional, cuja execução se visou, mas que por qualquer razão não existe subjacente a essa prestação, podendo essa inexistência respeitar ao próprio momento da realização da prestação (*condictio indebiti*), ou vir a obrigação a desaparecer posteriormente (*condictio ob causam finitam*) ou não se verificar futuramente (*condictio ob rem*).

Nas outras categorias de enriquecimento sem causa, porém, não é possível configurar a ausência de causa justificativa a partir da frustração do fim da prestação por referência a uma relação obrigacional inexistente, desaparecida, ou posteriormente não constituída, tendo em consequência que ser utilizados outros critérios para a sua determinação. No âmbito do enriquecimento por intervenção, uma vez rejeitada a doutrina que configurava a ausência de causa jurídica através da ilicitude da intervenção[1098], parece produtivo o recurso ao conceito de conteúdo da destinação dos direitos, considerando-se que uma aquisição não tem, em princípio, causa jurídica quando resulta na apropriação de bens ou utilidades destinadas a outrem através de um direito subjectivo ou de uma norma de protecção com um conteúdo patrimonial[1099]. Simplesmente, uma conclusão desse tipo implica fazer resultar automaticamente a ausência de causa jurídica a partir do requisito da obtenção do enriquecimento à custa de outrem no

1097 Cfr. ANTUNES VARELA, *Obrigações*, I, p. 482 e ss. e CARLOS MOTA PINTO, *Direito das Obrigações* (lições recolhidas por Encarnação Cabral e Jorge de Amorim), Coimbra, polic., 1973, pp. 350 e ss.

1098 A teoria da ilicitude procede a uma identificação funcional e valorativa do enriquecimento sem causa com a responsabilidade civil. Tal é, porém, inaceitável, uma vez que no enriquecimento sem causa reage-se contra uma aquisição injustificada, estando assim em causa um desvalor de resultado, enquanto na responsabilidade civil, está em causa um desvalor de acção. Cfr. DIETRICH RÜMKER, *Das Tatbestandsmerkmal "ohne rechtlichen Grund" im Bereich der Eingriffskondiktion*, Hamburg, Heitmann, 1972, pp. 32 e ss.

1099 Cfr. WILBURG, *Die Lehre*, pp. 26 e ss. e *AcP* 163 (1963), p. 348 e VON CAEMMERER, *FS Rabel*, pp. 352 e ss. = *Gesammelte*, pp. 228 e ss.

âmbito do enriquecimento por intervenção, o que implica deixar de atribuir relevo dogmático a este conceito nesta categoria de enriquecimento sem causa. É, efectivamente, preciso reconhecer que o elemento central no âmbito do enriquecimento por intervenção reside antes na obtenção do enriquecimento à custa de outrem, o que atribui ao conceito de ausência de causa jurídica um significado mais rudimentar, pelo que, demonstrado que alguém se ingeriu no conteúdo da destinação de uma posição juridicamente protegida do empobrecido, há apenas que averiguar se no âmbito das relações jurídicas entre enriquecido e empobrecido, existe alguma situação que legitime a manutenção do enriquecimento na esfera do enriquecido, como, por exemplo, um contrato celebrado, a posterior aprovação da conduta, ou uma permissão legal de ingerência[1100].

Essa relevância meramente excepcional da ausência de causa justificativa também se verifica no enriquecimento por despesas efectuadas, já que, ocorrendo a situação de alguém ter obtido um incremento no seu património em virtude de uma despesa que outrem suportou, esse incremento deverá ser restituído a quem suportou essa despesa, salvo se existir uma razão excepcional para a sua conservação. Daí que também neste caso se deva atribuir à ausência de causa justificativa um significado mais rudimentar, baseado apenas na inexistência de normas que autorizem a conservação excepcional do enriquecimento.

Diferentemente, no enriquecimento por desconsideração do património a ausência de causa justificativa é um elemento que acresce meramente aos outros pressupostos desta categoria, adquirindo um sentido técnico muito específico, uma vez que se reconduz à verificação de uma *causa minor* da aquisição em relação ao terceiro, como o são o negócio gratuito e o negócio paulianamente impugnado.

Conclui-se, por isso, que também a ausência de causa justificativa não pode ser entendida unitariamente nas diferentes categorias de enriquecimento sem causa, exigindo-se sempre a integração do caso numa categoria específica de enriquecimento sem causa para se poder determinar o seu conteúdo e a sua relevância enquanto pressuposto do instituto.

1100 Cfr. KOPPENSTEINER / KRAMER, *op. cit.*, p. 192.

5. A obrigação de restituição por enriquecimento sem causa

5.1. Objecto da obrigação de restituição

5.1.1. Concepção real e concepção patrimonial da restituição

O art. 479º, nº 1 procura delimitar o objecto da obrigação de restituição do enriquecimento, salientando que esta "compreende tudo quanto se tenha obtido à custa do empobrecido ou, se a restituição em espécie não for possível, o valor correspondente". O nº 2 da mesma disposição acrescenta que a obrigação não pode exceder a medida do locupletamento existente à data da citação para a acção de restituição ou no momento em que o empobrecido tem conhecimento da falta de causa do seu empobrecimento ou da falta do efeito que se pretendia obter com a prestação (cfr. art. 480º, parte final).

A obrigação da restituição por enriquecimento sem causa diferencia-se bastante do regime geral consagrado no Código Civil para o não cumprimento das obrigações, em primeiro lugar, pelo facto de determinar que a impossibilidade de restituição em espécie não extingue a obrigação, ao contrário do que resultaria do art. 790º, implicando antes a restituição do valor correspondente e, em segundo lugar, por prever uma causa de extinção autónoma representada pelo desaparecimento do enriquecimento, cujos efeitos não variam consoante se verifique ou não a existência de culpa do enriquecido nessa extinção.

Assim, o facto de o legislador prever que, em caso de impossibilidade de restituição em espécie, o enriquecido deva restituir o valor não constitui uma dilatação da sua responsabilidade pela impossibilidade da prestação, ao contrário do que dispõe o art. 790º, uma vez que essa responsabilidade pela restituição do valor apenas se mantém enquanto houver enriquecimento (art. 479º, nº 2), reconduzindo-se por isso a uma restituição do montante do enriquecimento. Pelo contrário, o regime afigura-se mais benéfico para o enriquecido, uma vez que, no âmbito do não cumprimento das obrigações, o perecimento do objecto da obrigação, por culpa do devedor, geraria sempre a responsabilidade deste (cfr. art., 801º, nº 1), o que o nosso legislador não prevê, a não ser a partir do momento em que existe má fé (cfr. art. 480º).

A explicação para esse regime resulta do facto de o art. 479º pressupor que o enriquecido geralmente desconhece a inexistência de causa do seu enriquecimento. O enriquecido ignora assim a eventualidade do surgimento de uma obrigação de restituição e acredita no carácter definitivo da sua aquisição. Consequentemente, a lei não lhe atribui qualquer penalização pelo facto de ele delapidar o valor do enriquecimento, entendendo que se justifica proteger a sua confiança na regularidade da aquisição. Daí que a lei entenda que, em virtude dessa tutela da confiança, a delapidação do enriquecimento constitua um risco que cabe ao credor suportar, mesmo em caso de existência de culpa do devedor. Tal regime só deixa de se aplicar em caso de má fé do devedor (art. 480º), onde por definição o problema da tutela da confiança não se põe[1101].

O valor de "tudo quanto se tenha obtido" pode ser definido com referência ao valor objectivo da aquisição, ou com referência ao aumento patrimonial por ela causado. No Direito Comparado, a doutrina oscila entre a defesa de uma concepção que se dirige de forma ilimitada para o objecto (concepção real do enriquecimento)[1102] e a defesa de uma concepção que aponta também ilimitadamente para o aumento patrimonial (concepção patrimonial do enriquecimento)[1103]. Por vezes, encontram-se também soluções intermédias entre estas teses[1104].

[1101] Cfr. Dieter Medicus, "Die verschärfte Haftung des Bereicherungsschuldners", em *JuS* 1993, pp. 705-710 (705).

[1102] A concepção real do enriquecimento foi defendida, na Alemanha, por Von Caemmerer, *FS Rabel*, I, p. 368 = *Gesammelte*, p. 244, Larenz, *Lehrbuch des Schuldrechts* II- *Besonderer Teil*, 12ª ed., München, Beck, 1981, § 70 II, p. 575, Canaris, "Anmerkung BGH 7/1/1971" em *JZ* 1971, pp. 560-563 (561) e Larenz/Canaris, *Schuldrecht* II-2, § 71 I 1, pp. 254 e ss., Heinrich Goetzke, "Subjektiver Wertbegriff im Bereicherungsrecht", em *AcP* 173 (1973), pp. 289-372 (309 e ss.), Horst Hagen, "Funktionale und dogmatische Zusammenhänge zwischen Schadens- und Bereicherungsrecht" em Gotthard Paulus / Uwe Diederichsen / Claus-Wilhelm Canaris, *Festschrift für Karl Larenz zum 70. Geburtstag*, München, Beck, 1973, pp. 867-884 (872). De acordo com esta tese, a pretensão de enriquecimento, contrariamente à pretensão de indemnização, é dirigida primordialmente ao que foi concretamente obtido e não ao enriquecimento, sendo o limite do enriquecimento uma protecção excepcional do adquirente de boa fé, que confiou na regularidade da sua aquisição, que apenas apareceria em primeiro plano, em virtude de a sua boa fé se dever presumir. Em consequência, apenas se poderia falar em desaparecimento do enriquecimento, desde que a coisa obtida tenha perecido sem gerar qualquer indemnização para o adquirente.

[1103] A concepção patrimonial do enriquecimento foi defendida, na Alemanha, por Flume, "Der Wegfall der Bereicherung in der Entwicklung vom römischen zum geltendem Rech", em *Festschrift für Hans Niedermeyer zum 70. Geburtstag*, Göttingen, Schwartz, 1953, pp. 103-176 (152 e ss.) e "Saldotheorie und Rechtsfigur der ungerechtfertigten Bereicherung" em AcP 194 (1994), pp. 427-450 (437 e ss.), Jakobs, *Eingriffserwerb*, pp. 137 e ss., e *Lucrum ex negotiatione. Kondiktionsrechtliche Gewinnhaftung in geschichtlicher Sicht*, Tübingen, Mohr, 1993, pp. 101 e ss., Wilhelm, *Rechtsverletzung*, pp. 62 e ss. e pp. 173 e ss., Andreas Frieser,

No âmbito do direito português, a interpretação do art. 479º tem assentado na referência de que a extensão da pretensão de enriquecimento se encontra duplamente limitada, por um lado, pelo ganho obtido pelo empobrecido, e por outro, pelo empobrecimento sofrido pelo empobrecido. É a denominada teoria do duplo limite tradicional, defendida entre nós por GALVÃO TELLES[1105]. Segundo ela, a medida da restituição está sujeita a um duplo limite, constituído simultaneamente pelo enriquecimento e pelo empobrecimento, sendo ambos apreciados em termos patrimoniais. Não poderia em consequência o empobrecido receber mais do que a valorização do património do enriquecido, nem mais do que a desvalorização sofrida no seu património. O objecto da restituição corresponderia, por isso, sempre ao menor desses dois limites.

Der Bereicherungswegfall in Parallele zur hypothetischen Schadensentwicklung, Berlin, Duncker & Humblot, 1987, pp. 15 e ss., REIMER, *Die aufgedrängte*, pp. 31 e ss. Esta era também a tese da jurisprudência alemã mais antiga. Cfr. Ent. 14/3/1903 em *RGZ* 54, pp. 137-143 (141), Ent. 19/1/1951 em *BGHZ* 1, pp. 75-83 (81 e ss.) e Ent. BGH 18/1/1952 em *NJW* 1952, pp. 417-418. De acordo com ela a pretensão de enriquecimento tem a natureza de uma responsabilidade pela equidade, que por isso se limita ao enriquecimento patrimonial actualmente existente no momento da demanda. A limitação do enriquecimento não constitui assim uma norma excepcional, ocupando antes a posição central do instituto, dela resultando que a existência de um incremento patrimonial injustificado e ainda subsistente no enriquecido é pressuposto indispensável para a concessão de qualquer pretensão de enriquecimento.

1104 Um tese intermédia tem vindo a ser sustentada pelo BGH alemão. A solução deste tribunal é concordante com a concepção real, no sentido de que a restituição do obtido constituiria o conteúdo normal da pretensão de enriquecimento, sendo o limite do enriquecimento um privilégio excepcional do enriquecido de boa fé (cfr. a Ent. BGH. 7.1.1971 em *BGHZ* 55, p. 128-137 = *JZ 1971*, pp. 556-560 = *NJW* 1971, pp. 609-612). Esse limite é, porém, definido, de acordo com uma concepção patrimonial, aceitando-se que qualquer diminuição patrimonial do enriquecido de boa fé possa excluir ou reduzir o enriquecimento (cfr. *"Ent. 26/10/1978"* em *BGHZ* 72, pp. 252-257 (256) e *"Ent. BGH 15/3/1978"* em WM 1978, pp. 708-711).
Também na doutrina se encontram teses caracterizadas por idêntica mobilidade entre as duas concepções. ESSER/WEYERS, *op. cit.*, § 51 I 1 (pp. 482 e ss.) e § 51 II 1 (p. 497 e ss.), e KOPPENSTEINER / KRAMER, *op. cit.*, pp. 113 e ss., defendem uma solução orientada em abstracto ao património, mas fundamentam o limite do enriquecimento não na natureza da pretensão de enriquecimento, mas na protecção do adquirente de boa fé. Pelo contrário, LIEB, "Nutzungsmöglichkeiten als Gegenstand von Bereicherungsansprüchen" em *NJW* 1971, pp. 1289-1294 (1291-1292), embora sustente uma concepção real do enriquecimento, aplica o limite do enriquecimento, para obtenção da restituição do enriquecimento residual inclusivamente ao enriquecido de má fé.

1105 Cfr. GALVÃO TELLES, *Obrigações*, p. 202.

A doutrina portuguesa, após a recepção da teoria da ilicitude e da teoria do conteúdo da destinação procedeu, porém, a uma reformulação desta doutrina. Continuou a defender-se unanimemente que o limite do enriquecimento deveria ser apreciado em concreto, de acordo com uma concepção patrimonial[1106]. Passou a entender-se, porém, de forma distinta o limite do empobrecimento, tendo-se abandonado a sua concepção tradicional que o definia em termos patrimoniais ou concretos como a perda patrimonial sofrida pelo empobrecido. As concepções variaram, porém, de acordo com os diversos autores. Para PEREIRA COELHO, seguindo a concepção de VON CAEMMERER, o empobrecimento deveria ser apreciado em abstracto (em sentido real, correspondente ao valor de mercado da utilização do bem)[1107]. Mas a doutrina portuguesa dominante, onde se incluem os nomes de ANTUNES VARELA, ALMEIDA COSTA, RUI DE ALARCÃO e LEITE DE CAMPOS, prefere a posição de WILBURG[1108], afirmando que o segundo limite abrangerá antes todos os proventos conseguidos a expensas

[1106] A doutrina maioritária aprecia o enriquecimento não apenas em termos patrimoniais mas também em termos subjectivos, considerando que o enriquecimento consistiria na diferença entre a situação patrimonial actual do enriquecido e sua situação patrimonial hipotética, se o enriquecimento não se tivesse verificado. Cfr. PEREIRA COELHO, *Enriquecimento*, p. 43, PIRES DE LIMA / ANTUNES VARELA, *op. cit.*, I, p. 466, ALMEIDA COSTA, *Obrigações*, p. 512, RUI DE ALARCÃO, *Obrigações*, p. 167, LEITE DE CAMPOS, *A subsidiariedade*, pp. 450 e ss. e *ROA* 42 (1982), pp. 43-44 e RIBEIRO DE FARIA, *Obrigações*, I (cit.), p. 407. Afirma-se, por isso, a relevância da causa virtual para efeitos de diminuição do enriquecimento. Cfr. PEREIRA COELHO, *op. cit.*, pp. 89 e ss. e LEITE DE CAMPOS, *A subsidiariedade*, pp. 495 e ss.
Contra esta posição levantou-se apenas MENEZES CORDEIRO, *Obrigações*, 2º, pp. 59-60, e *Tratado*, II-3, p. 249, que defendeu que a avaliação patrimonial do enriquecimento deve ser sempre efectuada em termos objectivos, correspondente à diferença entre a situação patrimonial real anterior à deslocação e a situação patrimonial real, posterior a esse evento, independentemente do valor abstracto da deslocação e da situação patrimonial hipotética que se geraria se não houvesse enriquecimento. O autor argumenta que só excepcionalmente a causa virtual apresenta eficácia, que a admissibilidade de avaliações subjectivas instalaria o arbítrio no regime do enriquecimento com manifestas dificuldades de prova e que as avaliações subjectivas implicariam o surgimento na fonte-enriquecimento da vontade humana, domínio que lhe é estranho.

[1107] Foi o este o entendimento dado à teoria do conteúdo da destinação por PEREIRA COELHO, *Enriquecimento*, pp. 57-58, que considerou que ela deveria levar apenas a uma reformulação da doutrina do duplo limite, continuando a falar-se numa dupla limitação da obrigação de restituição do enriquecimento pelo enriquecimento "patrimonial" e pelo empobrecimento "real".

[1108] Cfr. WILBURG, *Die Lehre*, pp. 126 e ss.

do titular da coisa, mediante o uso, fruição e consumo indevidos dela, e que poderão não coincidir com o seu valor objectivo, admitindo apenas que o enriquecido deduza ao lucro de intervenção a parte que corresponda ao emprego de factores que lhe pertençam[1109]. Já MENEZES CORDEIRO sustenta a existência de um triplo limite. A seu ver, a doutrina que entende que o objecto da obrigação de restituir o enriquecimento é duplamente limitada pelo enriquecimento em concreto e pelo empobrecimento em abstracto fracassa nas situações em que o empobrecimento em concreto seja superior ao empobrecimento em abstracto, uma vez que nessa hipótese essa diferença continuaria a representar um enriquecimento à custa de outrem. Daí que o autor defenda a existência de três limites: o enriquecimento em concreto por um lado, e o empobrecimento em abstracto ou em concreto, consoante o que for superior, por outro lado[1110]. A esta concepção veio posteriormente a aderir RIBEIRO DE FARIA[1111].

5.1.2. Posição adoptada

A) A variação da obrigação de restituição nas várias categorias de enriquecimento sem causa

Nenhuma destas concepções nos parece adequada. Como demonstrou VON CAEMMERER, a doutrina de que a pretensão de enriquecimento se encontra duplamente limitada pelo enriquecimento e pelo empobrecimento assenta numa generalização que conduz ao erro, uma vez que só através da análise das diferentes razões que determinam o carácter injustificado do enriquecimento é que se pode determinar o que é objecto da obrigação de restituir[1112]. Efectivamente, e conforme se demonstrou *supra*, a propósito do conceito de empobrecimento, este consiste num conceito heterogéneo, que não pode ser definido unitariamente para todas as categorias de enriquecimento sem causa. Nestes termos, é metodologicamente inadequado considerar a obrigação de restituição como duplamente limi-

[1109] Cfr. PIRES DE LIMA / ANTUNES VARELA, *op. cit.*, I, p. 467, ANTUNES VARELA, *Obrigações*, I, pp. 492 e nota (1) e 514 e ss., ALMEIDA COSTA, *Obrigações*, p. 513, RUI DE ALARCÃO, *Obrigações*, pp. 170 e ss., e LEITE DE CAMPOS, *A subsidiariedade*, pp. 489 e ss. Qualquer destes autores admite a possibilidade de o enriquecido deduzir ao lucro de intervenção a parte que corresponda ao emprego de factores pertencentes ao próprio enriquecido.

[1110] Cfr. MENEZES CORDEIRO, *Obrigações*, 2º, pp. 61 e ss. e *Tratado*, II-3, pp. 246 e ss.

[1111] Cfr. RIBEIRO DE FARIA, *Obrigações*, I, p. 408. O autor defende, porém, em oposição a MENEZES CORDEIRO, uma avaliação subjectiva do enriquecimento.

[1112] Cfr. VON CAEMMERER, *FS Rabel*, I, p. 377 = *Gesammelte*, p. 253.

tada pelo enriquecimento e pelo empobrecimento, conforme tem vindo a fazer a nossa doutrina, havendo antes, como aliás refere o art. 479º, nº 1, que determinar primariamente, consoante a categoria de enriquecimento sem causa, o que se obteve à custa de outrem, para depois se averiguar se o enriquecimento ainda subsiste no momento do conhecimento da sua ausência de causa (art. 479º, nº 2).

B) A restituição do obtido à custa do empobrecido

A análise dos modelos de regulação legal das pretensões de restituição do enriquecimento permite, efectivamente, estabelecer uma diferenciação do que é obtido à custa do empobrecido, nos termos que a seguir se indicarão:

a) enriquecimento por prestação

No enriquecimento por prestação, em se tratando de prestações de coisa, o "obtido à custa de outrem" deve ser o próprio objecto prestado[1113]. Mas já na hipótese de pagamento de dívidas alheias, o obtido à custa de outrem reside na liberação do devedor, correspondendo, portanto, ao seu aumento patrimonial. Nestes casos, no entanto, parece irrelevante a boa ou a má fé do devedor do enriquecimento, uma vez que ele não tem qualquer possibilidade de evitar a sua liberação. Nos casos de prestações de facto, bem como nos de prestações ou intervenções que redundem na utilização ou consumo de bens alheios, a doutrina tem discutido qual o objecto primário da restituição, tendo havido autores que sustentaram consistir na poupança de despesas por parte do enriquecido[1114], outros que defenderam consistir

[1113] Cfr. Reuter / Martinek, *op. cit.*, p. 42 e Koppensteiner / Kramer, *op. cit.*, pp. 15-16. Numa perspectiva de direito comparado, veja se ainda Werner Lorenz, "Inhalt und Umfang der Herausgabepflicht bei der Leistungskondiktion in rechtsvergleichender Sicht", em AAVV, *Ungerechtfertigte Bereicherung: Tendenzen und Perspektiven / Symposium d. Jurist. Fak. d. Univ. Heidelberg zum Gedenken an Professor Dr. Iur. Detlef König, LL. M., 10.6.1938 – 21.9.1981, Ordentl. Professor d. Rechte an d. Univ. Heidelberg, 15 u. 16 April 1983 in d. Räumen d. Heidelberger Akad. d. Wiss.*, Heidelberg, Winter, 1984, pp. 127-149.

[1114] Cfr. as referências a esta tese em Gursky, "Ersparnisgedanke und Reserveursache im Bereicherungsrecht" em *JR* 1972, pp. 279-285 e Koppensteiner, *NJW* 1971, p. 1774. A concepção de que o que se obtém à custa de outrem é a poupança de despesas aparece defendida em Ent. 20/12/1919, em *RGZ 97* (1920), pp. 310-312, Ent. 12/5/1926 em *RGZ* 113, pp. 413-424 (424), Ent. 12/2/1952 em *BGHZ* 5, pp. 116-124 (123), Ent. BGH 3/6/1954 em *BGHZ* 14 (1954), pp. 7-11 (9), Ent. 8/5/1956 em *BGHZ* 20, pp. 345-355 (354-355), Ent. BGH 19/12/1956 em *BGHZ* 22 (1957), 395-400, Ent. 18/12/1962 em *BGHZ* 38, pp. 356-369 (368-369). Actualmente a tese da restituição da poupança de despesas parece ser apenas sufragada

no próprio resultado da exploração[1115], e outros que sustentaram que esse objecto residia na possibilidade de uso ou exploração[1116]. Presentemente a posição maioritária defende que o adquirido à custa de outrem consiste neste caso no próprio uso ou consumo dos bens alheios ou no serviço prestado, representando por isso a própria vantagem incorpórea e não os seus reflexos no património do enriquecido. Atenta a impossibilidade de restituição em espécie, haverá por isso que restituir o valor correspondente, determinado através do seu preço comum no mercado[1117].

b) enriquecimento por intervenção

A questão pode colocar-se, no entanto, em termos diferenciados no âmbito do enriquecimento por intervenção. Quando alguém obtém rendimentos através da exploração de bens alheios, é ainda hoje extremamente discutido, se o interventor deve simplesmente restituir o valor da exploração desses bens[1118] ou se deve restituir antes todo o ganho que obteve em virtude dessa intervenção[1119]. Conforme já tivémos ocasião de defender, a nossa posição vai no primeiro sentido, uma vez que perante o art. 479º, nº 1, o objecto da obrigação da restituição é primariamente dirigido em relação ao que foi obtido à custa de outrem e em caso de impossibilidade

por Stephan Schauhoff, *Die Bereicherungshaftung wegen der Nutzung rechtsgrundlos erlangten Geldes. Zur Auslegung des § 818 Abs. 1. und Abs. 2 BGB*, Berlin, Duncker & Humblot, 1992, *maxime*, pp. 60 e 168-169.

1115 Cfr. Jakobs, *Eingriffserwerb*, pp. 73 e ss.

1116 Cfr. Batsch, *Vermögensverschiebung*, pp. 109 e ss. e *NJW* 1972, p. 613, LIEB, *NJW* 1971, pp. 1289 e ss., e REEB, *op. cit.*, pp. 90-91.

1117 Cfr. neste sentido, Costede, *op. cit.*, pp. 80-81, Fikentscher/Heinemann, *Schuldrecht*, § 104 V, nº 1516, p. 741, Joachim Wolf, *op. cit.*, pp. 157-158, Larenz, *FS von Caemmerer*, p. 211, Canaris, *JZ* 1971, p. 561, Pinger, "Wertersatz im Bereicherungsrecht" em *MDR* 1972, pp. 101-103 e 187-189 (101-102), Goetzke, *op. cit.*, p. 311; GURSKY, *op. cit.*, p. 281, Koppensteiner, *NJW* 1971, p. 1774.

1118 Neste sentido, cfr. Von Caemmerer, *FS Rabel* I, pp. 356 e ss. = *Gesammelte*, pp. 232 e ss., Detlef König, "Gewinnhaftung" em AAVV, *Festschrift für Ernst von Caemmerer*, Tübingen, Mohr, 1978, pp. 179-207 (206-207), Fikentscher/Heinemann, *Schuldrecht*, § 104 V, nº 1515, p. 741, Larenz, *Schuldrecht* II, 12ª ed., § 70 I, pp. 571 e ss.

1119 Assim, Kellmann, *Grundsätze*, pp. 139 e ss. e Haines, *Bereicherungsansprüche*, pp. 127 e ss., Esta é, também, conforme se referiu, a opinião maioritária na nossa doutrina. Cfr. Pires de Lima / Antunes Varela, *op. cit.*, I, p. 467, Antunes Varela, *Obrigações*, I, pp. 492 e nota (1) e 514 e ss., Almeida Costa, *Obrigações*, p. 513, Rui de Alarcão, *Obrigações*, pp. 170 e ss., e Leite de Campos, *A subsidiariedade*, pp. 489 e ss.

de restituição em espécie do valor correspondente e não em relação ao aumento patrimonial causado que funciona apenas como uma protecção excepcional do adquirente de boa fé, que não pode ultrapassar a restituição do valor (art. 479º, nº 2). Assim, o que deve ser restituído é sempre o valor da exploração e não os ganhos patrimoniais do interventor. A restituição dos ganhos patrimoniais obtidos pelo interventor é uma solução admissível nos quadros da gestão de negócios imprópria[1120], ou da posse de má fé (art. 1271º) mas não corresponde a uma solução prevista no âmbito do enriquecimento sem causa[1121]. Assim, se alguém ocupar durante as férias uma casa alheia ou retirar areia do terreno vizinho o objecto da restituição será o valor locativo da casa ou o preço da areia subtraída[1122].

c) enriquecimento por despesas

Também no âmbito do enriquecimento por despesas efectuadas se discute qual o objecto primário da restituição (o adquirido à custa de outrem). De acordo com REUTER / MARTINEK, nesta categoria de enriquecimento sem causa o obtido à custa de outrem consiste necessariamente numa poupança de despesas[1123]. Esta tese é, no entanto, rejeitada por KOPPENSTEINER / KRAMER, que entendem ser inconsequente identificar o obtido à custa de outrem com a poupança de despesas, considerando antes que este consiste nas benfeitorias adquiridas ou na liberação de obrigações[1124], sendo que a sua posição nos parece de perfilhar.

No § 818, I BGB refere-se que a obrigação de restituição se extende, para além da coisa ou direito obtido, aos proveitos percebidos, assim como a aquilo que se adquiriu por virtude do direito obtido ou como indemnização pela perda, destruição ou deterioração. No direito português, apesar de o art. 479º, nº 1, não estabelecer expressamente uma regra seme-

[1120] Efectivamente, no âmbito desse instituto, é possível obter a restituição do lucro por intervenção (art. 465º *e)*), mediante o reembolso das despesas ao interventor (art. 468º, nº 1). Só que essa solução é característica da gestão de negócios, não fazendo sentido aplicá-la ao enriquecimento sem causa, onde se estabelece um regime diferente (art. 479º).

[1121] Basta verificar que, enquanto no art. 1271º, se manda ao possuidor de má fé restituir "os frutos que a coisa produziu até ao termo da posse", no art. 479º só se manda restituir o que tiver sido obtido à custa do empobrecido

[1122] Cfr., desenvolvidamente MENEZES LEITÃO, *O enriquecimento*, pp. 909 e ss. Posteriormente, veja-se JÚLIO GOMES, *O conceito*, pp. 790 e ss.

[1123] Cfr. REUTER / MARTINEK, *op. cit.*, pp. 542 e ss.

[1124] Cfr. KOPPENSTEINER / KRAMER, *op. cit.*, pp. 120-121.

lhante, parece que deverá vigorar a mesma solução, a qual se pode inferir da expressão, "tudo quanto se tenha obtido à custa do empobrecido"[1125]. Assim, deve ser restituído não apenas o objecto ou o direito primariamente adquirido sem causa, mas também todo o *commodum ex re*, o qual abrange os frutos da coisa ou outras vantagens obtidas com ela, e os sub-rogados da coisa ou do direito, como aquilo que se adquiriu por virtude do direito obtido[1126] ou como indemnização ou compensação pela perda ou deterioração da coisa[1127]. Já não haverá, porém, obrigação de restituir os sub-rogados negociais da coisa (como o preço obtido pela sua venda), uma vez que, no enriquecimento sem causa, a lei não exige a restituição do *commodum ex negotiatione*, determinando antes a restituição do valor correspondente[1128].

C) A restituição do valor correspondente, em caso de impossibilidade de restituição em espécie

O legislador determina, por outro lado, que verificando-se a impossibilidade de restituição em espécie, ficará o empobrecido obrigado a restituir o valor correspondente (art. 479º, nº 1 do Código Civil). Para interpretação desta disposição, haverá que determinar primeiro o sentido objectivo da impossibilidade de restituição em espécie, para depois se averiguar por que forma se deve calcular a dívida de valor, no âmbito desta obrigação.

O conceito de impossibilidade da restituição no âmbito do enriquecimento sem causa não parece ser diferente do que aquele que vigora em sede de impossibilidade da prestação, a que se referem os arts. 790º e ss. Exige-se consequentemente que a impossibilidade seja absoluta e definitiva[1129]. Já não parece, porém, necessário que a impossibilidade seja superveniente, uma vez que a restituição do valor deve por natureza aplicar-se às situações em que a restituição em espécie seja originariamente impossível, como acontece nos casos da realização indevida de prestações de serviços. Caso a impossibilidade seja meramente subjectiva, como sucede no caso

[1125] É esta a posição de ANTUNES VARELA, *Obrigações* I, p. 528.

[1126] Exemplos paradigmáticos são o dinheiro recebido pela cobrança do crédito ou pela execução da garantia prestados sem causa. Cfr. REUTER MARTINEK, *op. cit.*, p. 549

[1127] Pensa-se na indemnização efectuada pelo segurador ou por terceiro responsável pelo dano.

[1128] Neste sentido, cfr. REUTER/MARTINEK, *op. cit.*, pp. 550 e ss. e STAUNDINGER/LORENZ, § 818, nº 17, a pp. 248. A exclusão do *commodum ex negotiatione* constitui doutrina dominante na Alemanha, embora a tese contrária tenha tido alguns aderentes como SCHULZ, *AcP* 105 (1909), pp. 339 e ss. e, mais recentemente, JAKOBS, *Lucrum*, pp. 116 e ss.

[1129] Cfr. *infra*.

de alguém alienar uma coisa recebida indevidamente, haverá igualmente lugar à aplicação da obrigação de restituição do valor[1130].

A obrigação de restituição do valor correspondente tem igualmente suscitado algumas dúvidas sobre se o conceito de valor a que se refere esta disposição deveria ser entendido em sentido subjectivo ou antes em sentido objectivo. A jurisprudência e a doutrina alemã dominantes propugnam o entendimento desta obrigação num sentido objectivo, ou seja, calculado de acordo com o valor de mercado do bem sem consideração do seu valor no património do adquirente[1131]. Alguns autores têm, porém, vindo a pronunciar-se a favor de um conceito subjectivo de valor, defendendo que se devem tomar em consideração na sua definição as relações concretas do adquirente[1132].

A construção de um conceito subjectivo de valor não nos parece adequada, em primeiro lugar, por a obrigação de restituição ser primariamente orientada em relação ao objecto, não se compreendendo como, em caso de impossibilidade de restituição em espécie, haveria que passar a tomar em consideração o património do devedor. Por outro lado, esta construção tornaria inútil a posterior aplicação do limite do enriquecimento, em caso de boa fé, e não faria sentido a sua admissão, em caso de má fé. Por último, a subjectivização do conceito de valor obrigaria o empobrecido a provar judicialmente qual era o valor do obtido para o enriquecido, o que corresponde a um ónus probatório de cumprimento praticamente

[1130] Neste sentido, cfr. Fischer, *op. cit.*, p. 28 e Koppensteiner / Kramer, *op. cit.*, p. 153. Diferentemente, Reuter / Martinek, *op. cit.*, p. 564, entendem que o conceito de impossibilidade para efeitos do § 818 BGB não é necessariamente diferente do do § 275, atribuindo assim ao enriquecido de má fé um dever de reaquisição das coisas alienadas.

[1131] Cfr. "Ent. 2//2/1952" em *BGHZ* 5, pp. 197-202 (201), "Ent. 10/7/1953" em *BGHZ* 10, pp. 171-181 (180), "Ent. 13/5/1955" em *BGHZ* 17, pp. 236-242, "Ent. 1/2/1962" em *BGHZ* 36, pp. 321-323 (323), "Ent. 25/6/1966" em *BGHZ* 37, pp. 258-264 (264) e "Ent. 7/1/1971" em *BGHZ* 55, pp. 128-137 (135). Na doutrina, vejam-se Fikentscher/Heinemann, *Schuldrecht*, § 104, V, nºs 1514 e ss., pp. 740-741, Larenz, *Schuldrecht* II, 12ª ed. (cit.), 1981, § 70 I, a pp. 574, Larenz/Canaris, *op. cit.*, § 72 III, a pp. 276, Staundinger/Lorenz, § 818, nºs 26 e ss., a pp. 253 e ss., e Holger Höhn, *Die Beeintrachtingung von Rechten durch Verfügungen*, München, Florenz, 1986, pp. 147 e ss.

[1132] Cfr. Koppensteiner, *NJW* 1971, p. 1769, Reeb, *op. cit.*, p. 98, Koppensteiner / Kramer, *op. cit.*, pp. 168 e ss., Esser/Weyers, *op. cit.*, § 51 I 4, pp. 493 e ss, Hagen, *FS Larenz*, 1973, pp. 883-884, e Pinger, *Funktion und dogmatische Einordnung des Eigentümer-Besitzer Verhälnisses*, München, Beck, 1973, pp. 126 e ss.

impossível[1133]. Daí que seja a nosso ver indiscutível a aplicação de um conceito de avaliação objectiva do valor, sendo de salientar que os interesses tutelados em relação ao enriquecido de boa fé são assegurados através da aplicação do limite do enriquecimento.

D) A aplicação do limite do enriquecimento em caso de boa fé do enriquecido

Efectivamente, o nº 2 do art. 479º determina que a obrigação de restituir não pode exceder a medida do locupletamento existente à data da citação do enriquecido para a acção de restituição ou do momento em que ele tem conhecimento da falta de causa do seu enriquecimento. A limitação da obrigação de restituição ao enriquecimento actual é igualmente objecto de várias questões.

A primeira questão que surge é se essa limitação da obrigação de restituição ao enriquecimento actual se aplica às hipóteses de enriquecimento por prestação, ou se nestas o objecto da restituição é meramente a prestação realizada sem se tomar em consideração o enriquecimento do receptor. A primeira posição parece ser sufragada entre nós por MENEZES CORDEIRO que, a propósito da repetição do indevido, sustenta existir uma diferença radical entre ela e o enriquecimento sem causa, que seria a de que na repetição do indevido, quer o enriquecimento, quer o dano, seriam sempre determinados em abstracto, o que implicaria necessariamente uma absoluta coincidência entre o enriquecimento e o dano[1134], e consequentemente a exclusão do limite do enriquecimento actual previsto no art. 479º, nº 2, no âmbito do enriquecimento por prestação. A posição contrária tem sido, porém, sustentada por LEITE DE CAMPOS, com o argumento de que a integração sistemática da repetição do indevido (arts. 476º-478º) no âmbito do enriquecimento sem causa (arts. 473º-482º) leva a que tenha de se lhe considerar igualmente aplicável o regime do art. 479º. Por outro lado, não se consideraria adequado aplicar o limite do enriquecimento à intromissão de boa fé em coisa alheia, e recusá-lo numa circunstância em que a boa fé do *accipiens* é mais de tutelar, porque baseada num comportamento positivo do *solvens*[1135].

[1133] Cfr. DETLEF KÖNIG, *Ungerechtfertigte Bereicherung. Tatbestände und Ordnungsprobleme in rechtsvergleichender Sicht*, Heidelberg, Carl Winter, 1985, p. 64 e REUTER / MARTINEK, *op. cit.*, p. 568.

[1134] Cfr. MENEZES CORDEIRO, *Obrigações*, 2º, p. 239 e *Tratado*, II-3, pp. 226 e 258.

[1135] Cfr. LEITE DE CAMPOS, *A subsidiariedade*, p. 213.

Parece-nos que a solução que resulta da lei consiste na aplicação da limitação ao enriquecimento subsistente às categorias do enriquecimento por prestação. Efectivamente, as categorias referidas no art. 473º, nº 2, constituem hipóteses de enriquecimento e a obrigação de restituir com base no enriquecimento sem causa tem, no âmbito da nossa legislação, um tratamento unitário, sendo-lhe sempre aplicável a limitação ao enriquecimento subsistente aos casos de boa fé do enriquecido. Deve-se, para além disso, salientar que faz muito pouco sentido que, não exigindo o legislador a verificação de um erro desculpável do *solvens* entre os pressupostos da *condictio indebiti*, fosse depois impor ao receptor de boa fé a restituição integral, sem atender ao limite do enriquecimento.

Reconhecida a aplicação da limitação do enriquecimento no âmbito do enriquecimento por prestação, surge, porém, a questão de determinar em que termos se pode considerar verificada a diminuição do enriquecimento, questão que tem igualmente sido objecto de longa discussão no âmbito da doutrina alemã. A posição que actualmente aparece como maioritária nessa doutrina consiste na teoria da confiança, a qual considera que a norma que prevê a diminuição do enriquecimento tem por fim a protecção da confiança do receptor, pelo que só se considerarão como diminuição do enriquecimento aquelas desvantagens que sejam conexas com o facto de o enriquecido ter confiado na regularidade da sua aquisição[1136]. Assim, se alguém recebe em casa uma caixa de charutos e resolve fumar os charutos, convencido que lhe eram destinados, verifica-se a diminuição do enriquecimento, mas tal já não sucederá se recebe em casa um cão que não lhe era destinado e o animal destrói uma carpete, uma vez que esse tipo de danos não se baseia na confiança na regularidade da aquisição.

É esta, também, a posição que nos parece preferível, podendo considerar-se que diminuem o enriquecimento as desvantagens que ocorrem para o enriquecido em virtude de este ter confiado na conformidade ao direito da sua aquisição, desde que não resulte dos critérios de distribuição do risco, que deva ser o enriquecido a suportar o risco da diminuição do empobrecimento[1137]. Tal não invalida, porém, a necessidade de que a apli-

[1136] Cfr. Esser/Weyers, § 51 II, 1 2 (pp. 500 e ss.); Fikentscher/Heinemann, *Schuldrecht*, § 104 VI, nº 1517, pp. 741-742, Koppensteiner/Kramer, *op. cit.*, p. 128, Reeb *op. cit.*, p. 115.

[1137] Cfr. *"Ent. BGH 6/12/1991"* em *NJW* 1992, pp. 1037-1039 = *NJW-RR* 1992, pp. 589-591 e *"Ent. OLG Hamm. 21/9/1992"* em *NJW-RR* 1993, pp. 590-592.

cação deste critério seja estabelecida em termos diferenciados no âmbito de cada uma das categorias de enriquecimento, nos seguintes termos:

a) Enriquecimento por prestação

No âmbito do enriquecimento por prestação, caso se trate de uma prestação de coisa e se verifique o consumo, alienação, transformação ou perecimento da coisa prestada, o receptor tem que responder apenas pelo valor remanescente no seu património. Assim, o receptor não responderá em caso de investimentos falhados do dinheiro recebido, por não lhe ser aplicável o regime relativo à restituição do mutuário, em virtude da limitação ao enriquecimento subsistente. Mas a sua responsabilidade também será diminuída se, por virtude da prestação, o receptor decidir realizar despesas que de outra forma não teria realizado[1138].

Maiores problemas levanta, porém, a hipótese de a prestação realizada não ter por objecto uma coisa, mas antes um facto, havendo que questionar em que termos pode funcionar nesse caso a limitação do enriquecimento. Nestes casos, a posição de alguma doutrina alemã tem sido a de procurar eliminar o problema adoptando neste caso um conceito diferente do limite do dano, no sentido de que o que deve ser restituído não seria o valor objectivo de tráfego do serviço prestado, mas antes a poupança de despesas do receptor[1139] ou um cálculo de valor orientado ao património do receptor[1140], o que não deixaria qualquer espaço para a aplicação do limite do enriquecimento. Outros autores mantiveram-se, porém, fiéis à solução tradicional da determinação do limite do dano em abstracto (valor objectivo do que tiver sido prestado)[1141].

Parece-nos efectivamente que a solução deste problema não reside na alteração da configuração do limite do dano, mas antes da possibilidade de aplicação do limite do enriquecimento. O valor do que se obteve à custa de outrem corresponde ao limite do dano e este deve ser determinado em

[1138] Cfr. DETLEF KÖNIG, *Ungerechtfertigte Bereicherung*, p. 60

[1139] Trata-se de uma concepção propugnada por BATSCH, *Die Vermögensverschiebung*, pp. 114. Cfr. também GURSKY, "Nochmals: Kraftfahrzeugevermietung an Minderjährige. Zum Probleme der Bereicherung bei unwirksame Mietvertrag" em *NJW* 1969, pp. 2183-2185 (2184) e KOPPENSTEINER, *NJW* 1971, p. 1174.

[1140] Cfr. ESSER, *Schuldrecht* II, § 105 I 2, pp. 378-379; KOPPENSTEINER, *NJW*, 1971, p. 1770, REEB, *op. cit.*, pp. 96 e ss. (105).

[1141] Cfr. GOETZKE, *op. cit.*, pp. 289 e ss.; LARENZ, *Schuldrecht* II, 12ª ed., § 70 I, a pp. 574-575, FIKENTSCHER/HEINEMANN, *Schuldrecht*, § 104 V., nºs 1514 e ss., pp. 740-741,

abstracto, de acordo com o valor comum dessa prestação de serviços no tráfego. Essa aplicação não deve, porém, excluir a aplicação ao receptor da prestação de serviços do limite do enriquecimento[1142].

A doutrina alemã diverge, no entanto, quanto à forma de configurar nestas hipóteses o limite do enriquecimento. Para DETLEF KÖNIG, a aplicação desse limite corresponderá à circunstância de o receptor da prestação de facto apenas dever responder no âmbito da sua poupança de despesas pois só nesse montante está enriquecido. Deverá, porém, estabelecer-se em favor do autor da prestação uma presunção de que essa poupança de despesas corresponderá ao efectivo valor da prestação realizada, cabendo assim ao enriquecido demonstrar que em virtude das suas relações especiais a poupança que obteve foi inferior ou nem sequer ocorreu[1143].

b) Enriquecimento por intervenção

Diferente parece ser, porém, a determinação da aplicação do limite do enriquecimento no caso de intervenções em bens ou direitos alheios, atento o facto de que aqui raramente poderá ocorrer uma restituição em espécie, já que o que normalmente se obtém é uma vantagem incorpórea, que apenas pode ser restituída em valor, sendo por isso difícil considerar a hipótese de desaparecimento do enriquecimento, que em termos materiais não pode ocorrer. Efectivamente, uma vantagem incorpórea não desaparece enquanto tal, podendo apenas ser compensada por despesas ou perdas. Referiu-se já, no entanto, que também no enriquecimento por intervenção o conceito de "obtido à custa do empobrecido" deverá ser identificado com a aquisição de uma vantagem patrimonial concreta – e não com a restituição de ganhos – negando-se, porém, por analogia com a responsabilidade civil, ao usurpante de má fé de bens alheios a possibilidade de invocar que ele próprio, através da sua actuação não permitida não retirou qualquer vantagem ou na verdade sofreu prejuízos[1144]. Essa analogia com a responsabilidade civil deve manter-se a propósito da aplicação do limite do enriquecimento ao enriquecimento por intervenção, estabelecendo-se

[1142] A aplicação do limite do enriquecimento no âmbito das prestações de serviços foi confirmada em *obiter dicta* pelo BGH no célebre no *Flugreisefall* (Ent. BGH. 7/1/1971 em *BGHZ* 55, p. 128-137 = *JZ 1971*, pp. 556-560 = NJW 1971, p. 609) relativa à viagem clandestina de um menor de 7 anos num avião.

[1143] Cfr. DETLEF KÖNIG, *op. cit.*, pp. 64-65.

[1144] Cfr. HAGEN, *FS Larenz*, 1973, pp. 872 e ss.

uma limitação relativamente às desvantagens que diminuem o enriquecimento, por forma a que nem todas estas possam considerar-se relevantes para efeito de limitação da obrigação de restituição, aplicando-se à limitação do enriquecimento o regime previsto no art. 570º do nosso Código Civil, não se aceitando neste caso a diminuição do enriquecimento que resulte de um facto culposo do próprio enriquecido.

c) Enriquecimento por despesas efectuadas

Já no âmbito do enriquecimento por despesas efectuadas, a aplicação do limite do enriquecimento nos termos do art. 479º, nº 2, apresenta-se como problemática, uma vez que essa aplicação depende do desconhecimento da ausência de causa jurídica por parte do enriquecido e nesta categoria de enriquecimento sem causa não é especialmente relevante a causa jurídica da aquisição, mas antes o facto de ela ser suportada economicamente por outrem, sendo imposta ao enriquecido. Em qualquer caso, consideramos que a aplicação do limite do enriquecimento só se justifica em caso de boa fé do enriquecido, uma vez que se o enriquecido conhece o carácter injustificado da aquisição, deve proceder à restituição do valor do obtido à custa de outrem. Já havendo boa fé do enriquecido, a aplicação do limite do enriquecimento, para efeitos do art. 479º, nº 2, deverá tomar em conta a planificação subjectiva do enriquecido, não se considerando haver um enriquecimento efectivo se o incremento de valor não tem para ele qualquer utilidade. Conforme se referiu, na determinação desta planificação subjectiva é especialmente relevante a poupança de despesas, uma vez que o enriquecimento subsiste se o enriquecido planeava efectuar despesas que desse modo poupou.

Na verdade, em qualquer das categorias de enriquecimento sem causa, nas quais, como vimos, são diferentes os critérios de determinação do limite do enriquecimento, deve-se considerar que não constitui desaparecimento do enriquecimento para efeitos do art. 479º, nº 2 do Código Civil as hipóteses em que o enriquecido, através do fenómeno que extingue os benefícios que obteve, efectua uma poupança de despesas. Neste caso, o sujeito continua a estar economicamente beneficiado, em virtude da poupança de despesas que obtém[1145].

[1145] Cfr. FIKENTSCHER/HEINEMANN, *Schuldrecht*, § 104 VI 2, nº 1520, pp. 742-743. Para DAWSON, "Erasable Enrichment in German Law" em *B.U.L.R.* 61 (1961), pp. 271-315 (282-

5.2. Agravamento da obrigação de restituir

O art. 480º do Código civil estabelece um regime especial para o caso de se verificar o conhecimento da ausência de causa justificativa pelo enriquecido, ou este ter sido citado judicialmente para a acção de restituição, dispondo da seguinte forma:

> "O enriquecido passa a responder também pelo perecimento ou deterioração culposa da coisa, pelos frutos que por sua culpa deixem de ser percebidos e pelos juros legais das quantias a que o empobrecido tiver direito, depois de se verificar alguma das seguintes circunstâncias:
> *a)* Ter sido o enriquecido citado judicialmente para a acção de restituição;
> *b)* Ter ele conhecimento da falta de causa do seu enriquecimento ou da falta de efeito que se pretendia obter com a prestação".

Esta disposição pretende estabelecer um agravamento da responsabilidade do enriquecido, para as hipóteses de ausência de boa fé subjectiva da sua parte[1146], por se entender que a aplicação paradigmática do regime do enriquecimento sem causa se refere a casos de boa fé do enriquecido[1147]. A concretização desta norma levanta problemas específicos. Atentemos, em primeiro lugar, no estabelecimento da responsabilidade pelo perecimento ou deterioração culposa da coisa.

Em primeiro lugar, o uso da expressão "também" no art. 480º, indicia que esta responsabilidade não prejudica a restituição do valor nos limites do enriquecimento, que não é posta em causa por essa disposição, pelo que o enriquecido terá sempre que restituir esse valor, o qual se mede nos

284) a poupança de despesas constitui um expediente técnico por forma a isolar a aplicação da referência ao desaparecimento do enriquecimento.

[1146] O art. 480º não fala em má fé, mas poderia fazê-lo com propriedade. Cfr. MENEZES CORDEIRO, *Da Boa Fé*, I, pp. 490 e ss. No mesmo sentido, *vide* o Ac. RP 22/7/1986 em *CJ* 11 (1986), 4, pp. 221-223. Efectivamente, o conhecimento da ausência de causa do enriquecimento é equivalente à má fé do enriquecido em sentido subjectivo. Quanto à citação para a acção de restituição, ela tem, conforme se sabe, nos termos do art. 564º *a)* do CPC o efeito de fazer cessar a boa fé do possuidor, regra com raízes no direito romano (cfr. D.5.3.25.7: *"post litem contestatam omnes incipiunt malae fidei possessores esse"*).

[1147] Cfr. RUI DE ALARCÃO, *Obrigações*, p. 172 e RIBEIRO DE FARIA, *Obrigações* I, pp. 408-409, que entendem que a justificação para que a restituição seja medida pelo enriquecimento encontra-se na boa fé do enriquecido, pelo que, não se verificando esta, desaparece o fundamento para o tratamento mais favorável a que este fica sujeito.

momentos referidos no art. 480º. Assim, se para além dessa obrigação de restituição provocar culposamente a perda ou deterioração do objecto que deveria restituir, o enriquecido deverá indemnizar essa perda, obrigação que se cumula com a restituição do valor limitada pelo seu efectivo enriquecimento. No caso de a perda ou deterioração da coisa a restituir não ser imputável ao enriquecido de má fé ele responderá apenas pela restituição do valor limitada pelo enriquecimento existente no momento em que cessou a boa fé[1148].

A responsabilidade prevista no art. 480º depende da culpa, não podendo por isso considerar-se uma responsabilidade por garantia[1149]. Não parece consequentemente aplicável neste caso a responsabilidade objectiva que a lei estabelece para a hipótese de mora do devedor (art. 807º)[1150]. É duvidoso, no entanto, se a responsabilidade prevista nesta situação deve seguir o regime da responsabilidade obrigacional ou o da responsabilidade delitual. Embora, pareça tratar-se à primeira vista de uma responsabilidade delitual, uma vez que está em causa uma perda ou deterioração culposa de uma coisa pertencente a outrem, a qual pode resultar de uma intervenção em bens ou direitos alheios, a verdade é que a aplicação do art. 480º pressupõe a constituição da obrigação de restituição nos termos do art. 479º de que funciona como agravamento. Ora, nessas condições, a verificação da perda ou deterioração culposa da coisa deve assumir-se como constitutiva de uma responsabilidade obrigacional, na medida em que

[1148] Em sentido contrário, na doutrina alemã, JAKOBS, *Eingriffserwerb*, p. 146, nota (58). No sentido defendido, WILHELM, *Rechstverletzung*, pp. 184-185.

[1149] Neste ponto, o Código afastou-se da solução que maioritariamente vigora no direito comparado já que o regime que consta dos arts. 1379 *in fine* do Código francês, do art. 1896 do Código espanhol e do art. 2037, II do Código italiano estabelece sempre uma responsabilidade do enriquecido de má fé pelo caso fortuito. No direito alemão, embora a regra seja a responsabilidade por culpa, em virtude da remissão dos §§ 818, IV, 819 e 820 para os §§ 987 e 989 BGB, admite-se ainda uma responsabilidade mais vasta, caso ocorra mora, em virtude da remissão do § 990 BGB para este regime. No nosso direito, essa hipótese parece estar excluída, uma vez que, embora no âmbito do art. 480º *a)* se possa verificar a constituição em mora (cfr. art. 805º, nº 1), nem nesse caso o legislador sujeita o enriquecido à responsabilidade objectiva prevista no art 807º, nº 1, limitando-se a prever a sua responsabilidade por culpa (art. 480º). É, no entanto, de questionar se não estaremos aqui perante um lapso do legislador, merecedor de uma interpretação correctiva, uma vez que essa solução dificilmente se compreende perante a responsabilidade por caso fortuito atribuída ao possuidor de má fé (art. 1271º) e prevista expressamente no âmbito do art. 616º, nº 2, nitidamente um caso de enriquecimento sem causa.

[1150] Cfr. FIKENTSCHER/HEINEMANN, *Schuldrecht*, § 104 VII, nº 1529, p. 746.

ou representa uma impossibilidade culposa de restituição (art. 801º), na hipótese de perda da coisa, ou uma impossibilidade parcial culposa (art. 802º) ou ainda uma situação de violação positiva da obrigação, no caso da sua deterioração. Como tal, aplicar-se-ão necessariamente a esta situação o regime da responsabilidade obrigacional, devendo ser o enriquecido a demonstrar que a perda ou deterioração da coisa não procedem de culpa sua (art. 799º) e respondendo este nos termos do art. 800º pela responsabilidade dos seus auxiliares ou representantes[1151].

Questão duvidosa na doutrina alemã é a aplicação neste caso do *commodum* de representação, a que fazem referência os arts. 794º e 803º. Entende-se maioritariamente que, nos casos de não existir má-fé do devedor, a restituição de tudo o que tiver sido obtido à custa do empobrecido não abrange o chamado *commodum ex negotiatione* não podendo assim o credor exigir o resultado da alienação efectuado pelo devedor[1152]. Já é, porém, mais questionável se esta norma não se aplicará à hipótese da má fé do enriquecido prevista no art. 480º, tendo a resposta positiva recebido apoio na jurisprudência[1153], e doutrina alemã[1154]. Não é, no entanto, essa a nossa opinião, uma vez que propendemos a considerar que o art. 480º limita-se a fazer acrescer à obrigação prevista no art. 479º, nº 1 a responsabilidade pela perda ou deterioração da coisa, frutos que deixarem de ser percebidos e juros legais e no art. 479º, nº 1, prevê-se a restituição do valor correspondente e não do *commodum ex negotiatione*. Não parece assim que a alienação da coisa a restituir pelo enriquecido de má fé o sujeite a responder pelos ganhos resultantes dessa alienação, tendo antes por objecto o valor correspondente à coisa alienada[1155].

O art. 480º prevê que a responsabilidade do enriquecido se estende ainda aos frutos que, por sua culpa, deixaram de ser percebidos. Esta norma

[1151] Defende igualmente esta solução para o direito alemão, MEDICUS, *JuS* 1993, pp. 706-707.

[1152] Cfr. *"Ent. 11/4/1957"* em *BGHZ* 24, pp. 106-115 (110) e *"Ent. 11/10/1979"* em BGHZ 75, pp. 203-209 (203) e STAUDINGER / S. LORENZ (2007) § 818 nº 27, pp. 314 e ss., com múltiplas referências. Contra, veja-se, porém, ESSER-WEYERS, *op. cit.*, § 51 I 3 d, a pp. 490-491.

[1153] "Ent. 11/10/1979" em *BGHZ* 75, pp. 203-209 = *NJW* 1980, pp. 178-179 .

[1154] Cfr. REINER FRANK, "Anwendbarkeit des § 281 BGB auf den verschärft haftenden Bereicherungsschuldner – BGHZ 75, 203" em *JuS* 1981, pp. 102-105 e MEDICUS, *JuS* 1993, p. 707.

[1155] Esta interpretação é confirmada pelo art. 616º, nº 2 que perante uma hipótese de aquisição de má fé à custa de outrem, prevê expressamente a restituição do valor e não do produto da alienação.

articula-se com o regime da restituição dos frutos pelo possuidor de má fé, parecendo assim que a obrigação de restituição dos frutos, como melhor explicita o art. 1271º abrange os que a coisa produziu até ao termo da posse e, além disso, o valor daqueles que um proprietário diligente poderia ter obtido. A restituição dos primeiros frutos já resultaria, porém, do art. 479º, nº 1, pelo que o legislador não viu necessidade de lhe fazer uma nova referência no âmbito desta disposição[1156]. Existe, porém, ainda uma terceira possibilidade: o facto de o empobrecido ter podido perceber frutos que apenas ele teria podido realizar, mas não o obrigado à restituição, nem sequer um proprietário diligente. Imagine-se, por exemplo, a hipótese de o empobrecido ser titular de uma patente que permitiria uma produção económica específica no âmbito de uma empresa que lhe deveria ser restituída. Parece-nos, porém, que a fórmula "frutos que por sua culpa deixem de ser percebidos" permite abranger esta hipótese para além do regime do art. 1271º[1157].

Já quanto aos juros das quantias a que o empobrecido tiver direito, parece-nos claro que essa disposição apenas se pode referir à hipótese de o enriquecido estar obrigado a restituir quantias em dinheiro. Tal situação ocorrerá, não apenas no caso de ele se ter apropriado de quantias em dinheiro, as quais por definição não podem ser restituídas como coisa determinada, mas também no caso de o art. 479º, nº 1 lhe impor a restituição do valor, a qual necessariamente se definirá em termos monetários. Se por hipótese, o enriquecido se tiver apropriado de vinte sacos de cereais e não os puder restituir em espécie a restituição deverá ter por objecto o valor correspondente (art. 479º, nº 1), sendo a esse valor que se aplica a taxa de juro prevista no art. 480º.

Uma última questão relativamente ao art. 480º relaciona-se com os termos em que essa norma admite a liberação do devedor em caso de perecimento da objecto da obrigação por caso fortuito. Atendendo a que esta disposição apenas estabelece a responsabilidade por culpa, pareceria aplicável à questão o art. 790º que determina que a obrigação se extingue quando a prestação se torna impossível por causa não imputável ao devedor. Não é, no entanto, esse o regime aplicável, uma vez que o art. 479º, nº 1

[1156] Cfr. MEDICUS, *JuS* 1993, p. 707.

[1157] MEDICUS, *JuS* 1993, p. 708 defende a mesma solução para o direito alemão, através da aplicação do regime da mora do devedor, previsto nos §§ 292 I *in fine* e 286 I.

determina sempre em caso de impossibilidade de restituição em espécie a restituição do valor correspondente, nos limites do enriquecimento, o qual se fixa no momento em que o devedor é citado para a acção de restituição ou tem conhecimento da falta de causa do seu enriquecimento ou da falta do efeito que se pretendia obter com a prestação. Consequentemente, o posterior perecimento fortuito do objecto que se deveria restituir apenas irresponsabiliza o devedor pela sua restituição acima do limite do seu enriquecimento fixado naquele momento.

5.3. Transmissão da obrigação de restituir

O art. 481º do Código Civil prevê a hipótese de o enriquecido ter alienado gratuitamente coisa que devesse restituir, dispondo que essa alienação determina sempre a constituição de uma nova obrigação de restituir o enriquecimento entre o adquirente e o empobrecido. A situação do alienante varia, porém, consoante a alienação se tenha verificado antes ou após o conhecimento por este da ausência de causa do seu enriquecimento. Na primeira hipótese, a alienação determina o desaparecimento ou diminuição do enriquecimento na sua esfera jurídica, pelo que o alienante já nada terá a restituir. Na segunda hipótese, já se verificou a fixação do objecto da obrigação de restituição do enriquecimento, nos termos do art. 480º, pelo que a alienação já não releva para efeitos do cálculo da obrigação de restituição. O adquirente será responsável nos mesmos termos, mas apenas se estiver de má fé, pois se estiver de boa fé continua a responder na medida do seu próprio enriquecimento.

Ao prever uma situação em que a obrigação de restituição pressupoe um negócio jurídico independente celebrado com terceiro o art. 481º contempla uma hipótese de desconsideração de um património intermédio no âmbito do enriquecimento sem causa, integrando por isso o âmbito do enriquecimento por desconsideração. Ao contrário, porém, da solução comum no Direito Comparado (cfr. § 822 B.G.B. e 2038 C. Civ. it), o art. 481º, como resulta do seu nº 2, não inclui entre os pressupostos da atribuição da obrigação de restituir o enriquecimento ao terceiro, a exclusão ou redução dessa obrigação em relação ao alienante[1158], não podendo, por isso, considerar-se a sua obrigação como subsidiária da deste.

[1158] Chega-se a exigir o estabelecimento de uma relação de causalidade entre a atribuição e a extinção da obrigação do alienante. Cfr. Reuter/Martinek, *op. cit.*, pp. 364 e ss.

O primeiro pressuposto para a aplicação do art. 481º é que o alienante se tenha constituído como enriquecido e, portanto, como devedor da obrigação de restituição do enriquecimento. O segundo pressuposto é que se tenha verificado a transmissão gratuita da coisa que devesse restituir, facto que importa a extinção da responsabilidade do alienante de boa fé, nos termos do art. 479º, nº 2 e origina que o terceiro fique obrigado em lugar dele. Não se pode, porém, considerar ocorrer aqui uma situação de sucessão na obrigação de restituir, uma vez que o enriquecimento passa a ser determinado apenas em relação ao património do terceiro adquirente. Trata-se antes de um facto complexo de constituição de uma nova pretensão de enriquecimento resultante do facto de a aquisição gratuita do terceiro ter determinado a extinção da pretensão de enriquecimento que o empobrecido tinha contra o alienante, encontrando-se, por essa via, o terceiro enriquecido à custa daquele.

Diferentemente se passam, porém, as coisas em caso de ocorrer má fé do alienante (art. 481º, nº 2), situação em que já não se verifica a extinção da pretensão do empobrecido contra o alienante, pelo que é duvidoso o fundamento da responsabilização do terceiro. Estando o terceiro também de má fé, a lei estabelece que ele responde "nos mesmos termos" que o alienante. Para Pires de Lima e Antunes Varela, em tal hipótese a responsabilidade dos dois é solidária, nos termos do art. 497º[1159]. É de aceitar essa solução quanto à responsabilidade pela deterioração culposa da coisa, pelos frutos que culposamente deixem de ser percebidos e pelos juros legais, caso em que a pluralidade de responsáveis pelos danos importa a solidariedade da sua responsabilidade, nos termos dessa disposição. Mas já quanto à obrigação de restituição do valor, esta tem por fundamento o enriquecimento sem causa e não a responsabilidade civil

A letra da lei não contempla a hipótese de o alienante estar de má fé e o terceiro de boa fé, sendo duvidosa a solução nesse caso. Se optássemos pela solução germânica, a responsabilização do terceiro não surge num caso destes, uma vez que não se verificou a extinção da correspondente obrigação em relação ao alienante. Já a lei italiana responsabiliza o terceiro de boa fé mas apenas a título subsidiário, exigindo a prévia excussão do património do alienante.

Se a lei portuguesa não determina a extinção da obrigação do alienante nesta hipótese, não haveria, à primeira vista, fundamento para responsa-

[1159] Cfr. Pires de Lima / Antunes Varela, *Código Civil Anotado*, I, *sub* art. 481º.

bilizar o terceiro de boa fé. Mas a questão não se pode pôr em termos tão simplistas, havendo que ponderar a comparação com a situação da invalidade do negócio, onde o art. 289º, nº 2 determina que, em caso de alienação gratuita, sempre que não possa tornar-se efectiva contra o alienante a restituição do valor da coisa, fica o adquirente obrigado em lugar daquele, mas só na medida do seu enriquecimento. Ora, não se compreenderia que a lei estabelecesse a responsabilidade do terceiro adquirente de boa fé a título gratuito em caso de insolvência do alienante que tinha adquirido o bem por negócio inválido, e não estabelecesse idêntico regime para o mesmo terceiro quando a aquisição do alienante não tem causa jurídica. Parece-nos no entanto que o empobrecido não poderá nestes casos optar entre demandar o alienante pelo valor da coisa, nos termos do art. 480º, ou demandar o terceiro com base no seu próprio enriquecimento (art. 481º, nº 1), devendo, à semelhança do que sucede com a invalidade, a acção contra o terceiro ser subordinada à impossibilidade prática de exercitar a acção de enriquecimento contra o alienante, em virtude da insolvência deste[1160].

5.4. Prescrição do direito à restituição

À semelhança do que sucede com a obrigação de indemnização na responsabilidade civil delitual, também a obrigação de restituição por enriquecimento sem causa está sujeita a um prazo de prescrição de curto prazo. Efectivamente, o art. 482º dispõe que "o direito à restituição por enriquecimento prescreve no prazo de três anos, a contar da data em que o credor teve conhecimento do direito que lhe compete e da pessoa do responsável, sem prejuízo da prescrição ordinária, se tiver decorrido o respectivo prazo a contar do enriquecimento".

Verifica-se, assim, que também a prescrição da obrigação de restituição por enriquecimento sem causa depende da ultrapassagem de um de dois prazos que a lei estabelece em alternativa: em primeiro lugar, o prazo de

[1160] Esta solução poderia igualmente ser atingida mediante a aplicação, também no âmbito da alienação gratuita do enriquecimento, do instituto da impugnação pauliana (arts. 610º e ss. C.C.). Assim, se o alienante, conhecedor da ausência de causa do enriquecimento alienar coisa que devesse restituir, e com isso provocar a sua insolvência preenche necessariamente os pressupostos do instituto (art. 610º e 612º, nº 1 *in fine*), o que daria ao credor a possibilidade de impugnar paulianamente a alienação, sujeitando o terceiro adquirente a responder nos limites do enriquecimento (art. 616º, nº 3). O art. 481º constitui, porém, uma norma específica que dispensa o recurso a este instituto.

prescrição ordinária a contar do enriquecimento, que como se sabe é de vinte anos (art. 309º); em segundo lugar, um prazo de três anos a contar do momento em que o empobrecido tem conhecimento do direito que lhe compete e da pessoa do responsável, ou seja, sabe que ocorreu um enriquecimento à sua custa e quem se encontra enriquecido. Se o empobrecido deixar passar um destes dois prazos sem exigir a restituição (cfr. art. 323º, nº 1) o enriquecido poderá opor-lhe eficazmente a prescrição do seu direito (cfr. art. 304º, nº 1).

Este regime representa um prazo de prescrição mais dilatado da restituição por enriquecimento sem causa em relação à obrigação de indemnização. Efectivamente, enquanto na responsabilidade civil o referido prazo de três anos inicia-se sem que o lesado conheça a pessoa do responsável (cfr. art. 498º, nº 1), na restituição por enriquecimento sem causa exige-se precisamente esse conhecimento para início do prazo (art. 482º). Será, portanto, natural já ter decorrido a prescrição do direito com base na responsabilidade civil, mas tal ainda não ter acontecido com base no enriquecimento sem causa, referindo a lei expressamente que tal não prejudica o recurso à acção de enriquecimento (art. 498º, nº 4).

Secção V
Situações específicas de fontes de obrigações não baseadas em princípios gerais

1. Generalidades

Até agora examinámos as fontes das obrigações a que se pode atribuir uma fundamentação em princípios gerais da nossa disciplina, como a autonomia privada, o ressarcimento dos danos e a restituição por enriquecimento.

Existem, porém, igualmente casos de fontes das obrigações, que não se podem reconduzir à aplicação de um princípio genérico, constituindo antes previsões específicas, cuja aplicação se restringe a certos casos particulares.

Examinaremos nesse âmbito as seguintes figuras:

a) a gestão de negócios;
b) as relações contratuais de facto;
c) outras situações de facto.

2. A gestão de negócios

2.1. Conceito e função da gestão de negócios

A gestão de negócios consiste num instituto com origem no Direito Romano, que surge entre nós, bem como nos outros direitos de origem romanística, por um processo de recepção cultural. No Direito Romano, encontrava-se consagrada a *negotiorum gestio*, para tutelar a situação dos ausentes, cujos bens eram objecto da administração por iniciativa espontânea de outrem, admitindo-se que, aquando do seu regresso, os ausentes pudessem requerer a restituição desses bens a quem se encontrava a exercer a respectiva gestão (*actio negotiorum gestorum directa*). No entanto, ao gestor como compensação por essa actividade de administração admitia-se igualmente que ele pudesse requerer ao titular desses bens (*dominus*) o reembolso das despesas suportadas e uma compensação pelos prejuízos sofridos na actividade (*actio negotiorum gestorum contraria*)[1161].

Depois deste surgimento no Direito Romano, ao que se julga em virtude da necessidade de regular a questão da administração dos bens dos cidadãos romanos, que se ausentavam pelas diversas províncias do Império, a gestão de negócios mantém-se ao longo da evolução dos diversos direitos romanísticos[1162], em virtude do fascínio que para os juristas sempre representou um instituto baseado essencialmente em considerações de solidariedade e altruísmo, representadas na exigência de espontaneidade na intervenção e no seu carácter gratuito e desinteressado. Naturalmente que por isso, o instituto é também amplamente recebido nas diversas codificações[1163], chegando mesmo no Direito Francês a ser utilizado para determinar a restituição do enriquecimento injustificado, perante a ausência de consagração desta figura no Código Civil francês[1164]. Já em sistemas jurídicos não influenciados pelo Direito Romano, como os direitos da *common law*, o instituto não tem qualquer aplicação[1165].

A consagração da gestão de negócios no actual Código Civil obedece, porém, a considerações diferentes das que eram representadas na sua concepção clássica – obediência a um princípio de altruísmo e solidariedade humana – estando antes em causa a previsão de um instituto jurídico destinado a permitir a realização de uma colaboração não solicitada entre sujeitos privados, sem descurar a protecção da esfera jurídica do titular contra intervenções prejudiciais[1166]. Daí a circunstância de a lei ponderar simultaneamente a protecção dos interesses do dono do negócio, através

[1161] Sobre a origem da gestão de negócios no Direito Romano, cfr. a nossa *Responsabilidade do Gestor perante o Dono do Negócio no Direito Civil Português*, Lisboa, C.E.F., 1991, reimp., Coimbra, Almedina, 2005, pp. 33 e ss., JÚLIO GOMES, *A Gestão de Negócios. Um instituto jurídico numa encruzilhada*, Coimbra, Separata do *BFD* Suplemento 39, 1983, pp. 38 e ss. e MENEZES CORDEIRO, *Tratado*, II-3, pp. 23 e ss.

[1162] Cfr. MENEZES LEITÃO, *A responsabilidade do gestor*, pp. 63 e ss.

[1163] Cfr. MENEZES LEITÃO, *A responsabilidade do gestor*, pp. 87 e ss. e 113 e ss.

[1164] Cfr. MENEZES LEITÃO, *A responsabilidade do gestor*, p. 116 e *O enriquecimento*, pp. 295-296, e nota (29), reed., pp. 286-287 e nota (767).

[1165] Cfr. MENEZES LEITÃO, *A responsabilidade do gestor*, pp. 150 e ss.

[1166] Cfr. MENEZES LEITÃO, *A responsabilidade do gestor*, pp. 313 e ss. Rccentemenrte, veja-se JÚLIO MANUEL VIEIRA GOMES, "A gestão de negócios: «A Oeste nada de novo?»", em FACULDADE DE DIREITO DA UNIVERSIDADE DE COIMBRA (org.), *Comemorações dos 35 anos do Código Civil e dos 25 anos da Reforma de* 1977, III- *Direito das Obrigações*, Coimbra, Coimbra Editora, 2007, pp. 39-62.

da imposição de deveres ao gestor, bem como a sua eventual responsabilidade pelos danos que causar (a antiga *actio negotiorum gestorum directa*), bem como a atribuição de uma compensação ao gestor pelas despesas suportadas e prejuízos sofridos (*actio negotiorum gestorum contraria*).

2.2. Pressupostos da gestão de negócios

2.2.1. Análise geral

A referência aos pressupostos da gestão de negócios encontra-se no art. 464º, que, efectuando uma descrição da situação inicial da gestão de negócios nos refere que:

> "Dá-se a gestão de negócios quando uma pessoa assume a direcção de negócio alheio no interesse e por conta do respectivo dono, sem para tal estar autorizada"

Desta descrição analítica é posssível retirar uma série de elementos, os quais procuraremos analisar separadamente através da sua divisão em três pressupostos:

a) Assunção da direcção de negócio alheio:
b) No interesse e por conta do dono do negócio;
c) Falta de autorização.

2.2.2. A assunção da direcção de negócio alheio

A) A actividade de gestão de negócios e o tipo de actos que dela são objecto

Quanto à assunção da direcção de negócio, ela consiste numa perífrase do termo latino "*negotiorum gestio*", que significa literalmente acção de dirigir negócios. Poderemos assim deduzir que esta norma pressupõe a existência de uma actividade do gestor, designando a expressão negócio precisamente os actos que dela são objecto[1167], não podendo assim ser considerada gestão de negócios uma conduta omissiva[1168]. Já quanto aos actos que podem ser objecto dessa actividade, a lei não estabelece qualquer distinção, podendo consequentemente abranger-se não apenas negócios jurídicos, mas também simples actos jurídicos, ou mesmo actos materiais. A gestão poderá

[1167] Cfr. Menezes Leitão, *Responsabilidade do gestor*, pp. 164-165.

[1168] Em sentido contrário, veja-se, porém, Menezes Cordeiro, *Tratado*, II-3, p. 83. Não nos parece, porém, que os exemplos que refere consubstanciem casos de uma efectiva gestão de negócios alheios.

abranger não apenas actos de mera administração, mas também actos de administração extraordinária, ou mesmo de disposição[1169]. Não parece também necessário que os actos abrangidos na gestão de negócios tenham de revestir cariz patrimonial[1170].

Estão, porém, excluídos da gestão de negócios os actos contrários à lei, à ordem pública ou ofensivos dos bons costumes, por tal representar uma conduta proibida em relação ao gestor, bem como aqueles em que não seja possível a substituição do *dominus*, por nesse caso não haver qualquer utilidade para este na intervenção do gestor[1171].

B) A alienidade do negócio

Relativamente à alienidade do negócio, parece possível estabelecer uma distinção entre duas categorias[1172]:

a) a dos negócios objectivamente alheios;
b) a dos negócios subjectivamente alheios.

Os negócios objectivamente alheios correspondem às situações em que a gestão de negócios implica uma ingerência na esfera jurídica do *dominus*. Assim, por exemplo, se alguém resolve reparar o muro da casa de um vizinho que se encontra em risco de ruína, efectua uma ingerência no direito de propriedade desse vizinho, sendo assim o negócio objectivamente alheio.

Os negócios subjectivamente alheios correspondem a situações em que o gestor não efectua qualquer ingerência numa esfera jurídica alheia, mas em que é possível visualizar, a partir da sua intenção, que pretende actuar para outrem. Assim, por exemplo, se alguém num leilão decide arrematar uma colecção de selos para um amigo que é coleccionador, estamos naturalmente perante uma efectiva gestão de negócios, mas a alienidade do negócio só se determina a partir do momento em que se conhece a intenção do gestor, por não ser possível atribuir em termos objectivos a pertença do negócio a outrem.

A inclusão destas duas categorias de negócios no âmbito do conceito de alienidade levanta dúvidas sobre se esta deve ser definida em termos objec-

[1169] Cfr. MENEZES LEITÃO, *Responsabilidade do gestor*, pp. 167-168.
[1170] Cfr. MENEZES LEITÃO, *Responsabilidade do gestor*, pp. 167.
[1171] Cfr. MENEZES LEITÃO, *Responsabilidade do gestor*, p. 169.
[1172] Cfr. MENEZES LEITÃO, *Responsabilidade do gestor*, pp. 170 e ss.

tivos (através da busca de um critério que permita determinar a pertença objectiva do negócio a outrem), em termos subjectivos (através da averiguação em ambos os casos da intenção do gestor) ou em termos dualistas (aplicando-se o primeiro critério aos negócios objectivamente alheios e o segundo aos negócios subjectivamente alheios).

A nosso ver, as soluções dualistas devem ser rejeitadas, uma vez que implicam a renúncia à busca de um critério unitário para o estabelecimento da alienidade do negócio. Em relação às teorias objectivas, elas têm o defeito de não fornecerem qualquer critério adequado que permita determinar a alienidade no caso dos negócios subjectivamente alheios. Inclinamo-nos, por isso, para uma construção subjectiva do conceito de alienidade, estando-se perante um negócio alheio, para efeitos do art. 464º, sempre que se verifique da parte do gestor a intenção de atribuir a outrem o resultado da sua actividade[1173].

2.2.3. A exigência de que a gestão se faça no interesse e por conta do *dominus*

A) A utilidade da gestão

A lei exige, em seguida que a gestão seja assumida no interesse e por conta do *dominus*. A maioria da doutrina, onde se incluem os nomes de GALVÃO TELLES, ANTUNES VARELA ALMEIDA COSTA, e RUI DE ALARCÃO, interpreta esta expressão como referida exclusivamente à intenção de gestão (*animus aliena negotia gerendi*)[1174]. Na sequência de PESSOA JORGE e de MENEZES CORDEIRO[1175], defendemos, porém, que nessa expressão se abrange não apenas a intenção de gestão (*animus aliena negotia gerendi*), mas também a utilidade da gestão (*utiliter*). Efectivamente, a tutela dos interesses do *dominus* exige que não se possa considerar atribuída ao gestor a possibilidade de exercer a gestão, quando não existe qualquer utilidade para o *dominus* nessa gestão[1176]. Será o caso, por exemplo, quando o

[1173] Para mais desenvolvimentos, cfr. MENEZES LEITÃO, *Responsabilidade do gestor*, pp. 175 e ss.

[1174] Cfr. GALVÃO TELLES, *Obrigações*, p. 186, ANTUNES VARELA, *Obrigações*, I, p. 454, ALMEIDA COSTA, *Obrigações*, p. 475, RUI DE ALARCÃO, *Obrigações*, p. 147 e RIBEIRO DE FARIA, *Obrigações*, I, p. 346.

[1175] Cfr. PESSOA JORGE, *Obrigações*, p. 221 e MENEZES CORDEIRO, *Obrigações*, 2º, pp. 16 e ss. e *Tratado*, II-3, pp. 88 e ss.

[1176] Cfr. MENEZES LEITÃO, *Responsabilidade do gestor*, pp. 190 e ss.

dominus se encontre a exercer ele próprio essa gestão ou tenha proibido a intervenção do gestor[1177].

Tradicionamente tem-se colocado, porém, um problema quanto ao momento da determinação da utilidade da gestão, tendo sido apontados dois critérios:

- segundo o critério do *utiliter coeptum*, a utilidade da gestão determina-se no momento da sua assunção. É esse o critério utilizado nos Códigos civis alemão (§ 683 BGB) e italiano (art. 2031 do *Codice*).
- segundo o critério do *utiliter gestum*, a utilidade da gestão determina-se no momento da sua conclusão. É esse o critério utilizado no Código Civil francês (art. 1375).

A nossa lei optou pelo critério do *utiliter coeptum*, ao considerá-lo como pressuposto inicial da gestão (art. 464º). Os resultados dessa opção são, no entanto, extremamente mitigados pelo facto de se estabelecer como pressuposto da *actio contraria* um critério da utilidade relativo à execução da gestão (art. 468º, nº 1) e se responsabilizar o gestor pela sua actuação desconforme ao interesse e vontade do *dominus* (art. 466º, nº 2).

Cabe, porém, questionar em que termos deve ser estabelecida a utilidade inicial da gestão. A resposta a essa questão parece resultar do art. 340º, nº 3, que só considera lícitas as intervenções se estas se dão no interesse do lesado e de acordo com a sua vontade presumível. Assim, se a intervenção do gestor não preencher estes requisitos, ela não poderá ser qualificada como gestão de negócios por ausência do requisito da utilidade[1178].

B) A intenção de gestão

A norma do art. 464º, ao referir que a gestão deve ser realizada por conta do dono do negócio, vem exigir uma intenção específica do gestor de actuar para outrem, sem o que não se verificará a gestão de negócios, como é confirmado pela norma do art. 472º, que determina que quando o gestor actua, desconhecendo a alienidade do negócio, não se aplica imediatamente o regime da gestão.

Essa intenção específica do gestor de actuar para outrem é tradicionalmente denominada de *animus aliena negotia gerendi*. A sua formulação

[1177] Cfr. MENEZES LEITÃO, *Responsabilidade do gestor*, p. 196.
[1178] Cfr. MENEZES LEITÃO, *Responsabilidade do gestor*, pp. 191 e ss.

tradicional entendia-o como uma intenção desinteressada e altruísta de prestar um serviço a outrem. Actualmente, porém, o *animus* deve ser primariamente entendido apenas como a intenção de atribuir os efeitos do negócio a outrem, ou seja, a intenção do gestor de que os resultados da sua actuação, quer em termos de benefícios, quer em termos de prejuízos, não se destinem a ele, mas ao dono do negócio[1179].

2.2.4. A falta de autorização

Finalmente, o último pressuposto da gestão de negócios é a falta de autorização, o que pressupõe a não aplicação do instituto sempre que exista alguma relação específica entre o gestor e o *dominus*, que legitime a sua intervenção, com base num critério distinto da simples utilidade para o *dominus* da sua intervenção. Assim, o gestor não poderá recorrer à gestão de negócios se estiver autorizado ou vinculado por negócio jurídico a exercer a sua intervenção (exs: procuração, mandato ou prestação de serviços)[1180], ou se a lei lhe impuser um dever específico de exercer a gestão (como no caso dos pais em relação aos filhos, ou de agentes da polícia em relação aos cidadãos). Tratando-se, porém, de deveres genéricos de respeito ou de deveres penais de auxílio, já não parece que a sua existência possa excluir a aplicação do regime da gestão de negócios[1181].

2.3. Deveres do gestor para com o dono do negócio

O art. 465º refere-se aos deveres do gestor para com o dono do negócio, sendo mencionada no art. 466º a constituição do gestor em responsabilidade para com o dono do negócio. Estas normas levantam diversas questões.

A primeira questão que surge em relação aos deveres do gestor para com o dono do negócio é determinar se o gestor terá algum dever para com o *dominus* de prosseguir a gestão, a partir do momento em que a inicia, dado que o art. 466º, nº 1, responsabiliza o gestor pelos danos que causar com a injustificada interrupção da gestão. Esta questão tem especial relevância em virtude da diversidade de soluções nesta matéria no direito comparado,

[1179] Cfr. MENEZES LEITÃO, *Responsabilidade do gestor*, pp. 196 e ss.

[1180] Se o referido negócio jurídico for, porém, nulo ou anulável, se já se tiver extinto, ou se a actuação gestória representar um excesso em relação ao seu objecto, já haverá, porém, possibilidade de aplicação do instituto da gestão de negócios. Cfr. neste sentido, ANTUNES VARELA, *Obrigações*, I, p. 457 e RIBEIRO DE FARIA, *Obrigações*, I, p. 347.

[1181] Cfr. MENEZES LEITÃO, *Responsabilidade do gestor*, pp. 201 e ss.

uma vez que o Código Civil francês (art. 1372) e o italiano (art. 2028) consagram expressamente o dever de o gestor prosseguir a gestão iniciada, enquanto que o Código alemão não prevê um dever com esse conteúdo.

A posição sufragada por VAZ SERRA nos trabalhos preparatórios deste regime foi adversa à instituição de uma obrigação de o gestor prosseguir o negócio que inicia, entendendo que o gestor é, em princípio livre de abandonar a gestão no momento que entender, só não o podendo fazer se o abandono da gestão fosse provocar ao *dominus* danos que ele não teria sem essa gestão[1182]. Igualmente MENEZES CORDEIRO entende que não resulta indirectamente consagrado pela lei um dever de continuar a gestão, uma vez que este seria susceptível de execução específica e o art. 466º, nº 1, apenas admite uma indemnização pelos danos causados[1183].

Esta tese é, no entanto, contrariada por ANTUNES VARELA e ARMINDO RIBEIRO MENDES, que entendem que a responsabilização do gestor pela interrupção da gestão pressupõe um dever de este a continuar até que o negócio chegue a bom termo ou o *dominus* esteja em condições de prover por si mesmo[1184].

A nosso ver, não está legalmente consagrada uma obrigação de continuar a gestão até determinado *terminus ad quem*, uma vez que a lei se limita a responsabilizar o gestor pelos danos que causar com a interrupção injustificada da gestão. Assim, o que a lei consagra é um dever específico de protecção do *dominus*, através do qual o gestor é responsabilizado se interromper injustificadamente a gestão numa situação susceptível de lhe causar danos. A lei não atribui, porém, ao *dominus* um direito de crédito a exigir a continuação da gestão, ao contrário do que sucede nos ordenamentos francês e italiano[1185].

Nos termos do art. 465º, *a)* o gestor tem antes de tudo o dever de exercer a gestão em conformidade "com o interesse e a vontade, real ou presumível, do dono do negócio, sempre que esta não seja contrária à lei, à ordem pública, ou ofensiva dos bons costumes". Este dever relaciona-se com o requisito do *utiliter* e corresponde à obrigação de manter a utilidade da gestão durante todo o tempo que esta venha a ser exercida. Neste caso, a referência ao "interesse" representa a utilidade objectiva da gestão para

1182 Cfr. VAZ SERRA, "Gestão de negócios", no *BMJ* 66 (1957), pp. 45-283 (114-115).

1183 Cfr. MENEZES CORDEIRO, *Obrigações*, 2º, p. 20, nota (484) e *Tratado*, II-3, pp. 103-104.

1184 Cfr. ANTUNES VARELA, *Obrigações*, I, p. 459 e ARMINDO RIBEIRO MENDES, *A gestão de negócios no Direito Civil Português* (dactil.), Lisboa, 1971, pp. 209 e ss.

1185 Cfr. MENEZES LEITÃO, *Responsabilidade do gestor*, pp. 217-218.

o *dominus*, sendo a "vontade"a representação subjectiva que o *dominus* faz dessa utilidade[1186].

Esta norma suscita vários problemas de interpretação. O primeiro deles diz respeito a averiguar o que sucede em caso de ocorrer contradição entre o interesse e a vontade do *dominus*. Para alguma doutrina, onde se incluem os nomes de GALVÃO TELLES e inicialmente de MENEZES CORDEIRO, nesse caso o gestor deveria abster-se de agir[1187]. Outros autores como VAZ SERRA E RIBEIRO MENDES atribuem prevalência ao elemento "interesse do *dominus*", considerando que o gestor não deverá prosseguir na gestão, contrariando o interesse objectivo do *dominus*, mesmo que esteja de acordo com o seu interesse subjectivo[1188]. A nosso ver, não se deverá atribuir uma hierarquia rígida a estes dois critérios, devendo eles ser combinados em termos de sistema móvel. No entanto, parece-nos que nessa aplicação deverá ter maior peso o elemento da vontade do *dominus*, uma vez que cada indivíduo é o melhor juiz dos seus próprios interesses[1189].

O dever de respeito pela vontade do *dominus* não pode, porém, ser levado longe demais, uma vez que é a própria lei a esclarecer que a vontade do *dominus* deixa de relevar sempre que esta seja contrária à lei, à ordem pública, ou ofensiva dos bons costumes. Não parece, porém, que esta isenção de respeitar a vontade do *dominus* possa ser levada longe de mais[1190], não se admitindo, por exemplo, que o gestor assuma deveres que o *dominus* não reconhece, independentemente de decisão judicial a reconhecê-los, ou imponha ao *dominus* soluções desconformes com a sua liberdade de consciência, ainda que conformes à moral social dominante. Tratando-se, no entanto, de deveres legais exequíveis de per si, vectores e princípios fundamentais do ordenamento jurídico, ou deveres abrangidos no núcleo básico da moral social dominante, o gestor estará autorizado a desrespeitar a vontade do *dominus*[1191].

[1186] Cfr. MENEZES LEITÃO, *Responsabilidade do gestor*, pp. 218 e ss.

[1187] Cfr. GALVÃO TELLES, *Obrigações*, p. 188 e MENEZES CORDEIRO, *Obrigações*, 2º, p. 18. Em *Tratado*, II-3, pp. 97 e ss., o autor viria a rever a sua posição, adoptando uma orientação próxima da nossa.

[1188] Cfr. VAZ SERRA, no *BMJ* 66, p. 122 e RIBEIRO MENDES, *op. cit.*, p. 300.

[1189] Cfr. para maiores desenvolvimentos, a nossa *Responsabilidade do gestor*, pp. 193 e ss. e 218 e ss.

[1190] Como salientou MENEZES CORDEIRO, *Obrigações*, 2º, p. 19, nota (480), ainda que se discorde do critério por si proposto.

[1191] Para mais desenvolvimentos, vide MENEZES LEITÃO, *Responsabilidade do gestor*, pp. 223 e ss. Conforme aí sustentámos, seria correcta a decisão do gestor que impedisse o *dominus* de se

Para além disso, nos termos do art. 465º *b)* o gestor tem o dever de avisar o *dominus*, logo que possível de que assumiu a gestão. Este dever de aviso tem natureza semelhante aos deveres acessórios de informação, teorizados a partir do princípio da boa fé. A sua função não é, porém, a de tranquilizar o *dominus*, mediante o aviso de que alguém assumiu o encargo de cuidar dos seus negócios, mas antes atribuir ao *dominus* uma última possibilidade de manter a situação sob seu contrôle ainda que indirecto, quer proibindo a gestão, quer atribuindo mandato a quem a assumiu. Daí que, em princípio, o gestor deva aguardar pela decisão do *dominus* após o aviso[1192]. No entanto, o incumprimento deste dever de aviso não exclui o direito do gestor ao reembolso de despesas nos termos do art. 468º, nº 1, podendo apenas atribuir ao *dominus* um direito de indemnização pelos danos causados[1193].

Os art. 465º *c)* e *d)* prevêem ainda o dever de o gestor prestar contas, findo o negócio ou interrompida a gestão, ou quando o dono as exigir, e de prestar ainda todas as informações relativas à gestão. Trata-se de disposições comuns a todos os casos de administração de negócios alheios (cfr. art. 1161º als. *c)* e *d)*, 1944º e 1971º), destinando-se a manter o titular do negócio informado sobre os termos em que foi exercida a gestão do seu património.

Finalmente, o art. 465º *e)* estabelece que o gestor tem o dever de entregar ao *dominus* tudo o que tenha recebido de terceiros no exercício da gestão ou o saldo das respectivas contas, com os juros legais relativamente às quantias em dinheiro, a partir do momento em que a entrega haja de ser efectuada. Este dever corresponde ao núcleo essencial da *actio negotiorum gestorum directa*, permitindo ao *dominus* exercer o *dominium negotii*. Efectivamente, a partir do momento em que o negócio pertence ao *dominus* todos os proveitos dele resultantes devem ser-lhe atribuídos, adquirindo este um direito de crédito sobre o gestor com esse objecto.

suicidar, uma vez que a sua vontade atentaria contra os bons costumes, mas já não se poderia considerar adequada a decisão de administrar uma transfusão a um ferido inconsciente, sabendo-se que as suas convicções religiosas seriam contrárias a esse tipo de tratamento.

1192 Esta solução aparecia no art. 2º do Anteprojecto de VAZ SERRA e resulta do § 681 BGB.

1193 Cfr. a nossa *Responsabilidade do gestor*, pp. 213-214 e nota (1). Em sentido diferente, PIRES DE LIMA/ANTUNES VARELA, *op. cit.*, I, *sub* art. 465, ALMEIDA COSTA, *Obrigações*, p. 481, e RIBEIRO DE FARIA, *Obrigações*, I, p. 357, consideram que o incumprimento desta obrigação acarreta não apenas a responsabilidade do gestor pelos danos causados, mas também a ilegitimidade da gestão, com a consequente caducidade de todas as obrigações do gestor para com o *dominus*.

Havendo pluralidade de gestores, e verificando-se uma actuação conjunta dos mesmos, são solidárias as suas obrigações para com o dono do negócio (art. 467º).

2.4. A responsabilidade do gestor

Relativamente à responsabilidade do gestor, o art. 466º vem prever que o gestor é responsável tanto pelos danos que causar com culpa sua no exercício da gestão como com a injustificada interrupção desta, considerando-se culposa a sua actuação sempre que ele agir em desconformidade com o interesse ou a vontade, real ou presmível do dono do negócio.

A interpretação desta norma tem sido controvertida na doutrina. Para Galvão Telles, o desrespeito do interesse ou vontade do dono do negócio não envolve só por si culpa, representando o facto objectivo da violação da obrigação do gestor, a que tem que acrescer o requisito subjectivo da culpa, embora esta se presuma, nos termos do art. 799º, nº 1. Para o autor a culpa deverá ser apreciada em conformidade com a diligência de um bom pai de família, de acordo com as circunstâncias do caso[1194].

Já para outros autores como Antunes Varela e Ribeiro de Faria não deve ser exigido ao gestor um padrão de diligência superior à que ele é capaz, uma vez que se trata uma actuação espontânea e altruísta, onde seria inadequado utilizar o critério geral da diligência do bem pai de família, sendo que, por outro lado, para o *dominus* a intervenção de um gestor menos diligente sempre será preferível a que os seus negócios fiquem simplesmente ao abandono[1195].

Almeida Costa adopta uma tese intermédia. Para este autor, a regra geral será a de não se exigir do gestor um zelo ou diligência superior àquela que coloca nos seus próprios negócios. No entanto, já passará a ser exigida a diligência de um bom pai de família, sempre que a gestão seja exercida por profissional ou o gestor tenha, deliberada e conscientemente, através da sua intervenção impedido outra pessoa de gerir o negócio (uma vez que nesta situação ele se assume como garante do resultado)[1196].

Pronunciamo-nos no sentido de que o gestor deve ficar sempre sujeito à diligência do bom pai de família, prevista no art. 487º, nº 2, uma vez que

[1194] Cfr. Galvão Telles, *Obrigações*, p. 189-190.

[1195] Cfr. Antunes Varela, *Obrigações*, I, p. 461 e Ribeiro de Faria, *Obrigações*, I, pp. 355-356.

[1196] Cfr. Almeida Costa, *Obrigações*, p. 485.

a intervenção do gestor se apresenta sempre como uma forma de realizar uma prestação ao *dominus*, não se encontrando razão para que a diligência no exercício dessa prestação seja apreciada de forma diferente do que o que resulta do regime geral das obrigações. O carácter meritório das razões que levaram o gestor a assumir a gestão poderá servir para moderar a indemnização, nos termos do art. 494º, mas não deve servir de fundamento para defender um diferente critério de apreciação da culpa do gestor[1197].

2.5. Deveres do dono do negócio para com o gestor

Os deveres do dono do negócio em face do gestor variam consoante se trate de uma gestão regular ou irregular. Se a gestão é regular, o que significa que foi exercida em conformidade com o interesse e a vontade, real ou presumível, do dono do negócio, o gestor tem direito a ser reembolsado de todas as despesas suportadas e indemnizado dos prejuízos que haja sofrido (art. 468º, nº 1). A lei não exige que as despesas sejam indispensáveis, bastando que o gestor fundadamente as tenha considerado como tal, pelo que o dono do negócio poderá em certos casos ver-se forçado a indemnizar despesas de que objectivamente não beneficia. Efectivamente, a função deste dever é permitir ao gestor ficar indemne das despesas ou prejuízos que lhe causou a gestão, o que implica naturalmente a sua atribuição ao *dominus*.

Em contrapartida, não é atribuída ao gestor qualquer remuneração pela sua actuação, a menos que tal corresponda à sua actividade profissional (art. 470º). A razão para esta solução baseia-se na consideração de que a atribuição da remuneração tornaria a actividade do gestor interessada, o que seria contrário ao espírito do instituto, e de que a ausência da remuneração não implica geralmente qualquer prejuízo para o gestor, salvo se este for profissional, onde se pode considerar que a aplicação da sua actividade na gestão de negócios o impede de auferir a contrapartida habitual que auferia na sua profissão[1198]. Parece-nos, no entanto, que esta solução é dificilmente conciliável com a actual sociedade económica, onde se encontra consagrada genericamente a ideia de que qualquer prestação de serviços – e a gestão de negócios não deixa de o ser, apenas por ser espontânea – envolve retribuição.

[1197] Cfr. Menezes Leitão, *Responsabilidade do gestor*, p. 290.

[1198] Cfr. Júlio Gomes, *A Gestão*, pp. 277 e ss.

Se a gestão é irregular, o que significa que nela não foi respeitado o dever previsto no art. 465º *a)*, então o dono do negócio responde apenas de acordo com as regras do enriquecimento sem causa (art. 468º, nº 2). Trata-se de uma modalidade de enriquecimento por despesas, à qual já nos referimos.

2.6. A aprovação da gestão

O art. 469º vem prever que a aprovação da gestão envolve a renúncia ao direito de indemnização por danos devidos a culpa do gestor, valendo como reconhecimento dos direitos que lhe competem. Para Galvão Telles, a situação aqui referida não se pode considerar como renúncia à indemnização, sendo antes um reconhecimento de que a gestão foi regular e, portanto, insusceptível de constituir o gestor em responsabilidade[1199]. Efectivamente, a aprovação implica um juízo global do *dominus* em relação à actuação do gestor, significando que esta a considera em geral conforme com o seu interesse e vontade. Uma vez que a lei impõe esta apreciação global, uma vez emitida esta, o *dominus* deixa de poder isoladamente considerar que em determinado acto o gestor actuou em desconformidade com os seus deveres, não lhe podendo por esse motivo exigir-lhe responsabilidade[1200].

2.7. Posição do dono do negócio em face de terceiros

2.7.1. Generalidades

Se a gestão de negócios consistir na mera prática de actos materiais, a situação mantém-se no âmbito das relações internas entre o gestor e o *dominus*. Se, porém, a gestão tiver consistido antes na prática de actos jurídicos, designadamente em contratos, coloca-se igualmente o problema da posição do dono do negócio, em face dos terceiros, que celebram esses negócios com o gestor.

A lei resolve esse problema no art. 471º, que dispõe o seguinte:

> "Sem prejuízo do que preceituam os artigos anteriores quanto às relações entre o gestor e o dono do negócio, é aplicável aos negócios jurídicos celebrados por aquele em nome deste o disposto no art. 268º; se o gestor os realizar em seu próprio nome, são extensivas a esse negócios, na parte aplicável, as disposições relativas ao mandato sem representação".

[1199] Cfr. Galvão Telles, *Obrigações*, p. 190.

[1200] Cfr. Menezes Leitão, *A responsabilidade do gestor*, pp. 306 e ss.

Temos assim que estabelecer uma distinção entre a actuação do gestor em nome do dono do negócio (gestão de negócios representativa) e a actuação do gestor em nome próprio (gestão de negócios não representativa).

2.7.2. A gestão de negócios representativa

Na gestão de negócios representativa a projecção na esfera do *dominus* dos efeitos dos negócios celebrados pelo gestor é realizada através do mecanismo da representação. Para esta, no entanto, é necessária, nos termos do art. 258º, a atribuição de poderes representativos (procuração) e a invocação do nome do dono do negócio (*contemplatio domini*). Na gestão de negócios está, porém, excluída a possibilidade de existência de procuração, uma vez que a sua aplicação pressupõe a inexistência de qualquer tipo de autorização (art. 464º). Daí que a atribuição de poderes representativos só possa ocorrer *a posteriori*, com eficácia retroactiva, por virtude de um negócio distinto da procuração, que é a ratificação (cfr. art. 268º). Esta consiste assim no acto pelo qual o dono do negócio se apropria dos efeitos jurídicos dos negócios celebrados pelo gestor em nome daquele.

Caso o negócio celebrado pelo gestor não seja ratificado pelo *dominus*, ele não produzirá efeitos em relação a este, por ausência de poderes representativos, nem em relação àquele, por não ser em seu nome que o negócio foi celebrado, verificando-se assim uma situação de ineficácia absoluta[1201]. Pergunta-se, porém, o que sucede se alguma das partes veio a realizar uma prestação, contando com a futura ratificação do negócio. Alguma doutrina pretende aplicar aqui o regime da nulidade com o argumento de que se estaria perante uma invalidade por falta de sujeito material, o que legimitaria a restituição das prestações realizadas, ao abrigo do art. 289º[1202]. Porém, a falta de uma das declarações negociais acarreta antes a não celebração do negócio, sendo a restituição das prestações executadas antes um caso de enriquecimento sem causa, por realização de uma prestação em vista de um efeito que não se verificou (art. 473º, nº 2 *in fine*)[1203].

[1201] Neste sentido, o Ac. RE 1/6/1999, em *CDP* 1 (2003), pp. 52-59, com anotação favorável de Júlio Gomes, a pp. 59-62 que, no entanto, admite a possibilidade de a recusa de ratificação constituir abuso de direito ou de haver responsabilidade pré-contratual do representante sem poderes .

[1202] Cfr. Pessoa Jorge, *Obrigações*, p. 217.

[1203] Cfr. Menezes Leitão, *O Enriquecimento*, p. 531, reed., p. 512. No mesmo sentido, Júlio Gomes, *CDP* 1 (2003), p. 62.

Uma questão que se coloca neste sede diz respeito à relação a estabelecer entre a aprovação e a ratificação da gestão. A maioria da doutrina sustenta que são actos completamente distintos, pelo que a realização de um não envolve necessariamente a realização do outro[1204]. Outros autores sustentam antes que a ratificação dos negócios celebrados pelo gestor envolve uma aprovação tácita da gestão[1205].

Há que distinguir claramente os efeitos e a função dos dois actos. A aprovação ocorre nas relações internas, representa um juízo global sobre toda a actuação do gestor e destina-se a reconhecer-lhe os direitos ao reembolso de despesas e indemnização. Já a ratificação ocorre nas relações com terceiros, aos quais se dirige, visando tornar eficaz em relação ao *dominus* os negócios com eles celebrados. Os requisitos de forma são diversos já que a aprovação não está sujeita a forma especial, podendo ser inclusivamente tácita (art. 219º e 217º), enquanto que a ratificação está sujeita à forma exigida para a procuração (art. 268º, nº 2). Trata-se por isso de actos completamente diferentes, pelo que a realização de um não pode envolver qualquer declaração tácita relativamente ao outro.

2.7.3. A gestão de negócios não representativa

A gestão de negócios não representativa é aquela em que o gestor actua em nome próprio. Está, por isso, totalmente excluída a possibilidade de representação, já que, faltando a *contemplatio domini*, nem a posterior outorga de poderes representativos (ratificação) permitiria tornar eficaz em relação ao *dominus* os negócios celebrados pelo gestor por conta daquele, mas em seu próprio nome. Daí que o 471º mande aplicar o regime do mandato sem representação, ou seja, os arts. 1180º e ss.

Assim, e por força do art. 1180º, quando o gestor celebra o negócio em nome próprio adquire os direitos e assume as obrigações dele derivados, mesmo que as partes conheçam a sua qualidade de gestor[1206]. Nesse caso, o gestor deverá transferir para o *dominus* através de um negócio alienatório específico os direitos que tenha adquirido no exercício da gestão (art.

[1204] Cfr., neste sentido, ANTUNES VARELA, *Obrigações*, I, p. 468, ALMEIDA COSTA, *Obrigações*, pp. 487-488, e RIBEIRO DE FARIA, *Obrigações*, I, pp. 360-361.

[1205] Neste sentido, PESSOA JORGE, *Obrigações*, I, p. 229. Era esta, também a posição de GALVÃO TELLES, até à 6ª ed. do seu *Direito das Obrigações*, Coimbra, Coimbra Editora, 1989, p. 179. Na actual edição, a pp. 192-193, essa posição deixa, porém, de ser expressamente defendida.

[1206] Embora o normal seja ocorrer a hipótese inversa.

1181º, nº 1), podendo, porém, o *dominus* cobrar directamente de terceiro os créditos constituídos a favor do gestor (art. 1181º, nº 2). Relativamente às obrigações contraídas pelo gestor, ou estas são assumidas pelo *dominus*, através do instituto da assunção de dívida (art. 595º), ou caberá ao *dominus* entregar ao gestor as quantias necessárias para a sua satisfação (art. 1182º).

2.8. A gestão de negócios alheios julgados próprios e a gestão de negócios imprópria

No art. 472º prevê-se a situação da gestão de negócios alheios julgados próprios, referindo-se que se o gestor exercer a gestão, convencido de que o negócio lhe pertence, o regime da gestão de negócios apenas se aplica se houver aprovação da gestão. Em quaisquer outras circunstâncias são aplicáveis à gestão as regras relativas ao enriquecimento sem causa, sem prejuízo de outras que ao caso caibam e, se houvesse culpa do gestor, na violação do direito alheio, ser-lhe-iam aplicáveis as regras da responsabilidade civil.

Deste artigo resulta que a intenção da gestão (*animus aliena negotia gerendi*) é um dos elementos essenciais da gestão de negócios, uma vez que, se ela faltar, o gestor não obtém os direitos atribuídos pelo art. 468º, nº 1, mesmo que exerça a gestão em conformidade com o interesse e a vontade, real ou presumível, do dono do negócio. O dono do negócio responde apenas segundo as regras do enriquecimento sem causa (art. 479º, nº 1) ou segundo outro regime que eventualmente seja aplicado, ficando o gestor sujeito à responsabilidade civil, se a sua ingerência na esfera jurídica do *dominus* for efectuada culposamente.

A gestão de negócios alheios julgados próprios corresponde assim à situação em que o gestor efectua uma ingerência na esfera jurídica doutrem, verificando-se consequentemente uma situação de alienidade objectiva do negócio. No entanto, uma vez que o gestor desconhece essa alienidade objectiva, não actua por conta doutrem, mas antes por conta própria, faltando assim o requisito da intenção de gestão, o que determina a exclusão do regime da gestão de negócios.

A lei admite, porém, que o dono do negócio possa sujeitar a situação da gestão de negócios alheios julgados próprios ao regime da gestão de negócios se proceder à aprovação da gestão. Nesse caso, e por força do art. 469º, o gestor adquirirá os direitos previstos no art. 468º, nº 1, sem que o *dominus* possa sujeitá-lo a qualquer responsabilidade, mas em contrapartida o *dominus* poderá exercer contra o gestor as pretensões constantes do art. 465º, designadamente a prestação de contas e a restituição de tudo o obtido com a gestão (art. 465º *d)* e *e)*).

Não se encontra prevista entre nós, ao contrário do que sucede nos Códigos Alemão (§ 687, II) e Suíço (art. 423), a figura da gestão de negócios imprópria, que corresponde à situação em que o gestor gere por conta própria um negócio que sabe ser alheio, verificando-se assim, como no caso anterior, a ausência de *animus aliena negotia gerendi*, só que, não por falta de consciência da alienidade, mas antes pela existência de *animus depraedandi*. Essa figura chegou a ser proposta no art. 717º do Anteprojecto de Vaz Serra, mas este não passaria para o Código. Em consequência a doutrina tem hesitado sobre o regime a aplicar a esta situação.

Pereira Coelho pronunciou-se sobre a questão em 1970 no seu estudo pioneiro sobre o enriquecimento por intervenção. Nesse estudo, veio a defender que o princípio da gestão de negócios não tinha sido seguido entre nós, invocando como argumentos que a sua exclusão nos trabalhos preparatórios indiciaria ter sido intenção do legislador não acolher essa solução e que não se justifica substancialmente que o lucro assim gerado seja retirado ao interventor para ser atribuído ao titular do direito[1207]. A sua doutrina veio a ser seguida por Armindo Ribeiro Mendes[1208]. Em contrapartida, Antunes Varela defende que há obrigações próprias do gestor, como a de prestação de contas e de entrega do obtido em consequência da gestão, que se aplicam perfeitamente à situação da gestão de negócios imprópria[1209].

A nosso ver, a solução deverá residir na aplicação analógica do art. 472º à gestão de negócios imprópria, atribuindo-se ao *dominus* a possibilidade de sujeitar também esta situação ao regime da gestão de negócios, mediante a aprovação da gestão. No caso contrário, aplicar-se-á à situação o regime do enriquecimento por intervenção ou da reponsabilidade civil[1210].

3. Relações contratuais de facto

3.1. Conceito e modalidades

Tem sido discutida ainda na doutrina a possibilidade de admitir uma outra fonte das obrigações, que viria a ser a das **relações contratuais de**

[1207] Cfr. Pereira Coelho, *O enriquecimento*, pp. 88 e ss. e *passim*.

[1208] Cfr. Armindo Ribeiro Mendes, *op. cit.*, pp. 259 e ss.

[1209] Cfr. Antunes Varela, *Obrigações*, p. 454, nota (3).

[1210] Cfr. Menezes Leitão, *A Responsabilidade do gestor*, p. 235.

facto[1211]. Este conceito destinar-se-ia a preencher uma pretensa lacuna, colocada pela forma rígida como tem sido entendido o modo de formação do contrato. Efectivamente, um contrato é composto por duas declarações negociais, a proposta e a aceitação, que têm que ser necessariamente coincidentes entre si por forma a gerar o mútuo consenso. Não se chegaria assim a formar um contrato sempre que não fosse emitida qualquer das declarações negociais, ou faltasse algum pressuposto necessário para a sua emissão válida, como, por exemplo, a capacidade das partes.

No âmbito do tráfego jurídico ocorrem, porém, várias situações em que as partes manifestam comportamentos que, em termos de normalidade social, são associados ao pagamento de uma retribuição, sem que emitam expressamente qualquer declaração negocial relativa à celebração do contrato. Assim, quem entra num parque de estacionamento ou num transporte público fica vinculado ao pagamento do preço respectivo, sem ter que emitir qualquer declaração negocial. Poderia sustentar-se a existência de uma declaração negocial tácita, mas essa qualificação não resolveria as hipóteses de se emitir por via expressa uma declaração contrária à celebração do contrato (*protestatio facta contraria*)[1212] ou da ausência de capacidade para contratar[1213].

Foram precisamente estes os problemas que estiveram na base da instituição da doutrina das **relações contratuais de facto** por GÜNTHER

[1211] Sobre esta matéria, veja-se para mais desenvolvimentos, MENEZES LEITÃO, *O Enriquecimento*, pp. 39 e ss., notas (14) a (16) e 765 e ss. e nota (124), reed., pp. 41 e ss., notas (14) a (16), e pp. 738 e ss., nota (1987), cujo conteúdo seguiremos nas páginas subsequentes.

[1212] Foi este problema que esteve na origem de um dos raros casos de aplicação jurisprudencial pelos tribunais alemães da doutrina das relações contratuais de facto. Trata-se do celebérrimo caso do *Parkplatz* (Ent. BGH 14/7/1956 em *BGHZ* 21, pp. 319-336 = *MDR* 1957, pp. 149-151), em que alguém arruma um carro num parque de estacionamento de Hamburgo, declarando não querer celebrar qualquer contrato com a empresa concessionária, nem pagar qualquer contrapartida pelo estacionamento, por o considerar incluído no direito de uso comum dos espaços públicos e, portanto, gratuito. O Tribunal considerou que o acto de estacionamento instituiria uma relação contratual de facto, o que legitimava a empresa concessionária a exigir o seu pagamento.

[1213] Esta questão deu igualmente origem na Alemanha à aplicação pelos tribunais da doutrina das relações contratuais de facto, o que sucedeu no caso *Schwarzfahrt* (Ent. LG Bremen 17/8/1966 em *NJW* 1966, pp. 2360-2361) em que um menor de 8 anos viajou num comboio, utilizando um bilhete inválido, com o qual iludiu o sistema automático de contrôle. O tribunal considerou que, não obstante a falta de capacidade do menor, ele praticava um comportamento social típico, através do qual se sujeitava a pagar o custo do bilhete e sanção correspondente, não sendo de exigir para tal a capacidade negocial.

HAUPT, em 1941[1214]. Este autor defendeu que, embora o contrato seja o intrumento do tráfego jurídico mais importante, na moderna organização da vida social efectuam-se a todo o momento prestações em que não se escolhe um parceiro contratual ou que não podem ser imputadas ao conteúdo de um contrato celebrado pelas partes, por faltarem as necessárias proposta e aceitação. Como exemplo refere a situação do aviador desportivo que, utilizando um aeroporto para aterrar, depois se recusa a pagar o serviço de utilização, considerando falaciosa a qualificação desta situação como contrato tácito, uma vez que o que estaria em causa seria a mera utilização do aeroporto, e não as declarações tácitas das partes.

Em consequência, o autor questiona a essencialidade do acordo contratual para a constituição de uma situação jurídica contratual, considerando que ela pode derivar de simples fenómenos de facto, constituindo o que denomina "relação contratual de facto" (*faktisches Vertragsverhältnis*"). Esse conceito designaria uma realidade independente, paralela ao contrato, e destinar-se-ia essencialmente a três tipos de situações: o **contacto social**[1215], a **participação em relações comunitárias**[1216], e os **deveres de prestação de bens e serviços essenciais**[1217].

Segundo HAUPT, as relações derivadas do **contacto social** abrangeriam situações como a *culpa in contrahendo* e o transporte de favor. Em ambos os casos, por circunstâncias do contacto social, se estabeleceria um regime específico de responsabilidade contratual, diferente do constituído por contrato. No primeiro caso, o estabelecimento das negociações geraria deveres pré-contratuais constitutivos de responsabilidade contratual, sem que existisse qualquer proposta ou aceitação entre as partes. No segundo caso, a aceitação do transporte de favor implicaria em termos sociais a assunção dos riscos do transporte e a consequente exclusão da responsabilidade contratual do transportador, limitando-a ao campo delitual.

A **participação em relações comunitárias** abrangeria, por sua vez, as hipóteses da sociedade de facto e da relação de trabalho de facto. Em relação à sociedade de facto, o autor defendeu que os casos de invalidade do contrato

[1214] Cfr. GÜNTHER HAUPT, "Über faktische Vertragsverhältnisse" (1941), posteriormente recolhido em AAVV, *Festschrift der Leipziger Juristenfakultät für Dr. Heinrich Siber zum 10. April 1940*, II, Leipzig, Weicher, 1943, pp. 1-37.

[1215] Cfr. GÜNTHER HAUPT, *op. cit.*, pp. 9 e ss.

[1216] Cfr. GÜNTHER HAUPT, *op. cit.*, pp. 16 e ss.

[1217] Cfr. GÜNTHER HAUPT, *op. cit.*, pp. 21 e ss.

de sociedade não poderiam ser resolvidos pela aplicação do regime do enriquecimento sem causa ou da comunhão, entendendo-se antes que, quando a conjugação de esforços dá lugar ao exercício de uma empresa, se constituiu uma sociedade de facto, que não pode ser afectada *ex tunc* pela invalidade do respectivo contrato. Em relação à relação de trabalho de facto, também não faria qualquer sentido que esta fosse afectada por vícios existentes no acordo contratual, já que o que é relevante não é esse acordo mas sim a inserção de facto do trabalhador na empresa.

Já quanto aos **deveres de prestação de bens e serviços essenciais**, abrangeriam situações de prestações sociais resultantes de negócios de massas como os transportes públicos, o serviço de gás e de electricidade, que HAUPT considera não poder corresponder a um contrato, já que não existe liberdade negocial entre as partes, e se aplicaria o regime da responsabilidade contratual, antes da emissão de qualquer declaração negocial. Antes da celebração de qualquer contrato, com a recepção do serviço ou a entrada no transporte público, originar-se-ia assim uma relação contratual de facto, a qual sujeitaria imediatamente as partes à responsabilidade contratual.

A doutrina de HAUPT veio a obter uma grande adesão na Alemanha, no período que medeia entre 1941 e 1945, em grande parte justificada pela matriz anti-liberal do pensamento jurídico da época – o colectivismo nacional-socialista – de que esta doutrina é em grande medida tributária. No entanto, após 1945, a doutrina permaneceu pujante, especialmente em virtude da sua adopção por parte do magistral KARL LARENZ, que desenvolveu o conceito de comportamento social típico, considerando que na vida social a prática de certos comportamentos que a sociedade considera como dando lugar ao pagamento de uma retribuição seria tão idónea à constituição de obrigações como a celebração formal de um contrato.

Para KARL LARENZ[1218], a doutrina de HAUPT deveria ter como campo privilegiado de aplicação os negócios do tráfego de massas, considerando o autor que nesses negócios não haveria um contrato, por poder faltar a consciência da declaração, ocorrendo antes a oferta pública fáctica de uma presta-

[1218] Cfr. KARL LARENZ, *Schuldrecht*, I – *Allgemeiner Teil*, 1ª ed., München/Berlin, Beck, 1953, pp. 27 e ss., "Die Begründung von Schuldverhältnissen durch sozialtypisches Verhalten" em *NJW* 1956, pp. 1897-1900 e "Sozialtypisches Verhalten als Verpflichtungsgrund" em *DRiZ* 1958, pp. 245-248.

ção e o uso fáctico dessa prestação por um dos participantes no tráfego. Esta actuação fáctica constituiria, no entanto, um comportamento social típico, o qual produziria os mesmo efeitos que um contrato, sendo consequentemente fonte de obrigações.

A tese de LARENZ veio a ser seguida por EMILIO BETTI[1219], e por SPIROS SIMITIS[1220] que consideraram que, nos negócios de massas, a relação negocial não resultaria das declarações das partes, mas antes das concepções do tráfego, que valorariam de acordo com considerações sociológicas o comportamento na esfera social, sendo dessa valoração de comportamentos que resultaria a constituição de obrigações.

A pujança da doutrina no seu início não evitou, porém, que ela viesse a sofrer uma constante evolução, com sucessivas reformulações por parte dos diversos autores que a defenderam, as quais a conduziram sempre no sentido de uma aproximação ao modelo clássico de formação do contrato[1221].

A integração da doutrina das relações contratuais de facto no âmbito da formação do contrato já se pode considerar presente na obra de JOHANNES BÄRMANN, que propõe uma reformulação do conceito de contrato que lhe permita incluir três situações distintas: o contrato individual, o contrato típico da vida diária, e os contratos de tipo normalizado, massificados. Este último tipo de contratos estaria sujeito a uma ordenação jurídica específica do tráfego de massas, não ocorrendo a sua formação pelo consenso das partes, mas antes por um simples comportamento real, pelo não lhes seriam aplicáveis as regras relativas à capacidade negocial, vícios da vontade e invalidade dos negócios jurídicos[1222]. Posteriormente, GÜNTER MERKEL e HORST-HEINRICH HITZEMANN vêm justificar a constituição de relações obrigacionais

[1219] Cfr. EMILIO BETTI, "Über sogenannte faktische Vertragsverhältnisse" em AAVV, *Das Deutsche Privatrecht in der Mitte des 20. Jahrhunderts. Festschrift für Heinrich Lehmann zum 80. Geburtstag*, Berlin/Tübingen/Frankfurt, Gruyter/Schweitzer/Mohr/Vahlen, 1956, pp. 253-270 (255 e ss.), trad. it. "Sui cosidetti rapporti contrattuali di fatto" em *Jus* 8 (1957), pp. 353-371 (355 e ss.)

[1220] SPIROS SIMITIS, *Die faktischen Vertragsverhältnissen als Ausdruck der gewandelten sozialen Funktion der Rechtsinstitute des Privatrechts*, Frankfurt, Klostermann, 1957

[1221] Cfr. PETER LAMBRECHT, *Die Lehre vom faktischen Vertragsverhältnis. Entstehung, Rezeption und Niedergang*, Tübingen, Mohr, 1994, *maxime*, pp. 70 e ss.

[1222] Cfr. JOHANNES BÄRMANN, *Typisierte Zivilrechtsordnung der Daseinsvorsorge*, Karlsruhe, Müller, 1948, pp. 87 e 90 e ss.,

através dos comportamentos sociais típicos, com base na protecção da confiança da outra parte, juridicamente tutelada a partir do momento em que se verificasse a recepção de uma prestação oferecida no âmbito do tráfego de massas, qualificando a vinculação obrigacional assim gerada como um caso de responsabilidade pela confiança[1223]. Finalmente, também LARENZ viria a aproximar a sua teoria da doutrina clássica da formação do contrato, considerando existir no tráfego de massas um oferta pública negocial que a outra parte aceitaria através de um comportamento negocial típico, situação que, em resultado das concepções dominantes nesse tráfego, constituiria uma relação contratual, mesmo nos casos em que falte uma vontade neste sentido[1224].

Esta evolução veio conduzir a doutrina das relações contratuais de facto a uma profunda decadência na Alemanha[1225], passando a ser amplamente maioritária a posição que sustentava a desnecessidade deste conceito, uma vez que bastaria para a resolução dos problemas referidos uma reformulação do conceito de contrato no sentido da sua objectivização, a não aceitação da relevância da *protestatio facta contraria*, e da limitação da impugnação com fundamento em erro e incapacidade, no âmbito do tráfego de massas, com fundamento na protecção da boa fé[1226]. O golpe final na doutrina viria a ser dado com o seu abandono pelo seu mais prestigiado defensor, KARL LARENZ, na última edição da sua obra[1227].

[1223] Cfr. GÜNTER MERKEL, *Die faktischen Vertragsverhältnisse und das Problem der Geschäftsfähigkeit*, Diss. Nürnberg, 1962, maxime, pp. 58 e ss. e HORST-HEINRICH HITZEMANN, *Stellvertretung beim sozialtypisches Verhalten*, Berlin, Duncker & Humblot, 1966, pp. 26 e ss.

[1224] Cfr. LARENZ, *Allgemeiner Teil des deutschen Bürgerlichen Rechts. Ein Lehrbuch*, München, Beck, 1967, pp. 515 e ss.

[1225] Cfr. PETER LAMBRECHT, *op. cit.*, pp. 124 e ss.

[1226] Pronunciaram-se neste sentido, HANS CARL NIPPERDEY, "Faktische Vertragsverhältnisse?" em *MDR* 1957, pp. 129-130, HEINRICH LEHMANN, "Faktische Vertragsverhältnisse" em *NJW* 1958, pp. 1-5, WOLFGANG SIEBERT, *Faktische Vertragsverhältnisse. Abwandelungen des Vertragsrechts in den Bereich der Daseinsvorsorge, des Gesellschaftsrechts und des Arbeitsrechts*, Karlsruhe, Müller, 1958, pp. 19 e ss., ESSER, "Gedanken zur Dogmatik der 'faktischen Vertragsverhältnis'" em *AcP* 157 (1958-1959), pp. 86-99 (97 e ss.), FRANZ WIEACKER, "Willenserklärung und sozialtypisches Verhalten" em AAVV, *Göttinger Festschrift für das Oberlandesgericht Celle*, Göttingen, Schwarz, 1961, pp. 263-286 (*maxime* 279 e ss.) e ARTHUR NIKISCH, "Über faktischen Vertragsverhältnissen" em ERNST VON CAEMMERER, ARTHUR NIKISCH, KONRAD ZWEIGERT, *Vom deutschen zum europäischen Recht. Festschrift für Hans Dölle*, I, Tübingen, Mohr, 1963, pp. 79-102.

[1227] Cfr. LARENZ, *Allgemeiner Teil des deutschen Bürgerlichen Rechts*, 7ª ed., München, Beck, 1989, § 28, II, pp. 534-536.

Em Portugal, a doutrina das relações contratuais de facto viria igualmente a exercer influência numa fase muito tardia, dado que, embora lhe sejam feitas referências pelos autores portugueses desde 1967, no início essas referências eram unânimes no sentido da rejeição desta doutrina[1228]. Apenas com Carlos Mota Pinto, a doutrina das relações contratuais de facto viria a ter algum acolhimento, mas este seria ainda um acolhimento tímido, baseado na mera dificuldade de reconduzir as relações contratuais de facto ao negócio jurídico[1229]. Posteriormente, também Almeida Costa, admitiu provisoriamente no âmbito do tráfico massificado de bens e serviços, enquanto não se encontrar outra fundamentação preferível[1230].

Veio a ser, porém, Menezes Cordeiro o autor que entre nós mais longe iria na admissão das relações contratuais de facto[1231]. Relativamente às duas primeiras categorias referidas por Haupt (o contacto social e a participação em relações comunitárias), o autor chega à conclusão de que as vinculações que delas resultam para as partes têm por base meros comportamentos de facto, sendo assim factos contratuais, pelo que poderiam ser incluídos por razões explicativas numa categoria de relações contratuais de facto[1232]. Já quanto aos comportamentos sociais típicos, o autor considera corresponderem eles a uma lacuna legal, que deve ser integrada por analogia com os contratos, integrando-os assim igualmente, agora por razões normativas, na categoria das relações contratuais de facto[1233].

A posição de Menezes Cordeiro veio a provocar posteriormente a adesão de Rui de Alarcão e de Joaquim de Sousa Ribeiro à dou-

[1228] Assim, sucessivamente, Castanheira Neves, *Questão-de-facto–Questão-de-direito ou o problema metodológico da juridicidade (Ensaio de um reposição crítica), I- A crise*, Coimbra, Almedina, 1967, p. 40, nota (17) =*"A Distinção entre a Questão-de-Facto e a Questão-de-Direito e a Competência do Supremo Tribunal de Justiça como Tribunal de «Revista»"* em A. Castanheira Neves, *Digesta. Escritos acerca do pensamento jurídico, da sua metodologia e outros*, 1º, Coimbra, Coimbra Editora, 1995, pp. 483-530 (508, nota (17)), Rui de Alarcão, *A Confirmação dos Negócios Anuláveis*, Coimbra, Atlântida Editora, 1971, p. 82, nota (111), Armindo Ribeiro Mendes, *A Gestão* , pp. 190 e ss. (198) e Antunes Varela, *Obrigações*, I, pp. 220 e ss.

[1229] Cfr. Carlos Mota Pinto, *Cessão*, pp. 256 e ss., nota (3)

[1230] Cfr. Almeida Costa, *Obrigações*, pp. 222 e ss.

[1231] Cfr. Menezes Cordeiro, *Obrigações*, 2º, pp. 29 e ss. e *Da Boa Fé*, pp. 555 e ss. e 642 e ss.

[1232] Cfr. Menezes Cordeiro, *Obrigações*, 2º, p. 38.

[1233] Cfr. Menezes Cordeiro, *Obrigações*, 2º, p. 41. Em *Tratado*, II-2, pp. 631 e ss. (644), o autor é muito mais restritivo na admissão das relações contratuais de facto, conservando-as "como uma referência residual, pronta a documentar o alargamento, à paracontratualidade, das relações negociais".

trina das relações contratuais de facto[1234]. No entanto, as novas posições que surgiram posteriormente foram sempre contrárias a esta doutrina, que tem sido considerada em decadência[1235], por desnecessária em virtude de uma modernização da dogmática do negócio jurídico[1236], tendo-se salientado o seu fundamento colectivista e, por isso, perigoso para a subsistência de alguns níveis significativo-culturais do contrato[1237].

3.2. Apreciação da necessidade de autonomização dogmática desta categoria

Tendo presente esta evolução, cabe questionar neste momento se se justifica a defesa de uma fonte autónoma de obrigações constituída pelas relações contratuais de facto. A nossa resposta é claramente negativa.

Quanto aos dois primeiros casos referidos por Haupt – o contacto social e a participação em relações comunitárias – a sua resolução dogmática dispensa qualquer aplicação da doutrina das relações contratuais de facto. Efectivamente, no primeiro caso, pretende-se discutir apenas se a *culpa in contrahendo* ou o transporte de favor devem ser sujeitos à responsabilidade contratual ou à responsabilidade delitual, questão que pode ser perfeitamente resolvida sem qualquer aplicação da doutrina das relações contratuais de facto. No segundo caso, pretende-se apenas que a invalidade do contrato de sociedade ou do contrato de trabalho não tenha efeitos retroactivos, solução que o nosso legislador expressamente consagrou sem necessidade de qualquer apelo à doutrina das relações contratuais de facto (cfr. arts. 52º do CSC e 122º do CT).

A única situação em que a doutrina das relações contratuais de facto teria alguma utilidade seria no âmbito dos comportamentos sociais típicos em que se verificasse o fornecimento de bens ou serviços sem contrato, que obrigasse ao pagamento do respectivo preço. Desde sempre, no entanto, que a doutrina alemã propôs para estes casos uma solução alternativa, que

1234 Cfr. Rui de Alarcão, *Obrigações*, pp. 105 e ss. (108) e Joaquim de Sousa Ribeiro, *Cláusulas*, pp. 25 e ss., nota (35).

1235 Cfr. Paulo Mota Pinto, *Declaração tácita e comportamento concludente no negócio jurídico*, Coimbra, Almedina, 1995, p. 113

1236 Cfr. Carlos Ferreira de Almeida, *Texto*, I, pp. 27 e ss. e 41 e ss.

1237 Cfr. Heinrich Ewald Hörster, *A Parte Geral*, pp. 470 e ss. (473) e Manuel A. Carneiro da Frada, *Contrato*, p. 24. Mais recentemente também Nuno Pinto Oliveira, *Princípios*, pp. 110 e ss. se pronuncia em sentido contrário à autonomização das relações contratuais de facto.

consiste na aplicação do enriquecimento por intervenção, considerando-se que a aquisição de bens ou serviços sem contrato implica um enriquecimento sem causa do adquirente, que obriga à sua restituição ou, quando esta não é possível em espécie, ao pagamento do seu valor de mercado, não se considerando qualquer diminuição do enriquecimento, devido ao conhecimento da sua ausência de causa jurídica[1238].

Esta solução foi igualmente defendida entre nós por RIBEIRO DE FARIA que sustenta a aplicação analógica do art. 479º, nº 1 à situação das relações contratuais de facto, sendo que nessa hipótese o devido por enriquecimento seria o contravalor da prestação ou a própria retribuição. No seu entender, as relações contratuais de facto representariam uma lacuna no direito do enriquecimento indevido, relativa à responsabilidade pela retribuição por prestações oferecidas em certas condições e que foram utilizadas ou fruídas. Não haveria, no seu entender, razões para defender que a retribuição esteja conceitualmente limitada ao domínio negocial e seja alheia ao direito do enriquecimento[1239]. Também PAULO MOTA PINTO manifesta uma certa abertura para essa solução[1240].

Certa doutrina portuguesa, onde se incluem os nomes de CARLOS MOTA PINTO, MENEZES CORDEIRO e JOAQUIM DE SOUSA RIBEIRO rejeita, porém, a aplicação do enriquecimento sem causa neste domínio, argumentando com a dificuldade em calcular neste caso os limites do enriquecimento e do dano[1241] ou com a impropriedade funcional do enriquecimento sem causa, dirigido à restituição de deslocações patrimoniais, face à dinâmica de troca que ocorre nestas situações[1242].

A verdade, no entanto, é que estas dificuldades só surgem se se adoptar uma concepção patrimonial do enriquecimento sem causa, baseada

[1238] Trata-se de uma solução logo propugnada por certa doutrina alemã, em face do *Parkplatz*. Cfr. ARWED BLOMEYER, em *MDR* 1957, pp. 153-154, HEINRICH LEHMANN, em *NJW* 1958, pp. 1-5, ERNST-JOACHIM MESTMÄCKER, *JZ* 1958, p. 524, WOLGANG SIEBERT, *Faktische Vertragsverhältnisse*, pp. 36-37, FRANZ WIEACKER, *FS OLG Celle*, p. 268. Mais recentemente esta posição é especialmente defendida por FIKENTSCHER/HEINEMANN, *Schuldrecht*, § 17 IV 2, nº80, p. 54.

[1239] Cfr. RIBEIRO DE FARIA, *Obrigações*, I, p. 159. O autor segue a posição defendida na Alemanha por FIKENTSCHER.

[1240] Cfr. PAULO MOTA PINTO, *Declaração*, p. 814, nota (189)

[1241] Cfr. CARLOS MOTA PINTO, *Cessão*, pp. 258-259, em nota, e MENEZES CORDEIRO, *Obrigações* 2º, pp. 30 e 38.

[1242] Cfr. JOAQUIM DE SOUSA RIBEIRO, *Cláusulas*, p. 30, em nota.

na teoria unitária da deslocação patrimonial, o que, conforme já tivémos ocasião de salientar, não se apresenta como a melhor solução. Não há qualquer dificuldade em defender que quem se apropria de prestações que, embora dirigidas ao público, pressupõem a prévia celebração de um contrato com o oferente, obtém um enriquecimento mediante uma ingerência na esfera jurídica alheia, ocorrendo assim uma situação de enriquecimento por intervenção. Ora, nesta hipótese, por força do art. 479º, deve restituir essa mesma prestação ou o seu valor, em caso de impossibilidade de restituição em espécie, apenas se aplicando o limite do enriquecimento em caso de desconhecimento pelo adquirente da ausência de causa jurídica na aquisição (art. 479º, nº 2 e 480º), hipótese que poderemos considerar raríssima. Não há assim qualquer dificuldade em resolver as questões suscitadas pelos comportamentos sociais típicos, através do enriquecimento por intervenção, o que demonstra a desnecessidade, também neste âmbito, da doutrina das relações contratuais de facto.

Conclui-se assim, pela rejeição integral, no nosso ordenamento jurídico de uma fonte autónoma de obrigações, constituída pelas relações contratuais de facto.

4. Outras situações de facto

Existem ainda outro tipo de situações em que existe uma obrigação gerada por simples situações de facto. Trata-se de situações não muito comuns, uma vez que extravasam dos princípios gerais relativos à constituição de obrigações, mas que não deixam de ocorrer, salientando-se, em face do Código, dois exemplos:

a) a situação de poder informar;
b) a situação do possuidor de coisas ou documentos controvertidos.

A situação de poder informar encontra-se prevista no art. 573º do Código Civil, que determina a constituição de uma obrigação sempre que o titular de um direito tenha fundada dúvida sobre a existência e conteúdo desse direito e outrem esteja em condições de dar as informações necessárias[1243]. Essa obrigação, que é claramente subsidiária em relação às outras fontes de deveres de informação, funciona assim em ordem a permitir o

[1243] Admitindo a aplicação do art. 573º à informação bancária, cfr. o Ac. STJ 21/11/2006 (Azevedo Ramos), em *CJ-ASTJ* 14 (2006), 3, pp. 124-126.

esclarecimento do titular do direito, a título gratuito, por parte de quem dispõe das informações necessárias sobre a sua existência e conteúdo[1244].

Em segundo lugar temos a situação do possuidor de coisas e documentos controvertidos, o qual tem a obrigação de proporcionar o exame das coisas (art. 574º) ou dos documentos (art. 575º), ou inclusivamente de permitir a sua reprodução. Esta obrigação, que se exerce através do processo previsto nos arts. 1045º e ss. CPC, desempenha essencialmente funções probatórias[1245], pelo que só pode ser exercida em caso de invocação de um direito, por parte de quem tem necessidade da coisa ou do documento para averiguar da existência e conteúdo desse direito[1246].

[1244] Cfr. Menezes Cordeiro, *Obrigações*, 2º, p. 74.

[1245] Cfr. Jorge Sinde Monteiro, *Responsabilidade*, pp. 414 e ss.

[1246] Cfr., a este propósito o Ac. RE 2/10/2008 (Maria Alexandra Moura Santos) em *CJ* 33 (2008), 4, pp. 262-265.

BIBLIOGRAFIA

ABREU, LUÍS VASCONCELOS, "A violação de direitos de personalidade pela comunicação social e as funções da responsabilidade civil. Recentes desenvolvimentos jurisprudenciais. Uma breve comparação luso-alemã", em RUI MANUEL DA MOURA RAMOS / CARLOS FERREIRA DE ALMEIDA / ANTÓNIO MARQUES DOS SANTOS / PEDRO PAIS DE VASCONCELOS / LUÍS DE LIMA PINHEIRO / MARIA HELENA BRITO / DÁRIO MOURA VICENTE, *Estudos em Homenagem à Professora Doutora Isabel de Magalhães Collaço*, II, Coimbra, Almedina, 2002, pp. 457-475

ALARCÃO, *A Confirmação dos Negócios Anuláveis*, Coimbra, Atlântida Editora, 1971

— *Direito das Obrigações*, , com a colaboração de J. Sousa Ribeiro, J. Sinde Monteiro, Almeno de Sá e J. C. Proença, Coimbra, polic., 1983,

ALMEIDA, CARLOS FERREIRA DE, *Os direitos dos consumidores*, Coimbra, Almedina, 1982

— *Texto e enunciado na teoria do negócio jurídico*, 2 vols., Coimbra, Almedina, 1992

— *Contratos. I – Conceito. Fontes. Formação*, 4ª ed., Coimbra, Almedina, 2008, II – *Conteúdo. Contratos de troca*, 4ª ed., Coimbra, Almedina, 2016

— "Transmissão contratual da propriedade – Entre o mito da consensualidade e a realidade de múltiplos regimes", na *Themis*, ano VI (2005), nº 11, pp. 5-17

— "Determinação do preço por terceiro", em *CDP* nº 30 (Abril/Junho 2010), pp. 3-15

ANDRADE, MANUEL DE, "Sobre a recente evolução do Direito Privado Português", no *BFD* 22 (1946), pp. 284-343

— *Teoria Geral das Obrigações*, com a colaboração de Rui de Alarcão, 3ª ed., Coimbra, Almedina, 1966

— *Teoria Geral da Relação Jurídica*, II- *Facto jurídico, em especial negócio jurídico*, reimp., Coimbra, Almedina, reimp. 1974

ANTUNES, HENRIQUE SOUSA, *Responsabilidade civil dos obrigados à vigilância de pessoa naturalmente incapaz*, Porto, U.C., 2000

ARISTÓTELES, *Política*, ed. bilingue, Vega, 1998

ASCENSÃO, JOSÉ DE OLIVEIRA, *As Relações Jurídicas Reais*, Lisboa, Moraes, 1962

— "A teoria finalista e o ilícito civil", na *RFDUL* 37 (1986), pp. 9-28

— *Direito Comercial*, II-*Direito industrial*, Lisboa, polic., 1988

— *Direito Autoral*, Lisboa, AAFDL, 1989

— *Direito Civil. Direito de autor e direitos conexos*, Coimbra, Coimbra Editora, 1992

— *Direito Civil-Reais*, 5ª ed., Coimbra, Coimbra Editora, 1993
— "Preferência do arrendatário habitacional, notificação, caducidade, renúncia. Anotação ao Acórdão do Supremo Tribunal de Justiça de 23 de Junho de 1992", na *ROA* 53 (1993), pp. 673-708,
— *Direito Civil. Teoria Geral.* I – *Introdução. As Pessoas. Os bens*, 2ª ed., Coimbra, Coimbra Editora, 2000, II – *Acções e Factos Jurídicos*, 2ª ed., Coimbra, Coimbra Editora, 2003
— "Cláusulas contratuais gerais, cláusulas abusivas e boa fé", na *ROA* 60 (2000), pp. 573-595
— *Concorrência Desleal*, Coimbra, Almedina, 2002
— *O Direito. Introdução e Teoria Geral. Uma perspectiva luso-brasileira*, 13ª ed., Coimbra, Almedina, 2005
Ascensão, Oliveira / Silva, Paula Costa e, "Alienação a terceiro de prédio objecto do contrato-promessa e registo da acção de execução específica (Anotação ao Ac. STJ de 8 de Maio de 1991)", na *ROA* 52 (1992) pp. 193-226
Ataíde, Rui, *Responsabilidade civil por violação de deveres no tráfego*, Coimbra, Almedina, 2015.
Bar, Christian Von, *Verkehrspflichten. Richterliche Gefahrsteurungsgebote im deutschen Deliktsrecht*, Köln, Carl Heymanns, 1980
Barassi, Lodovico, *La Teoria Generale delle Obbligazioni*, I – *La struttura*, 2ª ed. (reimp.), Milano, Giuffrè, 1963
Barata, Carlos, *Da Obrigação de Preferência. Contributo para o estudo do art. 416º do Código Civil*, Coimbra, Coimbra Editora, 1990
Bärmann, Johannes, *Typisierte Zivilrechtsordnung der Daseinsvorsorge*, Karlsruhe, Müller, 1948
Batsch, Karl Ludwig, *Vermögensverschiebung und Bereicherungsherausgabe in den Fällen unbefugten Gebrauchens bzw. Nutzens von Gegenständen (Eine Kritik der Lehre von der "Eingriffskondiktion"*, Marburg, Elwert, 1968
Baudry-Lacantinerie, G. / Barde, L., *Traité théorique te prtaique de Doirt Civil*, XII, *Des Obligations,*, I, 3ª ed., Paris, 1906
Bayer, Walter, *Der Vertrag zugunsten Dritter. Neuere Dogmengeschichte–Anwendungsbereich-Dogmatische Strukturen*, Tübingen, Mohr, 1995
Beatson, J., *Anson's Law of Contract*, 27th edition, Oxford, University Press, 1998
Bekker, Ernst Immanuel, *System des heutigen Pandektenrechts*, I, Weimar, 1886
Benert, "Die Leerformel von der Adaequanz" em *AcP* 169 (1969), pp. 421-442
Betti, Emilio, "Über sogenannte faktische Vertragsverhältnisse" em AAVV, *Das Deutsche Privatrecht in der Mitte des 20. Jahrhunderts. Festschrift für Heinrich Lehmann zum 80. Geburtstag*, Berlin/Tübingen/Frankfurt, Gruyter/Schweitzer/Mohr/Vahlen, 1956, pp. 253-270, trad. it. "Sui cosidetti rapporti contrattuali di fatto" em *Jus* 8 (1957), pp. 353-371
Binder, Julius, "Zur Lehre von Schuld und Haftung", em *JhJb* 77 (1927), p. 75-187 e 78 (1928), p. 163-226
Birks, Peter, *An introduction to the law of restitution*, Oxford, Clarendon Press, 1989
Blomeyer, Arwed, "Anmerkung zu BGH 14/7/1956" em *MDR* 1957, pp. 153-154
Bonelli, Gustavo, "La Teoria della Persona Giuridica", na *RDC* II (1910), pp. 445-508 e 593-673
Bonnecase, Julien, "La condition juridique du créancier chirographaire. Sa qualité d'ayant cause à titre particulier", em *RTDC* 19 (1920), pp. 103-150
— *Précis de Droit Civil*, II, Paris, 1934
Brandner, Hans Erich, "Das allgemeine Persönlichkeitsrecht in der

Entwicklung durch die Rechtsprechung" em *JZ* 1983, pp. 689-696

Breccia, Umberto, *Le Obbligazioni*, Milano, Giuffrè, 1991

Brinz, Alois, *Lehrbuch der Pandekten*, II-1, Erlangen, 1879

Brito, Helena, *O contrato de concessão comercial*, Coimbra, Almedina, 1990

Brunetti, Giovanni, "Il diritto del creditore", em *RDComm* 14 (1916), pp. 137-146 e 282-307

Bussi, Emilio, *La formazione dei dogmi di diritto privato nel diritto comune (Diritti reali e diritti di obbligazzioni)*, Padova, CEDAM, 1937

Cabral, Rita Amaral, "O Direito à intimidade da vida privada (Breve reflexão acerca do artigo 80º do Código Civil" em AAVV, *Estudos em Memória do Professor Doutor Paulo Cunha*. Lisboa, s.e., 1989, pp. 373-406

— "A tutela delitual do direito de crédito", em Ruy de Albuquerque / Martim de Albuquerque (org.) *Estudos em Homenagem ao Professor Doutor Manuel Gomes da Silva*, Lisboa, Faculdade de Direito da Universidade de Lisboa, 2001, pp. 1025-1053

Caemmerer, Ernst Von, "Wandlungen des Deliktsrecht" em Caemmerer, Ernst Von / Friesenhahn, Ernst / Lange, Richard, *Hundert Jahre Deutsches Rechtsleben. Festschrift zum Hundertjährigen Bestehen des Deutschen Juristentages 1860-1960*, II, Karlsruhe, Müller, 1960, pp. 49-136 = Caemmerer, Ernst Von, *Gesammelte Schriften*, I-*Rechtsvergleichung und Schuldrecht*, Tübingen, Mohr, 1968, pp. 452-553,

— "Bereicherung und unerlaubte Handlung" em Dölle, Hans, Rheinstein, Max, Zweigert, Konrad (org.) *Festschrift für Ernst Rabel, I- Rechtsvergleichung und internationales Privatrecht*, Tübingen, Mohr, 1954, pp. 333-401 = Caemmerer, Ernst Von, *Gesammelte Schriften, I- Rechtsvergleichung und Schuldrecht*, Tübingen, Mohr, 1968, pp. 210-278

— "Der Privatrechtliche Persönlichkeitsschutz nach deutschem Recht", em Esser, Josef / Thieme, Hans (org.), *Festschrift für Fritz von Hippel zum 70. Geburtstag*, Tübingen, Mohr, 1967, pp. 27-40

Calvete, Victor João de Vasconcelos Raposo e., *A forma do contrato-promessa e as consequências da sua inobservância*, Coimbra, Separata do *BFD* 63 (1987)

Campos, Diogo Leite de, *A subsidiariedade da obrigação de restituir o enriquecimento*, Coimbra, Almedina, 1974

— "A indemnização do dano da morte" em *BFD* 50 (1974), pp. 247-297

— "Enriquecimento sem causa e responsabilidade civil" na *ROA* 42 (1982), I, pp. 39-55

— "Anatocismo – Regras e usos particulares do comércio", na *ROA* 48 (1988), pp. 37-62

— *Contrato a favor de terceiro*, 2ª ed., Coimbra, Almedina, 1991

— *Lições de direitos da personalidade*, 2ª ed., Coimbra, separata do *BFD* 66, 1992

Canaris, Claus-Wilhelm, "Anmerkung BGH 7/1/1971" em *JZ* 1971, pp. 560-563

— "Der Bereicherungsausgleich im Dreipresonenverhältnis", em Paulus, Gotthard, / Diederichsen, Uwe / Canaris, Claus-Wilhelm (org.), *Festschrift für Karl Larenz zum 70. Geburtstag*, München, Beck, 1973, pp. 799-865

— "Schutzgesetze – Verkehrspflichten – Schutzpflichten", em Claus-Wilhelm Canaris / Uwe Diederichsen (org.), *Festschrift für Karl Larenz zum 80. Geburtstag am 23. April 1983*, München, Beck, 1983, pp. 27-110

CARBONNIER, JEAN, *Droit Civil. 4-Les Obligations*, 22ª ed., Paris, P.U.F., 2000

CARNELUTTI, FRANCESCO, *Teoria geral do Direito* (trad.), Coimbra, 1942

CARVALHO, JORGE MORAIS DE, "Transmissão da propriedade e transferência do risco na compra e venda de coisas genéricas", na *Themis*, ano VI (2005), nº 11, pp. 19-63

CARVALHO, ORLANDO DE, *Teoria Geral da Relação Jurídica*, Coimbra, polic.,

— *Os direitos do homem no Direito Civil Português*, Coimbra, ed. do autor, 1973

— *Teoria Geral do Direito Civil*, Coimbra, Centelha, 1981

CARVALHO, PEDRO NUNES DE, "A responsabilidade do comitente", na *ROA* 48 (1998), pp. 85-120

CENNI, DANIELA, *La formazione del contratto tra realità e consensualità*, Padova, Cedam, 1998

CHARTIER, YVES, *La réparation du préjudice dans la responsabilité civile*, Paris, Dalloz, 1983

COELHO, FRANCISCO PEREIRA, *O problema da causa virtual na responsabilidade civil*, Coimbra, Coimbra Editora, 1955

— *Obrigações*, Coimbra, polic., 1967

— *O enriquecimento e o dano*, Coimbra, Almedina, 1970

— *Arrendamento*, Coimbra, polic., 1988

COELHO, FRANCISCO MANUEL DE BRITO PEREIRA, *Contratos complexos e complexos contratuais*, Coimbra, Coimbra Editora, 2014

COIMBRA, ANA, "O Sinal: Contributo para o Estudo do seu Conceito e Regime" em *Dir.* 122 (1990), III-IV, pp. 621-671

COMPORTI, MARCO, *Esposizione al pericolo e responsabilità civile*, Napoli, Morano, 1965

CONSTANTINESCO, L-J, "Persönlichkcitsrechte und ihr Schutz im französichen Recht", em *AcP* 159 (1960/61), pp. 321-344

CORDEIRO, ANTÓNIO MENEZES, *Direitos Reais*, 1979, reimp., Lisboa, Lex, 1993

— *Direito das Obrigações*, 1º e 2º, Lisboa, AAFDL, 1980

— *Da natureza do direito do locatário*, Lisboa, Separata da ROA, 1980

— "O novo regime do contrato-promessa (comentário às alterações aparentemente introduzidas pelo Decreto-Lei 236/80, de 18 de Julho ao Código Civil)", no *BMJ* 306 (1981), pp. 27-59, recolhido em ID, *Estudos de Direito Civil*, I, Coimbra, Almedina, 1987, pp. 11-39

— *Da boa fé no Direito Civil*, 2 vols., Coimbra, Almedina, 1984

— "A «impossibilidade moral» do tratamento igualitário no cumprimento das obrigações" em *TJ* 18 e 19 (1986), recolhido em ID, *Estudos de Direito Civil*, Coimbra, Almedina, 1987, pp. 97-114

— "A excepção do cumprimento do contrato-promessa", em *TJ*, nº 27 (1987), pp. 1-5, recolhido em ID, *Estudos de Direito Civil*, I, Coimbra, Almedina, 1987, pp. 41-57

— "O novíssimo regime do contrato-promessa", na *CJ* 12 (1987), 2, recolhido em *Estudos de Direito Civil*, Coimbra, Almedina, 1987, pp. 59-94

— "Obrigações em moeda estrangeira e taxas de juros", em *Dir* 106-119 (1974-1987), 119-145, recolhido em ID, *Banca, Bolsa e Crédito. Estudos de Direito Comercial e de Direito da Economia*, I, Coimbra, Almedina, 1990, pp. 185-212

— "Da abertura de um concurso para a celebração de um contrato no Direito Privado", no *BMJ* 369 (1987), pp. 5-59

— "Compra e venda internacional, inflação, moeda estrangeira e taxa de juros/ Anotação a RLx 7-Mai-1987", em *RDES* XXX (1988), pp, 69-93, recolhido em ID, *Banca, Bolsa e Crédito. Estudos de Direito Comercial e de Direito da Economia*, I, Coimbra, Almedina, 1990, pp. 213-242

— *Manual do Direito do Trabalho*, Coimbra, Almedina, 1991
— "Impugnação pauliana de actos anteriores ao crédito – Nulidade da fiança por débitos futuros indetermináveis – Efeitos da impugnação / Anotação a STJ 19-Fev-1991", na *ROA*, ano 51 (1991), pp. 525-572
— *Das cartas de conforto no Direito Bancário*, Lisboa, Lex, 1993
— "A boa fé nos finais do séc. XX", na *ROA* 56 (1996), pp. 887-912
— *Da Responsabilidade Civil dos Administradores das Sociedades Comerciais*, Lisboa, Lex, 1997
— "Anotação ao Ac. STJ 12/11/1998", em em *ROA* 58 (1998), pp. 937-968
— *A Posse: Perspectivas dogmáticas actuais*, 3ª ed., Coimbra, Almedina, 2000
— *Manual de Direito Comercial*, 2ª ed., Coimbra, Almedina, 2007
— "Os direitos de personalidade na civilística portuguesa", na *ROA* 61 (2001), pp. 1229-1256
— *Igualdade rodoviária e acidentes de viação em auto-estradas. Estudo de Direito Civil Português*, Coimbra, Almedina, 2004
— "Do abuso do direito: estado das questões e perspectivas", na *ROA* 65 (2005), pp. 327-385
— "Da colisão de direitos", em AAVV, *Estudos Jurídicos e Económicos em Homenagem ao Prof. Doutor António de Sousa Franco*, I, Faculdade de Direito da Universidade de Lisboa/Coimbra Editora, 2006, pp. 289-306
— "Eficácia externa dos créditos e abuso de direito", em *O Direito* 141 (2009), I, pp. 29-108
— *Tratado de Direito Civil Português*, I- *Parte Geral*, tomo 1, 3ª ed., Coimbra, Almedina, 2005, e tomo 4, Coimbra, Almedina, 2005, II- *Direito das Obrigações*, tomo 1, Coimbra, Almedina, 2009, tomo 2, Coimbra, Almedina, 2010, tomo 3, Coimbra, Almedina, 2010 e tomo IV- *Cumprimento e não cumprimento, transmissão, modificação e extinção, garantias*, Coimbra, Almedina, 2010, Coimbra, Almedina, 2010

Correia, Eduardo, *Direito Criminal*, I, Coimbra, Almedina, 1971

Corte-Real, Carlos Pamplona, *Direito da Família e das Sucessões*, II – *Sucessões*, Lisboa, Lex, 1993

Costa, Mário Júlio De Almeida, "Responsabilidade civil pela ruptura das negociações preparatórias de um contrato", na *RLJ* 116 (1983-1984), pp. 84-90, 101-105, 146-152, 172-179, 204-210 e 251-256 e 276-279, estudo também publicado em separata, Coimbra, Coimbra Editora, 1984
— *Direito das Obrigações*, 12ª ed., Coimbra, Almedina, 2009
— *Contrato-promessa. Uma síntese do regime vigente*, 8ª ed., Coimbra, Almedina, 2004
— *Síntese do Regime Jurídico Vigente das Cláusulas Contratuais Gerais*, 2ª ed., Lisboa, Universidade Católica, 1999
— "Anotação ao AUJ 4/98, de 5/12/1998" *RLJ* 132 (1999), pp. 244-246
— "Anotação Ac. RE 1/6/1999", na *RLJ* 133 (2000), pp. 254-256
— "A eficácia externa das obrigações. Entendimento da doutrina clássica", na *RLJ* 135 (2006), pp. 130-136
— "O cálculo da indemnização na responsabilidade civil pela ruptura das negociações preparatórias de um contrato", na *RLJ* 139 (2009-2010), pp. 314-323

Costa, Almeida / Cordeiro, Menezes, *Cláusulas Contratuais Gerais. Anotação ao Decreto-Lei nº 446/85, de 25 de Outubro*, Coimbra, Almedina, 1986

Costede, Jürgen, *Dogmatische und methodologische Überlegungen zum Verständnis des Bereicherungsrechts*, Bern, Stämpfli, 1977

CRUZ, SEBASTIÃO, *Da «Solutio». Terminologia, Conceito e Características e Análise de Vários Institutos Afins*, I- *Épocas Arcaica e Clássica*, Coimbra, 1962

— *Direito Romano (Ius Romanum)*, I – *Introdução. Fontes*, 4ª ed., Coimbra, s.e., 1984

CUNHA, PAULO, *Direito das Obrigações (Apontamentos das aulas da 2ª cadeira de Direito Civil da Faculdade de Direito da Universidade de Lisboa (regência do Prof. Dr. Paulo Cunha)*, por MARGARIDA PIMENTEL SARAIVA e ORLANDO GARCIA BLANCO COURRÉGE, II, Lisboa, 1938-1939

DAWSON, JOHN P., "Erasable Enrichment in German Law" em *B.U.L.R.* 61 (1961), pp. 271-315

DEGENHARDT, CHRISTOPH, "Das allgemeine Persönlichskeitrecht, art. 2, I. i. V. mit Art. 1 I GG" em *JuS* 1992, pp. 361-368

DEMOGUE, *Traité des Obligations en Géneral*, V, Paris, Arthur Rousseau, 1925

DEUTSCH, ERWIN, "Grundmechanismus der Haftung nach deutschem Recht", em *JZ* 1968, pp. 722-727

— *Allgemeines Haftungsrecht*, 2ª ed., Köln/Berlin/Bonn/München, Carl Heymann, 1996

DIAS, JOÃO ANTÒNIO ÁLVARO, *Dano corporal (quadro espistemológico e aspectos ressarcitórios)*, Coimbra, Almedina, 2001

DIAS, JORGE DE FIGUEIREDO, *O problema da consiciência da ilicitude em Direito Penal*, 2ª ed., Coimbra, Coimbra Editora, 1978

DIAS, PEDRO BRANQUINHO FERREIRA, "Os limites máximos de responsabilidade pelo risco, em matéria de acidentes de viação", na *RMP* ano 24, nº 93 (Janeiro-Março 2003), pp. 87-99

DINIS, JOAQUIM JOSÉ DE SOUSA, "Dano corporal em acidentes de viação. Cálculo da indemnização em situações de morte, incapacidade total e incapacidade parcial. Perspectivas futuras", na *CJ-ASTJ* 9 (2001), I, pp. 5-12

DOMAT, JEAN, *Les loix civiles dans leur ordre naturel, le droit public et legum delectus*, nova edição por Hericourt, Paris, Despilly, 1767

DUARTE, RUI PINTO, *Tipicidade e atipicidade dos contratos*, Coimbra, Almedina, 2000

DURANTON, M., *Cours de Droit Français suivant le Code civil*, XIII, Paris, Alex-Gobelet, 1831

ELLGER, REINHARD, *Bereicherung durch Eingriff: das Konzept des Zuweisungsgehalt im Spannungsfeld von Ausschließkeirsrecht und Wettbewerbsfreiheit*, Tübingen, Mohr,.2002

EMMERICH, VOLKER, Comentários em AAVV, *Münchener Kommentar Zum Bürgerlichen Gesetzbuch*, 2- *Schuldrecht. Allgemeiner Teil*, §§ 241-432, 5ª ed., München, Beck, 2007

ENNECCERUS, LUDWIG / LEHMANN, HEINRICH, *Recht der Schuldverhältnisse. Ein Lehrbuch* (vol. II do *Lehrbuch des Bürgerlicchen Rechts*, de LUDWIG ENNECCERUS / THEODOR KIPP / MARTIN WOLFF), 15ª ed., Tübingen, Mohr, 1958, § 234 b y (*trad. esp.* de Blas Perez Gonzalez e José Alguer, sob o título *Derecho de Obligaciones*, Barcelona, Bosch, 1966, pp. 1056

ESSER, JOSEF, "Gedanken zur Dogmatik der 'faktischen Vertragsverhältnis'" em *AcP* 157 (1958-1959), pp. 86-99

ESSER, JOSEF /SCHMIDT, EIKE, *Schuldrecht*, I – *Allgemeiner Teil*, 7ª ed., Müller, Heidelberg, 1992

ESSER, JOSEF / WEYERS, HANS-LEO, *Schuldrecht* II – *Besonderer Teil*, 7ª ed., Heidelberg, Müller, 1991

FARIA, JORGE RIBEIRO DE, *Direito das Obrigações*, I e II, Coimbra, Almedina, 1987

— "Algumas notas sobre o finalismo no Direito Civil", no *BFD* 69 (1993), pp. 71-160 e no *BFD* 70 (1994), pp. 133-219

Fernandes, Luís Carvalho, "Simulação e Tutela de Terceiros", nos *Estudos em Memória do Professor Doutor Paulo Cunha*, Lisboa, s.e., 1989, pp. 407-519

— "A prova da simulação pelos simuladores", em *O Direito* 124 (1992), pp. 593-616

— *A conversão nos negócios jurídicos civis*, Lisboa, Quid juris, 1993

— *Teoria Geral do Direito Civil*, II, 3ª ed., Lisboa, Universidade Católica Editora, 2001

— *Lições de Direitos Reais*, 6ª ed., Lisboa, Quid Juris, 2009

— "Efeitos do registo da acção de execução específica do contrato-promessa", em Júlio Gomes (org.), *Estudos dedicados ao Prof. Doutor Mário Júlio de Almeida Costa*, Lisboa, Universidade Católica, 2002, pp. 933-960

Ferreira, José Carlos Ney, *Da assunção de dívidas*, Lourenço Marques, Minerva Central, 1973

Figueira, Eliseu, *Renovação do sistema de direito privado*, Lisboa, Caminho, 1989

Fikentscher, Wolfgang / Heinemann, Andreas, *Schuldrecht*, 10ª ed., Berlin, De Gruyter, 2006

Filip, Auguste, *De la nature juridique du droit du créancier chirographaire*, Paris, Vie Universitaire, 1922

Fischer, Hans Albrecht, "Bereicherung und Schaden", em AAVV, *Festschrift für Ernst Zitelmann zu seinem 60. Geburtstag überreicht von Verehren und Schülern*, München/Leipzig, Duncker & Humblot, 1913

Fleischer, Holger, "Schadensersatz für verlorene Chancen im Vertrags- und Deliktsrecht", em *JZ* 1999, pp. 766-775

Flume, Werner, "Der Wegfall der Bereicherung in der Entwicklung vom römischen zum geltendem Rech", em *Festschrift für Hans Niedermeyer zum 70. Geburtstag*, Göttingen, Schwartz, 1953, pp. 103-176 (152 e ss.) e "Saldotheorie und Rechtsfigur der ungerechtfertigten Bereicherung" em AcP 194 (1994), pp. 427-450

Fonseca, Tiago Soares da, "Da tutela judicial civil dos direitos de personalidade", na *ROA* 66 (2006), I, pp. 231-293

Frada, Manuel Carneiro da, *Contrato e deveres de protecção*, Coimbra, Separata do *BFD* -Suplemento 38, 1994

— *Uma "terceira via" no Direito da Responsabilidade civil? O problema da imputação dos danos causados a terceiros por audtores de sociedade*, Coimbra, Almedina, 1997

— *Teoria da confiança e responsabilidade civil*, Lisboa, s.e., 2001

— "Sobre a responsabilidade das concessionárias por acidentes ocorridos em auto-estradas", na *ROA* 65 (2005), pp. 407-433

François, J., *La proprieté de la provision en matiére de lettre de change*, Paris, 1930

Frank, Reiner, "Anwendbarkeit des § 281 BGB auf den verschärft haftenden Bereicherungsschuldner – BGHZ 75, 203" em *JuS* 1981, pp. 102-105

Franke, Bernhard, *Herausgabe des Gewinns bei Verletzung absoluter Rechte*, Leipzig, Deichert, 1931

Frieser, Andreas, *Der Bereicherungswegfall in Parallele zur hypothetischen Schadensentwicklung*, Berlin, Duncker & Humblot, 1987

Furtado, Jorge Henrique da Cruz Pinto, *Manual do Arrendamento Urbano*, I, 4ª ed., Coimbra, Almedina, 2007

Gallo, Paolo, *L'arrichimento senza causa*, Padova, Cedam, 1990

Galvão, Sofia de Sequeira, *Reflexões acerca da responsabilidade do comitente no direito civil português (a propósito do contri-*

buto civilista para a dogmática da imputação), Lisboa, AAFDL, 1990

GANGI, CALOGERO, "Il debito e la responsabilitá" em *Scritti Giuridici Varii*, I, Padova, 1933, pp. 1-415

GAUDEMET, EUGÈNE, *Étude sur le transport de dettes à titre particulier*, Paris, Arthur Rousseau, 1898

GERALDES, ANTÓNIO SANTOS ABRANTES, "Ressarcibilidade dos danos não patrimoniais de terceiros em caso de lesão corporal", em ANTÓNIO MENEZES CORDEIRO/LUÍS MENEZES LEITÃO/ JANUÁRIO DA COSTA GOMES, *Estudos em Homenagem ao Prof. Doutor Inocêncio Galvão Telles*, IV – *Novos Estudos de Direito Privado*, Coimbra, Almedina, 2003, pp. 263-289

— *Temas da responsabilidade civil*, II- *Indemnização dos danos reflexos*, 2ª ed., Coimbra, Almedina, 2007

GERNHUBER, JOACHIM, *Bürgerliches Recht*, 2ª ed., München, 1983

— *Das Schuldverhältnis (Begrendung und Anderung, Pflichten und Strukturen, Drittwirkungen*), Tübingen, Mohr, 1989

GIORGIANNI, MICHELE, *Contributo alla teoria dei diritti di godimento su cosa altrui*, I, Milano, Giuffrè, 1940

GOETZKE, HEINRICH, "Subjektiver Wertbegriff im Bereicherungsrecht", em *AcP* 173 (1973), pp. 289-372

GOMES, JÚLIO MANUEL VIEIRA, "O dano da privação do uso", em *RDE* 12 (1986), pp. 169-239

— *A Gestão de Negócios. Um instituto jurídico numa encruzilhada*, Coimbra, Separata do *BFD* Suplemento 39, 1983

— *O conceito de enriquecimento, o enriquecimento forçado e os vários paradigmas do enriquecimento sem causa*, Porto, U.C., 1998

— "Anotação Ac. RE 1/6/1999", em *CDP* 1 (2003), pp. 59-62

— "Anotação Ac. STJ 27/2/2003", em *CDP* 3 (2003), pp. 55-62

— "Sobre o dano da perda de chance", em *DJ* 19 (2005), 2, pp. 9-47

— "A gestão de negócios: «A Oeste nada de novo?»", em FACULDADE DE DIREITO DA UNIVERSIDADE DE COIMBRA (org.), *Comemorações dos 35 anos do Código Civil e dos 25 anos da Reforma de* 1977, III- *Direito das* Obrigações, Coimbra, Coimbra Editora, 2007, pp. 39-62

GOMES, MANUEL JANUÁRIO, "A eventual subsistência do credor após o incumprimento definitivo e a chamada excepções do cumprimento do contrato-promessa" em *TJ*, nº 35 (1987), recolhido em ID, *Em tema de contrato-promessa*, Lisboa, AAFDL, 1990, pp. 7-27

— "Exigência do sinal em dobro e juros moratórios (A propósito do Acórdão da Relação de Lisboa de 3 de Novembro de 1987, publicado na "Colectânea de Jurisprudência, ano XII, 1987, t. 5, Pág. 87-88)" em *TJ*, nº 48 (1988), recolhido em ID, *Em tema de contrato-promessa*, Lisboa, AAFDL, 1990, pp. 29-44

— *Assunção fidejussória de dívida. Sobre o sentido e âmbito da vinculação como fiador*, Coimbra, Almedina, 2000, pp. 183 e ss.

GONÇALVES, LUIZ DA CUNHA, *Tratado de Direito Civil em comentário ao Código Civil Português*, III, Coimbra, Coimbra Editora, 1930, VIII, Coimbra, Coimbra Editora, 1934 e XII, Coimbra, Coimbra Editora, 1937

— *Dos contratos em especial*, Lisboa, Edições Ática, 1953

GORDLEY, JAMES, *The philosophical origins of modern contract doctrine*, Oxford, Clarendon Press, 1991

— (org.), *The Enforceability of Promises in European Contract Law*, Cambridge, CUP, 2001

GOUVEIA, JAIME DE, *Da responsabilidade contratual*, Lisboa, s.e, 1933

GRUNDMANN, STEFAN, "Zur Dogmatik der unentgeltlichen Rechtsgeschäfte", em *AcP* 198 (1998), pp. 457-488

GUEDES, AGOSTINHO CARDOSO, *A natureza jurídica do direito de preferência*, Porto, Universidade Católica, 1999

— "Efeitos da declaração de preferência (Anotação ao acórdão do STJ, de 13 de Dezembro de 2000)", em JÚLIO GOMES (org.), *Estudos dedicados ao Prof. Doutor Mário Júlio de Almeida Costa*, Lisboa, Universidade Católica, pp. 17-48

— *O exercício do direito de preferência*, Porto, UC, 2006

GURSKY, KARL-HEINZ, "Nochmals: Kraftfahrzeugevermiteung an Minderjährige. Zum Probleme der Bereicherung bei unwirksame Mietvertrag" em *NJW* 1969, pp. 2183-2185

— "Ersparnisgedanke und Reserveursache im Bereicherungsrecht" em *JR* 1972, pp. 279-285

HAGEN, HORST "Funktionale und dogmatische Zusammenhänge zwischen Schadens- und Bereicherungsrecht" em GOTTHARD PAULUS / UWE DIEDERICHSEN / CLAUS-WILHELM CANARIS, *Festschrift für Karl Larenz zum 70. Geburtstag*, München, Beck, 1973, pp. 867-884

HAINES, HARTMUT, *Bereicherungsansprüche bei Warenzeichenverletzungen und unlauterem Wettbewerb. Zugleich ein Beitrag zur Dogmatik der Eingriffskondiktion*, Köln et al., Carl Heymanns, 1970

HARTMANN, A., "Der Bereicherungsanspruch des Bürgerlichen Gesetzbuchs", em *AbR* 21 (1902), pp. 224-243

HAUPT, GÜNTHER, "Über faktische Vertragsverhältnisse" (1941), posteriormente recolhido em AAVV, *Festschrift der Leipziger Juristenfakultät für Dr. Heinrich Siber zum 10. April 1940*, II, Leipzig, Weicher, 1943, pp. 1-37

HEILMANN, "Der Vertrag zugunsten Dritter – ein schuldrechtliches Verfügungsgeschäft" em *NJW* 1968, pp. 1852-1857

HECK, PHILIPP, *Grundriß des Schuldrechts*, Tübingen, Mohr, 1929,

HERHOLZ, FELIX, "Das Schuldverhältnis als konstante Rahmenbeziehung (ein Rechtsgrund für negative Interesseansprüche trotz Rücktritt und Wandlung)" em *AcP* 130 (1929), pp. 257-324

HOENIGER, HEINRICH, *Die gemischte Verträge in ihren Grundformen*, Mannheim/Leipzig, 1910

HITZEMANN, HORST-HEINRICH, *Stellvertretung beim sozialtypisches Verhalten*, Berlin, Duncker & Humblot, 1966

HOFFMANN, KARL-HEINZ, "Der Vertrag zugunsten Dritter von Todes wegen" em *AcP* 158 (1959/60), pp. 178-222

HÖHN, HOLGER, *Die Beeintrachtingung von Rechten durch Verfügungen*, München, Florentz, 1986

HÖRSTER, HEINRICH EWALD, HÖRSTER, HEINRICH EWALD, "Sobre a formação do contrato segundo os arts. 217º e 218º, 224º a 226º e 228º a 235º do Código Civil" em *RDE* 9(1983), pp. 121-157

— *A Parte Geral do Código Civil Português. Teoria Geral do Direito Civil*, Coimbra, Almedina, 1992

HUBMANN, HEINRICH, *Das Persönlichkeitsrecht*, Köln/Graz, Böhlau, 1967

JAKOBS, HORST HEINRICH, *Eingriffserwerb und Vermögensenstcheidung in der Lehre von der ungerechtfertigten Bereicherung*, Bonn, Röhrscheid, 1964

— *Lucrum ex negotiatione. Kondiktionsrechtliche Gewinnhaftung in geschichtlicher Sicht*, Tübingen, Mohr, 1993

JAUERNIG / SCHLECHTRIEM / STÜRNER / TEICHMANN / VOLLKOMMER, *Bürgerliches Gesetzbuch*, München, Beck, 1991

JHERING, RUDOLF VON, "Culpa in contrahendo oder Schadensersatz bei nichtigen oder nicht zur Perfection gelangten Verträgen", em *JhJb* 4 (1861), pp. 1-113

— "Ein Rechtsgutachten. Theoretische Ausführungen bettrefend die Fragen 1. von der Natur und Handlungfähigkeit eines sog. Comités 2. von den angeblichen Erfordernis des Geldwerths und des eigenen Interesses bei obligatorischen Ansprüchen 3. von der Anwendung des Begriffes der höheren Gewalt aus Geldschulden", em *JhJb* 18 (1880), pp. 1-128

JONES, GARETH / GOODHART, WILLIAM, *Specific Performance*, 2ª ed., London, Butterworths, 1996

JORGE, FERNANDO PESSOA, *O mandato sem representação*, Lisboa, Ática, 1961

— *Ensaio sobre os pressupostos da responsabilidade civil*, Lisboa, CEF, 1968, reimp. Coimbra, Almedina, 1995

— *Direito das Obrigações*, I, Lisboa, AAFDL, 1975/76

JSAY, HERMANN, "Schuldverhältnis und Haftungsverhältnis im heutigen Recht", em *JhJb* 48 (1904), pp. 187-208

JUNG, ERICH, *Die Bereicherungsansprüche und der Mangel des rechtlichen Grundes*, Leipzig, Hirschfeld, 1902

— "Das Wesen des schuldrechtlichen Grundes (§ 812 BGB.) und dessen Bedeutung für die Systematik des Privatrechts" em OTTO SCHREIBER (org.), *Die Reichsgerichtspraxis im deutschen Rechtsleben. Festgabe der juristischen Fakultäten zum 50jährigen Bestehen des Reichsgerichts*, Berlin e Leipzig, Walter de Gruyter, 1929, pp. 143-179

JÚNIOR, EDUARDO SANTOS, "Acordos intermédios: entre o início e o termo das negociações para a celebração de um contrato", na *ROA* 57 (1997), pp. 565-604 = AAVV, *Estudos em Homenagem ao Banco de Portugal, 150º aniversário (1846-1996)*, Lisboa, Banco de Portugal, 1998, pp. 215-249

— *A responsabilidade civil do terceiro por lesão do direito de crédito*, Lisboa, s.e., 2002

KAEHLER, CHRISTIAN-MICHAEL, *Bereicherungsausgleich und Vindikation, Allgemeine Prinzipien der Restitution*, Bielefeld, Gieseking, 1972

KANT, IMMANUEL, *Die Metaphysik der Sitten*, 1797, em WILHELM WESCHEIDEL (org.). *Immanuel Kant: Werke in zwölf Banden*, Frankfurt am Main, Suhrkamp, 1977, t. 8, pp. 309-632

KASER, MAX, *Direito Privado Romano* (trad.), Lisboa, F.C.G., 1999

KELLMANN, CHRISTOF, *Grundsätze der Gewinnhaftung. Rechtsvergleichender Beitrag zum Recht der ungerechtfertigten Bereicherung*, Berlin, Duncker & Humblot, 1969

— "Bereicherungsausgleich bei Nutzung fremder Rechtsgüter" em *NJW* 1971, pp. 862-865

KERN, BERND–RÜDIGER, "Die Genugtuungsfunktion der Schmerzengeldes – ein pönales Element im Schadensersatzrecht" em *AcP* 169 (1969), pp. 247-272

KLEINHEYER, GERD, "Eingriffsbereicherung durch unbefugte Nutzung und Wertersatz" , em *JZ* 1961, pp. 473-478

KNIEPER, "Recht der Kondiktionen: vergebliche Versuche, Bereicherung zu rechtfertigten", em *KJ* 1980, pp. 117-133

KÖNIG, DETLEF, "*Gewinnhaftung*" em AAVV, *Festschrift für Ernst von Caemmerer*, Tübingen, Mohr, 1978

— *Ungerechtfertigte Bereicherung. Tatbestände und Ordnungsprobleme in rechtsvergleichender Sicht*, Heidelberg, Carl Winter, 1985

KOPPENSTEINER, HANS GEORG, "Probleme des bereicherungsrechtlichen

Wertersatzes" em *NJW* 1971, pp. 588-595 e 1769-1775

Koppensteiner, Hans Georg / Kramer, Ernst A., *Ungerechtfertigte Bereicherung*, 2ª ed., Berlin/New York, De Gruyter, 1988

Koziol, Helmut, "Schadenersatz für den Verlust einer Chance?", em Gerhard Hohloch / Rainer Frank / Peter Schlechtriem (org.), *Festschrift für Hans Stoll zum 75. Geburtstag*, Tübingen, Mohr Siebeck, 2001, pp. 233-250.

Kramer, Ernst A., Comentários em AAVV, *Münchener Kommentar Zum Bürgerlichen Gesetzbuch, 2- Schuldrecht. Allgemeiner Teil*, §§ 241-432, 5ª ed., München, Beck, 2007

Krawielicki, Robert, *Grundlagen des Bereicherungsrechts*, Breslau, Marcus, 1936, reimp. Scientia Verlag Aalen, 1964

Kupisch, Berthold, *Gesetzespositivismus im Bereicherungsrecht, Zur Leistungskondiktion im Drei-Personen-Verhältnis*, Berlin, Duncker & Humblot, 1978

— "Einheitliche Voraussetzungen des Bereicherungsanspruchs – ein Mißgriff des Gesetzgebers?" em Manfred Harder e Georg Thielmann (org.), *De iustitia et iure. Festgabe für Ulrich von Lübtow zum 80. Geburtstag*, Berlin, Duncker & Humblot, 1980, pp. 501-545

Lambrecht, Peter, *Die Lehre vom faktischen Vertragsverhältnis. Entstehung, Rezeption und Niedergang*, Tübingen, Mohr, 1994

Larenz, Karl, *Schuldrecht*, I – *Allgemeiner Teil*, 1ª ed., München/Berlin, Beck, 1953

— "Das 'allgemeine Persönlichkeitsrecht' im Recht der Unerlaubten Handlungen" em *NJW* 1955, pp. 521-525

— "Die Begründung von Schuldverhältnissen durch sozialtypisches Verhalten" em *NJW* 1956, pp. 1897-1900

— "Sozialtypisches Verhalten als Verpflichtungsgrund" em *DRiZ* 1958, pp. 245-248.

— "Entwicklungstendenzen der heutigen Rechtsdogmatik", em *JZ* 1962, pp. 105-110

— *Allgemeiner Teil des deutschen Bürgerlichen Rechts. Ein Lehrbuch*, München, Beck, 1967

— "Zur Bedeutung des 'Wertersatzes' im Bereicherungsrecht", em AAVV, *Festschrift für Ernst von Caemmerer zum 70. Geburtstag*, Tübingen., Mohr, 1978, pp. 209-239

— *Lehrbuch des Schuldrechts* II- *Besonderer Teil*, 12ª ed.,, München, Beck, 1981

— *Lehrbuch des Schuldrechts*, I- *Allgemeiner Teil* , 14º ed., München, Beck, 1987, II-1- *Besonderer Teil*, 13ª ed., München, Beck, 1986,

— *Allgemeiner Teil des deutschen Bürgerlichen Rechts*, 7ª ed., München, Beck, 1989

Larenz, Karl / Canaris, Claus-Wilhelm, *Lehrbuch des Schuldrechts* II – *Besonderer Teil*, 2, 13ª ed., München, Beck, 1994

Laurent, F., *Principes de Droit Civil Français*, Bruxelas, Paris, 1878, 3ª ed, t. XVI

Lehmann, Heinrich, "Faktische Vertragsverhältnisse" em *NJW* 1958, pp. 1-5

Leitão, Adelaide Menezes, *Normas de protecção e danos puramente patrimoniais*, Coimbra, Almedina, 2009

Leitão, Luís Menezes, "Acidentes de trabalho e responsabilidade civil (A natureza jurídica da reparação de danos emergentes de acidentes de trabalho e a distinção entre responsabilidades obrigacional e delitual)", na *ROA* 48 (1988), pp. 773-843

— *Pressupostos da exclusão de sócio nas sociedades comerciais*, Lisboa, AAFDL, 1988

— "O Contrato de Sociedade Civil", em Menezes Cordeiro (org.), *Direito das Obrigações*, 3º-*Contratos em especial*, Lisboa, AAFDL, 1991, pp. 97-184

— *A responsabilidade do gestor perante o dono do negócio no direito civil português*, Lisboa, C.E.F., 1991, reimp., Coimbra, Almedina, 2005

— *O Enriquecimento sem Causa no Direito Civil*, Lisboa, C.E.F., 1996, reed., Coimbra, Almedina, 2005

— "A reparação de danos emergentes de acidentes de trabalho", em AAVV, *Estudos do Instituto de Direito do Trabalho*, I, Coimbra, Almedina, 2000, pp. 537-579

— "Negociações e responsabilidade pré-contratual nos contratos comerciais internacionais", na *ROA* 60 (2000), pp. 49-71 e em AAVV, *Estudos em Homenagem ao Professor Doutor Manuel Gomes da Silva*, Lisboa, FDL, Coimbra Editora, 2001, pp. 765-788

— "O enriquecimento sem causa no Código Civil de 1966", em FACULDADE DE DIREITO DA UNIVERSIDADE DE COIMBRA (org.), *Comemorações dos 35 anos do Código Civil e dos 25 anos da Reforma de* 1977, III- *Direito das Obrigações*, Coimbra, Coimbra Editora, 2007, pp. 15-37

LEUZE, DIETER, *Die Entwicklung des Persönlichkeitsrechts im 19. Jahrhundert*, Bielefeld, Gieseking, 1962

LIEB, MANFRED, "Nutzungsmöglichkeiten als Gegenstand von Bereicherungsansprüchen" em *NJW* 1971, pp. 1289-1294

LIMA, CARLOS "Direitos legais de preferência", em ANTÓNIO MENEZES CORDEIRO/LUÍS MENEZES LEITÃO/ JANUÁRIO DA COSTA GOMES, *Estudos em homenagem ao Prof. Doutor Inocêncio Galvão Telles*, IV – *Novos Estudos de Direito Privado*, Coimbra, Almedina, 2003, pp. 495-517 = *ROA* 65 (2005), 3, pp. 599-624

LIMA, PIRES DE / VARELA, ANTUNES *Código Civil Anotado*, I, 4ª ed., com a colaboração de Henrique Mesquita, Coimbra, Coimbra Editora, 1987, II, 4ª ed., Coimbra, Coimbra Editora, 1997

LOTMAR, PHILIPP, *Der Arbeitsvertrag nach dem Privatrecht des deutschen Reiches*, I, Leipzig, 1902

LORENZ, STEPHAN, Comentários em J. VON STAUDINGER, *Kommentar zum Bügerlichen Gesetzbuch mit Einführungsgesetz und Nebengesetzen*, II- *Recht der Schuldverhältnisse*, Neubearbeitung., Berlin, Sellier, De Gruyter, 2007, § 812, Rdnr. 1, a pp. 84 e ss

LORENZ, WERNER, "Inhalt und Umfang der Herausgabepflicht bei der Leistungskondiktion in rechtsvergleichender Sicht", em AAVV, *Ungerechtfertigte Bereicherung: Tendenzen und Perspektiven / Symposium d. Jurist. Fak. d. Univ. Heidelberg zum Gedenken an Professor Dr. Iur. Detlef König, LL. M., 10.6.1938 – 21.9.1981, Ordentl. Professor d. Rechte an d. Univ. Heidelberg, 15 u. 16 April 1983 in d. Räumen d. Heidelberger Akad. d. Wiss.*, Heidelberg, Winter, 1984, pp. 127-149

— "Anmerkung BGH 2/7/1996, em *JZ* 1997, pp. 361-362.

LOURENÇO, PAULA MEIRA, *A função punitiva da responsabilidade civil*, Coimbra, Coimbra Editora, 2006

LUDEÑA, SANTIAGO AREAL, "El contrato de transporte aéreo", em ALFONSO L. CALVO CARAVACA / LUIS FERNÁNDEZ DE LA GÁNDARA / PILAR BLANCO-MORALES LIMONES (org.), *Contratos Internacionales*, Madrid, Tecnos, 1997, pp. 649-707

MACHADO, JOÃO BAPTISTA, "Pressupostos da resolução por incumprimento", em AAVV *Estudos em Homenagem ao Prof. Doutor J. J. Teixeira Ribeiro*, II – *Iuridica*. Coimbra, 1979, pp. 343-411 (357) = ID, *Obra dispersa*, I, Braga, Scientia Iuridica, 1991, pp. 125-193 (132)

— "A Cláusula do Razoável", recolhido em ID, *Obra dispersa*, I, pp. 457-621

Machado, Miguel, *Sobre Cláusulas Contratuais Gerais e Conceito de Risco*, Lisboa, Separata da Revista da Faculdade de Direito, 1988

Marcadè, V., *Explication theorique et pratique du Code Napoléon*, t. IV., 5ª ed. Paris, Cotillon, 1859

Marcos, Rui Manuel Figueiredo, *A Legislação Pombalina. Alguns aspectos fundamentais*, Coimbra, Separata do *BFD-Suplemento* 33, 1990, pp. 148 e ss.

Marques, José Dias, *Prescrição aquisitiva*, I, Lisboa, s.e., 1960

Martinez, Pedro Romano, *Direito do Trabalho*, 4ª ed., Coimbra, Almedina, 2007

— *Direito das Obrigações (Parte especial). Contratos. Compra e venda, locação, empreitada*, 2ª ed., Coimbra, Almedina, 2001

Maury, Jacques, *Essai sur le role de la notion d'équivalence en droit civil français, I- La notion d'équivalence en matiére contractuelle*, Paris, Jouve, 1920

Mayr, Robert Von, *Der Bereicherungsanspruch des deutschen bürgerlichen Rechtes*, Leipzig, Duncker & Humblot, 1900

Mazeaud, Henri / Mazeaud, Léon / Mazeaud, Jean / Chabas, François, *Obligations. Théorie générale*, 9ª ed.. por François Chabas, Paris, Montchrestien, 1998

Medicus, Dieter, "Verschulden bei Vertragsverhandlungen", em Bundesminister Der Justiz (org.), *Gutachten und Vorschläge zur Überarbeitung des Schuldrechts*, Köln, Bundesanzeiger, 1981, pp. 479-550

— "Die verschärfte Haftung des Bereicherungsschuldners", em *JuS* 1993, pp. 705-710

Mendes, Armindo Ribeiro, *A gestão de negócios no Direito Civil Português* (dactil.), Lisboa, 1971

Mendes, João de Castro, "Do conceito jurídico de prejuízo", em *JF* 16 (1952), pp. 41-66

— *Teoria Geral do Direito Civil*, I, e II, Lisboa, AAFDL, 1985 (mas 1979)

Merkel, Günter, *Die faktischen Vertragsverhältnisse und das Problem der Geschäftsfähigkeit*, Diss. Nürnberg, 1962

Mesquita, José Andrade, *Direitos Pessoais de Gozo*, Coimbra, Almedina, 1999

Mesquita, Manuel Henrique, *Obrigações reais e ónus reais*, Coimbra, Almedina, 1990

— "Anotação Ac. STJ 11/10/2001" na *RLJ* 135 (2005), pp. 99-113.

Mestmäcker, Ernst Joachim, "Eingriffserwerb und Rechtsverletzung in der ungerechtfertigten Bereicherung", em *JZ* 1958, pp. 521-526

Monteiro, António Pinto, *Cláusulas limitativas e de exclusão da responsabilidade civil*, Coimbra, Separata do *BFD* 28, 1985

— *Cláusula Penal e Indemnização*, Coimbra, Almedina, 1990

— "O novo regime jurídico dos contratos de adesão/cláusulas contratuais gerais", na *ROA* 62 (2002), pp. 1-32

Monteiro, Jorge Sinde, *Estudos sobre a responsabilidade civil*, Coimbra, s.e., 1983

— *Responsabilidade por conselhos, recomendações e informações*, Coimbra, Almedina, 1989

— "Anotação ao Acórdão STJ de 17 de Fevereiro de 2000 e à sentença do Juiz do 3º Juízo de Competência Especializada Cível do Tribunal da Comarca de Santo do Tirso de 2 de Maio de 1996", na *RLJ* 133 (2000), pp. 27-32 e 59-66

— "Culpa in contrahendo (Direito Civil)", em *CJA* nº 42 (Novembro/Dezembro 2003), pp. 5-14

— "Ofensa ao crédito ou ao bom nome., "culpa de organização" e responsabilidade de empresa (Anotação Ac. RL 1/12/2008), na *RLJ* 139 (2009), pp. 126-136

MONTEIRO, SINDE / SÁ, ALMENO DE, "Das portugiesische AGB-Gesetz und die Umsetzung der EG-Richtlinie über mißbrauchliche Klauseln in Verbraucherverträgen" no *BFD* 73 (1997), pp. 173-182

MORAIS, FERNANDO GRAVATO, *Contrato-promessa em geral. Contratos-promessa em especial*, Coimbra, Almedina, 2009

MOREIRA, GUILHERME, *Instituições do Direito Civil Português*, II – *Das Obrigações*, Coimbra, s.e., 1911

— "Patrimónios autónomos nas obrigações, segundo o Direito Civil Português", no *BFD* 7 (1921-1923), pp. 47-64

MOREIRA, SÓNIA, *Da responsabilidade pré-contratual por violação dos deveres de informação*, Coimbra, Almedina, 2003

— "O ónus da prova na responsabilidade pré-contratual por violação de deveres de informação", em ANTÓNIO CÂNDIDO DE OLIVEIRA (org.), *Estudos em comemoração do 10º aniversário da licenciatura em Direito da Universidade do Minho*, Coimbra, Almedina, 2003, pp. 281-296

— "Anotação Ac. RC 4/2/2003", em *CDP* 7 (Julho/Sembro 2004), pp. 41-45

MÚRIAS, PEDRO FERREIRA, "Regulações do dono: uma fonte de obrigações", em RUI MANUEL DA MOURA RAMOS / CARLOS FERREIRA DE ALMEIDA / ANTÓNIO MARQUES DOS SANTOS / PEDRO PAIS DE VASCONCELOS / LUÍS DE LIMA PINHEIRO / MARIA HELENA BRITO / DÁRIO MOURA VICENTE, *Estudos em Homenagem à Professora Doutora Isabel de Magalhães Collaço*, Coimbra, Almedina, 2002, pp. 255-293

MÚRIAS, PEDRO / PEREIRA, MARIA DE LURDES, "Prestações de coisa: transferência do risco e obrigações de *reddere*", em *CDP* nº 23 (Julho/Setembro 2008), pp. 3-16

NASCIMENTO, PAULO FERNANDO MODESTO SOBRAL SOARES DO, "A responsabilidade pré-contratual pela ruptura das negociações e a recusa injustificada de formalização do contrato", em ANTÓNIO MENEZES CORDEIRO/LUÍS MENEZES LEITÃO/ JANUÁRIO DA COSTA GOMES, *Estudos em Homenagem ao Prof. Doutor Inocêncio Galvão Telles*, IV- *Novos Estudos de Direito Privado*, Coimbra, Almedina, 2003, pp. 179-262

NEBENZAHL, ERNST, *Das Erfordernis der unmittelbaren Vermögensverschiebung in der Lehre von der ungerechtfertigten Bereicherung*, Berlin, Ebering, 1930

NEVES, ANTÓNIO CASTANHEIRA, *Questão-de-facto–Questão-de-direito ou o problema metodológico da juridicidade (Ensaio de um reposição crítica), I – A crise*, Coimbra, Almedina, 1967

— "A Distinção entre a Questão-de-Facto e a Questão-de-Direito e a Competência do Supremo Tribunal de Justiça como Tribunal de «Revista»" em A. CASTANHEIRA NEVES, *Digesta. Escritos acerca do pensamento jurídico, da sua metodologia e outros*, 1º, Coimbra, Coimbra Editora, 1995, pp. 483-530

NIKISCH, ARTHUR, "Über faktischen Vertragsverhältnissen" em ERNST VON CAEMMERER, ARTHUR NIKISCH, KONRAD ZWEIGERT, *Vom deutschen zum europäischen Recht. Festschrift für Hans Dölle*, I, Tübingen, Mohr, 1963

NIPPERDEY, HANS CARL, "Faktische Vertragsverhältnisse?" em *MDR* 1957, pp. 129-130

OERTMANN, PAUL, *Kommentar zum Bürgerlichen Gesetzbuch und seinen Nebengesetzen*, II-*Recht der Schuldverhältnisses*, 4ª ed., Berlin, Heymann, 1910

OLIVEIRA, NUNO MANUEL PINTO, "Revogação tácita do art. 508º do Código

Civil?" em *SI*, tomo 51, nº 292 (Janeiro--Abril 2002), pp. 97-109
— "Sobre o conceito de ilicitude do art. 483º. do Código Civil", em António Cândido de Oliveira (org.), *Estudos em Homenagem a Francisco José Velozo*, Braga, Universidade do Minho/Associação Jurídica de Braga, 2002, pp. 521-544
— "Em tema de revogação do art. 508º do Código Civil – Ac. do STJ de 13.2.2003, Rev. 4591/02", em *CDP* nº 4 (Outubro/Dezembro 2003), pp. 47-67
— *Direito das Obrigações*, I- *Conceito, estrutura e função das relações obrigacionais. Elementos das relações obrigacionais. Direitos de crédito e direitos reais*, Coimbra, Almedina, 2005
— "Considerações em torno do artigo 442º do Código Civil. Acórdãos do Supremo Tribunal de Justiça de 8.3.2005, Rec. 4379/04, e de 10.3.2005, Rec. 170/05", em *CDP* nº 14 (Abril/Junho 2006), pp. 76-83
— *Ensaio sobre o sinal*, Coimbra, Coimbra Editora, 2008
— "Promessa de contrato, promessa de sinal e resolução (Ac. do TRC de 12.2.2008, Proc. 1283/06)", em *CDP* nº 25 (Janeiro/Março 2009), pp. 42-50
— *Princípios de Direito dos Contratos*, Coimbra, Coimbra Editora, 2011
Oppo, Giorgio, *Adempimento e liberalitá*, Milano, Giuffrè, 1947
Pacchioni, Giovanni, *Diritto Civile Italiano*, II- *Diritto delle Obbligazioni*, I- *Delle Obbligazioni in generale*, Padova, 1941
Patrício, José Simões, "Juros de mora nas obrigações valutárias", em *BMJ* 372 (1988), pp. 5-48
— *Regime Jurídico do Euro*, Coimbra, Coimbra Editora, 1998,
— "A continuidade dos negócios jurídicos" em AAVV, *Aspectos jurídicos e económicos da introdução do euro*, Lisboa, Instituto Europeu da Faculdade de Direito da Universidade de Lisboa, 1999
Peralta, Ana, *A posição jurídica do comprador na compra e venda com reserva de propriedade*, Coimbra, Almedina, 1990
Pereira, Rui Soares, *A responsabilidade por danos não patrimoniais do incumprimento das obrigações no Direito Civil Português*, Coimbra, Coimbra Editora, 2009
Peters, Casjen, "Die Ansprüche aus dem Eigentum", em *AcP* 153 (1954), pp. 454-465
Picker, Eduard, "Positive Vertragsverletzung und culpa in contrahendo. Zur Haftung zwischen Vertrag und Delikt", em *AcP* 183 (1983), pp. 369-520
Pinger, Winfried, "Wertersatz im Bereicherungsrecht" em *MDR* 1972, pp. 101-103
— *Funktion und dogmatische Einordnung des Eigentümer-Besitzer Verhälnisses*, München, Beck, 1973
Pinheiro, Luís Lima, *A cláusula de reserva de propriedade*, Coimbra, Almedina, 1988
Pinto, Carlos Mota, "A responsabilidade pré-negocial pela não conclusão dos contratos", em *BFD* Suplemento 14 (1966), pp. 143-250
— "Contratos de adesão. Uma manifestação jurídica da moderna vida económica", em *RDES* 20 (1973), pp. 119-148
— *Direitos Reais* (lições recolhidas por Álvaro Moreira e Carlos Fraga), Coimbra, Almedina, 1972
— *Direito das Obrigações* (lições recolhidas por Encarnação Cabral e Jorge de Amorim), Coimbra, polic., 1973
— *Cessão da Posição Contratual*, reimp., Coimbra, Almedina, 1982
— *Teoria Geral do Direito Civil*, 4ª ed., por António Pinto Monteiro e Paulo Mota Pinto, Coimbra, Coimbra Editora, 2005
Pinto, Carlos Mota / Monteiro, António Pinto, "Arguição da simulação pelos simuladores. Prova testemunhal", na *CJ* 10 (1985), 3, pp. 11-15

PINTO, PAULO MOTA, "O direito à reserva sobre a intimidade da vida privada" em *BFD* 69 (1993), pp. 478-585

— *Declaração tácita e comportamento concludente no negócio jurídico*, Coimbra, Almedina, 1995

— "Dano da privação do uso", em *EDC* nº 8 (2006/2007), pp. 229-273

— *Interesse contratual negativo e interesse contratual positivo*, I e II, Coimbra, Coimbra Editora, 2008

PLANCK'S KOMMENTAR ZUM BÜRGERLICHEN GESETZBUCH, II-1, *Recht der Schuldverhältnisse*, 4ª ed., Berlin, 1914

PLESSEN, RICHARD, *Die Grundlagen der modernen condictio*, Leipzig, Deichert, 1904

POTHIER, ROBERT-JOSEPH, *Traité des obligations*, em *Oeuvres de R.-J. POTHIER contenant les traités du Droit Français*, nova edição por M. Dupin, I, Bruxelles, J. P. Jonker, Ode et Wodon e H. Tarlier, e Amsterdam, Diederichs, 1831, pp. 1-283

PRATA, ANA, *Notas sobre Responsabilidade pré-contratual*, Lisboa, Separata da *RB* 16 (1990) e 17 (1991), reimp., Coimbra, Almedina, 2002

— *O contrato-promessa e o seu regime civil*, Coimbra, Almedina, 1995

PROENÇA, JOSÉ CARLOS BRANDÃO, "Um exemplo do princípio do melhor tratamento do arrendatário habitacional: termo final do arrendamento e «renovação forçada» (uma perspectiva comparatística", em AAVV, *Estudos em Homenagem ao Prof. Doutor J. J. Teixeira Ribeiro*, III, Coimbra, 1983, pp. 315-347

— *A conduta do lesado como pressuposto e critério de imputação do dano extracontratual*, Coimbra, Almedina, 1997

— "Responsabilidade pelo risco do detentor do veículo e conduta do lesado: a lógica do "tudo ou nada"? – Ac. STJ de 6.11.2003", em *CDP* 7 (Julho/Setembro 2004), pp. 25-31

— "Balizas perigosas e responsabilidade civil – Ac. do STJ de 26.2.2006. Proc. 3834/05" em *CDP* nº 17 (Janeiro/Março 2007), pp. 34-42

— "Culpa do lesado", em FACULDADE DE DIREITO DA UNIVERSIDADE DE COIMBRA (org.), *Comemorações dos 35 anos do Código Civil e dos 25 anos da Reforma de 1977*, III- *Direito das Obrigações*, Coimbra, Coimbra Editora, 2007, pp. 139-151

RAMALHO, MARIA DO ROSÁRIO PALMA, *Da autonomia dogmática do Direito do Trabalho*, Coimbra, Almedina, 2000

REDINHA, JOÃO, "Natureza jurídica da obrigação de preferência e consequências do seu incumprimento", em AAVV, *Estudos em Homenagem a Cunha Rodrigues*, II, Coimbra, Coimbra Editora, 2002, pp. 603-626

REEB, HARTMUT, *Grundprobleme des Bereicherungsrechts*, München, Beck, 1975

REIMER, JÜRGEN, *Die aufgedrängte Bereicherung. Paradigma der "negatorischen" Abschöpfung im Umkehrung zum Schadenserstaz*, Berlin, Duncker & Humblot, 1990

REIS, JOSÉ ALBERTO DOS, *Processo de execução*, 2ª ed., reimp., Coimbra, Coimbra Editora, 1982

REUTER/MARTINEK, *Ungerechtfertigte Bereicherung*, Tübing, Mohr, 1983

RIBEIRO, JOAQUIM DE SOUSA, *O ónus da prova da culpa na responsabilidade civil por acidentes de viação*, Coimbra, Separata dos Estudos em Homenagem ao Prof. Doutor José Joaquim Teixeira Ribeiro, 1980

— *Cláusulas Contratuais Gerais e o Paradigma do Contrato*, Coimbra, Separata do BFD, 1990

— *O problema do contrato. As cláusulas contratuais gerais e o princípio da liberdade contratual*, Coimbra, Almedina, 1999

— "O campo de aplicação do regime indemnizatório do artigo 442º do Código Civil:

incumprimento definitivo ou mora?" no *BFD* volume comemorativo (2003), pp. 209-232
— "O regime dos contratos de adesão: algumas questões decorrentes da transposição da Directiva sobre as cláusulas abusivas", em FACULDADE DE DIREITO DA UNIVERSIDADE DE COIMBRA (org.), *Comemorações dos 35 anos do Código Civil e dos 25 anos da Reforma de 1977*, III- *Direito das Obrigações*, Coimbra, Coimbra Editora, 2007, pp. 209-233
RIPERT, GEORGES, *La régle morale dans les obligations civiles*, Paris, L.G.D.J., 1935
ROCCO, ALFREDO, "Studii sulla teoria generale del fallimento", em *RDComm* 8 (1910), I, pp. 669-697
RÜMELIN, GUSTAV, *Dienstvertrag und Werkvertrag*, Tübingen, 1905
RÜMKER, DIETRICH, *Das Tatbestandsmerkmal "ohne rechtlichen Grund" im Bereich der Eingriffskondiktion*, Hamburg, Heitmann, 1972
SÁ, ALMENO DE, *Cláusulas Contratuais Gerais e Directiva sobre Cláusulas Abusivas*, 2ª ed., Coimbra, Almedina, 2001
SÁ, FERNANDO AUGUSTO CUNHA DE, *Abuso de direito*, Lisboa, C.E.F., 1973, reimp., Coimbra, Almedina, 1997 e 2005,
— *Direito ao cumprimento e direito a cumprir*, Separata da RDES XX, nºs 2/3/4, Abril-Dezembro 1973, reimp. Coimbra, Almedina, 1997
— "Modalidades das obrigações quanto aos sujeitos", em JORGE MIRANDA (org.), *Estudos em honra de Ruy de Albuquerque*, I, Lisboa, Faculdade de Direito da Universidade de Lisboa/Coimbra Editora, 2006, pp. 357-420
SACCO, RODOLFO, *L'arrichimento ottenuto mediante fatto ingiusto*, Torino, Utet, 1959
SALEILLES, RAYMOND, *Étude sur la théorie génerale de l'obligation, d'aprés le premier projet de code civil allemand*, 3ª ed., Paris, 1914
SAVATIER, RENÉ, *La Théorie des obligations en droit privé économique"*, 4º ed., Paris, Dalloz, 1979
SAVIGNY, FRIEDRICH KARL VON, *System des heutigen römischen Rechts*, I e V, reimp. Scientia Verlag Aalen, 1981
— *Das Obligationenrecht als Teil des heutigen römischen Recht*, 2 vols., Berlin, 1851, reimp. Scientia Verlag AAlen, 1973
SCHAUFELBERGER, PETER, *Bereicherung durch unerlaubte Handlung*, Zürich, Schultess, 1981
SCHAUHOFF, STEPHAN, *Die Bereicherungshaftung wegen der Nutzung rechtsgrundlos erlangten Geldes. Zur Auslegung des § 818 Abs. 1. und Abs. 2 BGB*, Berlin, Duncker & Humblot, 1992
SCHEYHING, ROBERT, "Zur Geschichte des Persönlichskeitsrecht im 19. Jahrhundert" em *AcP* 158 (1959-1960), pp. 503-525
SCHLECHTRIEM, PETER, *Schuldrecht. Allgemeiner Teil*, 3ª ed., Tübingen, Mohr Siebeck, 1997
SCHREIBER, OTTO, "Gemischte Verträge im Reichsschuldrecht", em *JhJb* 60 (1912), pp. 106-228
— *Schuld und Haftung als Begriffe der privatrechtlichen Dogmatik*, I, Leipzig, 1914
SCHULZ, FRITZ, "System der Rechte auf den Eingriffserwerb" em *AcP* 105 (1909), pp. 1-488
SCHWERDTNER, PETER, *Das Persönlichkeitrecht in der deustchen Zivilrechtsordnung*, Berlin, Schweitzer, 1977
— "Der zivilrechtliche Persönlichkeitschutz" em *JuS* 1978, p. 289-299
SCHWIND, ERNST FREIH. V., "Schuld und Haftung im geltenden Recht", em *JhJb* 68 (1919), pp. 1-204
SERRA, ADRIANO VAZ, "Contratos a favor de terceiro. Contratos de prestação por terceiro" no *BMJ* 51 (1955), pp. 29-229
— "Obrigações naturais", no *BMJ* 53 (1956), pp. 5-172

— "Gestão de negócios", no *BMJ* 66 (1957), pp. 45-283
— "Objecto da obrigação: a prestação – suas espécies, conteúdo e requisitos", no *BMJ* 74 1958, pp. 15-283
— "Obrigações – Ideias preliminares gerais", no *BMJ* 77 (1958), pp. 5-125
— "Contrato para pessoa a nomear", no *BMJ* 79 (1958), pp. 163-199
— *Enriquecimento sem causa*, Lisboa, Separata do *BMJ* 81 e 82, 1959
— "Responsabilidade de terceiros no não-cumprimento de obrigações", no *BMJ* 85 (1959), pp. 345-360
— "Anotação ao Ac. STJ 3/4/1964", na *RLJ* 97º (1965), pp. 334-336
— "Anotação Ac. STJ 21/11/1967" na *RLJ* 101º (1969), pp. 230-236
— "Anotação ao Ac. STJ 12/2/1969" em *RLJ* 103 (1970) pp. 172-176
— "Notas acerca do contrato de mútuo" em *RLJ* 93 (1970), pp. 65-69, 81-83, 97-100, 161-164, 177-180
— "Anotação Ac. 17/3/1971", em *RLJ* 105º (1973), pp. 73-74
— "Anotação Ac. STJ 16/3/1973" na *RLJ* 107º (1974), pp. 140-143
— "Anotação ao Ac. STJ 4/12/1973", na *RLJ* 107º (1975), pp. 309-314

SERRA, TERESA, *Problemática do erro sobre a ilicitude*, Coimbra, Almedina, 1985

SIBER, HEINRICH, Comentários em *Planck's Kommentar zum Bürgerlichen Gesetzbuch*, II-1, 4ª ed., Berlin, Guttentag, 1914
— *Schuldrecht*, Leipzig, Felix Meine, 1931

SIEBERT, WOLFGANG, *Faktische Vertragsverhältnisse. Abwandelungen des Vertragsrechts in den Bereich der Daseinsvorsorge, des Gesellschaftsrechts und des Arbeitsrechts*, Karlsruhe, Müller, 1958

SILVA, JOÃO CALVÃO DA, *Cumprimento e sanção pecuniária compulsória*, Coimbra, Separata do *BFD* 30, 1987
— *Responsabilidade civil do produtor*, Coimbra, Almedina, 1990
— "Negociação e formação de contratos (Parecer)", em ID, *Estudos de Direito Civil e Processo Civil (Pareceres)*, Coimbra, Almedina, 1996
— *Sinal e Contrato-Promessa*, 12ª ed., Coimbra, Almedina, 2008
— *Euro e Direito*, Coimbra, Almedina, 1999
— "Anotação Ac. STJ 13/2/2003", em *RLJ* 134 (2001), pp. 197-202
— "Anotação Ac. STJ 4/10/2007 (Concorrência entre risco do veículo e facto do lesado: o virar da página?", em *RLJ* 137 (2007), pp. 49-64
— "Anotação Ac. STJ 10/7/2008 (Coligação negocial em fraude à lei, ofensiva dos bons costumes ou simulada: a interpretação restritiva do acórdão uniformizador de jurisprudência nº. 4/98 do STJ ou o abuso do direito de terceiro contratar com o promitente-vendedor)", em *RLJ* 137 (2008), pp. 303-316

SILVA, MANUEL DUARTE GOMES DA, "Da solidariedade nas obrigações" na *RFDUL* 4 (1947), pp. 257-348 e 5 (1948), pp. 289-354
— *Ensaio sobre o direito geral de garantia nas obrigações*, Lisboa, C.E.F., 1965 (mas 1939)
— *Conceito e estrutura da obrigação*, Lisboa, s.e., 1943
— *O Dever de Prestar e o Dever de Indemnizar*, Lisboa, 1944

SIMITIS, SPIROS, *Die faktischen Vertragsverhältnissen als Ausdruck der gewandelten sozialen Funktion der Rechtsinstitute des Privatrechts*, Frankfurt, Klostermann, 1957

SIMON, JÜRGEN, *Das allgemeine Persönlichkeitsrecht und seine gewerblichen Erscheinungsformen*, Berlin, Duncker & Humblot, 1981

SOERGEL BÜRGERLIGES GESETZBUCH, 2 – *Schuldrecht I*, §§ 241-432, 12ª ed., Stuttgart et al., Kollhammer, 1990, 3- *Schuldrecht II*, §§ 433-515, 12ª ed., Stuttgart et al., Kollhammer, 1990, 4/1- *Schuldrecht III* 1, §§ 516-651, 12ª ed., Stuttgart et al., Kollhammer, 1997, 4/2- *Schuldrecht III* 2, §§ 651a-704, 12ª ed., Stuttgart et al., Kollhammer, 1999, e 5/2- *Schuldrecht IV* 2, §§ 823-853, 12ª ed., Stuttgart et al., Kollhammer, 1998

SOTTOMAYOR, MARIA CLARA, "A responsabilidade civil dos pais pelos factos ilícitos praticados pelos filhos menores", no *BFD* 71 (1995), pp. 403-468

— "A obrigação de restituir o preço e o princípio do nominalismo das obrigações pecuniárias (A propósito do acórdão do STJ de 11 de Março de 1999), em FACULDADE DE DIREITO DA UNIVERSIDADE DO PORTO / FACULDADE DE ECONOMIA DA UNIVERSIDADE DO PORTO, *Estudos em Homenagem ao Professor Doutor Jorge Ribeiro de Faria*, Coimbra, Coimbra Editora, 2003, pp. 547-606

— *Invalidade e registo. A protecção do Terceiro Adquirente de Boa Fé*, Coimbra, Almedina, 2010

SOUSA, ANTÓNIO FRADA DE, *Conflito de clausulados e consenso nos contratos internacionais*, Porto, UCP, 1999

SOUSA, MIGUEL TEIXEIRA DE, *O concurso de títulos de aquisição da prestação. Estudo sobre a dogmática da pretensão e do concurso de pretensões*, Coimbra, Almedina, 1988

— *Estudos sobre o novo Código de Processo Civil*, 2ª ed, Lisboa, Lex, 1997

— *Acção executiva singular*, Lisboa, Lex, 1998

SOUSA, RABINDRANATH CAPELO DE, *O direito geral de personalidade*, Coimbra, Coimbra Editora, 1995

STAMMLER, RUDOLF, "Zur Lehre von der ungerechtfertigten Bereicherung nach dem Bürgerlichen Gesetzbuch", em AAVV, *Festgabe der juristischen Fakultät der vereinigten Friedrichs-Universität Halle Wittenberg für Hermann Fitting zum 27. Oktober 1902*, Halle, Max Niemeyer, 1903 (reimp. Tübingen, Max Niemeyer, 1979), pp. 129-168

STIEVE, A., *Der Gegenstand des Bereicherungsanspruchs nach dem Bürgerlichen Gesetzbuche*, Strassburg, Trübner, 1899

TAVARES, JOSÉ, *Os princípios fundamentais de Direito Civil*, I, Coimbra, Coimbra Editora, 1922, pp. 254-255

TELLES, INOCÊNCIO GALVÃO, *Das universalidades. Estudo de Direito Privado*, Lisboa, 1940

— *Lições de Arrendamento*, publicadas por Bento Garcia Domingues e Manuel A. Ribeiro, Lisboa, 1945/1946

— *Manual dos contratos em geral*, 4ª ed., Coimbra, Coimbra Editora, 2002

— "Contrato-promessa de compra e venda – Prova do contrato e efeitos da execução específica em relação a terceiro (Parecer)", em *CJ* 9 (1984), 4, pp. 7-10

— *Direito das Obrigações*, 5ª ed., Coimbra, Coimbra Editora, 1986

— *Direito das Obrigações*, 6ª ed., Coimbra, Coimbra Editora, 1989

— *Direito das Sucessões. Noções Fundamentais*, 6ª ed., Coimbra, Coimbra Editora, 1991

— *Direito das Obrigações*, 7ª ed., Coimbra, Coimbra Editora, 1997

TERRÉ, FRANÇOIS, / SIMLER, PHILIPPE, / LEQUETTE, YVES, *Droit Civil. Les Obligations*, 7ª ed., Paris, Dalloz, 1999

TRIGO, MARIA DA GRAÇA, "Responsabilidade civil do comitente (ou responsabilidade por facto de terceiro)", em FACULDADE DE DIREITO DA UNIVERSIDADE DE COIMBRA (org.), *Comemorações dos 35 anos do Código Civil e dos 25 anos da Reforma de 1977*, III – *Direito das Obrigações*, Coimbra, Coimbra Editora, 2007, pp. 153-169

— "Das presunções de culpa no regime de responsabilidade civil por acidentes de viação", em *CDP* nº 32 (Outubro--Dezembro 2010), pp. 22-44

TRIMARCHI, PIETRO, *Rischio e responsabilità oggetiva*, Milano, Giuffrè, 1961

— *Causalitá e danno*, Milano, Giuffrè, 1967

TUHR, ANDREAS VON, "Zur Lehre von der ungerechtfertigen Bereicherung" em *Festschrift für Ernst Immanuel Bekker*, s.l., s.e., 1907, pp. 293-322

VARELA, JOÃO ANTUNES, *Ensaio sobre o conceito do modo*, s.l., Atlântida, 1955

— *Natureza jurídica das obrigações naturais*, Coimbra, Coimbra Editora, 1957

— "Anotação STJ 28/3/1980", na *RLJ* 114 (1981), pp. 40-41 e 72-79

— *Sobre o contrato-promessa*, 2ª ed., Coimbra, Coimbra Editora, 1989

— "Alterações legislativas no direito ao nome", em *RLJ* 114º (1981-1982), pp. 207-212, 115º (1982-1983), pp. 7-9, 37-40, 68-72, 196-201, 116º (1983-1984), pp. 140-146, 257-258, 289-293, 117º (1984-1985), pp. 97-100, 133-136, 161-165, 196-200, 257-262, 353-357, 118º (1985-1986), pp. 262-267, 293-298, 321-324 e 119º (1986-1987), pp. 197-200

— *Das Obrigações em geral*, I, 10ª ed., Coimbra, Almedina, 2000

VASCONCELOS, LUÍS MIGUEL PESTANA DE, "Direito de retenção, contrato--promessa e insolvência", em *CDP* nº 33 (Janeiro/Março 2011), pp. 3-29

VASCONCELOS, PEDRO PAIS DE, *Contratos atípicos*, Coimbra, Almedina, 1995

— *Teoria Geral do Direito Civil*, 3ª ed., Coimbra, Almedina, 2005

VICENTE, DÁRIO MOURA, "Culpa na formação dos contratos", em FACULDADE DE DIREITO DA UNIVERSIDADE DE COIMBRA (org.), *Comemorações dos 35 anos do Código Civil e dos 25 anos da Reforma de 1977*, III- *Direito das Obrigações*, Coimbra, Coimbra Editora, 2007, pp. 265-284

WEITNAUER, HERMANN, "Die Leistung" em *Festschrift für Ernst von Caemmerer zum 70. Geburtstag*, Tübingen, Mohr, 1978, pp. 255-293

WELZEL, HANS, *Derecho Penal Alemán* (trad.), 12ª ed., Santiago, Juridica del Chile, 1987

WERRO, FRANZ/ PALMER, VERNON (org.), *The Boundaries of Strict Liability in European Tort Law*, Durhan NC/Bern/Bruxelles, Carolina Academic Press/Stämpfli/Bruylant, 2003

WIEACKER, FRANZ, "Willenserklärung und sozialtypisches Verhalten" em AAVV, *Göttinger Festschrift für das Oberlandesgericht Celle*, Göttingen, Schwarz, 1961, pp. 263-286

WILBURG, WALTER, *Die Lehre von der ungerechtfertigten Bereicherung nach österreichischem und deutschem Recht. Kritik und Aufbau*, Graz, Leuschner & Lubensky, 1934

— "Zusammenspiel der Kräfte im Aufbau des Schuldrechts" em *AcP* 163 (1963), pp. 346-379

WILHELM, JAN, *Rechtsverletzung und Vermögensentscheidung als Grundlagen und Grenzen des Anspruch aus ungerechtfertigter Bereicherung*, Bonn, Röhrscheid, 1973

— "Das Merkmal "auf Kosten" als notwendiges Kriterium des Leistungskondiktion" em *JuS* 1973, pp. 1-9

WINDSCHEID, BERNHARD / KIPP, THEODOR, *Lehrbuch des Pandektenrecht*, 9 ª ed., II, Frankfurt a. M., 1906, reimp. Scientia Verlag AAlen, 1963

WOLF, ERNST, "Zum Begriff des Schuldverhältnisses" em ERICH SCHWINGE (org.), *Festgabe für Heinrich Herrfahrdt zum 70. Geburtstag*, Marburg, Elwert, 1961, pp. 197-212

— "Das Recht am eingerichteten und ausgeübten Gewerbebetrieb", em JOSEF ESSER/HANS THIEME (org.), *Festschrift*

für Fritz von Hippel zum 70. Geburtstag, Tübingen, Mohr, 1967, pp. 665-685
— *Lehrbuch des Schuldrechts*, II- *Besonderer Teil*, Köln et. al., Carl Heymanns, 1978
WOLF, JOACHIM, *Der Stand der Bereicherungslehre und ihre Neubegründung*, Köln et al., Carl Heymanns, 1980
ZEPOS, PANJIOTIS, "Zu einer «gestalttheoretischen» Auffassung des Schuldverhältnisses" em *AcP* 155 (1956), pp. 486-494
ZIMMERMANN, REINHARD / WHITTAKER, SIMON (org.), *Good faith in European Contract Law*, Cambridge, CUP, 2000

ÍNDICE

INTRODUÇÃO